ton

urt

TEXAS

FUSIÓN

fusión combinación de dos o más cosas, la cual genera energía

Este **libro del estudiante para escribir** pertenece a:

_____

Maestro/Salón:

_____

Autores de consulta

Michael A. DiSpezio

Global Educator
North Falmouth, Massachusetts

Michael DiSpezio is a renaissance educator who segued from the research laboratory of a Nobel Prize winner to the K–12 science classroom. He has authored or coauthored numerous textbooks and trade books. For nearly a decade he worked with the JASON Project, under the auspices of the National Geographic Society, where he designed curriculum, wrote lessons, and hosted dozens of studio and location broadcasts. Over the past two decades, DiSpezio has developed supplementary material for organizations and programs that include PBS *Scientific American Frontiers*, *Discover* magazine, and the Discovery Channel. To all his projects, he brings his extensive background in science and his expertise in classroom teaching at the elementary, middle, and high school levels.

Marjorie Frank

Science Writer and Content-Area Reading Specialist
Brooklyn, New York

An educator and linguist by training, a writer and poet by nature, Marjorie Frank has authored and designed a generation of instructional materials in all subject areas, including past HMH Science programs. Her other credits include authoring science issues of an award-winning children's magazine, writing game-based digital assessments, developing blended learning materials for young children, and serving as instructional designer and coauthor of pioneering school-to-work software for a nonprofit organization dedicated to improving reading and math skills for middle and high school learners. In addition, she has served on the adjunct faculty of Hunter, Manhattan, and Brooklyn Colleges, teaching courses in science methods, literacy, and writing.

Acknowledgments for Covers

Front cover: *fiber optics* ©Dennis O'Clair/Stone/Getty Images; *gecko* ©Pete Orelup/Flickr/Getty Images; *mountain biker* ©Jerome Prevost/TempSport/Corbis; *digital screen* ©Michael Melford/Stone/Getty Images; *Giant's Causeway* ©Rod McLean/Alamy.

Back cover: *anemometer* ©Ryan McGinnis/Flickr/Getty Images; *rock formation* ©John Elk III/Alamy; *Mars rover* ©Mark Garlick/Photo Researchers, Inc.; *lava* ©Bruce Omori/epa/Corbis.

Michael R. Heithaus

Executive Director, School of Environment, Arts, and Society Associate Professor, Department of Biological Sciences
Florida International University
North Miami, Florida

Mike Heithaus joined the Florida International University Biology Department in 2003. He has served as Director of the Marine Sciences Program and is now the Executive Director of the School of Environment, Arts, and Society, which brings together the natural and social sciences and humanities to develop solutions to today's environmental challenges. His research focuses on predator-prey interactions and the ecological roles of large marine species including sharks, sea turtles, and marine mammals. His long-term studies include the Shark Bay Ecosystem Project in Western Australia. He also served as a Research Fellow with National Geographic, using remote imaging in his research and hosting a *Crittercam* television series on the National Geographic Channel.

Donna M. Ogle

Professor of Reading and Language
National-Louis University
Chicago, Illinois

Creator of the well-known KWL strategy, Donna Ogle has directed many staff development projects translating theory and research into school practice in schools throughout the United States. She is a past president of the International Reading Association and has served as a consultant on literacy projects worldwide. Her extensive international experience includes coordinating the Reading and Writing for Critical Thinking Project in Eastern Europe and speaking and consulting on projects in several Latin American countries and in Asia. Her books include *Reading Comprehension: Strategies for Independent Learners*; *All Children Read*; and *Literacy for a Democratic Society*.

Revisores de Texas

Nigel S. Atkinson, Ph.D.
Professor of Neurobiology
Section of Neurobiology
The University of Texas at Austin
Austin, TX

Carolyn Barnes, M.Ed.
Vidor Junior High
Vidor, TX

Sonal Blumenthal, Ph.D.
Science Education Consultant
Austin, TX

Hilary Clement Olson, Ph.D.
Research Scientist Associate V and Lecturer
Institute for Geophysics and Department of Petroleum and Geosystems Engineering
The University of Texas at Austin
Austin, TX

Jennifer Cummings, B.A.
Bailey Junior High School
Arlington, TX

Melissa Davis
Kitty Hawk Middle School
San Antonio, TX

Jason Hook, B.S.
Manor Independent School District
San Antonio, TX

Leslie J McClinton, M.A., B.S.
Rosemont Middle School
Fort Worth, TX

David T. Sites, III, M.S. Geology
Goddard Junior High School
Midland, TX

Dee Strother, B.S.
Vidor Junior High School
Vidor, TX

Gerardo Talamantes, B.S.
Montwood Middle School
El Paso, TX

D. E. Winget, Ph.D.
Harlan J. Smith Centennial Professor of Astronomy University Distinguished Teaching Professor
Texas Cosmology Center
Department of Astronomy and McDonald Observatory
The University of Texas at Austin
Austin, TX

Kim Withers, Ph.D.
Associate Research Scientist
Center for Coastal Studies
Texas A&M University, Corpus Christi
Corpus Christi, TX

Matthew A. Wood, Ph.D.
Professor and Department Head
Department of Physics & Astronomy
Texas A&M University, Commerce
Commerce, TX

Revisores de contenido

Arkhat Abzhanov, Ph.D.
Associate Professor
Department of Organismic and
Evolutionary Biology
Harvard University
Cambridge, MA

Paul D. Asimow, Ph.D.
*Professor of Geology and
Geochemistry*
Division of Geological and
Planetary Sciences
California Institute of Technology
Pasadena, CA

**Laura K. Baumgartner,
Ph.D.**
Biology Instructor
Science Department
Front Range Community College
Longmont, CO

Eileen M. Cashman, Ph.D.
*Professor and Department
Chair, Environmental Resources
Engineering
Research Associate, Schatz
Energy Research Center*
Humboldt State University
Arcata, CA

Wesley N. Colley, Ph.D.
Senior Research Analyst
Center for Modeling, Simulation,
and Analysis
The University of Alabama in
Huntsville
Huntsville, AL

Joe W. Crim, Ph.D.
Professor Emeritus
Department of Cellular Biology
The University of Georgia
Athens, GA

**Elizabeth A. De Stasio,
Ph.D.**
*Raymond H. Herzog Professor of
Science
Professor of Biology*
Department of Biology
Lawrence University
Appleton, WI

Julia R. Greer, Ph.D.
*Assistant Professor of Materials
Science and Mechanics*
Division of Engineering and
Applied Sciences
California Institute of Technology
Pasadena, CA

John E. Hoover, Ph.D.
Professor
Department of Biology
Millersville University
Millersville, PA

William H. Ingham, Ph.D.
Professor Emeritus
Department of Physics and
Astronomy
James Madison University
Harrisonburg, VA

Charles W. Johnson, Ph.D.
*Associate Professor of Physics,
Division Chair*
Division of Natural Sciences,
Mathematics and Physical
Education
South Georgia College
Douglas, GA

**Tatiana A. Krivosheev,
Ph.D.**
Associate Professor of Physics
Department of Natural Sciences
Clayton State University
Morrow, GA

Joel Leventhal, Ph.D.
Emeritus Scientist
(formerly *Research Geochemist*)
U.S. Geological Survey
Denver, CO

Joseph A. McClure, Ph.D.
Associate Professor Emeritus
Department of Physics
Georgetown University
Washington, DC

Mark B. Moldwin, Ph.D.
Professor of Space Sciences
Department of Atmospheric,
Oceanic and Space Sciences
University of Michigan
Ann Arbor, MI

Sten Odenwald, Ph.D.
Astrophysicist
Director of SpaceMath@NASA
National Institute of Aerospace
Hampton, VA

Patricia M. Pauley, Ph.D.
*Meteorologist, Data Assimilation
Group*
Naval Research Laboratory
Monterey, CA

Stephen F. Pavkovic, Ph.D.
Professor Emeritus
Department of Chemistry
Loyola University of Chicago
Chicago, IL

James L. Pazun, Ph.D.
Professor and Chair
Chemistry and Physics
Pfeiffer University
Misenheimer, NC

L. Jeanne Perry, Ph.D.
Director (Retired)
Protein Expression Technology
Center
Institute for Genomics and
Proteomics
University of California, Los
Angeles
Los Angeles, CA

Kenneth H. Rubin, Ph.D.
Professor
Department of Geology and
Geophysics
University of Hawaii
Honolulu, HI

Brandon E. Schwab, Ph.D.
Professor and Chair
Department of Geology
Humboldt State University
Arcata, CA

Adam D. Woods, Ph.D.
Associate Professor
Department of Geological
Sciences
California State University,
Fullerton
Fullerton, CA

Natalie Zayas, M.S., Ed.D.
Lecturer
Division of Science and
Environmental Policy
California State University,
Monterey Bay
Seaside, CA

Maestros-revisores

**Karen Cavalluzzi, M.Ed.,
NBCT**
Sunny Vale Middle School
Blue Springs, MO

**Katie Demorest,
M.A. Ed. Tech.**
Marshall Middle School
Marshall, MI

Dave Grabski, M.S. Ed.
P. J. Jacobs Junior High School
Stevens Point, WI

Ben Hondorp
Creekside Middle School
Zeeland, MI

Mary Larsen
Science Instructional Coach
Helena Public Schools
Helena, MT

Angie Larson
Bernard Campbell Middle School
Lee's Summit, MO

Christy Leier
Horizon Middle School
Moorhead, MN

Michele K. Lombard, Ed.D.
Swanson Middle School
Arlington, VA

Helen Mihm, NBCT
Crofton Middle School
Crofton, MD

Jeff Moravec, Sr., M.S. Ed.
Teaching Specialist
Milwaukee Public Schools
Milwaukee, WI

**Nancy Kawecki Nega,
M.S.T., NBCT, PAESMT**
Churchville Middle School
Elmhurst, IL

**Mark E. Poggensee,
M.S. Ed.**
Elkhorn Middle School
Elkhorn, WI

Sherry Rich
Bernard Campbell Middle School
Lee's Summit, MO

Heather Wares, M.Ed.
Traverse City West Middle School
Traverse City, MI

**Alexandra Workman,
M.Ed., NBCT**
Thomas Jefferson Middle School
Arlington, VA

Contenido general

¡Energízate con el programa de Fusión para Texas!

Este programa fusiona...

Aprendizaje electrónico y actividades de laboratorio virtuales

Actividades diversas y de laboratorio

Libro del estudiante para escribir

...y genera energía en el científico de hoy: ¡tú!

Libro del estudiante para escribir

¡Sé un buen lector y haz que este sea tu propio libro!

Ingeniería y tecnología

...o de diseño en ingeniería

Objetivos

- Explicar cómo se encontró una solución tecnológica por la necesidad de encontrar una energía limpia
- Describir dos ejemplos de generadores propulsados con energía eólica
- Diseñar una solución tecnológica a un problema
- Poner a prueba el prototipo e introducir modificaciones para logr... deseado

Puedes responder preguntas, hacer preguntas, crear gráficas, tomar notas, escribir tus propias ideas y resaltar información en tu libro.

Interactúa con cada página para aprender conceptos y destrezas de ciencias.

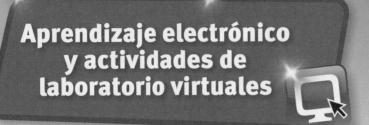

Aprendizaje electrónico y actividades de laboratorio virtuales

Las lecciones digitales y las actividades de laboratorio virtuales ofrecen opciones de aprendizaje electrónico para todas las lecciones de Fusión.

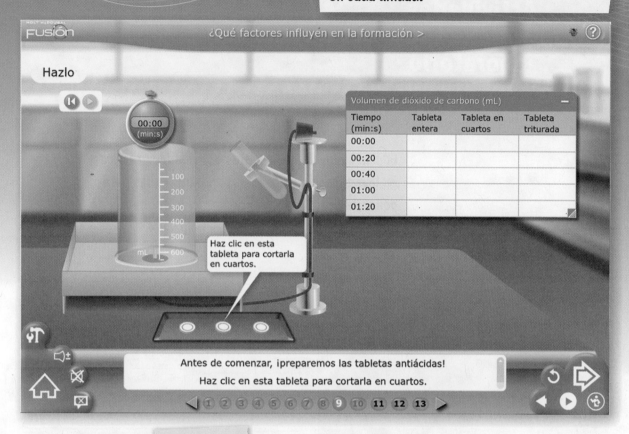

Continúa tus exploraciones de ciencias con estas herramientas en línea:

→ **Proyectos en vídeo**

→ **Personajes en las ciencias**

→ **Galería de fotos**

→ **Glosario digital**

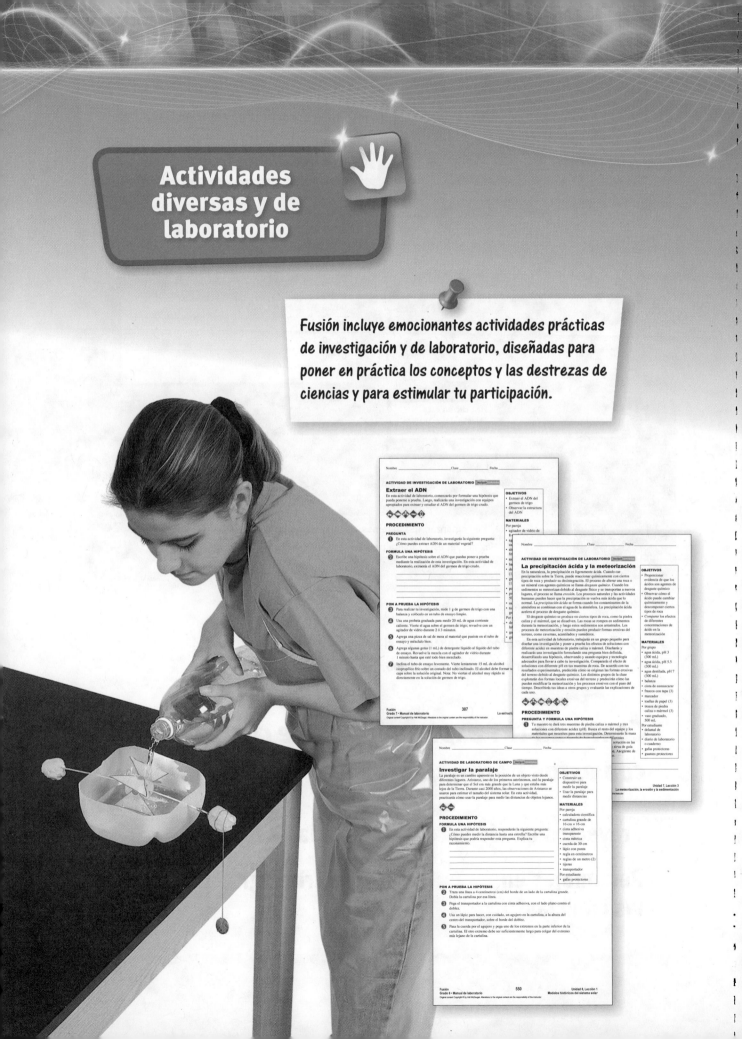

Actividades diversas y de laboratorio

Fusión incluye emocionantes actividades prácticas de investigación y de laboratorio, diseñadas para poner en práctica los conceptos y las destrezas de ciencias y para estimular tu participación.

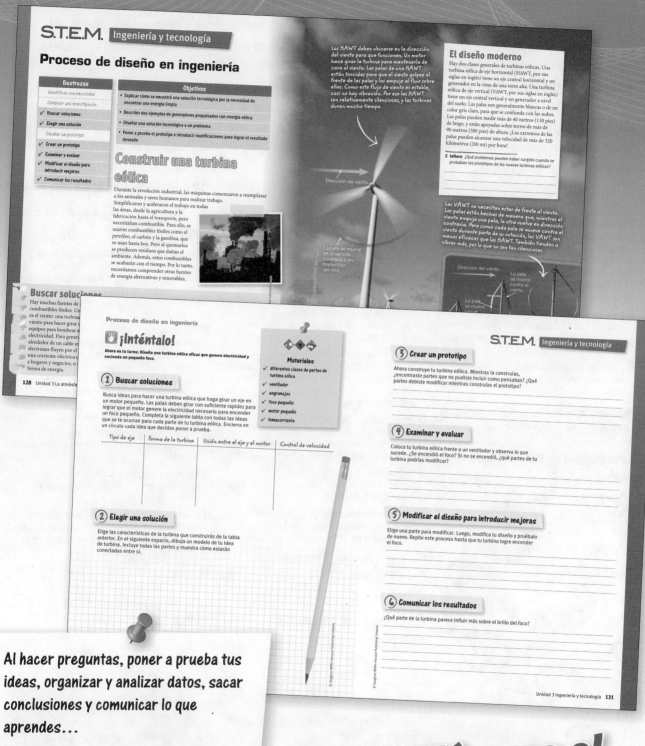

S.T.E.M. — Ingeniería y tecnología

Proceso de diseño en ingeniería

Destrezas
Identificar una necesidad
Conducir una investigación
✓ Buscar soluciones
✓ Elegir una solución
Diseñar un prototipo
✓ Crear un prototipo
✓ Examinar y evaluar
✓ Modificar el diseño para introducir mejoras
✓ Comunicar los resultados

Objetivos

- Explicar cómo se encontró una solución tecnológica por la necesidad de encontrar una energía limpia
- Describir dos ejemplos de generadores propulsados con energía eólica
- Diseñar una solución tecnológica a un problema
- Poner a prueba el prototipo e introducir modificaciones para lograr el resultado deseado

Construir una turbina eólica

Durante la revolución industrial, las máquinas comenzaron a reemplazar a los animales y seres humanos para realizar trabajo. Simplificaron y aceleraron el trabajo en todas las áreas, desde la agricultura y la fabricación hasta el transporte, pero necesitaban combustible. Para ello, se usaron combustibles fósiles como el petróleo, el carbón y la gasolina, que se usan hasta hoy. Pero al quemarlos se producen residuos que dañan el ambiente. Además, estos combustibles se acabarán con el tiempo. Por lo tanto, necesitamos comprender otras fuentes de energía alternativas y renovables.

Las HAWT deben ubicarse en la dirección del viento para que funcionen. Un motor hace girar la turbina para mantenerla de cara al viento. Las palas de una HAWT están torcidas para que el viento golpee el frente de las palas y las empuje al fluir sobre ellas. Como este flujo de viento es estable, casi no hay vibración. Por eso las HAWT son relativamente silenciosas, y las turbinas duran mucho tiempo.

Dirección del viento

La pala se mueve en el sentido contrario a las manecillas del reloj.

El diseño moderno

Hay dos clases generales de turbinas eólicas. Una turbina eólica de eje horizontal (HAWT, por sus siglas en inglés) tiene un eje central horizontal y un generador en la cima de una torre alta. Una turbina eólica de eje vertical (VAWT, por sus siglas en inglés) tiene un eje central vertical y un generador a nivel del suelo. Las palas son generalmente blancas o de un color gris claro, para que se confunda con las nubes. Las palas pueden medir más de 40 metros (130 pies) de largo, y están apoyadas sobre torres de más de 90 metros (300 pies) de altura. ¡Los extremos de las palas pueden alcanzar una velocidad de más de 320 kilómetros (200 mi) por hora!

2 Infiere ¿Qué problemas pueden haber surgido cuando se probaban los prototipos de las nuevas turbinas eólicas?

Las VAWT no necesitan estar de frente al viento. Las palas están hechas de manera que, mientras el viento empuja una pala, la otra vuelve en dirección contraria. Pero como cada pala se mueve contra el viento durante parte de su rotación, los VAWT son menos eficaces que las HAWT. También tienden a vibrar más, por lo que no son tan silenciosas.

Dirección del viento

La pala se mueve contra el viento.

La pala se mueve con el...

Buscar soluciones

Hay muchas fuentes de [...] combustibles fósiles. Un [...] es el viento: una turbina [...] viento para hacer girar [...] equipos para bombear [...] electricidad. Para gener[...] alrededor de un cable en [...] electrones fluyen por el [...] una corriente eléctrica a [...] a hogares y negocios, o [...] forma de energía.

128 Unidad 3 La atmósf[...]

Proceso de diseño en ingeniería

¡Inténtalo!

Ahora es tu turno: Diseña una turbina eólica eficaz que genere electricidad y encienda un pequeño foco.

1 Buscar soluciones

Busca ideas para hacer una turbina eólica que haga girar un eje en un motor pequeño. Las palas deben girar con suficiente rapidez para lograr que el motor genere la electricidad necesaria para encender un foco pequeño. Completa la siguiente tabla con todas las ideas que se te ocurran para cada parte de tu turbina eólica. Encierra en un círculo cada idea que decidas poner a prueba.

Tipo de eje	Forma de la turbina	Unión entre el eje y el motor	Control de velocidad

Materiales

- ✓ diferentes clases de partes de turbina eólica
- ✓ ventilador
- ✓ engranajes
- ✓ foco pequeño
- ✓ motor pequeño
- ✓ tomacorriente

2 Elegir una solución

Elige las características de la turbina que construirás de la tabla anterior. En el siguiente espacio, dibuja un modelo de tu idea de turbina. Incluye todas las partes y muestra cómo estarán conectadas entre sí.

S.T.E.M. — Ingeniería y tecnología

3 Crear un prototipo

Ahora construye tu turbina eólica. Mientras la construías, ¿encontraste partes que no pudiste incluir como pensabas? ¿Qué partes debiste modificar mientras construías el prototipo?

4 Examinar y evaluar

Coloca tu turbina eólica frente a un ventilador y observa lo que sucede. ¿Se encendió el foco? Si no se encendió, ¿qué partes de tu turbina podrías modificar?

5 Modificar el diseño para introducir mejoras

Elige una parte para modificar. Luego, modifica tu diseño y pruébalo de nuevo. Repite este proceso hasta que tu turbina logre encender el foco.

6 Comunicar los resultados

¿Qué parte de la turbina parece influir más sobre el brillo del foco?

Al hacer preguntas, poner a prueba tus ideas, organizar y analizar datos, sacar conclusiones y comunicar lo que aprendes...

¡Tú eres el científico!

Conocimientos y destrezas esenciales de Texas

Estimados estudiantes y familiares:

Este libro así como la clase se estructuran en torno a los Conocimientos y destrezas esenciales de Texas (TEKS) para Ciencias del Grado 6. A medida que lean, hagan experimentos y estudien, aprenderán los conceptos mencionados en estas páginas. También ampliarán sus conocimientos científicos, lo cual enriquecerá sus vidas dentro y fuera de la escuela.

Las imágenes que se muestran a continuación también aparecen en otras páginas de este libro. Pueden empezar a explorar las ciencias que verán este año buscando en el libro esas páginas, donde aprenderán más acerca de las imágenes. El primero está resuelto como ejemplo. (Pista: Busquen en las unidades que se enumeran para cada TEKS).

Les deseamos un buen año escolar,

El equipo de Fusión

TEKS 6.1

Investigación y razonamiento científicos El estudiante lleva a cabo investigaciones de campo y en el laboratorio por lo menos durante el 40% del tiempo de instrucción siguiendo procedimientos de seguridad y prácticas ambientales adecuadas y éticas. Se espera que el estudiante:

A lleve a cabo las prácticas de seguridad que se describen en los Estándares de Seguridad de Texas durante investigaciones de laboratorio e investigaciones de campo; y

B practique el uso apropiado y conservación de recursos, incluyendo el desecho, reutilización o reciclaje de materiales.

Revisa: páginas R26 y R27; Manual de laboratorio del Grado 6

Esta imagen se encuentra en la página

R27

TEKS 6.2

Investigación y razonamiento científicos El estudiante usa métodos de investigación científica durante investigaciones en el laboratorio e investigaciones de campo. Se espera que el estudiante:

A planifique e implemente investigaciones comparativas y descriptivas haciendo observaciones, haciendo preguntas bien definidas y usando equipo y tecnología apropiados;

B diseñe e implemente investigaciones experimentales haciendo observaciones, haciendo preguntas bien definidas, formulando hipótesis que pueden someterse a prueba y usando equipo y tecnología apropiados;

C reúna y anote datos usando el Sistema Internacional de Unidades (SI) y medios cualitativos, tales como dibujos rotulados, escritos y organizadores gráficos;

D elabore tablas y gráficas usando la repetición de pruebas y diferentes medios para organizar datos e identificar patrones; y

E analice datos para formular explicaciones razonables, comunicar conclusiones válidas apoyadas por los datos y predecir tendencias.

Revisa: Unidades 1 y 2; páginas R28 a R45; Manual de laboratorio del Grado 6

Esta imagen se encuentra en la página

_____

TEKS 6.3

Investigación y razonamiento científicos El estudiante usa el razonamiento crítico, el razonamiento científico y la resolución de problemas para tomar decisiones informadas y conocer las contribuciones de científicos importantes. Se espera que el estudiante:

A analice, evalúe y critique las explicaciones científicas en todos los campos de las ciencias usando la evidencia empírica, el razonamiento lógico y pruebas experimentales y de observación, incluyendo un examen desde todos los ángulos de la evidencia científica de esas explicaciones científicas, de tal manera que se fomente el razonamiento crítico en el estudiante;

B use modelos para representar aspectos de la naturaleza, tales como un modelo de las capas de la Tierra;

C identifique ventajas y limitaciones de los modelos, tales como tamaño, escala, propiedades y materiales; y

D relacione el impacto de la investigación en el pensamiento científico y en la sociedad, incluyendo la historia de la ciencia y las contribuciones de los científicos en cada tema.

Revisa: Unidades 1 a 3, 5 a 8, 10

Esta imagen se encuentra en la página

_____

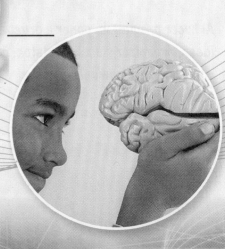

Respuestas: 6.2 19; 6.3 90

TEKS 6.4

Investigación y razonamiento científicos El estudiante entiende cómo usar una variedad de instrumentos y equipos de seguridad para realizar investigaciones científicas. Se espera que el estudiante:

A use instrumentos apropiados para recopilar, anotar y analizar información, incluyendo diarios, cuadernos, vasos de precipitados, cajas de Petri, metros, cilindros graduados, hornillas, tubos de ensayo, balanzas de tres brazos, microscopios, termómetros, calculadoras, computadoras, medidores de tiempo y equipo adicional que sea necesario para enseñar el currículo; y

B use equipo de seguridad de prevención, incluyendo lentes de seguridad, mandiles y guantes, y esté preparadó para usar equipo de emergencia, incluyendo la unidad de lavaojos, una manta apaga fuegos y un extinguidor de fuego.

Revisa: Unidades 1 y 2; páginas R26 a R45; Manual de laboratorio del Grado 6

Esta imagen se encuentra en la página

_____

TEKS 6.5

Materia y energía El estudiante entiende las diferencias entre elementos y compuestos. Se espera que el estudiante:

A sepa que un elemento es una sustancia pura representada con un símbolo químico;

B reconozca que un número limitado de los muchos elementos conocidos forman la parte más grande de los sólidos de la Tierra, material viviente, los océanos y la atmósfera;

C distinga entre elementos y compuestos en el nivel más básico; e

D identifique la formación de una nueva sustancia usando la evidencia de un posible cambio químico, tal como la producción de gas, un cambio de temperatura, la producción de un precipitado o un cambio de color.

Revisa: Unidad 3

Esta imagen se encuentra en la página

_____

TEKS 6.6

Materia y energía El estudiante entiende que la materia tiene propiedades físicas que se pueden usar para clasificarla. Se espera que el estudiante:

A compare metales, no metales y metaloides usando propiedades físicas, tales como el brillo, la conductividad o la maleabilidad;

B calcule la densidad para identificar una sustancia desconocida; y

C haga pruebas de las propiedades físicas de los minerales, incluyendo su dureza, color, brillo y el color que deja al usar el método de la raya.

Revisa: Unidades 3 y 6

Esta imagen se encuentra en la página

_____

TEKS 6.7

Materia y energía El estudiante entiende que algunas fuentes de energía de la Tierra son casi inagotables, mientras que otras pueden ser renovadas en un periodo de tiempo relativamente corto. Algunas fuentes de energía, una vez que se agotan, se vuelven básicamente no renovables. Se espera que el estudiante:

A investigue y discuta sobre las ventajas y desventajas de usar diferentes recursos, tales como carbón mineral, petróleo, gas natural, energía nuclear, biomasa, viento, energía hidroeléctrica, geotérmica y solar; y

B diseñe un plan lógico para administrar las fuentes de energía en el hogar, la escuela o la comunidad.

Revisa: Unidad 5

Esta imagen se encuentra en la página

_____

TEKS 6.8

Fuerza, movimiento y energía El estudiante entiende que la fuerza y el movimiento están relacionados con la energía potencial y cinética. Se espera que el estudiante:

A compare y contraste la energía potencial y la cinética;

B identifique y describa los cambios en posición, dirección y velocidad de un objeto cuando actúan sobre él fuerzas que no están en equilibrio;

C calcule la velocidad promedio usando mediciones de la distancia y el tiempo;

D mida y haga graficas de cambios en el movimiento; e

E investigue cómo pueden usarse planos inclinados y poleas para cambiar la cantidad de fuerza necesaria para mover un objeto.

Revisa: Unidad 4

Esta imagen se encuentra en la página

_____

TEKS 6.9

Fuerza, movimiento y energía El estudiante entiende que la Ley de Conservación de la Energía dice que la energía no puede ser creada ni destruida, sino que sólo cambia de forma. Se espera que el estudiante:

A investigue métodos de transferencia de energía térmica, incluyendo la conducción, la convección y la radiación;

B verifique a través de investigaciones que la energía térmica se mueve siguiendo un patrón predecible de más caliente a más fría hasta que todas las sustancias tengan la misma temperatura, tal como un cubo de hielo al derretirse; y

C demuestre transformaciones de la energía, tales como la energía en la batería de una linterna que cambia de energía química a energía eléctrica y luego a energía luminosa.

Revisa: Unidad 4

Esta imagen se encuentra en la página

_____

© Houghton Mifflin Harcourt Publishing Company • Image Credits: (l) ©World Perspectives/Photographer's choice/Getty Images; (b) ©Tim Graham/Getty Images; (r) ©Arcticphoto /Alamy

TEKS 6.10

La Tierra y el espacio El estudiante entiende la estructura de la Tierra, el ciclo de las rocas y las placas tectónicas. Se espera que el estudiante:

A elabore un modelo para ilustrar las capas estructurales de la Tierra, incluyendo el núcleo interno, el núcleo externo, el manto, la corteza, la astenósfera y la litósfera;

B clasifique las rocas como metamórficas, ígneas o sedimentarias según su proceso de formación;

C identifique las principales placas tectónicas, incluyendo la eurasiática, la africana, la indo-australiana, la del Pacífico, la de Norteamérica y la de Sudamérica; y

D describa cómo las placas tectónicas son la causa de grandes eventos geológicos, tales como cuencas oceánicas, terremotos, erupciones volcánicas y la formación de montañas.

Revisa: Unidades 6 y 7

Esta imagen se encuentra en la página

_____

TEKS 6.11

La Tierra y el espacio El estudiante entiende la organización de nuestro sistema solar y las relaciones entre los diferentes cuerpos que lo forman. Se espera que el estudiante:

A describa las propiedades físicas, ubicaciones y movimientos del Sol, los planetas, las lunas galileanas, los meteoritos, los asteroides y los cometas;

B entienda que la fuerza de gravedad gobierna el movimiento en nuestro sistema solar; y

C describa la historia y el futuro de la exploración espacial, incluyendo los tipos de equipo y transporte necesarios para los viajes espaciales.

Revisa: Unidades 8 y 9

Esta imagen se encuentra en la página

_____

TEKS 6.12

Organismos y medio ambiente El estudiante entiende que todos los organismos se clasifican en dominios y reinos. Los organismos dentro de estos grupos taxonómicos tienen características similares que les permiten interactuar con los organismos vivos y la materia inerte de su ecosistema. Se espera que el estudiante:

A entienda que todos los organismos están formados por una o más células;

B reconozca que la presencia del núcleo determina si la célula es procariótica o eucariótica;

C reconozca que la clasificación taxonómica más amplia de organismos vivos se divide en dominios que son reconocidos actualmente;

D identifique las características básicas de los organismos, incluyendo procariótico o eucariótico, unicelular o multicelular, autotrófico o heterotrófico y la forma de reproducirse, que luego serán clasificados en los reinos reconocidos actualmente;

E describa las partes bióticas y abióticas de un ecosistema en el que los organismos interactúan; y

F haga diagramas de los niveles de organización dentro de un ecosistema, incluyendo organismo, población, comunidad y ecosistema.

Revisa: Unidad 10

Esta imagen se encuentra en la página

_____

Contenido

Los científicos obtienen evidencia de muchos tipos de fuentes: ¡desde experimentos de laboratorio hasta restos de rinocerontes de 10,000 años!

Construir modelos nos ayuda a imaginar cosas difíciles de ver, como este ADN con forma de doble hélice.

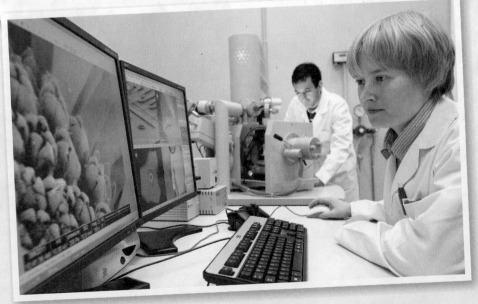

© Houghton Mifflin Harcourt Publishing Company • Image Credits: (t) ©Guy Call/Corbis; (b) ©Javier Larrea/age fotostock

Contenido (continuación)

¡Es probable que las mismas partículas de materia que se encuentran en nuestros cuerpos hoy hayan formado parte de un dinosaurio o una estrella en el pasado!

¿Cuál de los dos pájaros
tiene una rapidez
promedio mayor: el
pingüino que bucea o el
avestruz que corre?

© Houghton Mifflin Harcourt Publishing Company • Image Credits: (l) ©Specialist Stock/Corbis

Contenido *(continuación)*

La energía geotérmica que proviene del interior de la Tierra puede usarse para producir energía como la energía térmica y la electricidad.

Los acantilados de Dover se formaron a partir de los esqueletos de organismos, como las algas marinas microscópicas que se muestran a la derecha.

Contenido *(continuación)*

¡Imagina qué tan caliente debe estar la roca para fundirse y fluir como agua! Eso es la lava.

Las montañas de los Pirineos, que separan Francia de España, se formaron cuando las capas de rocas ejercieron presión entre sí y se elevaron.

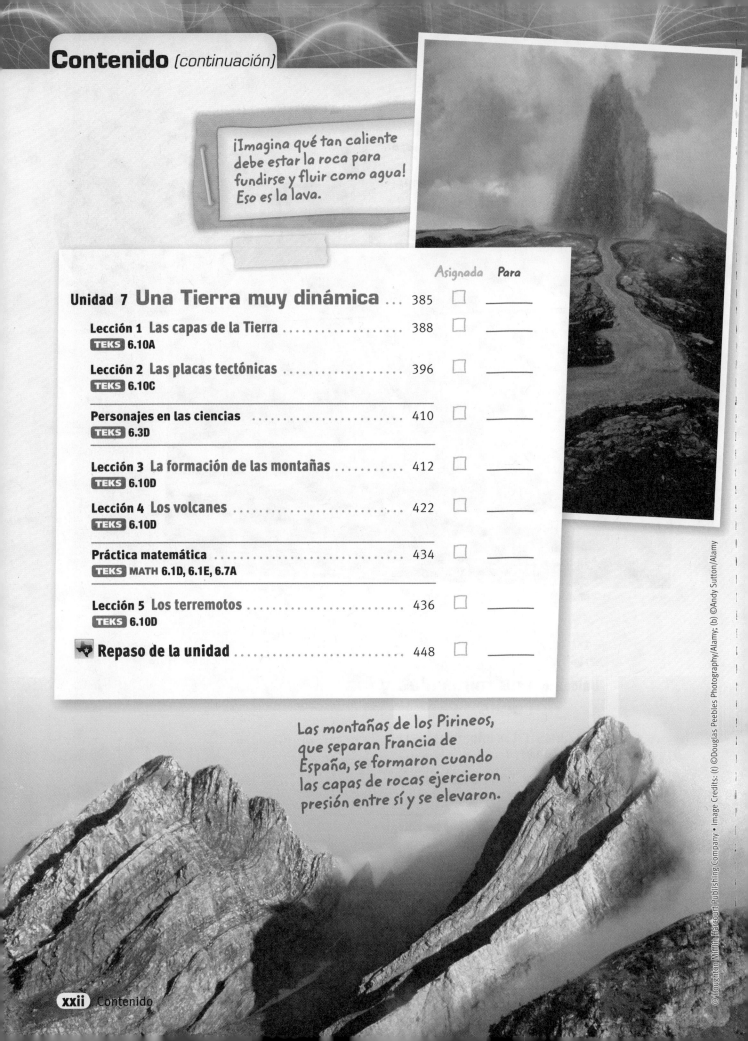

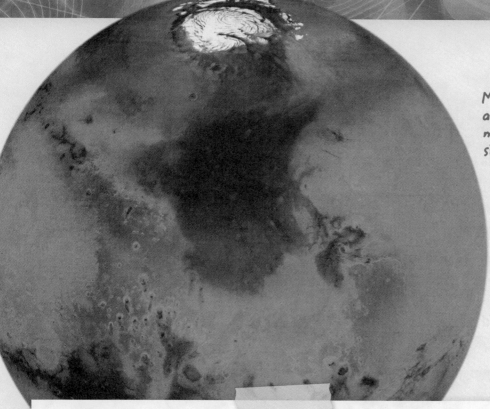

Marte ostenta el récord de albergar el volcán y el cañón más grandes de todo el sistema solar.

© Houghton Mifflin Harcourt Publishing Company • Image Credits: ©US Geological Survey/SPL/Photo Researchers, Inc.

Contenido *(continuación)*

Los dos cohetes de combustible sólido ayudan a este transbordador espacial a acelerar de 0 km/h a más de 4,828 km/h en 2 minutos.

© Houghton Mifflin Harcourt Publishing Company • Image Credits: ©Gene Blevins/LA Daily News/Corbis

Las alas de las mariposas están cubiertas por escamas diminutas y coloridas que protegen las membranas de las alas.

Asignaciones:

Vistazo a la seguridad

La seguridad es la ausencia de peligro, lesiones o daños. La seguridad es un aspecto importante de todas las investigaciones científicas, tanto en el laboratorio como en el campo.

Seguridad en el laboratorio

En el laboratorio, eres responsable de tu seguridad y de la seguridad de los demás. Para ayudar a evitar accidentes en el laboratorio, debes tener en cuenta los siguientes elementos de seguridad:

- ☐ **Preparación: asegúrate de entender los materiales que usarás y el procedimiento que seguirás antes de comenzar una investigación en el laboratorio.**

- ☐ **Utiliza el equipo de seguridad adecuado.**

- ☐ **Sigue las instrucciones.**

- ☐ **Mantén el laboratorio ordenado y limpio una vez que hayas finalizado.**

- ☐ **Utiliza los procedimientos para accidentes adecuados e informa de inmediato a tu maestro sobre cualquier accidente, incluso si parece de poca gravedad.**

Seguridad en el campo

En el campo, eres responsable de tu seguridad y de la seguridad de los demás, pero también de los organismos y el medio ambiente en el que estás trabajando. Puedes cumplir con estas responsabilidades si tienes en cuenta los siguientes elementos de seguridad en el campo:

☐ **Preparación: asegúrate de entender el objetivo de tu trabajo de campo y la manera correcta de llevar a cabo la investigación antes de comenzar con el trabajo de campo.**

☐ **Utiliza el equipo de seguridad adecuado y la vestimenta de protección que corresponde al terreno y al estado del tiempo.**

☐ **Sigue las instrucciones.**

☐ **No te acerques a los animales salvajes ni los toques. No toques las plantas a menos que tu maestro te haya indicado hacerlo. Deja las áreas naturales tal como las encontraste.**

☐ **Mantente cerca del grupo.**

☐ **Utiliza los procedimientos para accidentes adecuados e informa de inmediato a tu maestro sobre cualquier accidente o riesgo al medio ambiente, incluso si parece de poca gravedad.**

Para descubrir más acerca de la seguridad, echa un vistazo a estas secciones de tu programa de Fusión:

Páginas R26-R27 cerca del final de este libro

Páginas del Manual de laboratorio sobre seguridad que te entregará tu maestro

- Símbolos de seguridad
- Seguridad en el laboratorio
- Seguridad durante las excursiones
- Técnicas de laboratorio
- Examen breve de seguridad
- Compromiso de seguridad del estudiante

La naturaleza de las ciencias

La gran idea

Los científicos hacen observaciones minuciosas y usan el razonamiento para comprender los procesos y los patrones de la naturaleza.

Esta imagen satelital del fondo de un cráter de Marte en un color que no es real, muestra una red de formas rocosas del terreno que tienen varias millas de extensión.

¿Qué opinas?

Esta imagen fue tomada por la cámara del Experimento Científico de Imágenes de Alta Resolución (HiRISE, por sus siglas en inglés) a bordo del orbitador Mars Reconnaissance (MRO, por sus siglas en inglés) de la NASA. ¿Cómo ayudan estas observaciones a los científicos a comprender los procesos naturales en Marte?

Ilustración de la nave MRO

1

Los viajes espaciales

En los cuentos de ciencia ficción, los seres humanos pueden viajar con rapidez y facilidad a través del espacio. En la realidad, se deben enfrentar muchos desafíos antes de que los seres humanos puedan hacer viajes espaciales prolongados. Se están desarrollando nuevas tecnologías que quizá permitan a los seres humanos vivir y realizar funciones en el espacio. ¿La ciencia alcanzará a la ficción?

La imagen muestra la idea de un artista para un futuro puerto espacial.

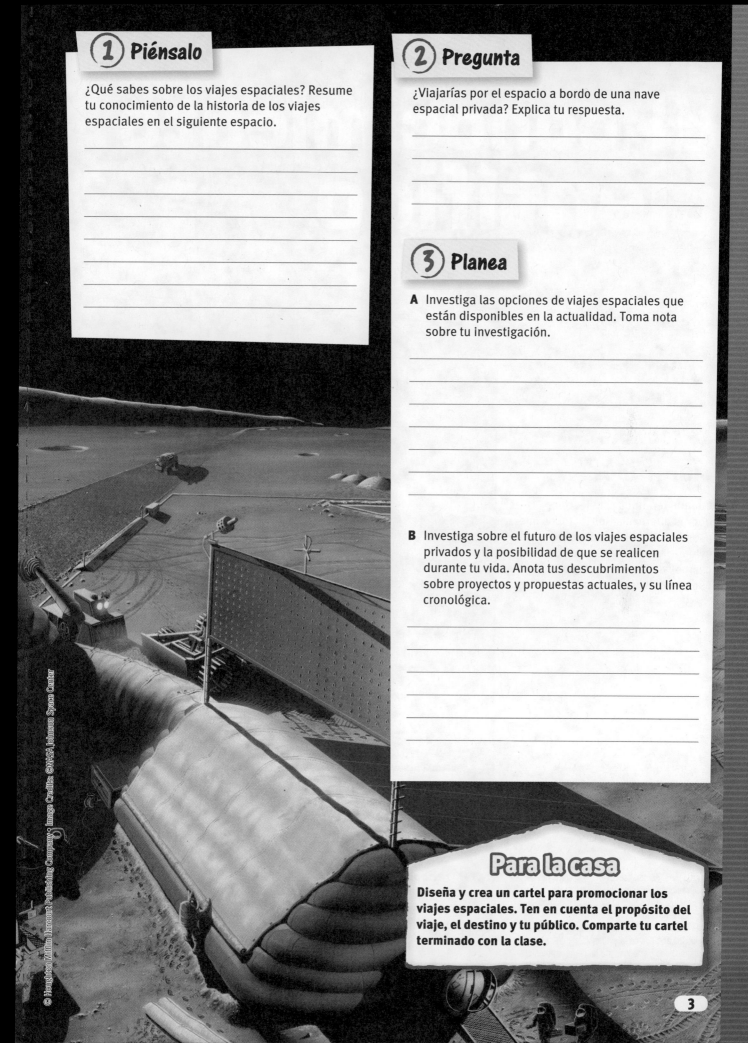

① Piénsalo

¿Qué sabes sobre los viajes espaciales? Resume tu conocimiento de la historia de los viajes espaciales en el siguiente espacio.

_____

_____

_____

_____

_____

_____

_____

② Pregunta

¿Viajarías por el espacio a bordo de una nave espacial privada? Explica tu respuesta.

_____

_____

_____

_____

③ Planea

A Investiga las opciones de viajes espaciales que están disponibles en la actualidad. Toma nota sobre tu investigación.

_____

_____

_____

_____

_____

_____

B Investiga sobre el futuro de los viajes espaciales privados y la posibilidad de que se realicen durante tu vida. Anota tus descubrimientos sobre proyectos y propuestas actuales, y su línea cronológica.

_____

_____

_____

_____

_____

_____

Para la casa

Diseña y crea un cartel para promocionar los viajes espaciales. Ten en cuenta el propósito del viaje, el destino y tu público. Comparte tu cartel terminado con la clase.

El conocimiento científico

PREGUNTA ESENCIAL

¿Cuáles son los tipos de conocimiento científico?

Cuando termines esta lección, podrás diferenciar los métodos que usan los científicos para obtener evidencias empíricas en diversos campos de las ciencias y explicar cómo esto lleva al cambio científico.

El fondo del mar puede parecer un lugar extraño para realizar un experimento científico. Pero los científicos a menudo van a lugares lejanos para recopilar datos.

TEKS 6.3A analice, evalúe y critique las explicaciones científicas en todos los campos de las ciencias usando la evidencia empírica, el razonamiento lógico y pruebas experimentales y de observación, incluyendo un examen desde todos los ángulos de la evidencia científica de esas explicaciones científicas, de tal manera que se fomente el razonamiento crítico en el estudiante

Actividades de laboratorio de la lección

Actividades rápidas de laboratorio
- Juicio a Plutón
- ¿Teoría o afirmación?

Actividad de investigación de laboratorio
- Comerciales basados en las ciencias

Ponte a pensar

1 Predice Marca V o F para mostrar si cada enunciado es verdadero o falso.

V   F

☐ ☐ Todas las ramas de la ciencia tienen teorías científicas.

☐ ☐ Un científico puede usar un solo método para investigar.

☐ ☐ Las teorías son ideas científicas que todavía no se han puesto a prueba.

☐ ☐ Las leyes científicas describen lo que sucede en el mundo.

2 Sintetiza Una eolípila es un instrumento que funciona con vapor. Cuando se calienta, el agua del bulbo produce vapor. El bulbo rota impulsado por el vapor que escapa por los picos. Las personas fabricaban estos instrumentos hace 2,000 años. ¿Cómo crees que se les habrá ocurrido la idea aun cuando no tenían la comprensión que tenemos hoy sobre la ciencia?

_____

_____

_____

eolípila

Lectura con propósito

3 Infiere La palabra *empírica* deriva de la palabra griega *empeirikos*, que significa "experimentado". Teniendo en cuenta esta información, infiere cómo obtienen los científicos evidencia empírica.

_____

_____

_____

_____

_____

Términos de vocabulario

- evidencia empírica
- teoría
- ley

4 Aplica A medida que aprendas la definición de cada término de vocabulario de esta lección, crea tu propia definición o esquema que te ayude a recordar el significado del término.

...Desde el **principio**

¿Qué son las ciencias?

Las ciencias son el estudio de la naturaleza. Los científicos lo estudian todo, desde las zonas más profundas del océano hasta los objetos del espacio exterior. Algunos científicos estudian los organismos vivos. Otros estudian fuerzas como la gravedad y el magnetismo. Menciona cualquier cosa que veas a tu alrededor. Es muy probable que haya un científico que la esté estudiando.

Las ciencias naturales se dividen en tres áreas: la biología o ciencias de la vida, la geología o ciencias de la Tierra y la física o ciencias físicas. Las tres áreas difieren en los temas que estudian y los métodos que usan. La biología es el estudio de los organismos vivos. Los biólogos estudian todo: desde los organismos diminutos hasta los seres humanos. La geología es el estudio de la Tierra: de qué está hecha y cuáles son los procesos que le dan forma. Las ciencias físicas son el estudio de la materia inerte y de la energía. A menudo se incluye la química dentro de las ciencias físicas. El trabajo de un científico puede hacer que se superpongan dos o más áreas. Por ejemplo, un biólogo debe tener conocimientos de química para comprender los procesos que tienen lugar en los organismos vivos.

Cada una de las siguientes fotografías se relaciona de alguna manera con una de las áreas de las ciencias. ¿Puedes identificar a qué área corresponde cada una según las leyendas?

A La superficie de la Tierra está formada por una serie de placas, cuyo movimiento produce los terremotos.

B La luz blanca es una combinación de diferentes colores.

C Los tejidos de todos los organismos vivos, como esta piel de cebolla, muestran algunas similitudes.

¿Qué nos dicen las ciencias?

Lectura con propósito 6 **Identifica** Subraya qué es una teoría para las ciencias.

Es posible que creas que lo que lees en un libro de ciencias es aceptado por todos y no cambiará. Sin embargo, eso no siempre es así. Las "verdades" de las ciencias son simplemente las explicaciones más ampliamente aceptadas. El conocimiento científico cambia permanentemente y probablemente siempre lo hará.

Cuando estudiamos ciencias, aprendemos lo que para la mayoría de los científicos es el conjunto de las mejores explicaciones sobre cómo suceden las cosas. Son *teorías* que los científicos tienen acerca del mundo. Generalmente, consideramos que una teoría es una especie de suposición o "pálpito". En ciencias, una teoría es mucho más que eso. Una teoría científica es una explicación respaldada por una gran cantidad de evidencia. Las teorías son, en la opinión de la mayoría de los científicos, las mejores explicaciones fundamentadas en lo que sabemos actualmente.

En la siguiente tabla, se describen tres teorías científicas importantes. Cada teoría se relaciona con una de las áreas de las ciencias descritas anteriormente. Cada una también corresponde a una de las fotografías de la página anterior. ¿Puedes mencionar qué tipos de evidencia respaldarían cada teoría?

7 **Identifica** Escribe la letra de la fotografía de la izquierda correspondiente junto a cada una de las tres teorías que se exponen en la siguiente tabla. Describe cuáles serían algunas evidencias que respaldan cada teoría en los espacios de la derecha.

Teorías científicas

	Lo que los científicos creen	¿Cuáles serían algunas evidencias?
Biología	__Teoría celular: Los organismos vivos están formados por células que cumplen con las funciones básicas de la vida.	
Geología	__Placas tectónicas: La superficie de la Tierra está formada por placas que se desplazan.	
Física	__Teoría ondulatoria de la luz: Cada color de la luz visible tiene una onda con una longitud de onda específica.	

No es una teoría:

¿En qué se diferencian las teorías de las leyes científicas?

🖐 **Lectura con propósito** **8 Identifica** Mientras lees, subraya un ejemplo de la vida real de la ley de Boyle.

Para comprender la naturaleza del conocimiento científico, debes comprender cómo los científicos usan ciertas palabras. Con frecuencia, los significados son muy especializados. *Ley* y *teoría* son dos palabras conocidas con un significado científico específico.

Las leyes describen los principios de la naturaleza

Una **ley** científica es la descripción de una relación específica en determinadas condiciones de la naturaleza. En resumen, las leyes científicas describen la manera en que funciona el mundo. Son válidas en cualquier sitio del universo. No se puede escapar de ellas.

La ley de Boyle es una ley científica. Según la ley de Boyle, a temperatura constante, cuando la presión de un gas aumenta, su volumen disminuye. Para poder apreciar la ley de Boyle, piensa qué se sentiría al apretar una pelota de playa parcialmente desinflada. Si aplicas presión al apretarla, el volumen, o tamaño, de la pelota disminuirá.

Puedes sentir los efectos de la ley de Boyle. Hay una membrana, el *tímpano*, que separa tu oído medio de tu oído externo. Normalmente, los espacios de aire a ambos lados de la membrana están a la misma presión. Pero a veces, la presión en el oído externo puede cambiar. Por ejemplo, la buceadora de la foto siente un incremento de presión en su tímpano al sumergirse en el agua. Si se aprieta la nariz y sopla suavemente, logra que ingrese más aire en su oído medio. Esta acción abre momentáneamente la *trompa de Eustaquio,* que conecta el oído medio con la garganta, y permite que entre más aire desde la cavidad bucal al oído medio. Así, se iguala la presión de los dos espacios.

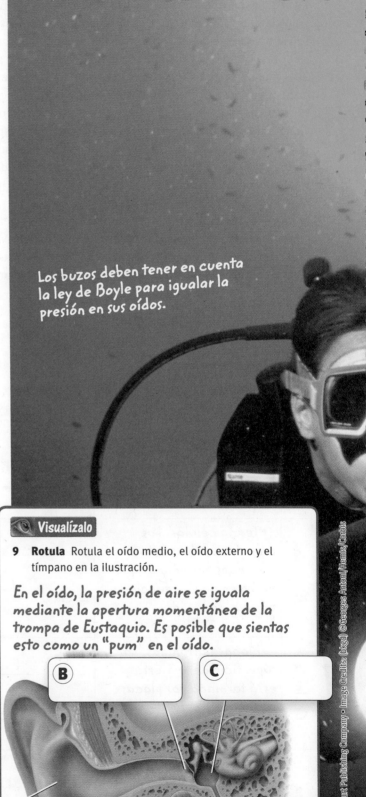

Los buzos deben tener en cuenta la ley de Boyle para igualar la presión en sus oídos.

👁 Visualízalo

9 Rotula Rotula el oído medio, el oído externo y el tímpano en la ilustración.

En el oído, la presión de aire se iguala mediante la apertura momentánea de la trompa de Eustaquio. Es posible que sientas esto como un "pum" en el oído.

B

C

A

Trompa de Eustaquio

¡es una ley!

Las teorías describen cómo suceden las cosas

Mientras que las leyes describen qué sucede, las teorías científicas tratan de explicar cómo sucede. Una **teoría** científica es una explicación bien fundamentada de la naturaleza. Las teorías nos ayudan a comprender las leyes que observamos.

Por ejemplo, la teoría cinética de los gases puede explicar la ley de Boyle. La teoría cinética describe que un gas está compuesto por partículas que se mueven rápidamente. Las partículas de gas rebotan constantemente contra las paredes del recipiente que las contiene. Cuanto más reboten las partículas contra las paredes del recipiente, más aumentará la presión del gas.

Existen dos factores que incrementan la frecuencia con que las partículas de un gas rebotan contra las paredes del recipiente: la temperatura y el volumen. Si la temperatura de un gas aumenta, las partículas se mueven más rápidamente. Por lo tanto, las partículas entran en contacto con las paredes del recipiente con mayor frecuencia. Si el volumen disminuye, la frecuencia de contacto también aumenta porque las partículas deben recorrer una distancia menor antes de impactar en las paredes. Las paredes del recipiente pueden ser cualquier cosa: un cilindro metálico, una pelota de playa o tu tímpano. Las siguientes ilustraciones te darán una idea de cómo funciona esto.

Visualízalo

10 Compara En la siguiente tabla, encierra en un círculo los signos que representan la relación entre el volumen, la presión y la temperatura de los gases de los dos cilindros. El primero se da como ejemplo.

Cilindro 1		Relación		Cilindro 2
Volumen	<	=	(>)	Volumen
Presión	<	=	>	Presión
Temperatura	<	=	>	Temperatura

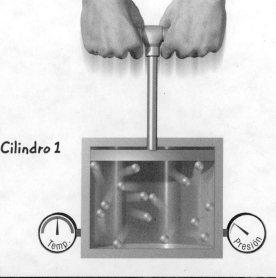

Cilindro 1

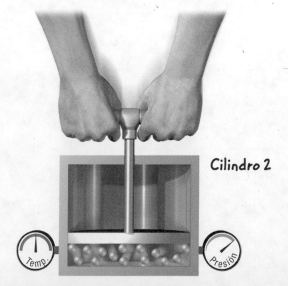

Cilindro 2

¿Qué evidencia tienes?

¿Dónde obtienen los científicos su evidencia?

Los científicos son curiosos. Observan todo lo que ocurre a su alrededor y hacen preguntas. Recopilan cualquier información que los pueda ayudar a responder estas preguntas.

El conocimiento científico se basa en la *evidencia empírica*. La **evidencia empírica** es el conjunto de mediciones y datos que los científicos recopilan para apoyar una explicación científica. Los científicos obtienen evidencia empírica de distintos lugares. Generalmente, el trabajo científico se clasifica en trabajo de campo o de laboratorio.

11 Identifica Subraya la definición de "evidencia empírica".

12 Analiza ¿Qué evidencia empírica puede estar tratando de recopilar la científica de la fotografía?

_____

_____

_____

Esta científica es una paleontóloga. La tarea de un paleontólogo es buscar huesos fosilizados. Aquí, se encuentra excavando cuidadosamente los restos de un rinoceronte de 10,000 años.

En el campo

Generalmente, la recopilación de evidencia empírica al aire libre o en lugares donde las condiciones no se pueden controlar se conoce como trabajar en el campo o *trabajo de campo*. El trabajo de campo les brinda a los científicos la oportunidad de recopilar datos en un escenario natural. Los biólogos y los geólogos hacen trabajo de campo.

Un biólogo podría observar de qué manera se comportan los animales en su ambiente natural. Así, podría ver cómo consiguen alimento o cómo interactúan con otros animales. Un geólogo podría estar interesado en los minerales de las rocas que se encuentran en un área específica. Es posible que quiera determinar cómo se formaron las rocas.

En el laboratorio

En un laboratorio, los científicos tienen la oportunidad de recopilar datos en un ambiente controlado. A diferencia del campo, el laboratorio permite a los científicos controlar condiciones como la temperatura, la iluminación, e incluso lo que hay en el aire circundante. Un laboratorio es el lugar donde los científicos suelen hacer experimentos. En un experimento, los científicos tratan de ver qué sucede en ciertas condiciones. Un químico podría intentar ver cómo reaccionan dos sustancias entre sí. Un físico podría estudiar la energía de un nuevo láser. Incluso los científicos que trabajan principalmente en el campo, como los paleontólogos y los geólogos, también pueden observar un hueso o una roca en el laboratorio.

Hay muchas variedades de laboratorios. Hay algunos en el océano y otros en el cielo. ¡Hasta se han enviado laboratorios robóticos a Marte!

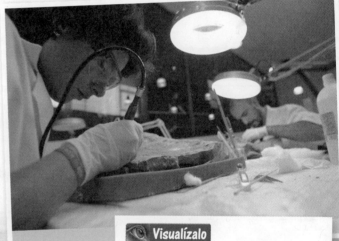

Lectura con propósito

13 Predice ¿Qué podría buscar un científico para recopilar evidencia sobre la formación de un volcán?

_____

_____

_____

_____

Visualízalo

14 Infiere Los paleontólogos de la foto han llevado una muestra al laboratorio. ¿Qué podrían estar buscando?

_____

_____

_____

El **debate** continúa

¿Cómo cambian las ideas científicas?

Recuerda que el conocimiento científico es conocimiento consensuado. Es lo que los científicos piensan que son las explicaciones más probables para lo que vemos. Con el tiempo, esas explicaciones más probables pueden cambiar. A veces, esos cambios son muy grandes. Casi siempre, son muy pequeños. ¿Por qué cambian las ideas y las explicaciones científicas? Generalmente, esto se debe a que se halla nueva evidencia o a que alguien encontró una explicación mejor para la evidencia anterior.

Por el hallazgo de nueva evidencia

La teoría de los átomos es un buen ejemplo de cómo la nueva evidencia puede modificar una teoría. A mediados del siglo XIX, la mayoría de los científicos estaban de acuerdo en que la materia estaba formada por átomos. Sin embargo, no estaban seguros de cómo eran los átomos. Al principio, pensaban que eran como canicas pequeñas y macizas. Suponían que los átomos de diferentes sustancias tenían masas diferentes.

La evidencia posterior sugirió que lo más probable era que los átomos contuvieran partes todavía más pequeñas. Los científicos observaron que estas partes más pequeñas tenían cargas eléctricas y que la mayor parte de la masa de un átomo estaba en su centro. Aún consideraban que los átomos eran muy pequeños, y a menudo los trataban como canicas diminutas. Finalmente, llegaron a la conclusión de que, para explicar mejor cómo interactuaban los átomos, necesitaban una imagen más compleja de ellos.

Hoy en día, los científicos aún intentan perfeccionar la imagen del átomo. Gran parte de su trabajo implica literalmente estrellar los átomos entre sí. Luego examinan los patrones creados por los impactos. Es casi como un juego atómico de canicas.

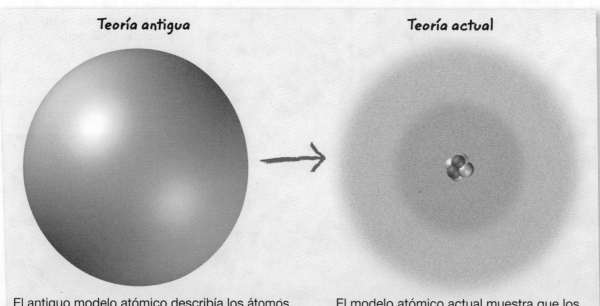

Teoría antigua

Teoría actual

El antiguo modelo atómico describía los átomos como esferas diminutas, parecidas a canicas.

El modelo atómico actual muestra que los átomos tienen partes más pequeñas.

Por medio de la colaboración y el debate

La mayoría de los científicos no trabajan solos, sino que colaboran unos con otros y comparten ideas. En cierta manera, todos los científicos tratan de resolver un rompecabezas. Por lo general, cuando se trata de resolver un rompecabezas, varias mentes son mejor que una sola.

Los científicos se reúnen regularmente para comentar y debatir ideas. Esto los ayuda a llegar a un consenso con respecto a sus ideas. Muchas ideas no son aceptadas inicialmente. Cuestionar cada idea es parte de la naturaleza de las ciencias. Muchas veces, los cuestionamientos son bien recibidos. Esta rigurosa evaluación garantiza que el conocimiento científico tenga un respaldo sólido.

Piensa libremente Investigación

17 Evalúa Describe una ocasión en que hayas tenido que pedir la ayuda de alguien para resolver un problema. ¿Por qué pediste ayuda?

A la izquierda se ve un ejemplo de cómo los científicos estudian los átomos actualmente. Los "rayos" muestran las trayectorias de partículas subatómicas después del choque de dos átomos. Los científicos de la foto estudian y comentan en grupo imágenes como esta con la esperanza de comprender mejor los átomos.

Resumen visual

Para completar este resumen, escribe la palabra o la frase correcta en los espacios en blanco. Luego usa la clave para comprobar tus respuestas. Puedes usar esta página para repasar los conceptos principales de la lección.

Los hechos que generalmente consideramos ciencia son simplemente las explicaciones más ampliamente aceptadas.

18 Una _____ científica describe qué sucede, pero una _____ científica describe las razones por las que sucede.

El conocimiento científico

La evidencia empírica es el conjunto de mediciones y datos que los científicos recopilan para apoyar una explicación científica.

19 Un _____ recopila evidencia empírica sobre las rocas cuando hace _____.

20 Un _____ recopila evidencia empírica acerca de cómo se combinan las sustancias cuando trabaja en el _____.

El conocimiento científico a menudo cambia debido a nueva evidencia o nuevas interpretaciones.

21 Con frecuencia, los científicos _____ y _____ para tratar de interpretar ideas complejas.

Respuestas: 18 ley, teoría; 19 geólogo, trabajo de campo; 20 químico, laboratorio; 21 colaboran, debaten

22 **Justifica** ¿Se podría considerar que una teoría científica es una ley científica sin suficiente evidencia que la respalde? Explica tu respuesta.

Repaso de la lección

Vocabulario

Encierra en un círculo el término que complete mejor las siguientes oraciones.

1 Una *ley / teoría* científica es una explicación de cómo ocurre algo. Está respaldada por una gran cantidad de evidencia.

2 Los científicos buscan *evidencia empírica / leyes* tanto en el campo como en el laboratorio.

3 La mejor denominación para un principio básico que se aplica en todo lugar y en todas las situaciones es *ley / teoría* científica.

Conceptos clave

4 Enumera ¿En qué tres áreas se dividen comúnmente las ciencias naturales?

_____

_____

5 Distingue ¿En qué se diferencia el uso de la palabra *teoría* en las ciencias de su uso más común?

_____

_____

_____

6 Diferencia ¿Cómo podrías distinguir una teoría científica de una ley científica?

_____

_____

_____

7 Identifica Menciona dos métodos que los científicos usan para obtener evidencia empírica.

_____

_____

8 Aplica ¿Cuál es una diferencia entre la investigación que se realiza en el campo y la que se realiza en el laboratorio?

_____

_____

_____

_____

Razonamiento crítico

Usa esta fotografía para responder la siguiente pregunta.

9 Interpreta A medida que las llamas calientan los gases dentro del globo, el volumen de los gases aumenta. A presión constante, el volumen de todos los gases aumenta cuando aumenta la temperatura. ¿Este enunciado es una teoría o una ley científica? Explica tu respuesta.

_____

_____

_____

_____

10 Sostén con argumentos Alguien te dice que el conocimiento científico no puede cambiarse ni modificarse. ¿Cómo responderías a esta afirmación?

_____

_____

_____

11 Concluye Todos los años, la Sociedad Química de los Estados Unidos organiza una reunión nacional y muchas reuniones regionales para químicos. Posteriormente, los informes de estas reuniones son enviados a todo el mundo. ¿Por qué crees que esto se ha convertido en una práctica habitual?

_____

_____

_____

Mis apuntes

Las investigaciones científicas

PREGUNTA ESENCIAL

¿Cómo trabajan los científicos?

Cuando termines esta lección, podrás resumir los procesos y las características de diferentes tipos de investigaciones científicas.

TEKS **6.2A** planifique e implemente investigaciones comparativas y descriptivas haciendo observaciones, haciendo preguntas bien definidas y usando equipo y tecnología apropiados

TEKS **6.2B** diseñe e implemente investigaciones experimentales haciendo observaciones, haciendo preguntas bien definidas, formulando hipótesis que pueden someterse a prueba y usando equipo y tecnología apropiados

Los geólogos pueden crear terremotos artificiales en este modelo de una sección de la corteza terrestre. Así, investigan los tipos de roca que pueden ser atravesadas por las ondas sísmicas. ¡Y todo desde una computadora!

Actividades de laboratorio de la lección

Actividades rápidas de laboratorio
- Identificar minerales
- La textura del suelo y la circulación del agua

Actividad de investigación de laboratorio
- Predecir e inferir resultados

Ponte a pensar

1 Predice Marca V o F para mostrar si cada enunciado es verdadero o falso.

V	F	
☐	☐	Hay una sola manera correcta de llevar a cabo una investigación científica.
☐	☐	Una hipótesis es una conclusión que se saca luego de llevar a cabo un experimento científico.
☐	☐	En un experimento controlado, los científicos intentan controlar todas las variables, menos una.
☐	☐	Los científicos pueden interpretar los mismos datos de diferentes maneras.

2 Explica Observa las colinas que se muestran en esta fotografía. Escribe algunas preguntas que te gustaría investigar sobre las capas de roca sedimentaria.

_____

_____

_____

_____

_____

Lectura con propósito

3 Sintetiza A menudo puedes definir una palabra desconocida si conoces el significado de las partes que componen la palabra. Usa las partes de la palabra y la siguiente oración para sacar una conclusión lógica sobre el significado del término _variable independiente_.

Parte de la palabra	Significado
_in-_	no

Oración de ejemplo
En un experimento sobre cómo la luz afecta el crecimiento de las plantas, la <u>variable independiente</u> es el número de horas que una planta está expuesta a la luz.

variable independiente:

_____

_____

_____

Términos de vocabulario

- **experimento**
- **observación**
- **hipótesis**
- **variable independiente**
- **variable dependiente**
- **datos**

4 Identifica Esta lista contiene los términos de vocabulario que aprenderás en esta lección. Mientras lees, subraya la definición de cada término.

Historia de detectives

¿Cuáles son algunos tipos de investigaciones científicas?

Los dos tipos básicos de investigaciones científicas son los *experimentos* y las *observaciones* de campo. La mayoría de los científicos llevan a cabo tanto experimentos como observaciones. Los experimentos, por lo general, se basan en observaciones del mundo. Además, estos producen observaciones en el momento en que se los lleva a cabo. Pero las observaciones no siempre llevan a hacer experimentos.

Lectura con propósito

5 Identifica Mientras lees estas dos páginas, subraya las características de los diferentes tipos de investigaciones científicas que se describen.

Las investigaciones científicas

Experimentos

Un **experimento** es un procedimiento organizado para estudiar algo bajo condiciones controladas. Los científicos a menudo llevan a cabo experimentos para descubrir la causa de algo que han observado.

En 1928, Alexander Fleming encontró un hongo que crecía en una placa de nutrientes que estaba cubierta de bacterias. Se dio cuenta de que no crecía ninguna colonia de bacterias cerca de la colonia del hongo. Entonces, se le ocurrió que el hongo producía algo que mataba a las bacterias.

Fleming llevó a cabo experimentos que mostraron que, efectivamente, el hongo producía una sustancia química que mataba a las bacterias. Llamó a esa sustancia química "penicilina", por el hongo que la producía. A partir de su trabajo, los científicos desarrollaron los primeros medicamentos antibióticos.

Los experimentos como el de Fleming se realizan en un laboratorio. La mayoría de las condiciones que pueden afectar los resultados de un experimento se pueden controlar en un laboratorio. También se pueden hacer experimentos en el campo, es decir, fuera del laboratorio. En el campo, se pueden controlar menos condiciones. Sin embargo, a veces se necesitan experimentos de campo para mostrar que algo que se descubrió en un laboratorio también ocurre en la naturaleza.

Estos científicos trabajan en un laboratorio conocido como sala limpia. En una sala limpia, no debe haber ningún tipo de contaminante posible.

6 Infiere ¿Por qué es más difícil controlar las condiciones en el campo que en el laboratorio?

_____

_____

_____

Observaciones y modelos

Los científicos también pueden estudiar la naturaleza sin llevar a cabo experimentos. Una **observación** es el proceso de obtener información por medio de los sentidos. El término también puede referirse a la información que se obtiene usando los sentidos o instrumentos especiales.

Por ejemplo, en un sitio prehistórico una arqueóloga observa un pequeño hueso que no parece ser humano. Debido a su forma y tamaño, la científica se pregunta si es de un animal pequeño. Su observación y su pregunta se pueden usar para planificar una investigación descriptiva. Compara el hueso con los de varios animales pequeños. Después de hacer observaciones, saca la conclusión de que las personas que vivieron allí tenían mascotas.

Otro tipo de investigación es hacer modelos. Los modelos son representaciones de un objeto o de un sistema. Se usan para estudiar cosas que son demasiado pequeñas, grandes o complejas para estudiarlas directamente. Por ejemplo, los modelos computarizados de la atmósfera de la Tierra ayudan a los científicos a pronosticar el estado del tiempo.

Esta científica está observando moscas en su hábitat natural.

 Visualízalo

7 Observa Las moscas de la fruta que se muestran aquí pertenecen a la misma especie. Obsérvalas con cuidado y presta especial atención a los detalles. Si lo deseas, puedes usar una lupa y una regla para observar mejor los detalles. En el siguiente espacio, describe las diferencias que observes entre las moscas. Escribe una pregunta bien definida sobre las moscas que podrías responder durante una investigación.

_____

_____

_____

_____

_____

_____

_____

_____

_____

_____

_____

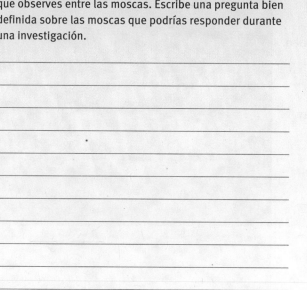

A

B

Las partes del todo

¿Cuáles son algunas de las partes de las investigaciones científicas?

Los científicos estudian todos los aspectos de la naturaleza. El trabajo que hacen varía, pero sus investigaciones tienen algunos elementos básicos en común.

La hipótesis

Una **hipótesis** es una idea o explicación que puede someterse a prueba y que puede usarse para diseñar e implementar una investigación. Un científico puede formular una hipótesis después de hacer observaciones o después de leer los resultados de otras investigaciones. Esta hipótesis se puede someter a prueba por medio de experimentos u observaciones.

Las hipótesis deben formularse con mucho cuidado para que puedan someterse a prueba de manera adecuada. Deben ser específicas e identificar la relación entre factores, o variables.

La predicción

Cuando formulan una hipótesis, los científicos suelen predecir el resultado de una investigación. Una predicción es una afirmación sobre una relación de causa y efecto que ocurrirá en condiciones específicas. Las predicciones se basan en conocimientos, observaciones y razonamientos previos. Si escuchas truenos, puedes predecir que va a llover.

A veces, las predicciones y las hipótesis se confunden. Puede resultar útil recordar que una predicción expresa lo que es probable que ocurra bajo ciertas condiciones. En cambio, una hipótesis es una afirmación que puede someterse a prueba y que describe las relaciones que hay entre los factores de una investigación.

Estas plantas se cultivan en un laboratorio y son sometidas a pruebas bajo condiciones cuidadosamente controladas. Un científico podría llevar a cabo experimentos muy diversos con estas plantas.

> **Visualízalo**

8 Desarrolla Escribe una hipótesis que podría someterse a prueba sobre las plantas de la fotografía.

_____

_____

_____

_____

_____

Las variables independientes

Las variables son factores de una investigación científica que pueden cambiar. Una **variable independiente** es el factor que se ajusta deliberadamente en una investigación. La hipótesis identifica cuál es la variable independiente. Por ejemplo, Fleming formuló la hipótesis de que algo que producía el hongo Penicillium detenía el crecimiento de las bacterias. La variable independiente era el hongo Penicillium. El hongo era el factor que causaba el cambio en el crecimiento de las bacterias.

La mayoría de los experimentos tienen una sola variable independiente. Las otras variables se mantienen constantes, o sin cambios, para que no afecten los resultados. Entonces, los científicos pueden sacar la conclusión de que cualquier cambio que se observe se debe a la variable que se modificó. Sin embargo, no siempre es posible controlar todas las otras variables, particularmente en las investigaciones de campo.

La variables dependientes

Una **variable dependiente** es el factor que cambia al ajustar la variable independiente. En los experimentos de Fleming con las bacterias, la variable dependiente era la supervivencia de las bacterias. Las bacterias vivían o morían. Tanto la variable independiente como la dependiente deben ser identificadas en la hipótesis de un experimento.

Las variables dependientes se pueden medir fuera de los experimentos. Considera la hipótesis de que los grillos son más ruidosos cuanto más alta es la temperatura. La variable independiente sería la temperatura. La variable dependiente sería el ruido que hacen los grillos. Si este estudio se lleva a cabo en el campo, en vez de un laboratorio, quizás no sea posible controlar todas las variables. Deben tenerse en cuenta factores como la presencia de hembras o de machos rivales.

9 Aplica Completa las partes que faltan en la siguiente tabla, que describe tres experimentos.

Investigación	Variable independiente	Variable dependiente
¿Cómo afecta la cantidad de luz solar a la altura de las plantas?	Horas de luz solar por día	
	Altitud del agua	Temperatura de ebullición
¿Cómo cambia el ritmo cardíaco de una persona a medida que se mueve más rápido?		Ritmo cardíaco

Lectura con propósito

10 Identifica Mientras lees, subraya los tipos de datos que anotan los científicos.

Observaciones y datos

Los **datos** son información recopilada por medio de la observación o la experimentación que puede usarse para hacer cálculos o razonar. Todo lo que un científico observa debe anotarse. La preparación y los procedimientos de un experimento también deben anotarse. Al anotar cuidadosamente estos datos, los científicos no olvidarán la información importante.

Los científicos analizan los datos para determinar la relación que hay entre las variables dependientes y las independientes. Luego sacan una conclusión acerca de si los datos apoyan o no la hipótesis de una investigación.

Muchos métodos

¿Cuáles son algunos métodos científicos?

Llevar a cabo experimentos y otras investigaciones científicas no es como seguir una receta de cocina. Los científicos no siempre usan los mismos pasos en cada investigación ni los usan en el mismo orden. Incluso pueden repetir algunos pasos. El siguiente diagrama muestra el camino que un científico podría seguir a la hora de llevar a cabo un experimento.

Visualízalo

11 Haz un diagrama Con un color diferente, dibuja flechas que muestren otro camino que un científico podría seguir si los datos de un experimento no apoyaran su hipótesis.

Hacer preguntas bien definidas

Después de hacer observaciones o leer informes científicos, un científico podría sentir curiosidad sobre algún aspecto de un tema que no haya sido explicado. Esto podría llevar al científico a hacer una pregunta que podría responderse con una investigación. Una pregunta científica debe estar bien definida, o enunciada con precisión, para que pueda ser investigada.

Planificar una investigación

Una investigación científica debe planificarse con mucho cuidado para que someta la hipótesis a prueba de manera adecuada. Los científicos deben decidir si una investigación debe llevarse a cabo en el campo o en un laboratorio. Deben determinar también qué equipo y qué tecnología son necesarios, y cómo se obtendrán los materiales para la investigación.

Formular una hipótesis comprobable y hacer predicciones

Una hipótesis es una explicación que puede someterse a prueba y que responde una pregunta científica. Una hipótesis debe ser sometida a prueba para ver si los resultados de la prueba apoyan la hipótesis. Antes de someter a prueba una hipótesis, los científicos hacen predicciones sobre lo que puede ocurrir. Estas predicciones se basan en el razonamiento, observaciones y conocimientos previos.

Identificar las variables

Las variables independiente y dependiente de un experimento se identifican en la hipótesis. Pero los científicos deben decidir cómo cambiará la variable independiente. También deben identificar otras variables que se controlarán y decidir cómo medirán los resultados del experimento. A menudo, la variable dependiente se puede medir de más de una manera. Por ejemplo, si la variable dependiente es el crecimiento de una planta, el científico podría medir la altura, el peso o incluso la producción de flores o frutos.

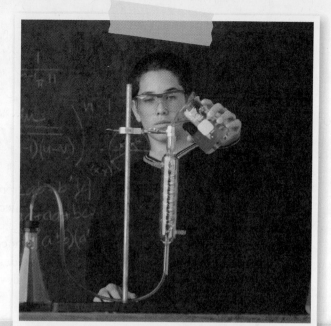

Recopilar y organizar los datos

Los datos recopilados en una investigación deben anotarse y organizarse adecuadamente para que se puedan analizar. Los datos, como las mediciones y los números, a menudo se organizan en tablas, hojas de cálculo o gráficas. Cuando hay datos de varias pruebas, estos se suelen comparar por medio de tablas.

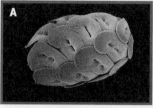
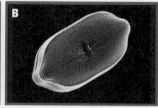

12 Compara ¿Cuáles son las semejanzas y las diferencias entre estos dos organismos microscópicos?

_____

_____

_____

_____

Interpretar los datos y analizar la información

Cuando terminan de recopilar los datos, los científicos deben analizar esta información. Este análisis los ayudará a sacar conclusiones sobre los resultados. Los científicos pueden interpretar los mismos datos de manera diferente porque los analizan con distintos métodos.

Sacar conclusiones

Los científicos sacan conclusiones sobre si los resultados de su investigación apoyan o no la hipótesis. Si no apoyan la hipótesis, los científicos pueden pensar más acerca del problema e intentar formular una nueva hipótesis para someterla a prueba. O pueden repetir un experimento para ver si se cometió algún error. Cuando publican los resultados de su investigación, los científicos deben estar preparados para defender sus conclusiones si éstas son puestas en duda por otros científicos.

Sacar conclusiones

¿Qué son las predicciones y las inferencias?

Los científicos usan tanto predicciones como inferencias cuando realizan investigaciones científicas. Mientras que una predicción es una afirmación sobre un posible resultado, una inferencia es una explicación. Tanto las predicciones como las inferencias se basan en conocimientos previos. Para elaborar predicciones y hacer inferencias se usan destrezas de razonamiento crítico. Ambas pueden ayudar a apoyar teorías o llevar a nuevas hipótesis.

Las predicciones muestran posibles relaciones de causa y efecto

Una predicción es una afirmación que muestra una relación de causa y efecto que puede ocurrir en condiciones específicas. Una predicción científica se basa en la lógica y en los conocimientos previos. Por ejemplo, probablemente sepas por experiencia que las plantas necesitan agua para vivir. En un experimento que investiga el efecto del agua sobre las plantas, podrías predecir que una planta morirá si no recibe agua durante dos semanas.

Las inferencias son explicaciones basadas en datos conocidos

Una inferencia es una explicación que se basa en conocimientos previos. Por ejemplo, sabes que las plantas absorben agua, así que puedes inferir que las plantas absorben agua a través de sus raíces. Las inferencias también explican sucesos que no se pueden observar de manera directa. Por ejemplo, la órbita de los planetas alrededor del Sol y el movimiento de los electrones alrededor de un núcleo se basan en inferencias.

¿Cómo sacan conclusiones los científicos?

Los científicos interpretan los datos, o resultados, de un experimento para sacar una conclusión. Los datos se deben interpretar de una manera válida, o correcta, para llegar una conclusión correcta. Los datos mismos deben, a su vez, ser correctos y estar completos. Los datos incorrectos o incompletos, al igual que los razonamientos defectuosos, pueden llevar a conclusiones incorrectas.

Por ejemplo, imagina que un científico observó una mariposa en un campo extenso. La mariposa se posó solo sobre flores moradas. Sería incorrecto sacar la conclusión de que todas las mariposas prefieren las flores moradas. Esa conclusión es incorrecta porque se basa en datos incompletos y en un razonamiento defectuoso. No es lógico sacar conclusiones sobre todas las mariposas después de observar solo una. Además, no se consideraron otros factores, como el tamaño y la forma de las flores, y la cantidad de néctar. El científico podría diseñar investigaciones para descubrir por qué las mariposas eligen ciertas flores.

El razonamiento lógico es importante en todas las partes de una investigación, no solamente para sacar conclusiones. Los científicos deben determinar si los datos apoyan sus predicciones e inferencias o si los datos muestran que son falsos.

13 Razona El jardín de Leonardo está lleno de plantas de pimientos picantes. Él leyó que el sentido del gusto de las aves no reconoce si algo es picante o no. También sabe que algunas aves se sienten atraídas por el color rojo. Leonardo predice que las aves comerán los pimientos rojos de su jardín, pero que dejarán los verdes. ¿Cómo podría ver Leo si su predicción es correcta?

_____

_____

_____

_____

_____

_____

¿Cómo se relacionan las inferencias y las conclusiones?

Lectura con propósito

14 Identifica Mientras lees, subraya un ejemplo de inferencia.

Una inferencia no es un hecho. A menudo, las inferencias llevan a investigar más o a sacar conclusiones válidas. Por ejemplo, puedes inferir que el agua sube por los tallos de las plantas. No puedes observar directamente esta acción, pero puedes llevar a cabo un experimento para ver si tu inferencia es válida. Podrías colocar un tallo de apio en una taza con un poco de agua con colorante. Después de una cierta cantidad de tiempo, podrías cortar y abrir el tallo para ver si el agua con colorante subió por él. Si lo hizo, podrías sacar la conclusión de que tu inferencia es correcta: el agua sube por los tallos de las plantas.

Visualízalo

Estado físico excelente

Ritmo cardíaco (latidos por min)
200
160
120
80
40
0
Al descansar Al correr

Estado físico promedio

Ritmo cardíaco (latidos por min)
200
160
120
80
40
0
Al descansar Al correr

Estado físico deficiente

Ritmo cardíaco (latidos por min)
200
160
120
80
40
0
Al descansar Al correr

Registros del ritmo cardíaco de adultos con diferente estado físico antes y después de hacer ejercicio.

Predicción: Las personas con estado físico deficiente tendrán un ritmo cardíaco más alto después de hacer ejercicio que las personas con mejor estado físico.

15 Analiza Completa la tabla con los datos correctos de las gráficas.

Estado físico	Ritmo cardíaco promedio	
	Al descansar	**Después de correr 200 m**
Excelente		
Promedio		
Deficiente		

16 Analiza ¿Qué conclusiones puedes inferir sobre el corazón de un adulto con un estado físico deficiente en comparación con el de un adulto con estado físico excelente? Escribe una conclusión que se base en los datos. ¿Cómo se relaciona la predicción del principio con tu conclusión?

_____
_____
_____
_____
_____

Hazlo trabajar

Piensa libremente Investigación

17 Planea Elige una planta o un animal que te gustaría investigar. ¿Qué harías para saber qué necesita para vivir, crecer y reproducirse? Planifica una investigación en la que se usen métodos científicos, que incluya hacer observaciones, preguntas bien definidas y una lista del equipo y la tecnología que puedan ser necesarios.

¿Cómo se usan los métodos científicos?

Los métodos científicos se usan en las ciencias físicas, de la vida y de la Tierra. Los hallazgos de las investigaciones científicas apoyan trabajos anteriores y aportan nuevos conocimientos.

Situaciones diferentes requieren métodos diferentes

Después de formular una hipótesis, los científicos deciden cómo la someterán a prueba. Algunas hipótesis solo se pueden someter a prueba por medio de la observación. Otras se deben someter a prueba en experimentos. Sin embargo, la observación y los experimentos suelen usarse en conjunto para construir el conocimiento científico.

Por ejemplo, un biólogo quiere estudiar los efectos de la contaminación del aire sobre una especie de planta. Hace observaciones en el campo. Recopila datos sobre las plantas y la cantidad de contaminantes que hay en el aire. Luego lleva a cabo experimentos bajo condiciones controladas. Expone las plantas a diferentes niveles de contaminación para investigar cómo las afecta. Compara los datos del laboratorio con los datos del campo.

Aunque una investigación no apoye una hipótesis, sigue siendo útil. Los datos pueden ayudar a los científicos a formular una mejor hipótesis. Los científicos suelen pasar por muchos ciclos de prueba y análisis de datos antes de llegar a una hipótesis que tenga apoyo.

Esta foto muestra las grandes fauces de un cocodrilo emperador y las fauces más pequeñas de un cocodrilo moderno.

Los métodos científicos son usados en diferentes ciencias

Lectura con propósito **18 Identifica** Mientras lees, subraya los pasos del método científico.

Las ciencias de la Tierra incluyen el estudio de los fósiles, que son los restos de organismos que vivieron hace mucho tiempo. Los métodos científicos permiten a los científicos usar los fósiles para aprender sobre las especies que vivieron hace millones de años.

En el Sahara, un grupo de científicos encontró una mandíbula fosilizada que medía 1.8 m (6 pies) de longitud. Por la forma de la mandíbula y de los dientes sabían que no era de un dinosaurio. También sabían que en esa región, que actualmente es un desierto, alguna vez había habido ríos. El equipo formuló la hipótesis de que la mandíbula pertenecía a un cocodrilo gigante que vivió en los antiguos ríos.

Sin embargo, los científicos necesitaban más datos. Pudieron encontrar más fósiles y armar la mitad del esqueleto de un cocodrilo. Los científicos midieron los fósiles y los compararon con los huesos de cocodrilos modernos. Su análisis indicó que el cocodrilo gigante llegó a medir 12 m (40 pies) de longitud y a pesar hasta 10 toneladas.

Los científicos sacaron la conclusión de que los fósiles nuevos apoyaban su hipótesis original. Publicaron sus hallazgos sobre el enorme cocodrilo llamado *Sarcosuchus* y lo apodaron "cocodrilo emperador".

19 Relaciona En el siguiente espacio, escribe una pregunta bien definida y una hipótesis que se pueda someter a prueba que podrían haberse usado en la investigación del cocodrilo emperador.

Pregunta:

_____

_____

_____

_____

Hipótesis:

_____

_____

_____

_____

_____

Después de que los científicos encuentran los fósiles, los artistas científicos dibujan cómo creen que se veían los animales. El cocodrilo emperador era lo suficientemente grande para devorar un Tiranosaurio rex.

© Houghton Mifflin Harcourt Publishing Company

Control de calidad

¿Qué hace que una investigación científica sea buena?

Los estándares para las investigaciones científicas son altos. Las posibles fuentes de error, como un experimento mal diseñado o mediciones incorrectas, deben identificarse y corregirse. Los experimentos deben llevarse a cabo la cantidad de veces que sea necesaria para que los resultados sean confiables. Los datos y los procedimientos deben anotarse cuidadosamente. En conjunto, estas verificaciones ayudan a asegurar que se sigan las buenas prácticas científicas.

La **repetición** ocurre cuando una misma persona repite una actividad. Cuando una persona hornea un pastel varias veces usando la misma receta, se trata de una repetición, y el pastel debe terminar siendo igual. Cuando una científica repite su experimento, debería llegar a resultados semejantes en cada ocasión.

Repetición y reproducción

Las investigaciones científicas se pueden llevar a cabo nuevamente de dos maneras. En la primera, el científico que realizó la investigación original puede repetir el estudio. La repetición con resultados semejantes sirve de apoyo para las conclusiones. En la segunda, otros científicos pueden reproducir la investigación. La reproducción de los hallazgos por parte de otros científicos en otros lugares también sirve de apoyo para los resultados y la conclusión.

Comunicación abierta

Los científicos pueden compartir su trabajo de investigación con otros científicos publicando informes y artículos. Los artículos científicos deben incluir todas las partes de la investigación para que los otros científicos puedan reproducir la investigación. Antes de que una investigación se pueda publicar en una revista científica, otros científicos que no hayan participado en ella deben revisarla. La comunicación abierta entre los científicos ayuda a disminuir la posibilidad de errores y de comportamientos poco éticos.

¿Dónde hay información científica confiable?

La información científica más confiable se encuentra en las revistas científicas que cuentan con revisiones externas. Una revisión externa es la revisión de una investigación por parte de otros científicos. Pero las revistas científicas suelen ser difíciles de entender para las personas que no son científicos. A veces, se publican resúmenes confiables de las investigaciones en los periódicos o en Internet. Muchos científicos escriben libros para el público en general. Las personas que no trabajan como científicos pero poseen conocimientos sobre un campo o tema en particular también pueden escribir libros y artículos confiables.

Las fuentes de Internet más confiables son las páginas gubernamentales y las páginas académicas. Las páginas comerciales no suelen ser muy confiables, debido a que intentan vender sus productos. Por esta razón, la información de estas páginas puede ser tendenciosa. La información es tendenciosa si tiene un punto de vista que cambia la manera en que se presenta la información.

La *reproducción* ocurre cuando una persona diferente repite una actividad. Cuando una persona hornea un pastel usando la misma receta que otra persona, el pastel debería ser igual al de la primera persona. Cuando un científico reproduce el experimento de otro científico, debería llegar a los mismos resultados.

21 Clasifica Lee cada una de las siguientes situaciones. Marca uno de los recuadros que hay al lado de cada enunciado para clasificar cada situación como un ejemplo de repetición, de reproducción o de ambas.

Situación 1:
Vas a un parque de tu vecindario cinco veces. Cada vez, tomas notas sobre las aves que ves y oyes.

☐ Reproducción
☐ Repetición
☐ Ambas

Situación 2:
Vas al mismo parque con un amigo. Le das una copia de las notas que tomaste cuando fuiste solo. Tu amigo y tú toman notas de las aves que ven y oyen.

☐ Reproducción
☐ Repetición
☐ Ambas

Situación 3:
Tu amigo va solo al mismo parque. Tu amigo toma nota de las aves que ve y oye.

☐ Reproducción
☐ Repetición
☐ Ambas

Resumen visual

Para completar este resumen, escribe la palabra o la frase correcta en los espacios en blanco. Luego usa la clave para comprobar tus respuestas. Puedes usar esta página para repasar los conceptos principales de la lección.

Las investigaciones científicas

Las investigaciones científicas pueden incluir observaciones, experimentos y modelos.

Los métodos científicos incluyen hacer observaciones, hacer preguntas, planificar experimentos, recopilar datos y sacar conclusiones.

22 Las investigaciones científicas se pueden llevar a cabo en un _____ o en el campo.

23 La _____ de un experimento se debe poder someter a prueba.

24 En un experimento, la variable que un científico planea modificar es la variable _____.

25 Los resultados de un experimento son los _____ reunidos.

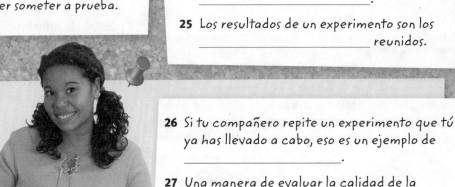

Algunas características de las buenas investigaciones científicas son usar controles, identificar variables y obtener resultados reproducibles.

26 Si tu compañero repite un experimento que tú ya has llevado a cabo, eso es un ejemplo de _____.

27 Una manera de evaluar la calidad de la información científica es que sea revisada por otros _____.

Respuestas: 22. laboratorio; 23. hipótesis; 24. independiente; 25. datos; 26. reproducción; 27. científicos

28 Identifica Imagina que mojas diez semillas en agua y diez semillas en una mezcla de agua y vinagre para ver cómo la acidez afecta el brote de las semillas. Las observas durante dos semanas. ¿Cuáles son las variables independiente y dependiente de este experimento?

Repaso de la lección

Vocabulario

Encierra en un círculo el término que complete mejor las siguientes oraciones.

1 Una *hipótesis/observación* es información recopilada por medio de los sentidos o de otros instrumentos.

2 En un experimento, la variable *dependiente/ independiente* es aquella que los científicos miden u observan a medida que cambia.

3 Los resultados obtenidos en un experimento se llaman *hipótesis/datos*.

Conceptos clave

4 Explica ¿Cuál es el requerimiento básico para una hipótesis científica?

_____

_____

5 Identifica Un grupo de estudiantes quiere ver cómo la temperatura afecta el tiempo que tarda en secarse un poco de agua derramada. En su investigación, ¿cuáles serán las variables dependiente e independiente?

_____

_____

_____

_____

6 Evalúa ¿Cuál es la diferencia entre la repetición y la reproducción de una investigación?

_____

_____

_____

_____

7 Enumera Haz una lista de por lo menos cinco métodos científicos.

_____

_____

_____

_____

_____

_____

Razonamiento crítico

Usa esta fotografía para responder las siguientes preguntas.

8 Recopila Anota tus observaciones sobre el fósil de la fotografía. Asegúrate de incluir la mayor cantidad de detalles que puedas observar.

_____

_____

_____

_____

9 Produce Escribe una hipótesis sobre este fósil que puedas someter a prueba en una investigación.

_____

_____

_____

10 Formula Describe cómo someterías a prueba tu hipótesis. No es necesario que identifiques pruebas o instrumentos específicos. Es preferible que describas los tipos de información que querrías recopilar.

_____

_____

_____

_____

_____

_____

Mis apuntes

Dijanna Figueroa

BIÓLOGA MARINA

Dijanna Figueroa ha deseado ser bióloga marina desde que tiene memoria. Ahora usa un delantal de laboratorio y gafas de seguridad casi todos los días, como muchos científicos. Pasa hasta 12 horas por día en el laboratorio. Allí, estudia el metabolismo de organismos que viven en medio ambientes extremos, a más de dos kilómetros de la superficie del océano, en un hábitat donde la luz solar no llega nunca. Allí, la presión del agua es tan grande que aplastaría a un ser humano. Como viven en estas condiciones, estas criaturas deben producir alimentos de maneras que eran desconocidas hasta hace muy poco tiempo. Para poder obtener muestras de estos animales para su laboratorio, la Dra. Figueroa ha tenido que descender hasta donde ellos viven.

El trabajo de la Dra. Figueroa también la ha llevado a la pantalla grande. Participó en la película de IMAX *Aliens of the Deep* junto a otros científicos. La película muestra filmaciones de expediciones realizadas a las chimeneas de las profundidades oceánicas. Estas chimeneas pueden ser uno de los medio ambientes más hostiles del planeta. Los científicos viajaron en *Alvin*, un submarino especial para explorar esas profundidades.

Actualmente, la Dra. Figueroa trabaja como científica en el Instituto de Ciencias Marinas de California. También organiza actividades participativas divertidas y emocionantes para lograr que los jóvenes se interesen en la ciencia de la vida real.

La Dra. Figueroa en **Alvin**, ¡a 2,400 m de profundidad!

Conexión con las artes del lenguaje

Piensa en un trabajo relacionado con las ciencias sobre el cual te gustaría saber más. Investiga sobre ese trabajo y escribe un plan para una película documental que enseñe lo que has aprendido.

TABLERO DE TRABAJOS

Intérprete educativo de museos

Esto es lo que harás: Informarás a los estudiantes y grupos que visiten el museo sobre lo que están viendo. Puedes crear programas educativos, dirigir visitas y responder preguntas.

Lugares donde podrás trabajar: Los lugares probables son un museo de ciencias o un museo de tecnología.

Educación: Los intérpretes educativos generalmente deben contar con un diploma en ciencias y pueden necesitar una capacitación adicional en museos o en enseñanza.

Otros requisitos laborales: Es necesario que disfrutes de trabajar con personas, que tengas facilidad para hablar en público y que seas capaz de responder preguntas con claridad.

Pirotécnico

Esto es lo que harás: Trabajarás con explosivos y fuegos artificiales para lograr efectos especiales. Deberás producir explosiones de manera segura, aplicando medidas de seguridad para mantener el control.

Lugares donde podrás trabajar: Una compañía de efectos especiales o de fuegos artificiales. Un pirotécnico trabaja tanto en el taller como en el lugar de la instalación, así que podrías trabajar en un plató haciendo volar carros o en una montaña encendiendo fuegos artificiales.

Educación: Debes tener diploma de escuela secundaria y capacitación adicional en pirotecnia y seguridad.

Otros requisitos laborales: Debes tener sólidas destrezas en matemáticas, capacidad de concentración y minuciosa atención a los detalles.

NOVEDADES DE LOS PERSONAJES EN LAS CIENCIAS

Jon BOHMER

Cocinar con luz solar

Jon Bohmer no es la primera persona que inventó un horno que usa la luz solar para calentar los alimentos y el agua. Es una de las tantas personas que usaron cartón, papel de aluminio y luz solar para construir un horno. En algunos países, se usa leña para cocinar casi todo y se debe hervir toda el agua que se bebe. El horno "Kyoto Box" de Jon está hecho con dos cajas de cartón pintadas de negro en su interior y revestidas con papel de aluminio en su exterior. Construirlo cuesta solo 5 dólares, pero calienta lo suficiente como para hervir agua y cocinar alimentos.

Las ciencias y la sociedad

PREGUNTA ESENCIAL

¿Qué impacto tiene la investigación en el pensamiento científico y la sociedad?

Cuando termines esta lección, podrás describir qué impacto tienen entre sí la ciencia y la sociedad.

Los polinizadores, como las abejas, son importantes para la sociedad porque nos permiten cultivar plantas que sirven como alimento y como decoración. Esta estructura brinda un hogar adecuado para la colonia de abejas a pesar de estar construida con materiales comunes.

TEKS **6.3D** relacione el impacto de la investigación en el pensamiento científico y en la sociedad, incluyendo la historia de la ciencia y las contribuciones de los científicos en cada tema

© Houghton Mifflin Harcourt Publishing Company • Image Credits: ©Tony Watson/Alamy Images

Actividades de laboratorio de la lección

Actividades rápidas de laboratorio
- Las contribuciones de los científicos al pensamiento científico y a la sociedad
- Hacer un modelo del átomo

Actividad de laboratorio de campo
- La ciencia de los puentes

Ponte a pensar

1 Enumera Enumera tres cosas que nuestra sociedad no tendría de no ser por las investigaciones científicas. Haz un dibujo de una de esas cosas en el siguiente espacio.

_____

_____

_____

2 Analiza Escribe tu propia leyenda sobre la fuente de energía eléctrica de esta casa de África.

_____

_____

_____

_____

Lectura con propósito

3 Aplica Usa las claves del contexto para escribir tu propia definición de la palabra *sociedad*.

Oración de ejemplo
Las personas que viven dentro de una <u>sociedad</u>, lo hacen de acuerdo con determinadas <u>normas</u> y <u>leyes</u>.

sociedad:

_____

_____

_____

Términos de vocabulario

4 Identifica Mientras lees, escribe un signo de interrogación al lado de las palabras que no entiendas. Cuando termines de leer la lección, vuelve atrás y repasa el texto que marcaste. Si la información sigue siendo confusa, consulta a un compañero o a tu maestro.

Ver las estrellas

¿Cómo ha cambiado la investigación científica con el paso del tiempo?

Muchas civilizaciones contribuyeron al conocimiento científico a lo largo de la historia. Las investigaciones y los descubrimientos científicos se complementan para ofrecernos una comprensión más completa y precisa del universo y de nuestro propio mundo. La investigación científica ha cambiado gracias a las personas que hacen observaciones y las comunican mediante el desarrollo de los métodos científicos y mediante el uso de nuevas tecnologías.

Lectura con propósito

5 En pocas palabras ¿Cómo cambian las investigaciones científicas con el paso del tiempo?

_____

_____

_____

Estos antiguos dibujos egipcios de constelaciones, o patrones de estrellas, se hicieron mediante observaciones del cielo nocturno.

Mediante la observación y la comunicación

En todas las épocas, las personas sintieron curiosidad por el mundo que las rodea. Muchas personas hacen preguntas sobre las cosas que observaban e intentan explicar misterios. Compartir ideas con los demás amplía la base del conocimiento.

Por ejemplo, los antiguos egipcios usaban una forma primitiva de comunicación escrita llamada jeroglíficos. Los jeroglíficos son ilustraciones que representan símbolos o sonidos. En la actualidad, los científicos estudian los jeroglíficos para aprender sobre la antigua cultura egipcia y su comprensión de las ciencias. En los jeroglíficos egipcios, las estrellas y el Sol se muestran como seres vivos que interactúan personalmente con los seres humanos. Sus observaciones de la naturaleza se transmitieron a las generaciones futuras a través de estas escrituras.

6 Aplica ¿Qué conocimientos te han sido transmitidos?

_____

_____

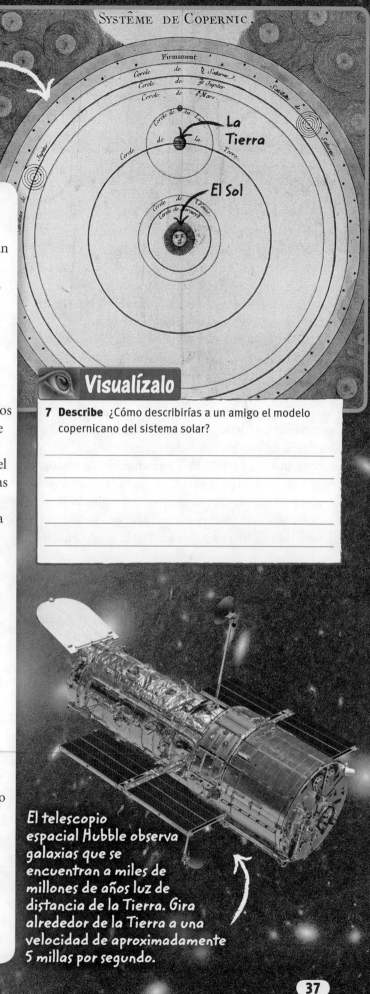

Nicolás Copérnico usó evidencia científica para construir este modelo que muestra que los planetas, incluida la Tierra, se mueven alrededor del Sol. Antes de este modelo, las personas creían que la Tierra se encontraba en el centro del universo y que todos los demás cuerpos se movían alrededor de la Tierra.

SYSTÈME DE COPERNIC.

La Tierra

El Sol

Mediante la investigación metódica

Si bien las sociedades antiguas observaban y anotaban los sucesos de la naturaleza, no usaban las ciencias como las conocemos hoy en día. La ciencia moderna usa la investigación metódica para evaluar una idea. Los siglos XVI y XVII conformaron una época que se conoce como la Revolución Científica. Además, esta fue la época en que los científicos comenzaron a usar los métodos científicos. Los científicos hacen preguntas, formulan hipótesis, prueban la hipótesis, analizan los datos, sacan conclusiones y comunican los resultados. Algunos o todos estos pasos forman parte de la investigación que usan los métodos científicos.

Nicolás Copérnico, astrónomo y matemático del siglo XVII, estudió el movimiento de los planetas y las estrellas. Aplicando conceptos de matemáticas y de movimiento, desarrolló un nuevo modelo del sistema solar. Este modelo se basó en la idea de que el Sol se encuentra en el centro del sistema solar y que otros objetos se mueven a su alrededor.

Mediante el uso de nuevas tecnologías

Con el paso del tiempo, las nuevas tecnologías también produjeron cambios en las investigaciones científicas al permitir a los científicos reunir, anotar y analizar datos rápidamente. Las computadoras también permiten a los científicos de todo el mundo comunicarse y trabajar en conjunto.

El telescopio espacial Hubble, lanzado por la NASA en 1990, ha ampliado nuestro conocimiento del universo. Sus telescopios y cámaras han registrado galaxias tan lejanas que su luz ha viajado miles de millones de años hasta llegar a la Tierra.

Los científicos han usado nuevas tecnologías, como las computadoras y los telescopios, para aprovechar un modelo del universo que es muy diferente del de Copérnico y ampliarlo. Otras tecnologías dieron como resultado carros eficientes, edificios más altos y medicamentos eficaces.

👁 Visualízalo

7 **Describe** ¿Cómo describirías a un amigo el modelo copernicano del sistema solar?

_____

_____

_____

_____

_____

El telescopio espacial Hubble observa galaxias que se encuentran a miles de millones de años luz de distancia de la Tierra. Gira alrededor de la Tierra a una velocidad de aproximadamente 5 millas por segundo.

Electrizante

La bobina de Tesla, inventada por Nikola Tesla en 1891, amplió el conocimiento de la electricidad y permitió desarrollar nuevas maneras de usar corrientes eléctricas.

¿Qué impacto tiene la ciencia en la sociedad?

La ciencia puede cambiar la forma en que vemos el mundo y puede impactar en nuestras vidas de muchas maneras para mejorar nuestra calidad de vida y satisfacer las necesidades de la sociedad. Intenta imaginar qué diferente sería tu vida sin electricidad. La investigación realizada en ese campo sentó las bases para los aparatos eléctricos que usamos hoy.

Muchos científicos estudiaron la electricidad a lo largo de la historia, incluyendo a Benjamin Franklin, que experimentó con los relámpagos y la electricidad, y Michael Faraday, que descubrió cómo usar un imán para inducir una corriente eléctrica. La comprensión de la ciencia de la electricidad ha permitido la introducción de cambios importantísimos en la sociedad. En los 400 años que transcurrieron desde que el científico inglés William Gilbert acuñó la palabra *electricidad*, esta se ha convertido en una parte esencial de la vida cotidiana.

La ciencia mejora la calidad de vida

Muchos descubrimientos científicos mejoran nuestra calidad de vida. A veces, un descubrimiento como la electricidad abre un gran abanico de nuevos descubrimientos y aplicaciones prácticas.

Por ejemplo, los refrigeradores y los congeladores, nos permiten tener a nuestra disposición alimentos saludables durante todo el año. Al tener alimentos saludables, podemos mejorar nuestra dieta y, además, reducir el riesgo de contraer enfermedades que provienen de ellos. Entre otras aplicaciones de la electricidad se incluyen los aparatos médicos y el transporte. Las computadoras y los sistemas de comunicación también han tenido enormes repercusiones sobre la vida cotidiana.

8 Enumera ¿Qué cosas no puedes hacer cuando se corta la electricidad?

_____

_____

Un refrigerador, que usa electricidad, nos permite almacenar alimentos de manera segura.

La ciencia satisface las necesidades de la sociedad

Lectura con propósito **9 Identifica** Subraya los productos de investigaciones científicas que ayudan a la sociedad.

Muchos descubrimientos científicos derivaron en soluciones a una necesidad de la sociedad. Por ejemplo, los médicos usan medicamentos para tratar enfermedades y para mejorar la salud en general. El desarrollo de vacunas y antibióticos ha prolongado el promedio de vida de las personas.

Los permanentes desarrollos en los métodos de cultivo y distribución de los alimentos y del agua mejoran la salud en lugares de todo el mundo. Las nuevas tecnologías de transporte y comunicación permiten la interacción entre personas de todo el mundo. Los alimentos y los productos manufacturados pueden enviarse a lugares lejanos e intercambiarse por productos elaborados allí.

© Houghton Mifflin Harcourt Publishing Company • Image Credits: ©Simon Turner/Alamy Images

Piensa libremente **Investigación**

10 Aplica Piensa en un problema de la sociedad que la ciencia podría resolver. Luego túrnate con un compañero y entrevístense el uno al otro acerca de los problemas que hayan identificado. Asegúrate de preguntar qué impacto tiene el problema en la sociedad y qué tipo de investigación sería útil. Resume tus preguntas y respuestas en unos párrafos.

Los carros eléctricos pueden reducir el consumo de combustibles fósiles, disminuir la contaminación y son mucho más silenciosos que los carros que funcionan con gasolina.

11 Evalúa ¿Cómo podría la tecnología del transporte ayudar a las personas que viven en lugares muy alejados?

_____

_____

¡A reciclar!

¿Cómo puede la sociedad impulsar la investigación científica?

La ciencia puede tener impacto en la sociedad y el pensamiento científico. Sin embargo, la sociedad también puede tener impacto en la ciencia. Por ejemplo, las necesidades de la sociedad pueden impulsar las investigaciones científicas, como el desarrollo de muchos medicamentos para el tratamiento de enfermedades específicas que responden a una necesidad de la sociedad. Las decisiones sobre el financiamiento y el apoyo por parte de la sociedad también impulsan las investigaciones.

A medida que aumentan la población mundial y la demanda de recursos, crece la necesidad de encontrar nuevos recursos y reducir los residuos. Para satisfacerla, se desarrollaron métodos para reutilizar y reciclar materiales, que antes terminaban en vertederos de basura y ahora se usan para fabricar nuevos productos. Los científicos buscan nuevos métodos para reciclar residuos y convertirlos en un recurso.

Lectura con propósito

12 Identifica ¿Cuáles son algunas de las razones por las que la sociedad impulsa la investigación científica?

_____

_____

_____

Visualízalo

13 Enumera ¿Cuáles son tres materiales que se reciclaron para construir este patio de juegos?

_____

_____

_____

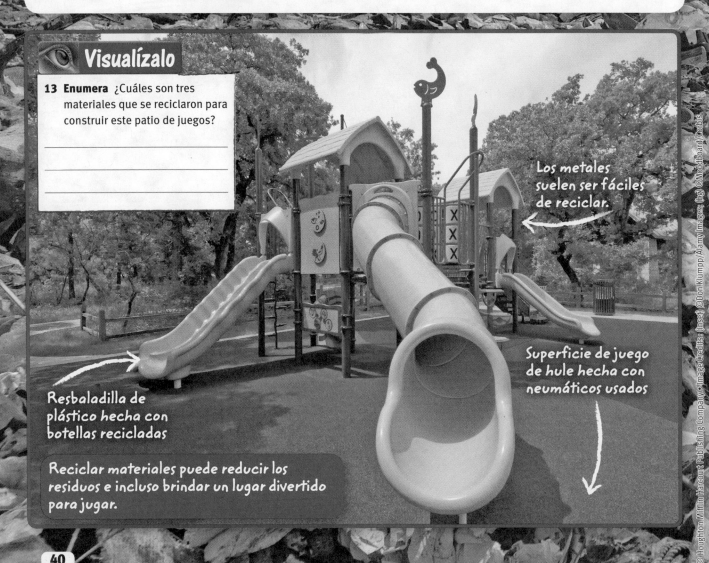

Los metales suelen ser fáciles de reciclar.

Resbaladilla de plástico hecha con botellas recicladas

Superficie de juego de hule hecha con neumáticos usados

Reciclar materiales puede reducir los residuos e incluso brindar un lugar divertido para jugar.

En el Amazonas, se han descubierto hongos que se alimentan de plástico. Estos microbios pueden usarse en los vertederos de basura para ayudar a descomponer los residuos plásticos.

Esta bolsa de plástico es 100% degradable*, ¡pero aún la puedes vol ver a usar!

En el Amazonas, se han descubierto hongos que se alimentan de plástico. Estos microbios pueden usarse en los vertederos de basura para ayudar a descomponer los residuos plásticos.

epi   We go further
so you don't have to

12/05

Las centrales de energía a base de residuos convierten en un tipo de combustible la parte de los residuos que las bacterias pueden descomponer. Residuos tales como alimentos, papel y plástico se transforman en combustible para los generadores de energía eléctrica.

La biorremediación usa microorganismos para descomponer residuos peligrosos y reducir la contaminación del medio ambiente. Estas torres de ventilación permiten la liberación de gases inocuos mientras que las bacterias descomponen los materiales de desecho enterrados.

👁 Visualízalo

14 Enumera En la columna de la izquierda, enumera dos problemas de la sociedad que se muestran en estas páginas. En la columna de la derecha, enumera la investigación científica que los solucionó o está en camino de solucionarlos.

Problema de la sociedad	Investigación científica

Resumen visual

Para completar este resumen, escribe la palabra o la frase correcta en los espacios en blanco. Luego usa la clave para comprobar tus respuestas. Puedes usar esta página para repasar los conceptos principales de la lección.

Las ciencias y la sociedad

Diferentes civilizaciones han contribuido con las ciencias a lo largo de la historia.

15 Los antiguos egipcios usaban los/las _____ para anotar y comunicar lo que sabían sobre la ciencia y la naturaleza.

Los descubrimientos científicos pueden cambiar la manera en que pensamos y la manera en que vivimos.

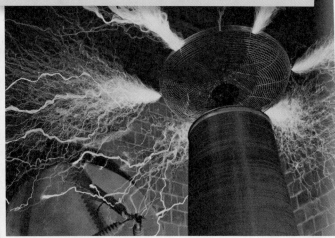

Muchos descubrimientos científicos ayudan a satisfacer una necesidad de la sociedad.

16 La invención del/de la _____, formó parte del desarrollo de las tecnologías eléctricas modernas.

17 Las investigaciones que realizan los científicos a menudo dependen de las investigaciones apoyadas por el/la _____.

Respuestas: 15 jeroglíficos; 16: bobina de Tesla; 17: sociedad

18 **Analiza** Enumera al menos tres productos de investigaciones científicas que usas en tu hogar. ¿Qué necesidad satisface cada uno de esos productos?

Repaso de la lección

Vocabulario

Escribe el término correcto en los espacios en blanco para completar las siguientes oraciones.

1 La investigación científica moderna usa _____ científicos/as para evaluar ideas.

2 Las investigaciones científicas se aplican a los problemas para satisfacer los/las _____ de la sociedad.

Conceptos clave

3 Identifica Usa un ejemplo para mostrar cómo la ciencia se basa en descubrimientos anteriores.

_____

_____

_____

4 Describe Enumera tres maneras en que las investigaciones científicas han tenido un impacto en la sociedad.

_____

_____

_____

_____

5 Analiza ¿Qué impacto puede tener la sociedad en la ciencia?

_____

_____

_____

6 Evalúa ¿Por qué la investigación metódica es una parte importante de la manera en que una nueva investigación científica impacta en la sociedad?

_____

_____

_____

_____

_____

_____

Razonamiento crítico

Usa esta foto para responder las siguientes preguntas.

7 Identifica ¿Qué necesidad de la sociedad satisface el aparato de manos libres para teléfonos de la foto?

_____

_____

_____

8 Aplica ¿De qué manera el desarrollo de este tipo de teléfono se basó en otros descubrimientos científicos y tecnológicos?

_____

_____

_____

9 Analiza Un científico quiere investigar una nueva pintura para casas que dure más que los productos que se encuentran actualmente en el mercado. Describe cómo las necesidades de la sociedad han impulsado esta investigación y qué tipos de empresas podrían brindar financiamiento.

_____

_____

_____

_____

_____

Mis apuntes

La gran idea Los científicos hacen observaciones minuciosas y usan el razonamiento para comprender los procesos y los patrones de la naturaleza.

Lección 1

PREGUNTA ESENCIAL

¿Cuáles son los tipos de conocimiento científico?

Diferencia los métodos que usan los científicos para obtener evidencias empíricas en diversos campos de las ciencias y explica cómo esto lleva al cambio científico.

Lección 2

PREGUNTA ESENCIAL

¿Cómo trabajan los científicos?

Resume los procesos y las características de diferentes tipos de investigaciones científicas.

Lección 3

PREGUNTA ESENCIAL

¿Qué impacto tiene la investigación en el pensamiento científico y la sociedad?

Describe la relación entre la ciencia y la sociedad a través de la historia.

Conectar PREGUNTAS ESENCIALES
Lecciones 1 y 2

1 Compara Explica la diferencia entre las investigaciones científicas y el conocimiento científico.

_____

_____

_____

_____

_____

_____

Piensa libremente

2 Sintetiza Elige una de las siguientes actividades como ayuda para sintetizar lo que has aprendido en esta unidad.

☐ Usa lo que aprendiste en las lecciones 1 y 3 para escribir un guión que contenga un diálogo entre un científico moderno y un científico del pasado. Los científicos deben debatir cómo ha cambiado un aspecto específico del conocimiento científico con el paso del tiempo y cómo esos cambios han impactado en la sociedad.

☐ Usa lo que aprendiste en las lecciones 1 y 2 para planear una investigación que pueda realizarse mediante la experimentación o la observación. Escribe el procedimiento para ambos tipos de investigación y explica las ventajas y las desventajas de cada uno.

Repaso de la Unidad 1

Nombre _____

Vocabulario

Escribe el término correcto en el espacio en blanco para completar la oración.

TEKS 6.2B

1 La variable _____ es el factor que se cambia para probar el efecto del cambio.

TEKS 6.2B

2 Una idea o explicación que puede someterse a prueba y que conlleva a la investigación científica se llama _____.

TEKS 6.3A

3 Una _____ científica es una explicación de un fenómeno natural que tiene buen apoyo y amplia aceptación.

TEKS 6.3A

4 El conjunto de observaciones acumuladas en el cual se basan las explicaciones científicas se llama _____.

TEKS 6.3A

5 Una _____ científica es la descripción de una relación específica que ocurre en la naturaleza bajo ciertas condiciones.

Conceptos clave

Elige la letra de la respuesta correcta.

TEKS 6.2B

6 ¿Cuál de las siguientes secuencias de sucesos es un orden lógico para una investigación científica?

A experimento → hipótesis → análisis de datos → conclusión

B hipótesis → experimento → conclusión → análisis de datos

C análisis de datos → conclusión → experimento → hipótesis

D hipótesis → experimento → análisis de datos → conclusión

TEKS 6.2E

7 La siguiente gráfica muestra el resultado de un experimento sobre el cambio en la rapidez de un objeto a lo largo del tiempo.

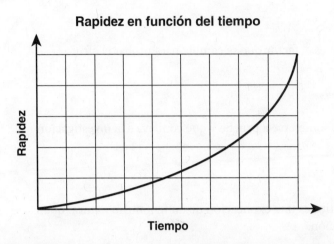

Rapidez en función del tiempo

Basándose en esta gráfica, cuatro grupos de laboratorio diferentes llegaron a las siguientes conclusiones. ¿Cuál de las conclusiones describe el resultado que muestra la gráfica?

A Grupo 1: La rapidez del objeto aumenta con el tiempo.

B Grupo 2: La rapidez del objeto disminuye con el tiempo.

C Grupo 3: La rapidez del objeto no cambia con el tiempo.

D Grupo 4: La rapidez del objeto disminuye y luego aumenta con el tiempo.

TEKS 6.3A

8 ¿Qué enunciado describe la forma en que un científico elabora explicaciones científicas?

A Un científico basa sus explicaciones científicas en una gran cantidad de observaciones de la naturaleza.

B Un científico basa sus explicaciones científicas sólo en las opiniones de otros científicos.

C Un científico basa sus explicaciones científicas en sus opiniones y su experiencia personal.

D Un científico plantea explicaciones científicas e inventa evidencia para hacerlas verdaderas.

TEKS 6.3D

9 Observa la ilustración.

¿Cuál de las siguientes enfermedades se redujo significativamente gracias a esta tecnología? (Pista: Paso 1: Ten en cuenta qué enfermedades se relacionan con el consumo de alimentos. Paso 2: Identifica cuál de estas enfermedades se reduciría mediante la tecnología de la refrigeración).

A cáncer

B diabetes

C enfermedades cardíacas

D intoxicación por alimentos

Respuesta en forma de cuadrícula

Escribe tu respuesta en los recuadros de la cuadrícula y luego rellena el círculo del número correspondiente.

TEKS 6.2E

10 En un experimento, se calienta un líquido a una tasa constante de 10 grados Celsius por minuto. Si la temperatura inicial es 25 grados Celsius, ¿cuál será la temperatura del líquido luego de 5 minutos? Expresa tu respuesta en grados Celsius.

Razonamiento crítico

Responde las siguientes preguntas en el espacio en blanco.

11 ¿Por qué es importante que los procedimientos experimentales y los resultados puedan reproducirse?

_____

_____

_____

TEKS 6.2A

12 La tabla muestra la esperanza de vida promedio de los hombres en los Estados Unidos.

Año de nacimiento	Esperanza de vida promedio (años)
1900	48
1920	56
1940	62
1960	67
1980	70
2000	74

¿Qué inferencia puedes hacer en base a los datos de la tabla? ¿Qué predicción puedes hacer en base a los datos de la tabla?

_____

_____

_____

_____

Conectar **PREGUNTAS ESENCIALES**
Lecciones 1, 2 y 3

Responde la siguiente pregunta en el espacio en blanco.

TEKS 6.2A, 6.2B, 6.4A

13 Explica las características de una buena investigación científica. Comenta cómo estas características afectan la validez de una investigación científica.

_____

_____

_____

_____

_____

UNIDAD 2
Mediciones y datos

La gran idea

Los científicos usan instrumentos para reunir, organizar y analizar datos mientras realizan investigaciones.

¿Qué opinas?

Los científicos de la Administración Nacional Oceánica y Atmosférica (NOAA, por sus siglas en inglés) usan este instrumento para reunir datos sobre la conductividad y la temperatura del agua de mar a diferentes profundidades. ¿Qué otros datos podrían reunir los científicos a bordo del barco Henry B. Bigelow mientras están en el mar?

LA CIENCIA Y LOS CIUDADANOS

Recuento de aves

El "Gran recuento de aves" de la organización para la conservación de la naturaleza National Audubon Society es un evento anual en el que puedes participar. Cada año, durante un período de cuatro días, los científicos de toda América del Norte cuentan aves en una ubicación específica. Las personas pueden contar aves en su patio trasero, en un parque, en el patio de la escuela, en un refugio de vida silvestre ¡o en cualquier lugar que las aves visiten! No importa si el recuento dura 15 minutos o los cuatro días; los datos reunidos ayudan a los científicos que estudian las aves.

 Piénsalo

A Repasa la historia del recuento anual de aves en el sitio web de la National Audubon Society. ¿Cuándo fue el primer recuento de aves?

_____

B ¿Para qué se usan los datos reunidos?

_____

_____

_____

_____

② Pregunta

¿Podrías participar en el próximo recuento anual?

Con un compañero o un grupo pequeño, investiga cómo participar en el próximo "Gran recuento de aves". Investiga también sobre ubicaciones seguras para observar y contar aves como parte de tu investigación.

Para tener en cuenta

☐ ¿Cuándo se realiza el recuento anual?

☐ ¿Qué materiales se necesitan?

☐ ¿Hay algún concurso o premio para los participantes?

Para la casa

Con un adulto, haz planes para participar en el próximo "Gran recuento de aves". Informa los resultados del recuento a tu clase.

③ Planea

Una vez que te hayas informado sobre el "Gran recuento de aves", piensa de qué maneras puedes difundir la noticia en tu escuela y tu comunidad. Haz una lista o un esquema de tus ideas en el siguiente espacio. Ten en cuenta el público al que te diriges y el tipo de publicidad que es más probable que le llegue. No olvides mencionar datos importantes como la hora y la ubicación.

Cómo representar los datos

PREGUNTA ESENCIAL

¿De qué maneras puedes interpretar los datos?

Cuando termines esta lección, podrás usar modelos, simulaciones, tablas y gráficas para presentar y analizar datos científicos.

TEKS 6.2C reúna y anote datos usando el Sistema Internacional de Unidades (SI) y medios cualitativos, tales como dibujos rotulados, escritos y organizadores gráficos

TEKS 6.2D elabore tablas y gráficas usando la repetición de pruebas y diferentes medios para organizar datos e identificar patrones

TEKS 6.2E analice datos para formular explicaciones razonables, comunicar conclusiones válidas apoyadas por los datos y predecir tendencias

TEKS 6.3B use modelos para representar aspectos de la naturaleza, tales como un modelo de las capas de la Tierra

TEKS 6.3C identifique ventajas y limitaciones de los modelos, tales como tamaño, escala, propiedades y materiales

Los científicos dependen de instrumentos denominados sismógrafos para registrar el movimiento de los terremotos. La gráfica que crea un sismógrafo se llama sismograma. Este sismograma muestra el movimiento del suelo durante un terremoto en el Reino Unido en 2007.

Actividades de laboratorio de la lección

Actividades rápidas de laboratorio
- Hacer un modelo del movimiento de un carro
- Hacer un modelo de la formación de un delta

Ponte a pensar

1 Predice Marca V o F para mostrar si cada enunciado es verdadero o falso.

V	F	
☐	☐	Los modelos científicos se han usado para mostrar los resultados de los experimentos científicos.
☐	☐	Ciertos tipos de gráficas son mejores que otros para presentar tipos específicos de datos.
☐	☐	La mayoría de las gráficas son confusas e innecesarias.
☐	☐	Si se puede mostrar algo en una tabla, no se debe mostrar en una gráfica.

2 Evalúa Menciona dos cosas del modelo que se muestra abajo que sean similares al objeto que representa. Luego menciona dos cosas del modelo que sean diferentes de aquello que representa.

_____

_____

_____

_____

_____

_____

_____

_____

_____

_____

Lectura con propósito

3 Aplica Muchas palabras, como *modelo*, se usan para expresar diferentes significados. Usa las claves del contexto para escribir tu propia definición de cada significado de la palabra *modelo*.

Oración de ejemplo
Después de que obtuviera otra *A* en una prueba, la maestra de Julio le dijo que era un estudiante modelo.

modelo:

_____

_____

Oración de ejemplo
Para su proyecto de ciencias, Samantha creó un modelo del sistema solar.

modelo:

_____

_____

Términos de vocabulario

- **modelo**
- **simulación**

4 Identifica Mientras lees esta lección, subraya ejemplos de modelos.

¡Procesamiento intensivo de datos!

¿Cómo hacen los científicos para interpretar los datos?

Antes de comenzar un experimento, los científicos suelen crear una tabla de datos para anotar sus datos. Los *datos* son los hechos, las cifras y demás evidencia recopilada por medio de la observación y la experimentación. Cuanto mayor es la cantidad de datos que reúnen los científicos, mayor es la necesidad de organizar los datos de alguna manera. Las tablas de datos son una manera útil de organizar muchos datos científicos.

Los científicos organizan los datos

Para los científicos, una tabla de datos es una manera organizada de anotar los datos que reúnen. Los tipos de información que pueden anotarse en una tabla de datos son tiempos, cantidades y *frecuencias*, o el número de veces que algo sucede.

Al crear una tabla de datos, los científicos deben decidir cómo organizar la tabla en columnas y filas. Las unidades de medida, como los segundos o los grados, deben incluirse en el título de la columna y no en cada celda individualmente. Finalmente, siempre se debe incluir un título que describa los datos de la tabla.

La siguiente tabla de datos muestra el número de entradas de cine que se vendieron cada mes en un cine pequeño.

Entradas de cine vendidas por mes	
Mes	Número de entradas
Enero	15,487
Febrero	12,654
Marzo	15,721
Abril	10,597
Mayo	10,916
Junio	11,797
Julio	18,687
Agosto	18,302
Septiembre	16,978
Octubre	10,460
Noviembre	11,807
Diciembre	17,497

 **Práctica matemática** **Inténtalo**

4 Amplía Encierra en un círculo la fila de la tabla que muestra el mes en que se vendió la mayor cantidad de entradas. Luego encierra en un círculo la fila que muestra el mes en que se vendió la menor cantidad de entradas. Por último, resta el número menor del número mayor para hallar el rango del número de entradas vendidas.

$$\underline{\qquad} - \underline{\qquad} = \underline{\qquad}$$

Mayor número de entradas   Menor número de entradas   Rango

Los científicos hacen gráficas y analizan los datos

Para analizar los datos reunidos en busca de patrones, a menudo es útil para los científicos hacer gráficas de sus datos. El tipo de gráfica que usan depende de los datos que reúnen y de lo que quieren mostrar.

Una *gráfica de barras* se usa para mostrar y comparar datos en varias categorías diferentes. La longitud, o altura, de cada barra representa el número en cada categoría. Por ejemplo, en el caso de los datos del cine, los meses son las categorías. La longitud de las barras representa el número de entradas vendidas cada mes.

Otros tipos de gráficas son las gráficas lineales y las gráficas circulares. Una *gráfica lineal* suele usarse para mostrar un cambio continuo a lo largo del tiempo. Una *gráfica circular* es aquella que se usa para mostrar de qué manera cada grupo de datos se relaciona con los datos restantes. Por ejemplo, puedes usar una gráfica circular para mostrar el porcentaje de niños y niñas que hay en tu clase.

Lectura con propósito

6 Interpreta ¿Qué tipos de datos mostrarías con una gráfica de barras?

_____

_____

_____

_____

Visualízalo

7 Analiza Los datos de la siguiente gráfica son los mismos que los datos de la tabla de la izquierda. ¿Cuáles son los tres meses en que se vendió la mayor cantidad de entradas de cine?

_____

_____

Entradas de cine vendidas por mes

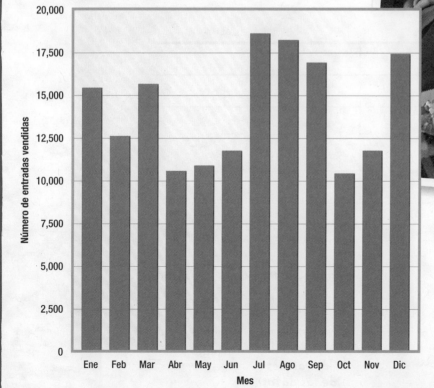

8 Amplía ¿Qué otros tipos de datos podrías reunir en tu casa que mostrarían diferencias en el transcurso de un año?

_____

_____

_____

_____

¡Haz una gráfica!

¿Qué muestran las gráficas?

Las gráficas son representaciones visuales de los datos. Muestran la información de una manera que sea más fácil de entender que los datos que se muestran en tablas.

Las gráficas pueden ayudarte a comparar datos. Pueden usarse para identificar tendencias y patrones. También pueden usarse para agrupar datos. Una gráfica de barras del total de precipitaciones mensuales puede mostrar tendencias crecientes y decrecientes. Los meses se pueden agrupar fácilmente en meses con precipitaciones bajas o altas.

En muchos experimentos se usa la repetición de pruebas. Cuantas más pruebas hay, más claras se vuelven las tendencias. A menudo, los científicos usan gráficas para facilitar el análisis de los datos de la repetición de las pruebas. Los datos también pueden resumirse al calcular la media. La *media* es el promedio de los datos. Los científicos pueden informar la media de los datos de varias pruebas.

👁 Visualízalo

9 **Completa** Los datos de la derecha muestran la cantidad de lluvia, en pulgadas, que cayó en cada una de cuatro semanas en una escuela. Usa la siguiente tabla en blanco para organizar los datos. Incluye un título para la tabla, los títulos de las columnas y todos los datos.

Semana 1: 0.62 pulg.
Semana 2: 0.40 pulg.
Semana 3: 1.12 pulg.
Semana 4: 0.23 pulg.

Título de la tabla

Títulos de las columnas

Datos

🖩 Práctica matemática — Inténtalo

10 **Amplía** El promedio, o la media, de los datos de las precipitaciones es la suma de los valores de los datos dividida por el número de los valores de los datos. Calcula la media de los datos de las precipitaciones. Redondea tu respuesta al centésimo más cercano.

_____ + _____ + _____ + _____ = _____

Semanas 1 a 4   Suma

$$\frac{\rule{2cm}{0.4pt}}{\text{Suma}} \div \frac{\rule{2cm}{0.4pt}}{\substack{\text{Número de} \\ \text{los valores} \\ \text{de los datos}}} \approx \frac{\rule{2cm}{0.4pt}}{\text{Media}}$$

¿Cómo se elaboran las gráficas?

Para hacer una gráfica de barras de los datos de las precipitaciones de la izquierda, primero dibuja un eje horizontal y un eje vertical. A continuación, escribe los nombres de las categorías graficadas sobre el eje horizontal. Incluye también un rótulo general para el eje. A continuación, rotula el eje vertical con el nombre de la variable dependiente. Asegúrate de incluir las unidades de medida. Luego crea una escala a lo largo del eje marcando números equidistantes que cubran el rango de los datos reunidos. Dibuja una barra sólida para cada categoría usando la escala del eje vertical para determinar la altura. Haz todas las barras del mismo ancho. Por último, agrega un título que describa la gráfica.

Lectura con propósito

11 Identifica Mientras lees, numera los pasos que se usan para elaborar una gráfica. Quizá prefieras confiar en las palabras clave que indican un nuevo paso, tales como *luego* o *a continuación*.

12 Haz una gráfica Elabora una gráfica de barras con los datos de las precipitaciones que están a la izquierda. En las líneas en blanco, incluye un título para la gráfica y rótulos para los ejes. Usa una escala de 0.20 pulg. para el eje horizontal y rotula las barras en el eje vertical.

Título: _____

Cantidad de precipitaciones (en pulg.)

0.0

Semana 1 _____ _____ _____

_____

Visualízalo

13 Analiza ¿Durante qué semana la cantidad de precipitaciones fue aproximadamente el doble que durante la semana 4? Usa tu gráfica para explicar tu respuesta.

_____

_____

_____

_____

Este pluviómetro se usa para recopilar y medir las precipitaciones líquidas.

¡Haz un modelo!

¿Qué tipos de modelos pueden usarse para representar datos?

Un muñeco de pruebas, una ecuación matemática y un mapa de carreteras son modelos que representan cosas reales. Un **modelo** es una representación de un objeto o proceso que permite a los científicos estudiar algo en más detalle. Un modelo usa algo conocido para ayudarte a comprender algo desconocido.

Los modelos pueden representar cosas demasiado pequeñas para verlas a simple vista, como los átomos. También pueden representar cosas demasiado grandes para verlas en su totalidad, como la Tierra. Los modelos pueden usarse para explicar el pasado y el presente. Incluso pueden usarse para predecir acontecimientos futuros. Entre los tipos de modelos científicos se incluyen los modelos físicos, los modelos conceptuales, los modelos matemáticos y las simulaciones.

Los modelos físicos y conceptuales

Los *modelos físicos* son aquellos que puedes tocar. Los carros de juguete, los modelos de edificios, los mapas y los globos terráqueos son modelos físicos. Los *modelos conceptuales* son representaciones de cómo se relacionan u organizan las partes. Un diagrama es un ejemplo de un modelo conceptual. Por ejemplo, este modelo de la Tierra muestra que la Tierra está dividida en tres capas: la corteza, el manto y el núcleo. La tabla muestra las densidades estimadas de cada una de las capas de la Tierra.

Densidad de las capas de la Tierra

Capa	Densidad (g/cm³)
corteza	2.6–2.9
manto	3.4–5.6
núcleo	9.9–13.1

Visualízalo

15 Aplica Explica cómo podrías usar un durazno para hacer un modelo físico de las capas de la Tierra.

_____

_____

_____

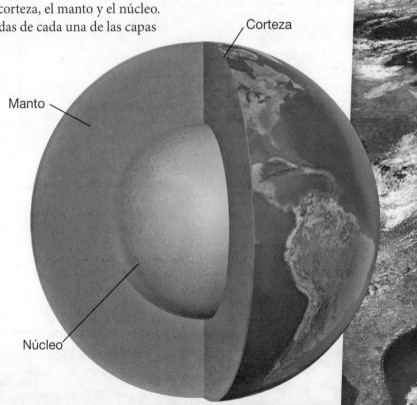

Corteza

Manto

Núcleo

Los modelos matemáticos

Todos los días, las personas intentan predecir el estado del tiempo. Una forma de hacerlo es a través de *modelos matemáticos*. Un modelo matemático está compuesto por ecuaciones matemáticas y datos. Algunos modelos matemáticos son sencillos y te permiten calcular cosas como qué distancia recorrerá un carro en una hora o cuánto pesarías en la Luna. Una ecuación química es otro ejemplo de un modelo matemático.

Otros modelos matemáticos son muy complejos y a menudo se usan computadoras para procesarlos. Algunos de estos modelos tan complejos, como los modelos del crecimiento de una población, tienen muchas variables. Algunas veces, en el modelo existen ciertas variables que nadie había considerado. Un cambio en cualquiera de esas variables puede hacer que el modelo falle.

¿Cuáles son algunos beneficios y algunas limitaciones de los modelos?

Los modelos se usan para representar cosas que son muy pequeñas o muy grandes para verlas a simple vista. Los modelos también benefician a los científicos de otras maneras, ya que les permiten realizar experimentos sin afectar o dañar al sujeto de estudio. Por ejemplo, los muñecos de pruebas simulan la manera en que los accidentes de carros afectan a las personas.

Todos los modelos son limitados porque son versiones más simples de los sistemas que intentan explicar. El modelo más simple es más fácil de entender y usar. Sin embargo, se excluye información cuando se hace un modelo.

El tamaño y la escala de un modelo pueden diferir de la cosa real. Los modelos tienen diferentes propiedades y a menudo están hechos de materiales distintos de los de la cosa real. Estos factores influyen en la manera en que se comportan los modelos. Esto significa que los modelos no funcionan exactamente como el objeto o el sistema que representan.

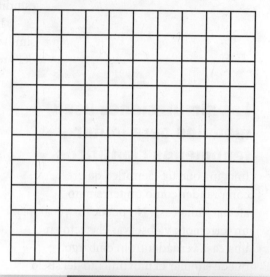

Práctica matemática Inténtalo

16 **Calcula** El aire que respiramos está compuesto por 78% de nitrógeno, 21% de oxígeno y 1% de otros gases. Usa tres lápices de colores diferentes para colorear el número apropiado de cuadrados en la cuadrícula para cada uno de estos porcentajes.

Piensa libremente Investigación

17 **Aplica** Comenta con un compañero los beneficios y las limitaciones de los globos terráqueos y los mapas como modelos físicos.

¿Cómo representan los datos las simulaciones?

18 Identifica Mientras lees, subraya tres razones diferentes por las cuales los científicos usan las simulaciones.

Una **simulación** usa un modelo para copiar la función, el comportamiento, o el proceso de la cosa que representa. El modelo que se usa en una simulación puede ser un modelo físico. Las simulaciones por computadora también son comunes. A menudo las simulaciones se usan para estudiar sistemas que son muy grandes o complejos, como los sistemas meteorológicos. Además, pueden imitar procesos que son difíciles de estudiar directamente. Por ejemplo, pueden usarse para estudiar los terremotos o el derretimiento de los campos de hielo polares.

Los científicos observan y reúnen datos de la simulación. Las simulaciones puede usarse para explicar acontecimientos del pasado y del presente, y también se pueden usar para hacer predicciones.

Las simulaciones usan modelos para imitar fenómenos científicos

Imagina que un científico quiere comprender cómo un terremoto afectará una casa. No puede provocar un terremoto y observar el efecto en una casa verdadera. Sin embargo, puede simular el movimiento del suelo y observar el efecto en un modelo de casa. La simulación puede usarse para ver cómo se mueve la casa, qué daños se producen y cómo reaccionan los materiales. La simulación no es exactamente lo mismo que la cosa real; siempre hay variables que difieren. Sin embargo, es una manera práctica de aprender más sobre los sucesos reales.

Los científicos pueden simular cómo el movimiento de un terremoto afecta distintos tipos de estructuras.

Las simulaciones ayudan a explicar los fenómenos científicos

La simulación de un terremoto puede mostrar que una casa ha sido dañada, pero esta información no es útil por sí sola. Los científicos también necesitan comprender por qué se produjo el daño.

Una simulación puede usarse para analizar sucesos en detalle. De este modo, los científicos pueden comprender las causas de los sucesos. La información obtenida a partir de las simulaciones de terremotos puede usarse en diseño. Las casas pueden diseñarse con características que ayuden a reducir los daños. Más simulaciones podrían usarse para probar características y ver si funcionan. En caso de que no funcionen, los científicos nuevamente se preguntarán por qué.

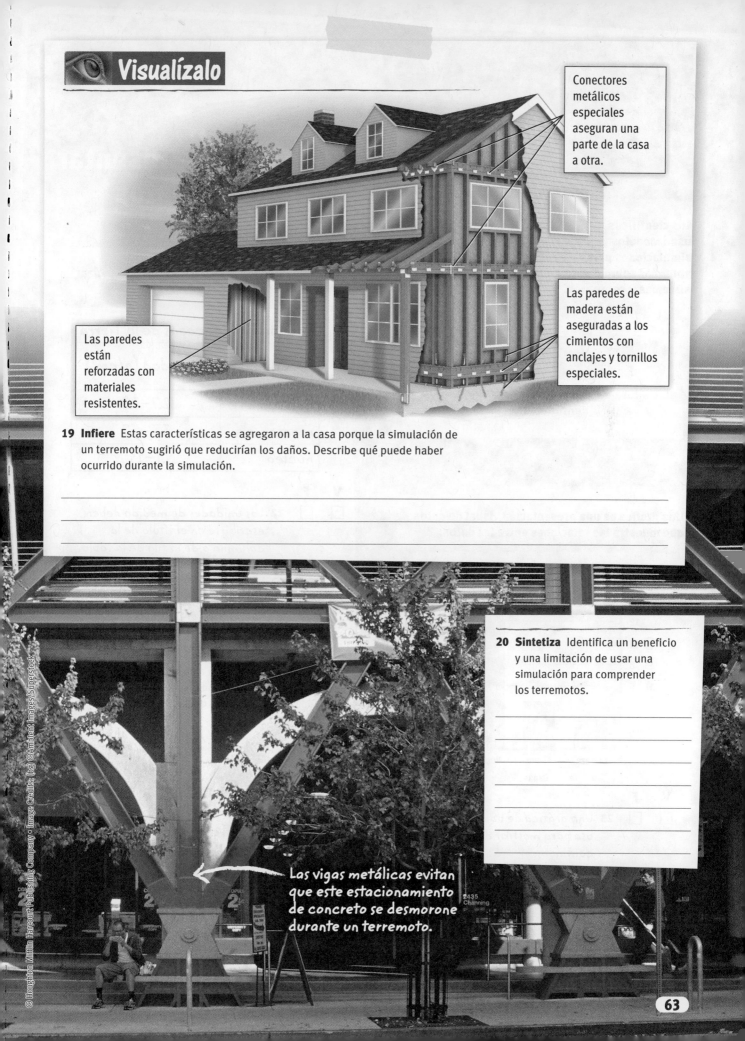

Visualízalo

Conectores metálicos especiales aseguran una parte de la casa a otra.

Las paredes de madera están aseguradas a los cimientos con anclajes y tornillos especiales.

Las paredes están reforzadas con materiales resistentes.

19 Infiere Estas características se agregaron a la casa porque la simulación de un terremoto sugirió que reducirían los daños. Describe qué puede haber ocurrido durante la simulación.

_____

_____

_____

20 Sintetiza Identifica un beneficio y una limitación de usar una simulación para comprender los terremotos.

_____

_____

_____

_____

_____

_____

Las vigas metálicas evitan que este estacionamiento de concreto se desmorone durante un terremoto.

Resumen visual

Para completar este resumen, marca el recuadro que indica verdadero o falso. Luego usa la clave para comprobar tus respuestas. Puedes usar esta página para repasar los conceptos principales de la lección.

Cómo representar los datos

Los científicos usan modelos y simulaciones para aprender sobre objetos, sistemas y conceptos.

V F

☐ ☐ **21** La ecuación para calcular la densidad es un modelo físico.

Una tabla puede usarse para anotar y organizar datos a medida que se reúnen.

Densidad de las capas de la Tierra	
Capa	Densidad (g/cm³)
corteza	2.7–3.3
manto	3.3–5.7
núcleo	9.9–13.1

V F

☐ ☐ **22** Las unidades de medida deben escribirse en el título de la columna o de la fila de la tabla.

Respuestas: 21 Falso; 22 Verdadero; 23 Falso

Una gráfica es una presentación visual de datos que muestra las relaciones entre los datos.

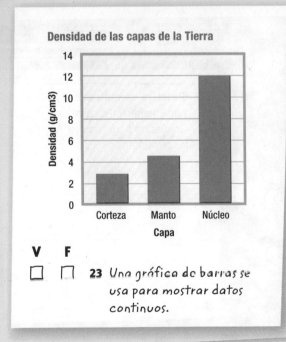

Densidad de las capas de la Tierra

V F

☐ ☐ **23** Una gráfica de barras se usa para mostrar datos continuos.

24 Sintetiza Da un ejemplo de algo en la naturaleza que pueda representarse con una tabla, una gráfica y un modelo. (Usa ejemplos que no se hayan dado en esta lección).

Repaso de la lección

Vocabulario

Escribe el término correcto en los espacios en blanco para completar las siguientes oraciones.

1 Un(a) _____ puede ser una representación visual o matemática de un objeto, un sistema o un concepto.

2 Un(a) _____ imita la función, el comportamiento o el proceso de la cosa que representa.

3 Los datos pueden organizarse en presentaciones visuales llamadas _____ para facilitar la identificación de tendencias.

Conceptos clave

4 Diferencia ¿En qué se diferencia un diagrama de una simulación?

_____
_____
_____
_____

5 Predice Una tabla de datos muestra la estatura de una persona el día de su cumpleaños cada año desde los 2 hasta los 12 años de edad. ¿Qué tendencia esperarías ver en una gráfica lineal de estos datos?

_____
_____
_____

6 Opina ¿Qué tipo de gráfica sería la mejor para representar los datos reunidos acerca del peso de un bebé cada mes durante seis meses?

_____
_____
_____
_____

7 Aplica ¿Qué tipo de modelo usarías para representar el corazón humano?

_____
_____

Razonamiento crítico

Usa la gráfica para responder las siguientes preguntas.

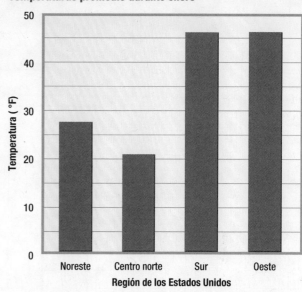

Temperaturas promedio durante enero

8 Identifica ¿Cuál de las regiones del país tiene las temperaturas más frías en enero?

_____

9 Calcula ¿Cuál fue la temperatura promedio en el sur en enero? ¿Cómo llegaste a tu respuesta?

_____
_____
_____
_____
_____

10 Aplica Da un ejemplo de un modelo físico y explica una limitación del modelo. Luego da un ejemplo de un modelo matemático y explica una limitación.

_____
_____
_____
_____
_____

Mis apuntes

TEKS **6.2E** analice datos para formular explicaciones razonables, comunicar conclusiones válidas apoyadas por los datos y predecir tendencias

TEKS **6.3A** analice, evalúe y critique las explicaciones científicas en todos los campos de las ciencias usando la evidencia empírica, el razonamiento lógico y pruebas experimentales y de observación, incluyendo un examen desde todos los ángulos de la evidencia científica de ésas explicaciones científicas, de tal manera que se fomente el razonamiento crítico en el estudiante

Sacar conclusiones de la evidencia

En las investigaciones científicas se te pedirá que reúnas datos y resumas tus descubrimientos. A veces, un conjunto de datos puede tener más de una interpretación y llevar a más de una conclusión. Una investigación confiable te permitirá sacar conclusiones apoyadas por los datos reunidos y que reflejan los hallazgos de otros científicos.

Instrucción

Sigue estos pasos cuando analices tus descubrimientos y evalúes una conclusión sacada a partir de ellos.

Gran avance en la prevención de la gripe

Un estudio médico ha demostrado que una nueva droga, el Compuesto Z, protege a los niños de la gripe. Los resultados de este estudio, que fue realizado el año pasado, mostraron que solo el 5% de los estudiantes que estaban tomando el Compuesto Z se vieron afectados por la gripe. Durante el mismo período de tiempo, el 20% de la población general se vio afectada por la gripe.

Los investigadores no saben exactamente cómo el Compuesto Z protege a los niños de la gripe.

1 ¿Qué conclusión se saca en este estudio? Identifica la conclusión o interpretación de los datos que se hace en el estudio.

2 ¿Qué evidencia o datos se proporcionan? ¿Los datos apoyan la conclusión? Identifica todas las observaciones y descubrimientos que se presentan para apoyar la conclusión. Decide si los descubrimientos apoyan la conclusión. Busca información y datos en otros estudios que repitan estos experimentos y verifiquen la conclusión.

Deben tomarse en cuenta otros datos antes de que la conclusión anterior pueda ser apoyada. Por ejemplo, deben reunirse datos para determinar el porcentaje de niños que no estaban tomando el Compuesto Z y se enfermaron de gripe. Además, dentro del 20% de la población general que se engripó, ¿qué porcentaje eran niños?

3 ¿Deben tomarse en cuenta otros datos antes de aceptar la conclusión como verdadera? Puede haber más de una manera de interpretar los descubrimientos del trabajo científico y algunas preguntas importantes pueden quedar sin respuesta. Cuando esto sucede, piensa en hacer observaciones, buscar más información o realizar otros experimentos que podrían eliminar una explicación posible.

¡Inténtalo!

El cambio climático es uno de los temas más debatidos en las ciencias actuales.

En los últimos 100 años, la temperatura global media de la Tierra se ha elevado en más de 0.74 °C. En 2008, la corriente fría de La Niña, en el Pacífico, hizo que la temperatura global media descendiera, pero la media global seguía siendo más cálida que la de cualquier otro año desde 1880 hasta 1996. La concentración del gas dióxido de carbono (CO_2), que tiene efecto invernadero, se elevó en aproximadamente 76 partes por millón de 1958 a 2008. Muchos científicos interpretan que esto significa que la actividad humana está ocasionando un cambio en el clima del planeta. Sin embargo, la evidencia del registro geológico muestra que el clima de la Tierra ha experimentado cambios incluso más importantes en el pasado.

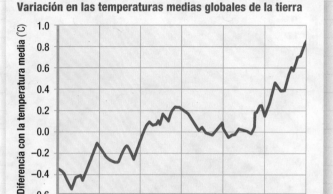

Variación en las temperaturas medias globales de la tierra

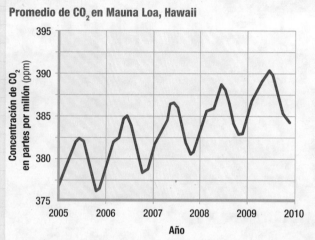

Promedio de CO_2 en Mauna Loa, Hawaii

1 Evaluar datos Las gráficas que se muestran arriba se han tomado de un estudio sobre el cambio climático. Identifica las tendencias o los patrones que observas en las gráficas.

3 Justificar conclusiones ¿Qué conclusiones son apoyadas por los datos de las gráficas? ¿Qué conclusiones no son apoyadas por los datos?

4 Identificar relaciones ¿Qué otros datos necesitas para apoyar aún más tu conclusión?

2 Sacar conclusiones Saca una conclusión que esté apoyada por los datos que describes. Resume tu conclusión en un solo párrafo.

Para la casa

Busca un artículo en el que se saque una conclusión basada en un estudio científico. Evalúa la conclusión y determina si la evidencia dada apoya la conclusión. Lleva el artículo a clase y prepárate para comentarlo.

Instrumentos y mediciones científicas

PREGUNTA ESENCIAL

¿Qué instrumentos y unidades se usan en las ciencias?

Cuando termines esta lección, podrás describir los diferentes instrumentos y unidades de medición que se utilizan en las investigaciones científicas.

TEKS **6.2C** reúna y anote datos usando el Sistema Internacional de Unidades (SI) y medios cualitativos, tales como dibujos rotulados, escritos y organizadores gráficos

TEKS **6.4A** use instrumentos apropiados para recopilar, anotar y analizar información, incluyendo diarios, cuadernos, vasos de precipitados, cajas de Petri, metros, cilindros graduados, hornillas, tubos de ensayo, balanzas de tres brazos, microscopios, termómetros, calculadoras, computadoras, medidores de tiempo y equipo adicional que sea necesario para enseñar el currículo

Una parte importante del trabajo de un científico consiste en elegir el instrumento adecuado para hacer mediciones. Para esta medición, los calibradores son más precisos que una regla métrica.

Actividades de laboratorio de la lección

Actividades rápidas de laboratorio
• Investigar las mediciones
• Investigar la densidad

Actividad de laboratorio de campo
• Usar un sextante para hacer un mapa

Ponte a pensar

1 Predice Marca V o F para mostrar si cada enunciado es verdadero o falso.

V   F

☐   ☐   Un cuaderno o diario de laboratorio se considera un instrumento científico.

☐   ☐   Los científicos de todo el mundo usan las mismas unidades de medición.

☐   ☐   Algunas veces es apropiado que los científicos calculen las mediciones.

☐   ☐   La precisión describe cuánto se acerca una medición a su valor real.

2 Infiere Describe de qué manera la científica podría usar este microscopio electrónico en una investigación científica.

Lectura con propósito

3 Aplica Usa las claves del contexto para escribir tu propia definición del término *estándar*.

Oración de ejemplo
Un científico usa una unidad de medición <u>estándar</u> para comparar las longitudes de diferentes bacterias.

estándar:

Términos de vocabulario
• medición   • exactitud
• notación científica   • precisión

4 Aplica A medida que aprendas la definición de cada término de vocabulario de esta lección, crea tu propia definición o esquema que te ayude a recordar el significado del término.

La buena medición

¿Qué es una medición?

En las ciencias, la capacidad de describir una observación es una destreza importante. Una descripción es un enunciado con el que informamos lo que observamos. A menudo, los científicos describen las observaciones con una medición. Una **medición** es una descripción que incluye un número y una unidad, y también hace referencia al proceso de obtener una descripción cuantitativa de algo.

¿Por qué usamos unidades estándar de medición?

Antes, las mediciones se basaban en las partes del cuerpo, como los brazos o los pies, pero este método causaba problemas de exactitud. Las partes del cuerpo varían de tamaño de una persona a otra, lo cual hacía difícil que dos personas obtuvieran la misma medición para un objeto.

Con el tiempo, las sociedades se dieron cuenta de que necesitaban crear unidades de medición estándar. Cuando se usan unidades de medición estándar, las personas que se encuentran trabajando en distintos lugares pueden trabajar con las mismas cantidades. Las unidades estándar también permiten a los científicos repetir los experimentos que han realizado otros. Cuando los experimentos pueden repetirse, es posible determinar si los resultados son válidos.

Tanto en la cocina como en el laboratorio, es difícil trabajar con unidades de medición que no son estándar.

nuevos
gotas de vainilla
pizca de sal
3 tazas de harin
ucharadit

Visualízalo

6 Enumera ¿Cuáles de las unidades de medición de esta receta no son estándar?

Lectura con propósito

5 Compara ¿Cuál es la diferencia entre una descripción y una medición?

1 cdta.

1 cdta.

¿Qué es el Sistema Internacional de Unidades?

A fines del siglo XVIII, el gobierno francés solicitó que la Academia Francesa de Ciencias mejorara su propio sistema oficial de medición existente. Como respuesta, la academia creó el sistema métrico original. El sistema sufrió varios cambios con el paso de los años. El sistema métrico moderno ahora se conoce como Sistema Internacional de Unidades (SI). Los científicos de todo el mundo usan el SI para hacer mediciones y anotar datos. La tabla muestra las unidades del SI que se usan para expresar las siguientes cantidades: longitud, masa, tiempo, temperatura, volumen, peso y densidad. Cada unidad del SI se representa con un símbolo. Para anotar correctamente una medición, se requieren un número y una unidad, o símbolo representativo.

Medición	Unidad del SI	Símbolo
longitud	metro	m
masa	kilogramo	kg
tiempo	segundo	s
temperatura	kelvin	K
volumen	metro cúbico	m³
peso	newton	N
densidad	gramos por centímetro cúbico (mililitro)	g/cm³ o g/mL

El termómetro se usa para medir la temperatura.

¿Cuáles son las ventajas de utilizar el SI?

Hay muchas ventajas al utilizar el SI en lugar de otros sistemas de medición. Una ventaja es que las mediciones del SI proveen un idioma internacional compartido por todos los científicos. Los científicos de todo el mundo pueden compartir y comparar sus observaciones y resultados. Una segunda ventaja es que cambiar de una unidad a otra es más fácil en el SI que en los otros sistemas. Casi todas las unidades del SI están basadas en el número 10. Dentro de un tipo de medición, puedes convertir una unidad a otra al multiplicar o dividir por una potencia de 10. Las conversiones en los otros sistemas son más complicadas, como cuando se hacen conversiones entre pulgadas, pies y yardas.

Piensa libremente

7 Aplica Realiza una de las siguientes actividades: Escribe una entrada de un blog desde el punto de vista de un miembro de la Asamblea Nacional Francesa de 1790 sobre la necesidad de contar con un sistema de medición estándar; o Investiga la historia de una medición común, como la yarda, y escribe un informe en el que expliques cómo se comenzó a utilizar.

El metro se usa para medir la longitud.

Hecho a medida

¿Cuáles son algunos de los instrumentos que se usan para medir las unidades del SI?

Los científicos usan instrumentos específicos para cada tipo de medición. Estos instrumentos están diseñados para medir cantidades en unidades del SI. Cada tipo de cantidad se rotula con una unidad básica del SI. Por ejemplo, la unidad del SI para la longitud es el *metro* (m). La longitud puede medirse con un metro, una regla o una cinta de medir. El *kilogramo* (kg) es la unidad del SI para la masa, que se mide con una balanza, como la balanza electrónica o la de tres brazos. La unidad del SI para el tiempo es el *segundo* (s). El tiempo se puede medir con un cronómetro. El *kelvin* (K) es la unidad del SI que se usa para la temperatura, que suele medirse con un termómetro.

Algunas mediciones combinan unidades básicas del SI y así se crea una nueva unidad. Por ejemplo, el volumen es la cantidad de espacio que ocupa algo. La unidad del SI para el volumen es el metro cúbico (m^3), pero el volumen de un líquido a menudo se expresa en litros (L) o mililitros (mL), que son unidades más pequeñas que el metro cúbico. El volumen de los líquidos puede medirse colocando la sustancia en un cilindro graduado.

 **Visualízalo**

8 Rotula Identifica la medición asociada al instrumento de cada imagen.

a. La balanza de tres brazos se usa para medir _____.

b. El cilindro graduado se usa para medir _____.

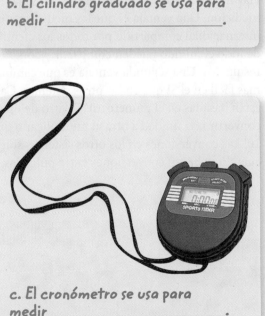

c. El cronómetro se usa para medir _____.

Mediciones mezcladas

Cuando los científicos cometen un error en una medición, ese error no suele costar 125 millones de dólares. Sin embargo, eso fue exactamente lo que le costó un error de medición a la Administración Nacional de Aeronáutica y del Espacio (NASA) en 1999.

Próxima parada: Marte

La NASA planificó una misión espacial a Marte para estudiar la atmósfera y el clima del planeta. Tras un viaje de 286 días, el orbitador *Mars Climate* finalmente llegó a destino. El motor de la nave espacial se encendió para colocarla en órbita alrededor de Marte. Y ahí comenzaron los problemas: la nave se acercó demasiado al planeta, no pudo mantener la órbita y la misión fracasó.

Pequeños detalles, grandes problemas

Los científicos descubrieron rápidamente el problema. El equipo de la NASA había utilizado unidades del SI para calcular la órbita de la nave espacial. Sin embargo, el equipo de la empresa privada que construyó la nave, la programó usando el sistema de unidades inglesas, como las millas.

Ampliar

Investigación

9 Infiere Después de leer este artículo, ¿qué puedes inferir sobre la relación entre las unidades del SI y las unidades inglesas?

10 Investiga Descubre cómo respondió la NASA a este problema. ¿Qué hizo la NASA para asegurarse de que no volvieran a ocurrir errores costosos como este?

11 Justifica En los Estados Unidos, las personas aún usan las unidades inglesas, como las pulgadas y las libras, para muchos tipos de mediciones, mientras que la mayoría de otros países utilizan las unidades del SI. ¿Crees que los Estados Unidos deberían comenzar a usar únicamente el SI? ¿Por qué?

Cómo trabajar más fácilmente con mediciones muy grandes o pequeñas

Algunos números científicos son mucho más pequeños o mucho más grandes que aquellos que usamos en la vida diaria. Trabajar con mediciones muy grandes o muy pequeñas puede ser confuso. Hay dos formas que usan los científicos para trabajar más fácilmente con mediciones muy grandes o pequeñas: los prefijos y la notación científica.

12 Identifica Mientras lees, subraya ejemplos de prefijos del SI.

Podemos usar prefijos

Un prefijo es una o más letras o sílabas que se agregan al principio de una palabra para cambiar su significado. En el SI, los prefijos se usan para expresar una unidad del SI que es más grande o más pequeña que una unidad básica. Por ejemplo, *kilo-* significa 1,000 veces; por lo tanto, un kilómetro es igual a 1,000 metros. El prefijo *mili-* indica 1/1,000 veces; por lo tanto, un milímetro es igual a 1/1,000 de un metro. El prefijo utilizado depende del tamaño del objeto que se mide. La siguiente tabla muestra algunos prefijos comunes del SI.

Prefijos del SI		
Prefijo	**Símbolo**	**Factor**
kilo–	k	1,000
hecto–	h	100
deca–	da	10
		1
deci–	d	0.1
centi–	c	0.01
mili–	m	0.001
micro–	μ	0.000001

13 Aplica La tabla de abajo muestra cómo se pueden usar los prefijos junto con las unidades de longitud. Completa los espacios en blanco de la tabla.

Prefijo con la unidad básica del metro	Símbolo	Cantidad de metros
kilómetro	km	
	hm	100
decámetro	dam	
milímetro		0.001

Podemos usar la notación científica

La **notación científica** es una forma corta de representar números muy grandes o muy pequeños. Los números expresados en notación científica se escriben en la forma $a \times 10^b$. Por ejemplo, la velocidad de la luz en notación estándar es 300,000,000 m/s. En notación científica es 3×10^8 m/s.

Para hallar a, mueve el punto decimal para formar un número igual a o mayor que 1 y menor que 10. Para hallar b, cuenta cuántos lugares se movió el punto decimal. Cuando el decimal se mueve hacia la izquierda, b es un número positivo. Cuando se mueve hacia la derecha, b es un número negativo. En 300,000,000 m/s, el punto decimal se encuentra a la derecha del último 0. Mueve el punto decimal 8 lugares hacia la izquierda hasta que quede a la derecha del número 3 para obtener el valor 3×10^8 m/s.

Para convertir un número de notación científica a notación estándar, observa el exponente. Si el exponente es positivo, mueve el punto decimal b lugares hacia la derecha. Si el exponente es negativo, mueve el punto decimal b lugares hacia la izquierda. Para la velocidad de la luz, 3×10^8 m/s, el exponente es 8, que es positivo; por lo tanto, mueve el punto decimal ocho lugares hacia la derecha para escribir el número nuevamente como 300,000,000 m/s.

Práctica matemática

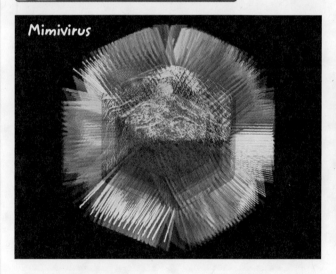

Mimivirus

Glóbulos rojos

Problema de ejemplo

El diámetro de este mimivirus es 0.000000750 m. Escribe este número en notación científica.

Usa la forma $a \times 10^b$. El número decimal que empieza con el primer dígito distinto de cero es a. El número de lugares decimales que se debe mover es b.

Para obtener a, mueve el punto decimal 7 lugares hacia la derecha.

$$a = 7.5, b = -7$$

$$0.000000750 \text{ m} = 7.50 \times 10^{-7} \text{ m}$$

Inténtalo

14 Calcula El diámetro de un glóbulo rojo humano mide 0.000006 m. Escribe el diámetro en notación científica.

¿Por qué son importantes la exactitud y la precisión?

Los científicos quieren usar instrumentos que puedan proporcionar una medición muy cercana al valor real. La **exactitud** es un término que describe qué tanto se aproxima una medición al valor verdadero de la cantidad medida. Mientras más pequeña sea la diferencia entre la medición y el valor verdadero, más exacta será la medición.

La **precisión** de una medición significa que esa medición es repetible y confiable. Si una medición muy precisa se repite, el número que se obtendrá será el mismo o muy cercano al mismo.

> En un juego de herraduras, gana el jugador más exacto y preciso.
> En los lanzamientos más exactos, las herraduras están cerca de la estaca. En los lanzamientos precisos, están cerca unas de otras.

Visualízalo

15 Ilustra Dibuja un cuarto conjunto de herraduras que represente poca exactitud y poca precisión.

Poca exactitud, mucha precisión

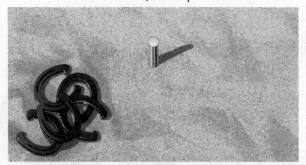

Mucha exactitud, poca precisión

Mucha exactitud, mucha precisión

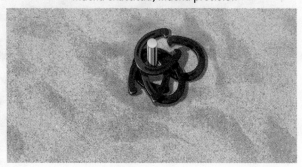

Poca exactitud, poca precisión

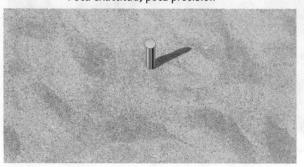

¿Por qué algunas veces los científicos calculan las mediciones?

Las personas calculan las mediciones al hacer tareas cotidianas tales como preparar una salsa o reacomodar los muebles. Los científicos también calculan mediciones. Pueden hacer cálculos estimados para ver si los datos que reunieron son razonables. Los científicos también pueden usar los cálculos aproximados para determinar cuál de los instrumentos es el más adecuado para hacer las mediciones que necesitan. Por ejemplo, si necesitas medir un clip y una mesa, puedes calcular sus longitudes y luego elegir cuál objeto medirás con una regla métrica y cuál objeto medirás con una cinta de medir.

Piensa libremente Investigación

16 Aplica Elige un objeto de la vida cotidiana y diseña un método para medirlo que sea exacto y preciso. ¿Qué instrumento o instrumentos usarías? Explica tu respuesta.

¿Cómo reúnen y anotan los científicos los datos cualitativos?

Para los datos discutidos hasta ahora, se usan números, mediciones y unidades del SI. Estos datos se denominan datos cuantitativos, porque se refieren a una cantidad, es decir, un número de algo.

Sin embargo, algunos datos no se expresan con números o mediciones. A estos se los denominan datos cualitativos, porque se refieren a una cualidad de algo. Las observaciones que describen el color, la textura, el olor, el gusto, el comportamiento o la apariencia de algo son ejemplos de datos cualitativos. Imagina que un científico estudia una tropa, o grupo, de gorilas. Entre las observaciones cualitativas de un gorila pueden encontrarse el color de su cuerpo, los sonidos que emite o una descripción de cómo se mueve.

Al igual que los datos cuantitativos, los datos cualitativos se pueden anotar en un cuaderno de laboratorio, en un diario o en una computadora. Los científicos también usan dibujos con rótulos y organizadores gráficos, como una red de ideas, para reunir, anotar y analizar los datos cualitativos.

![] **Visualízalo**

18 Observa En el siguiente espacio, enumera tres observaciones cualitativas sobre los gorilas de la fotografía y del dibujo.

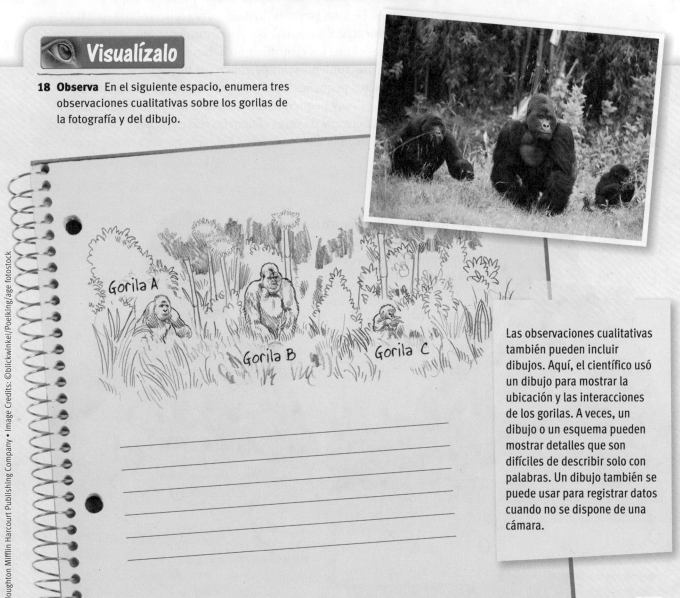

Gorila A

Gorila B

Gorila C

Las observaciones cualitativas también pueden incluir dibujos. Aquí, el científico usó un dibujo para mostrar la ubicación y las interacciones de los gorilas. A veces, un dibujo o un esquema pueden mostrar detalles que son difíciles de describir solo con palabras. Un dibujo también se puede usar para registrar datos cuando no se dispone de una cámara.

Instrumentos para todo momento

¿Cómo se usan los instrumentos en un laboratorio de ciencias?

Lectura con propósito

19 Identifica Mientras lees, subraya los nombres de los instrumentos científicos.

Los científicos usan instrumentos para otras tareas además de la medición. También necesitan instrumentos para realizar experimentos y analizar datos. Por ejemplo, los tubos de ensayo pueden contener muestras de materiales. Para aumentar la temperatura de una sustancia, puedes colocarla en un vaso de precipitados y calentarla en una hornilla. Si necesitas almacenar muestras o cultivar células, puedes usar una caja de Petri, que es un plato poco profundo, circular y con tapa.

Los diarios o los cuadernos de laboratorio y los lápices son instrumentos que pueden usarse para anotar y analizar datos y observaciones. Se usan cámaras digitales para registrar imágenes de objetos o ambientes. Estas imágenes posteriormente son analizadas para descubrir detalles que los científicos no notaron o que no recuerdan.

Algunos instrumentos nos permiten ver mejor las cosas. Una lupa amplía los objetos pequeños y los hace más fáciles de observar. Para observar objetos muy pequeños, un microscopio óptico puede ampliar la imagen hasta cientos de veces el tamaño real del objeto. Las lentes del microscopio doblan la luz y hacen que el objeto parezca más grande.

Visualízalo

20 Identifica En cada línea, escribe el nombre del instrumento que usa el estudiante.

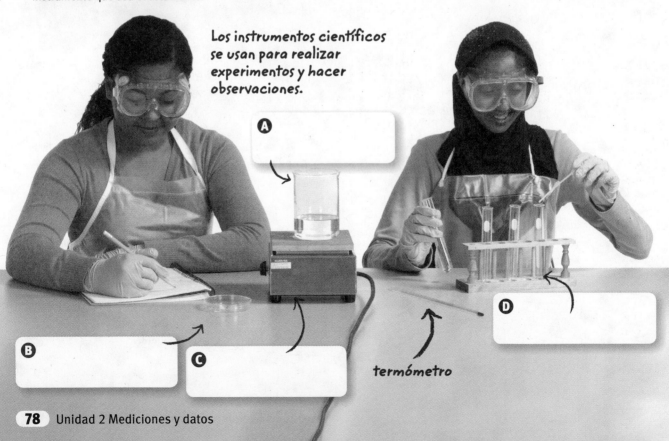

Los instrumentos científicos se usan para realizar experimentos y hacer observaciones.

A

B

C

D

termómetro

¿Cómo usan los científicos las computadoras y la tecnología?

El uso de la ciencia con fines prácticos se llama *tecnología*. Las calculadoras y las computadoras son dos ejemplos de dispositivos tecnológicos. Les permiten a los científicos realizar cálculos de manera rápida y exacta. También pueden analizar datos por medio de gráficas y resolviendo ecuaciones complejas. Los científicos usan las computadoras para crear hojas de cálculo, diseñar modelos o ejecutar simulaciones. Las computadoras también ayudan a los científicos a compartir datos e ideas entre ellos y a publicar informes sobre sus investigaciones.

Otro tipo de tecnología son los *instrumentos científicos computarizados*, que son instrumentos para hacer mediciones que están vinculados a una computadora. Permiten a los científicos reunir, anotar y analizar datos, todo con el mismo instrumento. Se pueden usar para medir factores como la temperatura, la acidez o los niveles de oxígeno.

Las nuevas tecnologías pueden ampliar la capacidad de los científicos para reunir datos. El microscopio óptico les permitió descubrir y observar células vivas. En la actualidad, los microscopios electrónicos permiten la observación de átomos individuales. Los microscopios electrónicos usan haces de electrones para reunir datos, que una computadora convierte en una imagen. También permiten ampliar un objeto por factores de miles o millones.

Así como la tecnología da lugar a descubrimientos científicos, estos a su vez dan lugar al desarrollo de nuevas tecnologías. Gracias al descubrimiento de los semiconductores, puedes apoyar una computadora completa en tu regazo. ¡Las primeras computadoras ocupaban habitaciones enormes!

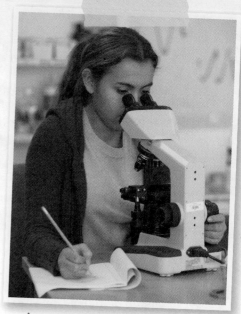

Los microscopios ópticos muestran características muy pequeñas.

Lectura con propósito

21 Distingue ¿Cuál es la diferencia entre un microscopio óptico y uno electrónico?

_____

_____

_____

_____

Microscopio electrónico

22 Formula una hipótesis Los microscopios electrónicos usan haces de electrones para formar imágenes de objetos tan pequeños como los átomos. ¿Por qué se podría usar un microscopio electrónico para fabricar chips de computadoras?

_____

_____

_____

_____

_____

_____

Un microscopio electrónico amplía un objeto y crea un archivo digital con los datos. Las imágenes se pueden observar en la pantalla de una computadora.

Resumen visual

Para completar este resumen, encierra en un círculo la palabra o la frase correcta. Luego usa la clave para comprobar tus respuestas. Puedes usar esta página para repasar los conceptos principales de la lección.

Instrumentos y mediciones científicas

El Sistema Internacional de Unidades (SI) es el sistema de medición estándar que se usa en las ciencias.

23 La unidad de masa del SI es el kilogramo / newton.

24 La unidad de tiempo del SI es la hora / el segundo.

Los instrumentos científicos se utilizan para hacer observaciones, reunir y analizar datos, y compartir resultados.

25 Los científicos solo pudieron observar células vivas individuales después de la invención del microscopio óptico/electrónico.

26 Una hornilla / Un tubo de ensayo es un recipiente común que se usa en el laboratorio para guardar muestras pequeñas de líquido.

27 Las computadoras se pueden utilizar en cualquier etapa / solo para calcular los resultados de una investigación científica.

28 Afirmar que hay tres gorilas en este dibujo sería un ejemplo de un enunciado cualitativo / cuantitativo.

Gorila A

Gorila B

Gorila C

Los científicos usan instrumentos para anotar y analizar datos cualitativos y datos cuantitativos.

Respuestas: 23 kilogramo; 24 el segundo; 25 óptico; 26 Un tubo de ensayo; 27 en cualquier etapa; 28 cuantitativo

29 En pocas palabras ¿Por qué los instrumentos y la tecnología son importantes para las investigaciones científicas?

Repaso de la lección

Vocabulario

Traza una línea para unir los siguientes términos con sus definiciones.

1 precisión   **A** cercanía al valor verdadero

2 exactitud   **B** descripción con un número y una unidad

3 medición   **C** forma de escribir números muy grandes o muy pequeños

4 notación científica   **D** la capacidad de repetir una medición

Conceptos clave

5 En pocas palabras ¿Cuál de las siguientes opciones no es una ventaja de utilizar unidades del SI?

A Los científicos pueden comparar observaciones y resultados.

B Se pueden comparar mediciones hechas hace muchos años.

C El SI se basa en el número 5, que permite hacer cálculos con facilidad.

D Se usan prefijos para expresar mediciones que son pequeñas o grandes.

6 Calcula ¿Cómo se escribe 0.003 en notación científica?

A 10×10^3

B 3×10^{-3}

C 3×10^3

D 10×3^{-10}

7 Identifica ¿Cuál es la unidad del SI para la temperatura?

A el kelvin

B los grados Celsius

C los grados Fahrenheit

D el newton

Razonamiento crítico

Usa esta foto para responder las siguientes preguntas.

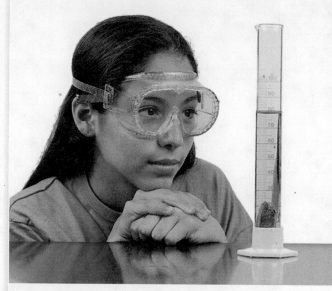

8 Concluye Menciona el tipo de medición que está haciendo la estudiante de la foto.

_____

9 Aplica El prefijo de la medición que está haciendo la estudiante es *mili-*. ¿Qué significa *mili-*?

_____

10 Evalúa Según la medición de la estudiante, el volumen de agua era 80.0 mL. Descubrió que el volumen real era 80.1 mL. ¿Es exacta su medición? Explica tu respuesta.

_____
_____
_____
_____

11 Compara ¿Cómo podrían cambiar los datos anotados por la estudiante si ella anotara datos cualitativos en lugar de datos cuantitativos?

_____
_____

Mis apuntes

Proceso de diseño en ingeniería

Destrezas
Identificar una necesidad
Realizar una investigación
✓ Buscar soluciones
✓ Elegir una solución
✓ Diseñar un prototipo
✓ Crear un prototipo
✓ Examinar y evaluar
Modificar el diseño para introducir mejoras
✓ Comunicar los resultados

Objetivos
• Enumerar y clasificar los materiales aislantes según su eficacia
• Diseñar una solución tecnológica para mantener congelado un cubito de hielo
• Probar un prototipo de refrigerador con aislamiento y comunicar si logró los resultados deseados

Fabricar un refrigerador con material aislante

¿Qué tienen en común los congeladores, los hornos y los osos polares? ¡Todos tienen aislación! Un *aislante* es un tipo de material que demora la transferencia de energía como el calor. Los refrigeradores y los congeladores tienen un material aislante que mantiene fríos los alimentos. El aislante que rodea a los hornos conserva la energía dentro de ellos. Y algunos animales tienen pelaje y capas de grasa que también son aislantes.

1 Aplica ¿Qué elementos de esta fotografía son aislantes?

_____

_____

_____

_____

_____

2 Enumera Menciona otros objetos cotidianos, que no aparezcan en la fotografía, en los que se usen materiales aislantes para mantenerlos calientes o fríos.

_____

_____

_____

_____

_____

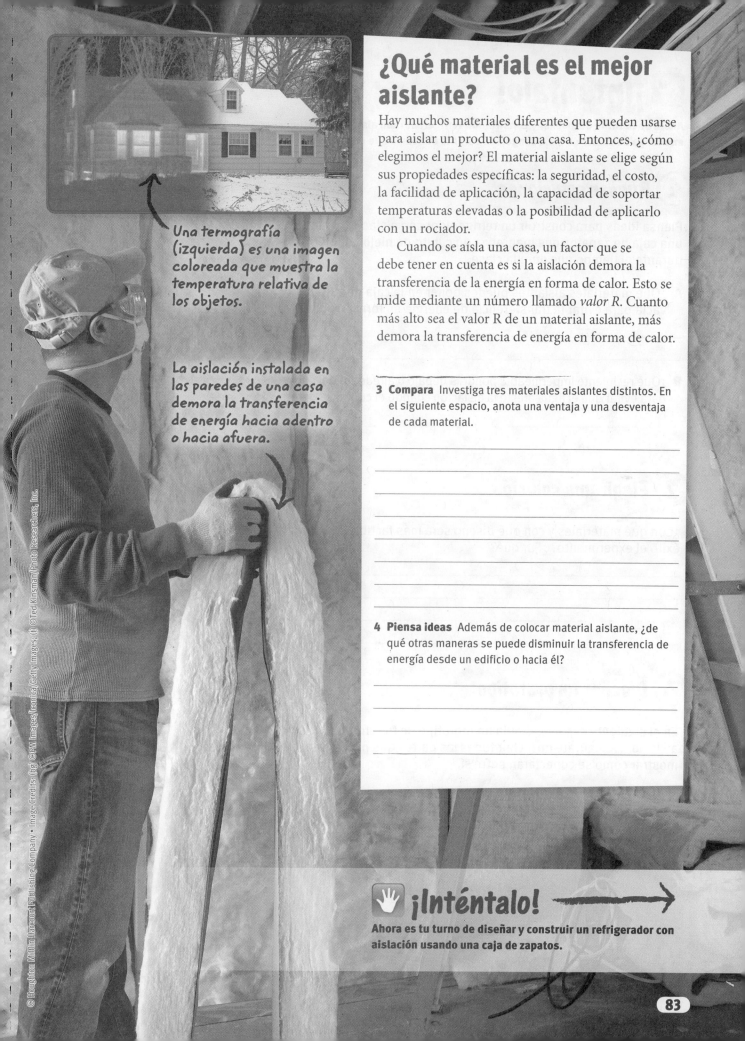

Una termografía (izquierda) es una imagen coloreada que muestra la temperatura relativa de los objetos.

La aislación instalada en las paredes de una casa demora la transferencia de energía hacia adentro o hacia afuera.

¿Qué material es el mejor aislante?

Hay muchos materiales diferentes que pueden usarse para aislar un producto o una casa. Entonces, ¿cómo elegimos el mejor? El material aislante se elige según sus propiedades específicas: la seguridad, el costo, la facilidad de aplicación, la capacidad de soportar temperaturas elevadas o la posibilidad de aplicarlo con un rociador.

Cuando se aísla una casa, un factor que se debe tener en cuenta es si la aislación demora la transferencia de la energía en forma de calor. Esto se mide mediante un número llamado *valor R*. Cuanto más alto sea el valor R de un material aislante, más demora la transferencia de energía en forma de calor.

_____

3 Compara Investiga tres materiales aislantes distintos. En el siguiente espacio, anota una ventaja y una desventaja de cada material.

_____
_____
_____
_____
_____
_____
_____
_____

4 Piensa ideas Además de colocar material aislante, ¿de qué otras maneras se puede disminuir la transferencia de energía desde un edificio o hacia él?

_____
_____
_____
_____

✋ **¡Inténtalo!** ⟶ →

Ahora es tu turno de diseñar y construir un refrigerador con aislación usando una caja de zapatos.

¡Inténtalo!

Ahora es tu turno de diseñar y construir un refrigerador con aislación que mantenga un cubito de hielo congelado durante el tiempo que dure la clase.

1 Buscar soluciones

Piensa ideas para construir un refrigerador con aislación usando una caja de zapatos que mantenga un cubito de hielo congelado durante el tiempo que dure la clase.

A ¿Qué materiales aislantes puedes poner en la caja de zapatos vacía para evitar la transferencia de energía en forma de calor?

_____

_____

B ¿Qué recipiente impermeable pondrás debajo o alrededor del cubito para evitar que el agua afecte la aislación cuando el cubito se derrita?

_____

_____

Necesitarás:

✓ una balanza

✓ cinta de tela metálica o de embalar

✓ un cubito de hielo

✓ material aislante

✓ una bolsa de plástico o un recipiente impermeable

✓ una caja de zapatos vacía

2 Elegir una solución

¿Con qué materiales y con qué diseño será más factible que tenga éxito el experimento? ¿Por qué?

_____

_____

_____

_____

3 Diseñar un prototipo

En el siguiente espacio, dibuja un prototipo de tu refrigerador con aislación. Asegúrate de incluir todas las partes que necesites y de mostrar cómo se conectarán entre sí.

④ Crear un prototipo

Ahora construye tu refrigerador con aislación. ¿Tuviste que corregir algo mientras lo construías? ¿Qué corregiste?

_____
_____
_____
_____

⑤ Examinar y evaluar

A Al comenzar la clase, halla la masa de un cubito de hielo. Anota el resultado en el siguiente espacio.

_____

B Coloca el cubito de hielo en el refrigerador. Cierra el refrigerador. Al finalizar la clase, abre el refrigerador y observa el cubito de hielo. Halla la masa del cubito y anota el resultado en el siguiente espacio.

_____

C ¿Quedó alguna parte del hielo congelada? Calcula la fracción del cubito que quedó congelada.

_____

⑥ Comunicar los resultados

A ¿Tu refrigerador proporcionó una aislación adecuada? Explica tu respuesta.

_____
_____
_____
_____

B ¿Podrías haber hecho algo para que quedara más cantidad de hielo?

_____
_____
_____
_____
_____
_____
_____

Modelos y simulaciones

PREGUNTA ESENCIAL

¿Cómo usan los científicos los modelos y las simulaciones?

Cuando termines esta lección, podrás explicar cómo los científicos usan los modelos y las simulaciones para representar sistemas, explicar fenómenos y hacer predicciones.

Con este modelo de prueba de tamaño real se realizan simulaciones dentro de un túnel gigante de viento.

TEKS **6.3B** use modelos para representar aspectos de la naturaleza, tales como un modelo de las capas de la Tierra

TEKS **6.3C** identifique ventajas y limitaciones de los modelos, tales como tamaño, escala, propiedades y materiales

Actividades de laboratorio de la lección

Actividades rápidas de laboratorio
- Hacer un modelo de imágenes oculares
- Interpretar modelos

Actividad de S.T.E.M. de laboratorio
- Estudiar la convección

Ponte a pensar

1 Predice Marca V o F para mostrar si cada enunciado es verdadero o falso.

V	F	
☐	☐	Los modelos pueden tener la misma apariencia general que los objetos de la vida real.
☐	☐	Los modelos de aviones tienen todas las mismas partes de funcionamiento que los aviones reales.
☐	☐	Los modelos pueden representar sistemas y procesos.

2 Describe Escribe tu propia leyenda para esta foto.

Lectura con propósito

3 Sintetiza Muchas de las palabras del español provienen de otros idiomas. Usa la siguiente palabra del latín para sacar una conclusión lógica sobre el significado de la palabra *simulación*.

Palabra del latín	Significado
simulatio	hacer creer

Oración de ejemplo:
En una <u>simulación</u> de vuelo, los pilotos practican cómo volar un avión en condiciones peligrosas.

simulación:

_____

_____

_____

_____

Términos de vocabulario
- **modelo**
- **simulación**
- **modelo físico**
- **modelo matemático**
- **modelo conceptual**

4 Identifica Mientras lees, crea una tarjeta de referencia para cada término de vocabulario. En un lado de la tarjeta, escribe el término y su significado. Del otro lado, dibuja una imagen que ilustre el término o se relacione con él. Estas tarjetas se pueden usar como señaladores en el texto para que puedas consultarlas mientras estudias.

Para ser un científico modelo...

¿Por qué los científicos usan modelos y simulaciones?

Los modelos y las simulaciones nos ayudan a comprender el mundo que nos rodea. Un **modelo** científico muestra la estructura de un objeto, sistema o concepto. Las **simulaciones** usan modelos para imitar la función, comportamiento o proceso de lo que representa el modelo.

Para responder preguntas difíciles

¿Cuál es la estructura de un átomo? ¿Cuánto combustible necesitamos para llegar a la Luna? ¿Cuántos peces podemos atrapar cada año sin reducir drásticamente la población de peces? Todas estas preguntas son difíciles de responder. Una pregunta difícil es una pregunta que no se puede responder rápidamente por observación directa. Los modelos y las simulaciones son herramientas que pueden ayudar a responder estas preguntas. Los modelos nos permiten probar muchas ideas posibles para hallar las soluciones a las preguntas difíciles.

Para representar sistemas complejos

En el mundo real, los sistemas son complejos y tienen muchas partes que interactúan. Los científicos representan estos sistemas con modelos. Por ejemplo, un edificio es un sistema complejo con muchas partes que interactúan. Los científicos estudian la reacción de un modelo de edificio durante un terremoto. Los datos de las simulaciones de un modelo de edificio pueden usarse para diseñar un edificio antisísmico.

Lectura con propósito **5 Identifica** Menciona un ejemplo de un sistema complejo que se pueda representar con un modelo.

Los modelos de edificios pueden usarse para probar la resistencia a los terremotos antes de construir los edificios reales.

Investigación

6 Infiere ¿Por qué se pueden crear más diseños de edificios antisísmicos si se usan modelos de edificios en simulaciones de terremotos?

...¡usa modelos!

Para someter a prueba nuevas ideas

Las personas tienen ideas nuevas todo el tiempo. Algunas son buenas y se usan para tecnologías útiles. Otras nunca se desarrollan. Al hacer modelos, podemos distinguir entre las ideas buenas y las que nunca se desarrollarán.

Es necesario realizar pruebas antes de gastar tiempo y dinero en desarrollar nuevas ideas. Por ejemplo, alguien propone usar turbinas eólicas y células solares como una manera ecológica de generar energía eléctrica en una comunidad. Sin embargo, antes de construir estos sistemas costosos, se pueden hacer modelos por computadora para determinar si estas tecnologías realmente serán eficaces en cuanto al consumo de energía.

Para hacer predicciones

Los modelos se utilizan para hacer predicciones que influyen en nuestra vida diaria. Por ejemplo, los meteorólogos hacen predicciones al ingresar datos para diferentes elementos del estado del tiempo en complejos programas de computadoras. Los modelos también se utilizan para hacer predicciones sobre los fenómenos que ocurren lejos de la Tierra. Por ejemplo, el Sol tiene períodos de intensa actividad magnética. Estos períodos se identifican por la cantidad de manchas solares que aparecen sobre la superficie del Sol. La actividad solar puede dañar los satélites y afectar las comunicaciones. Se pueden construir modelos de la actividad de las manchas solares a partir de las manchas solares del pasado. Con estos modelos, los investigadores pueden predecir la actividad futura de las manchas solares y minimizar el daño a los satélites y las interrupciones de las comunicaciones.

Los modelos por computadora pueden usarse para someter a prueba diseños, como esta turbina, antes de construirlos.

![Visualízalo]

7 Analiza Usa la gráfica para predecir la actividad de las manchas solares en el 2020.

_____

_____

_____

_____

_____

_____

_____

_____

_____

Para hacer predicciones, se usan modelos matemáticos.

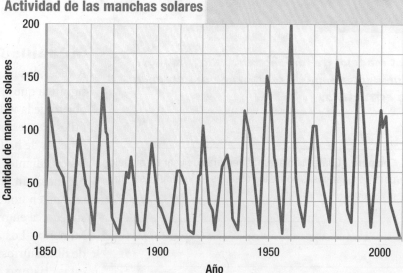

Actividad de las manchas solares

Eje Y: Cantidad de manchas solares (0, 50, 100, 150, 200)
Eje X: Año (1850, 1900, 1950, 2000)

Es una cuestión de escalas

Los modelos moleculares nos ayudan a imaginar la estructura de las moléculas diminutas.

¿Cuáles son algunos tipos de modelos físicos?

Los carros de juguete son modelos físicos que representan carros reales. Un **modelo físico** representa la estructura física de un objeto o sistema. Los modelos físicos a menudo se parecen al objeto o sistema que representan, y funcionan como él. Los carros de juguete parecen carros reales y se mueven como ellos. Sin embargo, los carros de juguete generalmente no tienen motores que funcionen.

Modelos a escala

Los modelos a escala se usan para estimar la distancia, el volumen o la cantidad. También se usan para estudiar objetos o sistemas que no se pueden ver porque son demasiado pequeños o que no se pueden ver por completo porque son demasiado grandes. La *escala* es la relación entre las medidas de un modelo y las medidas del objeto real. Un modelo a escala de un octavo de un bote mide un octavo del tamaño del bote real. Los científicos usan modelos a escala para estimar las propiedades de los objetos o sistemas reales. Por ejemplo, la estructura interna de los átomos no se puede ver porque simplemente es demasiado pequeña; por lo tanto, estudiamos los átomos por medio de modelos.

Investigación

8 Menciona tres ejemplos de objetos que son demasiado grandes para estudiarlos fácilmente sin modelos.

_____

_____

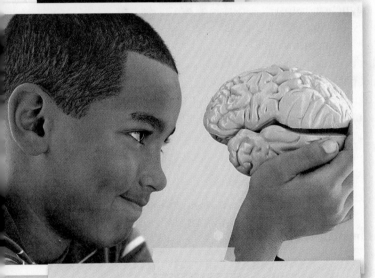

Los modelos de tamaño real de los órganos humanos a menudo se utilizan para aprender su estructura.

9 Compara ¿Cuáles son algunas ventajas de usar un modelo para enseñar cosas sobre los órganos en lugar de usar un órgano real?

_____

_____

Modelos de tamaño real

A veces, los modelos se hacen de tamaño real. Esto significa que el modelo es del mismo tamaño que el objeto de la vida real. Los modelos de tamaño real son útiles para estudiar objetos que no son comunes o son difíciles de hallar en el mundo natural. Por ejemplo, los estudiantes a menudo aprenden con modelos de órganos humanos y fósiles. Antes de realizar una cirugía en una persona viva, los cirujanos practican su técnica en modelos de tamaño real de órganos humanos. Los museos usan modelos de tamaño real de dinosaurios para mostrar qué tan grandes eran estas criaturas cuando vivían.

¿Cuáles son algunas ventajas y desventajas de los modelos físicos?

Por medio de los modelos físicos, los científicos estudian objetos o sistemas que no se pueden ver porque son demasiado pequeños o que no se pueden ver por completo porque son demasiado grandes. Estos modelos también se usan cuando los objetos están demasiado lejos, son demasiado peligrosos, o demasiado costosos para estudiarlos, o cuando ya no existen. Al igual que otros modelos, los modelos físicos no siempre se comportan como el objeto real.

Es más sencillo y más seguro trabajar con modelos físicos

A menudo es más fácil y menos peligroso trabajar con modelos físicos que con los objetos que representan. Por ejemplo, los modelos a escala de barcos se utilizan para entrenar a la tripulación y para probar los sistemas hidráulicos que controlan los barcos. Para que los modelos sean exactos, deben construirse teniendo en cuenta variables como el viento, las corrientes y la profundidad del agua. Los simuladores de vuelo en tierra se usan para entrenar a los pilotos para volar. El simulador cuenta con los mismos instrumentos que tiene un avión real. Usar un simulador de vuelo es más fácil, más económico y mucho más seguro que entrenar a los pilotos en un avión real.

Los modelos físicos no siempre son como el objeto real

Idealmente, los modelos físicos deberían funcionar exactamente como los objetos que representan. En realidad, los modelos físicos tienen limitaciones. Es posible que no se comporten exactamente de la misma manera que el objeto o sistema que representan. Esto puede ocurrir si un modelo se estudia fuera de su medio ambiente natural. Por ejemplo, es posible que un modelo en el laboratorio no funcione de la misma manera en que lo haría en el mundo real. Además, tal vez un modelo físico no sea la mejor forma de representar un sistema complejo. Tener en cuenta todas las variables de un modelo complejo puede resultar imposible.

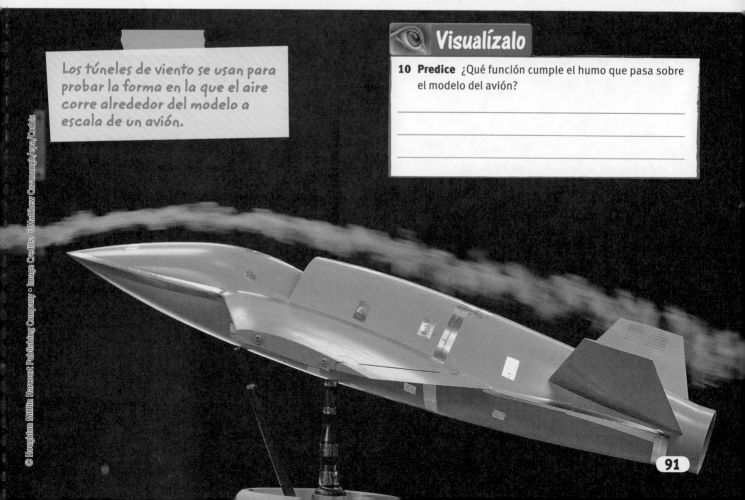

Los túneles de viento se usan para probar la forma en la que el aire corre alrededor del modelo a escala de un avión.

Visualízalo

10 Predice ¿Qué función cumple el humo que pasa sobre el modelo del avión?

_____

_____

_____

Todo pasa por los números

¿Cuáles son algunos tipos de modelos matemáticos?

Los modelos que representan procesos son más abstractos que los modelos que representan objetos. Algunos de los modelos de procesos más útiles son los modelos matemáticos. Un **modelo matemático** representa la forma en que funciona un sistema o proceso por medio de distintos tipos de datos.

Ecuaciones y gráficas

Los modelos matemáticos están formados por números y ecuaciones. Estos modelos a menudo pueden representarse con gráficas y se utilizan para predecir tendencias futuras. Por ejemplo, para planificar los servicios que se necesitarán en el futuro, una ciudad necesita predecir las poblaciones del futuro. Según los datos del pasado, se sabe que las poblaciones tienden a crecer cada vez más rápido. Este crecimiento se llama *exponencial*. Cuando los datos sobre la población se ilustran en una gráfica, las poblaciones futuras se pueden predecir extendiendo la curva. Al igual que con todos los modelos, se han hecho suposiciones. En este caso, en el modelo se supone que la tasa de crecimiento permanecerá igual.

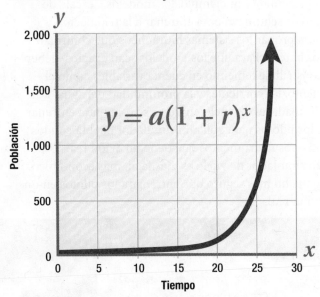

Modelo de crecimiento exponencial

$$y = a(1 + r)^x$$

El proceso de la fotosíntesis se puede representar con un modelo matemático.

$$6CO_2 + 6H_2O \xrightarrow{\text{luz solar}} C_6H_{12}O_6 + 6O_2$$

11 Interpreta ¿Qué representan los números grandes y pequeños de una ecuación química?

_____

_____

_____

_____

Fórmulas químicas y ecuaciones

Cuando se escriben las reacciones químicas, dibujar la estructura química de cada molécula llevaría demasiado tiempo y ocuparía mucho espacio. También sería difícil si se usaran palabras. En cambio, se usan los símbolos químicos de la tabla periódica para representar átomos, así como x e y representan las variables en una ecuación. El número que está ubicado a la derecha y debajo del símbolo del átomo muestra cuántos átomos de cada tipo contiene una molécula. Este número se denomina *subíndice*. El número que aparece antes de la molécula representa cuántas moléculas de cada tipo participan en la reacción. Este número se denomina *coeficiente*.

¿Cuáles son algunas ventajas y desventajas de los modelos matemáticos?

Los modelos matemáticos son útiles para mostrar patrones y hacer predicciones. Son fáciles de cambiar y de ajustar. Pero algunos sistemas que tienen muchas variables son demasiado complejos para representarlos fácilmente con modelos. Si no se consideran las variables clave, el modelo puede contener errores.

Los modelos matemáticos son excelentes para hacer predicciones

Una ventaja de los modelos matemáticos es que son útiles para hacer predicciones. Para obtener predicciones detalladas de un modelo matemático, las computadoras suelen ser esenciales. Las computadoras pueden procesar muchas variables rápidamente por medio de complejas ecuaciones matemáticas. Y pueden hacerlo sin cometer los errores de cálculo que los seres humanos cometen con frecuencia. Los modelos por computadora son útiles para determinar cómo interactúan o cambian un gran número de objetos. Por ejemplo, las predicciones del estado del tiempo se realizan por medio de modelos por computadora. Las previsiones económicas también se calculan así. Los modelos por computadora incluso se pueden usar para predecir el tamaño y las formas de las manchas de las jirafas.

Los modelos matemáticos pueden simplificarse excesivamente

Los modelos matemáticos también tienen limitaciones. Se basan en datos del presente, que podrían no ser útiles en el futuro. Además, pueden excluir las variables que no parecen ser de importancia. A veces, los sistemas son demasiado grandes o complejos para hacer modelos matemáticos, incluso con computadoras. Para ahorrar tiempo de procesamiento por computadora, es posible que algunas variables deban excluirse de un modelo. O bien, para simplificar los cálculos, se estudia solo una pequeña parte del sistema. Si se toman estas medidas, los resultados del modelo podrían ser incorrectos.

Lectura con propósito **12 Explica** ¿Cuáles son dos formas en que se puede simplificar excesivamente un modelo por computadora?

_____

Los modelos matemáticos se pueden utilizar para predecir el tamaño de las manchas de los animales.

Es un poco abstracto

¿Cuáles son algunas características de los modelos conceptuales?

Otro tipo de modelo que se usa en las ciencias es el modelo conceptual. Un **modelo conceptual** es una representación de cómo se relacionan u organizan las partes de un sistema. Los modelos conceptuales se pueden usar para simplificar relaciones complejas.

Los modelos conceptuales tienen diferentes usos

Lectura con propósito **13 Enumera** Mientras lees, subraya los usos de los modelos conceptuales.

Los modelos conceptuales son útiles para identificar patrones y semejanzas para hacer clasificaciones. La tabla periódica es un tipo de modelo conceptual. Los elementos de cada fila horizontal de la tabla periódica tienen el mismo número de capas de electrones. Los elementos de cada columna vertical tienen propiedades químicas similares.

Los modelos conceptuales a menudo se usan para representar los procesos que no se pueden observar directamente. Un ejemplo es el ciclo de las rocas, que se muestra a continuación. Debido a que los modelos conceptuales representan la relación entre las partes de un sistema, pueden usarse para predecir el efecto que se produciría en todo el sistema si se cambia una parte.

Los modelos conceptuales pueden tener limitaciones

Al igual que todos los modelos, los modelos conceptuales pueden tener limitaciones. Es posible que los modelos no incluyan ciertos datos o ideas. Por lo tanto, una limitación de los modelos conceptuales es que se pueden simplificar excesivamente. En este caso, es posible que el modelo no sea una verdadera representación de las complejas relaciones que existen en un sistema. Esto nos lleva a una segunda limitación de los modelos conceptuales. Si un modelo no es una verdadera representación de las relaciones que existen en un sistema, entonces puede dar lugar a interpretaciones erróneas. Un modelo que está demasiado simplificado y puede llevar a interpretaciones erróneas puede producir predicciones incompletas.

14 Haz un diagrama Crea un modelo conceptual que muestre las relaciones entre los grupos de personas con las que pasas tiempo, como amigos, familia, compañeros de clase o compañeros de equipo. Usa flechas con leyendas para explicar las relaciones.

Este es un modelo conceptual del ciclo de las rocas.

Roca sedimentaria

Degradación, erosión y sedimentación

Fusión y enfriamiento

Cambio de temperatura y presión

Degradación, erosión y sedimentación

Fusión y enfriamiento

Roca metamórfica

Roca ígnea

Cambio de temperatura y presión

¿Cómo se usan las simulaciones?

Las simulaciones usan modelos para mostrar cómo funciona un objeto o sistema. Las simulaciones se pueden usar para mejorar el rendimiento de una tecnología. También se usan en las áreas de control de calidad, seguridad, capacitación y educación. En las investigaciones, las simulaciones les permiten a los científicos controlar las variables cuando realizan pruebas y determinar qué sucede cuando las variables cambian.

Para someter a prueba diseños en un ambiente controlado

Las simulaciones pueden mostrar cómo ocurriría un suceso bajo circunstancias específicas cuando se desea someter a prueba una hipótesis. Las simulaciones pueden usarse para someter a prueba las hipótesis cuando se cambian ciertas condiciones. Las tecnologías complejas se pueden poner a prueba en diversos medio ambientes antes de comenzar a usarse. Por ejemplo, los *rovers de exploración de Marte* se diseñaron según las experiencias de expediciones espaciales anteriores. Por lo tanto, antes de enviar los *rovers* a Marte, se realizaron muchas pruebas con modelos en la Tierra. De esta forma, los investigadores podían cambiar las variables para determinar un resultado. Durante las pruebas, se pueden hallar defectos en el diseño y corregirlos. Así, se puede evitar que una parte costosa del equipo se dañe o que personas resulten heridas debido a fallas en el diseño.

Para someter a prueba diseños de una manera más segura y menos costosa

Las simulaciones pueden evitar errores costosos y peligrosos en el diseño. Imagina que se construye un cohete costoso y luego se lanza sin saber si funcionará. Así se probaban los primeros diseños de cohetes. En la actualidad, los diseños de cohetes nuevos primero se prueban en simulaciones.

Las simulaciones también pueden utilizarse para predecir sucesos futuros. Los astronautas se entrenan en un medio ambiente submarino que simula la ingravidez del espacio. Los astronautas dan "paseos espaciales" dentro de un tanque que mide 12 m de profundidad y contiene 23.5 millones de litros de agua. Se ponen sus trajes espaciales y practican su trabajo en un modelo del *Telescopio Espacial Hubble* para prepararse para las misiones futuras en el espacio.

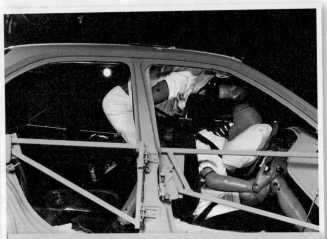

Las simulaciones de accidentes en medio ambientes controlados se realizan para mejorar la seguridad de los vehículos.

Los procedimientos planeados para el espacio siempre se simulan primero en la Tierra.

15 Explica ¿Por qué se necesita un carro real con pasajeros que parezcan reales para simular los efectos de un choque en las pruebas de seguridad?

_____

_____

_____

16 Infiere ¿Por qué los astronautas se entrenan con simulaciones submarinas?

_____

_____

_____

Resumen visual

Para completar este resumen, indica si cada enunciado es verdadero o falso. Luego usa la clave para comprobar tus respuestas. Puedes usar esta página para repasar los conceptos principales de la lección.

Modelos y simulaciones

Una simulación usa un modelo para imitar la función, el comportamiento o el proceso de lo que representa.

V   F

19 ☐   ☐   Es más sencillo simular objetos o procesos complejos.

Un modelo físico representa un objeto o sistema.

V   F

17 ☐   ☐   Los modelos siempre se comportan exactamente igual que lo que representan.

Un modelo conceptual muestra cómo se relacionan u organizan las partes de un sistema.

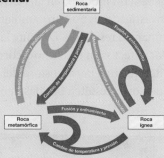

Los modelos matemáticos usan números y ecuaciones para representar la forma en la que un sistema o proceso funciona.

V   F

18 ☐   ☐   Los modelos por computadora son útiles para determinar cómo interactúan los objetos entre sí o cómo cambian.

V   F

20 ☐   ☐   Los modelos conceptuales pueden representar un proceso que no se puede observar directamente.

Respuestas: 17 F; 18 V; 19 F; 20 V

21 **Sintetiza** ¿Cómo se pueden usar los modelos y las simulaciones para fabricar carros más seguros?

Repaso de la lección

Vocabulario

Traza una línea para unir los tipos de modelos con sus ejemplos.

1 modelo físico

2 modelo conceptual

3 modelo matemático

A ciclo del agua, ciclo de las rocas, árbol genealógico

B reacción química, crecimiento de la población, actividad de las manchas solares

C maqueta arquitectónica, estructura atómica, órgano artificial

Conceptos clave

4 Identifica ¿Cuáles son tres ventajas de usar modelos conceptuales?

_____

_____

_____

_____

5 Explica Los modelos suelen usarse para representar objetos muy pequeños o muy grandes. ¿Por qué también es útil crear modelos de tamaño real de algunos objetos?

_____

_____

_____

_____

_____

6 Enumera ¿Cuáles son dos ventajas y dos limitaciones de los modelos físicos?

_____

_____

_____

_____

_____

Razonamiento crítico

Usa esta gráfica para responder las siguientes preguntas.

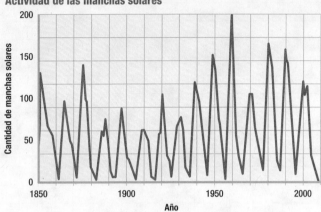

Actividad de las manchas solares

7 Analiza ¿Cuánto tiempo pasa entre los picos de la actividad de las manchas solares?

8 Evalúa Evalúa el siguiente enunciado. *Si usas la gráfica anterior de las manchas solares, puedes predecir el número exacto de manchas solares para cualquier año del futuro.*

_____

_____

_____

_____

_____

9 Infiere Las computadoras son rápidas y no cometen errores cuando realizan cálculos. ¿Esto significa que los modelos por computadora siempre son correctos? Explica tu respuesta.

_____

_____

_____

_____

_____

_____

Mis apuntes

Unidad 2

La gran idea Los científicos usan instrumentos para reunir, organizar y analizar datos mientras realizan investigaciones.

Lección 1

PREGUNTA ESENCIAL

¿De qué maneras puedes interpretar los datos?

Usa modelos, simulaciones, tablas y gráficas para presentar y analizar los datos científicos.

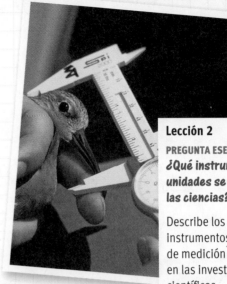

Lección 2

PREGUNTA ESENCIAL

¿Qué instrumentos y unidades se usan en las ciencias?

Describe los diferentes instrumentos y unidades de medición que se usan en las investigaciones científicas.

Lección 3

PREGUNTA ESENCIAL

¿Cómo usan los científicos los modelos y las simulaciones?

Explica cómo los científicos usan los modelos y las simulaciones para representar sistemas, explicar fenómenos y hacer predicciones.

Conectar **PREGUNTAS ESENCIALES**
Lecciones 1 y 3

1 Sintetiza Compara las maneras en que un científico usaría una gráfica y un modelo en sus investigaciones.

_____

_____

_____

_____

_____

Piensa libremente

2 Sintetiza Elige una de las siguientes actividades como ayuda para sintetizar lo que has aprendido en esta unidad.

☐ Usa lo que aprendiste en las lecciones 1 y 2 para medir y hacer una gráfica de los cambios de temperatura del aire durante el día. Incluye valores para cada hora entre las 6:00 a. m. y las 6:00 p. m.

☐ Usa lo que aprendiste en las lecciones 2 y 3 para describir las mediciones y el tipo de modelo que usaría un meteorólogo para predecir el estado del tiempo provocado por una tormenta en desarrollo.

Repaso de la Unidad 2

Nombre _____

Vocabulario

Escribe el término correcto en el espacio en blanco para completar la oración.

1 _____ es una manera abreviada de representar números muy grandes o muy pequeños sin escribir todos los ceros posicionales.

TEKS 6.3B

2 Un(a) _____ usa un modelo para someter a prueba el comportamiento de la función o el proceso de la cosa que el modelo representa.

TEKS 6.3C

3 Un carro de juguete es un ejemplo de un(a) _____ que representa un carro real.

TEKS 6.2C

4 El Sistema Internacional de Unidades, o SI, se desarrolló para que pudieran compararse _____ realizadas por personas en distintos lugares y con distintos instrumentos.

5 _____ es la exactitud y la uniformidad de las mediciones.

Conceptos clave

Elige la letra de la respuesta correcta

TEKS 6.3C

6 La ilustración muestra un modelo del sistema solar.

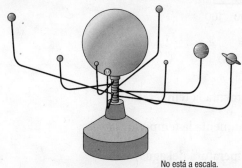

No está a escala.

¿Cuál es la limitación del modelo?

A No puede mostrar los tamaños relativos de cada planeta.

B No puede mostrar la órbita de los planetas alrededor del Sol.

C No muestra la fuerza gravitacional que ejerce cada planeta.

D No muestra el orden correcto de los planetas, comenzando desde el Sol.

TEKS 6.2D, 6.2E

7 La cantidad máxima de una sustancia que puede disolverse en un solvente se llama solubilidad. La solubilidad de una sustancia suele cambiar con la temperatura del agua, que es un solvente común. La gráfica muestra la solubilidad del $NaNO_3$ (nitrato de sodio) y del HCl (ácido hidroclórico) a distintas temperaturas.

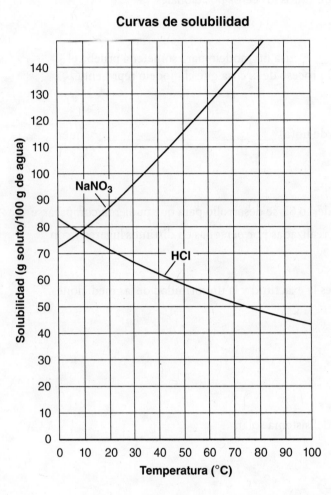

Curvas de solubilidad

¿Qué enunciado resume mejor los datos que muestra la gráfica?

A La solubilidad de ambas sustancias aumenta a medida que aumenta la temperatura.

B La solubilidad de ambas sustancias disminuye a medida que aumenta la temperatura.

C La solubilidad del HCl aumenta a medida que aumenta la temperatura del agua.

D La solubilidad del $NaNO_3$ aumenta a medida que aumenta la temperatura del agua.

Respuesta en forma de cuadrícula

Escribe tu respuesta en los recuadros de la cuadrícula y luego rellena el círculo del número correspondiente.

TEKS 6.2C

8 Una estudiante explora una solución de agua y sal en el laboratorio de ciencias. Mide la masa de la solución de agua y sal, luego hierve el agua hasta que se evapora y mide la masa de la sal que queda en el matraz.

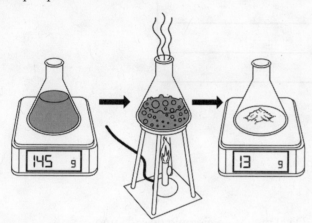

¿Cuántos gramos cambió la masa del contenido del matraz durante esta actividad de laboratorio?

Razonamiento crítico

Responde la siguiente pregunta en el espacio en blanco.

TEKS 6.4A

9 Menciona un instrumento que podría usarse para realizar cada una de las siguientes mediciones.

2.9 g :	
35.20 s :	
17 cm :	
37 °C :	

Conectar **PREGUNTAS ESENCIALES**
Lecciones 1 y 3

Responde la siguiente pregunta en el espacio en blanco.

TEKS 6.3B

10 Define *modelo matemático* y *modelo conceptual*. Da al menos un ejemplo de cada uno. ¿Qué tipo de datos representaría cada uno?

_____

_____

_____

_____

_____

_____

_____

_____

_____

_____

_____

_____

_____

La materia

La gran idea

La materia se describe por medio de sus propiedades y puede sufrir cambios.

¿Qué opinas?

Un gran iceberg flota en el agua, pero un ancla se hunde. ¿Qué es lo que diferencia a estos dos objetos y los hace comportarse de manera distinta en el agua?

Época de heladas

Cuando la temperatura exterior alcanza los 0 °C (32 °F), el agua en estado líquido se congela y se vuelve sólida. La nieve, el hielo, el aguanieve y el granizo son ejemplos de formas sólidas del agua. Comprender las propiedades del agua en sus diferentes estados ayuda a las personas a cuidarse durante las épocas de heladas.

1 Piénsalo

¿En qué se diferencia el agua en estado líquido del hielo sólido?

_____

_____

_____

Este camión está poniendo sal sobre una carretera cubierta de hielo. ¿Sabes qué efecto tendrá esto en el hielo?

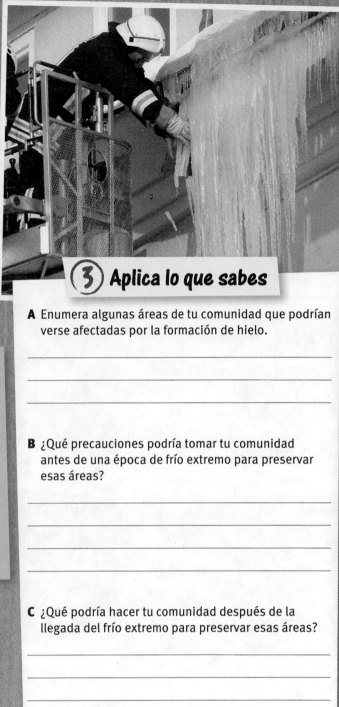

② Pregunta

¿Qué precauciones deben tomarse en épocas de frío extremo?

¿Creerías que el hielo en estos árboles frutales en realidad los protege? Los árboles están siendo rociados con agua, la cual se convierte en hielo durante las épocas de frío extremo. La formación de hielo ayuda a las plantas a mantener el calor. Trabaja con un compañero para investigar algunas de las formas en que las personas protegen otras áreas y a otros organismos en las épocas de heladas.

Piensa en cómo el hielo podría afectar a:

✔ **las plantas**

✔ **las personas**

✔ **las masas de agua**

✔ **las mascotas y otros animales**

③ Aplica lo que sabes

A Enumera algunas áreas de tu comunidad que podrían verse afectadas por la formación de hielo.

_____

_____

_____

B ¿Qué precauciones podría tomar tu comunidad antes de una época de frío extremo para preservar esas áreas?

_____

_____

_____

_____

C ¿Qué podría hacer tu comunidad después de la llegada del frío extremo para preservar esas áreas?

_____

_____

_____

_____

Para la casa

¿Cómo preparas tu casa para las épocas de heladas? Dibuja un mapa de tu casa y sus alrededores. Identifica en tu mapa las áreas que podrían tornarse peligrosas en condiciones de frío extremo. Luego crea un plan para proteger esas áreas.

Introducción a la materia

PREGUNTA ESENCIAL

¿Qué propiedades definen la materia?

Cuando termines esta lección, podrás relacionar la masa, el peso, el volumen y la densidad entre sí.

El aire caliente hace que los globos se eleven porque es menos denso que el aire más frío que hay a su alrededor.

TEKS 6.6B calcule la densidad para identificar una sustancia desconocida

Actividades rápidas de laboratorio
- Masa y peso
- Usar el desplazamiento para hallar el volumen
- ¿Cuánta masa tiene?

Actividad de investigación de laboratorio
- Comparar la flotabilidad

Ponte a pensar

1 Describe Escribe la palabra o la frase correcta en los espacios en blanco para completar las siguientes oraciones.

Un(a) _____ puede contener más volumen de agua que una taza.

Un hámster pesa menos que un(a) _____.

Es más difícil levantar una bola de boliche que una pelota de básquetbol porque _____.

2 Explica Enumera algunas semejanzas y diferencias entre la pelota de golf de la izquierda y la pelota de ping-pong de la derecha.

_____

_____

_____

_____

_____

Lectura con propósito

3 Aplica Muchas palabras científicas, como *materia*, también tienen significados cotidianos. Usa las claves del contexto para escribir tu propia definición de cada significado de la palabra *materia*.

Oración de ejemplo
¿Qué es esta <u>materia</u> pegajosa que quedó en la mesa?

Materia:

_____

_____

_____

Oración de ejemplo
Matemáticas es una <u>materia</u> bastante difícil.

Materia:

_____

_____

_____

Términos de vocabulario

- materia
- masa
- peso
- volumen
- densidad

4 Identifica Esta lista contiene los términos de vocabulario que aprenderás en esta lección. Mientras lees, encierra en un círculo la definición de cada término.

Entremos en MATERIA

¿Qué es la materia?

Imagina que tu clase realiza una salida de campo a un museo. Durante el día, ves huesos de mamut, cristales que brillan, globos aerostáticos y un traje de astronauta. Todas estas cosas son materia.

Como verás, la **materia** es cualquier cosa que tiene masa y ocupa un lugar en el espacio. Tu cuerpo es materia. El aire que respiras y el agua que bebes también son materia. Los materiales que te rodean están compuestos por materia.

Sin embargo, no todo es materia. La luz y el sonido, por ejemplo, no son materia. La luz no ocupa lugar en el espacio ni tiene masa, a diferencia de una mesa. Aunque el aire es materia, un sonido que viaja a través del aire no lo es.

Lectura con propósito **5 Explica** ¿Cómo puedes determinar si algo es materia?

_____

_____

_____

Visualízalo

6 Identifica Menciona tres ejemplos de materia que halles en esta fotografía.

_____

_____

_____

¿Qué es la masa?

No siempre puedes determinar cuánta materia hay en un objeto con solo observar su tamaño. Pero *sí puedes* medir la masa del objeto. La **masa** describe la cantidad de materia que tiene un objeto.

Compara los dos globos de la derecha. Las básculas digitales muestran que el globo lleno de aire comprimido tiene una masa mayor que el otro globo. Esto se debe a que el aire comprimido agrega masa al globo. El aire parece estar hecho de nada, pero tiene masa. Las lecturas en las básculas están expresadas en gramos (g). El gramo es la unidad de masa que usarás con mayor frecuencia en la clase de ciencias.

Los objetos que tienen el mismo tamaño pueden estar compuestos por diferentes cantidades de materia. Por ejemplo, una esponja grande tiene casi el mismo tamaño que un ladrillo, pero el ladrillo contiene más materia. Por lo tanto, el ladrillo tiene una masa mayor que la esponja.

Las lecturas en estas básculas digitales muestran que toda la materia, incluso el aire, tiene masa.

0.010 g

0.005 g

¿En qué se diferencian la masa y el peso?

A menudo, las palabras *peso* y *masa* se usan como si tuvieran el mismo significado, pero no es así. El **peso** es una medida de la fuerza gravitacional ejercida sobre un objeto. La fuerza gravitacional impide que los objetos que están en la Tierra floten hacia el espacio. La fuerza gravitacional que hay entre un objeto y la Tierra depende, en parte, de la masa del objeto. Cuanto mayor sea la masa de un objeto, mayor será la fuerza gravitacional ejercida sobre ese objeto, y mayor será el peso de ese objeto.

El peso de un objeto puede variar según su ubicación. Por ejemplo, tú pesarías menos en la Luna de lo que pesas en la Tierra porque la Luna tiene menos masa (y, por lo tanto, ejerce una fuerza gravitacional menor) que la Tierra. Sin embargo, en ambos lugares tendrías la misma masa. La masa de un objeto no varía a menos que cambie la cantidad de materia en ese objeto.

El peso de este perro salchicha en la Luna es aproximadamente un sexto de su peso en la Tierra.

Lectura con propósito **7 Explica** ¿Por qué los astronautas pesan menos en la Luna que en la Tierra?

_____

_____

La siguiente balanza funciona moviendo las pesas de la derecha a lo largo de los brazos hasta que se equilibran con el platillo de la izquierda. Cuando las pesas se mueven, cambia la cantidad de fuerza que ejercen las palancas sobre el platillo. Cuanta más masa contenga el objeto que está en el platillo, más fuerza se necesitará en las palancas para que los dos lados estén en equilibrio.

8 Infiere ¿Esta balanza marcaría la misma medida para la masa si se usara en la Luna? Explica tu respuesta.

_____

_____

_____

_____

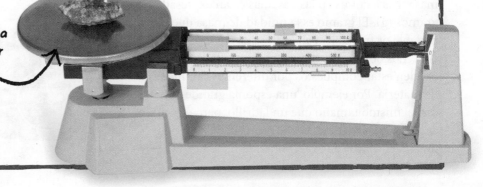

Se puede usar una balanza de tres brazos para medir la masa de objetos pequeños, como este fragmento de geoda.

La báscula muestra el peso en libras (lb).

¿Cómo se miden la masa y el peso?

Por lo general, la masa se mide con una balanza de tres brazos, como la que se muestra arriba. La balanza compara la masa de un objeto con estándares de masa conocidos, llamados *pesas*. Las pesas se deslizan a lo largo de cada uno de los tres brazos. Cuando las pesas equilibran la masa del objeto que está en el platillo, el indicador marca 0. Entonces, se puede leer la masa con la posición de las pesas en los brazos.

El peso se mide con instrumentos como la báscula que se muestra a la izquierda. El resorte mide la fuerza que hay entre la masa que está en el platillo y la Tierra. Cuanta más masa contenga el objeto que está en el platillo, más fuerte será la atracción entre el objeto y la Tierra, y más se estirará el resorte. Más estiramiento significa mayor peso.

Como el peso es una medida de la fuerza gravitacional, se expresa en unidades de fuerza. Es probable que estés más familiarizado con el peso expresado en libras (lb), como las unidades que marca la balanza. Sin embargo, la unidad científica estándar para medir el peso es el newton (N). En la Tierra, una masa de 100 g pesa aproximadamente 1 N. Un newton es aproximadamente un cuarto de libra.

Medir el espacio

¿Cómo se mide la cantidad de espacio que ocupa la materia?

Toda la materia ocupa un lugar en el espacio. La cantidad de espacio que ocupa un objeto se conoce como el **volumen** del objeto.

Los objetos que tienen volúmenes similares no siempre tienen la misma masa. En las fotografías, la bola de boliche y el globo tienen aproximadamente el mismo volumen, pero la bola de boliche contiene mucha más masa que el globo. Esto lo sabes porque la bola de boliche pesa mucho más que el globo. Las diferentes masas ocupan aproximadamente la misma cantidad de espacio, por lo tanto, ambos objetos tienen aproximadamente el mismo volumen.

Lectura con propósito **9 Define** ¿Qué mide el volumen?

_____

_____

_____

La bola de boliche tiene mucha más masa que el globo.

El globo y la bola de boliche tienen volúmenes similares, pero el globo tiene mucha menos masa.

Piensa libremente Investigación

10 Infiere Las cosas grandes pueden parecer pequeñas cuando se las ve desde lejos. Describe cómo sabes que las cosas grandes que se ven desde lejos no son realmente pequeñas.

¿Cómo se puede determinar el volumen?

Existen diferentes formas de hallar el volumen de un objeto. Con los objetos que tienen formas bien definidas, puedes tomar algunas medidas y calcular el volumen usando una fórmula. Para los objetos que tienen formas irregulares, como una roca, puedes usar el desplazamiento de agua para medir el volumen. Para los líquidos, puedes usar un cilindro graduado.

Mediante una fórmula

Algunos objetos tienen formas bien definidas. Para estos objetos, la manera más fácil de hallar su volumen es medir las dimensiones del objeto y usar una fórmula. Para cada forma se usa una fórmula de volumen diferente. Por ejemplo, para hallar el volumen de una caja rectangular usarás una fórmula diferente de la que usarías para hallar el volumen de una pelota esférica.

El volumen de un objeto sólido se mide en unidades de longitud elevadas al cubo. Por ejemplo, si mides la longitud, el ancho y la altura de una caja en centímetros (cm), el volumen de la caja tendrá unidades de centímetros, multiplicadas por centímetros, multiplicadas por centímetros, es decir, centímetros cúbicos (cm³). Para calcular el volumen, debes expresar todas las medidas en las mismas unidades.

> **Usa la siguiente fórmula para hallar el volumen de una caja rectangular:**
>
> $$Volumen = (longitud)(ancho)(altura)$$
> $$V = lah$$

 Práctica matemática   Problema de ejemplo

Halla el volumen de la lonchera.

Identifica

A. ¿Qué sabes?

longitud = 25 cm, ancho = 18 cm, altura = 10 cm

B. ¿Qué quieres saber? El volumen

Planea

C. Dibuja y rotula un esquema:

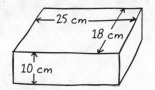

D. Escribe la fórmula: $V = lah$

E. Sustituye los valores en la fórmula: $V = (25 \text{ cm})(18 \text{ cm})(10 \text{ cm})$

Resuelve

F. Multiplica: $(25 \text{ cm})(18 \text{ cm})(10 \text{ cm}) = 4{,}500 \text{ cm}^3$

G. Comprueba que tus unidades coincidan: Las unidades dadas son centímetros y la medida hallada es el volumen. Por lo tanto, las unidades deben ser cm³. Las unidades coinciden.

Respuesta: 4,500 cm³

El volumen de tu casillero te indicará cuántas cosas caben.

30 cm

200 cm

40 cm

Práctica matemática Inténtalo

11 Calcula Halla el volumen de un casillero que mide 30 cm de longitud, 40 cm de ancho y 200 cm de altura.

Identifica

A. ¿Qué sabes?

B. ¿Qué quieres saber?

Planea

C. Dibuja y rotula un esquema:

D. Escribe la fórmula:

E. Sustituye los valores dados en la fórmula:

Resuelve

F. Multiplica:

G. Comprueba que tus unidades coincidan:

Respuesta:

Mediante el desplazamiento de agua

En el laboratorio, puedes usar un vaso de precipitados o un cilindro graduado para medir el volumen de los líquidos. Los cilindros graduados se usan para medir el volumen de los líquidos cuando la exactitud es importante. El volumen de los líquidos generalmente se expresa en litros (L) o mililitros (mL). Los mililitros y los centímetros cúbicos son equivalentes; es decir, $1\ mL = 1\ cm^3$. El volumen de cualquier cantidad de líquido, desde una gota de lluvia hasta un océano entero, se puede expresar en estas unidades.

Dos objetos no pueden ocupar el mismo espacio al mismo tiempo. Por ejemplo, para construir una pared, un albañil coloca un ladrillo sobre otro. Un ladrillo no puede ocupar el mismo lugar que ocupa otro ladrillo. De la misma manera, cuando se coloca un objeto en agua, el objeto empuja una parte del agua hacia afuera. Este proceso, denominado *desplazamiento*, puede usarse para medir el volumen de un objeto sólido que tiene forma irregular.

En las fotografías de la derecha, puedes ver que el nivel del agua en el cilindro graduado subió después de que se colocara la pieza de ajedrez dentro del cilindro. Para hallar el volumen del agua desplazada hay que restarle el volumen original que había en el cilindro graduado al nuevo volumen. El resultado equivale al volumen de la pieza de ajedrez.

Para determinar las unidades del volumen hallado con el desplazamiento de agua, es útil recordar que 1 mL de agua equivale a $1\ cm^3$. Por lo tanto, puedes expresar el volumen del objeto en centímetros cúbicos.

Práctica matemática

Inténtalo

12 Calcula Las dos imágenes que están a continuación muestran un cilindro graduado lleno con agua antes y después de introducirle una pieza de ajedrez. Usa las imágenes para calcular el volumen de la pieza de ajedrez.

Volumen sin la pieza de ajedrez = _____

Volumen con la pieza de ajedrez = _____

Volumen de la pieza de ajedrez = _____

¡No olvides comprobar las unidades de volumen de la pieza de ajedrez!

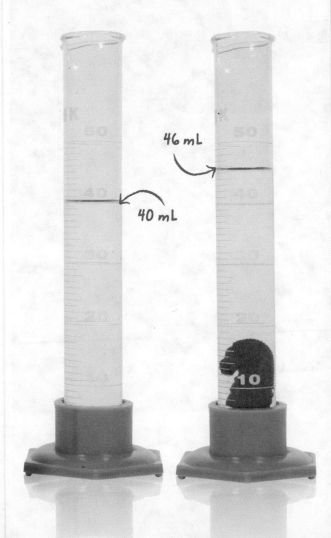

46 mL

40 mL

¡Compactados!

¿Qué es la densidad?

La masa y el volumen son propiedades que tienen todas las sustancias. Las dos propiedades están relacionadas con otra propiedad denominada densidad. La **densidad** es una medida de la cantidad de masa en un volumen dado. Los objetos que contienen la misma cantidad de masa pueden ocupar distintas cantidades de espacio. Por ejemplo, el montón de plumas ocupa más espacio que el tomate. Pero ambos tienen la misma masa. Esto se debe a que el tomate es más denso. El tomate tiene más masa en un espacio menor.

La densidad de una sustancia determinada permanece igual sin importar cuánta cantidad de la sustancia tengas. Por ejemplo, si divides un trozo de arcilla por la mitad, las dos mitades tendrán la misma densidad que el trozo original.

El tomate y el montón de plumas tienen masas similares, pero el tomate tiene menos volumen. Esto significa que el tomate es más denso.

Lectura con propósito

13 Explica ¿Qué es la densidad?

_____

_____

_____

14 Predice Encierra en un círculo el objeto más denso de cada uno de los pares.

| Pelota de golf | Cartón de leche vacío | Pelota de poliestireno |
| Pelota de ping-pong | Cartón de leche lleno | Pelota de béisbol |

¿Cómo se determina la densidad?

Las unidades de densidad consisten en una unidad de masa dividida por una unidad de volumen. Por lo general, las unidades que se usan para la densidad son los gramos por centímetro cúbico (g/cm^3) para los sólidos y los gramos por mililitro (g/mL) para los líquidos. En otras palabras, la densidad es la masa en gramos dividida por el volumen en centímetros cúbicos o mililitros.

Para hallar la densidad de un objeto (D), debes hallar su masa (m) y su volumen (V). Luego usa la siguiente fórmula para calcular la densidad del objeto.

$$D = \frac{m}{V}$$

La densidad del agua es 1 g/mL (g/cm^3). Todos los objetos que tengan una densidad mayor a 1 g/mL se hundirán en el agua, y los que tengan una densidad menor a 1 g/mL flotarán. Por esta razón, resulta útil conocer la densidad de un objeto. El siguiente problema de ejemplo muestra cómo calcular la densidad de una roca volcánica denominada piedra pómez.

La piedra pómez y la obsidiana son dos rocas volcánicas ígneas con densidades muy diferentes.

piedra pómez

obsidiana

Práctica matemática

Problema de ejemplo

La piedra pómez es una roca volcánica ígnea que se forma cuando la lava se enfría rápidamente. ¿Cuál es la densidad de un trozo de piedra pómez que pesa 49.8 g y tiene un volumen de 83 cm^3?

Identifica

A. ¿Qué sabes?

masa = 49.8 g, volumen = 83 cm^3

B. ¿Qué quieres saber? La densidad

Planea

C. Escribe la fórmula: $D = \dfrac{m}{V}$

D. Sustituye los valores dados en la fórmula:

$D = \dfrac{49.8 \text{ g}}{83 \text{ cm}^3}$

Resuelve

E. Divide: $\dfrac{49.8 \text{ g}}{83 \text{ cm}^3} = 0.6$ g/cm^3

F. Comprueba que tus unidades coincidan: Las unidades dadas son gramos y centímetros cúbicos y la medida hallada es la densidad. Por lo tanto, las unidades deben ser g/cm^3. Las unidades coinciden.

Respuesta: 0.6 g/cm^3

Inténtalo

15 Calcula La obsidiana es otro tipo de roca ígnea. ¿Cuál es la densidad de un trozo de obsidiana que tiene una masa de 239.2 g y un volumen de 92 cm^3?

Identifica

A. ¿Qué sabes?

B. ¿Qué quieres saber?

Planea

C. Escribe la fórmula:

D. Sustituye los valores dados en la fórmula:

Resuelve

E. Divide:

F. Comprueba que tus unidades coincidan:

Respuesta:

Práctica matemática

Problema de ejemplo

Una roca de basalto desplaza 16 mL de agua. La densidad de la roca es 3.0 g/cm³. ¿Cuál es la masa de la roca?

Identifica

A. ¿Qué sabes?

volumen = 16 mL, densidad = 3.0 g/cm³

B. ¿Qué quieres saber? La masa

Planea

C. Reordena la fórmula $D = \dfrac{m}{V}$ para hallar la masa. Puedes hacerlo multiplicando cada lado por *V*.

$$D = \frac{m}{V}$$
$$m = D \cdot V$$

D. Sustituye los valores dados en la fórmula. Recuerda que

1 mL = 1 cm³, por lo tanto, 16 mL = 16 cm³.

$$m = \frac{3.0 \text{ g}}{\text{cm}^3} \cdot 16 \text{ cm}^3$$

Resuelve

E. Multiplica: $\dfrac{3.0 \text{ g}}{\text{cm}^3} \cdot 16 \text{ cm}^3 = 48 \text{ g}$

F. Comprueba que tus unidades coincidan: Las unidades dadas son g/cm³ y mL y la medida hallada es la masa. Por lo tanto, las unidades deben ser g. Las unidades coinciden.

Respuesta: 48 g

Inténtalo

16 Calcula Un trozo de roca riolita tiene un volumen de 9.5 mL. La densidad de la roca es 2.6 g/cm³. ¿Cuál es la masa del trozo de roca?

Identifica

A. ¿Qué sabes?

B. ¿Qué quieres saber?

Planea

C. Escribe la fórmula:

D. Sustituye los valores dados en la fórmula:

Resuelve

E. Multiplica:

F. Comprueba que tus unidades coincidan:

Respuesta:

El volcán Kilauea es el más joven de la Isla Grande de Hawái. "Kilauea" significa "salir a borbotones" o "gran expansión", al parecer, por los ríos de lava que fluyen cuando entra en erupción.

Resumen visual

Para completar este resumen, marca el recuadro que indica verdadero o falso. Luego usa la clave para comprobar tus respuestas. Puedes usar esta página para repasar los conceptos principales de la lección.

Relacionar la masa, el peso, el volumen y la densidad

La masa es la cantidad de materia que contiene un objeto. El peso es una medida de la fuerza gravitacional ejercida sobre un objeto.

Masa

Peso

	V	F	
17	☐	☐	El peso de un objeto es la cantidad de espacio que ocupa el objeto.
18	☐	☐	La masa de un objeto es igual a su peso.

El volumen es la cantidad de espacio que ocupa la materia de un objeto. Para hallar el volumen de una caja rectangular, usa la fórmula:

$$V = lah$$

	V	F	
19	☐	☐	El volumen de un objeto sólido puede expresarse en unidades de cm³.

La densidad describe la masa de una sustancia en un volumen dado. Para hallar la densidad de una sustancia, usa la fórmula:

$$D = \frac{m}{V}$$

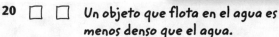

	V	F	
20	☐	☐	Un objeto que flota en el agua es menos denso que el agua.

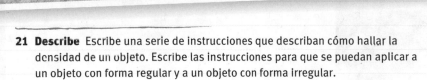

Respuestas: 17 F; 18 F; 19 V; 20 V

21 Describe Escribe una serie de instrucciones que describan cómo hallar la densidad de un objeto. Escribe las instrucciones para que se puedan aplicar a un objeto con forma regular y a un objeto con forma irregular.

Repaso de la lección

Vocabulario

Escribe el término correcto en los espacios en blanco para completar las siguientes oraciones.

1 La cantidad de espacio que ocupa la materia de un objeto se denomina _____ .

2 Todo lo que tiene masa y ocupa espacio es _____ .

3 La cantidad de materia en un objeto se denomina _____ .

4 La medida de la cantidad de materia que hay en una determinada cantidad de espacio es el/la _____ .

5 La medida de la fuerza gravitacional ejercida sobre un objeto se denomina _____ .

Conceptos clave

6 Clasifica ¿El aire es materia? ¿Cómo lo sabes?

_____

_____

_____

7 Describe ¿Es posible que el peso de un objeto cambie y que su masa sea constante? Explica tu respuesta.

_____

_____

_____

8 Compara Explica por qué una pelota de golf es más pesada que una pelota de ping-pong, aunque las dos pelotas tengan el mismo tamaño.

_____

_____

_____

9 Calcula Un bloque de madera tiene una masa de 120 g y un volumen de 200 cm³. ¿Cuál es la densidad de la madera?

Razonamiento crítico

Usa la tabla para responder las siguientes preguntas.

Sustancia	Densidad (g/cm³)
Zinc (sólido)	7.13
Plata (sólido)	10.50
Plomo (sólido)	11.35

10 Identifica Imagina que 273 g de una de las sustancias de la tabla desplaza 26 mL de agua. ¿Cuál es la sustancia?

_____

_____

11 Evalúa ¿Cuántos mL de agua desplazarían 408 g de plomo?

_____

_____

12 Predice ¿Cómo puedes determinar que una moneda no es de plata pura si conoces la masa y el volumen de la moneda?

_____

_____

_____

_____

13 Calcula Un camión cuya caja mide 2.5 m de longitud, 1.5 m de ancho y 1.0 m de altura entrega arena para una competencia de esculturas de arena. ¿Cuántos viajes deberá hacer el camión para entregar 7 m³ de arena?

Mis apuntes

Evaluar la evidencia científica

TEKS 6.3A analice, evalúe y critique las explicaciones científicas en todos los campos de las ciencias usando la evidencia empírica, el razonamiento lógico y pruebas experimentales y de observación, incluyendo un examen desde todos los ángulos de la evidencia científica de esas explicaciones científicas, de tal manera que se fomente el razonamiento crítico en el estudiante

TEKS 6.3D relacione el impacto de la investigación en el pensamiento científico y en la sociedad, incluyendo la historia de la ciencia y las contribuciones de los científicos en cada tema

Muchas personas y empresas afirman que usan evidencia científica para respaldar sus ideas, argumentos o productos. Parte de esta evidencia puede ser sólida y estar bien justificada mediante investigaciones científicas, pero otra parte de la evidencia puede ser tendenciosa, o puede no estar respaldada por una investigación científica válida. ¿Cómo puedes reconocer la diferencia entre las dos?

Instrucción

El siguiente material promocional destaca algunas cosas que debes tener en cuenta cuando intentas evaluar la evidencia científica.

¡Cultive las mejores gaillardias con el nuevo fertilizante Fertilizer Formulation!

Fertilizer Formulation

Probamos 20 parcelas con gaillardias en el área de Valdosta, Georgia. Las plantas que recibieron la cantidad recomendada de fertilizante crecieron un 30% más en promedio. El fertilizante está fabricado con ingredientes 100% naturales y ofrece la mejor mezcla de nutrientes para cualquier jardín.

¡Todos deberían usar este fertilizante!

Punto débil La muestra es tendenciosa. El material promocional dice que todos deberían usar el fertilizante, pero todas las plantas de la muestra eran del área de Valdosta, Georgia. Una prueba no tendenciosa incluiría muestras de otras partes del país.

Punto débil "Ingredientes 100% naturales" es un enunciado vago que usan los anunciantes porque las personas tienden a creer que lo "natural" es mejor. Sin embargo, en muchos casos, un enunciado así no significa nada. Los minerales que tienen todos los fertilizantes son "naturales".

Punto débil Esta generalización no está apoyada por la evidencia. El fertilizante solo se puso a prueba con gaillardias. Según esa evidencia, es imposible decir si el fertilizante sería bueno para los jardines que tienen otras clases de plantas.

¡Inténtalo!

Lee el siguiente material promocional y responde las siguientes preguntas para evaluar si la evidencia respalda las afirmaciones que se hacen.

CreceBien
Aditivo para tierra

"Descubrí el secreto para tener el mejor jardín de flores silvestres: usar CreceBien. Ahora, ¡tú también puedes tener el mejor jardín!".
— *U. N. Jardinero*

Los botánicos de un vivero privado cerca de Tampa, Florida, seleccionaron dos muestras altas de una flor silvestre común, el girasol de hojas angostas. Una planta recibió la cantidad recomendada de aditivo para tierra CreceBien, y la otra, nada. Después de 2 semanas, la planta que había recibido el aditivo para tierra CreceBien había crecido 4 cm. La otra planta solo había crecido 2 cm. ¡Qué diferencia!

¡CreceBien actúa en toda clase de flores silvestres!

¡Compre CreceBien hoy y vea cómo crecen sus flores!
$19.95 el litro

1 Identificar conclusiones Identifica la afirmación que hacen los anunciantes.

_____

_____

_____

_____

2 Evaluar evidencia Identifica dos puntos débiles en la evidencia que presenta el material promocional.

_____

_____

_____

_____

_____

3 Aplicar conceptos Enumera tres preguntas que deberías responder para apoyar las afirmaciones que se hicieron sobre CreceBien.

_____

_____

_____

_____

_____

Para la casa

En un periódico o una revista, busca un artículo o material promocional que contenga una afirmación científica y evidencia que apoye esa afirmación. Identifica la evidencia que se usa para apoyar las afirmaciones en el artículo o material promocional. Escribe un párrafo que resume el artículo o material promocional y la evidencia científica que contiene.

Las propiedades de la materia

PREGUNTA ESENCIAL

¿Cuáles son las propiedades físicas y químicas de la materia?

Cuando termines esta lección, podrás clasificar y comparar sustancias según sus propiedades físicas y químicas.

Para cosechar arándanos rojos se inundan los campos. Luego los sistemas de irrigación desprenden los frutos de las plantas. Como los arándanos son menos densos que el agua, flotan. Los recolectores aprovechan esta propiedad para acopiarlos y hacer que floten con facilidad hacia los lugares de recolección.

TEKS **6.6A** compare metales, no metales y metaloides usando propiedades físicas, tales como el brillo, la conductividad o la maleabilidad

TEKS **6.6B** calcule la densidad para identificar una sustancia desconocida

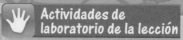

Actividades de laboratorio de la lección

Actividades rápidas de laboratorio
- Comparar dos elementos
- Observar propiedades físicas

Actividad de investigación de laboratorio
- Identificar una sustancia desconocida

Ponte a pensar

1 Predice Marca V o F para mostrar si cada enunciado es verdadero o falso.

V   F

☐   ☐   El agua líquida se congela a la misma temperatura a la que se derrite el hielo: 0 °C.

☐   ☐   Una bola de boliche pesa menos que una pelota de poliestireno del mismo tamaño.

☐   ☐   Un objeto que tiene una densidad mayor que la del agua flotará.

☐   ☐   La solubilidad es la capacidad de una sustancia de disolverse en otra.

2 Describe Si alguien que nunca ha visto una naranja te pidiera que se la describas, ¿qué le dirías?

_____

_____

_____

_____

_____

_____

_____

Lectura con propósito

3 Sintetiza Muchas de las palabras del español provienen de otros idiomas. La raíz de la palabra *solubilidad* es la palabra del latín *solvere*, que significa "aflojar". Saca una conclusión lógica sobre el significado de la palabra *solubilidad*.

_____

_____

_____

_____

Términos de vocabulario

- **propiedad física**
- **propiedad química**

4 Aplica A medida que aprendas la definición de cada término de vocabulario de esta lección, crea tu propia definición o esquema que te ayude a recordar el significado del término.

Educación física

¿Cuáles son las propiedades físicas de la materia?

¿Qué palabras usarías para describir una mesa? Probablemente dirías algo sobre la forma, el color y el tamaño de la mesa. Luego pensarías si es dura o blanda, lisa o rugosa. Normalmente, para describir un objeto como una mesa enumeras sus propiedades fácilmente observables.

Se usan para describir una sustancia

Una característica de una sustancia que se puede observar o medir sin cambiar la identidad de la sustancia es una **propiedad física**. El oro es un metal apreciado por sus propiedades físicas: es posible doblarlo y darle forma fácilmente, y además posee un brillo duradero. Ambas propiedades lo convierten en un metal excelente para fabricar monedas y joyas.

Puedes usar todos tus sentidos para apreciar las propiedades físicas. El color, la forma, el tamaño, el olor y la textura son algunas de las propiedades físicas que existen. Piensa en cómo describirías un objeto a un amigo. Seguramente, tu descripción sería una lista de las propiedades físicas del objeto.

Lectura con propósito 5 **Aplica** Enumera seis propiedades físicas.

_____

_____

_____

_____

El oro es un metal muy buscado para hacer joyas. Es denso, blando y brillante. Se lo suele mezclar con otros metales para hacerlo más fuerte.

En esta fábrica se purifica el oro mediante el proceso de fundición. En este proceso se aplican presión, altas temperaturas y sustancias químicas para eliminar sus impurezas.

Se pueden medir u observar sin alterar la identidad de una sustancia

Las propiedades físicas de un objeto pueden apreciarse con los sentidos. Algunas propiedades también se pueden medir. Por ejemplo, puedes mirar una mesa para observar su tamaño relativo. O puedes medir su longitud, ancho y altura con un instrumento como una cinta de medir. Cuando observas una propiedad física, no cambias la identidad de la sustancia. El material que compone la mesa permanece igual.

Imagina que realizas un experimento para medir la temperatura a la que hierve el agua. Esa temperatura, llamada punto de ebullición, es una propiedad física. Colocas un vaso de precipitados con agua sobre una fuente de calor y mides el aumento de temperatura del agua con un termómetro. Una vez que el agua alcanza su punto de ebullición, parte de ella se ha convertido en gas. En este experimento, parte del agua se transforma en gas antes de que puedas anotar su punto de ebullición. Sin embargo, la identidad del agua no cambia. La sustancia sigue siendo agua, ya sea en estado sólido, líquido o gaseoso.

Visualízalo

6 **Aplica** Describe cómo podrías medir una propiedad física de las barras de oro que se muestran en la fotografía.

_____

_____

_____

_____

_____

Piensa libremente

7 **Aplica** Nombra las propiedades de un objeto común para describirlo. Intercambia tu descripción del objeto misterioso con la de un compañero e intenta adivinar qué objeto describió.

Propiedades físicas comunes

En estas dos páginas, puedes leer sobre algunas propiedades físicas comunes. Las propiedades físicas de una sustancia suelen describir para qué puede servir.

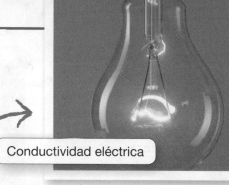

Conductividad eléctrica

La conductividad eléctrica es la medida de lo bien que pueden moverse las cargas eléctricas a través de una sustancia.

Densidad

La densidad es una medida de la cantidad de masa en una cantidad de volumen dada.

8 Explica La fotografía de arriba muestra una jarra con aceite y vinagre. En la capa superior está el aceite. Describe la densidad del vinagre en comparación con la densidad del aceite.

_____

_____

_____

Conductividad térmica

La conductividad térmica es la tasa a la cual una sustancia transfiere calor.

Solubilidad

La solubilidad es la capacidad de una sustancia de disolverse en otra. Esta mezcla para bebida en polvo se disuelve en agua. Cuando se disuelva por completo, las partículas de la mezcla para bebida se esparcirán en toda el agua.

9 Predice Si dejaras que todo el líquido de la jarra se evaporara, ¿podrías ver las partículas sólidas de la mezcla de bebida? Explica tu respuesta.

_____

_____

_____

_____

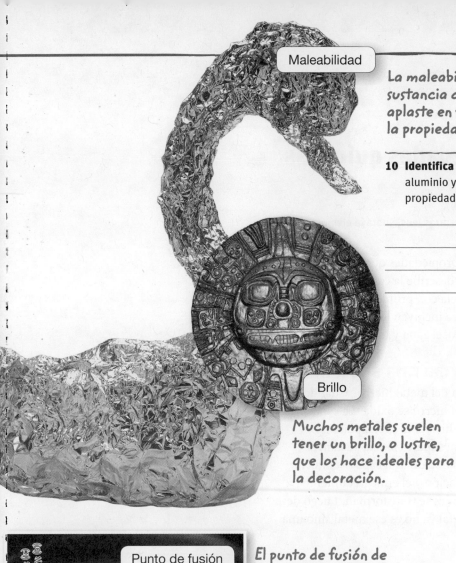

Maleabilidad

La maleabilidad es la capacidad de una sustancia de permitir que se la enrolle o aplaste en varias formas. El aluminio posee la propiedad de la maleabilidad.

10 Identifica Menciona algún objeto que esté hecho de aluminio y explica por qué la maleabilidad es una propiedad útil.

_____

_____

_____

Algunos metales son magnéticos. Los imanes pueden funcionar a distancia.

Magnetismo

Brillo

Muchos metales suelen tener un brillo, o lustre, que los hace ideales para la decoración.

Punto de fusión

El punto de fusión de una sustancia es la temperatura a la cual cambia de sólido a líquido.

Se suele describir a los minerales según su dureza relativa. El cuarzo puede rayar la calcita porque es más duro.

Dureza

Calcita

Cuarzo

11 En pocas palabras Identifica tres propiedades físicas que podrías usar para organizar un juego de utensilios de cocina.

_____

_____

_____

_____

Robo de identidad

¿Cuáles son las propiedades químicas de la materia?

Lectura con propósito 12 **Identifica** Mientras lees, subraya ejemplos de propiedades químicas.

Las propiedades físicas no son las únicas propiedades que pueden describir la materia. Una **propiedad química** describe la capacidad de una sustancia de transformarse en otra sustancia con propiedades diferentes. Entre las propiedades químicas comunes se incluyen la inflamabilidad y la reactividad a sustancias como el oxígeno, el agua y los ácidos.

Describen cómo se transforma una sustancia

¿Puedes pensar en una propiedad química del metal hierro? Cuando se lo deja al aire libre en un clima húmedo, el hierro se oxida. La capacidad de oxidarse es una propiedad química del hierro. El metal plata no se oxida, pero con el tiempo se forma en su superficie una sustancia más oscura que la ennegrece. Quizá hayas notado una capa oscura en algunas cucharas o joyas de plata. La oxidación y el ennegrecimiento son propiedades químicas porque los metales se transforman. Luego de oxidarse o ennegrecerse, una parte del metal ya no es ese metal sino una sustancia diferente.

13 **Predice** ¿Por qué los automóviles se oxidan más fácilmente en climas húmedos que en climas secos?

_____

_____

_____

El hierro puede formar óxido y convertir un carro que alguna vez fue brillante en una reliquia deteriorada.

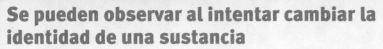

Se pueden observar al intentar cambiar la identidad de una sustancia

Una manera de identificar una propiedad química es observar los cambios que experimenta una sustancia. La madera para una fogata tiene la propiedad química de la inflamabilidad, es decir, la capacidad de quemarse. Cuando la madera se quema, se forman nuevas sustancias: agua, dióxido de carbono y ceniza. Estas sustancias nuevas tienen propiedades diferentes de las que tenía la madera. La reactividad es otra propiedad química que se puede identificar al observar los cambios. La reactividad es la capacidad que tiene una sustancia de interactuar con otra sustancia y formar una o más sustancias nuevas.

También puedes observar una propiedad química de una sustancia al intentar cambiar esa sustancia, incluso si no ocurre ningún cambio. Por ejemplo, puedes observar que el oro no es inflamable si intentas quemarlo. Una propiedad química del oro es que no es inflamable.

La reactividad es una propiedad química. El vinagre y el bicarbonato de sodio reaccionan y forman agua, una sal y gas dióxido de carbono.

La inflamabilidad, o la capacidad que tiene una sustancia de quemarse, es una propiedad química. Por ejemplo, el edificio de madera de la fotografía es inflamable y los trajes que protegen a los bomberos son resistentes al fuego.

Los [límites] de las propiedades

¿Cuál es la diferencia entre las propiedades físicas y las propiedades químicas?

Siempre se puede observar una propiedad física sin alterar la identidad de una sustancia. La masa de un tronco se puede observar sin cambiar el tronco. Sin embargo, una propiedad química se observa al intentar cambiar la identidad de una sustancia. Para presenciar la inflamabilidad de un tronco, debes intentar prenderlo fuego.

Una sustancia siempre tiene propiedades físicas y químicas. Por ejemplo, un tronco es inflamable incluso cuando no se está quemando.

Lectura con propósito 14 **Compara** Describe la diferencia entre una propiedad física y una propiedad química.

_____

_____

_____

Visualízalo

Doblar un clavo de hierro cambiará su forma, pero no su identidad.

Un clavo de hierro puede reaccionar con el oxígeno del aire y formar óxido de hierro, u óxido.

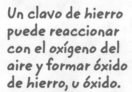

15 **Distingue** ¿Qué tipo de propiedad muestra cada clavo?

_____

_____

16 **Predice** Marca el recuadro correcto para mostrar si cada propiedad de un clavo de hierro es una propiedad física o química.

Maleable	☐ Física ☐ Química
Reacciona con el oxígeno	☐ Física ☐ Química
Magnético	☐ Física ☐ Química
No inflamable	☐ Física ☐ Química

En la escena

CIENCIA FORENSE

La recopilación y el estudio de evidencia física durante la investigación de un delito se denomina *ciencia forense*. Los científicos forenses son expertos en observar las propiedades físicas y químicas de la evidencia en la escena de un delito.

Investigación de un incendio intencional

Un científico forense puede calentar ligeramente las cenizas de la escena de un incendio intencional para determinar cuáles fueron las sustancias químicas que se usaron para iniciar el fuego. Saber cómo comenzó el incendio puede ayudar a los detectives a determinar quién es responsable del delito.

Análisis de pintura

Los restos de pintura que quedan en el árbol contra el que chocó un carro se pueden examinar con un microscopio especial. La manera en que la pintura absorbe la luz puede revelar qué sustancias químicas se usaron en la pintura. Esta información puede ayudar a las autoridades a determinar qué tipo de vehículo conducía el sospechoso de un delito.

Análisis de fibras

La imagen aumentada de las fibras, como las que se muestran arriba, también puede ofrecer pistas. Una fibra de acrílico puede ser el material de la cubierta de un bote o de una alfombra. El poliéster también puede provenir de la camisa de un sospechoso.

Ampliar

Investigación

17 Identifica Enumera las propiedades físicas y químicas que se usan para identificar la evidencia en la escena de un delito.

18 Predice Al examinar la evidencia, ¿por qué es posible que los investigadores tengan más cuidado al examinar las propiedades químicas que al examinar las propiedades físicas?

19 Evalúa Al examinar las propiedades físicas y químicas de la evidencia en la escena de un delito, a menudo los investigadores pueden descartar con mayor certeza qué sustancias no son que identificar de qué sustancia se trata. ¿Por qué crees que es así?

¿De qué manera las propiedades físicas y químicas pueden identificar una sustancia?

Las *propiedades características* son propiedades específicas de una sustancia, y pueden ser propiedades físicas, como la densidad, o propiedades químicas, como la inflamabilidad. Las propiedades características permanecen iguales independientemente de la cantidad de la muestra. Pueden servir para identificar una sustancia.

La pirita de hierro es uno de varios minerales cuyo color es similar al del oro. Los mineros pueden hallar pirita de hierro, u "oro falso", cerca de los depósitos de oro y, a veces, pueden confundirlos. Sin embargo, el color y la ubicación son casi las únicas propiedades que la pirita de hierro comparte con el oro. Las propiedades características de las dos sustancias son bastante diferentes. Por ejemplo, el oro se aplana al golpearlo con un martillo, pero la pirita de hierro se quiebra. Al frotarlo sobre un plato de cerámica, el oro deja una raya amarilla, pero la pirita de hierro deja una raya negra verdosa. El oro mantiene su brillo aunque pase varios años bajo el mar, pero la pirita de hierro se pone verde si se la expone al agua.

Una forma fácil para que los mineros puedan distinguir la pirita de hierro del oro es medir la densidad. Los mineros recogen el oro al colar la tierra con una criba. Debido a su alta densidad, el oro permanece en la criba, mientras que la tierra y otras sustancias se mueven hacia un lado a medida que el minero revuelve el contenido de la criba. La densidad del oro es casi cuatro veces mayor que la de la pirita de hierro, por lo tanto, distinguir el oro de la pirita de hierro debería ser una tarea sencilla para un minero experimentado. La densidad es una propiedad característica de la materia.

> **Usa la siguiente fórmula para hallar la densidad de una sustancia:** D es la densidad, m es la masa y V es el volumen:
>
> $$D = \frac{m}{V}$$

20 Infiere Marca el recuadro correcto para mostrar cuál de las opciones te indicaría con certeza que tienes una muestra de oro auténtica y no de pirita de hierro.

	Sí	No
Color de tu muestra	☐	☐
Qué sucede cuando golpeas tu muestra con un martillo	☐	☐
Ubicación donde se halló tu muestra	☐	☐

En la minería con criba, se revuelve el contenido de la criba y se eliminan las sustancias menos densas.

Práctica matemática

Problema de ejemplo

La masa de una muestra de oro es 579 g. El volumen de la muestra es 30 cm³. ¿Cuál es la densidad de la muestra de oro?

Identifica

A. ¿Qué sabes?

masa = 579 g, volumen = 30 cm³

B. ¿Qué quieres saber? la densidad

Planea

C. Escribe la fórmula: $D = \dfrac{m}{V}$

D. Sustituye los valores dados en la fórmula:

$$D = \frac{579 \text{ g}}{30 \text{ cm}^3}$$

Resuelve

E. Divide: $\dfrac{579 \text{ g}}{30 \text{ cm}^3} = 19.3 \text{ g/cm}^3$

F. Comprueba que las unidades coincidan:

Las unidades dadas son gramos y centímetros cúbicos, y la medida hallada es la densidad. Por lo tanto, las unidades deben ser g/cm³. Las unidades coinciden.

Respuesta: 19.3 g/cm³

Inténtalo

21 Calcula Una estudiante descubre un objeto cuya masa es 64.54 g y su volumen es 14 cm³. Halla la densidad del objeto. ¿Podría este objeto ser oro?

Identifica

A. ¿Qué sabes?

B. ¿Qué quieres saber?

Planea

C. Escribe la fórmula:

D. Sustituye los valores dados en la fórmula:

Resuelve

E. Divide:

F. Comprueba que las unidades coincidan:

Respuesta:

Oro

Pirita de hierro

	Sí	No
¿Podría este objeto ser oro?	☐	☐

Resumen visual

Para completar este resumen, encierra en un círculo la palabra o la frase correcta. Luego usa la clave para comprobar tus respuestas. Puedes usar esta página para repasar los conceptos principales de la lección.

Las propiedades físicas y químicas

Una propiedad física es aquella que se puede observar o medir sin alterar la identidad de la sustancia.

22 La solubilidad/inflamabilidad es una propiedad física.

23 El punto de fusión de una sustancia es la temperatura a la cual la sustancia cambia de sólido a gas/líquido.

Una propiedad química es aquella que describe la capacidad de una sustancia de formar sustancias nuevas.

24 La reactividad con el agua/El magnetismo es una propiedad química.

25 La inflamabilidad es la capacidad de una sustancia de transferir calor/quemarse.

Las propiedades que son más útiles para identificar una sustancia son sus propiedades características. Las propiedades características pueden ser físicas o químicas.

26 Las propiedades características de una sustancia dependen/no dependen del tamaño de la muestra.

Respuestas: 22 solubilidad; 23 líquido; 24 La reactividad con el agua; 25 quemarse; 26 no dependen

27 **Sintetiza** Tienes dos sustancias sólidas que tienen el mismo aspecto. ¿Qué mediciones harías y qué pruebas realizarías para determinar si realmente son la misma sustancia?

Repaso de la unidad

Vocabulario

Escribe el término correcto en los espacios en blanco para completar las siguientes oraciones.

1 La inflamabilidad es un ejemplo de una propiedad _____ .

2 La conductividad eléctrica es un ejemplo de una propiedad _____ .

Conceptos clave

3 Identifica ¿Cuáles son tres propiedades físicas del papel de aluminio?

_____

_____

_____

_____

4 Identifica Da un ejemplo de una propiedad física que sea a su vez una propiedad característica.

_____

_____

_____

5 Explica Describe de qué manera una propiedad física, como la masa o la textura, puede cambiar sin provocar un cambio en la sustancia.

_____

_____

_____

_____

6 Justifica ¿Se deben formar sustancias nuevas para observar una propiedad química? Explica tu respuesta.

_____

_____

_____

_____

_____

_____

Razonamiento crítico

Usa la tabla para responder la siguiente pregunta.

Elemento	Punto de fusión (°C)	Punto de ebullición (°C)
Bromo	−7.2	59
Cloro	−100	−35
Yodo	110	180

7 Infiere Recibes muestras de las sustancias que se muestran en la tabla. Las muestras llevan los rótulos A, B y C. A temperatura ambiente, la muestra A es un sólido, la muestra B es un líquido y la muestra C es un gas. ¿Cuáles son las identidades de las muestras A, B y C? (Pista: La temperatura ambiente es aproximadamente 20 °C).

_____

_____

_____

8 Analiza Un científico observa una muestra de 5 mL de una sustancia desconocida. Se trata de un líquido azul cuya densidad es 1.2 g/cm³. La sustancia reacciona con el dióxido de carbono. Enumera cada una de las propiedades de la materia que observó el científico y explica si es una propiedad característica de la materia.

_____

_____

_____

_____

_____

9 Predice Imagina que necesitas construir una balsa para cruzar un río de corriente rápida. Describe las propiedades físicas y químicas de la balsa que serían importantes para garantizar tu seguridad.

_____

_____

_____

_____

_____

Mis apuntes

Los **cambios** físicos y químicos

PREGUNTA ESENCIAL

¿Cuáles son los cambios físicos y químicos de la materia?

Cuando termines esta lección, podrás distinguir los cambios físicos de los cambios químicos de la materia.

Todo lo que ha quedado de estos grandes barcos son vigas oxidadas. El óxido es el resultado de la interacción de las vigas de hierro con el agua y el aire.

TEKS 6.5D identifique la formación de una nueva sustancia usando la evidencia de un posible cambio químico, tal como la producción de gas, un cambio de temperatura, la producción de un precipitado o un cambio de color.

Actividades de laboratorio de la lección

Actividades rápidas de laboratorio
- ¿Cambio físico o químico?
- Las propiedades de las sustancias combinadas

Ponte a pensar

1 Predice Marca V o F para mostrar si cada enunciado es verdadero o falso.

V   F

☐   ☐   Un cubito de hielo sigue siendo agua cuando se derrite.

☐   ☐   Cuando se quema una vela, se pierde materia.

☐   ☐   Cuando tu cuerpo digiere alimentos, estos se transforman en nuevas sustancias.

2 Describe Escribe una palabra o una frase que comience con cada letra de la palabra CAMBIO. Cada palabra o frase debe describir cambios que hayas observado en objetos que ves diariamente.

C _____

A _____

M _____

B _____

I _____

O _____

Lectura con propósito

3 Ojea Antes de comenzar a leer esta lección, echa un vistazo a las páginas y lee los títulos y los subtítulos. Los títulos muestran cómo está organizada la información en la lección. Una vez que leas los títulos y los subtítulos, escribe una breve descripción de los temas que se tratarán en la lección.

_____

_____

_____

_____

_____

_____

_____

_____

_____

_____

Términos de vocabulario

- cambio físico
- cambio químico
- ley de conservación de la masa
- ley de conservación de la energía

4 Aplica A medida que aprendas la definición de cada término de vocabulario de esta lección, crea tu propia definición o esquema que te ayude a recordar el significado del término.

Un cambio de apariencia

¿Cuáles son los cambios físicos de la materia?

Una propiedad física de la materia es aquella que se puede observar o medir sin cambiar la identidad química de la sustancia. Un **cambio físico** es un cambio que afecta a una o más propiedades físicas de una sustancia. Los cambios físicos se producen cuando una sustancia cambia de una forma a otra. Sin embargo, la identidad química de la sustancia sigue siendo la misma.

Cambios en las propiedades observables

Durante un cambio físico, pueden verse alteradas la apariencia, la forma o el tamaño de una sustancia. Por ejemplo, el proceso mediante el cual se convierte la lana en un suéter conlleva ciertos cambios físicos de la lana. Primero, se esquila la oveja para obtener la lana. Luego se limpia la lana y se separan las fibras. La esquila y la separación de las fibras son cambios físicos que modifican la forma, el volumen y la textura de la lana.

Lectura con propósito

5 Explica ¿Qué le sucede a una sustancia durante un cambio físico?

_____

_____

_____

Los cambios físicos que convierten la lana en un suéter

Ⓐ La lana se obtiene de la oveja a través de la esquila. Luego se limpia la lana aún sin procesar y se la introduce en una máquina que separa las fibras.

Ⓑ Las fibras de la lana se tejen para formar el hilo. Nuevamente, la forma y el volumen de la lana cambian. Las fibras se enroscan para que queden más apretadas y se entrelazan entre sí.

Ⓒ Se tiñe el hilo. La tintura cambia el color de la lana, pero no la convierte en otra sustancia. Este cambio de color es un cambio físico.

Cambios que no alteran la identidad química de una sustancia

Durante el proceso mediante el cual se convierte en un suéter, la lana atraviesa muchos cambios físicos. Sin embargo, la lana no se convierte en otra sustancia a causa de esos cambios. Por lo tanto, los cambios físicos no modifican la identidad química de la sustancia.

Otro cambio físico, por ejemplo, es el que se produce cuando llenamos con agua un recipiente para cubitos de hielo y lo metemos en un congelador. Si el agua se enfría lo suficiente, se congelará y se formarán cubitos de hielo. El congelamiento no modifica la composición química del agua. De hecho, es posible descongelar el cubito de hielo y ¡volver a tener agua líquida! Los cambios de estado, como todos los cambios físicos, no modifican la composición química de la sustancia.

6 Identifica La siguiente lista incluye varios ejemplos de cambios físicos. Escribe tus propios ejemplos de cambios físicos en los espacios en blanco.

Ejemplos de cambios físicos

Estirar una liga

Disolver azúcar en agua

Cortarte el cabello

Derretir mantequilla

Doblar un clip

Aplastar una lata de aluminio

_____

_____

_____

D Cuando se teje el suéter con los hilos de lana, la lana tampoco se convierte en otra sustancia. Un suéter de lana sigue siendo lana, aunque ya no se parezca a la lana de la oveja.

Visualízalo

7 Analiza ¿En qué se diferencian el hilo del suéter y la lana de la oveja?

_____

_____

_____

Un cambio

¿Cuáles son los cambios químicos de la materia?

Piensa qué les sucede a los troncos que se queman en una fogata. Al principio, son secos, rugosos y compactos. Una vez que los rodean las llamas, los troncos se reducen a cenizas negras y polvorientas. Durante el proceso, la fogata libera mucho calor y humo. Es evidente que algo sucedió, algo más que un simple cambio de apariencia. La madera dejó de ser madera. Experimentó un cambio químico.

Cambios en la identidad de una sustancia

Un **cambio químico** se produce cuando una o más sustancias se transforman en otras totalmente distintas, con diferentes propiedades. En la fogata, por ejemplo, la madera seca y compacta se transformó en las cenizas polvorientas, que es una nueva sustancia con propiedades diferentes. Cuando se hornea un pastel, la mezcla líquida se transforma en una masa sólida y esponjosa. Cada vez que se forma una nueva sustancia es porque se produjo un cambio químico.

Ten en cuenta que no es lo mismo un *cambio* químico que una *propiedad* química. Quemar una sustancia es un cambio químico. La inflamabilidad es una propiedad química. Las propiedades químicas de una sustancia determinan qué cambios químicos puede sufrir esa sustancia y cuáles no. Los cambios químicos son los *procesos* a través de los cuales una sustancia efectivamente se transforma en otra. Si observas los cambios químicos que experimenta una sustancia, podrás conocer sus propiedades químicas.

Visualízalo

8 **Identifica** En cada recuadro, identifica la madera, las cenizas y el fuego que participan en el cambio químico que se ve en la foto. Luego escribe una leyenda en las siguientes líneas y describe los cambios químicos que observas.

_____

_____

_____

desde adentro

A _____

B _____

C _____

Cambios en la composición química de una sustancia

En un cambio químico, cambia la identidad de la sustancia porque se modifica su composición química. Esto sucede porque las partículas y los enlaces químicos que componen la sustancia se reacomodan. Por ejemplo, cuando el hierro se oxida, las moléculas de oxígeno del aire se combinan con los átomos del hierro y forman un nuevo compuesto. El óxido no es ni hierro ni oxígeno, sino una nueva sustancia compuesta por una combinación de hierro y oxígeno.

Como los cambios químicos producen una alteración en la disposición de las partículas, a menudo se ven influenciados por la temperatura. A temperaturas más elevadas, las partículas de una sustancia poseen más energía cinética en promedio. Se mueven mucho más libremente y, debido a eso, su disposición cambia con mayor facilidad. Por lo tanto, a temperaturas más elevadas, las reacciones químicas se suelen producir más rápido. Piensa en un pastel que horneas. Cuanto más elevada es la temperatura del horno, menos demora el pastel en cocinarse, porque las reacciones químicas se producen con mayor velocidad.

Lectura con propósito **9 Explica** ¿Qué sucede con un cambio químico cuando la temperatura es alta?

_____
_____
_____

Piensa libremente Investigación

10 Infiere Piensa en distintas maneras en que controlas la temperatura para que se produzcan diferentes cambios químicos en un día típico. (Pistas: cocinar, clase de arte)

Busca las señales

¿Cómo puedes saber que se ha producido un cambio químico?

Los cambios químicos son diferentes de los cambios físicos. Cuando se produce un cambio químico, aparece una nueva sustancia; cuando se produce un cambio físico, no. Sin embargo, la formación de nuevas sustancias durante un cambio químico a veces no resulta tan obvia. En esta página y en la siguiente encontrarás señales que indican que puede haberse producido un cambio químico. Si observas dos o más de estas señales durante un cambio, es probable que estés ante un cambio químico.

Lectura con propósito 11 **Compara** ¿En qué se diferencian los cambios físicos de los químicos?

_____

_____

_____

_____

Se siente un olor

Algunos cambios químicos producen olores. El cambio químico que ocurre cuando se pudre un huevo, por ejemplo, genera olor a azufre. La leche cortada también tiene un olor desagradable, porque las bacterias forman una nueva sustancia en la leche. Y si alguna vez saliste de casa después de una tormenta eléctrica, es probable que hayas notado un olor característico. Este olor indica que los rayos han producido un cambio químico en el aire.

Se libera un gas

Los cambios químicos suelen producir burbujeo o espuma. Por ejemplo, se produce un cambio químico cuando se introduce una tableta de antiácido en un vaso con agua. Cuando la tableta entra en contacto con el agua y comienza a reaccionar, aparecen burbujas de gas. Una de las sustancias nuevas que se forma es gas dióxido de carbono, que es lo que produce las burbujas que ves.

Es importante saber que algunos cambios físicos, como el del agua cuando hierve, también producen burbujas de gas. Por lo tanto, la única forma de saber con seguridad si se ha producido un cambio químico es identificar las sustancias nuevas.

Cuando una tableta de antiácido reacciona con el agua, se forman burbujas. Estas burbujas contienen una nueva sustancia gaseosa, lo que indica que se produjo un cambio químico.

Se forma un precipitado

Los cambios químicos pueden dar como resultado productos en diferentes estados físicos. Los líquidos a veces se combinan y forman un sólido llamado *precipitado*. Por ejemplo, la combinación de yoduro de potasio incoloro y nitrato de plomo forman el yoduro de plomo, un precipitado de color amarillo brillante, como se muestra a continuación.

A partir de una solución incolora se forma el precipitado yoduro de plomo, que es de color amarillo brillante.

Cambia el color

Un cambio de color suele indicar que se ha producido un cambio químico. Por ejemplo, cuando se oxida el hierro, que es gris, el producto que se forma es café.

Cambia la energía

Los cambios químicos pueden hacer que la energía cambie de una forma a otra. Por ejemplo, cuando arde una vela, la energía química almacenada en la vela se convierte en energía térmica y luminosa.

Un cambio de temperatura suele indicar que se ha producido un cambio químico. Sin embargo, no es necesario que el cambio sea tan drástico como el que se ve en la foto.

La energía que se libera cuando el polvo de aluminio reacciona con un óxido metálico es tan grande que se la suele utilizar para soldar metales. Aquí se usa esta reacción para comprobar la resistencia del acero al calor.

12 Infiere Enumera las observaciones que podrías hacer al presenciar los siguientes cambios. Luego clasifica cada cambio como físico o químico.

Cambio	Señales/observaciones	Tipo de cambio
Hervir agua		
Hornear un pastel		
Quemar madera		
Pintar una puerta		

La conservación es la ley

¿Qué sucede con la energía y la masa durante los cambios físicos y químicos?

Si congelas 10 g de agua y luego dejas derretir el hielo, tendrás nuevamente 10 g de agua. Podemos congelar y descongelar el agua muchas veces, pero la masa del agua no se modificará. La masa es la medida de la cantidad de materia que contiene una sustancia. Congelar agua y derretir hielo son cambios físicos. La mayoría de los cambios físicos son reversibles.

Ahora piensa en un cambio químico, como quemar troncos en una fogata. Las cenizas que quedan después del fuego contienen mucha menos masa que los troncos originales. La materia parece desvanecerse. En otros cambios químicos, como los que producen el crecimiento de las plantas, la materia parece surgir de la nada. Esto desconcertó a los científicos durante años. ¿Adónde iba la materia? ¿De dónde venía?

La masa total se conserva

En la década de 1770, el químico francés Antoine Lavoisier estudió los cambios químicos en los cuales las sustancias parecían perder o ganar masa. Demostró que, en general, la masa provenía de los gases del aire o pasaba a ellos. Lavoisier demostró estas transformaciones de la masa observando los cambios químicos en cubetas de vidrio selladas. Observó cuidadosamente las sustancias antes y después de los cambios químicos. Las masas eran iguales. Esta fue la primera demostración de la ley de conservación de la masa. La **ley de conservación de la masa** establece que, en los cambios químicos y físicos comunes, la masa no se crea ni se destruye, sino que se transforma en sustancias diferentes. A esta ley a veces se la denomina "ley de conservación de la materia". Tanto los cambios físicos como los químicos cumplen con la ley de conservación de la masa o de la materia.

© Houghton Mifflin Harcourt Publishing Company • Image Credits: ©D. Hurst/Alamy

---

14 Infiere ¿Cómo puede saber un químico cuánta masa se emite en forma de gas durante una reacción química?

_____

_____

_____

_____

Aunque el agua se congele o el hielo se derrita, la cantidad de materia contenida en este vaso será siempre la misma.

La energía total se conserva

Los cambios físicos y químicos comunes también cumplen con la ley de conservación de la energía. La **ley de conservación de la energía** establece que la energía no se puede crear ni destruir, sino que solo puede transformarse de una forma a otra. Durante un cambio físico o químico, puede liberarse o absorberse energía. Los cambios que absorben energía se denominan *endotérmicos*. Los que liberan energía se llaman *exotérmicos*. Durante un cambio físico o químico, la cantidad total de energía de las sustancias y de lo que las rodea permanece igual.

15 Aplica Cuando se hierve un huevo, se produce una reacción química por la cual el huevo deja de ser una sustancia líquida transparente y se convierte en una sustancia sólida opaca. ¿Qué sucede con la energía que se usa para hervir un huevo?

_____

_____

_____

_____

Visualízalo

Conservación de la masa y la energía

Al combinar vinagre y bicarbonato de sodio, estas sustancias sufren un cambio químico exotérmico que libera energía y gas dióxido de carbono. Si el gas no fuera atrapado por el globo, parecería que se desvanece. Pero cuando el globo atrapa el gas, se puede ver que la masa de los materiales con los que se inició el experimento es igual a la masa de sus productos. La energía que estaba almacenada en los enlaces químicos se libera en forma de calor. La cantidad total de energía también permaneció igual.

Antes

Después

vinagre

bicarbonato de sodio

es igual a

Cuando se combinan el vinagre y el bicarbonato de sodio, se produce gas dióxido de carbono.

16 Infiere ¿Qué observarías en la masa que está en el matraz si no colocaras el globo en el extremo? ¿Por qué?

_____

_____

Resumen visual

Para completar este resumen, encierra en un círculo la palabra o la frase correcta. Luego usa la clave para comprobar tus respuestas. Puedes usar esta página para repasar los conceptos principales de la lección.

Los cambios físicos y químicos

Un cambio físico es un cambio de la materia de una forma a otra sin que se altere la identidad de la sustancia.

17 Quemar / Teñir lana es un ejemplo de cambio físico.

Un cambio químico es un cambio de la materia que se produce cuando una o más sustancias se transforman en sustancias totalmente distintas y con propiedades diferentes.

18 La formación de un precipitado indica que se ha producido un cambio físico / químico.

Los cambios químicos suelen producir olor, burbujas o espuma, un precipitado, o cambios de color o temperatura.

19 Debido a este cambio físico / químico, se forman nuevas sustancias.

Las leyes de conservación de la masa y de la energía establecen que, durante un cambio físico o químico común, no se crea ni se destruye masa ni energía.

20 En la reacción química que producen el bicarbonato de sodio y el vinagre, se conserva(n) la masa / la energía / la masa y la energía.

Respuestas: 17. Teñir; 18. químico; 19. químico; 20. la masa y la energía

21 Explica Los cambios que no pueden revertirse fácilmente, como cuando algo se quema, ¿cumplen con la ley de la conservación de la masa? Explica tu respuesta.

Repaso de la lección

Vocabulario

Define los siguientes términos con tus propias palabras.

1 cambio físico

_____

_____

2 cambio químico

_____

_____

3 ley de la conservación de la masa

_____

_____

_____

Conceptos clave

4 Identifica Escribe un ejemplo de cambio físico y un ejemplo de cambio químico.

_____

_____

_____

5 Compara ¿En qué se diferencian un cambio físico y un cambio químico?

_____

_____

_____

6 Aplica Imagina que un tronco tiene una masa de 5 kg. Después de que el tronco se quema, la masa de las cenizas es igual a 1 kg. Explica qué pudo haber pasado con los otros 4 kg.

_____

_____

_____

Razonamiento crítico

Usa esta foto para responder las siguientes preguntas.

7 Analiza Los rayos del Sol alcanzan el agua, que comienza a desaparecer lentamente. La luz del Sol también proporciona energía a las plantas de los alrededores para que transformen el agua y el dióxido de carbono en azúcar y oxígeno. ¿Cuál de estos cambios es físico y cuál es químico?

_____

_____

8 Infiere ¿Cómo se relaciona la ley de la conservación de la energía con los procesos que ocurren en el agua y en las plantas?

_____

_____

_____

_____

9 Compara Relaciona la afirmación "No se puede obtener algo de la nada" con la ley de conservación de la masa.

_____

_____

_____

_____

Mis apuntes

Formular hipótesis

TEKS **6.2B** diseñe e implemente investigaciones experimentales haciendo observaciones, haciendo preguntas bien definidas, formulando hipótesis que pueden someterse a prueba y usando equipo y tecnología apropiados

TEKS **6.2E** analice datos para formular explicaciones razonables, comunicar conclusiones válidas apoyadas por los datos y predecir tendencias.

Antes de comenzar una investigación, un científico debe recopilar toda la evidencia y todo el conocimiento que sea posible. Esto le permitirá crear una hipótesis clara y fundada. El científico debe estar abierto a la posibilidad de que los resultados de una investigación no apoyen por completo la hipótesis. ¡Incluso pueden contradecirla! Sin embargo, corregir una hipótesis o formular una nueva puede llevar a un científico a un gran avance que puede ser la base de un nuevo descubrimiento.

Instrucción

El siguiente procedimiento explica los pasos que usarás para desarrollar y evaluar una hipótesis.

Observa

1 Observar Las investigaciones científicas suelen comenzar con observaciones. Tus observaciones pueden llevar a una pregunta. Por ejemplo, puedes preguntarte cómo, por qué o cuándo sucede algo.

Formula una hipótesis

2 Formular una hipótesis Para responder tu pregunta, puedes comenzar por formular una hipótesis. Una hipótesis es una idea o una explicación que se puede investigar. Comienza a formular la hipótesis expresando la respuesta probable a tu pregunta de acuerdo con tus observaciones.

Pon a prueba la hipótesis

3 Someter a prueba una hipótesis Para que una hipótesis sea útil, se debe poder someter a prueba. Para determinar si tu hipótesis se puede someter a prueba, identifica experimentos u observaciones que puedas realizar para averiguar si la hipótesis tiene apoyo o carece de él.

Evalúa la hipótesis

4 Evaluar una hipótesis Después de analizar tus datos, puedes determinar si los resultados apoyan tu hipótesis. Si esto es así, puedes repetir las observaciones o los experimentos para verificar los resultados. Si tus datos no apoyan tu hipótesis, quizá debas revisar el procedimiento para buscar errores. O tal vez debas rechazar tu hipótesis y formular una nueva.

Informa tus resultados

¡Inténtalo!

Las aleaciones son soluciones que se forman al disolver sustancias en un metal fundido y luego dejar que la solución se enfríe y se endurezca. Las aleaciones pueden estar compuestas por distintas proporciones de sustancias, como plomo, níquel y carbón. Las distintas aleaciones tienen diferentes aplicaciones en la ingeniería. Usa los siguientes datos para formular una hipótesis sobre las aleaciones de plomo y antimonio.

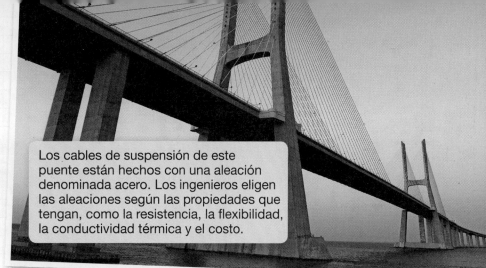

Los cables de suspensión de este puente están hechos con una aleación denominada acero. Los ingenieros eligen las aleaciones según las propiedades que tengan, como la resistencia, la flexibilidad, la conductividad térmica y el costo.

1 Observar Examina los siguientes datos sobre aleaciones. Luego encierra en un círculo el valor mayor de los dos que aparecen en cada recuadro.

La *resistencia a la tensión* de una aleación se prueba jalando de una muestra dada hasta que se rompe o cambia de forma. La resistencia a la tensión se anota en unidades de fuerza por área.

Plomo = 16.5 MPa　　　**Antimonio = 11.2 MPa**

La *dureza brinell* describe la fuerza necesaria para crear una indentación medida en una aleación. También se anota en unidades de fuerza por área.

Plomo = 38.3 MPa　　　**Antimonio = 294 MPa**

La *conductividad térmica* de una aleación mide con qué rapidez se transfiere la energía en forma de calor a través de la aleación. Se mide en vatios por metro kelvin (W/m-K)

Plomo = 35 W/m-K　　　**Antimonio = 24 W/m-K**

2 Formular una hipótesis Usa los datos de arriba para formular una hipótesis que pueda someterse a prueba sobre cómo la cantidad de antimonio de una aleación de plomo y antimonio afecta las propiedades de la aleación. Todos los datos deben apoyar tu hipótesis.

_____
_____
_____
_____
_____
_____

Propiedades de las aleaciones de plomo y antimonio

Composición de la aleación		Resistencia a la tensión (MPa)	Dureza brinell (MPa)	Conductividad térmica (W/m-K)
Plomo	Antimonio			
92%	8%	32.2	93.2	27
94%	6%	28.4	82.4	29
96%	4%	28.1	78.5	31

3 Poner a prueba una hipótesis Unos científicos sometieron a prueba tres aleaciones de plomo y antimonio y anotaron sus resultados en la tabla de arriba. ¿Estas nuevas observaciones apoyan tu hipótesis?

_____

4 Evaluar una hipótesis ¿Cómo corregirías tu hipótesis original de acuerdo con estos datos?

_____
_____
_____
_____

Para la casa

Busca en Internet vídeos que demuestren cómo se comprueba la resistencia a la tensión. Investiga la resistencia a la tensión y escribe un informe científico que describa tus conclusiones. Asegúrate de incluir una introducción y una lista de trabajos citados.

Lección **4**

Las sustancias puras y las mezclas

PREGUNTA ESENCIAL

¿Qué diferencias hay entre las sustancias puras y las mezclas?

Cuando termines esta lección, podrás diferenciar las sustancias puras de las mezclas.

El agua de mar es una mezcla única que contiene muchas sustancias disueltas. Estos corales, duros como la piedra, usan una de esas sustancias, denominada carbonato de calcio, para formar sus sólidos esqueletos.

TEKS **6.5A** sepa que un elemento es una sustancia pura representada con un símbolo químico

TEKS **6.5C** distinga entre elementos y compuestos en el nivel más básico

152 Unidad 3 La materia

Actividades de laboratorio de la lección

Actividades rápidas de laboratorio
- Observar mezclas
- Identificar elementos y compuestos

Actividad de investigación de laboratorio
- Investigar la separación de mezclas

Ponte a pensar

1 Predice Marca V o F para mostrar si cada enunciado es verdadero o falso.

V   F

☐ ☐ Los átomos se combinan de distintas maneras para formar todas las sustancias con las que convives a diario.

☐ ☐ El agua salada se puede separar en agua y sal.

☐ ☐ Una mezcla de suelo tiene la misma composición química en todas sus partes.

2 Aplica Piensa en una sustancia que no se disuelva en el agua. A continuación, haz un bosquejo que muestre qué sucede cuando se añade esta sustancia al agua.

Lectura con propósito

3 Sintetiza Muchas de las palabras del español provienen de otros idiomas. Usa las siguientes palabras del griego para sacar una conclusión lógica sobre el significado de las palabras *homogénea* y *heterogénea*.

Palabra griega	Significado
genus	género
homos	igual
heteros	diferente

Oración de ejemplo
El agua salada es totalmente <u>homogénea</u>.

homogénea:

_____

_____

Oración de ejemplo
Una mezcla <u>heterogénea</u> de piedras varía de un puñado a otro.

heterogénea:

_____

_____

Términos de vocabulario

- átomo
- elemento
- compuesto
- mezcla
- sustancia pura
- heterogénea
- homogénea

4 Identifica Esta lista contiene los términos clave que aprenderás en esta lección. Mientras lees, encierra en un círculo la definición de cada término.

Una gran combinación

¿Cómo puede clasificarse la materia?

¿Qué tipos de comida podrías preparar con los ingredientes que se muestran en esta página? Podrías comer rodajas de tomate como merienda. O podrías combinar rodajas de tomate con lechuga para hacer una ensalada. Combina más ingredientes, como pan y queso, y tienes un sándwich. De la misma manera en que estas comidas están compuestas por alimentos simples, la materia está compuesta por "ingredientes" básicos denominados *átomos*. Los **átomos** son la unidad más pequeña de un elemento que conserva las propiedades de ese elemento. Los átomos, como los alimentos que ves en esta página, pueden combinarse de distintas maneras para producir diversas sustancias.

Las sustancias que encuentras todos los días pueden clasificarse en una de las tres clases principales de materia: *elementos, compuestos* y *mezclas*. Los átomos son los componentes fundamentales de los tres tipos de materia. Los elementos, los compuestos y las mezclas se diferencian por la forma en que están combinados sus átomos.

Lectura con propósito 5 **Compara** ¿Qué tienen en común los elementos, los compuestos y las mezclas?

Piensa libremente **Investigación**

6 **Predice** Si alguna vez horneaste pan o un pastel, sabes que los ingredientes que los conforman tienen un sabor diferente al del alimento cocido. ¿Por qué crees que es así?

De la misma manera en que estos ingredientes se combinan para armar un sabroso sándwich, los átomos son los "ingredientes" básicos que forman la materia.

La materia puede clasificarse en elementos, compuestos y mezclas

Puedes considerar que los átomos son como los bloques de construcción de la materia. Al igual que estos bloques de juguete, los átomos pueden conectarse de distintas maneras. Los siguientes modelos muestran cómo los átomos forman los elementos y los compuestos. A su vez, los elementos y los compuestos forman mezclas.

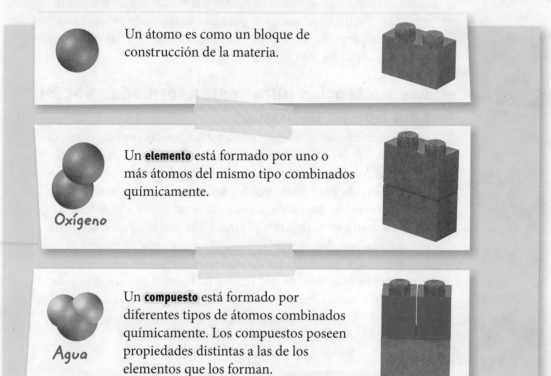

Un átomo es como un bloque de construcción de la materia.

Un **elemento** está formado por uno o más átomos del mismo tipo combinados químicamente.

Oxígeno

Un **compuesto** está formado por diferentes tipos de átomos combinados químicamente. Los compuestos poseen propiedades distintas a las de los elementos que los forman.

Agua

Una **mezcla** contiene una variedad de elementos y compuestos que no están combinados químicamente entre sí.

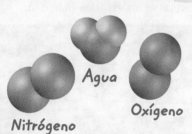

Nitrógeno

Agua

Oxígeno

👁 Visualízalo

7 Analiza ¿Por qué las esferas que representan el nitrógeno y el oxígeno son de colores distintos?

_____

_____

_____

_____

Genio puro

¿Qué son las sustancias puras?

Los elementos y los compuestos son **sustancias puras.** Una sustancia pura es una sustancia que tiene propiedades químicas y físicas definidas, como la apariencia, el punto de fusión y la reactividad. Cualquiera que sea la cantidad de sustancia pura que tengas, esta siempre tendrá las mismas propiedades. Esto se debe a que las sustancias puras están compuestas por un solo tipo de partículas.

Las sustancias puras están formadas por un solo tipo de partículas

El cobre, como todos los elementos, es una sustancia pura. Observa el elemento cobre, que se muestra a continuación. Los átomos que forman el cobre son todos iguales. En cualquier parte del mundo donde encuentres cobre puro, siempre tendrá las mismas propiedades.

Los compuestos también son sustancias puras. Considera el agua, que se muestra en la próxima página. Cada partícula químicamente combinada, o *molécula*, está formada por dos tipos diferentes de átomos. Todas las moléculas de agua son idénticas. Cada molécula está formada por exactamente dos átomos de hidrógeno y un átomo de oxígeno. Como el agua es una sustancia pura, podemos definir ciertas propiedades del agua. Por ejemplo, a una presión normal, el agua siempre se congela a 0 °C y entra en ebullición a 100 °C.

Visualízalo

8 Identifica Rotula los dos modelos de partículas en los espacios en blanco.

A Cobre _____

9 Explica El cobre es un elemento. ¿Cómo ilustran esto las imágenes del cobre que ves aquí?

_____

_____

_____

_____

Las sustancias puras no pueden formarse ni descomponerse por medio de cambios físicos

Los cambios físicos como la fusión, el congelamiento, el corte o el aplastamiento no cambian la identidad de las sustancias puras. Por ejemplo, si cortas un caño de cobre en secciones más cortas, el material sigue siendo cobre. Y si congelas agua líquida, las partículas que componen el hielo serán las mismas: dos átomos de hidrógeno combinados con un átomo de oxígeno.

Los enlaces químicos que unen los átomos no pueden romperse fácilmente. Para romper o formar enlaces químicos, se necesita un cambio químico. Por ejemplo, cuando se hace pasar corriente eléctrica a través del agua, se produce un cambio químico. Los átomos que forman el compuesto se separan en dos elementos: hidrógeno y oxígeno. Cuando una sustancia pura sufre un cambio químico, ya no es la misma sustancia. Un cambio químico modifica la identidad de la sustancia. Los átomos no pueden descomponerse en partes más pequeñas mediante un cambio físico o químico común.

Lectura con propósito **11 Identifica** ¿Qué sucede cuando una sustancia pura sufre un cambio químico?

_____

_____

_____

_____

B Agua _____

10 Explica El agua es un compuesto. ¿Cómo ilustran esto las imágenes del agua que ves aquí?

_____

_____

_____

_____

Información clasificada

¿Cómo pueden clasificarse los elementos?

![Lectura con propósito]

12 Identifica Mientras lees, subraya las formas en que los elementos están organizados en la tabla periódica.

Las diferencias que existen en las propiedades físicas y químicas de los distintos elementos nos permiten clasificarlos. Al conocer la categoría a la que un elemento pertenece, puedes predecir algunas de sus propiedades. En términos generales, los elementos se clasifican en metales, no metales y metaloides. La mayoría de los metales brillan, son buenos conductores del calor y la electricidad, y se les puede dar forma de láminas y alambres. Los no metales no son brillantes ni buenos conductores del calor ni la electricidad. Los metaloides tienen algunas propiedades tanto de los metales como de los no metales.

Se sabe que existen más de 100 elementos. Cada elemento posee un lugar en una disposición denominada tabla periódica de los elementos. La tabla periódica es una herramienta útil que puede ayudarte a identificar los elementos que tienen propiedades similares. Los metales, los no metales y los metaloides ocupan diferentes regiones en la tabla periódica. La mayoría de los elementos de la tabla periódica son metales y están ubicados a la izquierda de la tabla. Los no metales se encuentran a la derecha y, por lo general, están coloreados en un tono diferente que los metales. Como es de esperar, los metaloides se encuentran entre los metales y los no metales. En muchos casos, incluso puedes predecir qué elementos se combinan con otros para formar compuestos basándote en sus posiciones en la tabla periódica.

Al aluminio, como a muchos metales, se le puede dar la forma de una lámina delgada.

El carbón vegetal, compuesto mayormente por átomos de carbono, es quebradizo y sin brillo, como muchos otros no metales.

¿Cómo pueden clasificarse los compuestos?

Estamos rodeados de compuestos. Forman los alimentos que comes, los útiles escolares que usas y las prendas que te pones, ¡incluso tú estás hecho de compuestos! Existen tantos compuestos que sería muy difícil enumerarlos o describirlos todos. Afortunadamente, estos compuestos se pueden agrupar en categorías básicas según sus propiedades.

Según el pH

Los compuestos pueden clasificarse en ácidos, básicos o neutros según la medida de un valor especial: el *pH*. Los ácidos tienen un valor de pH menor que 7. El vinagre contiene ácido acético, que le da sabor ácido y agrio a los condimentos para ensaladas. El valor de pH de las bases es mayor que 7. El bicarbonato de sodio es un compuesto básico. Las bases son resbaladizas al tacto y tienen sabor amargo. Los compuestos neutros, como el agua pura y la sal de mesa, tienen un valor de pH igual a 7. El agua y la sal se forman cuando un ácido y una base reaccionan. Para comprobar si un compuesto es ácido o básico, se puede usar un tipo de papel denominado papel de tornasol. El papel de tornasol azul se convierte en rojo ante la presencia de un ácido. El papel de tornasol rojo se convierte en azul ante la presencia de una base. Aunque algunos alimentos son compuestos ácidos o básicos, NO debes saborear, oler ni tocar sustancias químicas no comestibles para clasificarlas porque pueden dañar tu cuerpo o tu ropa.

© Houghton Mifflin Harcourt Publishing Company • Image Credits: (c) ©Terry Vine/Blend Images/Corbis; (b) ©MIB Pictures/UpperCut Images/Getty Images

Visualízalo

13 Clasifica Lee sobre algunas de las maneras en las que se pueden clasificar los compuestos. Luego completa los espacios en blanco en las leyendas de las fotografías.

El bicarbonato de sodio es un ejemplo de un/a _____.

Los compuestos que forman el plástico son _____ porque contienen carbono.

En orgánicos o inorgánicos

Quizá hayas oído hablar sobre alimentos orgánicos, o producidos orgánicamente. Pero en química, la palabra *orgánico* hace referencia a los compuestos que contienen carbono e hidrógeno. Los compuestos orgánicos se encuentran en la mayoría de los alimentos. También se pueden encontrar en objetos sintéticos. Por ejemplo, la gasolina contiene una cantidad de compuestos orgánicos, como el octano y el heptano.

Según la función que cumplen en el cuerpo

Los compuestos orgánicos que producen los organismos vivos se denominan bioquímicos. Los compuestos bioquímicos se dividen en cuatro categorías: carbohidratos, lípidos, proteínas y ácidos nucleicos. Los *carbohidratos* se usan como fuente de energía e incluyen azúcares, almidones y fibra. Los *lípidos* son compuestos bioquímicos que almacenan la energía sobrante en el cuerpo y forman las membranas celulares. Entre los lípidos, se incluyen las grasas, los aceites y las ceras. Las *proteínas* son uno de los tipos más abundantes de compuestos que hay en tu cuerpo. Regulan las actividades químicas del cuerpo y construyen y reparan las estructuras corporales. Los *ácidos nucleicos,* como el ADN y el ARN, contienen información genética y ayudan al cuerpo a producir proteínas.

Tu cuerpo obtiene _____, como los azúcares, los almidones y la fibra, de muchos de los alimentos que ingieres.

Mezclar y combinar

¿Qué son las mezclas?

Imagínate que estiras una masa, le añades salsa de tomate y le espolvoreas queso por encima. Luego le agregas pimientos verdes, hongos y pepperoni. ¿Qué acabas de hacer? ¡Una pizza, por supuesto! Pero eso no es todo. También has creado una mezcla.

Una mezcla es una combinación de dos o más sustancias que se combinan físicamente, pero no químicamente. Si se juntan dos o más materiales y estos no cambian químicamente para formar una sustancia nueva, entonces forman una mezcla. Por ejemplo, el queso y la salsa de tomate no reaccionan cuando se combinan para hacer una pizza. Mantienen sus identidades originales y sus propiedades. Por lo tanto, una pizza es una mezcla.

Las mezclas están formadas por más de un tipo de partículas

A diferencia de los elementos y los compuestos, las mezclas no son sustancias puras. Las mezclas contienen más de un tipo de sustancia. En una mezcla, cada sustancia tiene la misma composición química que tenía antes de que se formara la mezcla.

A diferencia de las sustancias puras, las mezclas no tienen propiedades definidas. El granito de distintas partes del mundo puede contener diferentes minerales y en proporciones distintas. Las pizzas preparadas por diferentes personas pueden estar hechas con diversos ingredientes. Las mezclas no tienen propiedades definidas porque no tienen una composición química definida.

👁 Visualízalo

14 Describe Esta estudiante va a formar y a separar una mezcla de arena y sal. Completa las leyendas con la descripción de lo que sucede en cada fotografía.

A Se vierten arena y sal en el mismo vaso de precipitados. El resultado es una mezcla porque

_____
_____
_____
_____

Las mezclas pueden separarse mediante cambios físicos

¿A ti no te gustan los hongos en la pizza? Simplemente quítalos. Este cambio es un cambio físico de la mezcla porque las identidades de las sustancias no cambian. Pero no todas las mezclas son tan fáciles de separar como una pizza. No puedes simplemente quitar la sal de una mezcla de agua salada. Una forma de separar la sal del agua es calentar la mezcla hasta que el agua se evapore. Lo que queda es la sal. Las imágenes de la derecha y de más abajo muestran otras formas de separar mezclas.

Un imán puede separar una mezcla de clavos de aluminio y clavos de hierro.

Lectura con propósito **15 Idea** ¿Cómo puedes separar una mezcla de rocas y arena?

_____

_____

_____

Una máquina denominada centrífuga separa mezclas según las densidades de los componentes. Se puede usar para separar las diferentes partes de la sangre.

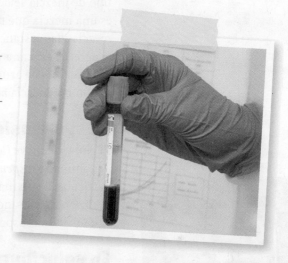

B Cuando se agrega agua a la mezcla de arena y sal,

_____

_____

_____

_____

C Cuando se vierte el líquido a través de un filtro,

_____

_____

_____

_____

D El agua salada que queda se calienta hasta que

_____

_____

_____

_____

Una solución simple

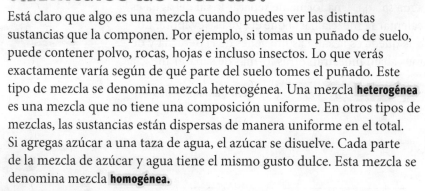
Un globo de nieve contiene una suspensión.

¿Cómo pueden clasificarse las mezclas?

Está claro que algo es una mezcla cuando puedes ver las distintas sustancias que la componen. Por ejemplo, si tomas un puñado de suelo, puede contener polvo, rocas, hojas e incluso insectos. Lo que verás exactamente varía según de qué parte del suelo tomes el puñado. Este tipo de mezcla se denomina mezcla heterogénea. Una mezcla **heterogénea** es una mezcla que no tiene una composición uniforme. En otros tipos de mezclas, las sustancias están dispersas de manera uniforme en el total. Si agregas azúcar a una taza de agua, el azúcar se disuelve. Cada parte de la mezcla de azúcar y agua tiene el mismo gusto dulce. Esta mezcla se denomina mezcla **homogénea.**

En suspensiones

El globo de nieve (arriba) contiene un tipo de mezcla heterogénea denominada *suspensión*. Las suspensiones son mezclas en las que las partículas de un material están esparcidas en todo un líquido o un gas, pero son muy grandes para permanecer mezcladas si no se revuelven o agitan. Si una suspensión se deja reposar, las partículas se asentarán.

En soluciones

El té es una solución.

El té es un ejemplo de un tipo de mezcla homogénea denominada *solución*. En una solución, una sustancia se disuelve en otra sustancia. Cuando preparas té, algunos de los compuestos que están dentro de las hojas de té se disuelven en el agua caliente. Estos compuestos le dan a tu té su color y su sabor únicos. Muchas de las soluciones que conoces son líquidos. Sin embargo, las soluciones también pueden ser gases o sólidos. El aire es un ejemplo de una solución gaseosa. Las aleaciones, como el latón y el acero, son soluciones sólidas en las que las sustancias están disueltas en metales.

En coloides

La gelatina es un coloide.

Los *coloides* son un tercer tipo de mezcla que queda comprendido en algún lugar entre las suspensiones y las soluciones. Al igual que en una suspensión, las partículas de un coloide se encuentran dispersas por todo el líquido o el gas. A diferencia de las partículas de una suspensión, las partículas de un coloide son pequeñas y no se asientan rápidamente. La leche y la gelatina son coloides. Los coloides tienen una apariencia homogénea, pero se consideran heterogéneos.

17 En pocas palabras Escribe términos de esta lección en los espacios en blanco para completar el organizador gráfico. Luego agrega definiciones o bosquejos de cada término en la casilla correspondiente.

Clasificación de la materia

Materia
Definición:
La materia es cualquier cosa que tiene masa y ocupa un lugar en el espacio. La materia está formada por componentes básicos denominados átomos.

Sustancias puras
Definición:

Bosquejo:

Elementos
Bosquejo:

Definición:

Bosquejo:

Homogénea
Definición:

Suspensiones
Bosquejo:

Coloides
Definición:

Definición:

Resumen visual

Para completar este resumen, encierra en un círculo la palabra o la frase correcta. Luego usa la clave para comprobar tus respuestas. Puedes usar esta página para repasar los conceptos principales de la lección.

Las sustancias puras están formadas por un único tipo de partícula y no pueden formarse ni descomponerse por medio de cambios físicos.

Moléculas de agua

18 El agua es una sustancia pura / mezcla.

19 El agua es un elemento / compuesto.

Las **sustancias** **puras** y las **mezclas**

Las mezclas están formadas por más de un tipo de partículas y sus componentes pueden separarse mediante cambios físicos.

20 El agua salada y la arena se pueden separar con un imán / filtro.

21 El agua salada es una mezcla homogénea / heterogénea.

Respuestas: 18 sustancia pura; 19 compuesto; 20 filtro; 21 homogénea

22 **Predice** ¿Por qué crees que las partículas de una suspensión se asientan, pero las partículas de un coloide no?

Repaso de la lección

Vocabulario

Escribe el término correcto en los espacios en blanco para completar las siguientes oraciones.

1 Los componentes fundamentales de la materia

se denominan _____.

2 Un(a) _____ es una sustancia que está formada por un solo tipo de átomo.

3 Los elementos y los compuestos son dos tipos de

_____.

4 Un(a) _____ es una combinación de sustancias que están físicamente combinadas, pero no químicamente combinadas.

Conceptos clave

5 Identifica ¿Qué tipo de mezcla es una solución? ¿Y una suspensión? ¿Y un coloide?

_____

_____

_____

6 Aplica Los peces liberan amoníaco, un compuesto que tiene un pH mayor que 7. ¿A qué clase de compuestos pertenece el amoníaco?

_____

7 Compara Completa la siguiente tabla con las propiedades de los elementos y los compuestos.

¿En qué se parecen los elementos y los compuestos?	¿En qué se diferencian los elementos y los compuestos?

Usa esta ilustración para responder la siguiente pregunta.

8 Identifica ¿Qué tipo de mezcla es este condimento para ensalada?

_____

Razonamiento crítico

9 Explica ¿Una mezcla puede estar formada únicamente por elementos y no por compuestos? Explica tu respuesta.

_____

_____

_____

_____

10 Sintetiza Describe un procedimiento para separar una mezcla de azúcar, pimienta negra y guijarros.

_____

_____

_____

_____

_____

_____

_____

Mis apuntes

Átomos y elementos

PREGUNTA ESENCIAL

¿Cómo se relacionan los átomos y los elementos?

Cuando termines esta lección, podrás describir las propiedades de los átomos y los elementos.

TEKS **6.5A** sepa que un elemento es una sustancia pura representada con un símbolo químico

TEKS **6.5B** reconozca que un número limitado de los muchos elementos conocidos forman la parte más grande de los sólidos de la Tierra, material viviente, los océanos y la atmósfera

TEKS **6.6A** compare metales, no metales y metaloides usando propiedades físicas, tales como el brillo, la conductividad o la maleabilidad

La Tierra está formada por muchos elementos. Las fantásticas formaciones de esta cueva contienen átomos de calcio, carbono y oxígeno.

Actividades de laboratorio de la lección

Actividades rápidas de laboratorio
- Modelo de un átomo
- Comparar los elementos de la Tierra

Ponte a pensar

1 Predice Marca V o F para mostrar si cada enunciado es verdadero o falso.

V	F	
☐	☐	Los átomos son más pequeños que los electrones.
☐	☐	Los átomos pueden verse con un poderoso microscopio óptico.
☐	☐	Hay más de 100 elementos en la tabla periódica de los elementos.

2 Infiere ¿Por qué los elementos plata y hierro tienen propiedades distintas?

_____
_____
_____
_____
_____
_____
_____
_____
_____
_____
_____

Lectura con propósito

3 Sintetiza Muchas de las palabras del español provienen de otros idiomas. Usa la siguiente palabra del griego para sacar una conclusión lógica sobre el significado de la palabra *átomo*.

Palabra griega	Significado
atomos	indivisible

Oración de ejemplo
Toda la materia está formada por partículas llamadas átomos.

átomo:

_____
_____
_____
_____
_____

Términos de vocabulario

- átomo
- protón
- neutrón
- electrón
- elemento
- número atómico
- símbolo químico
- propiedad física

4 Identifica Mientras lees, crea una tarjeta de referencia para cada término de vocabulario. En un lado de la tarjeta, escribe el término y su significado. Del otro lado, dibuja una imagen que ilustre el término o haga una conexión con el término. Estas tarjetas pueden usarse como señaladores en el texto para que puedas consultarlas mientras estudias.

Un mundo pequeño

Estos puntos de tinta, como toda la materia, están formados por partículas mucho más pequeñas llamadas átomos.

¿Qué son los átomos?

Si amplías las letras impresas en un libro, verás que están formadas por pequeños puntos de tinta de distintos colores. Una proporción fija de puntos de color magenta y azul forman un color morado claro. De igual manera, toda la materia está formada por partículas muy pequeñas llamadas átomos. Los **átomos** son los elementos básicos de la materia, porque son las partículas más pequeñas que pueden tener las mismas propiedades que las cosas que forman. Los diferentes átomos pueden combinarse en distintas proporciones para formar todas las sustancias que vemos a diario. Pero a diferencia de los puntos de tinta, los átomos son tan pequeños que no pueden verse con un microscopio óptico.

¿Cuáles son las partes de un átomo?

Estos diminutos átomos contienen partículas aún más pequeñas llamadas partículas *subatómicas*. Los **protones** son partículas subatómicas que tienen carga eléctrica positiva. Los protones se encuentran en el centro, o *núcleo*, del átomo. El núcleo también contiene otro tipo de partículas subatómicas llamadas **neutrones**. Los neutrones no tienen carga. Los protones y los neutrones del núcleo conforman la mayor parte de la masa de un átomo.

Hay un tercer tipo de partículas subatómicas llamadas **electrones**. Los electrones tienen carga negativa y son mucho más pequeños que los protones y los neutrones. Los electrones están afuera del núcleo, en una región llamada *nube de electrones*. En general, los átomos son eléctricamente neutros porque tienen el mismo número de protones y electrones. Las cargas positivas de los protones compensan las cargas negativas de los electrones.

Piensa libremente **Investigación**

5 **Haz un modelo** Crea un modelo de un átomo con materiales de tu elección. Incluye protones, neutrones y la nube de electrones en tu modelo. Muestra tu átomo a la clase y explica cómo representa la estructura o el comportamiento de los átomos.

Visualízalo

6 **Aplica** El modelo representa un átomo y sus partes. Rotula las partes del átomo.

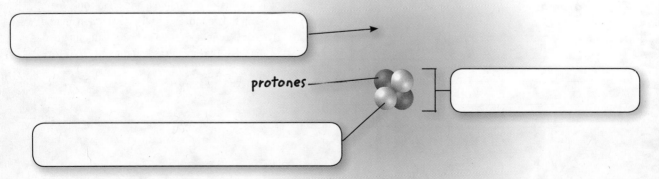

protones

La nanotecnología

La nanotecnología es el uso de materiales y procesos diseñados a escala atómica. Los circuitos eléctricos, las máquinas y los sistemas de suministro de medicamentos increíblemente pequeños son solo algunas de las aplicaciones de la nanotecnología en las que los científicos están trabajando.

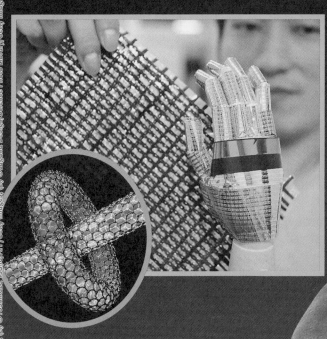

Cómo funciona

En la industria tradicional, se corta o se da forma a los materiales para fabricar un producto. En la industria de la nanotecnología, los materiales se construyen uniendo átomos. Los cables eléctricos de esta "piel" robótica están construidos a partir de átomos de carbono.

¿Qué puedes hacer?

Los científicos aún no conocen todos los usos posibles de la nanotecnología. Algún día, los diminutos robots quizá suministren sustancias justo donde se las necesita para tratar enfermedades. La ilustración muestra un modelo de un robot sobre un glóbulo rojo.

Ampliar

Investigación

7 Explica ¿En qué se diferencia la nanotecnología de otras maneras de fabricar objetos y materiales?

8 Explica ¿Cuáles podrían ser los beneficios potenciales de los sistemas de suministro de medicamentos a escala atómica?

9 Haz una investigación Investiga en la biblioteca o en Internet sobre un posible aparato o material nuevo en el campo de la nanotecnología. Haz un cartel para presentar a tu clase lo que aprendiste.

El elemento Sorpresa

¿Qué es un elemento?

Un **elemento** es una sustancia pura formada por un solo tipo de átomo. Por ejemplo, el metal aluminio es un elemento formado por átomos de aluminio. El átomo es la unidad más pequeña de un elemento que tiene las propiedades de ese elemento.

¿Cómo se describen los elementos?

Cada elemento tiene sus propias propiedades que difieren de las de los otros elementos. Los elementos pueden identificarse según su número atómico y su símbolo químico.

Según su número atómico

Los átomos de un elemento difieren de los átomos de otro elemento según el número de protones que tienen. El **número atómico** de un elemento es el número de protones que hay en el núcleo de uno de sus átomos. Todos los átomos de un elemento dado tienen el mismo número atómico. Por ejemplo, el número atómico del aluminio es 13. Todos los átomos de aluminio contienen 13 protones. Mientras que el número de protones que hay en el núcleo siempre es el mismo para un elemento dado, el número de neutrones puede variar. Todos los átomos de aluminio que hay en la naturaleza tienen 14 neutrones.

La tabla periódica de los elementos se usa para organizar más de 110 elementos conocidos. La tabla periódica está organizada en filas según el número atómico, de menor a mayor. El número atómico de cada elemento se encuentra en la parte superior del cuadrado de ese elemento en la tabla periódica.

Visualízalo

10 **Aplica** En el siguiente espacio, dibuja un modelo de un átomo del elemento aluminio. Usa la información de esta lección para determinar cuántos protones, neutrones y elctrones debes incluir en tu modelo.

Estas latas de aluminio están hechas de muchos átomos de aluminio unidos.

Según su símbolo químico

Lectura con propósito **11 Identifica** Mientras lees, subraya el símbolo químico de los elementos.

Los elementos también pueden describirse según su símbolo químico. El **símbolo químico** es una abreviatura que representa un elemento. La mayoría de los elementos tienen un símbolo químico de una o dos letras. La primera letra siempre está en mayúscula y las demás letras siempre están en minúscula. Estos símbolos son como apodos que permiten a los químicos escribir los nombres químicos de manera más corta. Hay unos pocos elementos al final de la tabla periódica que tienen un símbolo químico de tres letras, como Uut. Estos símbolos ocupan el lugar de los elementos que aún no han sido descubiertos o que no tienen un nombre oficial. El descubrimiento de un elemento nuevo debe ser aprobado por un comité internacional de científicos. Luego el elemento recibe un nombre permanente y un símbolo químico de una o dos letras.

En general, el símbolo químico contiene letras del nombre del elemento. Por ejemplo, el hidrógeno se representa H y el zinc se representa Zn. Algunos símbolos químicos provienen del nombre de los elementos en otros idiomas. El símbolo químico del oro es Au, de la palabra oro en latín: *aurum*. El símbolo del tungsteno, W, proviene de su nombre en alemán, *wolfram*.

Visualízalo

12 Describe El helio aparece en la esquina superior derecha de la tabla periódica. ¿Cuáles son el número atómico y el símbolo químico del helio?

_____

_____

13
Al
Aluminio
26.98

Las diferentes tablas periódicas pueden mostrar información diferente sobre cada elemento. El cuadrado de arriba muestra el número atómico, el símbolo químico, el nombre del elemento y la masa atómica promedio del aluminio. La tabla de abajo muestra menos información sobre cada elemento. Cada cuadrado muestra solo el número atómico y el símbolo químico de cada elemento.

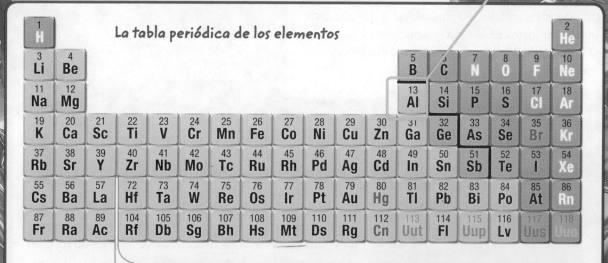

La tabla periódica de los elementos

El primero de la clase

¿Cuáles son las tres clases principales de elementos?

La tabla periódica está ordenada en columnas y filas. Los elementos de cada columna tienen propiedades similares. Además, las propiedades de los elementos de cada fila cambian de manera predecible.

La tabla periódica contiene tres clases principales de elementos: metales, no metales y metaloides. Cada clase de elementos se encuentra en una zona específica de la tabla periódica. En algunas tablas periódicas, hay una línea en zigzag que marca la ubicación de los metales, los no metales y los metaloides. Cada clase de elementos también tiene propiedades únicas. Una **propiedad física** es una característica de una sustancia que se puede observar y medir sin cambiar la identidad de la sustancia. El color, la densidad y la conductividad son propiedades físicas. La conductividad térmica es la medida de cuán bien una sustancia transfiere energía en forma de calor. La conductividad también describe cuán bien fluye una corriente eléctrica a través de una sustancia.

Los metales

La mayoría de los elementos se clasifican como metales. En la tabla periódica, los metales aparecen a la izquierda de la línea en zigzag. La mayoría de los metales son sólidos y pueden reconocerse por su lustre, o brillo. Muchos metales son maleables, lo que significa que se les puede dar forma de lámina u otras formas. Los metales son buenos conductores de la corriente eléctrica y de la energía en forma de calor.

El gas nitrógeno, N_2, es un no metal que constituye el 78% de la atmósfera terrestre.

Esta reja está hecha de hierro forjado. El hierro es un metal que se usa en muchos materiales de construcción.

Los no metales

En la tabla periódica, los no metales aparecen a la derecha de la línea en zigzag. La única excepción es el hidrógeno, que es el primer elemento en la esquina superior izquierda de la tabla. Muchos no metales son gaseosos a temperatura ambiente. Por lo general, los no metales son opacos, es decir, no tienen lustre. Los no metales sólidos son quebradizos, o no maleables. Los no metales son malos conductores de la corriente eléctrica y de la energía en forma de calor.

Los metaloides

En la tabla periódica, los metaloides aparecen entre los metales y los no metales a lo largo de la línea en zigzag. Los metaloides son elementos que tienen algunas propiedades de los metales y algunas propiedades de los no metales. Por lo general, los metaloides son sólidos y tienen algo de brillo metálico. Los metaloides son menos maleables que los metales, pero no tan quebradizos como los no metales. Además, los metaloides son conocidos como semiconductores porque conducen la corriente eléctrica mejor que los no metales, pero no tan bien como los metales.

Lectura con propósito 13 **Describe** ¿Dónde se encuentran los metaloides en la tabla periódica?

Los metaloides se usan para hacer los chips semiconductores que se encuentran en las computadoras y tabletas.

Visualízalo

14 **Compara** Usa las propiedades físicas de la tabla para rotular cada uno de estos elementos como metal, no metal o metaloide.

Sustancia	Aspecto	Maleabilidad	Conductividad térmica (mW/cm*K)
A	sólido y brillante	maleable	804
B	sólido y brillante	quebradizo	602
C	sólido y brillante	maleable	4,010
D	gas verde amarillento	no maleable	0.089

Ⓐ _____

Ⓑ _____

Ⓒ _____

Ⓓ _____

15 **Ampliar** ¿Qué propiedades físicas adicionales podrían ayudarte a comparar estos elementos?

_____
_____

Los elementos de nuestro mundo

¿Qué elementos forman la Tierra?

Nueve elementos constituyen casi toda la materia de nuestro planeta. Estos elementos son el oxígeno, el silicio, el aluminio, el calcio, el sodio, el potasio, el magnesio, el níquel y el hierro. El hierro constituye alrededor de un tercio de la masa de la Tierra.

La tierra tiene tres capas: la corteza, el manto y el núcleo. Cada capa tiene una mezcla diferente de elementos. Los continentes y el suelo oceánico son partes de la corteza. Los principales elementos de la corteza son el oxígeno, el silicio y el aluminio. Junto con cantidades más pequeñas de otros elementos, forman los minerales que se encuentran en las rocas y el suelo. El manto de la Tierra está formado por roca que está lo suficientemente caliente como para fluir con lentitud. La mayor parte de esta roca está compuesta por silicio, oxígeno, hierro y magnesio. Los principales elementos del núcleo de la Tierra son los metales hierro y níquel.

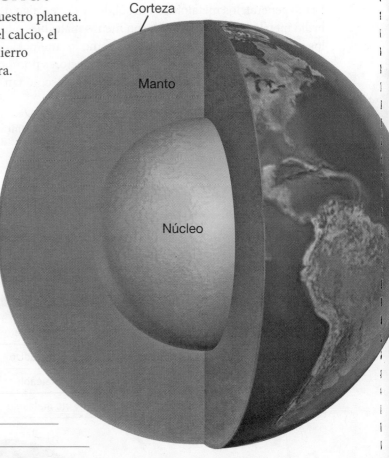

Corteza

Manto

Núcleo

Lectura con propósito **16 Identifica** ¿Cuáles son los principales elementos del núcleo de la Tierra? ¿A qué clase pertenecen estos elementos?

_____

_____

17 Infiere Si bien la pared de este cañón es de diferentes colores, toda la arenisca está formada, en su mayor parte, por los mismos elementos. ¿Cuáles crees que son esos elementos? Comprueba tu respuesta con recursos de la biblioteca o de Internet.

_____

_____

_____

_____

_____

¿Qué elementos forman la atmósfera y el océano?

La atmósfera y el océano se encuentran por encima de la corteza terrestre. La atmósfera es una capa de gases que rodea a la Tierra. Está compuesta por aproximadamente 78% de nitrógeno y 21% de oxígeno. El 1% restante de la atmósfera está formado por gases como el argón, el helio, el neón y el dióxido de carbono.

El océano es principalmente agua. Las moléculas de agua están formadas por uniones de átomos de hidrógeno y oxígeno. Estos dos elementos son los más abundantes en los océanos de la Tierra. Si alguna vez probaste el agua del océano, sabrás que es salada. Los compuestos salinos constituyen porcentaje pequeño del océano. En total, el agua del océano contiene alrededor de 30 elementos. Las sales del océano contienen los elementos sodio, cloro, azufre, magnesio, calcio y potasio.

¿Qué elementos forman a los organismos vivos?

Todos los organismos vivos y los que alguna vez estuvieron vivos contienen el elemento carbono. Esto incluye a los combustibles fósiles, como el carbón y el petróleo. Esos combustibles provienen de los restos de organismos que vivieron hace millones de años. Entre otros elementos que son abundantes en los organismos vivos se encuentran el hidrógeno, el oxígeno, el nitrógeno, el fósforo y el calcio. Los organismos vivos necesitan otros elementos, como el hierro, en pequeñas cantidades. Puedes obtener algunos de estos elementos de los alimentos que comes. Comer alimentos sanos y variados te ayudará a obtener todos los elementos que tu cuerpo necesita.

Este león marino, además del agua y del aire que necesita para sobrevivir, está compuesto por algunos elementos que se unen de diferentes maneras.

18 Compara En la siguiente tabla, escribe el nombre y el símbolo químico de los elementos que se encuentran en la Tierra, la atmósfera, los océanos y los organismos vivos. Busca los símbolos químicos que no conozcas en la tabla periódica de la sección Búscalo.

Tierra	Atmósfera de la Tierra	Océanos de la Tierra	Organismos vivos

Resumen visual

Para completar este resumen, escribe la palabra o la frase correcta en los espacios en blanco. Luego usa la clave para comprobar tus respuestas. Puedes usar esta página para repasar los conceptos principales de la lección.

Átomos y elementos

Los átomos son los elementos básicos de la materia.

19 Los átomos están formados por protones, electrones y _____.

Un elemento es una sustancia pura que puede describirse según su número atómico y su símbolo químico.

13
Al
Aluminio
26.98

20 El número atómico de un elemento es el número de _____ que hay en el núcleo de un átomo.

La Tierra, la atmósfera, los océanos y los organismos vivos están formados por un pequeño número de elementos.

21 Los elementos más comunes de la atmósfera son el _____ y el _____.

22 Los elementos más comunes del océano son el _____ y el _____, que forman el agua.

Respuestas: 19. neutrones; 20. protones; 21. nitrógeno, oxígeno; 22. hidrógeno, oxígeno

23 Sintetiza Una muestra de un mineral desconocido contiene el elemento calcio. ¿Qué información podrías aprender sobre el calcio y sus propiedades a partir de la tabla periódica?

Repaso de la lección

Vocabulario

Traza una línea para unir los siguientes términos con sus definiciones.

1 núcleo

2 elemento

3 símbolo químico

A una sustancia pura formada por un tipo de átomo

B letras que representan un elemento

C la región central de un átomo

Conceptos clave

4 Relaciona Explica cómo se relacionan los términos *átomo* y *elemento*.

_____

_____

_____

5 Resume ¿Cuáles son las tres clases principales de elementos? Indica dos propiedades físicas de cada clase de elementos.

_____

_____

_____

_____

_____

6 Infiere El número atómico del bario es 56. ¿Qué sabes sobre las partículas subatómicas de un átomo de este elemento?

_____

_____

7 Explica Los átomos contienen protones con carga positiva y electrones con carga negativa. ¿Por qué un átomo común no tiene carga?

_____

_____

Razonamiento crítico

Usa este diagrama para responder las siguientes preguntas.

Los elementos de la amazonita

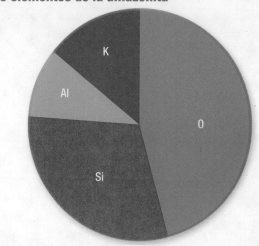

■ _____ ■ _____

■ _____ ■ _____

8 Clasifica Cada color y cada símbolo químico del diagrama representa un elemento. Escribe el nombre de cada elemento al lado del recuadro del color correspondiente.

9 Analiza Según el diagrama, ¿cuál es el elemento más abundante en la amazonita?

_____

10 Infiere Teniendo en cuenta su composición química, ¿dónde crees que se encuentra la amazonita? Explica tu respuesta.

11 Sintetiza En el núcleo y en el manto de la Tierra, se genera energía térmica. ¿Crees que ese calor permanece dentro de esas capas o crees que se puede transferir a la superficie de la Tierra? Explica tu respuesta.

_____

_____

_____

_____

Mis apuntes

Unidad 3

La gran idea La materia se describe por medio de sus propiedades y puede sufrir cambios.

Lección 1

PREGUNTA ESENCIAL

¿Qué propiedades definen la materia?

Relaciona la masa, el peso, el volumen y la densidad entre sí.

Lección 4

PREGUNTA ESENCIAL

¿Qué diferencias hay entre las sustancias puras y las mezclas?

Diferencia las sustancias puras de las mezclas.

Lección 2

PREGUNTA ESENCIAL

¿Cuáles son las propiedades físicas y químicas de la materia?

Clasifica y compara sustancias según sus propiedades físicas y químicas.

Lección 5

PREGUNTA ESENCIAL

¿Cómo se relacionan los átomos y los elementos?

Describe las propiedades de los átomos y los elementos.

Lección 3

PREGUNTA ESENCIAL

¿Cuáles son los cambios físicos y químicos de la materia?

Diferencia los cambios físicos de los cambios químicos de la materia.

Conectar PREGUNTAS ESENCIALES
Lecciones 1 y 5

1 Sintetiza Existen infinitos tipos de materia en la Tierra, sin embargo, esta materia está formada por solo un puñado de elementos. ¿Cómo es posible?

_____

_____

_____

_____

_____

Piensa libremente

2 Sintetiza Elige una de las siguientes actividades como ayuda para sintetizar lo que has aprendido en esta unidad.

☐ Usa lo que aprendiste en las lecciones 1, 2, 3 y 4 para crear un folleto informativo que explique cómo se puede clasificar la materia según sus propiedades físicas y químicas. Incluye ejemplos tanto de sustancias puras como de mezclas.

☐ Usa lo que aprendiste en las lecciones 1 y 4 para crear una demostración que muestre cómo pueden usarse las propiedades de la materia para separar sustancias en una mezcla.

Vocabulario

Marca el recuadro para mostrar si cada enunciado es verdadero o falso.

V F

☐ ☐ **TEKS 6.6B**

1 La <u>densidad</u> es todo lo que tiene masa y ocupa espacio.

☐ ☐ **TEKS 6.6A**

2 Una <u>propiedad física</u> puede medirse sin cambiar la identidad de la sustancia.

☐ ☐ 3 La <u>materia</u> es todo lo que tiene masa y ocupa espacio.

☐ ☐ 4 Un <u>protón</u> es una partícula subatómica con carga negativa.

☐ ☐ **TEKS 6.5A**

5 Un <u>elemento</u> es una sustancia pura que no se puede descomponer en materiales más simples por medios comunes y que está representada por un símbolo químico único.

Conceptos clave

Elige la letra de la respuesta correcta.

TEKS 6.5D

6 Trini agrega 10 g de bicarbonato de sodio a 100 g de vinagre. La mezcla comienza a hacer burbujas. Cuando ya no hay más burbujas, Trini halla la masa de la mezcla resultante. Determina que la masa es 105 g.

Antes de mezclar		Después de mezclar
Masa del bicarbonato de sodio	Masa del vinagre	Masa de la mezcla
10 g	100 g	105 g

¿Por qué cambió la masa? (Pista: Paso 1: Halla la suma de la masa del bicarbonato de sodio y del vinagre. Paso 2: Compara la suma con la masa de la mezcla. Paso 3: Determina la causa de la diferencia).

A Se formó un gas que abandonó la mezcla.

B El vinagre se evaporó durante el experimento.

C Las mezclas siempre tienen menos masa que sus componentes.

D La masa se destruyó cuando el vinagre reaccionó con el bicarbonato de sodio.

TEKS 6.4A

7 El siguiente instrumento se usa para medir un objeto.

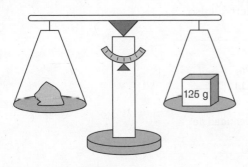

¿Qué mide el instrumento?

A la gravedad   **C** la densidad

B el peso   **D** la masa

TEKS 6.6A

8 El brillo, la conductividad y la maleabilidad son propiedades físicas de los metales. ¿Qué hace que estas propiedades sean diferentes de las propiedades químicas?

A Las propiedades físicas se relacionan con los elementos en lugar de los compuestos.

B Las propiedades físicas aparecen solo después de que se produce un cambio químico.

C Las propiedades físicas pueden observarse sin intentar cambiar la identidad de la sustancia.

D Las propiedades físicas describen elementos en estado sólido en lugar de elementos en estado líquido o gaseoso.

TEKS 6.3B

9 Todos los átomos tienen un núcleo y una nube de electrones. El siguiente diagrama muestra el modelo de un átomo.

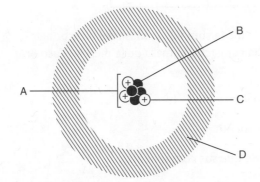

¿Cuál de los rótulos señala un neutrón?

A A   **C** C

B B   **D** D

TEKS 6.5C

10 ¿Cuál de los siguientes enunciados describe una diferencia entre los elementos y los compuestos?

A Los elementos son sustancias puras, pero los compuestos no lo son.

B Los compuestos pueden descomponerse mediante cambios físicos; pero los elementos, no.

C Los elementos están compuestos por átomos idénticos, mientras que los compuestos se componen de moléculas idénticas.

D Un compuesto contiene muchas clases distintas de elementos, mientras que un elemento contiene muchas clases distintas de átomos.

Respuesta en forma de cuadrícula

Escribe tu respuesta en los recuadros de la cuadrícula y luego rellena el círculo del número correspondiente.

TEKS 6.4A

11 Se suelta una piedra en un cilindro graduado con 35 mL de agua.

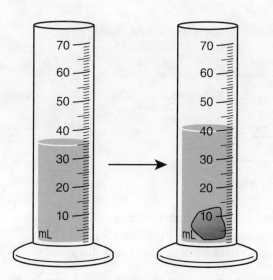

¿Cuál es el volumen de la roca? (Pista: 1 mL de agua = 1 cm³)

Razonamiento crítico

Responde la siguiente pregunta en el espacio en blanco.

TEKS 6.6B

12 Una sustancia desconocida tiene un volumen de 2 cm³ y una masa de 38.6 gramos.

Material	Densidad (g/cm³)
agua	1.0
aluminio	2.7
hierro	7.9
plata	10.5
oro	19.3

Halla la densidad de la muestra desconocida. Luego usa la tabla para determinar su identidad.

_____

_____

_____

Enumera otras tres propiedades físicas que se podrían usar como ayuda para identificar esta muestra.

_____

_____

Conectar **PREGUNTAS ESENCIALES**
Lecciones 2 y 5

Responde la siguiente pregunta en el espacio en blanco.

13 A pesar de que los dos contienen el mismo elemento, el metal cobre (Cu) y el compuesto sulfato de cobre ($CuSO_4$) son sustancias muy distintas. ¿Por qué sustancias que contienen el mismo elemento tienen propiedades muy distintas?

_____

_____

_____

_____

_____

_____

_____

UNIDAD 4
La energía, el movimiento y las fuerzas

La gran idea

La energía siempre se conserva pero puede cambiar de una forma a otra y puede transferirse de un objeto a otro o dentro de una misma sustancia.

Hay máquinas en todos lados, incluso en el parque para patinetas.

¿Qué opinas?

Las máquinas hacen que trabajar y jugar sea más fácil. Las patinetas son máquinas complejas compuestas por máquinas simples. ¿Puedes identificar dos partes básicas de esta patineta?

Las máquinas simples forman máquinas complejas.

© Houghton Mifflin Harcourt Publishing Company • Image Credits: (bg) ©Chase Jarvis/Corbis; (inset) ©HMH

185

LA CIENCIA Y LOS CIUDADANOS

Un día en las carreras

Tanto las máquinas simples como las complejas pueden facilitar el trabajo y hacer que los juegos sean más emocionantes. Crear una máquina de carreras cuesta abajo a pequeña escala es una forma divertida de aprender sobre las máquinas simples.

① Piénsalo

A Investiga algunas formas de crear un vehículo de carreras cuesta abajo a pequeña escala con objetos que usas todos los días. Toma notas sobre tu investigación.

_____

_____

_____

_____

B La mayoría de los vehículos de carreras cuesta abajo tienen dos ejes y cuatro ruedas. Define _eje_ y _rueda_ a continuación y explica qué función cumpliría cada uno en un vehículo de carreras.

_____

_____

_____

_____

_____

C Revisa el contenedor de reciclado de tu escuela, salón de clases o casa. ¿Puedes usar algún material reciclable para hacer un vehículo de carreras cuesta abajo? (Nota de seguridad: Algunos materiales son tóxicos o peligrosos. Antes de tocar algo, pregúntale a tu maestro).

_____

_____

_____

② Pregunta

¿Cuáles son algunas formas en las que podrías hacer que un vehículo de carreras cuesta abajo vaya más rápido? Investiga y escribe algunas notas a continuación.

_____

_____

_____

_____

_____

¡Este vehículo de carreras cuesta abajo está viajando a más de 20 mph! ¿Piensas que el conductor está asustado o exultante?

③ Planea

Haz un bosquejo del vehículo de carreras cuesta abajo a pequeña escala que harías. Rotúlalo y anota si algunas de las partes son reutilizadas o reciclables.

Para la casa

Con un adulto, crea el vehículo de carreras cuesta abajo a pequeña escala que diseñaste. Desafía al adulto a diseñar y ayudarte a crear un vehículo de carreras cuesta abajo diferente. Corre una carrera para descubrir cuál vehículo de carreras es más rápido. Piensa en la manera en que el diseño puede afectar la velocidad.

Introducción a la energía

PREGUNTA ESENCIAL

¿Qué es la energía?

Cuando termines esta lección, podrás describir cómo se conserva la energía durante las transformaciones entre sus diferentes formas.

La energía química de los fuegos artificiales se transforma en sonido, luces y calor cuando explota el cartucho.

TEKS **6.8A** compare y contraste la energía potencial y la cinética

TEKS **6.9C** demuestre transformaciones de la energía, tales como la energía en la batería de una linterna que cambia de energía química a energía eléctrica y luego a energía luminosa

✋ **Actividades de laboratorio de la lección**

Actividades rápidas de laboratorio
• Poner objetos en movimiento
• La conservación de la energía
• Salto *Bungee*

Actividad de S.T.E.M. de laboratorio
• Diseñar un aparato simple

 ## Ponte a pensar

1 Predice Marca V o F para mostrar si cada enunciado es verdadero o falso.

V   F

☐   ☐   La energía puede cambiar de una a otra forma.

☐   ☐   Un objeto puede tener solo un tipo de energía a la vez.

☐   ☐   Si un objeto tiene energía, debe estar en movimiento.

☐   ☐   Toda la energía viaja en ondas.

2 Describe Escribe una leyenda para esta foto que incluya el concepto de energía del sonido.

_____

_____

_____

 ## Lectura con propósito

3 Aplica La frase *conservación de la energía* tiene un significado cotidiano. Se habla de conservar, o ahorrar, energía por motivos ambientales. También hace referencia a una ley natural. Usa las claves del contexto para escribir tu propia definición de la *ley de la conservación de la energía*.

Oración de ejemplo
Según la ley de la conservación de la energía, cuando una pelota en movimiento comienza a avanzar más lentamente, la energía de la pelota no desaparece. En cambio, se convierte en energía en forma de calor que se genera por el movimiento sobre el suelo.

ley de la conservación de la energía:

_____

_____

_____

Términos de vocabulario

• energía
• energía cinética
• energía potencial
• energía mecánica
• transformación de energía
• ley de la conservación de la energía

4 Aplica A medida que aprendas la definición de cada término de vocabulario de esta lección, crea tu propia definición o esquema que te ayude a recordar el significado del término.

¡Energízate!

Lectura con propósito

5 Identifica Mientras lees esta página y la siguiente, subraya los factores que influyen en la energía cinética y potencial de un objeto.

¿Cuáles son los dos tipos de energía?

Para la ciencia, la **energía** es la capacidad de producir un cambio. La energía puede encontrarse de muchas formas diferentes y causar distintos efectos. Hay dos tipos generales de energía: cinética y potencial.

La energía cinética

La **energía cinética** es la energía de un objeto debido al movimiento. Todos los objetos que se mueven tienen energía cinética. La cantidad de energía cinética de un objeto depende de su masa y su velocidad. La energía cinética aumenta a medida que aumenta la masa. Imagina que una bola de boliche y una pelota de fútbol rueden por el piso a la misma velocidad. La bola de boliche tiene más energía cinética que la pelota de fútbol porque tiene una masa mayor.

La energía cinética también aumenta a medida que aumenta la velocidad. Si dos bolas de boliche que tienen la misma masa rueden por el piso a distinta velocidad, la bola que vaya más rápido tendrá una mayor energía cinética.

Cuando el patinador sube por la rampa, gana altura pero pierde velocidad. Parte de su energía cinética se convierte otra vez en energía potencial. El resto de la energía se transfiere en forma de calor debido a la fricción.

D

En la parte inferior de la rampa, la energía cinética del patinador alcanza su punto máximo porque él va a la mayor velocidad posible. La energía potencial está en su punto más bajo porque el patinador está más cerca del suelo que de cualquier otro punto de la rampa.

C

La energía potencial

La **energía potencial** es la que tiene un objeto debido a su posición, condición o composición química. Una pelota sostenida por encima del suelo tiene energía potencial porque la fuerza de gravedad puede atraerla al suelo. La energía potencial que existe como resultado de la posición de un objeto se denomina energía potencial gravitatoria. Este tipo de energía aumenta al aumentar la altura o la masa del objeto.

Un cambio en las condiciones también puede afectar la energía potencial. Por ejemplo, estirar una liga aumenta su energía potencial.

La energía potencial química depende de la composición química. Cuando los enlaces se rompen y se forman nuevos enlaces entre los átomos, se puede liberar energía.

¿Los objetos pueden tener energía potencial y cinética al mismo tiempo?

Un objeto puede tener tanto energía cinética como potencial. Por ejemplo, el patinador de la siguiente fotografía tiene energía cinética cuando desciende por la rampa; tiene energía potencial debido a su posición en la rampa. Un pájaro que vuela tiene energía cinética por su velocidad y masa, y energía potencial por la altura a la que se encuentra respecto del suelo.

6 En pocas palabras Compara y contrasta la energía potencial y la energía cinética.

_____
_____
_____
_____
_____
_____
_____
_____

En la parte más alta de la rampa, el patinador tiene energía potencial porque la gravedad lo atrae hacia abajo. No tiene velocidad, por lo tanto, no tiene energía cinética.

A

A medida que el patinador se acerca al suelo, la disminución de la energía potencial es igual al aumento de la energía cinética. A medida que desciende por la rampa, su energía potencial disminuye porque la distancia respecto del suelo disminuye. Su energía cinética aumenta porque su velocidad aumenta.

B

7 Analiza ¿Crees que el patinador tiene energía potencial gravitatoria en el punto C? ¿Por qué?

_____
_____
_____
_____
_____
_____
_____
_____
_____

Formas perfectas

¿Qué formas puede adoptar la energía?

La energía cinética y la energía potencial son dos tipos de energía que pueden encontrarse de muchas formas diferentes. Algunas de las formas más comunes de energía son la energía mecánica, la del sonido, la electromagnética, la eléctrica, la química, la térmica y la nuclear. La energía se expresa en julios (J).

Energía mecánica

La **energía mecánica** es la suma de la energía cinética y la energía potencial de un objeto. Recuerda que la energía cinética es la energía del movimiento y que la energía potencial es la energía de la posición. Entonces, la energía mecánica es la energía de la posición y del movimiento. La energía de un carro en movimiento es energía mecánica. La energía mecánica de un objeto puede ser solo energía potencial, solo energía cinética o una combinación de ambas.

Energía del sonido

La energía del sonido es energía cinética que resulta de la vibración de partículas en un medio como el acero, el agua o el aire. Cuando las partículas vibran, transfieren energía del sonido a otras partículas. El sonido de una guitarra es el resultado de las vibraciones de sus cuerdas, que transfieren energía al aire que la rodea. Las personas escuchan el sonido porque el oído tiene unas estructuras especiales que detectan las vibraciones de las partículas del aire.

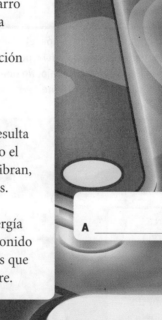

A _____

8 Identifica Rotula las tres formas de energía que están representadas en la imagen.

B _____

C _____

Energía electromagnética

La energía electromagnética se transmite a través del espacio en forma de ondas electromagnéticas. Las ondas electromagnéticas se producen por la vibración de partículas con carga eléctrica. Algunos ejemplos de ondas electromagnéticas son la luz visible, los rayos X y las microondas. Los rayos X son ondas de alta energía que usan los médicos y los dentistas para examinar los huesos. Las microondas se pueden usar para cocinar alimentos o para transmitir llamadas de teléfonos celulares. El Sol libera una gran cantidad de energía electromagnética y parte de ella es absorbida por la Tierra como energía radiante.

Energía eléctrica

La energía eléctrica es la que resulta de la posición o el movimiento de partículas con carga eléctrica. La energía eléctrica que hace que se enciendan los focos de luz se asocia con partículas con carga negativa que se mueven por un alambre. El alambre también tiene partículas con carga positiva que no se mueven. Las partículas con carga negativa se mueven por el alambre y crean una corriente eléctrica.

9 Compara ¿En qué se diferencia la energía eléctrica de la energía electromagnética?

_____

_____

_____

10 Infiere ¿Esperarías detectar energía eléctrica si jugaras con la máquina de pinball que se muestra en la ilustración? Explica tu respuesta.

_____

_____

_____

_____

_____

![Lectura con propósito]

11 Identifica Mientras lees, subraya la fuente de energía que interviene en una reacción química.

Energía química

La energía química es una forma de energía potencial. La cantidad de energía química que contiene una molécula depende de las clases de átomos que la componen y de su disposición. Durante un cambio químico, los enlaces entre estos átomos se rompen y se forman enlaces nuevos. Los alimentos que comes, las baterías y los fósforos son fuentes de energía química.

Energía térmica

La energía térmica de un objeto es la energía cinética de sus partículas. Las partículas se mueven más rápido a temperaturas altas que a temperaturas bajas. Cuanto más rápido se muevan las partículas de un objeto, mayor será la energía térmica del objeto. Además, cuantas más partículas tenga el objeto, mayor será su energía térmica. El calor es la energía que se transfiere de un objeto que tiene una mayor temperatura a un objeto que tiene una menor temperatura.

Energía nuclear

La fuente de la energía nuclear es el núcleo de un átomo. Cuando el núcleo de un átomo se separa, o cuando los núcleos de dos átomos pequeños se unen, se libera energía. La energía que libera el Sol proviene de la energía nuclear. En el Sol, los núcleos de hidrógeno se unen y forman un núcleo de helio. Esta reacción libera una gran cantidad de energía. La luz y el calor que emite el Sol se originan en estas reacciones. Sin la energía nuclear del Sol, no existiría la vida en la Tierra.

12 Sintetiza ¿Por qué la energía química de una batería es energía potencial y no cinética?

_____

_____

_____

_____

Las erupciones solares son explosiones de gases calientes en el Sol. Pueden liberar energía electromagnética que llega hasta la Tierra.

El estado del tiempo espacial y la tecnología

Cada vez que enciendes el televisor o usas un teléfono celular, puedes verte afectado por el "estado del tiempo" espacial. El estado del tiempo espacial incluye cualquier actividad del espacio que pueda afectar el medio ambiente terrestre, como las erupciones solares. Una erupción solar puede liberar un millón de veces más energía que el terremoto más fuerte. Es una intensa liberación de energía electromagnética que se manifiesta a través de una explosión de radiación.

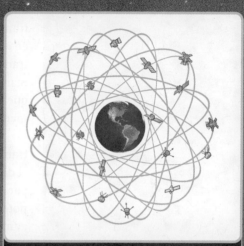

El estado del tiempo espacial puede afectar la navegación
El estado del tiempo espacial también puede causar errores de navegación al interrumpir las señales satelitales que reciben los receptores del Sistema de Posicionamiento Global (GPS, por sus siglas en inglés).

El estado del tiempo espacial puede dañar satélites
Muchos de los satélites que orbitan alrededor de la Tierra proveen servicios de telefonía. Los daños provocados por el estado del tiempo espacial pueden interrumpir las comunicaciones telefónicas.

El estado del tiempo espacial puede obligar a los aviones a aterrizar
Cuando las partículas con carga eléctrica de los vientos solares se encuentran con el campo magnético de la Tierra, se producen auroras, como la que se muestra aquí. Esta actividad puede interrumpir las comunicaciones de los aviones, y eso los obliga a aterrizar.

Ampliar

13 Identifica ¿Qué tipo de energía observan los científicos para pronosticar el estado del tiempo espacial futuro?

14 Infiere ¿Por qué el estado del tiempo espacial es un problema al que se le presta más atención ahora que en el pasado?

15 Haz una investigación ¿Cómo pronostican el estado del tiempo espacial los científicos? ¿Por qué?

Transformadores

¿Qué es la transformación de la energía?

La **transformación de energía** ocurre cuando una forma de energía se transforma en otra. Todas las formas de energía pueden transformarse en otras formas de energía. A menudo, una forma de energía se transforma en más de una forma. Por ejemplo, cuando te frotas las manos, oyes un sonido y sientes calor en las manos. Esto demuestra que la energía mecánica que se produce a partir del movimiento de tus manos se transforma en energía del sonido y en energía térmica.

Otro ejemplo de transformación de energía es cuando se transforma la energía química en el cuerpo. ¿Por qué es tan importante el desayuno? El desayuno le suministra a tu cuerpo la energía necesaria para comenzar el día. Los alimentos que comes contienen energía potencial química. Tu cuerpo descompone los componentes de los alimentos para acceder a la energía que contienen. Parte de esta energía se transforma luego en la energía cinética que te permite moverte y jugar. Otra parte de la energía química se transforma en energía térmica, lo cual permite que tu cuerpo se mantenga caliente.

 **Visualízalo**

En esta linterna, se ven algunos ejemplos de transformación de energía. Sigue las leyendas para aprender cómo ocurre la transformación de energía por la cual obtienes energía luminosa cuando enciendes una linterna.

A La energía química de las baterías se transforma en energía eléctrica.

16 Describe Menciona otros dos ejemplos de dispositivos en los que la energía química de una batería se transforme en energía eléctrica.

_____

_____

_____

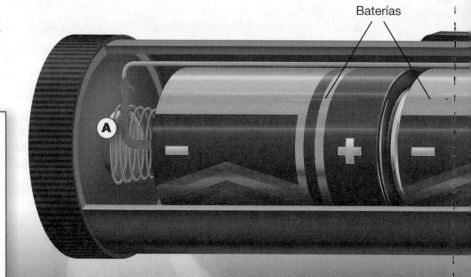

Baterías

© Houghton Mifflin Harcourt Publishing Company • Image Credits: (bg) ©SuperStock RF/SuperStock

¿Se conserva la energía?

Un sistema cerrado es un grupo de objetos que solo transfieren energía entre sí. Por ejemplo, una montaña rusa puede considerarse un sistema cerrado si se incluyen todos los factores, es decir, la pista, los carros y el aire del entorno. La energía se conserva en todos los sistemas cerrados. La **ley de la conservación de la energía** establece que la energía no se crea ni se destruye; solo se transforma de una forma a otra. Todas las formas de energía de un sistema cerrado siempre suman la misma cantidad de energía total, sin importar cuántas transformaciones de energía se hayan producido.

Por ejemplo, en una montaña rusa, una parte de la energía mecánica se transforma en energía del sonido y en energía térmica a medida que el tren desciende por una cuesta. La suma de la energía mecánica de la montaña rusa al pie de la cuesta, la energía térmica adicional y la energía del sonido es igual a la cantidad de energía mecánica inicial. En otras palabras, la cantidad de energía total se conserva.

Lectura con propósito **17 Relaciona** ¿Cómo se relacionan las transformaciones de energía con la ley de la conservación de la energía?

_____

_____

_____

_____

© Houghton Mifflin Harcourt Publishing Company • Image Credits: (tg) ©SuperStock RF/SuperStock

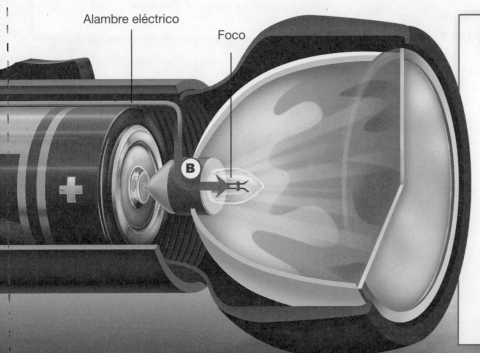

Alambre eléctrico

Foco

B La energía eléctrica del alambre se transforma en luz en el foco. Parte de la energía eléctrica también se transforma en energía en forma de calor.

19 Describe Menciona otro ejemplo de energía eléctrica que se transforme en luz.

_____

_____

_____

_____

_____

_____

Resumen visual

Para completar este resumen, encierra en un círculo la palabra o la frase correcta. Luego usa la clave para comprobar tus respuestas. Puedes usar esta página para repasar los conceptos principales de la lección.

Introducción a la energía

La energía es la capacidad de producir un cambio. La energía no puede crearse ni destruirse.

20 La energía total de un sistema cerrado permanece igual / cambia a medida que la energía cambia de forma.

La energía potencial resulta de la posición, composición o condición de un objeto; la energía cinética, del movimiento de un objeto.

21 Una pelota de básquetbol que se balancea sobre el borde de un aro tiene energía potencial / energía cinética.

22 Una pelota de básquetbol que rueda por el piso tiene energía potencial / energía cinética.

La transformación de energía se produce cuando la energía cambia de una forma a otra.

23 Cuando se enciende una vela, parte de la energía química se transforma en energía nuclear / térmica.

Respuestas: 20 permanece igual; 21 energía potencial; 22 energía cinética; 23 térmica

24 Aplica Identifica y da ejemplos de por lo menos tres tipos de energía que veas en uso en tu salón de clases.

Repaso de la lección

Vocabulario

Traza una línea para unir los siguientes términos con sus definiciones.

1 energía cinética   **A** energía de posición

2 energía mecánica   **B** suma de la energía del movimiento y de la energía de la posición

3 energía potencial   **C** energía del movimiento

Conceptos clave

4 Describe ¿Qué le sucede a la energía cinética de una bola de nieve cuando rueda por el césped y aumenta su masa?

_____

_____

5 Relaciona ¿Cómo se relaciona el Sol con la energía nuclear, la energía electromagnética y la energía térmica?

_____

_____

_____

_____

_____

6 Aplica Cuando una persona usa una plancha para quitar las arrugas de una camisa, ¿por qué el calor pasa de la plancha a la camisa?

_____

_____

_____

7 Explica ¿Qué determina la cantidad de energía química que tiene una sustancia?

_____

_____

Razonamiento crítico

Usa la siguiente foto para responder las preguntas.

8 Identifica Menciona por lo menos tres tipos de energía asociados con el horno de microondas.

_____

_____

_____

9 Formula una hipótesis ¿Cómo se transforma la energía electromagnética del horno de microondas en energía térmica?

_____

_____

_____

_____

10 Infiere Explica la ley de la conservación de la energía.

_____

_____

_____

_____

_____

_____

Mis apuntes

La temperatura

PREGUNTA ESENCIAL

¿Cómo se relacionan la temperatura y la energía cinética?

Cuando termines esta lección, podrás relacionar la temperatura de una sustancia con la energía cinética de sus partículas.

TEKS **6.9A** investigue métodos de transferencia de energía térmica, incluyendo la conducción, la convección y la radiación

TEKS **6.9B** verifique a través de investigaciones que la energía térmica se mueve siguiendo un patrón predecible de más caliente a más fría hasta que todas las sustancias tengan la misma temperatura, tal como un cubo de hielo al derretirse

¿Qué significa exactamente que algo sea frío o caliente? Puedes decir que este medio ambiente es frío por la presencia de hielo y porque esta persona usa un gorro y un abrigo.

Actividades de laboratorio de la lección

Actividades rápidas de laboratorio
• Explorar la temperatura
• Entender las escalas de temperatura

 Ponte a pensar

1 Predice Marca V o F para mostrar si cada enunciado es verdadero o falso.

V   F

☐   ☐   Los sólidos y los líquidos están compuestos por partículas, pero los gases se componen de aire, que no está compuesto por partículas.

☐   ☐   La energía cinética es la energía del movimiento.

☐   ☐   La energía cinética depende de la masa y de la velocidad.

2 Ilustra Piensa en algún momento en el cual hayas tenido mucho frío. Luego haz una ilustración de algún momento en el cual hayas tenido mucho calor. Escribe una leyenda acerca de las diferencias entre ambas situaciones.

 Lectura con propósito

3 Sintetiza Muchas de las palabras del español provienen de otros idiomas. Usa las siguientes palabras del griego para sacar una conclusión lógica sobre el significado de la palabra *termómetro*. Se da una oración de ejemplo. Luego escribe una oración en la que uses la palabra de manera correcta.

Palabra del griego	Significado
thermos	caliente
metron	medir

Oración de ejemplo
El termómetro indica que en esta habitación hace 72 °F.

Define termómetro:

_____

_____

Oración con "termómetro":

_____

_____

_____

Términos de vocabulario

• teoría cinética de la materia
• temperatura
• grado
• termómetro

4 Identifica Esta lista contiene los términos clave que aprenderás en esta lección. Mientras lees, encierra en un círculo la definición de cada término.

Partículas en movimiento

¿Qué es la teoría cinética de la materia?

La materia está formada por átomos. Estas partículas se mueven todo el tiempo, aunque no lo parezca. La **teoría cinética de la materia** establece que todas las partículas que forman la materia están en movimiento constante. Este movimiento hace que las partículas tengan energía cinética. Cuanto más rápido se mueven las partículas, más energía cinética tienen.

Mientras las partículas de la materia están en constante movimiento, se mueven en distintas direcciones y a velocidades diferentes. Este movimiento es aleatorio. Como consecuencia, cada partícula de materia tiene una cantidad diferente de energía cinética. La energía cinética promedio de todas esas partículas incluye los movimientos aleatorios individuales. Como se muestra en esta ilustración, la energía cinética promedio de los sólidos, los líquidos y los gases es diferente.

Este puente es un objeto sólido, por lo tanto, sus partículas están muy juntas y vibran.

En esta piscina de agua caliente, las partículas del líquido están en movimiento.

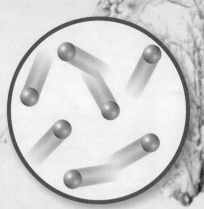

Las partículas de gas del aire están muy distanciadas y se mueven rápidamente.

Las partículas en esta agua fría de río se mueven libremente.

¿Cómo se mueven las partículas en los sólidos, los líquidos y los gases?

La teoría cinética de la materia explica el movimiento de las partículas en los sólidos, los líquidos y los gases.

- Las partículas de un objeto sólido, como el concreto, no tienen mucha libertad de movimiento. Vibran hacia adelante y hacia atrás en la misma posición y se mantienen unidas por las fuerzas de atracción.

- Las partículas de un líquido, como el agua de una piscina, se mueven con mucha más libertad que las partículas de un objeto sólido. Mientras se mueven, se deslizan o chocan entre sí en forma continua.

- En un gas, como el aire que respiramos, las partículas están muy distanciadas y se mueven a gran velocidad. Las partículas se chocan, pero no interactúan demasiado.

Lectura con propósito **5 Describe** Describe con tus propias palabras la diferencia que existe entre el movimiento de partículas en los líquidos y el movimiento de partículas en los gases.

_____

_____

_____

_____

 Visualízalo

6 Ilustra Identifica otro material en estado sólido, líquido o gaseoso en esta fotografía. Haz un esquema donde representes las partículas que componen el sólido, el líquido o el gas. Asegúrate de indicar con qué rapidez piensas que se mueven las partículas según la temperatura. Luego escribe una leyenda que describa el movimiento de las partículas.

_____

_____

_____

_____

Mercurio en acción

¿Cómo se relacionan la temperatura y la energía cinética?

La **temperatura** es una medida de la energía cinética promedio de todas las partículas de un objeto. La ilustración de la página anterior muestra diagramas de partículas de dos líquidos diferentes. En el líquido más frío, las partículas se mueven más despacio. En el líquido más caliente, las partículas se mueven más rápido. Si un trozo de hierro está caliente, las partículas del sólido vibran muy rápido y tienen una energía cinética promedio alta. Si el hierro tiene una temperatura baja, las partículas del sólido vibran más despacio y la energía cinética promedio es menor.

El *cero absoluto* es la temperatura en la que se detiene el movimiento de las partículas. No es posible alcanzar verdaderamente el cero absoluto, aunque se han alcanzado temperaturas muy cercanas en el laboratorio.

¿Cómo se mide la temperatura?

Imagina que oyes en la radio que la temperatura exterior es de 30 grados. ¿Deberías llevar un abrigo para pasar el día fuera de tu casa? La respuesta depende de la escala de temperatura que se use. Son tres las escalas que se usan frecuentemente para medir la temperatura. Todas miden la energía cinética promedio de las partículas. Son las escalas Celsius, Fahrenheit y Kelvin. Sin embargo, 30 grados en una escala es muy diferente de 30 grados en las otras dos escalas.

Para establecer una escala de temperatura, se deben conocer dos valores y el número de unidades entre esos valores. El punto de congelamiento y de ebullición del agua pura se suelen usar como valores estándar. Estos puntos son siempre iguales bajo las mismas condiciones, y se pueden reproducir fácilmente. En las escalas Celsius y Fahrenheit, la temperatura se mide en unidades denominadas grados. Los **grados** (°) son unidades que se encuentran a intervalos iguales entre dos puntos. El espacio entre los grados puede variar de una escala a otra. En la escala Kelvin no se usa el símbolo del grado. En su lugar, se usa una unidad denominada kelvin. La temperatura se mide por medio de un instrumento conocido como **termómetro**.

Lectura con propósito **7 Explica** ¿Cómo cambia la temperatura de una sustancia cuando la energía cinética promedio de sus partículas aumenta? ¿Y cuando disminuye?

_____

_____

_____

Piensa libremente **Investigación**

8 Produce Escribe un relato sobre alguien que viaja de una temperatura extrema a otra. Asegúrate de contar cómo tu personaje se adapta a este cambio de temperatura. ¿Cómo se ven afectadas las actividades y las decisiones cotidianas del personaje?

Escala Celsius

La escala de temperatura que más se usa en todo el mundo y que los científicos usan con frecuencia es la escala Celsius (°C). Anders Celsius inventó esta escala en la década de 1740. En la escala Celsius, el agua pura se congela a 0 °C y hierve a 100 °C, por lo que hay 100 grados, o 100 unidades iguales, entre estas dos temperaturas.

Escala Fahrenheit

La escala que más se usa en los Estados Unidos para medir la temperatura es la escala Fahrenheit (°F). Gabriel Fahrenheit desarrolló esta escala a principios del siglo XVIII. En la escala Fahrenheit, el agua pura se congela a 32 °F y hierve a 212 °F. Por lo tanto, hay 180 grados, es decir, 180 unidades iguales, entre el punto de congelamiento y el punto de ebullición del agua.

Escala Kelvin

La escala que generalmente usan los físicos es la escala Kelvin. Esta escala se desarrolló hasta el siglo XX. La unidad de medida de la escala Kelvin no es el grado sino el kelvin. En la escala Kelvin, el agua pura se congela a 273 K y hierve a 373 K. Por lo tanto, hay 100 kelvin, es decir, 100 unidades iguales, entre las dos temperaturas. La temperatura más baja en la escala Kelvin es el cero absoluto, es decir, 0 K.

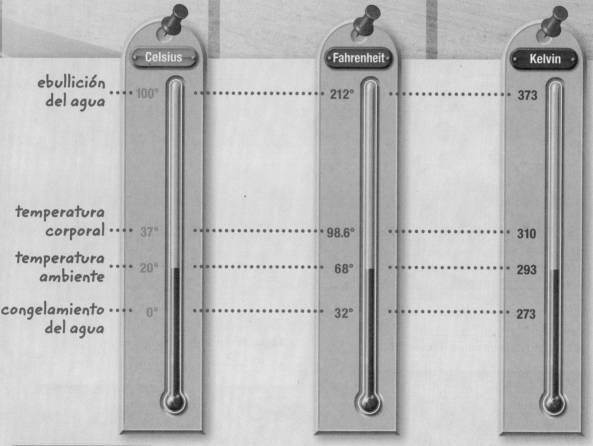

Celsius — **Fahrenheit** — **Kelvin**

	Celsius	Fahrenheit	Kelvin
ebullición del agua	100°	212°	373
temperatura corporal	37°	98.6°	310
temperatura ambiente	20°	68°	293
congelamiento del agua	0°	32°	273

Visualízalo

9 Identifica ¿Cuál es la temperatura corporal en la escala Celsius? ¿Y en la escala Fahrenheit? ¿Y en la escala Kelvin?

_____

_____

10 Aplica El agua de las piscinas, por lo general, tiene una temperatura de aproximadamente 80 °F. Marca esa temperatura en el termómetro Fahrenheit de arriba. Halla el equivalente de esa temperatura en las escalas Celsius y Kelvin.

_____

_____

Resumen visual

Para completar este resumen, escribe la palabra o la frase correcta en los espacios en blanco. Luego usa la clave para comprobar tus respuestas. Puedes usar esta página para repasar los conceptos principales de la lección.

La temperatura

La temperatura es una medida de la energía cinética promedio de todas las partículas de un objeto. La temperatura se mide usando alguna de las siguientes tres escalas: Celsius, Fahrenheit o Kelvin.

Fahrenheit

212°

98.6°

68°

32°

Todas las partículas que componen la materia están en constante movimiento.

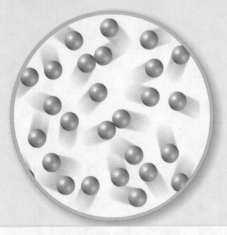

11 Las partículas de un líquido caliente se mueven _____ que las partículas de un líquido frío.

12 La temperatura se mide con un _____.

13 Infiere Si se congela un charco de agua, ¿las partículas de hielo tienen energía cinética? Explica tu respuesta.

Repaso de la lección

Vocabulario

Para cada par de términos, escribe una oración que contenga los dos términos y demuestre la definición de cada uno.

1 teoría cinética de la materia y temperatura

_____

_____

_____

_____

_____

2 termómetro y grado

_____

_____

_____

_____

_____

Conceptos clave

3 Relaciona Describe la relación que existe entre la temperatura y la energía cinética.

_____

_____

_____

_____

4 Aplica Las partículas de una sustancia caliente tienen una energía cinética promedio _____ que las partículas de la misma sustancia una vez que se enfría.

5 Identifica ¿Cuáles son las tres escalas que se usan para medir la temperatura? ¿Cuáles son las unidades de cada escala?

_____

_____

_____

_____

_____

Razonamiento crítico

Usa esta ilustración para responder las siguientes preguntas.

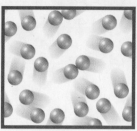
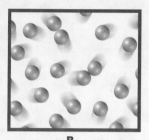

A   B

6 Observa ¿Cuál de las ilustraciones representa la sustancia con mayor temperatura? Explica tu respuesta.

_____

_____

_____

7 Predice ¿Qué podría sucederles a las partículas de la ilustración A si se enfriara la sustancia? ¿Qué podría suceder si se calentaran las partículas de la ilustración B?

_____

_____

_____

_____

_____

8 Aplica A partir de lo que sabes sobre la diferencia entre las tres escalas de temperatura, ¿qué piensas que podría suceder si la temperatura corporal del ser humano fuera 98.6 °C? ¿Por qué los médicos se preocupan más por un par de grados de temperatura de la escala Celsius que por un par de grados de temperatura de la escala Fahrenheit?

_____

_____

_____

_____

_____

Mis apuntes

La **energía térmica** y el **calor**

PREGUNTA ESENCIAL

¿Cuál es la relación entre el calor y la temperatura?

Cuando termines esta lección, podrás analizar la relación entre el calor, la temperatura y la energía térmica.

La depresión de Afar, en África oriental, es uno de los lugares más calurosos de la Tierra. En verano, ¡la temperatura promedio supera los 100 °F!

TEKS **6.9A** investigue métodos de transferencia de energía térmica, incluyendo la conducción, la convección y la radiación

TEKS **6.9B** verifique a través de investigaciones que la energía térmica se mueve siguiendo un patrón predecible de más caliente a más fría hasta que todas las sustancias tengan la misma temperatura, tal como un cubo de hielo al derretirse

Actividades de laboratorio de la lección

Actividades rápidas de laboratorio
- El motor térmico simple
- Observar la transferencia de energía
- Explorar la conductividad térmica

Actividad de laboratorio de campo
- Construir una cocina solar

 Ponte a pensar

1 Describe Escribe la palabra correcta en los espacios en blanco para completar las siguientes oraciones.

Cuando tocas un objeto frío, como un vaso con agua helada, tus manos se _____.
Si dejas tus manos mucho tiempo, el vaso con agua se _____. Si dejas el vaso con agua helada expuesto al sol, el hielo comenzará a _____.

2 Describe Escribe tu propia leyenda para la siguiente fotografía.

_____
_____
_____
_____

 Lectura con propósito

3 Aplica Muchas palabras científicas, como *conductor*, también tienen significados cotidianos. Usa las claves del contexto para escribir tu propia definición de cada significado de la palabra *conductor*.

Oración de ejemplo
Para ser <u>conductor</u> de autobús, primero debes obtener un permiso.

conductor:
_____
_____

Oración de ejemplo
Una cuchara de metal es buen <u>conductor</u>, por lo que se calentará si la colocas en una olla de sopa hirviendo.

conductor:
_____
_____

Términos de vocabulario

- energía térmica
- calor
- caloría
- conducción
- conductor
- aislante
- convección
- radiación

4 Aplica A medida que aprendas la definición de cada término de vocabulario de esta lección, crea tu propia definición o esquema que te ayude a recordar el significado del término.

Energía térmica,

¿Qué es la energía térmica?

La **energía térmica** es la energía cinética de todas las partículas de una sustancia. En el SI, la energía térmica se mide en julios (J). Recuerda que la temperatura no es energía, pero indica la medida de la energía cinética promedio de todas las partículas de una sustancia. Si tienes dos vasos con agua idénticos y la temperatura de uno es mayor, las partículas del agua más caliente tienen mayor energía cinética promedio. El agua con mayor temperatura tendrá más cantidad de energía térmica.

¿En qué se diferencian la energía térmica y la temperatura?

La temperatura y la energía térmica son cosas distintas. La temperatura se relaciona con el promedio de energía cinética de las partículas, mientras que la energía térmica es la energía cinética de todas las partículas. Un vaso con agua puede tener la misma temperatura que un lago, pero el lago tiene mucha más energía térmica porque contiene muchas más moléculas de agua.

Cuando pones cubitos de hielo en una jarra con limonada, la energía se transfiere de la limonada, que está más caliente, al hielo, que está más frío. La energía térmica de la limonada disminuye y la del hielo aumenta. Como las partículas de la limonada han transferido parte de su energía a las partículas del hielo, disminuye la energía cinética promedio de las partículas de la limonada. De este modo, baja la temperatura de la limonada.

Lectura con propósito 5 **Explica** ¿Qué dos factores determinan la energía térmica de una sustancia?

_____

_____

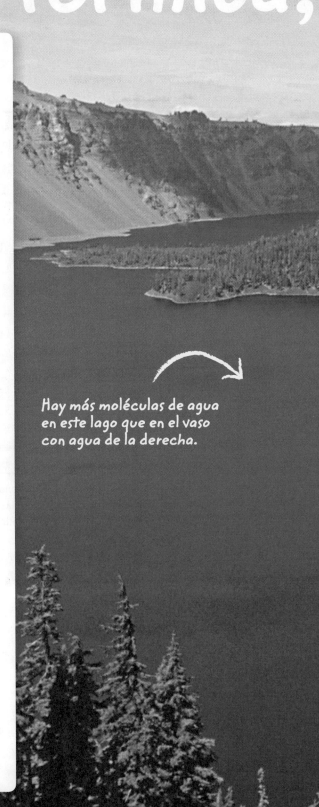

Hay más moléculas de agua en este lago que en el vaso con agua de la derecha.

¿dónde estás?

Hay menos moléculas de agua en este vaso que en el lago.

6 Aplica En la tabla de abajo, encierra en un círculo el objeto de cada par que tiene más energía térmica. Supón que ambos objetos tienen la misma temperatura.

tazón de sopa	globo pequeño	tigre
olla de sopa	globo grande	gato doméstico

¡Qué calor!

¿Qué es el calor?

Es posible que pienses que la palabra *calor* se relaciona con las cosas calientes. Pero el calor también se relaciona con las cosas frías. El calor hace que los objetos estén calientes o fríos, o que se calienten y se enfríen en las condiciones adecuadas. Probablemente usas la palabra *calor* con frecuencia y con significados diferentes. Sin embargo, para las ciencias, el **calor** es la transferencia de energía de un objeto con mayor temperatura a un objeto con menor temperatura.

Cuando dos objetos que están a diferentes temperaturas entran en contacto, la energía siempre se transfiere del objeto con mayor temperatura al objeto con menor temperatura. La energía en forma de calor siempre fluye del calor al frío. Por ejemplo, cuando pones un cubito de hielo en un vaso con agua, la energía se transfiere del agua, que está más caliente, al cubito de hielo, que está más frío.

La energía en forma de calor fluye de las bebidas, que están más calientes, a los cubitos de hielo fríos. El hielo se derrite.

7 Aplica En la siguiente tabla, dibuja una flecha en la dirección hacia la cual fluiría la energía en forma de calor entre cada par de objetos.

Objeto 1	Dirección del flujo de calor	Objeto 2
varilla de metal		fuego
gorro		muñeco de nieve
cubito de hielo		vaso con agua tibia

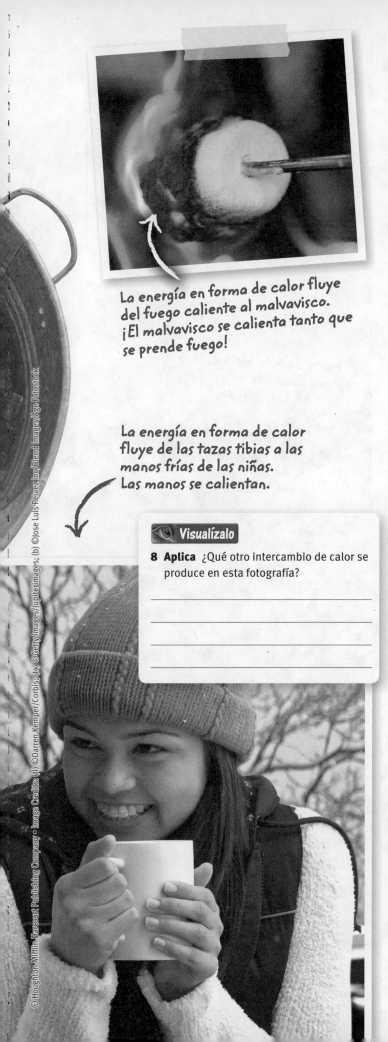

La energía en forma de calor fluye del fuego caliente al malvavisco. ¡El malvavisco se calienta tanto que se prende fuego!

La energía en forma de calor fluye de las tazas tibias a las manos frías de las niñas. Las manos se calientan.

Visualízalo

8 Aplica ¿Qué otro intercambio de calor se produce en esta fotografía?

_____

_____

_____

¿Cómo se mide el calor?

El calor se mide de dos maneras. Una es usar calorías (cal). Una **caloría** es igual a la cantidad de energía que se requiere para aumentar la temperatura de 1 g de agua en 1 °C . El calor también se puede medir en julios (J) porque el calor es una forma de energía. Una caloría es igual a 4.18 J.

Es probable que, cuando piensas en las calorías, pienses en los alimentos. Sin embargo, en nutrición, una Caloría, con C mayúscula, es en realidad una kilocaloría, o 1,000 calorías. Esto significa que una Caloría (Cal) contiene suficiente energía para aumentar 1 °C la temperatura de 1 kg de agua. Cada Caloría de los alimentos contiene 1,000 cal de energía.

Para descubrir cuántas Calorías hay en una manzana, la manzana se quema dentro de un instrumento llamado calorímetro. Un termómetro mide el aumento de la temperatura, lo que sirve para calcular cuánta energía se libera. Esa cantidad es el número de Calorías.

¿Cómo se relacionan el calor y la energía térmica?

Cuando se agrega o se quita calor de una sustancia, su temperatura y su energía térmica cambian. Pero el calor no es lo mismo que la energía térmica y la temperatura. Estas últimas son propiedades de una sustancia. El calor es la energía que interviene cuando estas propiedades cambian.

Piensa en lo que sucede cuando entran en contacto dos objetos que tienen temperaturas diferentes. La energía en forma de calor fluye del objeto con mayor temperatura al objeto con menor temperatura. Cuando ambos objetos alcanzan la misma temperatura, la energía en forma de calor deja de fluir. El hecho de que la temperatura de los dos objetos sea la misma no significa que ambos tengan la misma energía térmica. Un objeto puede ser más grande que el otro y, por eso, tener más partículas en movimiento.

Lectura con propósito **9 Relaciona** ¿Qué sucederá si dos objetos con diferentes temperaturas entran en contacto?

_____

_____

_____

¿Cómo afecta el calor al estado de un objeto?

La materia de la que está hecha una barra de jugo congelada es la misma cuando la barra de jugo está congelada que cuando está derretida. La materia solo está en una forma, o un estado, diferente. Recuerda que la teoría cinética de la materia establece que las partículas que forman la materia se mueven con diferente rapidez. El estado de una sustancia depende de la rapidez de sus partículas. Agregar energía en forma de calor a una sustancia puede provocar un cambio de estado. La energía agregada puede hacer que se rompan los enlaces entre las partículas. Esto es lo que permite que cambie el estado. Agregar energía en forma de calor a un trozo de glaciar puede provocar que el hielo se derrita y se convierta en agua. Quitar energía en forma de calor de una sustancia también puede provocar un cambio de estado.

Lectura con propósito **11 Predice** ¿De qué dos maneras puede cambiar el estado de una sustancia?

_____

_____

10 Compara ¿Alguna vez tuviste que tocar un objeto muy caliente? ¿Qué usaste para tocarlo sin quemarte? Haz una lista. ¿Alguna vez tuviste que protegerte del frío? ¿Qué elementos usaste? Haz una lista. Ahora, observa las dos listas. ¿Qué tienen en común los elementos?

Parte de este hielo está cambiando de estado. Se está derritiendo.

¿Cómo mantienen el calor los osos polares?

¡Enfríate!

¿Qué es la conducción?

Existen tres maneras de transferir energía en forma de calor: la conducción, la convección y la radiación. La **conducción** es la transferencia de energía en forma de calor de una sustancia a otra a través del contacto directo. Se produce cada vez que entran en contacto dos objetos con diferentes temperaturas. La energía cinética promedio de las partículas del objeto más caliente es mayor que la energía cinética promedio de las partículas del objeto más frío. Cuando las partículas chocan, parte de la energía cinética de las partículas en el objeto más caliente se transfiere al objeto más frío. Mientras los objetos están en contacto, la conducción continúa hasta que la temperatura de los objetos es la misma.

La conducción también puede ocurrir dentro de un mismo objeto. En ese caso, la energía en forma de calor se transfiere de la parte más caliente del objeto a la parte más fría. Imagina que colocas una cuchara de metal en una taza de chocolate caliente. La energía se conducirá del extremo más caliente al extremo más frío de la cuchara hasta que la temperatura de toda la cuchara sea la misma.

Los conductores

Algunos materiales transfieren la energía cinética de las partículas mejor que otros. Un **conductor** es un material que transfiere muy bien el calor. Los metales suelen ser buenos conductores. Ya sabes que, cuando se calienta un extremo de un objeto de metal, el otro extremo también se calienta rápidamente. Piensa en las ollas o sartenes con asas de metal. Un asa de metal se calienta mucho y no se puede tocar poco después de colocar la sartén al fuego.

Los aislantes

Un **aislante** es un material que no conduce bien el calor. Algunos ejemplos de aislantes son la madera, el papel y el poliestireno. El poliestireno es un buen aislante porque contiene muchos espacios pequeños llenos de aire. Un vaso de poliestireno no transferirá fácilmente energía en forma de calor por conducción. Por eso, a menudo se usa el poliestireno para mantener calientes algunas bebidas. Piensa en el asa de metal que se menciona arriba. Puede ser peligroso tener asas que se calientan tan rápido. En cambio, las asas de las ollas suelen estar hechas de materiales aislantes, como la madera o el plástico. Aunque un asa de plástico también se calentará cuando la olla esté al fuego, demorará mucho más que un asa de metal.

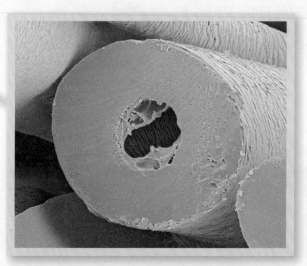

¡Esta es una fotografía del pelo de un oso polar ampliada unas 350 veces! Observa que por dentro es hueco. El aire en su interior es un buen aislante.

12 Clasifica Decide si los siguientes objetos son conductores o aislantes. Luego marca el recuadro correcto.

camiseta de franela	☐ Conductor ☐ Aislante
sartén de hierro	☐ Conductor ☐ Aislante
tubo de cobre	☐ Conductor ☐ Aislante
manopla para horno	☐ Conductor ☐ Aislante

¿Qué es la convección?

La energía en forma de calor también se puede transferir a través del movimiento de gases o líquidos. La **convección** es la transferencia de energía en forma de calor a través del movimiento de un líquido o un gas. En la mayoría de las sustancias, a medida que aumenta la temperatura, disminuye la densidad del líquido o del gas. La convección se produce cuando la masa más fría y más densa de un líquido o de un gas reemplaza a la masa menos fría y menos densa de un líquido o un gas al empujarla hacia arriba.

Cuando hierves agua en una olla, el agua se mueve en patrones más o menos circulares debido a la convección. El agua del fondo de la olla se calienta porque hay una fuente de calor debajo. A medida que el agua se calienta, se vuelve menos densa. El agua más caliente sube a través del agua más densa y más fría que está arriba de ella. En la superficie, el agua caliente comienza a enfriarse. Las partículas se juntan y aumentan la densidad del agua. El agua más fría se desplaza hacia el fondo, donde se vuelve a calentar, y el ciclo se repite. Este ciclo produce el movimiento circular de líquidos o de gases. El movimiento se produce por las diferencias de densidad causadas por las diferencias de temperatura. Este movimiento se denomina *corriente de convección*.

¿Qué es la radiación?

La radiación es otra manera en que se puede transferir el calor. La **radiación** es la transferencia de energía en forma de ondas electromagnéticas. Algunos ejemplos de ondas electromagnéticas son la luz visible, las microondas y la luz infrarroja. El Sol es la principal fuente de radiación que experimentas a diario. Sin embargo, todos los objetos, incluso tú mismo, emiten radiación y liberan energía.

Cuando un objeto emite radiación y otro la absorbe, por lo general, se produce una transferencia de calor. Al igual que la conducción y la convección, la radiación puede transferir calor de un objeto más caliente a uno más frío. Sin embargo, la radiación es muy distinta de la conducción y la convección. La radiación puede viajar a través del espacio vacío, como lo hace cuando se desplaza del Sol a la Tierra.

Lectura con propósito

13 Identifica Mientras lees, subraya ejemplos de transferencia de calor.

Esta olla con agua hirviendo muestra cómo se mueven las corrientes de convección.

14 Clasifica Escribe en los espacios en blanco para completar la siguiente tabla.

Ejemplo	Conducción, convección o radiación
Cuando pones un plato en el microondas, el plato se calienta.	
	Conducción
Un calentador en el primer piso de la escuela calienta el aire en el segundo piso.	

Usos prácticos de la radiación

¿Te imaginas cocinando la comida con energía solar? ¡Puedes hacerlo si usas un aparato llamado cocina solar! Una cocina solar funciona al concentrar la radiación del Sol en un área pequeña por medio de espejos. Usar cocinas solares no solo puede ser divertido, sino que también puede ayudar a las personas a comer sano.

En un campo de refugiados
Esta mujer, que vive en un campo de refugiados en Sudán, prepara té con agua que hirvió en una cocina solar. Para muchas personas que viven lejos de fuentes de electricidad o de agua potable, una cocina solar es un medio portátil y económico de esterilizar el agua y, así, evitar muchas enfermedades.

Como pasatiempo
Esta mujer muestra cómo funciona su cocina solar. A muchas personas les gusta usar cocinas solares porque no necesitan combustible. Además, no liberan gases contaminantes que dañen el planeta.

Ampliar

Investigación

15 Identifica En las fotos de arriba se muestran dos ejemplos de radiación. ¿Cuál es la fuente de radiación en los ejemplos?

16 Relaciona Investiga sobre otros lugares en el mundo donde se usen cocinas solares.

17 Produce Explica cómo las cocinas solares son útiles para la sociedad por medio de una de las siguientes opciones:
• Crea una cocina solar y demuestra cómo funciona.
• Escribe un relato sobre una familia que usa una cocina solar para mantenerse saludable y protegida.

Resumen visual

Para completar este resumen, encierra en un círculo la palabra o la frase correcta. Luego usa la clave para comprobar tus respuestas. Puedes usar esta página para repasar los conceptos principales de la lección.

La energía térmica es la energía cinética de todas las partículas de una sustancia.

18 Si dos objetos tienen la misma temperatura, el que tenga más / menos / la misma cantidad de partículas tendrá más energía térmica.

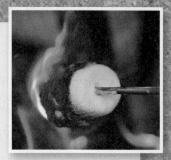

El calor es la energía que se transfiere de un objeto con mayor temperatura a un objeto con menor temperatura.

19 El calor siempre fluye de frío a calor / calor a frío / izquierda a derecha.

El calor puede cambiar el estado de una sustancia.

20 Agregar calor a un objeto hace que los enlaces entre las partículas se formen / rompan / combinen y esto permite el cambio de estado.

El calor

Existen tres formas principales de transferir energía en forma de calor: la conducción, la convección y la radiación.

conducción

convección

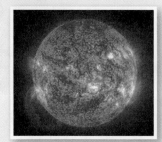

radiación

21 La conducción es la transferencia de energía de un objeto más caliente a un objeto más frío a través de un gas / del espacio vacío / del contacto directo.

22 La energía solar llega a la Tierra por medio de la conducción / convección / radiación.

Respuestas: 18 más; 19 calor a frío; 20 rompan; 21 del contacto directo; 22 radiación

23 **Concluye** Imagina que estás al aire libre un día caluroso y te pones bajo la sombra de un árbol. ¿Qué forma de transferencia de energía intentas evitar? Explica tu respuesta.

Repaso de la lección

Vocabulario

Define los siguientes términos con tus propias palabras.

1 calor

_____

_____

_____

2 energía térmica

_____

_____

_____

3 conducción

_____

_____

_____

4 convección

_____

_____

_____

5 radiación

_____

_____

_____

Conceptos clave

6 Compara ¿En qué se diferencian la temperatura y el calor?

_____

_____

_____

_____

7 Predice Si dos objetos que tienen diferentes temperaturas entran en contacto, ¿qué sucede con sus temperaturas?

_____

_____

_____

_____

Usa esta foto para responder las siguientes preguntas.

8 Clasifica ¿Qué tipo de transferencia de energía ocurre en cada una de las áreas marcadas con letras?

A _____

B _____

C _____

Razonamiento crítico

9 Sintetiza Describe la relación que existe entre la temperatura, el calor y la energía térmica.

_____

_____

_____

_____

10 Sintetiza ¿Crees que la convección puede ocurrir en los objetos sólidos? Explica tu respuesta.

_____

_____

_____

_____

_____

Mis apuntes

El movimiento y la rapidez

PREGUNTA ESENCIAL

¿Cómo se relacionan la distancia, el tiempo y la rapidez?

Cuando termines esta lección, podrás analizar la relación entre la distancia, el tiempo y la rapidez.

TEKS **6.8B** identifique y describa los cambios en posición, dirección y velocidad de un objeto cuando actúan sobre él fuerzas que no están en equilibrio

TEKS **6.8C** calcule la velocidad promedio usando mediciones de la distancia y el tiempo

TEKS **6.8D** mida y haga gráficas de cambios en el movimiento

La moto náutica que aparece en esta fotografía va muy rápido. ¿Cómo podemos medir su rapidez?

© Houghton Mifflin Harcourt Publishing Company • Image Credits: ©PCN Chrome/Alamy

Actividades de
laboratorio de la lección

Actividades rápidas de laboratorio
• Investigar los cambios de posición
• Crear una gráfica de distancia-tiempo

Actividad de S.T.E.M. de laboratorio
• Investigar la rapidez promedio

Ponte a pensar

1 Predice En el siguiente párrafo, encierra en un círculo las palabras correctas para formar enunciados verdaderos.

Generalmente, un perro se mueve más rápido que un insecto. Esto significa que, si los observo moverse durante un minuto, entonces el perro habrá recorrido una distancia *mayor/menor* que el insecto. Sin embargo, un carro suele ir *más rápido/más lento* que un perro. Si tanto el carro como el perro fueran hasta el final del camino, entonces el *carro/perro* llegaría allí primero.

2 Explica Haz un dibujo o bosquejo de algo que puedas ver en movimiento. Escribe una leyenda que responda las siguientes preguntas: "¿Cómo describirías su movimiento?", "¿Se mueve con rapidez constante o su rapidez aumenta y disminuye?".

Lectura con propósito

3 Define Escribe la palabra correcta en los espacios en blanco para completar las siguientes oraciones.

Si un objeto cambia su posición, entonces está en

La rapidez de un carro describe su

Términos de vocabulario

- **posición**
- **punto de referencia**
- **movimiento**
- **rapidez**
- **vector**
- **velocidad**

4 Aplica A medida que aprendas la definición de cada término de vocabulario de esta lección, crea tu propia definición o esquema que te ayude a recordar el significado del término.

Ubicación y más

¿Cómo se puede describir la ubicación de un objeto?

¿Alguna vez te has perdido mientras buscabas un lugar específico? Si esto te ha pasado, probablemente sepas lo importante que puede ser la descripción de la ubicación. Imagina que estás tratando de describirle tu ubicación a un amigo. ¿Cómo le explicarías dónde estás? Necesitas darle dos datos: una posición y un punto de referencia.

Con una posición

La **posición** describe la ubicación de un objeto. Con frecuencia, se describe dónde está algo comparando su posición con el lugar donde te encuentras en ese momento. Por ejemplo, podrías decir que un compañero que está sentado cerca de ti está dos pupitres a tu derecha o que hay un buzón dos cuadras al sur del lugar donde vives. Siempre que identificas la posición de un objeto, estás comparando la ubicación del objeto con la ubicación de otro objeto o lugar.

Con un punto de referencia

Cuando describes una posición comparándola con la ubicación de otro objeto o lugar, estás usando un punto de referencia. Un **punto de referencia** es una ubicación con la que se compara otra ubicación. En el ejemplo anterior del buzón que está dos cuadras al sur del lugar donde vives, el punto de referencia es "el lugar donde vives".

Imagina que estás en un zoológico con algunos amigos. Si estás usando el mapa de la derecha, podrías describir tu destino usando diferentes puntos de referencia. Si te usas a ti mismo como punto de referencia, podrías decir que la casa del panda rojo está una cuadra al este y tres cuadras al norte de tu ubicación actual. O podrías decir que la casa del panda rojo está una cuadra al norte y una cuadra al este de la fuente. En este ejemplo, la fuente es tu punto de referencia.

Lectura con propósito **5 Aplica** ¿Cómo describirías dónde está ubicada esta pregunta en la página? Da dos respuestas diferentes usando dos puntos de referencia diferentes.

_____

_____

_____

_____

ubicación

MAPA DEL ZOOLÓGICO

Visualízalo

6 Aplica Uno de tus amigos está en la esquina sureste de la Isla de los monos. Le gustaría encontrarse contigo. ¿Cómo le describirías tu ubicación?

_____

_____

_____

7 Aplica Necesitas ir a la estación de primeros auxilios. ¿Cómo describirías cómo llegar allí?

_____

_____

_____

_____

¡MUÉVELO!

¿Qué es el movimiento?

Un objeto se mueve, o está en movimiento, cuando cambia su posición en relación con un punto de referencia. El **movimiento** es un cambio de posición en el tiempo. Si tuvieras la oportunidad de observar al ciclista de la fotografía de la derecha, lo verías moverse. Si no pudieras observarlo, aun así podrías saber algo sobre su movimiento. Si vieras que estaba en un lugar en un momento y en otro lugar más tarde, sabrías que se ha movido. Un cambio de posición es una evidencia de que ha ocurrido un movimiento.

Si el ciclista regresara a su punto de partida, no podrías saber que se ha movido. Las posiciones de inicio y de llegada no pueden darte toda la información sobre el movimiento.

¿Cómo se mide la distancia?

Imagina que caminas desde un edificio hasta otro edificio que está a varias cuadras de distancia. Si pudieras caminar en línea recta, terminarías a 500 metros de tu punto de partida. Sin embargo, la distancia real que recorres depende del recorrido exacto que elijas. Si tomas una ruta que tiene muchas vueltas, la distancia que recorres podría ser 900 metros o más.

La manera en que mides la distancia depende de la información que quieras obtener. A veces quieres saber la distancia en línea recta entre dos posiciones, o el desplazamiento. A veces, sin embargo, quizás necesites saber la extensión total de cierto recorrido entre esas posiciones.

Siempre que miden distancias, los científicos usan una unidad de medida estándar. La unidad estándar de longitud es el metro (m), que equivale a 3.3 pies, aproximadamente. Las distancias más largas pueden medirse en kilómetros (km) y las distancias más cortas en centímetros (cm). En los Estados Unidos, la distancia suele medirse en millas (mi), pies o pulgadas (pulg).

La distancia desde el punto A hasta el punto B depende de la trayectoria que sigas.

Visualízalo

8 Ilustra Dibuja en el laberinto un ejemplo de trayectoria que sea una distancia diferente de la que está marcada en rojo, pero que también vaya desde el punto de partida, "A", hasta el punto de llegada, "B".

Este ciclista está en movimiento.

¿Qué es la rapidez?

Un cambio en la posición de un objeto te indica que ocurrió un movimiento, pero no te indica con qué rapidez el objeto cambió de posición. La **rapidez** de un objeto es una medida de la distancia que un objeto se desplaza en un intervalo de tiempo dado. En otras palabras, la rapidez mide cuán rápidamente o cuán lentamente el objeto cambia de posición. En el mismo lapso de tiempo, un objeto más rápido recorrería una distancia mayor que un objeto más lento.

¿Qué es la rapidez media?

La rapidez de un objeto rara vez es constante. Por ejemplo, el ciclista de la foto anterior quizás se desplace rápidamente al comenzar una carrera, pero luego puede desacelerar cuando se sienta cansado sobre el final de la carrera. La *rapidez media* es una manera de calcular la rapidez de un objeto que tal vez no siempre se desplace con una rapidez constante. En lugar de describir la rapidez de un objeto en un momento exacto, la rapidez media describe la rapidez en el transcurso de un lapso de tiempo.

Lectura con propósito 9 **Compara** ¿Cuál es la diferencia entre rapidez y rapidez media?

_____

_____

_____

Piensa libremente Investigación

10 Analiza Investiga la rapidez máxima de un guepardo, un carro de carreras y una lancha. ¿Cómo se clasifican en orden de rapidez? Haz un cartel que muestre cuál es más rápido y cuál es más lento. ¿Qué diferencia hay entre la rapidez de los corredores humanos más rápidos y la rapidez del guepardo, el carro y la lancha?

¡Aceléralo!

¿Cómo se calcula la rapidez media?

La rapidez se puede calcular dividiendo la distancia que un objeto se desplaza por el intervalo de tiempo que le toma recorrer esa distancia. La rapidez se indica en la fórmula con la letra R; la distancia, con la letra d; y el tiempo, con la letra t. La fórmula muestra cómo se relacionan la distancia, el tiempo y la rapidez. Si dos objetos recorren la misma distancia, el objeto que lo haga en menos tiempo tendrá una rapidez mayor. Un objeto con una rapidez mayor recorrerá una distancia más larga en la misma cantidad de tiempo que un objeto con una rapidez menor.

11 Identifica Mientras lees, subraya las oraciones que relacionan la distancia y el tiempo.

> **La siguiente ecuación puede usarse para hallar la rapidez media:**
>
> $$\text{rapidez media} = \frac{\text{distancia}}{\text{tiempo}}$$
>
> $$R = \frac{d}{t}$$

La unidad estándar para la rapidez es metros por segundo (m/s). La rapidez también puede indicarse en kilómetros por hora (km/h). En los Estados Unidos, la rapidez suele indicarse en millas por hora (mi/h o mph). Una milla por hora equivale a 0.45 m/s.

Práctica matemática — Problema de ejemplo

Un pingüino que nada bajo el agua recorre 20 metros en 8 segundos. ¿Cuál es su rapidez media?

....

Identifica

A. ¿Qué sabes? $d = 20$ m, $t = 8$ s

B. ¿Qué quieres saber? la rapidez media

....

Planea

C. Dibuja y rotula un bosquejo:

D. Escribe la fórmula: $R = d/t$

E. Sustituye los valores en la fórmula: $R = \frac{20 \text{ m}}{8 \text{ s}}$

....

Resuelve

F. Calcula y simplifica: $R = \frac{20 \text{ m}}{8 \text{ s}} = 2.5 \text{ m/s}$

G. Comprueba que tus unidades coincidan: La unidad es m/s. La unidad de la rapidez es distancia/tiempo. Las unidades coinciden.

Respuesta: 2.5 m/s

Práctica matemática **Inténtalo**

12. Calcula Esta corredora terminó una carrera de 100 metros con un tiempo de 13.75 segundos. ¿Cuál fue su rapidez media?

Identifica

A. ¿Qué sabes?

B. ¿Qué quieres saber?

Planea

C. Dibuja y rotula un bosquejo:

D. Escribe la fórmula:

E. Sustituye los valores en la fórmula:

Resuelve

F. Calcula y simplifica:

G. Comprueba que tus unidades coincidan:

Respuesta:

Gráfica veloz

¿Cómo se representa la rapidez constante en una gráfica?

Una manera conveniente de mostrar el movimiento de un objeto es con una gráfica que muestre la distancia que recorre un objeto contra el tiempo que le toma recorrerla. Este tipo de gráfica se denomina gráfica de distancia-tiempo. Puedes usarla para ver cómo la distancia y la rapidez cambian con el transcurso del tiempo.

La distancia entre el objeto y un punto de referencia se marca en el eje de las *y*. Así que el eje de las *y* expresa la distancia en unidades como metros, centímetros o kilómetros. El tiempo se marca en el eje de las *x* y se expresa en segundos, minutos u horas. Si la rapidez del objeto es constante, la gráfica es una línea recta.

Puedes determinar la rapidez media de un objeto con una gráfica de distancia-tiempo. La pendiente, o lo empinado, de la recta es igual a la rapidez media del objeto. Para un intervalo de tiempo dado, la rapidez media se calcula dividiendo el cambio en la distancia por el cambio en el tiempo durante ese intervalo de tiempo.

Imagina que un avestruz corre con una rapidez constante. La gráfica de distancia-tiempo de su movimiento se muestra abajo. Para calcular la rapidez del avestruz, elige dos puntos de datos de la gráfica y calcula la pendiente de la recta. El cálculo se muestra a continuación. Como sabemos que en una gráfica de distancia-tiempo la pendiente de la recta es la rapidez media, sabemos también que la rapidez del avestruz es 14 m/s.

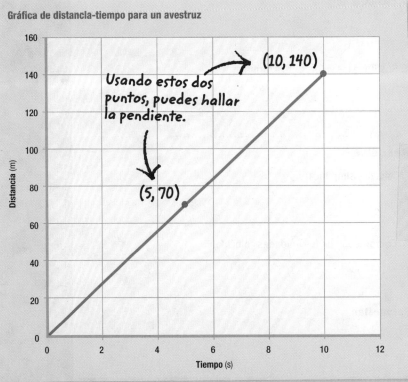

Gráfica de distancia-tiempo para un avestruz

Usando estos dos puntos, puedes hallar la pendiente.

(10, 140)

(5, 70)

¿Cómo se puede calcular la pendiente?

$$\text{pendiente} = \frac{\text{cambio en } y}{\text{cambio en } x}$$
$$= \frac{140\ m - 70\ m}{10\ s - 5\ s}$$
$$= \frac{70\ m}{5\ s}$$
$$= 14\ m/s$$

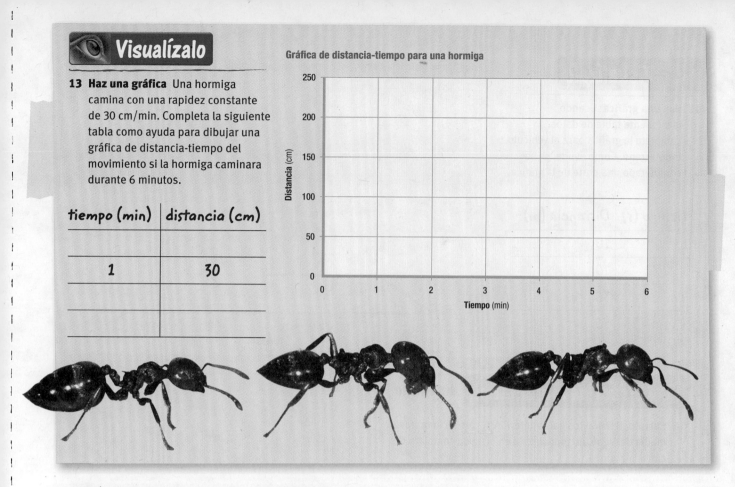

Gráfica de distancia-tiempo para una hormiga

13 Haz una gráfica Una hormiga camina con una rapidez constante de 30 cm/min. Completa la siguiente tabla como ayuda para dibujar una gráfica de distancia-tiempo del movimiento si la hormiga caminara durante 6 minutos.

tiempo (min)	distancia (cm)
1	30

¿Cómo se hace la gráfica de un cambio de rapidez?

Algunas gráficas de distancia-tiempo muestran el movimiento de un objeto cuya rapidez cambia. En estas gráficas de distancia-tiempo, el cambio en la pendiente de la recta indica que el objeto ha acelerado, ha desacelerado o se ha detenido.

Cuando un objeto se desplaza, la distancia que recorre aumenta con el tiempo. El movimiento puede verse como una recta que sube en la gráfica. La pendiente de la recta indica rapidez. Las rectas más inclinadas muestran intervalos donde la rapidez es mayor que en los intervalos con rectas menos inclinadas. Si la recta se inclina más, significa que la rapidez del objeto está aumentando. Si la recta se inclina menos, el objeto se está moviendo más lentamente. Si la recta se vuelve plana, u horizontal, el objeto no se está moviendo. En este intervalo, la rapidez es cero metros por segundo.

En el caso de los objetos cuya rapidez varía, puedes calcular la rapidez para un intervalo específico de tiempo. Para ello elegirías dos puntos que estén cerca en la gráfica. O puedes calcular la rapidez media en el transcurso de un intervalo largo de tiempo. Entonces elegirías dos puntos que estén alejados en la gráfica para calcular el promedio en un intervalo largo de tiempo.

Lectura con propósito **14 Analiza** Si en una gráfica de distancia-tiempo la recta se vuelve más inclinada, ¿qué ha sucedido con la rapidez del objeto? ¿Y qué le ha sucedido si la recta se hace horizontal?

Visualízalo

15 Haz una gráfica Usando la siguiente tabla de datos, completa la gráfica para el vehículo todoterreno. Como ayuda, se ha completado una parte de la gráfica.

Tiempo (s)	Distancia (m)
1	10
3	10
4	30
5	50

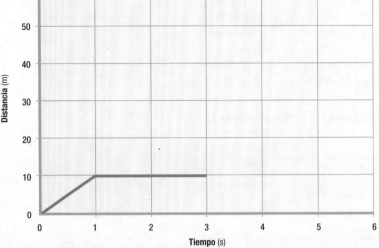

Gráfica de distancia-tiempo para un vehículo todoterreno

Práctica matemática · Inténtalo

16 Calcula Usando los datos anteriores, calcula la rapidez media del vehículo todoterreno en el lapso completo de cinco segundos.

Identifica

A. ¿Qué sabes?

B. ¿Qué quieres saber?

Planea

C. Dibuja y rotula un bosquejo:

D. Escribe la fórmula:

E. Sustituye los valores en la fórmula:

Resuelve

F. Calcula y simplifica:

G. Comprueba que tus unidades coincidan:

Respuesta:

¿Cómo se vería la gráfica de distancia-tiempo del movimiento de este vehículo todoterreno?

Dirección

¿Qué es la velocidad?

Digamos que dos aves alzan vuelo en el mismo lugar y vuelan a 10 km/h durante 5 minutos. ¿Por qué podrían terminar en lugares diferentes? ¡Porque las aves volaron en diferentes direcciones! Hay ocasiones en que la dirección del movimiento debe incluirse en una medición. Un **vector** es una cantidad que tiene tanto magnitud como dirección.

En el ejemplo anterior, la rapidez de las aves fue la misma, pero su velocidad fue diferente. La **velocidad** es la rapidez de un objeto en una dirección específica. Si un oficial de policía le da una multa por exceso de velocidad a un carro que va a 100 km/h, la multa es por la rapidez del carro, pero no incluye la velocidad. Incluiría la velocidad si describiera que el carro se desplazaba hacia el sur a 100 km/h.

Como la velocidad incluye dirección, es posible que dos objetos tengan la misma rapidez pero velocidades diferentes. En la fotografía de la derecha, los telesillas van con la misma rapidez, pero en direcciones opuestas: algunas personas van hacia la cumbre de la montaña mientras que otras están descendiendo la montaña.

La velocidad media se calcula de manera diferente que la rapidez media. La rapidez media depende de la distancia total recorrida a lo largo de una trayectoria. La velocidad media depende de la distancia en línea recta desde el punto de partida hasta el punto de llegada, o el desplazamiento. Un telesilla podría llevarte a la cumbre de la montaña con una rapidez media de 5 km/h, con una velocidad media de 5 km/h hacia el norte. Después de un viaje de ida y vuelta, tu rapidez media durante el viaje seguiría siendo 5 km/h. Sin embargo, tu velocidad media sería 0 km/h porque terminaste exactamente en el lugar donde comenzaste el viaje.

Estos telesillas tienen velocidades opuestas porque se mueven con la misma rapidez, pero en direcciones opuestas.

---

17 Compara Completa el diagrama de Venn para comparar y contrastar la rapidez y la velocidad.

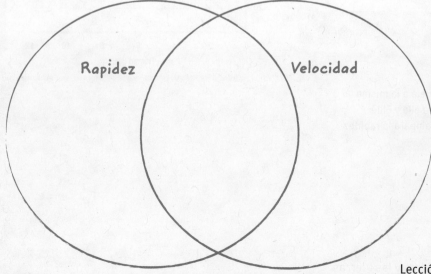

Rapidez   Velocidad

Resumen visual

Para completar este resumen, marca el recuadro que indica verdadero o falso. Luego usa la clave para comprobar tus respuestas. Puedes usar esta página para repasar los conceptos principales de la lección.

El movimiento es un cambio de posición en el tiempo.

USTED ESTÁ
AQUÍ

	V	F	
18	☐	☐	Un punto de referencia es una ubicación con la cual se comparan otras ubicaciones.
19	☐	☐	La distancia recorrida no depende del recorrido que tomes.

La rapidez mide la distancia que un objeto recorre en una cantidad de tiempo determinada.

$$R = \frac{d}{t}$$

	V	F	
20	☐	☐	Para calcular la rapidez, primero debes hallar la masa de un objeto.
21	☐	☐	La rapidez media es una manera de describir la rapidez de un objeto que no siempre se mueve con una rapidez constante.

El movimiento y la rapidez

Una gráfica de distancia-tiempo presenta la distancia recorrida por un objeto y el tiempo que le toma recorrer esa distancia.

	V	F	
22	☐	☐	En la gráfica de la derecha, el objeto se mueve con una rapidez constante.

Respuestas: 18 V; 19 F; 20 F; 21 V; 22 V

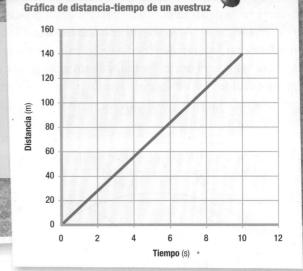

Gráfica de distancia-tiempo de un avestruz

23 **Predice** Amy y Ellie salieron de la escuela a la misma hora. Amy vive más lejos que Ellie, pero ella y Ellie llegaron a su casa al mismo tiempo. Compara la rapidez de las niñas.

Repaso de la lección

Vocabulario

Traza una línea para unir los siguientes términos con sus definiciones.

1 velocidad

2 punto de referencia

3 rapidez

4 posición

A describe la ubicación de un objeto

B la rapidez en una dirección específica

C una ubicación con la que se comparan otras ubicaciones

D una medida de la distancia que un objeto recorre en un tiempo determinado

Conceptos clave

5 Describe ¿Qué información necesitas para describir la ubicación de un objeto?

_____

_____

6 Predice ¿De qué manera afectaría tu rapidez disminuir el tiempo que te toma correr una cierta distancia?

_____

_____

_____

_____

7 Calcula Juan vive a 100 m de Bill. ¿Cuál es la rapidez media de Juan si llega a casa de Bill en 50 s?

_____

_____

_____

8 Describe ¿Qué necesitas saber para describir la velocidad de un objeto?

_____

_____

_____

Usa esta gráfica para responder las siguientes preguntas.

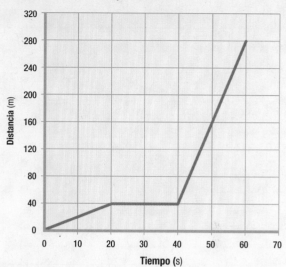

Gráfica de distancia-tiempo de una cebra

9 Analiza ¿Cuándo está la cebra en movimiento? ¿Cuándo está detenida?

En movimiento: _____

Detenida: _____

10 Calcula ¿Cuál es la rapidez media de la cebra durante el intervalo de tiempo entre 0 s y 40 s?

_____

_____

_____

Razonamiento crítico

11 Aplica Mira a tu alrededor y busca un objeto en movimiento. Describe el movimiento del objeto indicando su posición y la dirección de su movimiento en relación con un punto de referencia. Luego explica cómo podrías determinar la rapidez del objeto.

_____

_____

_____

_____

Mis apuntes

Interpretar gráficas

TEKS MATH 6.1D communicate mathematical ideas, reasoning, and their implications using multiple representations, including symbols, diagrams, graphs, and language as appropriate

TEKS MATH 6.1F analyze mathematical relationships to connect and communicate mathematical ideas

Una representación visual, como una gráfica o una tabla, es una manera útil de mostrar los datos que se reúnen en un experimento. La habilidad para interpretar gráficas es una destreza necesaria en las ciencias, y también es importante en nuestra vida diaria. Te encontrarás con varios tipos de gráficas en artículos periodísticos, informes médicos y, por supuesto, libros de texto. Comprender el mensaje de un informe o de un artículo a menudo depende en gran medida de tu habilidad para leer e interpretar distintos tipos de gráficas.

Instrucción

Hazte las siguientes preguntas cuando analices una gráfica.

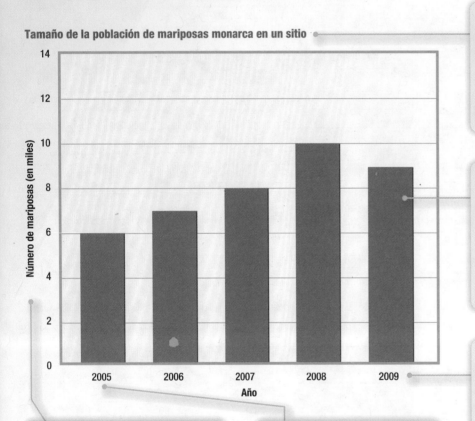

Tamaño de la población de mariposas monarca en un sitio

¿Cuál es el título de la gráfica? Al leer el título puedes saber el tema o la idea principal de la gráfica. El tema de esta gráfica es el tamaño de la población de mariposas monarca.

¿Qué tipo de gráfica es? Las gráficas de barras, como la que se muestra aquí, son útiles para comparar categorías o valores totales. La longitud de las barras es proporcional al valor que representan.

¿Observas alguna tendencia en la gráfica? Una vez que hayas comprendido de qué trata la gráfica, busca patrones. Por ejemplo, según esta gráfica, la población de mariposas monarca aumentó cada año desde 2005 hasta 2008. Pero en 2009, la población de mariposas monarca disminuyó.

¿Cuáles son los rótulos y los títulos de la gráfica? ¿Qué hay en cada eje de la gráfica? En esta gráfica, el eje vertical muestra la población expresada en miles. Cada barra representa un año diferente desde 2005 hasta 2009. Entonces, desde 2005 hasta 2009, la población de mariposas monarca osciló entre 6,000 y 10,000.

¿Puedes describir los datos de la gráfica? Los datos pueden ser números o texto. Analiza la información que lees en puntos específicos de datos. Por ejemplo, esta gráfica nos indica que había 6,000 mariposas monarca en 2005.

¡Inténtalo!

Un integrante de tu grupo de investigación hizo la gráfica de abajo sobre un objeto en movimiento. Analiza la gráfica y luego responde las siguientes preguntas.

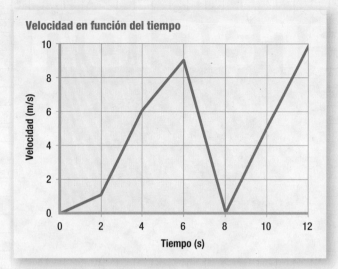

Velocidad en función del tiempo

3 Usar gráficas Usa la gráfica para responder las siguientes preguntas.

A ¿Cuál es la velocidad aproximada del objeto a los 5 segundos?

_____

B ¿Durante qué intervalo de tiempo el objeto disminuye la velocidad? Explica cómo lo sabes.

_____

_____

_____

_____

1 Interpretar gráficas Analiza la gráfica de arriba. Identifica el título, el eje de las *x*, el eje de las *y* y el tipo de gráfica.

A título de la gráfica _____

B eje de las *x* _____

C eje de las *y* _____

D tipo de gráfica _____

C ¿En qué tiempo o tiempos la velocidad del objeto era aproximadamente 4 m/s?

_____

_____

4 Comunicar los resultados En un párrafo corto, describe el movimiento del objeto.

_____

_____

2 Identificar Analiza la gráfica de arriba y anota la velocidad en los tiempos indicados.

Tiempo (s)	Velocidad (m/s)
2	
4	
6	
8	
10	

_____

_____

_____

_____

Para la casa

Busca un artículo de periódico o de revista que tenga una gráfica. ¿Qué tipo de gráfica es? Analiza la gráfica y determina su mensaje principal. Lleva la gráfica a clase y prepárate para comentar tu interpretación de la gráfica.

La aceleración

PREGUNTA ESENCIAL

¿Cómo cambia el movimiento?

Cuando termines esta lección, podrás analizar cómo se relaciona la aceleración con el tiempo y la velocidad.

Las personas que se han subido a esta montaña rusa están cambiando constantemente de dirección y de rapidez.

TEKS **6.8D** mida y haga gráficas de cambios en el movimiento

Actividades de laboratorio de la lección

Actividades rápidas de laboratorio
- Aceleración y pendiente
- Masa y aceleración

Actividad de S.T.E.M. de laboratorio
- Investigar la aceleración

Ponte a pensar

1 Predice Marca V o F para mostrar si cada enunciado es verdadero o falso.

V F

☐ ☐ Un carro que toma una curva con rapidez constante está acelerando.

☐ ☐ Si un objeto tiene poca aceleración, no se está moviendo muy rápidamente.

☐ ☐ Un carro que acelera siempre aumenta su rapidez.

2 Identifica A continuación están los nombres de las dos cosas que pueden cambiar cuando algo acelera, pero las letras están desordenadas. ¡Ordénalas!

IZREDAP

_____

CDEIINÓRC

_____

Lectura con propósito

3 Sintetiza A menudo puedes definir una palabra desconocida si conoces el significado de las partes que componen la palabra. Usa las partes de la palabra y la siguiente oración para sacar una conclusión lógica sobre el significado de la palabra *centrípeta*.

Parte de la palabra	Significado
centri-	centro
peta	tender hacia

Oración de ejemplo
Josephina sintió la fuerza <u>centrípeta</u> mientras giraba sobre el juego mecánico de la feria.

centrípeta:

_____

_____

_____

Términos de vocabulario

- **aceleración**
- **aceleración centrípeta**

4 Distingue Mientras lees, haz dibujos o una tabla que te ayuden a recordar la relación entre distancia, velocidad y aceleración.

Aumentar la

¿Cómo medimos un cambio en la velocidad?

Imagina que andas en bicicleta como en las imágenes de abajo. Al comenzar no te mueves, luego te mueves lentamente y luego cada vez más rápido. Tu velocidad cambia. Estás acelerando.

Lectura con propósito **5 Identifica** Subraya los dos componentes de un vector.

La aceleración mide un cambio en la velocidad

Así como la velocidad mide una tasa de cambio en la posición, la aceleración mide una tasa de cambio en la velocidad. La **aceleración** es la tasa a la que cambia la velocidad. La velocidad es un vector, que tiene tanto una magnitud como una dirección y, si alguna de ellas cambia, entonces cambia la velocidad. Por lo tanto, un objeto acelera si cambian su rapidez, su dirección de movimiento, o ambas.

Ten en cuenta que la aceleración no solo depende del cambio en la velocidad; también depende del tiempo que lleva realizar ese cambio. Un pequeño cambio de velocidad puede ser una gran aceleración si el cambio ocurre rápidamente, y un gran cambio de velocidad puede ser una aceleración menor si el cambio ocurre lentamente. Aumentar tu rapidez 5 m/s en 5 s implica una aceleración menor que hacer lo mismo en 1 s.

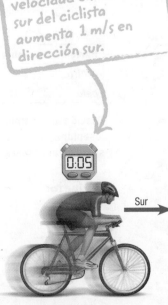

Cada segundo, la velocidad en dirección sur del ciclista aumenta 1 m/s en dirección sur.

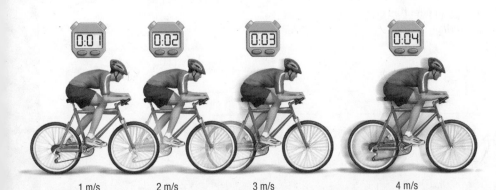

| 0:01 | 0:02 | 0:03 | 0:04 | 0:05 |
Sur →

1 m/s   2 m/s   3 m/s   4 m/s   5 m/s

rapidez

¿Cómo se calcula la aceleración media?

La aceleración es un cambio en la velocidad en relación con el tiempo que lleva realizar el cambio. Mediante la siguiente ecuación, puedes hallar la aceleración media que experimenta un objeto que acelera.

$$\text{aceleración media} = \frac{(\text{velocidad final} - \text{velocidad inicial})}{\text{tiempo}}$$

La velocidad se expresa en metros por segundo (m/s) y el tiempo se mide en segundos (s). Por lo tanto, la aceleración se mide en metros por segundo por segundo, o metros por segundo al cuadrado (m/s²).

Como ejemplo, piensa en un objeto que comienza a moverse a 8 m/s en dirección oeste y que, 16 segundos más tarde, se mueve a 48 m/s en dirección oeste. La aceleración media de este objeto se puede calcular como se muestra aquí.

$$a = \frac{(48 \ m/s - 8 \ m/s)}{16 \ s}$$

$$a = 2.5 \ m/s^2 \text{ en dirección oeste}$$

Lectura con propósito

6 Identifica Subraya las unidades de aceleración.

Esta fórmula a menudo se abrevia así:

$$a = \frac{(v_2 - v_1)}{t}$$

Visualízalo

7 Analiza ¿Cuál es el cambio en la velocidad del ciclista a medida que se desplaza del punto B al punto C? ¿Cuál es su aceleración del punto B al punto C?

_____

_____

8 Calcula Halla la aceleración media del ciclista entre el punto A y el punto B y durante todo el recorrido (del punto A al punto D).

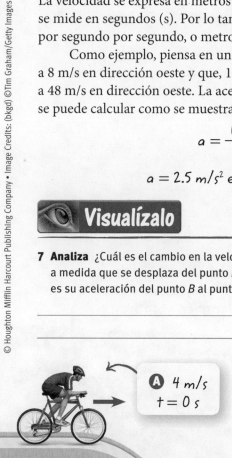

El ciclista se desplaza a 4 m/s. Un segundo más tarde, en la parte inferior de la colina, se desplaza a 8 m/s. Después de subir una pequeña cuesta, anda un poco más lento, a 7 m/s.

A 4 m/s
t = 0 s

B 8 m/s
t = 1 s

C 8 m/s
t = 2 s

D 7 m/s
t = 3 s

¡Cuánto arrastre!

¿Cómo pueden cambiar su velocidad los objetos que aceleran?

Al igual que la velocidad, la aceleración es un vector que tiene una magnitud y una dirección.

Los objetos que aceleran cambian su rapidez

A pesar de que la palabra *aceleración* comúnmente se utiliza para referirse a un incremento de la rapidez, en un contexto científico la palabra se usa tanto para un incremento como para una disminución de la rapidez.

Cuando te deslizas por la ladera de una montaña, pasas de una velocidad menor a una mayor. Un incremento como este en la velocidad se denomina *aceleración positiva*. Cuando un carro de carreras reduce su rapidez, pasa de una velocidad mayor a una velocidad menor. Una disminución como esta en la velocidad se denomina *aceleración negativa*.

¿Cuál es la aceleración cuando un objeto disminuye su rapidez? Como la velocidad inicial es mayor que la velocidad final, el término $(v_2 - v_1)$ será negativo. Por lo tanto, la aceleración $a = \dfrac{(v_2 - v_1)}{t}$ será negativa.

Cuando la aceleración y la velocidad (tasa de movimiento) están en la misma dirección, la rapidez se incrementará. Cuando la aceleración y la velocidad se encuentran en direcciones opuestas, la aceleración trabaja en contra del movimiento inicial en esa dirección, y la rapidez disminuirá.

© Houghton Mifflin Harcourt Publishing Company • Image Credits: (l) ©Mel Yates/Photodisc/Getty Images; (r) ©Leo Mason/Corbis

Lectura con propósito

9 Identifica Subraya el término que indica un incremento de la velocidad y el término que indica una disminución de la velocidad.

El paracaídas que el carro lleva a rastras lo hace frenar, lo cual produce una aceleración negativa.

Deslizarse cuesta abajo por una montaña produce una aceleración positiva.

Los objetos que aceleran cambian de dirección

Un objeto que cambia la dirección de su movimiento experimenta una aceleración aunque no incremente ni disminuya su rapidez. Piensa en un carro que toma una curva cerrada a la izquierda. La dirección de la velocidad cambia de "hacia adelante" a "hacia la izquierda". Este cambio en la velocidad es una aceleración, aunque la rapidez no se modifique. Cuando el carro sale de la curva, la aceleración disminuye a cero.

¿Qué sucede, sin embargo, cuando un objeto está girando *permanentemente*? Un objeto que se desplaza en movimiento circular siempre está cambiando su dirección; por lo tanto, siempre experimenta una aceleración. La aceleración en un movimiento circular se conoce como **aceleración centrípeta**.

Un patinador que toma una curva experimenta aceleración centrípeta.

Investigación

10 Concluye Una aceleración en la dirección del movimiento incrementa la rapidez y una aceleración opuesta a la dirección del movimiento disminuye la rapidez. ¿Cuál es la dirección de la aceleración en la aceleración centrípeta, en que la rapidez no se modifica pero la dirección sí lo hace?

_____

_____

_____

Práctica matemática

11 Calcula El caballo galopa a 13 m/s. Cinco segundos más tarde, después de subir una pendiente, el caballo se desplaza a 5.5 m/s. Halla la aceleración que describe este cambio de velocidad.

$$a = \frac{(v_2 - v_1)}{t}$$

¡Es difícil subir una pendiente sin ir más lento!

5.5 m/s
5 segundos

13 m/s
0 segundos

Resumen visual

Para completar este resumen, escribe en los espacios en blanco y completa los enunciados. Puedes usar esta página para repasar los conceptos principales de la lección.

La aceleración

La aceleración mide un cambio en la velocidad.

1 m/s   5 m/s

12 La fórmula para calcular la aceleración media es

_____

La aceleración puede ser un cambio en la rapidez o un cambio en la dirección del movimiento.

13 Si la aceleración y la velocidad están en la misma dirección, la rapidez _____ .

14 Si la aceleración y la velocidad están en direcciones opuestas, la rapidez _____ .

15 Los objetos que se desplazan en un movimiento _____ experimentan aceleración centrípeta.

Respuestas: 12 = $\frac{v_f - v_i}{t}$; 13 aumentará; 14 disminuirá; 15 circular

16 Sintetiza Explica por qué un objeto que se mueve no puede detenerse en forma instantánea (en cero segundos).
Pista: Piensa en la aceleración que sería necesaria.

Repaso de la lección

Vocabulario

Escribe el término correcto en los espacios en blanco para completar las siguientes oraciones.

1 La aceleración es un cambio de _____ .

2 La _____ ocurre cuando un objeto se desplaza en una trayectoria curva.

3 Una disminución en la magnitud de la velocidad se llama _____ .

4 Un incremento en la magnitud de la velocidad se llama _____ .

Conceptos clave

5 Expón Las unidades de la aceleración son
_____ .

6 Rotula En la ecuación $a = \dfrac{(v_2 - v_1)}{t}$, ¿qué representan v_1 y v_2?

_____

_____

7 Calcula ¿Cuál es la aceleración que experimenta un carro que arranca desde el reposo y alcanza los 27 m/s en 10 s?

8 Identifica La aceleración puede ser un cambio en la rapidez o en _____ .

9 Identifica Un helicóptero que vuela en dirección oeste comienza a experimentar una aceleración de 3 m/s² en dirección este. ¿La magnitud de su velocidad aumentará o disminuirá?

Razonamiento crítico

10 Haz un modelo Describe una situación en la que puedas desplazarte a una gran velocidad pero con poca aceleración.

_____

_____

_____

Usa esta gráfica para responder las siguientes preguntas. Imagina que la dirección de Jenny no ha cambiado.

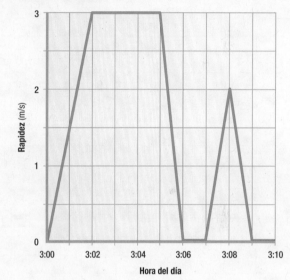

El paseo de Jenny en bicicleta

11 Analiza ¿Durante qué intervalos Jenny aceleró negativamente?

_____

12 Analiza ¿Durante qué intervalos Jenny aceleró positivamente?

_____

13 Analiza ¿Durante qué intervalos Jenny no aceleró en absoluto?

_____

_____

Mis apuntes

Las fuerzas

PREGUNTA ESENCIAL

¿Cómo afectan las fuerzas al movimiento?

Cuando termines esta lección, podrás describir los diferentes tipos de fuerzas y explicar el efecto que tiene la fuerza sobre el movimiento.

Aunque el paracaidista no está tocando el suelo, la Tierra está ejerciendo una fuerza sobre él.

TEKS **6.8B** identifique y describa los cambios en posición, dirección y velocidad de un objeto cuando actúan sobre él fuerzas que no están en equilibrio

Actividades de laboratorio de la lección

Actividades rápidas de laboratorio
• La fuerza neta
• La primera ley de la patineta

Actividad de S.T.E.M. de laboratorio
• Las leyes del movimiento de Newton

Ponte a pensar

1 Ilustra Haz un diagrama que muestre cómo actúan las fuerzas sobre una pelota que se lanza hacia arriba.

2 Describe Escribe una leyenda para la siguiente fotografía.

Lectura con propósito

3 Aplica Muchas palabras científicas, como *fuerza*, también tienen significados cotidianos. Usa las claves del contexto para escribir tu propia definición de cada significado de la palabra *fuerza*.

Oración de ejemplo
Alejandra intentó sacar a su hermano de la habitación por la fuerza.

fuerza:
_____
_____

Oración de ejemplo
El martillo golpeó el clavo con mucha fuerza.

fuerza:
_____
_____

Términos de vocabulario

• fuerza   • inercia
• fuerza neta

4 Aplica A medida que aprendas la definición de cada término de vocabulario de esta lección, crea tu propia definición o esquema que te ayude a recordar el significado del término.

Fuerzas *increíbles*

¿Qué es una fuerza y cómo actúa sobre un objeto?

Probablemente, hayas escuchado la palabra *fuerza* en conversaciones cotidianas. Las personas dicen: "No hagas las cosas por la fuerza" o "Este es un equipo de mucha fuerza". Los científicos también usan la palabra *fuerza*. ¿Qué es exactamente una fuerza en sentido científico?

Una fuerza es un empuje o una atracción

Lectura con propósito **5 Identifica** Mientras lees, subraya la unidad que se usa para expresar la fuerza.

En las ciencias, una **fuerza** es simplemente un empuje o una atracción. Todas las fuerzas tienen una magnitud y una dirección. Una fuerza puede hacer que un objeto cambie su rapidez o su dirección. Cuando observas un cambio en el movimiento de un objeto, puedes inferir que una o más fuerzas provocaron el cambio. La unidad que se usa para expresar la fuerza es el newton (N). Aprenderás cómo calcular la fuerza un poco más adelante en esta lección.

Las fuerzas existen solamente cuando hay un objeto sobre el que pueden actuar. Sin embargo, las fuerzas no siempre hacen que un objeto se mueva. Cuando te sientas en una silla, la silla no se mueve. La fuerza hacia abajo que ejerces sobre la silla está equilibrada por la fuerza hacia arriba que se ejerce sobre ella desde el suelo.

Visualízalo

6 Identifica Dibuja flechas para representar las fuerzas de empuje en la imagen de la izquierda y las fuerzas de atracción en la imagen de la derecha.

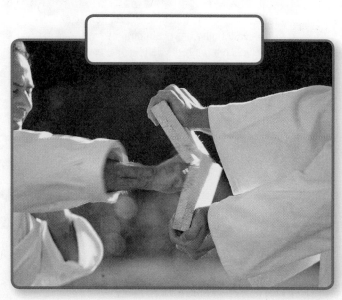

Una fuerza puede actuar directamente sobre un objeto

No siempre es fácil distinguir qué cosa está ejerciendo una fuerza ni sobre qué cosa se está ejerciendo esa fuerza. Cuando un objeto toca o golpea otro objeto, decimos que los objetos están en contacto. Una fuerza que actúa cuando hay un contacto entre los objetos es una fuerza de contacto. La fricción es un ejemplo de una fuerza de contacto entre dos superficies. Imagina que deslizas un libro sobre tu pupitre. La cantidad de fricción entre la superficie del pupitre y la cubierta del libro determina con qué facilidad se mueve el libro. Los neumáticos de los carros dependen de la fricción para evitar que un carro en movimiento patine en una carretera. Los carros pueden patinar en una carretera cubierta de hielo porque el hielo disminuye la fuerza de fricción sobre los neumáticos.

Una fuerza puede actuar sobre un objeto a distancia

Las fuerzas también pueden actuar a distancia. Una de las fuerzas que actúa a distancia se llama gravedad. Cuando saltas, la gravedad te atrae hacia el suelo aunque no estés tocando la Tierra. La fuerza magnética es otro ejemplo de una fuerza que puede actuar a distancia. La fuerza magnética puede ser un empuje o una atracción. Un imán puede sostener un papel sobre la puerta metálica de un refrigerador. El imán toca el papel, no el metal; por lo tanto, la fuerza magnética está actuando sobre la puerta del refrigerador a distancia. La fuerza magnética también actúa a distancia cuando los polos iguales de dos imanes se repelen. Un tren de levitación magnética flota porque las fuerzas magnéticas hacen que no haya contacto entre el tren y los rieles.

Visualízalo

7 Identifica Las flechas de la siguiente ilustración representan fuerzas de contacto y fuerzas a distancia. Rotula cada flecha con una "C" si es una fuerza de contacto o una "D" si es una fuerza a distancia.

En equilibrio

¿Qué sucede cuando muchas fuerzas actúan sobre un objeto?

Generalmente, hay más de una fuerza actuando sobre un objeto. La **fuerza neta** es la combinación de todas las fuerzas que actúan sobre un objeto. ¿Cómo se determina la fuerza neta? La respuesta depende de la dirección de cada una de las fuerzas implicadas.

Cuando las fuerzas actúan en la misma dirección, simplemente se suman esas fuerzas para determinar la fuerza neta. Por ejemplo, cuando fuerzas de 1 N y 2 N actúan en la misma dirección sobre un objeto, la fuerza neta es 1 N + 2 N = 3 N. Cuando las fuerzas actúan en direcciones opuestas, se resta la fuerza menor de la fuerza mayor para obtener la fuerza neta: 2 N – 1 N = 1 N.

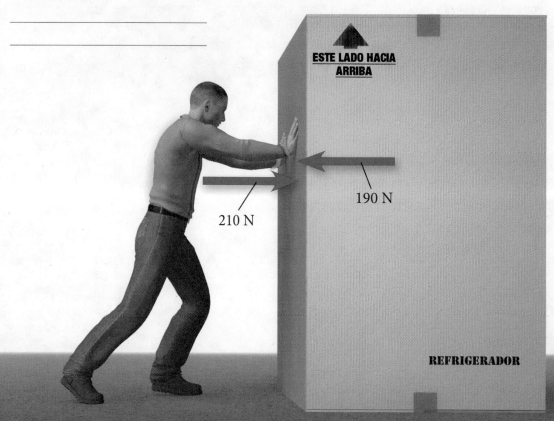

ESTE LADO HACIA ARRIBA

190 N

210 N

REFRIGERADOR

Las fuerzas pueden estar equilibradas

Cuando las fuerzas que actúan sobre un objeto producen una fuerza neta de 0 N, las fuerzas están equilibradas. Las fuerzas equilibradas no provocarán ningún cambio en el movimiento de un objeto que se esté moviendo ni harán que un objeto que esté en reposo comience a moverse. Muchos de los objetos a tu alrededor tienen solo fuerzas equilibradas actuando sobre ellos. Una lámpara que cuelga del techo no se mueve porque la fuerza de la gravedad que tira hacia abajo está equilibrada por la fuerza de la cadena que atrae la lámpara hacia arriba.

 **Visualízalo**

Las fuerzas pueden no estar equilibradas

Cuando la fuerza neta sobre un objeto no es 0 N, las fuerzas no están equilibradas. Las fuerzas no equilibradas provocan un cambio en el movimiento del objeto. Puede ser un cambio en su rapidez, en su dirección o ambas. Ese cambio en el movimiento se llama aceleración. La aceleración se produce siempre en la dirección de la fuerza neta. Por ejemplo, cuando un perro grande y un perro pequeño juegan a tirar de un juguete, el perro más grande tira con más fuerza, entonces la aceleración se produce en la dirección del perro más grande.

10 Aplica Las flechas de la primera imagen muestran que las fuerzas que actúan sobre la cuerda están equilibradas. Dibuja flechas en la segunda imagen para mostrar cómo las fuerzas que actúan sobre la cuerda no están equilibradas.

Estos dos equipos tiran de la cuerda con la misma fuerza y producen una fuerza neta de 0 N. La cuerda no se mueve.

Uno de estos equipos tira de la cuerda con más fuerza. La cuerda se mueve en la dirección del equipo más fuerte.

Es la ley

¿Cuál es la primera ley del movimiento de Newton?

La fuerza y el movimiento están relacionados. En la década de 1680, el científico británico Sir Isaac Newton explicó esta relación entre la fuerza y el movimiento a través de tres leyes del movimiento.

La primera ley de Newton describe el movimiento de un objeto sobre el que actúa una fuerza neta de 0 N. La ley establece lo siguiente: *Un objeto en reposo permanece en reposo y un objeto en movimiento permanece en movimiento con la misma rapidez y dirección, a menos que experimente una fuerza no equilibrada.* Observemos las dos partes de esta ley con más atención.

Un objeto en reposo permanece en reposo

 **Lectura con propósito** **11 Identifica** Mientras lees, subraya ejemplos de objetos sobre los que influya la inercia.

La primera ley de Newton también se llama ley de inercia. La **inercia** es la tendencia de todos los objetos a resistirse a un cambio en el movimiento. Un objeto no se moverá hasta que una fuerza lo haga moverse. Por lo tanto, una silla no se deslizará sobre el suelo a menos que una fuerza empuje la silla, y una pelota de golf permanecerá en el soporte hasta que una fuerza la saque de ese lugar.

Visualízalo

12 Explica Con tus propias palabras, explica por qué los platos permanecen en su lugar cuando un mago tira del mantel que está debajo de ellos.

_____

_____

_____

Un objeto en movimiento permanece en movimiento

Ahora, observemos la segunda parte de la primera ley del movimiento de Newton. Esa parte establece que un objeto en movimiento permanecerá en movimiento con la misma rapidez y dirección, o la misma velocidad, a menos que experimente una fuerza no equilibrada. Piensa en lo que sucede cuando el carro en el que viajas frena de repente. El carro se detiene porque los frenos ejercen fricción sobre las ruedas, lo que hace que las fuerzas que actúan sobre el carro no estén equilibradas. Tú continúas moviéndote hacia adelante hasta que el cinturón de seguridad ejerce una fuerza no equilibrada sobre ti. Esa fuerza detiene tu movimiento hacia adelante.

En realidad, las dos partes de la ley establecen lo mismo. Después de todo, un objeto que está en reposo tiene una velocidad: ¡su velocidad es cero!

Piensa libremente (Investigación)

13 Aplica Haz un modelo en el que demuestres el concepto de inercia. Comparte tus resultados con el resto de la clase.

Cuando este carro se movía, el muñeco de pruebas se movía hacia adelante a la misma velocidad que el carro. Cuando el carro golpeó la valla protectora y se detuvo, el muñeco siguió moviéndose hacia adelante hasta que una fuerza neta hacia atrás también actuó sobre él.

FO4305OZ02

0001768

Visualízalo

14 Infiere ¿Qué fuerzas actuaron sobre el muñeco de pruebas y detuvieron su movimiento hacia adelante?

_____
_____
_____
_____

¿Cuál es la segunda ley del movimiento de Newton?

Cuando una fuerza no equilibrada actúa sobre un objeto, el objeto acelera. La segunda ley de Newton describe ese movimiento. La ley establece que: *la aceleración de un objeto depende de la masa del objeto y de la cantidad de fuerza aplicada.*

En otras palabras, los objetos que tienen masas diferentes tendrán aceleraciones diferentes si se usa la misma cantidad de fuerza. Imagina que empujas un carrito de supermercado. Cuando el carrito está vacío, necesitas solo una fuerza pequeña para acelerarlo. Pero si el carrito está lleno de comestibles, la misma cantidad de fuerza provoca una aceleración mucho menor.

Lectura con propósito

15 **Identifica** Mientras lees, subraya la segunda ley del movimiento de Newton.

La fuerza es igual a la masa por la aceleración

La segunda ley de Newton relaciona la fuerza, la masa y la aceleración. Podemos expresar esta relación con la ecuación $F = ma$, donde F representa la fuerza aplicada, m representa la masa y a representa la aceleración. Esta ecuación indica que, si se aplica una fuerza dada sobre una masa grande, la aceleración será pequeña. Si se aplica la misma fuerza sobre una masa más pequeña, la aceleración será mayor.

Práctica matemática — Problema de ejemplo

Estos jugadores empujan un objeto muy grande para entrenar. Si los jugadores empujan con una fuerza de 150 N y el objeto tiene una masa de 75 kg, ¿cuál es la aceleración del objeto? Un newton es igual a 1 kg•m/s².

Usa la ley de Newton:

$$F = ma$$
$$150 \ kg•m/s^2 = (75 \ kg)(a)$$
$$a = \frac{150}{75} \ m/s^2$$
$$a = 2.0 \ m/s^2$$

Inténtalo

16 **Calcula** Para hacer más difícil la sesión de entrenamiento, se aumenta la masa que deben empujar a 160 kg. Si los jugadores siguen empujando con una fuerza de 150 N, ¿cuál es la aceleración del objeto?

Usa la ley de Newton:

$$F = ma$$
$$150 \ N =$$

La segunda ley de Newton y tú

Piensa en la última vez que subiste a una montaña rusa o que viajaste en un carro por una carretera con muchas pendientes. ¿Tuviste la sensación de que ibas a salir flotando de tu asiento cuando pasabas por una pendiente pronunciada? La segunda ley de Newton puede explicar esa sensación.

Cuando sube
Cuando la montaña rusa está subiendo una pendiente, hay dos fuerzas importantes actuando sobre ti: la fuerza de gravedad y la fuerza hacia arriba que ejerce el asiento de la montaña rusa.

Cuando baja
Una vez que la montaña rusa comienza a bajar la pendiente, acelera hacia abajo, y el asiento no soporta todo tu peso.

trayectoria del vuelo

Practicar para el espacio
Los astronautas hacen vuelos especiales de entrenamiento para las misiones espaciales. La trayectoria del avión parece el carril de una montaña rusa. A medida que el avión acelera hacia abajo, los astronautas se despegan del avión y caen hacia la Tierra. Esa condición se llama caída libre.

Ampliar

Investigación

17 Infiere Imagina que estás parado sobre una báscula en un ascensor que está en caída libre. ¿Cuánto marcará la báscula?

18 Sintetiza Explica por qué tener la sensación de que no pesas nada en una caída libre no es lo mismo que no pesar nada realmente.

19 Compara ¿En qué se parecen y en qué se diferencian los viajes en una montaña rusa y las simulaciones de entrenamiento que se hacen en los aviones de la NASA?

¿Cuál es la tercera ley del movimiento de Newton?

Newton también ideó una tercera ley del movimiento. La ley establece que: *siempre que un objeto ejerce una fuerza sobre otro objeto, el segundo objeto ejerce una fuerza igual y opuesta sobre el primero.*

De modo que, cuando empujas una pared, la ley de Newton dice que la pared también está empujándote a ti.

Los objetos ejercen fuerza unos sobre otros

La tercera ley de Newton también se puede escribir como: todas las fuerzas actúan en pares. Siempre que un objeto ejerce una fuerza sobre un segundo objeto, ese segundo objeto ejerce una fuerza igual y opuesta sobre el primero. Hay fuerzas de acción y de reacción. Las fuerzas de acción y de reacción están presentes incluso cuando no hay movimiento. Por ejemplo, tú ejerces una fuerza sobre una silla cuando te sientas en ella. Tu peso, que empuja hacia abajo, es la fuerza de acción. La fuerza de reacción es la fuerza que ejerce la silla sobre tu cuerpo al empujar hacia arriba.

Las fuerzas de un par tienen la misma magnitud pero direcciones opuestas

Cuando un objeto empuja contra otro objeto, ese otro objeto empuja al primero con la misma fuerza. Pero el segundo objeto empuja en dirección opuesta. En la piscina de abajo, los pies del nadador empujan contra la pared mientras se impulsa hacia adelante. Ese empuje es la fuerza de acción. La pared también ejerce una fuerza sobre el nadador. Esa es la fuerza de reacción, y hace que el nadador avance. Las fuerzas no actúan sobre el mismo objeto. ¡Sigue leyendo para descubrir por qué el nadador se mueve pero la pared no!

Visualízalo

20 Aplica La flecha de abajo representa la fuerza de acción que ejerce el nadador. Dibuja una flecha que represente la fuerza de reacción.

Cuando un nadador empuja contra una pared para impulsarse, la pared empuja contra el nadador en dirección opuesta.

Las fuerzas que actúan en pares pueden tener efectos diferentes

Aunque las fuerzas de acción y reacción tienen la misma magnitud, sus efectos suelen ser diferentes. La gravitación es un par de fuerzas entre dos objetos. Si dejas caer una pelota, la gravedad, que es la fuerza de acción, atrae la pelota hacia la Tierra. ¡Pero la fuerza de reacción atrae la Tierra hacia la pelota! Es fácil ver el efecto de la fuerza de acción. ¿Por qué no vemos el efecto de la fuerza de reacción, es decir, la Tierra que se mueve hacia arriba? La segunda ley de Newton responde esa pregunta. La fuerza sobre la pelota tiene la misma magnitud que la fuerza que actúa sobre la Tierra. Sin embargo, la masa de la Tierra es mucho más grande que la de la pelota. ¡Por lo tanto, la aceleración de la Tierra es mucho menor que la de la pelota!

21 Identifica Rotula las fuerzas de acción y de reacción en la siguiente imagen.

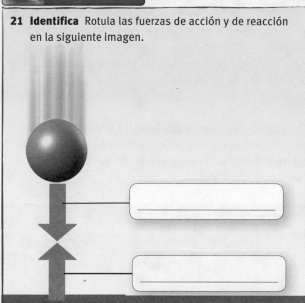

Las fuerzas pueden actuar en muchos pares

Un objeto puede tener muchas fuerzas actuando sobre él al mismo tiempo. Cuando eso ocurre, cada fuerza pertenece a un par de fuerzas. Por ejemplo, cuando un bate de béisbol golpea una pelota, el bate no sale despedido hacia atrás. El bate ejerce una fuerza sobre la pelota. No sale despedido hacia atrás porque las manos del jugador están ejerciendo otra fuerza sobre el bate. ¿Qué impide que las manos del jugador se desprendan del bate cuando golpea la pelota? Los huesos y los músculos de los brazos del jugador ejercen una fuerza sobre las manos. Como puedes ver, en una actividad simple como jugar al béisbol participan muchas fuerzas al mismo tiempo.

22 Describe Con tus propias palabras, explica la tercera ley de Newton.

_____

_____

_____

Resumen visual

Para completar este resumen, escribe la palabra o la frase correcta en los espacios en blanco. Luego usa la clave para comprobar tus respuestas. Puedes usar esta página para repasar los conceptos principales de la lección.

Las fuerzas

Un objeto en reposo permanecerá en reposo y un objeto con un movimiento constante permanecerá en movimiento a menos que actúe sobre él una fuerza no equilibrada.

23 La primera ley de Newton también se conoce como la ley de _____.

Cuando una fuerza no equilibrada actúa sobre un objeto, el objeto se mueve con un movimiento acelerado.

24 En la fórmula $F = ma$, m representa la _____.

Siempre que un objeto ejerce una fuerza sobre un segundo objeto, el segundo objeto ejerce una fuerza igual y opuesta sobre el primero.

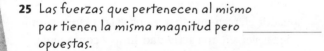

25 Las fuerzas que pertenecen al mismo par tienen la misma magnitud pero _____ opuestas.

Respuestas: 23 inercia; 24 masa; 25 direcciones

26 Sintetiza Un diseñador de carros diseña un nuevo modelo de un carro popular. Quiere usar el mismo motor que en el modelo más viejo, pero quiere que la aceleración del carro sea mejor. Usa la segunda ley de Newton para explicar cómo puede mejorar la aceleración del carro sin modificar el diseño del motor.

Repaso de la lección

Vocabulario

Traza una línea para unir los siguientes términos con sus definiciones.

1 fuerza

2 inercia

3 newton

A la resistencia de un objeto a cambiar su movimiento

B la unidad que expresa la fuerza

C un empuje o una atracción

Conceptos clave

4 Describe ¿Cuál es la fuerza de acción y la de reacción cuando te sientas en una silla?

_____

_____

_____

_____

_____

5 En pocas palabras ¿Cómo determinas la fuerza neta?

_____

_____

_____

_____

6 Explica ¿De qué manera las pruebas con muñecos, cinturones de seguridad y bolsas de aire ilustran la primera ley del movimiento de Newton?

_____

_____

_____

_____

_____

Razonamiento crítico

Usa esta foto para responder las siguientes preguntas.

7 Identifica Esta roca, llamada "Balanced Rock" (roca en equilibrio), está apoyada sobre una punta delgada de roca de un cañón de Idaho. Explica qué fuerzas mantienen la roca en equilibrio sobre su pequeño pedestal.

_____

_____

_____

8 Calcula La roca en equilibrio tiene una masa de aproximadamente 36,000 kg. Si la aceleración por la gravedad es 9.8 m/s², ¿qué fuerza ejerce la roca sobre su pedestal?

_____

_____

_____

_____

9 Infiere ¿Qué le pasaría a la Luna si la Tierra dejara de ejercer la fuerza de gravedad sobre ella?

_____

_____

_____

_____

Mis apuntes

S.T.E.M. Ingeniería y tecnología

TEKS MATH 6.1A, 6.1B

Proceso de diseño en ingeniería

Destrezas
Identificar una necesidad
Realizar una investigación
✓ Buscar soluciones
✓ Elegir una solución
✓ Diseñar un prototipo
✓ Crear un prototipo
✓ Examinar y evaluar
✓ Modificar el diseño para introducir mejoras
✓ Comunicar los resultados

Objetivos
• Construir una máquina simple
• Evaluar el diseño usando la ventaja mecánica

Cómo poner a prueba una máquina simple

Las máquinas simples son aparatos que cambian la manera en la que se realiza un trabajo. Permiten levantar objetos con menos fuerza y sobre una distancia mayor; ayudan a mover algo más rápido o más lejos con más fuerza en una distancia menor, y también permiten cambiar la dirección de la fuerza. Estos son los seis tipos de máquinas simples:

Seis máquinas simples

Palanca

Rueda y eje

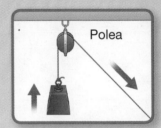

Polea

Plano inclinado

Tornillo

Cuña

1 Piensa ideas ¿Qué máquinas simples se pueden encontrar en tu casa?

_____

_____

_____

_____

Cómo calcular la ventaja mecánica

La *ventaja mecánica* de una máquina es la razón de la fuerza de salida a la fuerza de entrada. La *fuerza de entrada* es la fuerza que se aplica a la máquina. Significa con cuánta fuerza debes empujar o jalar, y se puede medir con una báscula. La *fuerza de salida* es la fuerza que ejerce la máquina sobre el objeto que se está moviendo. Por ejemplo, para una máquina que levanta un objeto, la fuerza de salida es igual al peso del objeto que se levanta. Cuando conocemos el valor de esas dos fuerzas, podemos calcular la ventaja mecánica de la máquina con la siguiente ecuación. Ten en cuenta que debido a que es una razón, la ventaja mecánica no tiene unidades.

$$\text{ventaja mecánica} = \frac{\text{fuerza de salida}}{\text{fuerza de entrada}}$$

Polea fija

Fuerza de salida

Polea móvil

Fuerza de entrada

Práctica matemática — Inténtalo

2 **Aplica** ¿Cuál es la ventaja mecánica de un sistema de poleas que puede levantar una bicicleta que pesa 150 N si el estudiante ejerce una fuerza de 80 N?

✋ ¡Inténtalo! ⟶

Ahora es tu turno de construir una máquina simple y calcular su ventaja mecánica.

Proceso de diseño en ingeniería

 **¡Inténtalo!**

Ahora es tu turno de construir una máquina simple que pueda levantar un objeto y de calcular la ventaja mecánica de la máquina.

Necesitarás

- ✔ bloques o soportes
- ✔ tabla de madera
- ✔ vara cilíndrica de madera
- ✔ cinta de tela metálica o cinta de enmascarar
- ✔ pesa de 200 g a 1,000 g
- ✔ metro o regla
- ✔ polea
- ✔ báscula calibrada en newtons
- ✔ cuerda
- ✔ rueda y eje

1 Buscar soluciones

Piensa ideas para construir una máquina simple que levante una pesa contra la gravedad.

A ¿Qué máquina o máquinas simples podrían realizar esta tarea?

_____

_____

_____

B ¿Cómo podrías medir la fuerza de la gravedad sobre la pesa?

_____

_____

_____

_____

C ¿Cómo podrías medir la fuerza de entrada?

_____

_____

_____

2 Elegir una solución

¿Cuál de tus ideas parece tener más probabilidades de tener éxito?

_____

_____

_____

_____

_____

3 Diseñar un prototipo

En el siguiente espacio, dibuja un prototipo de tu máquina simple. Asegúrate de incluir y rotular todas las partes que necesites y de mostrar cómo se conectarán entre sí. Muestra en qué parte de la máquina medirás la fuerza de entrada.

④ Crear un prototipo

Ahora construye tu aparato para levantar una pesa. ¿Hubo alguna parte que tuvieras que modificar mientras construías el prototipo?

_____

_____

_____

⑤ Examinar y evaluar

¿Cuál es la fuerza de salida (el peso en newtons que se levantó)? ¿Cuál es la fuerza de entrada necesaria para levantar la pesa? Calcula la ventaja mecánica de tu máquina.

Fuerza de salida: _____

Fuerza de entrada: _____

Ventaja mecánica = _____

⑥ Modificar el diseño para introducir mejoras

A ¿Cómo podrías modificar el diseño de tu máquina para aumentar su ventaja mecánica?

_____

_____

B Realiza un cambio y toma mediciones para ver si la ventaja mecánica aumentó. ¿Cuántas modificaciones tuviste que hacer para ver un aumento en la ventaja mecánica?

_____

_____

⑦ Comunicar los resultados

¿Cuál es la mayor ventaja mecánica que mediste? A medida que aumentaba la ventaja mecánica, ¿observaste algún cambio en el funcionamiento de la máquina? ¿Por qué piensas que ocurrió eso?

_____

_____

_____

_____

Lección **7**

Las máquinas

PREGUNTA ESENCIAL

¿Cómo funcionan las máquinas simples?

Cuando termines esta lección, podrás describir los diferentes tipos de máquinas simples y calcular las ventajas mecánicas y la eficiencia de distintas máquinas simples.

Las máquinas tienen toda clase de formas y tamaños. Esta enorme rueda de la fortuna contiene un tipo de máquina simple llamada rueda y eje.

TEKS **6.8E** investigue cómo pueden usarse planos inclinados y poleas para cambiar la cantidad de fuerza necesaria para mover un objeto

Actividades de laboratorio de la lección

Actividades rápidas de laboratorio
- La eficiencia mecánica
- Investigar las poleas

Actividad de S.T.E.M. de laboratorio
- Las máquinas compuestas

Ponte a pensar

1 Identifica Ordena los siguientes grupos de letras para hallar los nombres de algunas máquinas simples. Escribe tus palabras en los espacios en blanco.

NALPAAC _____

AÑCU _____

ELAOP _____

DERAU JEE Y _____

2 Compara ¿En qué se parecen y en qué se diferencian usar las escaleras y usar una rampa para entrar en un edificio?

_____

_____

_____

_____

_____

_____

_____

_____

Lectura con propósito

3 Aplica Usa las claves del contexto para escribir tu propia definición de las frases *fuerza de entrada* y *fuerza de salida*.

Oración de ejemplo
Se aplicó una <u>fuerza de entrada</u> al pedal para hacer que se moviera.

fuerza de entrada:

_____

_____

Oración de ejemplo
La <u>fuerza de salida</u> del pedal hizo que el engranaje de la bicicleta girara.

fuerza de salida:

_____

_____

Términos de vocabulario

- **máquina**
- **ventaja mecánica**
- **eficiencia mecánica**
- **palanca**
- **fulcro**
- **rueda y eje**
- **polea**
- **plano inclinado**

4 Identifica Mientras lees, crea una tarjeta de referencia para cada término de vocabulario. En un lado de la tarjeta, escribe el término y su significado. En el otro lado, dibuja una imagen que ilustre o tenga una conexión con el término. Estas tarjetas se pueden usar como señaladores en el texto para que puedas consultarlas mientras estudias.

Simplemente más fácil

¿Qué hacen las máquinas simples?

¿Qué cosas consideras que son una máquina? ¿Un carro? ¿Una computadora? Una **máquina** es cualquier dispositivo que ayuda a las personas a realizar trabajos cambiando la forma en la que se realizan. Las máquinas que forman otras máquinas se denominan *máquinas simples*. Los seis tipos de máquinas simples son *palancas, ruedas y ejes, poleas, planos inclinados, cuñas* y *tornillos*.

Lectura con propósito

5 Identifica Mientras lees, subraya los tipos de máquinas simples.

Cambian la forma de realizar un trabajo

La carretilla y el rastrillo que se muestran a continuación contienen máquinas simples. Esas máquinas cambian la forma de realizar un trabajo. Trabajar es usar la fuerza para mover un objeto cierta distancia. La fuerza que aplicas a una máquina a través de una distancia se denomina *fuerza de entrada*. El trabajo que haces en una máquina se denomina *trabajo de entrada*. Trabajas en una carretilla cuando levantas las manijas. Jalas hacia arriba las manijas para hacer que se mueva. La carretilla trabaja en las hojas. El trabajo realizado por la máquina en un objeto se denomina *trabajo de salida*. La *fuerza de salida* es la fuerza que ejerce una máquina en un objeto. La carretilla ejerce una fuerza de salida en las hojas para levantarlas.

Visualízalo

6 Identifica La persona que rastrilla las hojas aplica una fuerza de entrada a la manija del rastrillo. La fuerza de salida se aplica a las hojas. Rotula la fuerza de entrada y la fuerza de salida en el rastrillo.

Las máquinas, como la carretilla y el rastrillo, hacen que trabajar en el patio sea más fácil.

Fuerza de salida

Fuerza de entrada

A _____

B _____

Cambian el tamaño de una fuerza y la distancia

Las máquinas facilitan las tareas sin disminuir la cantidad de trabajo realizado. El trabajo es igual a la fuerza por la distancia. Si aplicas menos fuerza con una máquina, aplicas esa fuerza a través de una distancia más grande. Por lo tanto, la cantidad de trabajo realizado permanece igual. Una rampa es un ejemplo de una máquina que puede cambiar la magnitud, o el tamaño, de la fuerza necesaria para mover un objeto. Aplicas menos fuerza cuando empujas una caja hacia arriba por una rampa que cuando levantas la caja. Sin embargo, aplicas la fuerza a través de una mayor distancia. La cantidad de trabajo que haces es igual que cuando levantas la caja a la misma altura, si se ignora la fricción. Otras máquinas aumentan la cantidad de fuerza necesaria, pero aplicas la fuerza en una distancia más corta.

7 En pocas palabras Completa los espacios en blanco de la siguiente tabla con la palabra *mayor*, *menor* o *igual* para comparar el acto de levantar una caja con el acto de empujarla hacia arriba por la rampa.

	Levantar la caja	Usar una rampa
Fuerza aplicada	mayor	menor
Distancia a través de la cual se aplica la fuerza		
Trabajo realizado		

El trabajo realizado en la caja es igual a la fuerza de entrada necesaria para levantar la caja por la altura a la cual se levanta la caja.

Fuerza de entrada

Fuerza de entrada

Se aplica menos fuerza a través de una mayor distancia cuando se empuja la caja hacia arriba por una rampa. Pero el trabajo realizado en la caja es el mismo.

Cambian la dirección de una fuerza

Algunas máquinas cambian la forma en la que se realiza un trabajo al cambiar la dirección de una fuerza. Por ejemplo, aplicas una fuerza hacia abajo cuando jalas la cuerda para izar una bandera. La cuerda corre por una polea en la parte superior del mástil. La cuerda ejerce una fuerza hacia arriba en la bandera, y la bandera sube. La dirección de la fuerza que aplicaste cambió. Pero la magnitud de la fuerza y la distancia a través de la cual aplicas la fuerza son las mismas.

La polea del mástil solo cambió la dirección de la fuerza. Sin embargo, otras máquinas pueden cambiar la dirección de una fuerza, la magnitud de la fuerza y la distancia a través de la cual se aplica la fuerza.

Jalar la cuerda hacia abajo hace que suba la bandera.

Fuerza de entrada

Entrada y salida

¿Qué es la ventaja mecánica?

Lectura con propósito

8 Identifica Mientras lees, subraya qué ocurre cuando la ventaja mecánica de una máquina es igual a uno.

Las máquinas pueden cambiar la fuerza en diferentes cantidades. La **ventaja mecánica** de una máquina es el número de veces que la máquina multiplica la fuerza de entrada. Es una forma de comparar la fuerza de entrada con la fuerza de salida. Ignorando la fricción, puedes calcular la ventaja mecánica, VM, de cualquier máquina al dividir la fuerza de salida por la fuerza de entrada.

$$\text{ventaja mecánica} = \frac{\text{fuerza de salida}}{\text{fuerza de entrada}}$$

El destapador, la polea y el martillo que se muestran a continuación tienen diferentes ventajas mecánicas. Una máquina que tiene una ventaja mecánica mayor que uno multiplica la fuerza de entrada y produce una mayor fuerza de salida. Una máquina que tiene una ventaja mecánica igual a uno solo cambia la dirección de la fuerza. Una máquina que tiene una ventaja mecánica menor que uno requiere una mayor fuerza de entrada, pero la fuerza de salida se aplica a través de una mayor distancia.

Práctica matemática

Problema de ejemplo

El destapador cambia la fuerza de entrada de 1 N a una fuerza de salida de 2 N. Calcula la ventaja mecánica del destapador.

Fuerza de salida

Fuerza de entrada

$$VM = \frac{\text{fuerza de salida}}{\text{fuerza de entrada}}$$
$$= 2\,N\,/\,1\,N$$
$$= 2$$

¡Inténtalo!

9 Calcula La polea cambia la dirección de una fuerza de entrada de 5 N. La fuerza de salida es igual a la fuerza de entrada. Calcula la ventaja mecánica.

Fuerza de entrada

Fuerza de salida

VM = _____
= _____
= _____

¡Inténtalo!

10 Calcula La fuerza de entrada que se aplica en el martillo es de 6 N. La fuerza de salida que se aplica al clavo es de 2 N. Calcula la ventaja mecánica.

Fuerza de salida

Fuerza de entrada

VM = _____
= _____

¿Qué es la eficiencia mecánica?

Idealmente, el trabajo que realiza una máquina en un objeto es el mismo trabajo que tú haces en la máquina. Pero incluso cuando la ventaja mecánica es mayor que uno, el trabajo de entrada es mayor que el trabajo de salida porque se realiza algo de trabajo para vencer la fricción. La **eficiencia mecánica** es una comparación del trabajo de salida con el trabajo de entrada de una máquina. La eficiencia mecánica, EM, es igual al trabajo de salida dividido por el trabajo de entrada, expresado como un porcentaje.

$$\text{eficiencia mecánica} = \frac{\text{trabajo de salida}}{\text{trabajo de entrada}} \times 100\%$$

 ## Práctica matemática

Problema de ejemplo

Imagina que se realiza un trabajo de 5,000 J en un motor de karting. El trabajo de salida del motor es 1,250 J. ¿Cuál es la eficiencia mecánica del motor?

$$EM = \frac{\text{trabajo de salida}}{\text{trabajo de entrada}} \times 100\%$$

$$= \frac{1,250 \text{ J}}{5,000 \text{ J}} \times 100\%$$

$$= 25\%$$

¿Qué ocurre con el trabajo de entrada?

Trabajo de salida 25%

Trabajo inutilizable 75%

Solo el 25% del trabajo que va al motor se usa para mover el karting.

¡Inténtalo!

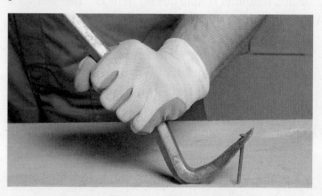

11 Calcula Una persona realiza 500 J de trabajo en una palanca. La palanca realiza 475 J de trabajo en un clavo. ¿Cuál es la eficiencia mecánica de la palanca?

12 Haz una gráfica Traza y rotula una gráfica circular que muestre los porcentajes de trabajo de salida y trabajo inutilizable.

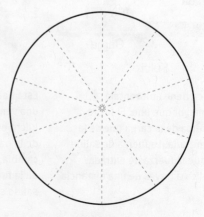

Hacer palanca

¿Cuáles son las clases de palancas?

¿Qué tienen en común los martillos, los balancines y los bates de béisbol? Todos son palancas. Una **palanca** es una máquina simple que tiene una barra que gira en un punto fijo. Este punto fijo se denomina **fulcro**. Las palancas se usan para aplicar una fuerza para mover un objeto. La fuerza del objeto se llama carga.

La *ventaja mecánica ideal* es la ventaja mecánica de una máquina simple que no tiene en cuenta la fricción. En otras palabras, la ventaja mecánica ideal es la ventaja mecánica de una máquina que es 100% eficiente. La ventaja mecánica ideal de una palanca es igual a la distancia que hay de la fuerza de entrada al fulcro ($d_{entrada}$) dividida por la distancia que hay de la fuerza de salida al fulcro (d_{salida}).

$$\text{ventaja mecánica ideal} = \frac{d_{entrada}}{d_{salida}}$$

Palancas de primera clase

Existen tres clases de palancas que se diferencian según las posiciones del fulcro, la carga y la fuerza de entrada. Un balancín es un ejemplo de una *palanca de primera clase*. En una palanca de primera clase, el fulcro se encuentra entre la fuerza de entrada y la carga. Las palancas de primera clase siempre cambian la dirección de la fuerza de entrada. También pueden aumentar la fuerza o la distancia a través de la cual se aplica la fuerza. La ventaja mecánica ideal de las palancas de primera clase puede ser mayor que uno, igual a uno o menor que uno, según la ubicación del fulcro.

Lectura con propósito **13 Describe** ¿Dónde está ubicado el fulcro en una palanca de primera clase?

_____

_____

_____

Visualízalo

14 Ilustra En el recuadro C, dibuja y rotula una palanca de primera clase que tenga una ventaja mecánica ideal menor que uno.

A

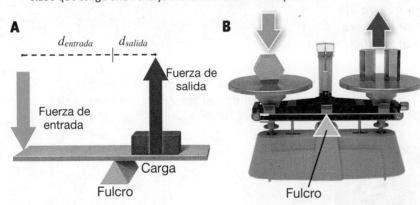

Esta palanca tiene una ventaja mecánica mayor que uno. El fulcro está más cerca de la carga que de la fuerza de entrada. La fuerza de salida es mayor que la fuerza de entrada, pero se aplica a través de una distancia más corta.

B

Esta balanza es una palanca que tiene una ventaja mecánica igual a uno. El fulcro está exactamente en el medio de la palanca. La dirección de la fuerza cambia, pero la distancia y la magnitud de la fuerza de entrada y la fuerza de salida son iguales.

C

Esta palanca tiene una ventaja mecánica menor que uno. El fulcro está más cerca de la fuerza de entrada que de la carga. La fuerza de salida es menor que la fuerza de entrada, pero se aplica a través de una distancia más larga.

Palancas de segunda clase

En una *palanca de segunda clase*, la carga se encuentra entre el fulcro y la fuerza de entrada. Las palancas de segunda clase no cambian la dirección de la fuerza de entrada. Te permiten aplicar menos fuerza que la carga. Pero tienes que ejercer la fuerza de entrada a través de una mayor distancia. La ventaja mecánica ideal de una palanca de segunda clase siempre es mayor que uno. Las carretillas, los destapadores y las engrapadoras son palancas de segunda clase. Una engrapadora gira en un extremo cuando presionas el otro extremo. La fuerza de salida de la engrapadora estampa la grapa en el papel. La fuerza de salida se aplica entre el lugar donde presionaste y donde la engrapadora gira.

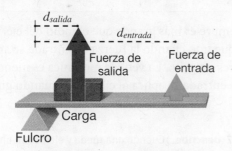

La carga en una engrapadora se encuentra entre el fulcro y la fuerza de entrada.

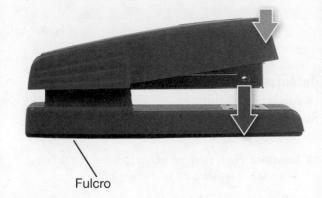

Palancas de tercera clase

En una *palanca de tercera clase*, la fuerza de entrada se encuentra entre el fulcro y la carga. Al igual que las palancas de segunda clase, las palancas de tercera clase no cambian la dirección de la fuerza de entrada. La ventaja mecánica de una palanca de tercera clase siempre es menor que uno. La fuerza de salida es menor que la fuerza de entrada. Pero la fuerza de salida se aplica a través de una distancia más grande. Los martillos y los bates de béisbol son ejemplos de palancas de tercera clase. Cuando balanceas un bate de béisbol, el fulcro se encuentra en la base del mango. La fuerza de salida se encuentra en el extremo del bate donde éste golpea la pelota. Un bate aplica una fuerza a la pelota en la misma dirección en la que mueves el bate. Tus manos se mueven una distancia mucho más corta que lo que se mueve el extremo del bate cuando haces el vaivén.

La fuerza de entrada en un bate de béisbol se encuentra entre el fulcro y la carga.

Práctica matemática   ¡Inténtalo!

15 Calcula La fuerza de entrada de una palanca de tercera clase se encuentra a 5 cm de distancia del fulcro. La fuerza de salida se encuentra a 20 cm de distancia del fulcro. ¿Cuál es la ventaja mecánica ideal de la palanca?

16 Haz un modelo Haz y rotula un diagrama de la palanca que se describe en la pregunta 15. Asegúrate de mostrar las distancias relativas correctas de las fuerzas de entrada y de salida desde el fulcro.

Gira, gira, gira

¿Qué es una rueda y eje?

Una **rueda y eje** es una máquina simple que está formada por una rueda conectada a un objeto cilíndrico más pequeño: el eje. Las perillas de las puertas, los neumáticos y los destornilladores son máquinas que contienen ruedas y ejes.

La ventaja mecánica ideal de una rueda y eje es igual al radio correspondiente a la fuerza de entrada dividida por el radio correspondiente a la fuerza de salida.

$$\text{ventaja mecánica ideal} = \frac{radio_{entrada}}{radio_{salida}}$$

El radio de la rueda siempre es más grande que el radio del eje. La ventaja mecánica es mayor que uno cuando la fuerza de entrada se aplica a la rueda, como cuando abres un grifo. La ventaja mecánica es menor que uno cuando la fuerza de entrada se aplica al eje, como cuando gira una rueda de la fortuna.

Lectura con propósito **17 Describe** ¿Cuándo una rueda y eje tienen una ventaja mecánica mayor que uno?

_____

_____

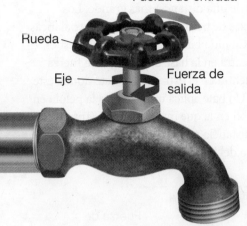

Fuerza de entrada

Rueda

Eje

Fuerza de salida

El eje de este grifo gira cuando la fuerza de entrada se aplica a la rueda. El eje rota a través de una distancia más corta que la rueda. Por lo tanto, la fuerza de salida es mayor que la fuerza de entrada.

Práctica matemática

Problema de ejemplo

El grifo tiene una rueda con un radio de 5 cm y un eje con un radio de 1 cm. ¿Cuál es su ventaja mecánica ideal?

Radio de la rueda

Radio del eje

$radio_{entrada} = 5\ cm$

$radio_{salida} = 1\ cm$

$VM = \dfrac{5\ cm}{1\ cm} = 5$

¡Inténtalo!

La rueda de la fortuna gira cuando se le aplica una fuerza al eje. El radio de su eje es 1 m. El radio de la rueda es 20 m.

18 Identifica ¿Cuál es el radio correspondiente a la fuerza de entrada y la fuerza de salida?

$radio_{entrada}$: _____

$radio_{salida}$: _____

19 Calcula ¿Cuál es la ventaja mecánica ideal de la rueda de la fortuna?

¿Cuáles son los tipos de poleas?

Cuando jalas una cuerda para abrir las persianas de la ventana, estás usando una polea. Una **polea** es una máquina simple que tiene una rueda con una hendidura que sostiene una cuerda o un cable. Se sujeta una carga a un extremo de la cuerda, y se aplica una fuerza de entrada al otro extremo. Existen tres tipos diferentes de poleas.

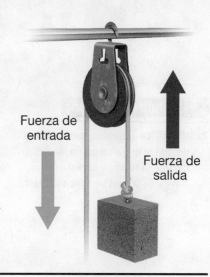

Fuerza de entrada

Fuerza de salida

Poleas fijas

La polea que hay en la parte superior de un mástil de bandera es una *polea fija*. Una polea fija se sujeta a algo que no se mueve. Te permite jalar hacia abajo la cuerda para levantar la carga. La rueda de la polea gira y cambia la dirección de la fuerza. Las poleas fijas no cambian el tamaño de la fuerza. La magnitud de la fuerza de salida es igual que la magnitud de la fuerza de entrada. Por lo tanto, una polea fija tiene una ventaja mecánica ideal de uno.

Poleas móviles

A diferencia de la polea fija, la rueda de la *polea móvil* se sujeta a un objeto que se mueve. Un extremo de la cuerda está fijo. Puedes jalar del otro extremo de la cuerda para hacer que la rueda y la carga se muevan a lo largo de la cuerda. Una polea móvil se mueve hacia arriba con la carga a medida que la carga se levanta. Una polea móvil no cambia la dirección de una fuerza, pero sí la aumenta. La ventaja mecánica ideal de todas las poleas móviles es dos. Además, aumentan la distancia a través de la cual se debe aplicar la fuerza de entrada. La cuerda debe jalarse el doble de la distancia que se mueve la carga.

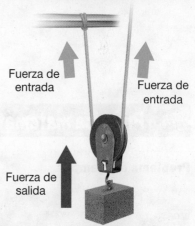

Fuerza de entrada

Fuerza de entrada

Fuerza de salida

Aparejos de poleas

Un *aparejo de poleas* es un sistema de poleas formado por la combinación de una polea fija y una polea móvil. Las grúas que hay en las obras en construcción usan aparejos de poleas para levantar objetos pesados. Los aparejos de poleas cambian la dirección de la fuerza y la aumentan. La ventaja mecánica ideal de un aparejo de poleas depende del número de segmentos de cuerda. La ventaja mecánica ideal de un aparejo de poleas con cuatro segmentos de cuerda es cuatro. Esta máquina multiplica tu fuerza de entrada por cuatro, pero tienes que jalar la cuerda cuatro veces la distancia que se mueve la carga.

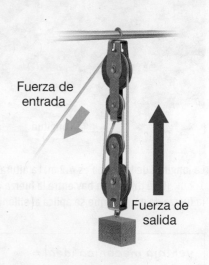

Fuerza de entrada

Fuerza de salida

20 Identifica ¿Qué tipo o tipos de polea podrías usar para aumentar tu fuerza de salida?

_____

_____

Tan inclinado

¿Qué son los planos inclinados?

![Lectura con propósito]

21 Identifica Mientras lees, subraya de qué manera un plano inclinado cambia la fuerza y la distancia a través de la cual se aplica la fuerza.

¿Por qué empujar los muebles hacia arriba por una rampa es más fácil que levantar los muebles? Cuando empujas algo hacia arriba por una rampa, estás usando una máquina denominada *plano inclinado*. Un **plano inclinado** es una máquina simple que consiste en una superficie recta e inclinada. Se necesita una menor fuerza de entrada para mover un objeto por un plano inclinado que la que se necesita para levantar el objeto. Sin embargo, la fuerza se debe aplicar a través de una mayor distancia. Por lo tanto, la cantidad de trabajo realizado en el objeto es la misma. La ventaja mecánica ideal de un plano inclinado se puede calcular al dividir la longitud de la inclinación por la altura a la que se levanta la carga.

$$\text{ventaja mecánica ideal} = \frac{\text{longitud}}{\text{altura}}$$

Práctica matemática

Problema de ejemplo

Longitud · Altura

La longitud de la rampa es 4.2 m. La altura de la rampa es 1.2 m. ¿Qué diferencia hay entre la fuerza de salida del sillón y la fuerza de entrada que se aplica al sillón?

ventaja mecánica ideal =

$$\frac{\text{longitud}}{\text{altura}} = \frac{4.2 \text{ m}}{1.2 \text{ m}} = 3.5$$

La fuerza de salida del sillón es 3.5 veces la fuerza de entrada.

¡Inténtalo!

22 Ilustra Usa la cuadrícula para hacer y rotular un diagrama de un plano inclinado que tenga una longitud de 6 metros y una ventaja mecánica ideal de 3. Usa los cuadrados para hacer una aproximación de la longitud. (Pista: en el siguiente espacio, usa la ventaja mecánica para calcular la altura).

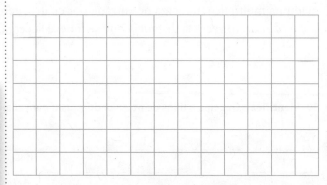

¿Qué son las cuñas?

Los escultores usan cinceles para quebrar la piedra y la madera. Los cinceles, las cabezas de hacha y las hojas de cuchillo son cuñas. Una *cuña* es un par de planos inclinados que se mueven. Tienen un extremo grueso y un extremo delgado. Las cuñas se utilizan para cortar y dividir objetos. Por ejemplo, un escultor aplica una fuerza de entrada al extremo grueso de un cincel. El extremo delgado del cincel ejerce una fuerza hacia afuera que divide el objeto. La fuerza de salida de la cuña es mayor que la fuerza de entrada, pero la fuerza de salida se aplica a través de una distancia más corta. Mientras más larga y más delgada sea la cuña, mayor será su ventaja mecánica ideal. Por lo tanto, un cincel más largo tiene una ventaja mecánica mayor que un cincel más corto que tiene el mismo ancho en el extremo grueso.

Las cuñas tienen dos lados en pendiente y ayudan a dividir objetos.

¿Qué son los tornillos?

Los tornillos a menudo se usan para mantener unida la madera. Un *tornillo* es un plano inclinado revestido en una espiral alrededor de un cilindro. Piensa en un pedazo de papel largo y triangular que se envuelve alrededor de un lápiz, como se muestra a continuación. Los bordes formados por el papel son como las roscas de un tornillo. Cuando se hace girar un tornillo, se aplica una pequeña fuerza que recorre la distancia del plano inclinado del tornillo. El tornillo aplica una gran fuerza a través de la distancia corta en que se lo empuja.

Imagina que se desenrolla el plano inclinado de un tornillo. Verías que el plano es muy largo y tiene una pendiente leve. Mientras más largo sea un plano inclinado comparado con su altura, mayor será su ventaja mecánica ideal. De manera similar, mientras más larga sea la espiral de un tornillo y mientras más cerca estén las roscas, mayor será la ventaja mecánica del tornillo.

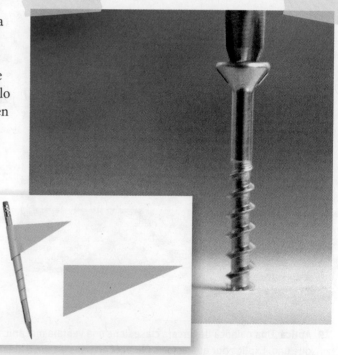

Las roscas de un tornillo se forman al envolver un plano inclinado alrededor de un cilindro.

Piensa libremente **Investigación**

23 Aplica Haz una lista de máquinas simples que usas todos los días. En un grupo pequeño, intenta clasificar todas las máquinas identificadas por los miembros del grupo.

Resumen visual

Para completar este resumen, marca el recuadro que indica verdadero o falso. Luego usa la clave para comprobar tus respuestas. Puedes usar esta página para repasar los conceptos principales de la lección.

Las máquinas

La eficiencia mecánica es una forma de comparar el trabajo de salida con el trabajo de entrada de una máquina.

Los seis tipos de máquinas simples:

- palanca
- rueda y eje
- polea
- plano inclinado
- cuña
- tornillo

	V	F	
24	☐	☐	La ventaja mecánica se calcula al dividir la fuerza de salida por la fuerza de entrada y multiplicar el resultado por 100.
25	☐	☐	La fricción hace que la ventaja mecánica real de una rampa sea menor que la ventaja mecánica ideal.

	V	F	
26	☐	☐	La ubicación del fulcro difiere en las palancas de primera clase, las palancas de segunda clase y las palancas de tercera clase.
27	☐	☐	Los tipos de polea son polea fija, polea móvil y rueda y eje.
28	☐	☐	Usar rampas, cuñas y tornillos reduce la cantidad de trabajo que se realiza.

Respuestas: 24 Falso; 25 Verdadero; 26 Verdadero; 27 Falso; 28 Falso

29 **Aplica** Una palanca de tercera clase tiene una ventaja mecánica ideal menor que uno. Explica por qué esto es útil para algunas tareas e identifica dos ejemplos de palancas de tercera clase.

Vocabulario

Traza una línea para unir los siguientes términos con sus definiciones.

1 máquina

A una máquina simple formada por una rueda con una hendidura que sostiene una cuerda

2 palanca

B una máquina simple formada por dos objetos circulares de diferentes tamaños

3 rueda y eje

C una máquina simple que es una superficie recta e inclinada

4 polea

D un dispositivo que ayuda a las personas a realizar un trabajo cambiando la forma en la que éste se realiza

5 plano inclinado

E una máquina simple que tiene una barra que gira en un punto fijo

Conceptos clave

6 Explica ¿De qué dos maneras las máquinas pueden cambiar la forma en la que se realiza un trabajo?

_____

_____

_____

_____

7 Identifica ¿Qué ecuación usarías para calcular la ventaja mecánica ideal de una rueda y eje si la fuerza de entrada se aplicara al eje?

_____

_____

_____

8 Resuelve Un bloque de piedra se empuja hacia arriba por una rampa que mide 120 m de longitud y 20 m de altura. ¿Cuál es la ventaja mecánica ideal de la rampa?

_____

_____

Razonamiento crítico

9 Aplica Una persona realiza 50 J de trabajo para levantar un cajón con una polea. El trabajo de salida de la polea es 42 J. ¿Cuál es la eficiencia mecánica de la polea?

_____

_____

Usa este dibujo para responder las siguientes preguntas.

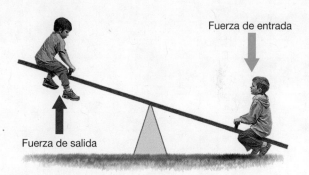

Fuerza de entrada

Fuerza de salida

10 Clasifica ¿Qué tipo de palanca es el balancín? Explica tu respuesta.

_____

_____

_____

11 Calcula La fuerza de entrada es 245 N y la fuerza de salida es 245 N. Calcula la ventaja mecánica ideal del balancín.

_____

_____

12 Predice El niño que aplica la fuerza de entrada se mueve de tal manera que se encuentra a 1.5 m del fulcro. El balancín aplica una fuerza de salida al otro niño, que se encuentra a 2 m del fulcro. ¿Cuál es la nueva ventaja mecánica ideal?

_____

_____

_____

_____

Mis apuntes

La gran idea La energía siempre se conserva pero puede cambiar de una forma a otra y puede transferirse de un objeto a otro o dentro de una misma sustancia.

Lección 1

PREGUNTA ESENCIAL

¿Qué es la energía?

Describe cómo se conserva la energía durante las transformaciones entre sus diferentes formas.

Lección 2

PREGUNTA ESENCIAL

¿Cómo se relacionan la temperatura y la energía cinética?

Relaciona la temperatura de una sustancia con la energía cinética de sus partículas.

Lección 3

PREGUNTA ESENCIAL

¿Cuál es la relación entre el calor y la temperatura?

Analiza la relación entre el calor, la temperatura y la energía térmica.

Lección 4

PREGUNTA ESENCIAL

¿Cómo se relacionan la distancia, el tiempo y la rapidez?

Analiza la relación entre la distancia, el tiempo y la rapidez.

Lección 5

PREGUNTA ESENCIAL

¿Cómo cambia el movimiento?

Analiza cómo se relaciona la aceleración con el tiempo y la velocidad.

Lección 6

PREGUNTA ESENCIAL

¿Cómo afectan las fuerzas al movimiento?

Describe los diferentes tipos de fuerzas y explica el efecto que tiene la fuerza sobre el movimiento.

Lección 7

PREGUNTA ESENCIAL

¿Cómo funcionan las máquinas simples?

Describe diferentes tipos de máquinas simples y calcula las ventajas mecánicas y la eficiencia de distintas máquinas simples.

Conectar **PREGUNTAS ESENCIALES** Lecciones 1 y 3

1 Aplica Da un ejemplo de una transformación de energía que dé como resultado un cambio de temperatura.

_____

_____

_____

Piensa libremente

2 Sintetiza Elige una de las siguientes actividades como ayuda para sintetizar lo que has aprendido en esta unidad.

☐ Usa lo que aprendiste en las lecciones 1, 2 y 3 para crear un cartel que explique cómo se mueven las partículas en un vaso con agua fría a medida que se transfiere energía al vaso gracias al calor de las manos.

☐ Usa lo que aprendiste en las lecciones 5 y 6 para explicar con ejemplos cotidianos la relación entre la fuerza, la aceleración y la gravedad a un grupo de estudiantes más pequeños.

Repaso de la Unidad 4

Nombre _____

Vocabulario

Escribe el término correcto en el espacio en blanco para completar la oración.

1 La/El _____ de un objeto describe la rapidez y la dirección en que se mueve.

2 _____ es la energía que se transfiere de un objeto con una temperatura más alta a un objeto con una temperatura más baja.

TEKS 6.8A

3 La teoría _____ de la materia establece que todas las partículas que componen la materia están en constante movimiento.

4 La/El _____ es la suma de la energía cinética y la energía potencial de un objeto.

Conceptos clave

Elige la letra de la respuesta correcta.

TEKS 6.8C, 6.8D

5 La familia de Joanna condujo 360 km. La siguiente gráfica representa su movimiento.

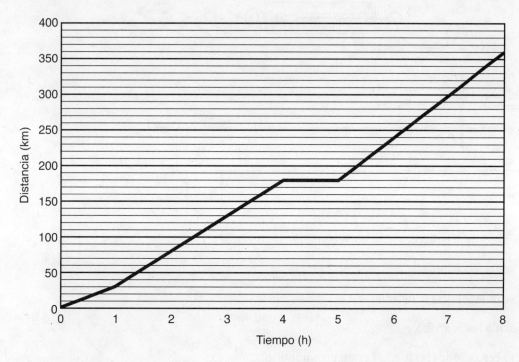

¿Cuál fue la rapidez promedio durante las últimas 3 h de viaje?

A 45 km/h

C 120 km/h

B 60 km/h

D 180 km/h

TEKS 6.8C

6 Un avión sale de New York hacia Los Angeles. Recorre 3850 km en 5.5 horas. ¿Cuál es la rapidez promedio del avión?

A 700 km

B 700 horas

C 700 km/hora

D 7000 horas/km

7 Julia viaja en carro con su padre. El carro experimenta aceleración centrípeta. ¿Qué le sucede al carro?

A El carro reduce la velocidad.

B El carro se detiene de repente.

C El carro cambia de dirección y acelera.

D El carro cambia de dirección con rapidez constante.

TEKS 6.8B

8 El siguiente diagrama muestra las fuerzas que actúan sobre un zapato deportivo. A medida que se aplica la fuerza F, el zapato deportivo no se mueve.

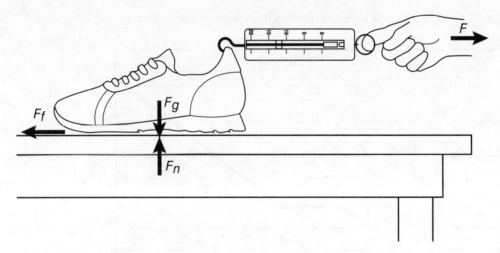

¿Cuál de los siguientes enunciados describe correctamente las fuerzas?

A La fuerza neta actúa a la izquierda.

B La fuerza neta se mueve hacia la derecha.

C La fuerza neta actúa hacia arriba.

D La fuerza neta es cero y todas las fuerzas están en equilibrio.

TEKS 6.9B, 6.2E

9 Addison calienta una sustancia sólida pura. En la siguiente tabla de datos, anota los cambios de temperatura con el paso del tiempo en la columna de la izquierda. En la columna de la derecha, anota el estado de la sustancia.

Temperatura (°C)	Estado
0	sólido
X	líquido
Y	líquido en ebullición
Z	gaseoso

¿Cuál de las siguientes opciones podría representar los valores que faltan en la tabla de datos de Addison? (Pista: Paso 1: Piensa en las temperaturas relativas en las que un sólido se convierte en un líquido, hierve y se convierte en un gas. Paso 2: Determina si la temperatura aumentará o disminuirá a medida que la sustancia cambia de fase).

A $X = 50$; $Y = 100$; $Z = 50$ **C** $X = -50$; $Y = -100$; $Z = -50$

B $X = 50$; $Y = 100$; $Z = 150$ **D** $X = -50$; $Y = -100$; $Z = -150$

TEKS 6.9A

10 ¿Cuál de las siguientes opciones implica la transferencia de energía en forma de calor debido al movimiento de un líquido o un gas?

A radiación   **C** convección

B emisión   **D** conducción

TEKS 6.4A

11 Un estudiante reúne y anota los siguientes datos a lo largo del día.

Hora	Temperatura (°C)
9 a. m.	12
11 a. m.	14
3 p. m.	16
5 p. m.	13

¿Qué instrumento usó el estudiante para reunir los datos sobre la temperatura?

A una báscula

B una balanza

C un barómetro

D un termómetro

TEKS 6.8A

12 Una pesa que cuelga de un resorte se mueve hacia arriba y hacia abajo. La pesa deja de moverse temporalmente cada vez que el resorte alcanza su máxima extensión en la posición 2 y cada vez que se vuelve a enrollar completamente en la posición 4.

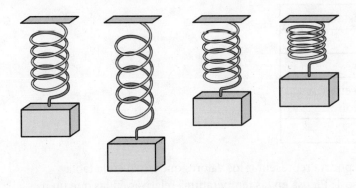

Posición 1   Posición 2   Posición 3   Posición 4

¿Cuál de las opciones describe mejor el tipo de energía que tiene el resorte en la posición 1?

A energía cinética

C energía potencial y energía cinética

B energía potencial

D ni energía potencial ni energía cinética

TEKS 6.9C

13 Una persona enciende una lámpara con un interruptor. Instantáneamente, se produce luz. ¿Qué otra forma de energía podría observar esa persona en la lámpara?

A del sonido

C térmica

B nuclear

D química

TEKS 6.8E

14 Una empresa de mudanzas sube un piano por una rampa hasta el interior de un edificio. Si la rampa tiene una ventaja mecánica de 6, ¿cuál de los siguientes enunciados podría ser verdadero respecto de la longitud de la rampa y la altura de su inclinación? (Pista: Paso 1: Piensa en cómo se calcula la ventaja mecánica. Paso 2: Calcula la ventaja mecánica de cada una de las opciones de respuesta. Paso 3: Compara la ventaja mecánica de cada una de las opciones de respuesta con la ventaja mecánica necesaria de 6).

A La rampa tiene 3 metros de longitud y 2 metros de altura de inclinación.

B La rampa tiene 6 metros de longitud y 3 metros de altura de inclinación.

C La rampa tiene 12 metros de longitud y 2 metros de altura de inclinación.

D La rampa tiene 18 metros de longitud y 6 metros de altura de inclinación.

Respuesta en forma de cuadrícula

Escribe tu respuesta en los recuadros de la cuadrícula y luego rellena el círculo del número correspondiente.

TEKS 6.8E

15 Un trabajador mueve una carga pesada al interior de una casa con la ayuda de un plano inclinado. Si el plano tiene una longitud de 8.5 metros y una ventaja mecánica ideal de 3.5, ¿cuál es la altura en metros del plano inclinado?

Razonamiento crítico

Responde las siguientes preguntas en el espacio en blanco.

TEKS 6.8B

16 Marek intenta empujar una caja que contiene equipos deportivos. La flecha de la caja es un vector que representa la fuerza que ejerce Marek.

Además de la fuerza que ejerce Marek, ¿cuáles son las otras fuerzas que actúan sobre la caja? Describe cada una.

_____

_____

_____

_____

TEKS 6.8B

17 ¿Qué significa la fórmula $F = ma$ y cuál de las tres leyes de Newton describe?

_____

_____

_____

_____

TEKS 6.8A, 6.9C

18 Describe la ley de la conservación de la energía. Luego da dos ejemplos de energía que se transforma de un tipo a otro.

_____

_____

_____

_____

Conectar PREGUNTAS ESENCIALES
Lecciones 1, 6 y 7

Responde la siguiente pregunta en el espacio en blanco.

TEKS 6.8A, 6.8E

19 Explica cómo un plano inclinado facilita la tarea de cargar un piano en un camión. Menciona el cambio en la energía potencial y la energía cinética del piano cuando (a) está en el suelo, (b) se lo mueve hacia el interior del camión y (c) está en el camión.

_____

_____

_____

_____

_____

_____

_____

_____

UNIDAD 5
Las fuentes de energía

La gran idea

Los seres humanos dependen de los recursos naturales para obtener materiales y energía.

Los materiales comunes que se usan en la construcción, como la madera, los ladrillos y el vidrio, están hechos a partir de recursos naturales.

¿Qué opinas?

Texas tiene los recursos que los seres humanos necesitan para vivir. Estos recursos se encuentran en la Tierra o provienen del Sol. ¿Qué ocurriría si uno o más de estos recursos se agotaran?

LA CIENCIA Y LOS CIUDADANOS

Fuentes de energía de Texas

Texas es conocido por sus fuentes de energía. Se han producido grandes cantidades de petróleo, gas natural, carbón y uranio a partir de los recursos de Texas. Por razones económicas y ambientales, la producción de petróleo en Texas ha caído de manera drástica y se cree que no se recuperará completamente. La forma en que utilizamos, reutilizamos o consumimos los recursos de Texas es importante para tu generación y para las generaciones futuras.

1 Piénsalo

Cada vez que vas a la escuela en un día normal, las luces están encendidas, los salones de clases son cómodos y hay recursos materiales disponibles para que usen los maestros y los estudiantes. ¿De dónde obtiene la energía tu escuela? ¿Proviene de una fuente renovable o de una no renovable? ¿Podría usarse la energía de una forma más eficiente?

_____

_____

_____

Los paneles solares aumentan la eficiencia de esta escuela.

② Pregunta

¿Cuál es la fuente de energía del sistema de calefacción y refrigeración de tu escuela?

Con un compañero, o entre todos, aprende más sobre la fuente de energía del sistema de calefacción y refrigeración de tu escuela y sobre la eficiencia energética del edificio. Algunas escuelas de Texas han instalado paneles solares u otros sistemas para aprovechar la energía renovable. Mientras comentan estos temas, tengan en cuenta los siguientes puntos.

Para tener en cuenta

☐ ¿Tu escuela tiene más de una fuente de energía?

☐ ¿El edificio de tu escuela es eficiente en materia de energía?

③ Planea

Una vez que aprendas sobre la eficiencia energética del edificio de tu escuela, desarrolla una propuesta para tu director. Propón una fuente de energía alternativa para el sistema de calefacción y refrigeración, así como maneras de mejorar la eficiencia energética del edificio.

A Describe la fuente de energía actual del sistema de calefacción y refrigeración de tu escuela.

_____

_____

B Describe una fuente de energía alternativa que podría usar tu escuela.

_____

_____

C Enumera los casos de ineficiencia energética que hayas observado y las sugerencias para mejorarlos.

_____

_____

_____

_____

Las bombas de petróleo como esta son una vista común en Texas. Suben combustibles fósiles hasta la superficie. A medida que crece el interés por las fuentes de energía renovables, las turbinas eólicas se están convirtiendo en una vista común en los campos petroleros de todo el país.

Las ideas para ahorrar recursos pueden ayudar a las escuelas a ahorrar dinero.

Para la casa

¿Cuáles son las fuentes de energía de tu hogar? Habla con un adulto sobre las posibles maneras de mejorar la eficiencia energética del lugar donde vives.

Los recursos naturales

PREGUNTA ESENCIAL

¿Qué son los recursos naturales de la Tierra?

Cuando termines esta lección, podrás entender los tipos de los recursos naturales de la Tierra y sus usos.

La luz que produce la energía eléctrica permite a las personas ver por la noche. Se necesitan recursos naturales para generar energía eléctrica.

TEKS 6.7B diseñe un plan lógico para administrar las fuentes de energía en el hogar, la escuela o la comunidad

Actividades de laboratorio de la lección

Actividades rápidas de laboratorio
- ¿Es renovable?
- Los impactos de la producción
- Administrar las fuentes de energía

Actividades de laboratorio de campo
- Recursos naturales usados en el almuerzo

Ponte a pensar

1 Predice Marca V o F para mostrar si cada enunciado es verdadero o falso.

V   F

☐ ☐ La energía del Sol se puede usar para producir energía eléctrica.

☐ ☐ Todos los recursos de la Tierra durarán eternamente.

☐ ☐ La comida, la tela, la cuerda, la madera, el papel y el hule provienen de las plantas.

☐ ☐ La actividad humana puede influir negativamente en los recursos de la Tierra.

2 Describe Menciona un objeto que uses todos los días. Describe con qué recursos naturales crees que está hecho ese objeto.

_____
_____
_____
_____
_____
_____
_____

Lectura con propósito

3 Echa un vistazo Antes de comenzar a leer esta lección, echa un vistazo a las páginas y lee los títulos y los subtítulos. Los títulos muestran de qué manera se organiza la información en la lección. Después de leer los títulos y los subtítulos, escribe una breve descripción de lo que se enseñará en la lección.

_____
_____
_____
_____
_____
_____
_____
_____
_____
_____
_____
_____
_____
_____

Términos de vocabulario

- recurso natural
- recurso renovable
- recurso no renovable
- combustible fósil
- recurso material
- recurso energético

4 Identifica Esta lista contiene los términos clave que aprenderás en esta lección. Mientras lees, encierra en un círculo la definición de cada término.

© Houghton Mifflin Harcourt Publishing Company • Image Credits: ©World Perspectives/Photographer's Choice/Getty Images

Naturalmente

¿Qué son los recursos naturales?

¿Qué tienen en común el agua que bebes, el papel en el que escribes, la gasolina que usan los carros y el aire que respiras? Todos estos elementos provienen de los recursos naturales de la Tierra. Un **recurso natural** es cualquier material natural que es utilizado por los seres humanos, como aire, suelo, minerales, agua, petróleo, plantas y animales.

Los recursos naturales de la Tierra brindan todo lo necesario para la vida. La atmósfera contiene el aire que respiramos. Las lluvias renuevan el agua de los océanos, ríos, lagos, arroyos y el agua subterránea. Estas fuentes de agua se usan para beber, para la industria y para otros fines. El suelo de la Tierra brinda nutrientes para las plantas. Las plantas brindan alimento para los animales y los seres humanos. Los animales también brindan alimento. Muchos de los recursos de la Tierra, como el petróleo y el viento, proveen energía para uso humano. La energía de estos recursos proviene de la energía solar. Los recursos de la Tierra también se usan para fabricar productos que hacen más práctica la vida de las personas.

¿Cómo podemos administrar los recursos?

Si las poblaciones siguen creciendo, necesitaremos más recursos para sobrevivir. Para que estos recursos no se agoten, se puede practicar la gestión ambiental responsable y la conservación. La *gestión ambiental responsable* es la administración cuidadosa y responsable de los recursos. La *conservación* es la protección y el uso inteligente de los recursos naturales.

> **Lectura con propósito**
>
> **5 Identifica** Enumera cuatro ejemplos de recursos naturales.
> _____
> _____
> _____
> _____

> **Visualízalo**
>
> **6 Ilustra** Dibuja o rotula los recursos naturales que faltan.

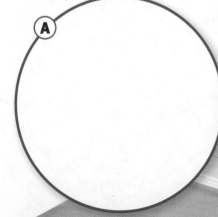

(A)

La bauxita es una roca que se usa para fabricar aluminio.

¿Cómo podemos clasificar los recursos naturales?

Existen muchos tipos diferentes de recursos naturales. Algunos se pueden reemplazar más rápidamente que otros. Por lo tanto, un recurso natural se puede clasificar como recurso renovable o como recurso no renovable.

Piensa libremente Investigación

7 Debate Investiga por qué el agua o el suelo pueden ser un recurso renovable o no renovable. Comenta tus ideas con un compañero.

Recursos renovables

Algunos recursos naturales se pueden reemplazar en relativamente poco tiempo. Un **recurso renovable** es un recurso natural que puede reemplazarse a la misma tasa a la que se consume. La energía solar, el agua y el aire se consideran recursos renovables. Algunos recursos renovables se consideran *recursos inagotables* porque no se pueden agotar nunca. La energía solar y la energía eólica, que proviene del Sol, son ejemplos de estos recursos. Existen otros recursos renovables que no son inagotables. Los árboles y los cultivos que se usan como alimento deben volver a plantarse y cultivarse. También se debe administrar el agua para que no se vuelva escasa.

Recursos no renovables

Un **recurso no renovable** es un recurso que se forma a una tasa mucho más lenta que la tasa a la que se consume. Algunos recursos naturales, como los minerales, se forman muy lentamente. El mineral de hierro y el cobre son minerales importantes. Un **combustible fósil** es un recurso no renovable formado a partir de los restos enterrados de plantas y animales que vivieron hace mucho tiempo. El carbón, el petróleo y el gas natural son ejemplos de combustibles fósiles. El carbón y el petróleo tardan millones de años en formarse. Una vez que estos recursos se agoten, los seres humanos tendrán que hallar otros recursos para usar en su lugar. Algunos recursos renovables, como el agua y la madera, también se pueden convertir en recursos no renovables si no se usan de manera responsable.

8 Compara Da algunos ejemplos de recursos renovables y no renovables.

Recursos renovables	Recursos no renovables

B

Las fibras naturales de la planta de algodón se procesan para fabricar tela.

Un mundo material

¿Cómo usamos los recursos materiales?

Observa tu salón de clases. Las paredes, las ventanas, los pupitres, los lápices, los libros e incluso la ropa que ves están hechos de recursos materiales. Los recursos naturales que se usan para fabricar objetos y producir alimentos o bebidas se llaman **recursos materiales.** Los recursos materiales pueden ser renovables o no renovables. El algodón que se usa para hacer camisetas es un ejemplo de recurso renovable. El metal que se usó para hacer tu pupitre es un ejemplo de un recurso no renovable.

Para producir alimentos o bebidas

Los recursos materiales provienen de la atmósfera, la corteza y el agua de la Tierra. También provienen de organismos que viven en la Tierra. Piensa en lo que comes y bebes todos los días. Todos los alimentos y las bebidas están hechos de recursos materiales. Algunos alimentos provienen de plantas, como el trigo en el pan o el maíz de las tortillas. Estos recursos son renovables, ya que los agricultores pueden cultivar más. Otros alimentos, como la leche, el queso, los huevos y la carne, provienen de animales. Los jugos, los refrescos y las bebidas para deportistas contienen agua, que es un recurso renovable.

A _____

B _____

C _____

Para fabricar objetos

Todos los objetos que ves están hechos con recursos materiales. Por ejemplo, los carros están hechos de acero, plástico, hule, vidrio y cuero. El acero proviene del hierro, que se extrae de las rocas. El plástico proviene del petróleo, que debe extraerse de áreas subterráneas. El hule natural proviene de árboles tropicales. El vidrio se fabrica con minerales que se encuentran en la arena. El cuero proviene de la piel de los animales.

El hierro, el petróleo y la arena no son renovables. Si estos materiales se consumen demasiado rápido, pueden agotarse. El hule, el cuero y la madera son recursos renovables. Las plantas y los animales que producen estos recursos se pueden administrar para que no se agoten.

👁 Visualízalo

11 Rotula Escribe el nombre de cada recurso material que se usa para fabricar los objetos que hay en esta casa.

Una casa se construye con muchos recursos materiales.

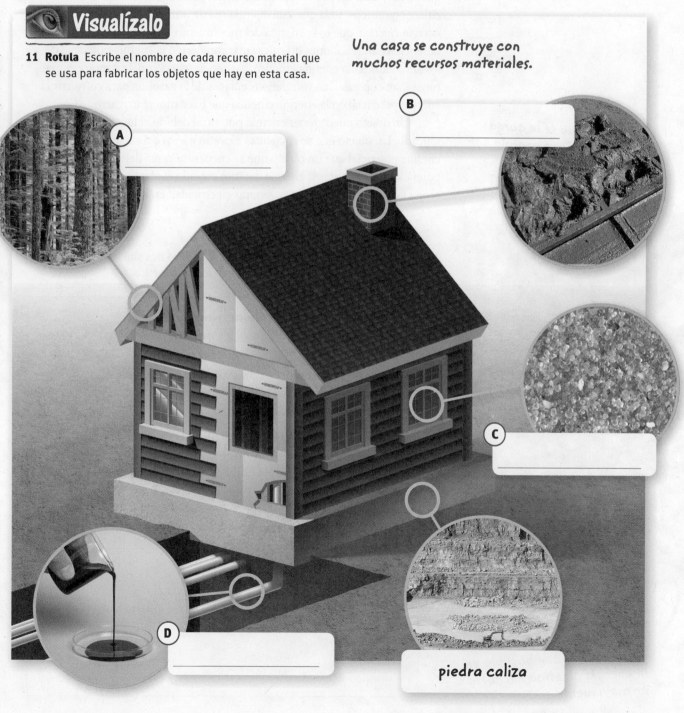

A _____

B _____

C _____

D _____

piedra caliza

© Houghton Mifflin Harcourt Publishing Company • IImage Credits: (tl) ©Bruce Heinemann/Photodisc/Getty Images; (tr) ©Danny Lehman/Corbis; (cr) ©Anthony Buckingham/Alamy; (br) ©Antony Edwards/The Image Bank/Getty Images

Lección 1 Los recursos naturales   **293**

¡Cámbialo!

¿Cómo usamos las fuentes de energía?

Muchos objetos necesitan energía para ser de utilidad. Por ejemplo, un autobús necesita energía para transportar a las personas. Los recursos naturales que se usan para generar energía se llaman **fuentes de energía.**

Con frecuencia, la energía se almacena en objetos o sustancias. La energía almacenada se llama *energía potencial*. Los alimentos y los productos que se obtienen del petróleo tienen energía potencial almacenada en sus enlaces químicos. Para que esta energía sea de utilidad, debe convertirse en *energía cinética*, que es la energía del movimiento. Las células del cuerpo desencadenan reacciones químicas que convierten la energía potencial de los alimentos en la energía cinética que mueve el cuerpo. Los motores que funcionan con gasolina rompen los enlaces de la gasolina para convertir la energía potencial en la energía cinética que hace mover un carro.

Un objeto puede tener energía potencial debido al lugar donde está ubicado. Un objeto que se encuentra elevado y lejos del suelo tiene más energía potencial que un objeto que se encuentra cerca del suelo. La energía potencial se convierte en energía cinética cuando el objeto cae, como cuando el agua cae por una presa para generar electricidad en una central eléctrica.

Lectura con propósito

12 Identifica Mientras lees, subraya las diferentes formas de energía.

La gasolina que se le carga a este carro tiene energía potencial en sus enlaces químicos.

El motor de este carro quema gasolina, lo que convierte la energía potencial del combustible en la energía cinética del carro en movimiento.

13 Enumera Observa los ejemplos de la tabla. Escribe tres situaciones más en las que la energía potencial se transforma en energía cinética.

¿Cuándo se transforma la energía potencial en energía cinética?
cuando se quema carbón para generar energía eléctrica en una central eléctrica
cuando el cuerpo digiere los alimentos para proporcionar la energía necesaria para moverse

¿Cómo transforman la energía los objetos de uso cotidiano?

La energía no puede crearse ni destruirse, y para ser de utilidad debe transformarse. Todos los días ocurren transformaciones de energía a nuestro alrededor. Piensa en los aparatos eléctricos que hay en tu casa. Para calentar los alimentos, un horno eléctrico transforma la energía eléctrica en energía térmica. El televisor transforma la energía eléctrica en energía luminosa y en energía del sonido, que es un tipo de energía cinética. Un ventilador se mueve al transformar la energía eléctrica en energía cinética. El cuerpo transforma la energía química de los alimentos en energía cinética y en energía térmica. Cuando hablas por teléfono, la energía del sonido de tu voz se transforma en energía eléctrica. El teléfono de la otra persona que participa en la conversación transforma la energía eléctrica nuevamente en sonido.

Visualízalo

14 Identifica ¿Qué transformación de energía nos permite sentir calor?

_____

_____

15 Identifica ¿Qué transformación de energía hace que esta lámpara ilumine una habitación?

_____

_____

16 Identifica ¿Qué transformación de energía nos permite oír la música?

_____

_____

Un recorrido electrizante

¿Cómo se produce la energía eléctrica?

17 Identifica Mientras lees, subraya los recursos que pueden proporcionar energía a una central eléctrica.

Las computadoras y los aparatos eléctricos necesitan energía para funcionar. La energía eléctrica se encuentra disponible en los tomacorrientes pero, ¿cómo llega esta energía a los tomacorrientes?

En la mayoría de las centrales eléctricas, una fuente de energía transforma la energía potencial en energía cinética, lo que hace girar las ruedas de una turbina. Este movimiento de las ruedas hace girar las bobinas de alambre que se encuentran dentro de un imán en un generador. El generador transforma la energía cinética en energía eléctrica, que viaja a través de los cables hasta tu escuela. Existen diferentes fuentes que pueden proporcionar energía a una central eléctrica. El viento o el agua en movimiento pueden hacer girar las ruedas de una turbina, así como también se puede quemar carbón o biocombustibles derivados de cultivos para calentar agua y producir el vapor que hace girar la turbina.

Las células de combustible, las pilas y las baterías son otras fuentes de energía eléctrica. Las pilas o baterías contienen sustancias químicas que transforman la energía química en energía eléctrica. Las células de combustible transforman la energía química del hidrógeno para generar energía eléctrica.

Visualízalo

18 Describe Después de observar el diagrama, describe cómo una central eléctrica transforma la energía para generar energía eléctrica.

La energía eléctrica se genera cuando las bobinas de alambre giran dentro de un gran imán. Tal vez este imán no se parezca a los imanes de barra que conoces, pero aun así posee un polo norte y un polo sur.

Turbina

Generador

Cables eléctricos

N

Fuente de energía

S

Vapor

_____

_____

_____

_____

_____

Máquinas limpias

Muchas compañías fabricantes de carros están presentando vehículos que funcionan con células de combustible a base de hidrógeno (*hydrogen cell fuel*). En las células de combustible a base de hidrógeno, se utilizan reacciones químicas para generar energía eléctrica. Estas reacciones no producen elementos contaminantes. Si el combustible a base de hidrógeno se produce a partir de recursos energéticos renovables, estos carros realmente podrían ser máquinas limpias.

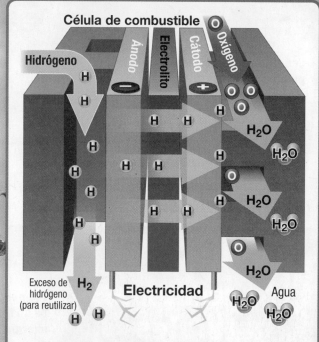

Célula de combustible

Hidrógeno · Ánodo · Electrolito · Cátodo · Oxígeno

H₂O

Exceso de hidrógeno (para reutilizar) · H₂ · **Electricidad** · Agua · H₂O

Pequeños paquetes

En un carro, la célula de combustible a base de hidrógeno tiene aproximadamente el tamaño de un horno de microondas.

La tecnología de la célula

La célula de combustible elimina los electrones de los átomos de hidrógeno. El movimiento de los electrones genera energía eléctrica. Luego el hidrógeno se combina con el oxígeno para formar agua. El agua y el exceso de hidrógeno son los productos de esta reacción. No se genera dióxido de carbono ni ningún otro contaminante.

Ampliar

Investigación

19 Explica ¿Qué tipo de transformación de energía ocurre en una célula de combustible a base de hidrógeno?

20 Compara ¿En qué se diferencia el proceso de transformación de energía de un carro que funciona con una célula de combustible del de un carro que funciona con gasolina?

21 Infiere Para fabricar combustible a base de hidrógeno, hay que separar el agua en hidrógeno y oxígeno. Para llevar a cabo este proceso se necesita energía. ¿Tiene importancia si se utiliza energía no renovable para fabricar combustible a base de hidrógeno? Justifica tu respuesta.

Resumen visual

Para completar este resumen, responde las preguntas en los espacios en blanco. Luego usa la clave para comprobar tus respuestas. Puedes usar esta página para repasar los conceptos principales de la lección.

Los recursos naturales pueden ser renovables o no renovables.

Los recursos materiales se usan para fabricar objetos y para producir alimentos y bebidas.

23 ¿Qué dos recursos materiales hay en esta foto?

_____

_____

22 ¿Qué hace que un recurso sea renovable?

_____

_____

Los recursos naturales

La energía puede transformarse de un tipo de energía a otro. La energía potencial de las fuentes de energía puede transformarse en energía cinética.

24 ¿Cuáles son todas las transformaciones de energía que ocurren cuando se quema madera?

_____

_____

_____

Respuestas: 22 Los recursos renovables se consumen más lentamente de lo que pueden reemplazarse; 23 ganado para obtener alimento, árboles para obtener madera; 24 La energía química de la madera se transforma en energía luminosa, energía térmica y energía del sonido.

25 Ilustra Piensa en un recurso natural que pueda usarse como un recurso material y como una fuente de energía. Haz dos dibujos para ilustrar cada uso.

Repaso de la lección

Vocabulario

Traza una línea para unir los siguientes términos con sus definiciones.

1 combustible fósil

2 recurso material

3 recurso natural

A recurso utilizado para fabricar objetos y para producir alimentos o bebidas

B cualquier material natural utilizado por los seres humanos

C recurso no renovable que se forma a partir de los restos enterrados de plantas y animales

Conceptos clave

4 Enumera Menciona dos recursos materiales y da un ejemplo de cómo se usa cada uno.

_____

_____

_____

_____

_____

5 Describe ¿Qué hace que un recurso sea no renovable?

_____

_____

_____

_____

6 Explica ¿De qué manera la transformación de energía potencial en energía cinética puede proporcionar energía útil para las personas ?

_____

_____

_____

_____

_____

_____

_____

Razonamiento crítico

7 Aplica ¿Qué pueden hacer las personas para que los recursos no renovables duren más tiempo?

_____

_____

_____

_____

Usa el dibujo para responder las siguientes preguntas.

8 Analiza ¿Qué transformaciones de energía ocurren en la ilustración?

_____

_____

_____

9 Infiere ¿Qué tipo de energía, que no es útil, libera la linterna cuando está encendida?

_____

_____

10 Relaciona Imagina que las pilas de la linterna son recargables. ¿Qué transformación de energía tendría que ocurrir para recargar las pilas?

_____

_____

_____

_____

Mis apuntes

Las fuentes de energía no renovables

La energía que ilumina esta ciudad y que hace funcionar los vehículos proviene de fuentes de energía. La mayoría de nuestras fuentes de energía se consumen más rápidamente de lo que tardan los procesos naturales en reemplazarlas.

PREGUNTA ESENCIAL

¿Cómo usamos las fuentes de energía no renovables?

Cuando termines esta lección, podrás describir cómo los seres humanos usan las fuentes de energía y el papel que juegan las fuentes de energía no renovables en la sociedad.

TEKS **6.7A** investigue y discuta sobre las ventajas y desventajas de usar diferentes recursos, tales como carbón mineral, petróleo, gas natural, energía nuclear, biomasa, viento, energía hidroeléctrica, geotérmica y solar

Actividades de laboratorio de la lección

Actividades rápidas de laboratorio
- Carbón: Debatir sobre su uso
- Representar recursos no renovables
- Representar la fisión nuclear
- Necesidades energéticas basadas en el uso de petróleo y gas natural

Ponte a pensar

1 Identifica Ordena los siguientes grupos de letras para hallar las sustancias que son fuentes no renovables.

RÓACNB _____

AGS AUNTRLA _____

NORIAU _____

ÓTPELERO _____

2 Describe Escribe una leyenda para esta foto.

_____

_____

_____

_____

Lectura con propósito

3 Sintetiza Muchas de las palabras del español provienen de otros idiomas. Usa la siguiente palabra del latín para sacar una conclusión lógica sobre el significado de la palabra *fisión*.

Palabra del latín	Significado
fissus	separar

Oración de ejemplo
El núcleo de un átomo puede experimentar una <u>fisión</u>.

fisión: _____

_____

_____

Términos de vocabulario

- fuente de energía
- combustible fósil
- energía nuclear
- fisión

4 Identifica Esta lista contiene los términos de vocabulario que aprenderás en esta lección. Mientras lees, encierra en un círculo la definición de cada término.

¡Usa fuentes!

¿Cuáles son los dos tipos principales de fuentes de energía no renovables?

Una **fuente de energía** es un recurso natural que utilizan los seres humanos para generar energía. Estas fuentes pueden ser renovables o no renovables. Las *fuentes renovables* son aquellas que son reemplazadas por procesos naturales al menos tan rápido como se las consume. Las *fuentes no renovables* se consumen más rápidamente de lo que se las puede reemplazar. La mayor parte de la energía que se usa en los Estados Unidos proviene de fuentes no renovables.

Los combustibles fósiles

Un **combustible fósil** es una fuente de energía no renovable que se forma a partir de restos de organismos que vivieron hace mucho tiempo. Los combustibles fósiles liberan energía cuando se los quema. Esta energía puede transformarse en electricidad o usarse para hacer funcionar motores. Los combustibles fósiles son las fuentes de energía que se usan con más frecuencia porque es relativamente poco costoso hallar y procesar este tipo de recursos.

Los combustibles nucleares

La energía que se libera cuando los núcleos de los átomos se dividen o se combinan se llama **energía nuclear**. Esta energía puede obtenerse mediante dos tipos de reacciones nucleares: la fusión y la fisión. Las centrales nucleares actuales usan la fisión porque todavía no existe la tecnología necesaria para crear centrales que generen energía por medio de la fusión. El combustible nuclear más común es el uranio. El uranio se obtiene mediante la extracción y el procesamiento de la pepita de uranio, que es un recurso no renovable.

Práctica matemática

Inténtalo

Fuentes de energía no renovables consumidas en los EE.UU. en 2009

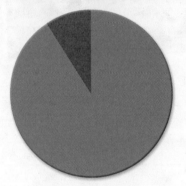

- Combustibles fósiles 90.37%
- Combustible nuclear 9.63%

5 Calcula En el año 2009, 86.8 mil billones de BTU de la energía usada en los Estados Unidos se produjeron a partir de fuentes de energía no renovables. Usa la gráfica de arriba para calcular qué cantidad de esta energía se produjo a partir de combustible nuclear.

6 Compara Completa el diagrama de Venn para comparar y contrastar los combustibles fósiles y los combustibles nucleares.

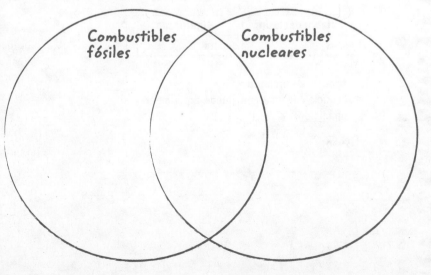

Combustibles fósiles

Combustibles nucleares

¿Cuáles son los tres tipos principales de combustibles fósiles?

Todos los seres vivos contienen el elemento carbono. Los combustibles fósiles se forman a partir de restos de organismos vivos, por lo que también contienen carbono. La mayor parte de este carbono se encuentra en forma de hidrocarburos, que son compuestos formados por hidrógeno y carbono. Los combustibles fósiles pueden ser líquidos, gases o sólidos. Entre ellos se encuentran el petróleo, el gas natural y el carbón.

Lectura con propósito 7 **Identifica** Mientras lees, subraya el estado de la materia para cada combustible fósil.

El petróleo

El petróleo, o *petróleo crudo*, es una mezcla líquida de compuestos complejos de hidrocarburos. El petróleo crudo se extrae del suelo por medio de la perforación petrolera y luego se procesa para ser utilizado. Este proceso, llamado *refinamiento*, separa el petróleo crudo en diferentes productos, como la gasolina, el queroseno y el gasóleo. Más del 35% de la energía del mundo proviene de productos derivados del petróleo crudo. También se usa para fabricar productos como la tinta, la goma de mascar y los plásticos.

Este petróleo crudo se refinará para transformarlo en gasolina, gasóleo, aceite para calefacción, queroseno y otros productos.

El gas natural

El gas natural es una mezcla de hidrocarburos gaseosos. La mayor parte del gas natural se usa para la calefacción y para cocinar, pero una parte se usa para generar electricidad. Además, algunos vehículos usan gas natural como combustible.

El gas metano es el componente principal del gas natural. El gas butano y el propano también pueden separarse del gas natural. El butano y el propano se usan como combustible en las estufas portátiles y también en las parrillas para cocinar al aire libre. En algunas viviendas rurales, se usa el gas propano como combustible para la calefacción.

El gas natural es un combustible que se usa mucho para cocinar porque es poco costoso.

El carbón

El combustible fósil más usado para generar energía eléctrica es un material sólido llamado carbón. Se usaba para calentar las casas y para el transporte. De hecho, en el siglo XIX y a comienzos del siglo XX, muchos trenes tenían locomotoras a vapor, que quemaban carbón. Hoy en día, en los medios de transporte se usa la gasolina como combustible, pero más de la mitad de la electricidad de nuestro país proviene de centrales eléctricas que queman carbón.

El carbón es un combustible fósil que se usa comúnmente para generar electricidad.

¿Cómo se forman los combustibles fósiles?

¿Cómo podría relacionarse un día soleado de hace 200 millones de años con tu vida actual? Si fuiste a la escuela en autobús o en carro, probablemente hayas usado la energía de la luz solar que calentó la Tierra tanto tiempo atrás.

Los combustibles fósiles se forman a lo largo de millones de años a partir de los restos enterrados de organismos antiguos. Los combustibles fósiles difieren según los tipos de organismos que les dan origen y la manera en que se forman. Además, este es un proceso continuo. Los combustibles fósiles que se están formando hoy en día estarán disponibles para su uso ¡en algunos millones de años!

El petróleo y el gas natural se forman a partir de organismos marinos

El petróleo y el gas natural se forman principalmente a partir de restos de organismos marinos microscópicos. Cuando estos organismos mueren, sus restos se hunden y se depositan en el suelo oceánico. Allí, los sedimentos entierran gradualmente a los organismos muertos. Los sedimentos son compactados por más capas de organismos muertos y sedimentos. Con el tiempo, las capas de sedimento se convierten en capas de roca.

Durante millones de años, el calor y la presión convierten los restos de los organismos en petróleo y gas natural. El petróleo y el gas natural, junto con el agua subterránea, fluyen dentro de los poros de la roca. Una roca que tiene poros es una *roca permeable*. Las rocas permeables se convierten en represas donde el petróleo y el gas natural quedan atrapados y concentrados a lo largo del tiempo. Los seres humanos pueden extraer los combustibles de estas represas.

Piensa libremente · Investigación

8 Haz una investigación Escribe un resumen sobre las ventajas y las desventajas de usar carbón, petróleo, gas natural y energía nuclear.

La formación del petróleo y del gas natural

1 Los organismos marinos microscópicos mueren y se depositan en el fondo del mar.

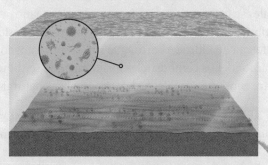

2 Las capas de sedimento entierran lentamente los organismos marinos muertos.

3 El calor y la presión que actúan sobre estas capas convierten lentamente los restos de estos organismos en petróleo y gas natural.

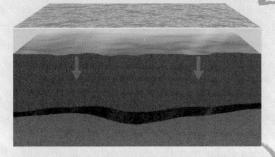

4 El petróleo y el gas natural fluyen a través de rocas permeables, donde quedan atrapados y se concentran en represas.

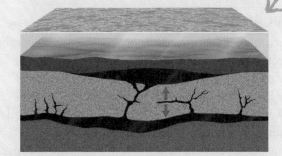

La formación del carbón

1 Turba Las plantas de una ciénaga que están en descomposición se hunden y se convierten en turba.

2 Lignito A medida que el sedimento entierra la turba, el aumento de la temperatura y de la presión convierten la turba en lignito.

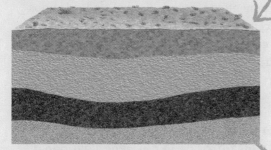

3 Carbón bituminoso A medida que el sedimento se deposita, el aumento de la temperatura y de la presión convierte el lignito en carbón bituminoso.

4 Antracita A medida que se acumulan los sedimentos y aumentan la temperatura y la presión, el carbón bituminoso se convierte en antracita.

El carbón se forma a partir de restos de plantas

Lectura con propósito **9 Identifica** Mientras lees, subraya los factores que convierten a las plantas enterradas en carbón.

El carbón se forma a lo largo de millones de años a partir de restos de plantas de ciénagas. Cuando las plantas mueren, se hunden hasta el fondo de la ciénaga. Los bajos niveles de oxígeno que hay en el agua evitan que muchas plantas se descompongan y permiten que comience el proceso de formación del carbón. Es posible que las plantas de las ciénagas actuales se conviertan en carbón en millones de años.

El primer paso en la formación de carbón es la transformación de la materia vegetal en turba. La turba se compone principalmente de materia vegetal y agua. La turba no es carbón. En algunos lugares del mundo, la turba se deseca y se quema para obtener calor o se usa como combustible. La turba enterrada por capas de sedimento puede convertirse en carbón después de millones de años.

Con el tiempo, la presión y las altas temperaturas expulsan el agua y los gases de la turba. La turba se vuelve cada vez más dura y su contenido de carbono aumenta. La cantidad de calor y presión determina el tipo de carbón que se forma. Primero se forma el lignito, luego el carbón bituminoso y, por último, la antracita. La antracita es muy valiosa porque tiene el contenido de carbono más alto y libera la mayor cantidad de energía en forma de calor cuando se la quema.

Actualmente, los tres tipos de carbón se extraen de minas de todo el mundo. Cuando el carbón se quema, libera energía en forma de calor y contamina el aire. Cuanto mayor es el contenido de carbono del carbón, menor es la cantidad de contaminantes que se liberan y más limpia es la forma en que se quema el carbón.

Visualízalo

10 Compara ¿En qué se parecen la formación del petróleo y la formación del carbón? ¿En qué se diferencian?

_____
_____
_____
_____
_____
_____

¡Qué energía!

¿Cómo se usan los combustibles fósiles como fuente de energía?

11 Identifica Mientras lees, subraya los usos de los combustibles fósiles.

En los Estados Unidos, los combustibles a base de petróleo se usan principalmente para el transporte y la calefacción. Los aviones, trenes, barcos y carros usan petróleo para obtener energía. Algunas personas también usan petróleo como combustible para la calefacción. En los Estados Unidos, hay algunas centrales eléctricas que funcionan con petróleo, pero la mayoría se encuentra en otras partes del mundo.

El gas natural también puede usarse como combustible para los medios de transporte, pero principalmente se usa para la calefacción y para cocinar. El uso de gas natural como fuente de energía eléctrica es cada vez mayor. El Departamento de Energía de los Estados Unidos prevé que la mayoría de las centrales eléctricas usarán gas natural en un futuro cercano. Hoy en día, en los Estados Unidos se usa principalmente carbón para generar la electricidad que usamos para la iluminación, los aparatos eléctricos y los dispositivos tecnológicos.

Visualízalo

El carbón se quema y calienta el agua para producir vapor. El vapor hace girar las turbinas para generar electricidad. Las unidades desulfuradoras y los filtros de la chimenea ayudan a reducir la contaminación del aire.

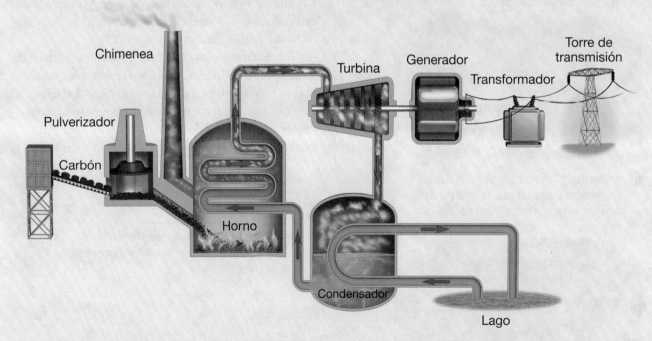

Central eléctrica que funciona con carbón

¿Cómo se produce energía con los combustibles nucleares?

Durante la **fisión**, los núcleos de los átomos radiactivos se dividen en dos o más fragmentos. Una pequeña partícula llamada neutrón golpea y divide un átomo. En este proceso, se liberan grandes cantidades de energía en forma de calor y radiación. La fisión también libera más neutrones que bombardean otros átomos. El proceso se repite como una reacción en cadena. La fisión se lleva a cabo dentro del núcleo de un reactor. Las varas de combustible que contienen uranio, que se muestran en verde a continuación, proporcionan el material necesario para que ocurra la reacción en cadena. También hay varas de control que absorben los neutrones y se utilizan para regular la reacción en cadena. La energía que se libera se usa para generar energía eléctrica. Un sistema de reactor cerrado contiene la radiactividad y los desechos nucleares se almacenan por separado para su eliminación.

Durante las reacciones nucleares, se libera energía en forma de calor, que convierte el agua en vapor. El vapor hace girar las turbinas para generar electricidad.

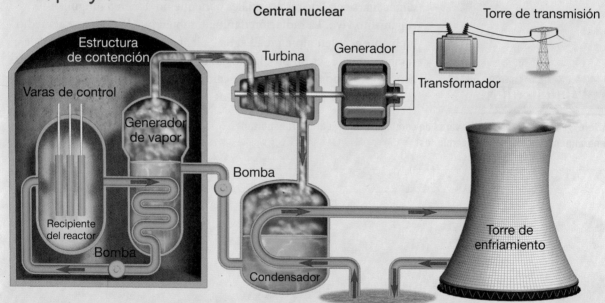

12 **Compara** ¿En qué se parecen los dos tipos de centrales? ¿En qué se diferencian?

Semejanzas

_____

_____

_____

_____

Diferencias

_____

_____

_____

_____

Ventajas y desventajas

¿Cómo podemos evaluar las fuentes de energía no renovables?

Cuando se usan fuentes de energía no renovables, hay ventajas y desventajas. Las fuentes no renovables proporcionan gran parte de la energía que los seres humanos necesitan para hacer funcionar los medios de transporte, para calentar las casas y para generar electricidad a un costo relativamente bajo. Sin embargo, los métodos utilizados para acceder a esas fuentes y usarlas pueden tener efectos negativos en el medio ambiente.

Ventajas y desventajas del combustible nuclear

La fisión nuclear produce una gran cantidad de energía y no contamina el aire porque no se quema ningún combustible. Además, la extracción de uranio tampoco implica la creación de enormes minas a cielo abierto ni una gran pérdida de hábitats.

Sin embargo, la energía nuclear presenta inconvenientes. Las centrales nucleares producen desechos peligrosos que permanecen radiactivos durante miles de años. Por lo tanto, estos desechos deben almacenarse en lugares especiales para que no dañen a ningún organismo vivo. La radiación dañina también puede liberarse al medio ambiente accidentalmente. El agua caliente que libera la central nuclear también puede ser un problema, dado que puede afectar los ecosistemas acuáticos. Es por eso que el agua caliente debe enfriarse antes de verterse en las masas de agua del lugar.

14 Infiere ¿Por qué crees que las varas de combustible nuclear se transportan generalmente en tren y no en camiones?

_____

_____

Las varas de combustible nuclear usadas deben transportarse en contenedores de acero fabricados especialmente con este fin.

Ventajas y desventajas de los combustibles fósiles

Es relativamente poco costoso conseguir y usar combustibles fósiles. Sin embargo, el uso de estos combustibles trae varios problemas. La quema de carbón puede liberar dióxido de azufre, que se combina con la humedad del aire y produce lluvia ácida. La lluvia ácida daña estructuras y el medio ambiente. La extracción de carbón también perturba los hábitats, disminuye las capas freáticas y contamina el agua.

También existen problemas ambientales relacionados con el uso del petróleo. En 2010, después de la explosión de un pozo petrolero, se derramaron aproximadamente 200 millones de galones de petróleo crudo en el golfo de México durante 86 días. Las consecuencias ambientales quizá continúen durante años.

La quema de combustibles fósiles puede generar esmog, en especial en las ciudades que tienen millones de vehículos. El esmog es una neblina de color café que puede provocar problemas respiratorios y contribuye a generar lluvia ácida. La quema de combustibles fósiles también libera dióxido de carbono a la atmósfera. El aumento de dióxido de carbono en la atmósfera puede provocar el calentamiento global.

En algunos casos, el carbón se extrae eliminando la parte superior de las montañas para dejarlo al descubierto. Esto daña hábitats y también puede contaminar el agua.

15 **Debate** En la siguiente tabla, enumera las ventajas y las desventajas de usar energía nuclear y combustibles fósiles para debatir con la clase.

Tipo de energía	Ventajas	Desventajas
energía nuclear		
combustibles fósiles (carbón, petróleo y gas natural)		

Resumen visual

Para completar este resumen, marca el recuadro que indica verdadero o falso. Luego usa la clave para comprobar tus respuestas. Puedes usar esta página para repasar los conceptos principales de la lección.

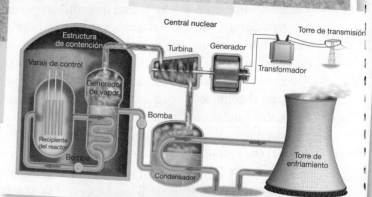

El combustible nuclear es una fuente de energía que atraviesa el proceso de fisión para liberar energía apta para el uso humano.

	V	F	
16	☐	☐	Generalmente se usa uranio como combustible en la fisión nuclear.
17	☐	☐	Una desventaja de la fisión nuclear es que solamente produce una pequeña cantidad de energía.

Las fuentes de energía no renovables

La mayor parte de la energía que se usa actualmente proviene de combustibles fósiles, que incluyen el petróleo, el gas natural y el carbón.

	V	F	
18	☐	☐	El gas natural se forma a partir de organismos marinos microscópicos.
19	☐	☐	La mayoría de los combustibles que se usan para los medios de transporte son derivados del carbón.
20	☐	☐	La quema de combustibles fósiles disminuye la cantidad de dióxido de carbono de la atmósfera.

Respuestas: 16 Verdadero; 17 Falso; 18 Verdadero; 19 Falso; 20 Falso

21 **En pocas palabras** Identifica las ventajas y las desventajas de los combustibles fósiles y de los combustibles nucleares.

Repaso de la lección

Vocabulario

Escribe el término correcto en los espacios en blanco para completar las siguientes oraciones.

1 El/La _____ es energía que hay en el núcleo de un átomo.

2 El petróleo crudo es un tipo de _____ líquido.

3 Los/Las _____ pueden ser renovables o no renovables.

4 Durante el proceso de _____, los núcleos de los átomos radiactivos se dividen en dos o más núcleos más pequeños.

Conceptos clave

5 Describe Describe cómo los combustibles fósiles se convierten en energía utilizable.

_____

_____

_____

6 Ordena ¿Cuál de las siguientes secuencias de procesos describe mejor la forma en que se genera electricidad en una central nuclear?

A Hay una reacción de fisión, se genera vapor, gira la turbina, se genera electricidad, se enfría el agua.

B Se genera vapor, hay una reacción de fisión, gira la turbina, se genera electricidad, se enfría el agua.

C Se enfría el agua, hay una reacción de fisión, se genera vapor, gira la turbina, se genera electricidad.

D Se produce vapor, gira la turbina, se enfría el agua, hay una reacción de fisión, se genera electricidad.

7 Identifica ¿Cuál de las siguientes opciones es un ejemplo de la forma en que las personas usan las fuentes de energía no renovables?

A comer un plátano

B navegar en un velero

C caminar a la escuela

D manejar un carro

Razonamiento crítico

8 Formula una hipótesis ¿Por qué algunos lugares de los Estados Unidos tienen depósitos de carbón pero otros lugares tienen depósitos de petróleo y gas natural?

_____

_____

_____

_____

Usa la gráfica para responder las siguientes preguntas.

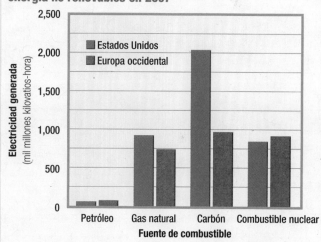

Electricidad generada a partir de fuentes de energía no renovables en 2007

9 Calcula ¿Aproximadamente cuánto más carbón que petróleo se usa para generar electricidad en los Estados Unidos que en Europa occidental?

_____

_____

_____

_____

10 Analiza ¿Qué patrones de uso de las fuentes de energía observas en la gráfica?

_____

_____

_____

_____

Mis apuntes

Debate científico

TEKS **6.3A** analice, evalúe y critique las explicaciones científicas en todos los campos de las ciencias usando la evidencia empírica, el razonamiento lógico y pruebas experimentales y de observación, incluyendo un examen desde todos los ángulos de la evidencia científica de esas explicaciones científicas, de tal manera que se fomente el razonamiento crítico en el estudiante

6.7A investigue y discuta sobre las ventajas y desventajas de usar diferentes recursos, tales como carbón mineral, petróleo, gas natural, energía nuclear, biomasa, viento, energía hidroeléctrica, geotérmica y solar

No todo el conocimiento científico se obtiene de experimentos. También es el resultado de muchas investigaciones, debates y análisis de los riesgos.

Instrucción

Cuando investigues un tema sobre el que hay mucho debate, asegúrate de que tus fuentes cumplan con lo siguiente.

Confiabilidad Las investigaciones confiables fortalecen tu argumento. Los estudios científicos publicados en revistas científicas importantes son revisados por científicos y son más confiables que los estudios que no son revisados.

Falta de parcialidad La parcialidad es la tendencia a favorecer un determinado punto de vista o resultado. Determina si tu fuente favorece un determinado aspecto del tema. Las revistas científicas y las publicaciones universitarias y gubernamentales suelen ser más imparciales que los artículos de revistas, periódicos, blogs y sitios web comerciales.

Conclusiones basadas en hechos Los estudios científicos de las revistas científicas se llaman fuentes primarias. Las fuentes secundarias son informes que explican los descubrimientos de los estudios científicos. Una fuente terciaria es una noticia o un informe de una revista que trata sobre un estudio científico. Si usas una fuente secundaria o terciaria, ¿proporciona referencias a su fuente de información? ¿Contiene información para la que no puedes hallar una fuente? ¿Tiene frases como "Los expertos dicen...", sin proporcionar referencias confiables?

Lee el siguiente pasaje y responde las preguntas.

Ahora es posible extraer gas natural y petróleo de lugares que eran muy difíciles de explotar. El proceso, llamado *fractura hidráulica*, consiste en inyectar grandes cantidades de fluidos a alta presión dentro de capas de esquisto, una roca sedimentaria. El fluido "empuja hacia afuera" el gas o el petróleo atrapado allí y lo hace subir por el pozo hasta la superficie. Un pozo puede tener más de 2.5 km de profundidad (unas 1.5 millas). El fluido hidráulico está compuesto de aproximadamente 90% de agua, 9% de arena y 1% de aditivos. Los aditivos contienen químicos que reducen el crecimiento de las bacterias y la fricción de los equipos de perforación. Sin embargo, existen debates sobre la seguridad y el impacto ambiental del proceso. A algunos les preocupan los efectos potenciales de los aditivos sobre la salud de personas y animales, los niveles de ruido y los volúmenes de tráfico causados por estas operaciones, y la posibilidad de fugas de los fluidos bajo la tierra. Otros sostienen que la perforación es segura, que los fluidos no son un riesgo para la salud, que el gas natural es un combustible más limpio que el carbón o el petróleo y que la fractura hidráulica crea muchos empleos.

Fuentes: *Instituto del Petróleo de los Estados Unidos; empresa Chesapeake Energy; Agencia de Protección Ambiental de los Estados Unidos; Departamento de Energía de los Estados Unidos*

1 Identifica el argumento a favor de la fractura hidráulica.

_____

_____

_____

2 ¿De qué está compuesto el fluido de fractura?

_____

_____

_____

¡Inténtalo!

Imagina que se construirá un pozo de fractura hidráulica cerca de tu comunidad. Quieres aprender más sobre el proceso de fractura hidráulica. Repasa el diagrama y responde las preguntas que siguen como ayuda para comprender el debate.

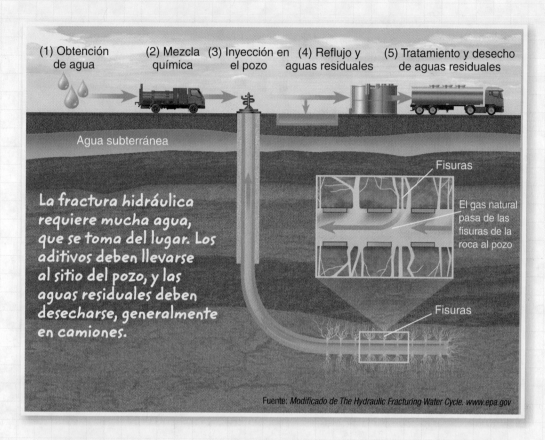

(1) Obtención de agua   (2) Mezcla química   (3) Inyección en el pozo   (4) Reflujo y aguas residuales   (5) Tratamiento y desecho de aguas residuales

Agua subterránea

Fisuras

El gas natural pasa de las fisuras de la roca al pozo

La fractura hidráulica requiere mucha agua, que se toma del lugar. Los aditivos deben llevarse al sitio del pozo, y las aguas residuales deben desecharse, generalmente en camiones.

Fisuras

Fuente: *Modificado de The Hydraulic Fracturing Water Cycle. www.epa.gov*

1 Interpretar gráficas Usa la imagen anterior para explicar el proceso de fractura hidráulica con tus propias palabras.

_____

_____

_____

_____

2 Investigar fuentes ¿Qué información adicional sobre la fractura hidráulica que no se muestra en el diagrama quisieras conocer? ¿Se encuentra esta información en el pasaje de la izquierda?

_____

_____

_____

_____

3 Comunicar ideas ¿Crees que los beneficios de la fractura hidráulica son mayores que los riesgos? Comenta y debate tu posición con un compañero. Completa la siguiente tabla para mostrar los puntos en los que estás de acuerdo y aquellos en los que estás en desacuerdo.

De acuerdo	En desacuerdo

Las fuentes de energía renovables

PREGUNTA ESENCIAL

¿Cómo usan las fuentes de energía renovables los seres humanos?

Cuando termines esta lección, podrás describir cómo los seres humanos usan las fuentes de energía y el papel de las fuentes de energía renovables en la sociedad.

En una ciudad, paneles como estos pueden convertir un techo en desuso en una central de energía solar en miniatura.

TEKS **6.7A** investigue y discuta sobre las ventajas y desventajas de usar diferentes recursos, tales como carbón mineral, petróleo, gas natural, energía nuclear, biomasa, viento, energía hidroeléctrica, geotérmica y solar

Actividades de laboratorio de la lección

Actividades rápidas de laboratorio
• Diseñar una turbina
• Comprender los paneles solares

Actividad de S.T.E.M. de laboratorio
• Ventajas y desventajas de las fuentes de energía renovables
• Representar la energía geotérmica

Ponte a pensar

1 Predice Marca V o F para mostrar si cada enunciado es verdadero o falso.

V	F	
☐	☐	Las fuentes de energía renovables nunca pueden agotarse.
☐	☐	Las fuentes de energía renovables no producen ningún tipo de contaminación.
☐	☐	La energía solar es la fuente de energía renovable más usada en los Estados Unidos.
☐	☐	Las fuentes de energía renovables incluyen la energía solar, la energía eólica y la energía geotérmica.

2 Describe Escribe una leyenda para explicar cómo se utiliza la energía solar en esta foto. Muéstrale tu leyenda a un compañero y coméntala.

_____

_____

_____

_____

_____

Lectura con propósito

3 Sintetiza A menudo puedes definir una palabra desconocida si conoces el significado de las partes que componen la palabra. Usa las partes de la palabra y la siguiente oración para sacar una conclusión lógica sobre el significado de la palabra *geotérmica*.

Parte de la palabra	Significado
geo-	Tierra
térmica	relativa al calor

Oración de ejemplo
Una central geotérmica usa el vapor producido en las profundidades del suelo para generar electricidad.

geotérmica:

_____

_____

_____

Términos de vocabulario

• **fuente de energía**
• **energía eólica**
• **energía hidroeléctrica**
• **energía solar**
• **biomasa**
• **energía geotérmica**

4 Aplica A medida que aprendas la definición de cada término de vocabulario de esta lección, crea tu propia definición o esquema que te ayude a recordar el significado del término.

Déjà vu energético

¿Cuáles son las dos principales fuentes de energía renovables?

Una **fuente de energía** es una fuente natural usada para generar electricidad y otras formas de energía. La mayor parte de la energía que usan los seres humanos proviene de *fuentes no renovables*. Estas fuentes se usan más rápidamente de lo que pueden reemplazarse. Sin embargo, las *fuentes renovables* pueden reemplazarse casi tan rápidamente como se usan. La mayoría de las fuentes de energía renovables provienen del Sol y algunas de la misma Tierra.

El Sol

La energía solar es el resultado de la fusión nuclear. La fusión es el proceso mediante el cual dos o más núcleos se fusionan para formar un núcleo más grande. La fusión produce una gran cantidad de energía, que se libera al espacio en forma de luz y calor.

La energía solar calienta la Tierra, lo que provoca el movimiento de las masas de aire. Las masas de aire en movimiento forman vientos y algunas corrientes oceánicas. La energía solar también genera el crecimiento de las plantas. Los animales obtienen energía cuando comen plantas. Los seres humanos pueden aprovechar la energía del viento, del agua en movimiento, de la materia vegetal y animal, y también pueden aprovechar directamente la energía que proviene de la luz y el calor del Sol.

La Tierra

La energía que está dentro de la Tierra proviene de dos fuentes. Una de las fuentes es la descomposición de los elementos radiactivos del manto y la corteza terrestres, provocados por la fisión nuclear. La fisión es la división de los núcleos de átomos radiactivos. La segunda fuente de energía dentro de la Tierra es la energía que se almacenó durante la formación del planeta. El calor que producen estas fuentes se irradia hacia afuera, a la superficie terrestre. Los seres humanos pueden aprovechar este calor para usarlo como fuente de energía.

---

5 Contrasta Explica qué diferencias hay entre la forma en que se produce la energía en el Sol y la forma en que se produce la energía en el interior de la Tierra.

_____

_____

_____

_____

_____

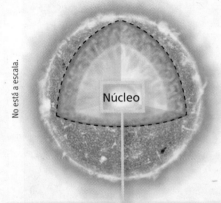

No está a escala.

Núcleo

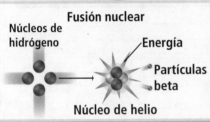

Fusión nuclear

Núcleos de hidrógeno

Energía

Partículas beta

Núcleo de helio

Cuando se fusionan los núcleos atómicos, se libera energía.

No está a escala.

Núcleo

La energía interna de la Tierra proviene del proceso de fisión nuclear y de los sucesos que dieron origen a la Tierra.

¿Cómo puede una fuente de energía renovable transformarse en no renovable?

Todas las fuentes de energía sobre las que aprenderás en esta lección son renovables. Esto no significa que no puedan transformarse en fuentes no renovables. Los árboles, por ejemplo, son una fuente renovable. Algunas personas queman la madera de los árboles para calentar sus casas y cocinar alimentos. Sin embargo, algunos bosques se están talando pero no se los vuelve a reforestar de manera oportuna. Otros se talan y se reemplazan por edificios. Si este proceso continúa, con el tiempo, estos bosques ya no serán considerados fuentes renovables.

6 Aplica Lee la siguiente leyenda. Luego describe qué podría pasar si la comunidad usara demasiada agua de la represa.

_____

_____

_____

_____

7 Distingue ¿Qué diferencias hay entre las fuentes de energía no renovables y las renovables?

_____

_____

_____

_____

Piensa libremente

8 Aplica Escribe una entrevista a una fuente renovable que tiene miedo de transformarse en no renovable. No olvides incluir preguntas y respuestas.

Una comunidad usa esta represa para obtener agua. El dique que está al final de la represa usa el agua en movimiento para generar electricidad para la comunidad.

Gira, gira y gira

¿Cómo usan los seres humanos la energía eólica?

El viento se origina por la forma desígual que tiene el Sol de calentar las masas de aire en la atmósfera terrestre. La **energía eólica** usa la fuerza del aire en movimiento para hacer funcionar un generador eléctrico o para realizar otras tareas. La energía eólica es renovable porque el viento soplará mientras el Sol caliente la Tierra. La energía eólica se aprovecha mediante el uso de máquinas llamadas turbinas eólicas. La electricidad se genera cuando el aire en movimiento hace girar las paletas de la turbina que hacen funcionar un generador eléctrico. Los grupos de turbinas eólicas, llamados parques eólicos, generan grandes cantidades de electricidad.

Aunque la energía eólica es una fuente de energía renovable, tiene varias desventajas. Los parques eólicos solo pueden ubicarse en áreas con grandes cantidades de viento. Además, es costoso producir y mantener el equipo que se requiere para captar y convertir la energía eólica, y la producción y el mantenimiento de ese equipo produce una pequeña cantidad de contaminación. Por otra parte, las paletas de las turbinas pueden ser peligrosas para las aves.

Los molinos de viento, como estos, se han utilizado durante cientos de años para moler granos y bombear aguas superficiales para riego.

Una bomba de agua que funciona con energía eólica puede bombear agua desde las profundidades subterráneas cuando no hay electricidad disponible.

9 Infiere ¿Cuál es el beneficio principal de ubicar estas turbinas en aguas abiertas?

_____

_____

_____

_____

Los parques eólicos son una forma de generar energía limpia porque no contaminan el aire al generar electricidad.

¿Cómo obtienen los seres humanos energía del agua en movimiento?

10 Identifica Subraya el tipo de energía que se puede obtener del agua en movimiento.

Al igual que el viento, el agua en movimiento tiene energía cinética. Desde tiempos remotos, las personas han aprovechado la energía que se produce cuando el agua cae o fluye para hacer funcionar máquinas. Algunos molinos de granos y molinos madereros todavía usan agua para hacer funcionar sus equipos. La energía eléctrica que produce el agua en movimiento se llama **energía hidroeléctrica**. La energía hidroeléctrica es renovable porque el ciclo del agua ocurre gracias al Sol. El agua que se evapora de los océanos y los lagos cae en elevaciones más altas y fluye cuesta abajo hasta arroyos, ríos y cascadas. La energía del agua que fluye se convierte en energía eléctrica cuando hace girar las turbinas conectadas a generadores eléctricos que están dentro del dique.

La energía hidroeléctrica es una buena fuente de energía, pero solo en los lugares donde hay cantidades grandes y confiables de agua en movimiento. Otra desventaja de la energía hidroeléctrica es que es muy costoso construir los diques hidroeléctricos y la tecnología que poseen. Los diques también pueden impedir que los peces se desplacen entre el mar y sus lugares de desove. Deben construirse escaleras especiales para que los peces puedan nadar alrededor del dique.

Visualízalo

11 Explica ¿Cuál es la función del lago que está ubicado detrás del dique en una central hidroeléctrica?

_____

_____

_____

_____

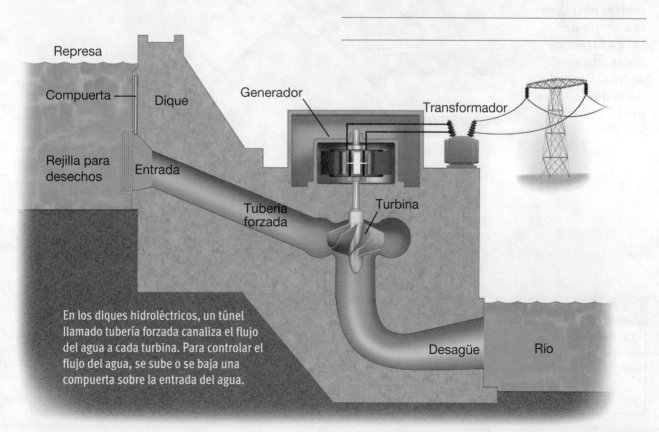

En los diques hidroléctricos, un túnel llamado tubería forzada canaliza el flujo del agua a cada turbina. Para controlar el flujo del agua, se sube o se baja una compuerta sobre la entrada del agua.

Deja que entre el sol

¿Cómo usan los seres humanos la energía solar?

La mayoría de las formas de energía provienen del Sol; incluso los combustibles fósiles comienzan a formarse con el Sol como fuente de energía. La **energía solar** es la energía que la Tierra recibe del Sol en forma de radiación. La energía solar puede usarse para calentar edificios directamente. La energía solar también puede convertirse en electricidad mediante células solares.

Para proporcionar energía en forma de calor

Podemos usar líquidos calentados por el Sol para calentar el agua y para la calefacción de edificios. Algunos líquidos, como el agua, tienen una gran capacidad para absorber y retener el calor. Cuando el líquido absorbe el calor en un colector solar, se puede transferir el calor al agua que circula por un edificio. El agua caliente puede utilizarse para tomar un baño u otros usos domésticos, o bien para calentar el edificio. La única contaminación que generan los sistemas de calefacción solares proviene de la fabricación y el mantenimiento de los equipos. Los sistemas de calefacción solares funcionan mejor en áreas donde hay grandes cantidades de luz solar.

Colector solar

La energía del Sol calienta un líquido que está dentro del colector solar.

Los colectores solares absorben la energía del Sol en forma de calor. El calor se transfiere al agua que circula por la casa.

Agua caliente para uso doméstico

Bomba

El líquido caliente que está dentro de las tuberías que salen del colector solar calienta el agua fría que proviene del suministro de agua.

Calentador de agua de respaldo

Piensa libremente

12 Debate Investiga las ventajas y las desventajas de usar fuentes de energía eólica, de energía hidroeléctrica y de energía solar para hacer un debate en clase.

Para producir electricidad

Los colectores solares también pueden usarse para generar electricidad. Primero, se usa un líquido caliente para producir vapor. Luego el vapor hace girar una turbina que está conectada a un generador eléctrico.

También se puede generar electricidad cuando una célula fotovoltaica absorbe la luz solar. Una sola célula fotovoltaica produce una cantidad pequeña de electricidad, pero la electricidad que se genera a partir de la unión de células fotovoltaicas puede proporcionar energía a cualquier cosa, desde una calculadora hasta comunidades enteras. Para formar cada panel solar, se deben unir muchas células, como se muestra en la central de energía solar de abajo. Las centrales de energía solar deben construirse en lugares que tengan un tamaño adecuado y que reciban abundante luz solar durante todo el año. Estos requisitos aumentan el costo de la energía solar.

Esta calculadora funciona con células solares en vez de con baterías.

14 Infiere En función de la siguiente imagen y de lo que has leído, ¿qué desventaja podría tener el uso de la energía solar para brindar electricidad a una comunidad grande?

_____

_____

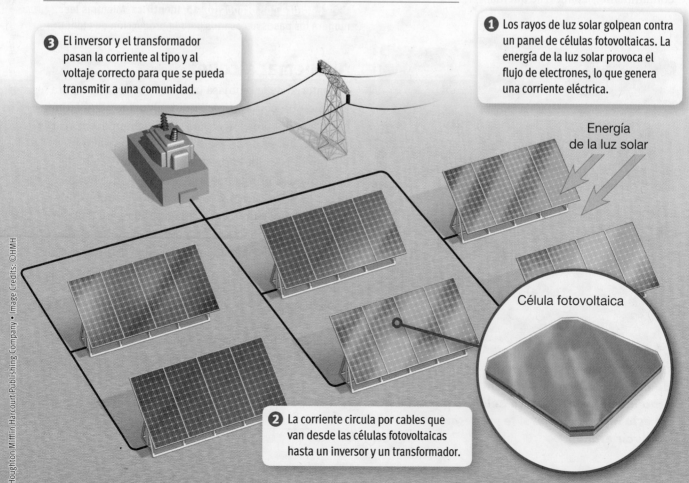

3 El inversor y el transformador pasan la corriente al tipo y al voltaje correcto para que se pueda transmitir a una comunidad.

1 Los rayos de luz solar golpean contra un panel de células fotovoltaicas. La energía de la luz solar provoca el flujo de electrones, lo que genera una corriente eléctrica.

Energía de la luz solar

Célula fotovoltaica

2 La corriente circula por cables que van desde las células fotovoltaicas hasta un inversor y un transformador.

¿Cómo obtienen los seres humanos la energía de los organismos?

Las plantas absorben la energía luminosa del Sol y la convierten en energía química a través de la *fotosíntesis*. Esta energía se almacena en las hojas, el tallo y las raíces. La energía química también está presente en el estiércol de los animales. Estas fuentes de energía conforman la biomasa.

Al quemar biomasa

La **biomasa** es materia orgánica que proviene de plantas y desechos animales y que contiene energía química. La biomasa puede quemarse para liberar energía. Esta energía puede usarse para cocinar alimentos, proporcionar calor o hacer funcionar un motor. Entre las fuentes de biomasa, se encuentran los árboles, los cultivos, los desechos animales y la turba.

La biomasa no es costosa y con frecuencia puede reemplazarse relativamente rápido, por lo que se considera un recurso renovable. Algunos tipos de biomasa se renuevan más lentamente que otros. En algunos lugares donde se usa la turba de manera extensiva, esta tarda tanto tiempo en renovarse que se considera un recurso no renovable. Al igual que los combustibles fósiles, la biomasa genera contaminantes cuando se quema.

Estas bolitas de turba se usarán para generar vapor en la central eléctrica que se ve a lo lejos. El vapor hará girar las turbinas para generar electricidad.

Lectura con propósito **15 Identifica** Mientras lees, numera los pasos necesarios para la producción de etanol.

Al quemar alcohol

El material de la biomasa también puede usarse para producir un combustible líquido llamado etanol, que es un alcohol. Los microbios se alimentan del azúcar o de la celulosa de las plantas. Luego esos microbios liberan dióxido de carbono y etanol. Con 1 acre de maíz pueden producirse más de 1,000 L de etanol. El etanol se recolecta y se quema como combustible. También puede mezclarse con gasolina para fabricar un combustible llamado gasohol. El etanol que se produce con aproximadamente el 40% de una cosecha de maíz en los Estados Unidos ¡proporcionaría tan solo el 10% del combustible que se usa en nuestros carros!

16 Enumera ¿Cuáles son tres ejemplos de cómo se puede usar la biomasa para obtener energía?

_____

_____

_____

Estos camiones están cargados con desechos de caña de azúcar provenientes de la producción de azúcar. La celulosa proveniente de esta materia vegetal se procesará para producir etanol.

© Houghton Mifflin Harcourt Publishing Company • Image Credits: (t) ©Hank Morgan/Photo Researchers, Inc.; (b) ©Christian Tragni/Aurora Photos/Alamy Images

¿Cómo usan los seres humanos la energía geotérmica?

El agua del géiser que se ve en la fotografía se calienta con energía geotérmica. La **energía geotérmica** es la energía producida por el calor del interior de la Tierra. La energía geotérmica calienta las formaciones rocosas que se encuentran bajo tierra. El agua subterránea absorbe este calor y forma aguas termales y géiseres en los lugares donde el agua alcanza la superficie terrestre. La energía geotérmica se usa para generar energía en forma de calor y electricidad.

Para brindar energía en forma de calor

La energía geotérmica puede usarse para calentar y refrigerar edificios. Un sistema de circuito cerrado de tuberías se extiende desde la zona subterránea hasta el sistema de calefacción de una casa o un edificio. El agua que se bombea por estas tuberías absorbe el calor del suelo y se utiliza para calentar el edificio. El agua subterránea caliente también puede bombearse por las tuberías y usarse de una forma similar. En los meses más cálidos, el suelo está más fresco que el aire, por lo que se puede usar este sistema para refrigerar los edificios.

Para generar electricidad

La energía geotérmica también se utiliza para generar electricidad. En áreas donde hay agua subterránea muy caliente, se perforan pozos para permitir que escapen el vapor y el agua caliente. Las centrales de energía geotérmica bombean el vapor o el agua caliente desde el interior de la Tierra para hacer girar las turbinas que generan electricidad, como se muestra a la derecha. Una desventaja de la energía geotérmica es la contaminación que se produce durante la producción de la tecnología necesaria para captar este tipo de energía. También es muy costoso fabricar y mantener esta tecnología.

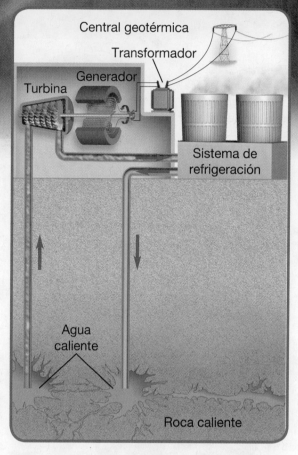

Como el núcleo de la Tierra estará caliente durante miles de millones de años, la energía geotérmica estará disponible durante mucho tiempo.

Piensa libremente

17 Debate Investiga las ventajas y las desventajas de usar biomasa y energía geotérmica para hacer un debate en clase.

Resumen visual

Para completar este resumen, escribe la palabra o la frase correcta en los espacios en blanco. Luego usa la clave para comprobar tus respuestas. Puedes usar esta página para repasar los conceptos principales de la lección.

Las fuentes de energía renovables

La fuente de la energía geotérmica es la energía que proviene del interior de la Tierra.

Núcleo

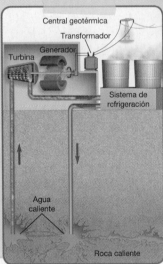

Central geotérmica
Transformador
Generador
Turbina
Sistema de refrigeración
Agua caliente
Roca caliente

La mayoría de las fuentes de energía renovables que utilizan las personas provienen del Sol.

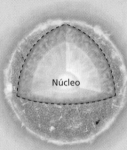

Núcleo

18 En las centrales geotérmicas, se bombea agua caliente o _____ desde el interior de la corteza terrestre para generar electricidad.

19 Entre las fuentes renovables que provienen del Sol, se encuentran _____ _____ _____

Respuestas: 18 vapor; 19 la biomasa, la energía solar, la energía eólica y la energía hidroeléctrica

20 Sintetiza ¿Qué tipo de fuente de energía renovable sería mejor usar para proporcionar electricidad a tu ciudad? Explica tu respuesta.

Repaso de la lección

Vocabulario

Escribe el término correcto en los espacios en blanco para completar las siguientes oraciones.

1 La materia orgánica que contiene energía almacenada se llama _____.

2 Un recurso que los seres humanos pueden usar para generar energía es una _____.

3 La _____ es una fuente de energía que proviene del agua en movimiento.

Conceptos clave

4 Describe Identifica una gran ventaja y una gran desventaja de usar fuentes de energía renovables para generar electricidad.

_____

_____

_____

_____

_____

5 Explica Si las fuentes de energía renovables pueden reemplazarse, ¿por qué es necesario conservarlas? Justifica tu respuesta con un ejemplo.

_____

_____

_____

_____

_____

6 Describe ¿Cuál es la fuente de energía que impulsa el viento y el agua en movimiento?

_____

_____

_____

_____

Razonamiento crítico

Usa la gráfica para responder las siguientes preguntas.

Total de fuentes de energía renovables utilizadas en 2009 en los Estados Unidos

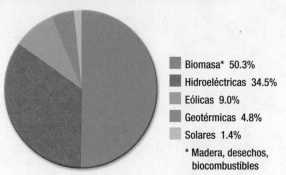

- Biomasa* 50.3%
- Hidroeléctricas 34.5%
- Eólicas 9.0%
- Geotérmicas 4.8%
- Solares 1.4%

* Madera, desechos, biocombustibles

Fuente: Annual Energy Review 2009, Administración de Información de la Energía de los EE.UU.

7 Evalúa ¿Cuál es la fuente de energía renovable más usada en los Estados Unidos? ¿Por qué crees que ocurre esto?

_____

_____

_____

_____

8 Evalúa ¿Cuál es la fuente de energía renovable menos usada en los Estados Unidos? ¿Por qué crees que ocurre esto?

_____

_____

_____

_____

_____

9 Relaciona ¿Cómo se relaciona la producción de biomasa y alcohol con la energía proveniente del Sol?

_____

_____

_____

_____

Mis apuntes

Unidad 5

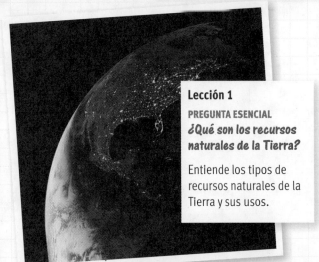

Lección 1

PREGUNTA ESENCIAL

¿Qué son los recursos naturales de la Tierra?

Entiende los tipos de recursos naturales de la Tierra y sus usos.

Lección 2

PREGUNTA ESENCIAL

¿Cómo usamos las fuentes de energía no renovables?

Describe cómo usan los seres humanos las fuentes de energía y el papel que juegan las fuentes de energía no renovables en la sociedad.

Lección 3

PREGUNTA ESENCIAL

¿Cómo usan las fuentes de energía renovables los seres humanos?

Describe cómo usan los seres humanos las fuentes de energía y el papel que juegan las fuentes de energía renovables en la sociedad.

Conectar PREGUNTAS ESENCIALES
Lecciones 2 y 3

1 Aplica ¿Qué tipo de fuentes de energía son más adecuadas para usar en tu área? Explica tus elecciones.

_____

_____

_____

_____

_____

_____

_____

_____

Piensa libremente

2 Sintetiza Elige una de las siguientes actividades como ayuda para sintetizar lo que has aprendido en esta unidad.

☐ Usa lo que aprendiste en las lecciones 1, 2 y 3 para crear una presentación con carteles que compare y contraste un recurso renovable y un recurso no renovable. Comenta al menos una desventaja de cada tipo de recurso.

☐ Usa lo que aprendiste en las lecciones 1 y 2 para escribir un cuento corto sobre un combustible fósil que narre desde la formación del combustible hasta el uso que le dan los seres humanos.

Vocabulario

Marca el recuadro para mostrar si cada enunciado es verdadero o falso.

V	F	
☐	☐	**TEKS 6.7A** **1** El <u>petróleo</u> es un combustible fósil que puede usarse para hacer plásticos.
☐	☐	**2** Una <u>fuente de energía</u> es un recurso que los seres humanos pueden usar para hacer alimentos o bebidas.
☐	☐	**TEKS 6.7A** **3** La <u>energía de biomasa</u> proviene de materia orgánica como la materia vegetal y el estiércol.
☐	☐	**TEKS 6.7A** **4** Un <u>recurso material</u> es un recurso renovable que se usa para hacer objetos.
☐	☐	**TEKS 6.7A** **5** Las rocas, el agua, el aire, los minerales, los bosques, la flora y la fauna y el suelo son ejemplos de <u>recursos naturales</u>.

Conceptos clave

Elige la letra de la respuesta correcta.

TEKS 6.7A

6 ¿Cuál es la fuente original de la energía almacenada en el carbón? (Pista: Paso 1: Recuerda el proceso de formación del carbón. Paso 2: Identifica la fuente original de energía en el proceso. Paso 3: Elige el enunciado que identifique correctamente la fuente original de la energía almacenada en el carbón).

A el viento   **C** las plantas

B el Sol   **D** el suelo

TEKS 6.7A

7 ¿A qué efectos locales y mundiales contribuyen los compuestos químicos liberados por los motores de los carros cuando queman petróleo?

A al esmog y el calentamiento global

B a la niebla y la radiactividad

C a la lluvia ácida y la radiación UV

D al tiempo nublado y la acumulación de ozono

TEKS 6.7A, 6.2E, 6.3B

8 El siguiente diagrama muestra cambios en el núcleo de un átomo.

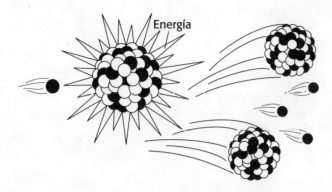

Energía

¿Qué proceso está ocurriendo en el diagrama?

A La energía se libera como consecuencia de la fisión atómica.

B La energía se absorbe como consecuencia de la fisión atómica.

C La energía se libera durante la combustión de un combustible fósil.

D La energía se almacena durante la formación de un combustible fósil.

TEKS 6.7A

9 Algunas veces, un recurso renovable puede ser considerado no renovable porque se lo consume más rápido de lo que se lo puede reponer. ¿Cuál de las siguientes opciones es un ejemplo de esta situación?

A El suministro de carbón disminuye porque tarda millones de años en formarse.

B Los bosques se talan a un ritmo mayor que el de su crecimiento.

C La energía solar se usa para proveer de electricidad a una casa.

D Las precipitaciones de la atmósfera reemplazan el agua de los arroyos.

TEKS 6.7B

10 Como parte de un plan para administrar los recursos naturales, la propietaria de un edificio de apartamentos quiere reducir el consumo general de agua. ¿Cuál de estas recomendaciones podría darles a los inquilinos para que conserven el agua?

A Compren agua potable en la tienda.

B No dejen que corra el agua mientras se cepillan los dientes.

C Báñense solo por la tarde mientras los demás no están.

D Dúchense antes de sumergirse en la piscina.

Nombre _____

11 La ilustración muestra una escena de campamento.

¿Qué conversión de energía se está produciendo en la imagen? (Pista: Paso 1: Identifica el tipo de energía almacenada en la madera. Paso 2: Identifica el tipo de energía que representa el fuego. Paso 3: Elige el enunciado que resume correctamente el tipo de conversión de energía que se está produciendo).

A energía química a energía térmica

B energía nuclear a energía química

C energía eléctrica a energía mecánica

D energía electromagnética a energía química

Respuesta en forma de cuadrícula

Escribe tu respuesta en los recuadros de la cuadrícula y luego rellena el círculo del número correspondiente.

12 Para producir toda la electricidad de los Estados Unidos se usan varios recursos naturales. Algunos son no renovables y otros son renovables. La energía nuclear se usa para producir el 19.9 por ciento de toda la electricidad que se genera en los Estados Unidos, y el 9.3 por ciento se produce con gas natural. La energía hidroeléctrica produce otro 9.2 por ciento, mientras que el petróleo y otras fuentes producen el 2.3 por ciento. El carbón es la fuente de energía que se utiliza para producir el resto de la electricidad que se usa en los Estados Unidos. ¿Qué porcentaje de la electricidad se produce con carbón en los Estados Unidos?

Razonamiento crítico

Responde la siguiente pregunta en el espacio en blanco.

TEKS 6.7B, 6.2E

13 A continuación hay una gráfica de la producción y el uso del petróleo en los Estados
Unidos en el pasado y el presente, y el uso probable en el futuro.

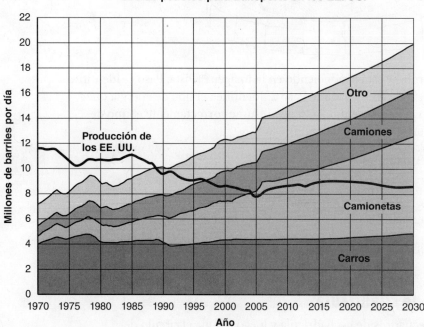

Uso de petróleo para transporte en los EE. UU.

Teniendo en cuenta la producción y el uso actual, ¿qué podrías predecir sobre los
recursos de petróleo? Diseña un plan lógico que podría ayudar a conservar los recursos
de petróleo.

_____

_____

Conectar **PREGUNTAS ESENCIALES**
Lecciones 1 y 3

Responde la siguiente pregunta en el espacio en blanco.

TEKS 6.7A, 6.2E, 6.3A

14 La ilustración muestra la tecnología que se usa para generar energía alternativa.
Menciona un beneficio y una desventaja de usar este tipo de energía.

_____

_____

UNIDAD 6
Los minerales y las rocas

La roca de esta mina de cobre abandonada en Australia tiene muchos colores gracias a los diferentes compuestos de cobre.

La gran idea

Los minerales y las rocas son los componentes básicos de la Tierra y, con el tiempo, pueden cambiar de un tipo de mineral o roca a otro.

¿Qué opinas?

Los minerales y las rocas tienen diversos usos en los productos que usamos a diario. ¿Qué minerales o rocas se extraen por medio de la minería en tu comunidad?

El cobre fue uno de los primeros metales usados por los seres humanos porque se puede encontrar en forma casi pura, como este cobre natural.

Unidad 6

Los minerales y las rocas

LA CIENCIA Y LOS CIUDADANOS

Los recursos minerales

Los minerales y las rocas se extraen de grandes minas o canteras a cielo abierto, o del interior de túneles subterráneos profundos. Estos recursos naturales se usan para construir casas, pavimentar carreteras y fabricar muchos bienes de consumo diario. Algunos recursos minerales comunes son el granito, la piedra caliza y el mármol; la arena y la grava; el yeso; el carbón; y la mena de hierro y de cobre.

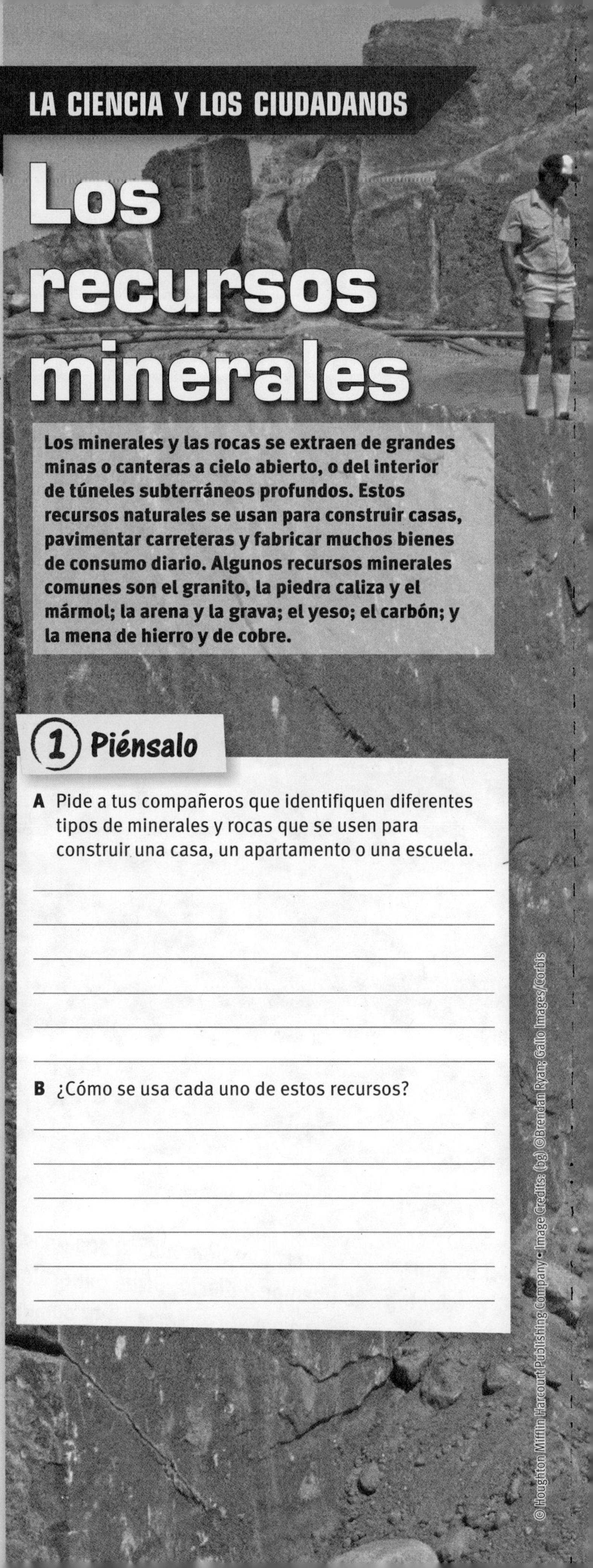

1 Piénsalo

A Pide a tus compañeros que identifiquen diferentes tipos de minerales y rocas que se usen para construir una casa, un apartamento o una escuela.

B ¿Cómo se usa cada uno de estos recursos?

Los mineros deben planificar cuidadosamente cómo extraer grandes bloques o placas de granito de una cantera.

El mármol, que también se extrae de canteras, puede convertirse en hermosas obras de arte.

② Pregunta

¿Qué impacto ambiental produce la extracción de minerales y rocas?

Para abrir una mina, hay que despejar el terreno y remover la tierra y la roca. Investiga cómo afecta la minería al medio ambiente. ¿De qué maneras puede la minería dañar el medio ambiente?

_____

_____

_____

_____

_____

③ Planea

Imagina que se están por iniciar explotaciones mineras cerca del lugar donde vives. Planea dos reglas que te gustaría que la compañía minera cumpliera para proteger el medio ambiente.

_____

_____

_____

_____

_____

_____

_____

Para la casa

En el periódico local o en Internet, busca noticias que mencionen el impacto que produce la minería en el medio ambiente.

Los minerales

PREGUNTA ESENCIAL

¿Qué son los minerales, cómo se forman y cómo pueden identificarse?

Cuando termines esta lección, podrás describir la estructura básica de los minerales e identificar los diferentes minerales de acuerdo con sus propiedades físicas.

Esta caverna alguna vez estuvo llena de agua. Durante millones de años, los minerales disueltos en el agua formaron lentamente estos cristales de yeso, ¡que actualmente se consideran los cristales minerales más grandes del mundo!

TEKS 6.6C haga pruebas de las propiedades físicas de los minerales, incluyendo su dureza, color, brillo y el color que deja al usar el método de la raya

Actividades de laboratorio de la lección

Actividades rápidas de laboratorio
• La tasa de enfriamiento y el tamaño de los cristales
• Prueba de rayado

Actividad de investigación de laboratorio
• Identificar propiedades intrínsecas de minerales

Ponte a pensar

1 Identifica ¿Cuál de los siguientes materiales es un mineral?

Sí	No	
☐	☐	hielo
☐	☐	oro
☐	☐	madera
☐	☐	diamante
☐	☐	sal de mesa

2 Explica Describe cómo crees que se pudieron haber formado los minerales de la siguiente foto.

_____

_____

_____

Lectura con propósito

3 Sintetiza Muchos de los términos de vocabulario de esta lección están relacionados entre sí. Ubica los términos en el Glosario y trata de encontrar conexiones entre ellos. Cuando encuentres dos términos que se relacionen entre sí, escribe una oración usando ambos términos de manera tal que se demuestre la relación. Aquí tienes un ejemplo.

Oración de ejemplo
Cada elemento está compuesto por una sola clase de átomo.

_____

_____

_____

Términos de vocabulario

• mineral   • cristal
• elemento   • veta
• átomo   • brillo
• compuesto   • exfoliación
• materia

4 Aplica A medida que aprendas la definición de cada término de vocabulario de esta lección, crea tu propia definición o esquema que te ayude a recordar el significado del término.

¿Animal, vegetal

¿Qué tienen en común los minerales?

Cuando escuchas la palabra *mineral*, tal vez imaginas gemas brillantes. Sin embargo, en realidad, la mayoría de los minerales se encuentran en grupos que forman rocas. Entonces, ¿qué es un mineral? Un **mineral** es un sólido natural, normalmente inorgánico, que tiene una estructura cristalina y una composición química definidas.

Una composición química definida

Para comprender lo que es una composición química definida, debes saber un poco acerca de los elementos. Los **elementos** son sustancias puras que no se pueden descomponer en sustancias más simples por medio de métodos químicos comunes. Cada elemento está formado por una sola clase de átomo. Todas las sustancias están formadas por átomos; por lo tanto, los **átomos** pueden considerarse componentes básicos de la materia. Las partículas estables que están formadas por átomos fuertemente enlazados se denominan *moléculas*. Y, si una sustancia está formada por moléculas de dos o más elementos, la sustancia se denomina **compuesto**.

La composición química de un mineral está determinada por el elemento o el compuesto que forma el mineral. Por ejemplo, los minerales como el oro y la plata están formados por un solo elemento. Este tipo de mineral se denomina *elemento nativo*. El cuarzo es un mineral compuesto en el que cada átomo de silicio puede combinarse con hasta cuatro átomos de oxígeno en un patrón que se repite.

Investigación

5 Sintetiza ¿Qué relación hay entre los elementos, los átomos y los compuestos?

_____

_____

_____

_____

Son sólidos

Todo lo que tiene volumen y masa es **materia**. El *volumen* es el espacio que ocupa un objeto. Por ejemplo, una pelota de golf tiene un volumen menor que una pelota de béisbol. Por lo general, la materia se encuentra en uno de tres estados: sólido, líquido o gaseoso. Un mineral es un elemento sólido, es decir, tiene una forma y un volumen definidos. Una sustancia líquida o gaseosa no es un mineral. Sin embargo, en algunos casos, la forma sólida de esa sustancia es un mineral. Por ejemplo, el agua líquida no es un mineral, pero el hielo sí lo es porque es sólido y también tiene todas las demás características de los minerales.

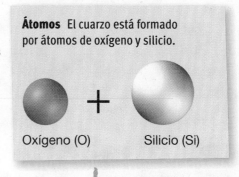

Átomos El cuarzo está formado por átomos de oxígeno y silicio.

Oxígeno (O)   Silicio (Si)

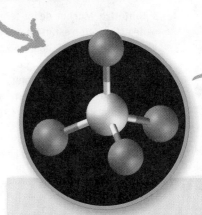

Compuesto En general, un átomo de silicio puede combinarse con hasta cuatro átomos de oxígeno y formar una molécula. Una o más de estas moléculas forman un compuesto.

o mineral?

Por lo general, son inorgánicos

La mayoría de las sustancias que provienen de los seres vivos se clasifican como sustancias orgánicas, como los cálculos renales y la madera. Sin embargo, algunas sustancias que provienen de los animales, como las conchas de las almejas, son inorgánicas. Por lo general, una sustancia inorgánica es aquella que no está compuesta por seres vivos ni por restos de seres vivos. Y, a pesar de que algunas sustancias orgánicas, como los cálculos renales, se clasifican como minerales, la mayoría de los minerales son inorgánicos. A diferencia de lo que ocurre con las conchas de las almejas, en general, la mayoría de los procesos por los cuales se forman los minerales pertenecen al ambiente no vivo.

Tienen una estructura cristalina

Los minerales tienen una estructura cristalina porque están formados por cristales. Un **cristal** es una figura geométrica sólida formada por átomos o moléculas que se ordenan en un patrón repetitivo. La forma de un cristal depende de la disposición de los átomos o las moléculas. Esta disposición está determinada por las clases de átomos o de moléculas que componen el mineral y por las condiciones en las que éste se forma. Todos los minerales pueden pertenecer a una clase de cristal según su forma de cristal específica. Este diagrama muestra la organización de los compuestos de sílice en cristales de cuarzo.

Son de origen natural

Los minerales se forman por medio de muchos procesos naturales que se producen en la Tierra y en todo el universo. En la Tierra, el mineral halita, que se usa como sal de mesa, se forma cuando el agua se evapora y deja la sal que contenía. Algunos minerales se forman cuando se enfría la roca fundida. El talco, un mineral que puede usarse para fabricar talco para bebés, se forma en las profundidades de la Tierra cuando la temperatura y la presión elevadas modifican la roca. En la página siguiente se mencionan algunas de las otras maneras en que se forman los minerales.

---

6 Clasifica Encierra en un círculo la *S* (sí) o la *N* (no) para indicar si los siguientes dos materiales son minerales.

	Cartón	Topacio
¿Composición química definida?	S (N)	(S) N
¿Sólido?	S N	(S) N
¿Inorgánico?	S N	S N
¿De origen natural?	S N	S N
¿Estructura cristalina?	S (N)	S N
¿Mineral?	S N	S N

Estructura de cristal En los cristales, la organización de las moléculas sigue un patrón regular.

Cristal mineral Estos cristales de cuarzo están formados por miles de millones de moléculas dispuestas en una estructura cristalina.

Lección 1 Los minerales   **339**

¡Claro como el cristal!

¿Cómo se forman los minerales?

Los minerales se forman dentro de la Tierra o sobre la superficie terrestre por medio de procesos naturales. Recuerda que cada tipo de mineral tiene su propia composición química. Por lo tanto, los elementos presentes en un área determinarán en parte qué minerales se formarán allí. La temperatura y la presión también influyen en el tipo de minerales que se forman.

Cuando el magma y la lava se enfrían

Muchos minerales se forman a partir del magma. El magma, o roca fundida en el interior de la Tierra, contiene la mayoría de los tipos de átomos que componen los minerales. Cuando el magma se enfría, los átomos se unen y forman diferentes minerales. Los minerales también se forman a medida que la lava se enfría. La lava es la roca fundida que ha llegado a la superficie terrestre. El cuarzo es uno de los tantos minerales que se forman como resultado de la cristalización del magma y de la lava.

👁 Visualízalo

7 Compara ¿En qué se parecen las maneras en que se forman los minerales plutón y pegmatita?

_____

_____

_____

Por medio del metamorfismo

Algunos minerales se forman cuando la temperatura y la presión del interior de la Tierra hacen que los enlaces entre los átomos se rompan y vuelvan a unirse con otros átomos. El mineral granate puede formarse y reemplazar los minerales clorita y cuarzo de esta manera. A temperaturas y presiones elevadas, el elemento carbono que está presente en las rocas da origen al mineral diamante o al mineral grafito, que se usa en la producción de lápices.

El magma que se enfría forma plutones A medida que el magma sube, puede detenerse y enfriarse lentamente. Así, se forman rocas como este granito, que contiene minerales como el cuarzo, la mica y el feldespato.

El magma que se enfría forma pegmatitas El magma que se enfría muy lentamente puede formar pegmatitas. Algunos cristales de las pegmatitas, como este topacio, pueden ser bastante grandes.

Metamorfismo Algunos minerales, como estos granates, se forman cuando la temperatura y la presión cambian la composición química y cristalina de los minerales.

A partir de soluciones

Por lo general, el agua contiene muchas sustancias disueltas. A medida que el agua se evapora, estas sustancias se solidifican y se separan de la solución, o *precipitan*. Por ejemplo, el mineral yeso generalmente se forma cuando el agua se evapora. Los minerales también pueden formarse a partir de soluciones de agua caliente. El agua caliente puede disolver más materiales que el agua fría. Cuando una masa de agua caliente se enfría, las sustancias disueltas pueden unirse y formar minerales, como la dolomita, a medida que precipitan de la solución.

8 En pocas palabras Describe tres maneras en que se forman los minerales.

A _____

_____

B _____

_____

C _____

_____

Precipitado de una solución que se evapora Cuando una masa de agua salada se evapora, los minerales como esta halita se precipitan y quedan en la orilla.

Precipitado de una solución que se enfría sobre la superficie terrestre Los materiales disueltos pueden separarse de una solución y acumularse. La dolomita puede formarse de esta manera.

Precipitado de una solución que se enfría debajo de la superficie terrestre El agua se abre camino hacia abajo y se calienta debido al magma. Luego reacciona en contacto con los minerales y forma una solución. Los elementos disueltos, como el oro, se precipitan una vez que el líquido se enfría y forman nuevos depósitos minerales.

Piensa libremente

9 Aplica Investiga cuál es el mineral de tu estado y cómo se forma.

A ordenar

¿Cómo se clasifican los minerales?

La clasificación más común de los minerales se basa en su composición química. Los minerales se dividen en dos grupos según su composición. Estos grupos son los silicatos y los no silicatos.

Minerales silicatos

El silicio y el oxígeno son los dos elementos más comunes de la corteza terrestre. Los minerales que contienen una combinación de estos dos elementos se denominan *silicatos*. Los silicatos forman la mayor parte de la corteza terrestre. Los más comunes son el feldespato y el cuarzo. La mayoría de los silicatos se forman a partir de componentes básicos denominados *tetraedros de silicato*. Los tetraedros de silicato están compuestos por un átomo de silicio enlazado a cuatro átomos de oxígeno. La mayor parte de los silicatos, incluidos la mica y el olivino, están compuestos por tetraedros de silicato combinados con otros elementos, como el aluminio o el hierro.

Lectura con propósito 10 **Explica** ¿Por qué la corteza terrestre está compuesta principalmente por silicatos?

_____

_____

El circón es un mineral silicato. Está compuesto por el elemento circonio y tetraedros de silicato.

Minerales no silicatos

Los minerales que no contienen el componente tetraedro de silicato forman el grupo de los *no silicatos*. Algunos de estos minerales están formados por elementos como el carbono, el oxígeno, el flúor, el hierro y el azufre. La tabla de la página siguiente muestra las clases más importantes de no silicatos. La composición química de un no silicato determina su clase.

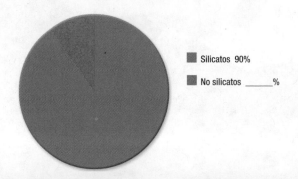

Práctica matemática ¡Inténtalo!

11 **Calcula** Calcula el porcentaje de no silicatos que hay en la corteza terrestre y completa la leyenda de la gráfica.

Minerales de la corteza terrestre

- Silicatos 90%
- No silicatos _____%

Clases de minerales no silicatos

Los **elementos nativos** son minerales formados por un solo elemento. Dos ejemplos son el cobre (Cu) y la plata (Ag). Los elementos nativos a menudo se usan para fabricar aparatos electrónicos.

Plata, Ag

Los **carbonatos** son minerales que contienen carbono (C) y oxígeno (O) en forma del ión carbonato CO_3^{2-}. Usamos carbonatos en el cemento, las piedras de construcción y los fuegos artificiales.

Calcita, $CaCO_3$

Los **haluros** son compuestos que se forman cuando elementos como el flúor (F) y el cloro (Cl) se combinan con elementos como el calcio (Ca). Los haluros se usan en la industria química y en detergentes.

Fluorita, CaF_2

Los **óxidos** son compuestos que se forman cuando un elemento, como el aluminio (Al) o el hierro (Fe), se combina con oxígeno. Los óxidos se usan para fabricar productos abrasivos, partes de aviones y pintura.

Corindón, Al_2O_3

Los **sulfatos** son minerales que contienen azufre (S) y oxígeno (O) en forma del ión sulfato SO_4^{2-}. Los sulfatos se usan en productos cosméticos, pasta de dientes, cemento y pintura.

Barita, $BaSO_4$

Los **sulfuros** son minerales que contienen uno o más elementos, como plomo (Pb) o hierro (Fe), combinados con azufre (S). Los sulfuros se usan para fabricar baterías y medicamentos.

Pirita, FeS_2

Visualízalo

12 Clasifica Examina las fórmulas químicas de los dos minerales de la derecha. Clasifica los minerales como silicatos o no silicatos. Si es un no silicato, escribe también su clase.

Yeso, $CaSO_4 \cdot 2H_2O$ Cianita, Al_2SiO_5

¿Qué mineral es?

¿Qué propiedades se pueden usar para identificar los minerales?

Si cerraras los ojos y probaras diferentes alimentos, probablemente podrías identificarlos prestando atención a propiedades como la salobridad o el dulzor. También puedes identificar un mineral si consideras diferentes propiedades. En esta sección, aprenderás las propiedades que te ayudarán a identificar los minerales.

El color

El mismo mineral puede ser de diferentes colores. Por ejemplo, el cuarzo puro es incoloro. Sin embargo, las impurezas pueden hacer que el cuarzo sea rosado, anaranjado o de muchos otros colores. Otros factores también pueden cambiar el color de un mineral. La pirita suele ser dorada, pero se vuelve negra o marrón si se expone al aire y al agua. El mismo mineral puede ser de diferentes colores, y diferentes minerales pueden ser del mismo color. Por lo tanto, el color es útil pero, por lo general, no es la mejor manera de identificar un mineral.

La veta

La **veta** es el color del polvo del mineral. La veta de un mineral se obtiene frotando el mineral contra una placa blanca denominada *placa de rayado*. La marca que deja es la veta. La veta no siempre es del mismo color que el mineral, pero todas las muestras del mismo mineral tienen el mismo color de veta. A diferencia de la superficie de un mineral, la veta no se ve afectada por el aire ni por el agua. Por este motivo, la veta es más confiable que el color para identificar un mineral.

Lectura con propósito

13 Identifica Subraya el nombre de la propiedad mencionada en esta página que sea la más confiable para identificar un mineral.

Visualízalo

14 Evalúa Observa estas dos muestras de minerales. ¿Qué propiedad indica que podrían ser el mismo mineral?

_____

_____

_____

Brillos de los minerales

Metálico **Sedoso** **Vítreo** **Céreo**

Submetálico **Nacarado** **Resinoso** **Terroso**

El brillo

El **brillo** es la manera en que una superficie refleja la luz. Cuando dices que un objeto es brillante u opaco, estás describiendo su brillo. Los dos tipos principales de brillo son el metálico y el no metálico. La pirita presenta un brillo metálico, como si estuviera hecha de metal. Un mineral con brillo no metálico puede ser brillante, pero no parece hecho de metal. Arriba se muestran los diferentes tipos de brillos.

La exfoliación y la fractura

La tendencia de un mineral a agrietarse a lo largo de planos débiles específicos y formar superficies lisas y planas se denomina **exfoliación**. Cuando un mineral es exfoliable, si se rompe, forma superficies planas que suelen ser paralelas a los planos débiles de la estructura del cristal. Por ejemplo, la mica tiende a partirse y formar capas paralelas. Sin embargo, muchos minerales no se rompen a lo largo de planos de exfoliación, sino que se fracturan o se rompen en forma despareja en fragmentos con superficies curvas o irregulares. Los científicos describen una fractura según la apariencia de la superficie rota. Por ejemplo, una superficie rugosa tiene una fractura irregular, mientras que una superficie curva tiene una fractura concoidea.

Visualízalo

15 Identifica Escribe la descripción correcta, ya sea *exfoliación* o *fractura*, debajo de los dos cristales minerales partidos que se muestran a continuación.

_____

_____

Escala de Mohs

1 Talco

2 Yeso

3 Calcita

4 Fluorita

5 Apatito

6 Feldespato

7 Cuarzo

8 Topacio

9 Corindón

10 Diamante

Tu uña tiene una dureza de alrededor de 2.5; por lo tanto, puede rayar el talco y el yeso.

Una lima de acero tiene una dureza de alrededor de 6.5. Con ella puedes rayar el feldespato.

El diamante es el mineral más duro. Solo un diamante puede rayar otro diamante.

Visualízalo

16 Determina Un mineral puede ser rayado por la calcita, pero no por una uña. ¿Cuál es su dureza aproximada?

_____

_____

La densidad

Si levantas una pelota de golf y una pelota de ping-pong, ¿cuál será más pesada? A pesar de que las pelotas tienen un tamaño similar, la de golf es más pesada porque es más densa. La *densidad* es la cantidad de materia que hay en un espacio determinado. Por lo general, la densidad se mide en gramos por centímetro cúbico. El oro tiene una densidad de 19 g/cm³. El mineral pirita tiene un aspecto muy similar al del oro, pero su densidad es solo 5 g/cm³. Por esta razón, la densidad se puede usar para distinguir el oro de la pirita. También se puede usar para distinguir muchos otros minerales de aspecto similar.

La dureza

La resistencia de un mineral a ser rayado se denomina *dureza*. Para determinar la dureza de los minerales, los científicos usan la escala de dureza de Mohs, que se muestra a la izquierda. Observa que el talco es de grado 1 y el diamante es de grado 10. Cuanto mayor sea la resistencia de un mineral a ser rayado, mayor será su grado de dureza. Para identificar un mineral usando la escala de Mohs, intenta rayar la superficie con el borde de uno de los 10 minerales de referencia. Si el mineral de referencia raya tu mineral, el mineral de referencia es tan duro como tu mineral o más.

Las propiedades especiales

Todos los minerales presentan las propiedades que se describieron en esta sección. Sin embargo, algunos minerales tienen otras propiedades especiales que pueden ser útiles para identificarlos. Por ejemplo, el mineral magnetita es un imán natural. El mineral calcita es, por lo general, blanco cuando se expone a la luz común, pero si se expone a luz ultravioleta suele ser rojo. A continuación, se muestra otra propiedad especial de la calcita.

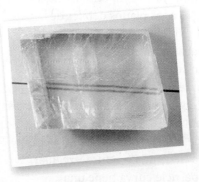

Si se coloca un pedazo transparente de calcita sobre una imagen, la imagen se verá doble.

© Houghton Mifflin Harcourt Publishing Company • Image Credits: (bl) ©Steve Hamblin/Alamy; (br) ©Biophoto Associates/Photo Researchers, Inc.

Fabricados con minerales

Muchos minerales contienen sustancias útiles. El rutilo y otros tantos minerales contienen el metal titanio. El titanio puede resistir la corrosión y es casi tan fuerte como el acero, pero es un 47% más liviano. Estas propiedades hacen que sea un mineral muy valioso.

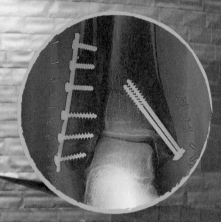

Dispositivos para médicos

Algunos procedimientos quirúrgicos, como los reemplazos de articulaciones, se realizan con implantes de metal. En estos casos, se elige el titanio porque puede resistir la corrosión de los fluidos corporales, y su baja densidad y elasticidad son similares a las de los huesos humanos.

Maravillas para los mecánicos

Los tubos de escape de las motocicletas suelen ser de titanio, que disipa el calor mejor que el acero inoxidable.

Una ayuda para los arquitectos

El titanio no solo se usa con fines prácticos. El arquitecto Frank Gehry cubrió con paneles de titanio el exterior del Museo Guggenheim de Bilbao, España. Eligió el titanio por su brillo.

Ampliar

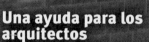

Investigación

17 Infiere ¿Cuál crees que es la diferencia entre la densidad de los minerales que contienen titanio y la densidad de los minerales que se usan para fabricar acero? Explica tu respuesta.

18 Enumera Investiga otros productos fabricados con minerales. Haz una lista para resumir tu investigación.

19 Determina Elige uno de los productos que investigaste. ¿De qué manera las propiedades de los minerales que se usaron para fabricar el producto contribuyen a las características o la utilidad del producto?

Resumen visual

Para completar este resumen, escribe la palabra o la frase correcta en los espacios en blanco. Luego usa la clave para comprobar tus respuestas. Puedes usar esta página para repasar los conceptos principales de la lección.

La corteza terrestre está compuesta por minerales.

20 Un mineral

- tiene una composición química definida.
- es un elemento sólido.
- generalmente es inorgánico.
- es de origen natural.
- _____.

Los minerales se clasifican según su composición.

21 Los minerales se clasifican en dos grupos:

Cuarzo, SiO_2

_____

Calcita, $CaCO_3$

_____

Los minerales

Los minerales se forman por procesos naturales.

22 Los minerales se forman por

- metamorfismo.
- el enfriamiento del magma y de la lava.
- _____.

Los minerales se identifican según sus propiedades.

23 Algunas propiedades que se usan para identificar los minerales son

- el color y el brillo.
- _____.
- la exfoliación o la fractura.
- la densidad y la dureza.
- otras propiedades especiales.

Respuestas: 20 tiene una estructura cristalina. 21 silicatos (izquierda), no silicatos (derecha). 22 el precipitado de una solución. 23 la veta

24 Aplica El hielo (H_2O) es un mineral. Clasifícalo como silicato o no silicato. Menciona dos de sus propiedades.

Repaso de la lección

Vocabulario

Escribe el término correcto en los espacios en blanco para completar las siguientes oraciones.

1 El _____ de un mineral describe la forma en que la luz se refleja en su superficie.

2 El color del polvo de un mineral es su

_____.

3 Cada elemento está compuesto por una sola

clase de _____.

Conceptos clave

4 Explica ¿Cómo podrías determinar si una sustancia desconocida es un mineral?

_____

_____

_____

_____

5 Determina Si una sustancia es un mineral, ¿cómo podrías identificar qué tipo de mineral es?

_____

_____

_____

_____

6 Organiza En el siguiente espacio, haz un organizador gráfico para mostrar la clasificación de los minerales. Asegúrate de incluir las seis clases principales de minerales no silicatos.

Razonamiento crítico

Usa el siguiente diagrama para responder la pregunta 7.

Enlaces de carbono en el grafito

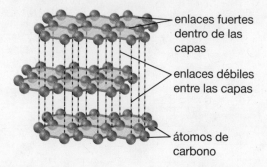

enlaces fuertes dentro de las capas

enlaces débiles entre las capas

átomos de carbono

7 Evalúa El diagrama de arriba muestra la estructura cristalina del grafito, un mineral compuesto por átomos de carbono enlazados entre sí que siguen un patrón regular. ¿Crees que es más probable que el grafito presente una exfoliación o una fractura? Explica tu respuesta.

_____

_____

_____

_____

8 Infiere ¿Qué diferencia crees que hay entre la dureza y la densidad de un mineral formado mediante metamorfismo y un mineral que se formó mediante evaporación? Explica tu respuesta.

_____

_____

_____

_____

_____

_____

_____

_____

Mis apuntes

Tres clases de rocas

PREGUNTA ESENCIAL

¿Cómo se forman las rocas?

Cuando termines esta lección, podrás describir la formación y la clasificación de las rocas sedimentarias, ígneas y metamórficas.

El viento y el agua erosionaron las rocas más blandas que rodean a Ship Rock, un accidente geográfico compuesto por roca ígnea que se encuentra en New Mexico.

TEKS **6.10B** clasifique las rocas como metamórficas, ígneas o sedimentarias según su proceso de formación

Actividades de laboratorio de la lección

Actividades rápidas de laboratorio
- Compresión
- Observar rocas

Actividad de S.T.E.M. de laboratorio
- Representar la formación de rocas

Ponte a pensar

1 Predice Marca V o F para mostrar si cada enunciado es verdadero o falso.

V   **F**

☐   ☐   Todas las rocas se forman en las profundidades, bajo la superficie de la Tierra.

☐   ☐   Algunas rocas están formadas por materia que proviene de organismos vivos.

☐   ☐   Algunas rocas tardan millones de años en formarse.

☐   ☐   Todas las rocas están formadas por los mismos tipos de minerales.

☐   ☐   Algunas rocas se forman a partir de partículas de otras rocas.

2 Identifica ¿Cómo crees que se formarán las rocas que resulten de la actividad volcánica que muestra la foto?

_____

_____

_____

_____

Lectura con propósito

3 Aplica Usa las claves del contexto para escribir tu propia definición de las palabras *composición* y *textura*.

Oración de ejemplo:
La composición de la mezcla de cereales era 50% de nueces, 30% de frutas secas y 20% de granola.

composición:

_____

_____

Oración de ejemplo:
La textura del vidrio es muy diferente de la de la madera, ya que el vidrio es liso, plano y brillante.

textura:

_____

_____

Términos de vocabulario

- roca
- composición
- textura

4 Aplica A medida que aprendas la definición de cada término de vocabulario de esta lección, crea tu propia definición o esquema que te ayude a recordar el significado del término.

Un mundo de rocas

¿Cómo se clasifican las rocas?

Se denomina **roca** a la combinación de uno o más minerales o de materia orgánica. Los científicos agrupan las rocas en tres clases según su formación: ígneas, sedimentarias y metamórficas. Cada clase de roca puede agruparse en tipos más específicos. Por ejemplo, las rocas ígneas pueden agruparse según dónde se forman. Todas las rocas ígneas se forman cuando la roca fundida se enfría y se solidifica. Sin embargo, algunas rocas ígneas se forman sobre la superficie de la Tierra y otras dentro de la corteza terrestre. Las rocas sedimentarias y las metamórficas también se agrupan en tipos de rocas más específicos. ¿Cómo saben los científicos cómo deben clasificar las rocas? Observan su composición y su textura.

Lectura con propósito

5 Identifica Mientras lees, subraya dos propiedades que se usen para clasificar rocas.

Según la composición mineral

Los minerales y la materia orgánica de una roca determinan la **composición**, o constitución, de esa roca, como se muestra a continuación. Muchas rocas están compuestas principalmente por cuarzo y feldespato, que contienen una cantidad considerable del compuesto sílice. Otras rocas tienen composiciones diferentes. La piedra caliza de la foto de abajo está compuesta principalmente por calcita.

Práctica matemática

6 Haz una gráfica Completa la grilla de porcentajes de la derecha para mostrar las cantidades de calcita y aragonita que hay en la piedra caliza.

Composición de una muestra de granito

- ▨ Feldespato 65%
- ☐ Cuarzo 25%
- ▨ Mica 10%

Composición de una muestra de piedra caliza

- ☐ Calcita 95%
- ■ Aragonita 5%

El granito está compuesto por minerales de sílice.

La piedra caliza está compuesta por minerales de carbonato.

Según la textura

El tamaño, la forma y la posición de los granos que forman una roca determinan su **textura**. Las rocas de grano grueso tienen granos grandes que se ven a simple vista. Las rocas de grano fino tienen granos pequeños que solo se pueden ver con una lupa o en un microscopio. La textura de la roca puede indicarnos cómo y dónde se formó. Las rocas ígneas pueden tener granos finos o gruesos, según el tiempo que haya tardado en enfriarse el magma. La textura de una roca metamórfica depende de la composición original de la roca y de la temperatura y la presión bajo las cuales se formó. Las rocas que se muestran a continuación tienen diferente aspecto porque se formaron de maneras diferentes.

Visualízalo

7 Describe Observa las rocas sedimentarias de esta página y describe si su textura es de grano grueso, grano mediano o grano fino.

Esta lodolita está compuesta por partículas de arcilla microscópicas.

B _____

_____

Esta arenisca se formó a partir de los granos de arena que alguna vez formaron parte de una duna de arena.

A _____

_____

Esta brecha está compuesta por fragmentos de roca que se cementaron.

C _____

El horno interior

¿Cuáles son las dos clases de roca ígnea?

Las rocas ígneas se forman cuando el magma caliente y líquido se enfría y se solidifica. El magma, a su vez, se forma cuando las rocas sólidas se funden debajo de la superficie de la Tierra. El magma sube mediante conductos hasta la superficie terrestre y puede enfriarse y solidificarse debajo de la superficie de la Tierra, o puede salir a la superficie y convertirse en lava.

Las rocas ígneas intrusivas

Si el magma no llega hasta la superficie de la Tierra, se enfría en grandes cámaras, en grietas o entre las capas de las rocas que lo rodean. Cuando el magma hace presión o se introduce entre las rocas que lo rodean debajo de la superficie terrestre y se enfría, la roca que se forma se denomina *roca ígnea intrusiva*. El magma que está bien aislado por las rocas que lo rodean se enfría muy lentamente. Los minerales forman cristales grandes y visibles. Por lo tanto, las rocas ígneas intrusivas generalmente tienen una textura de grano grueso. El granito y la diorita son ejemplos de rocas ígneas intrusivas. A la izquierda puedes ver un ejemplo de diorita.

La diorita es un ejemplo de roca ígnea intrusiva.

8 Infiere ¿Cómo sabes que la diorita es una roca ígnea intrusiva?

_____

_____

En lo profundo de la Tierra El tiempo que tarda el magma en enfriarse determina la textura de una roca ígnea.

Los cristales El magma que se enfría lentamente tiene tiempo para formar cristales minerales grandes. La roca que se forma es una roca de grano grueso.

La cámara de magma Las cámaras de magma se encuentran en las profundidades de la Tierra y contienen repositorios de roca fundida. El magma se enfría muy lentamente en cámaras grandes como esta.

Cerca de la superficie terrestre o sobre ella Las rocas ígneas de grano fino se forman cuando la lava se enfría rápidamente en la superficie de la Tierra.

Las rocas ígneas extrusivas

Las rocas ígneas que se forman por la salida o extrusión de lava hacia la superficie terrestre se denominan *rocas ígneas extrusivas*. Las rocas ígneas extrusivas suelen encontrarse en las laderas y en las bases de los volcanes. Una vez que la lava llega a la superficie terrestre, se enfría muy rápidamente, de tal modo que hay muy poco tiempo para que se formen cristales. Por esta razón, las rocas extrusivas están compuestas por cristales muy pequeños y tienen una textura de grano fino. La obsidiana es una roca extrusiva que se enfría tan rápidamente que no se forman cristales. Como la obsidiana tiene un aspecto vítreo, suele llamarse *vidrio volcánico*. Otras rocas ígneas extrusivas comunes son el basalto y la andesita.

Cuando brota lava de un volcán, se forman flujos de lava. La foto muestra un flujo de lava activo. A veces, la lava brota y fluye desde largas grietas de la corteza terrestre que se llaman *fisuras*. También fluye por el suelo oceánico en lugares donde la tensión produce la separación de la corteza terrestre.

Lectura con propósito 9 **Explica** ¿Cómo influye el ritmo al que se enfría el magma en la textura de las rocas ígneas?

_____

_____

El basalto es un ejemplo de roca ígnea extrusiva.

10 **Compara** Usa el diagrama de Venn para comparar y contrastar las rocas ígneas intrusivas con las rocas ígneas extrusivas.

Roca ígnea intrusiva   Ambas   Roca ígnea extrusiva

¡Muchas texturas!

Las capas horizontales de rocas sedimentarias clásticas y la ceniza volcánica están a la vista en el Parque Nacional Badlands, en South Dakota.

Arenisca

Visualízalo

11 Identifica ¿Cómo describirías la textura de la halita que se muestra a continuación?

_____

_____

¿Cuáles son los tres tipos de roca sedimentaria?

Todos los procesos que forman las rocas sedimentarias ocurren principalmente en la superficie de la Tierra o cerca de ella. Algunos de estos procesos son la meteorización, la erosión, la sedimentación, el enterramiento y la cementación. Los científicos clasifican las rocas sedimentarias en clásticas, químicas y orgánicas, según su formación.

Las rocas sedimentarias clásticas

Las rocas sedimentarias clásticas se forman cuando la calcita o el cuarzo entierran, compactan y cementan sedimentos. El tamaño de los sedimentos, o clastos, que forman la roca permite clasificar las rocas sedimentarias clásticas. Entre las rocas sedimentarias de grano fino, cuyos granos son demasiado pequeños para poder verlos a simple vista, se encuentran la lodolita, la limolita y el esquisto. La arenisca, que se muestra a la izquierda, es una roca sedimentaria clástica de grano mediano cuyos granos son visibles. La brecha y el conglomerado son rocas sedimentarias clásticas de grano grueso formadas por partículas grandes, como guijarros, adoquines y cantos rodados.

Las rocas sedimentarias químicas

Las rocas sedimentarias químicas se forman cuando el agua, por lo general el agua marina, se evapora. La mayor parte del agua contiene minerales disueltos y, a medida que el agua se evapora, los minerales se concentran más hasta el punto en el que se precipitan de la solución y se cristalizan. La halita, o roca de sal, es un ejemplo de una roca sedimentaria química. Está compuesta por cloruro de sodio, NaCl. La halita se forma cuando los iones sodio y los iones cloro que están en las masas de agua poco profundas se concentran tanto que la halita se cristaliza a partir de la solución.

Las salinas de Bonneville, cerca del Gran Lago Salado en Utah, están formadas principalmente por halita. Las salinas son los vestigios del lecho de un lago antiguo.

Halita

Los acantilados White Cliffs en Dover, en la costa de Inglaterra, están formados por esqueletos de algas marinas, como los que muestra la foto.

Esqueleto de un alga marina

Las rocas sedimentarias orgánicas

Las rocas sedimentarias orgánicas se forman a partir de restos o fósiles de plantas y animales que alguna vez estuvieron vivos. La mayoría de las piedras calizas se forman a partir de los fósiles de organismos que alguna vez habitaron en el océano. Con el tiempo, los esqueletos de esos organismos marinos, que están hechos de carbonato de calcio, se depositan en el suelo oceánico. Esos restos de animales, junto con los sedimentos, se entierran, se compactan, se cementan y finalmente forman la piedra caliza *fosilífera*.

La coquina es una piedra caliza fosilífera que está formada por conchas de moluscos marinos cementados con calcita. La creta es una piedra caliza suave y blanca que está formada por esqueletos de microorganismos que se acumulan en grandes cantidades sobre el suelo de las profundidades del océano.

El carbón es otro tipo de roca sedimentaria orgánica. Cuando ciertas materias vegetales quedan sumergidas, reciben calor y presión en aumento y, como consecuencia, las materias se convierten en carbón. Ese proceso tarda millones de años.

Lectura con propósito **12 Identifica** ¿Cuáles son dos tipos de roca sedimentaria orgánica?

_____

_____

13 Compara Usa la tabla para comparar y contrastar las rocas sedimentarias clásticas, químicas y orgánicas.

Tres clases de rocas sedimentarias

Clástica	Química	Orgánica

¡Qué calor!

Lutita sedimentaria

Pizarra

Filita

¿Cuáles son los dos tipos de roca metamórfica?

Cuando se expone una roca a alta temperatura y presión, las estructuras cristalinas de los minerales de la roca cambian y forman otros minerales. Por medio de este proceso se forman rocas metamórficas, que pueden tener una textura foliada o una textura no foliada.

Las rocas metamórficas foliadas

El proceso metamórfico por el cual los granos minerales se disponen en láminas o franjas se denomina *foliación*. La foliación se produce cuando la presión hace que los granos minerales de una roca se realineen y formen bandas paralelas.

Entre las rocas metamórficas que tienen una textura foliada, se encuentran la pizarra, la filita, el esquisto y el gneis. La pizarra y la filita se forman, generalmente, cuando se expone la lutita, una roca sedimentaria de grano fino, a un aumento de temperatura y presión. Los minerales de la pizarra y la filita reciben presión hasta que forman capas planas en forma de láminas. Si la temperatura y la presión siguen aumentando, la filita puede convertirse en esquisto, una roca foliada de grano grueso. Si la temperatura y la presión aumentan aún más, los minerales del esquisto se separan en franjas alternadas de minerales claros y oscuros. El gneis es una roca foliada de grano grueso que se forma a partir del esquisto. El origen de la pizarra, la filita, el esquisto y el gneis puede haber sido la lutita, pero todas son rocas muy diferentes. Cada roca se forma en un determinado rango de temperatura y presión, y cada una contiene minerales diferentes.

Cuando la lutita se expone a un aumento de temperatura y presión, se forman diferentes tipos de rocas metamórficas foliadas.

Esquisto

Gneis

14 Describe ¿Qué sucede con los minerales cuando se forma el gneis a partir del esquisto?

_____

_____

Las rocas metamórficas no foliadas

Las rocas metamórficas que no tienen granos minerales alineados en capas o bandas se denominan *no foliadas*. Las rocas metamórficas no foliadas suelen estar formadas por uno o muy pocos minerales. Durante el metamorfismo, los granos o cristales minerales pueden cambiar su tamaño o forma, y algunos pueden convertirse en otro mineral.

Dos rocas metamórficas no foliadas comunes son la cuarcita y el mármol. La cuarcita se forma cuando se expone la arenisca de cuarzo a una temperatura y una presión elevadas. Por estos factores, los granos de arena aumentan de tamaño y los espacios entre los granos desaparecen. Esa es la razón por la cual la cuarcita es muy dura y no es fácil de romper.

Cuando la piedra caliza sufre metamorfismo, se convierte en mármol. Durante ese proceso, los cristales de calcita del mármol se vuelven más grandes que los granos de calcita de la piedra caliza original.

Los granos minerales de la cuarcita (arriba) y los cristales del mármol (abajo) no forman bandas.

🔖 **Lectura con propósito** **15 Aplica** ¿Cuáles son dos características de las rocas metamórficas no foliadas?

_____

_____

El mármol es una roca metamórfica no foliada que se forma cuando la piedra caliza sufre un metamorfismo. El mármol se usa para construir monumentos y estatuas.

Piensa libremente *Investigación*

16 Aplica Comenta con un compañero de qué manera se pueden usar los diferentes tipos de rocas como materiales de construcción.

Resumen visual

Para completar este resumen, completa los espacios en blanco. Luego usa la clave para comprobar tus respuestas. Puedes usar esta página para repasar los conceptos principales de la lección.

Las rocas sedimentarias pueden formarse a partir de capas de sedimentos que se cementan.

17 Las rocas sedimentarias pueden clasificarse en tres grupos:

_____ ,

_____

y _____ .

Las rocas ígneas se forman a partir de magma o lava que se enfrió y se solidificó.

Tres clases de rocas

18 Las rocas ígneas pueden clasificarse en dos grupos:

_____

y _____ .

Las rocas metamórficas se forman a una temperatura o una presión elevadas en las profundidades de la corteza terrestre.

19 Las rocas metamórficas pueden clasificarse en dos grupos:

_____

y _____ .

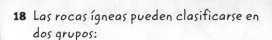

Respuestas: 17 clásticas, químicas, orgánicas; 18 intrusivas, extrusivas; 19 foliadas, no foliadas

20 Sintetiza Durante una caminata por las montañas, ves un gran afloramiento de mármol. Describe el proceso por el cual se forma el mármol, que es una roca metamórfica, a partir de la piedra caliza, que es una roca sedimentaria.

Repaso de la lección

Vocabulario

Escribe el término correcto en los espacios en blanco para completar las siguientes oraciones.

1 Las rocas sedimentarias que están formadas por guijarros grandes y piedras tienen una

_____

de grano grueso.

2 La mayor parte del granito tiene una _____ de cuarzo, mica y feldespato.

3 Puede considerarse que una _____ es una mezcla de minerales.

Conceptos clave

4 En pocas palabras ¿Cómo influye el ritmo de enfriamiento del magma o la lava en la textura de las rocas ígneas que se forman?

_____

_____

_____

_____

_____

_____

_____

_____

5 Describe ¿Cómo se forman las rocas sedimentarias clásticas?

_____

_____

_____

_____

6 Explica ¿Qué diferencia hay entre las rocas metamórficas foliadas y las no foliadas?

_____

_____

_____

_____

_____

Razonamiento crítico

Usa esta foto para responder las siguientes preguntas.

7 Identifica ¿Qué tipo de roca se muestra aquí? ¿Cómo lo sabes?

_____

_____

_____

_____

8 Describe ¿Cómo se formó esta roca?

_____

_____

_____

_____

9 Infiere Imagina que se expone esa roca a una temperatura y una presión elevadas. ¿Qué es más probable que le suceda?

_____

_____

_____

10 Infiere ¿Qué información puede brindarte una roca metamórfica foliada sobre las condiciones en las que se formó?

_____

_____

_____

_____

_____

_____

Mis apuntes

Analizar la tecnología

Destrezas
Identificar los riesgos
Identificar los beneficios
✓ Evaluar los costos de la tecnología
✓ Evaluar el impacto ambiental
✓ Proponer innovaciones
Proponer la reducción de los riesgos
✓ Comparar adelantos tecnológicos
✓ Comunicar los resultados

Objetivos
• Analizar el ciclo de vida de una lata de aluminio
• Analizar el ciclo de vida de una botella de vidrio
• Evaluar el costo del reciclaje contra el costo de la eliminación de la tecnología
• Analizar el impacto ambiental de la tecnología

Analizar el ciclo de vida del aluminio y del vidrio

Analizar el ciclo de vida es una manera de evaluar el costo real de un producto. En un análisis se evalúa cuánto dinero cuesta fabricar un producto. También se examina el efecto que tiene la fabricación del producto en la economía y el impacto que se produce en el medio ambiente durante la vida de ese producto. Los ingenieros, los científicos y los tecnólogos usan esta información para mejorar los procesos y comparar los productos.

Los costos de producción

¿Alguna vez te has preguntado de dónde vienen las latas de refresco fabricadas de aluminio? ¿Te has preguntado adónde va la lata cuando ya no la usas más? Si es así, te has hecho las preguntas correctas para empezar a analizar un ciclo de vida. El aluminio es un metal que se encuentra en un tipo de roca denominada *bauxita*. Para obtener aluminio, primero hay que extraer la bauxita. El mineral que se extrae se envía a una planta de procesamiento. Allí, se derrite la bauxita y se obtiene aluminio mediante un proceso denominado *fundición*. Después de fundir la bauxita, se procesa el aluminio. Ese aluminio puede convertirse en partes de bicicletas o en láminas de aluminio destinadas a la fabricación de latas. Cada paso de la producción tiene costos financieros y ambientales que deben tenerse en cuenta al analizar el ciclo de vida.

Muchas bicicletas están fabricadas con aluminio porque es liviano y resistente.

El costo de la eliminación

Una vez usada, la lata de aluminio puede enviarse a un vertedero de basura o a una planta de reciclaje. Para llevar a cabo el proceso de reciclaje de una lata de aluminio se necesita usar energía. Sin embargo, los costos financieros y ambientales de eliminar una lata y extraer el mineral son mucho más altos que los costos del reciclaje. Además, la fundición de la bauxita produce desechos nocivos. El análisis del ciclo de vida de una lata de aluminio debe incluir los costos y los efectos ambientales que implican extraer, fundir y eliminar la lata de aluminio.

1 Analiza Después de reciclar una lata, ¿qué pasos ya no forman parte del ciclo de vida?

_____

_____

_____

_____

_____

Extracción de la bauxita

La mayor parte de la extracción de la bauxita se lleva a cabo lejos de donde se usará el aluminio. El mineral se transporta en grandes barcos y trenes antes de convertirlo en productos de aluminio.

El aluminio es uno de los materiales más fáciles de reciclar. La producción de una tonelada de aluminio mediante la trituración y la refundición consume alrededor del 5% de la energía que se gasta para obtener una tonelada de aluminio a partir de la bauxita.

Refundición

Trituración

Fundición

Fabricación

Ciclo de vida de una lata de aluminio

Reciclaje

Producción

Uso para consumo

2 Evalúa En el ciclo de vida que se muestra aquí, ¿qué dos pasos podrían incluir una flecha para indicar la eliminación?

_____

_____

 ¡Inténtalo!

Ahora es tu turno de analizar el ciclo de vida de un producto.

 **¡Inténtalo!**

Ahora, aplica lo que has aprendido sobre el ciclo de vida del aluminio para analizar el ciclo de vida de una botella de vidrio. Para fabricar vidrio, se funde la sílice de la arena o de los depósitos minerales que se extraen de la tierra. La sílice se calienta en un horno hasta que se derrite y forma una masa roja y caliente. Luego el vidrio se moldea y se enfría para elaborar objetos útiles.

① Evaluar los costos de la tecnología

En grupo, comenta los pasos necesarios para fabricar una botella de vidrio. Enuméralos en el siguiente espacio. Comienza con la extracción de la mina y termina con un vertedero de basura. Incluye todos los pasos del proceso que se te ocurran. Al lado de cada paso, indica si hay costos financieros, costos ambientales, o ambos.

El ciclo de vida de una botella de vidrio

② Evaluar el impacto ambiental

Usa la siguiente tabla para indicar cuáles de los pasos enumerados anteriormente tendrán costos ambientales y qué tipo de costos serán. Se puede incluir un paso en más de una columna.

Produce contaminación	Consume energía	Daña el hábitat

③ Proponer innovaciones

Comenta con tu grupo qué innovaciones podrían implementar en el ciclo de vida de una botella de vidrio para reducir el impacto ambiental. Dibuja un ciclo de vida que incluya esas innovaciones.

④ Comparar adelantos tecnológicos

¿De qué manera tus innovaciones reducen el impacto ambiental de la fabricación y el uso de botellas de vidrio?

_____

_____

_____

_____

⑤ Comunicar los resultados

Imagina que trabajas como contador en una empresa que fabrica botellas de vidrio. En el siguiente espacio, escribe un argumento a favor del uso del vidrio reciclado que esté basado en el ahorro financiero que significará para la empresa.

_____

_____

_____

_____

El ciclo de las rocas

© Houghton Mifflin Harcourt Publishing Company • Image Credits: ©Andre Jenny/Alamy

PREGUNTA ESENCIAL

¿Qué es el ciclo de las rocas?

Cuando termines esta lección, podrás describir la serie de procesos y las clases de rocas que constituyen el ciclo de las rocas.

TEKS **6.10B** clasifique las rocas como metamórficas, ígneas o sedimentarias según su proceso de formación

Puede ser difícil de creer, pero estas montañas en realidad se mueven. Las montañas Teton de Wyoming se elevan algunos milímetros cada año. Una falla activa está levantando las montañas. En esta lección, aprenderás sobre el levantamiento y otros procesos que producen cambios en la roca.

Actividades de laboratorio de la lección

Actividades rápidas de laboratorio
- El ciclo de las rocas de crayones
- Representar la meteorización

Ponte a pensar

1 Describe Escribe la palabra o la frase correcta en los espacios en blanco para completar las siguientes oraciones.

La mayor parte de la Tierra está compuesta por _____.

Las rocas cambian _____.

Las tres clases principales de rocas son las ígneas, las metamórficas y las _____.

2 Describe Escribe tu propia leyenda para esta foto.

_____

_____

_____

Lectura con propósito

3 Sintetiza Muchas de las palabras del español provienen de otros idiomas. Usa las siguientes palabras del latín para sacar una conclusión lógica sobre el significado de las palabras *erosión* y *sedimentación*.

Palabra del latín	Significado
erosus	carcomido
sedimentum	asentado

Términos de vocabulario

- meteorización
- erosión
- sedimentación
- roca ígnea

- roca sedimentaria

- roca metamórfica
- ciclo de las rocas
- levantamiento
- hundimiento del terreno

- zona de rift

4 Aplica A medida que aprendas la definición de cada término de vocabulario de esta lección, crea tu propia definición o esquema que te ayude a recordar el significado del término.

Erosión:

_____

_____

Sedimentación:

_____

_____

¡Aprendamos sobre las rocas!

¿Qué son las rocas?

Las partes sólidas de la Tierra están compuestas casi completamente por rocas. Los científicos definen la roca como una mezcla sólida de origen natural formada por uno o más minerales que también puede incluir materia orgánica. La mayoría de las rocas están compuestas por minerales, pero algunas contienen materiales no minerales que no son orgánicos, como el vidrio. La roca ha sido un importante recurso natural desde que existe el ser humano. Los primeros seres humanos usaban las rocas como martillos para elaborar otras herramientas. Durante siglos, las personas han usado diferentes tipos de rocas, como el granito, el mármol, la arenisca y la pizarra, para construir edificios, como las pirámides que se muestran a continuación.

Puede parecer increíble, pero las rocas cambian permanentemente. Las personas estudian las rocas para aprender cómo cambiaron ciertos lugares a lo largo del tiempo.

5 Enumera ¿Cómo se usan las rocas en la actualidad?

_____

_____

_____

_____

Los antiguos egipcios usaron una roca llamada piedra caliza para construir la Gran Esfinge y las pirámides de Giza.

Estas formaciones rocosas ubicadas en Goreme, Turquía, son conocidas como las chimeneas de las hadas. Obtuvieron esta forma a causa de la erosión.

¿Mediante qué procesos cambian las rocas?

Las rocas se originan y se destruyen por distintos procesos naturales. Estos procesos pueden convertir un tipo de roca en otro tipo y dan forma a los relieves de nuestro planeta. También determinan la clase de roca que se encuentra en cada zona de la superficie terrestre.

Lectura con propósito **7 Identifica** Mientras lees, subraya los procesos y los factores que pueden hacer que las rocas cambien.

La meteorización, la erosión y la sedimentación

El proceso por el cual el agua, el viento, el hielo y los cambios de temperatura desintegran las rocas se denomina **meteorización**. Por medio de la meteorización se desintegran las rocas y se forman fragmentos denominados *sedimentos*. El proceso por el cual el sedimento se transporta de un lugar a otro se denomina **erosión**. El agua, el viento, el hielo y la gravedad pueden erosionar los sedimentos. Finalmente, estos sedimentos se depositan, o se asientan, en masas de agua y otras áreas bajas. El proceso por el cual el sedimento se deposita se denomina **sedimentación**.

La temperatura y la presión

La roca enterrada puede ser comprimida por el peso de la roca o las capas de sedimento que se encuentran sobre ella. A medida que la presión debajo de la superficie de la Tierra aumenta con la profundidad, también lo hace la temperatura. Si la temperatura y la presión son lo suficientemente elevadas, la roca enterrada puede convertirse en roca metamórfica. En algunos casos, la roca se calienta tanto que se derrite y forma *magma*, o roca fundida. Si el magma llega a la superficie terrestre, se denomina *lava*. Finalmente, el magma o la lava se enfrían, se solidifican y se forman rocas nuevas.

¡Información clasificada!

¿Qué tipos de rocas existen?

Las rocas se clasifican según su formación en tres grupos principales. Las **rocas ígneas** se forman cuando el magma o la lava se enfría y se endurece y luego se convierte en sólido. Se forman por debajo o por encima de la superficie terrestre. Las **rocas sedimentarias** se originan cuando los minerales que se forman a partir de soluciones o sedimentos de rocas más antiguas se prensan y cementan. Las **rocas metamórficas** se forman cuando la presión, la temperatura o los procesos químicos cambian la roca existente. Cada grupo puede dividirse aún más según las diferencias en la manera en que se forman las rocas. Por ejemplo, algunas rocas ígneas se forman cuando la lava se enfría sobre la superficie terrestre, mientras que otras se forman cuando el magma se enfría en las profundidades de la superficie. Por lo tanto, las rocas ígneas pueden clasificarse según la manera en que se forman y el lugar donde lo hacen.

Lectura con propósito

8 Identifica Mientras lees el párrafo, subraya los tres tipos principales de rocas.

Piensa libremente Investigación

9 Aplica Comenta con un compañero los procesos que podrían haber originado las formaciones rocosas del Parque Estatal Valle del Fuego.

Estas formaciones del Parque Estatal Valle del Fuego, en Nevada, están compuestas por arenisca, una roca sedimentaria.

arenisca

Rocas sedimentarias

Las rocas sedimentarias están compuestas por minerales que se formaron a partir de soluciones o sedimentos de rocas más antiguas. Se originan cuando el peso de arriba ejerce presión sobre las capas de minerales o sedimentos, o bien, cuando los minerales disueltos en el agua se solidifican entre los trozos de sedimentos y se cementan.

Las rocas sedimentarias reciben sus nombres según el tamaño y el tipo de fragmentos que contienen. Por ejemplo, la roca que se muestra aquí está compuesta por arena y se llama arenisca. La roca que está compuesta principalmente por el mineral calcita (carbonato de calcio) se llama piedra caliza.

© Houghton Mifflin Harcourt Publishing Company • Image Credits: (t) ©Krystyna Szulecka Photography/Alamy; (bc) ©Theodore Clutter/Photo Researchers, Inc.; (br) ©Joyce Photographics/Photo Researchers, Inc.

La Roca Encantada, en Texas, es un gran domo de granito, una roca ígnea intrusiva.

Rocas ígneas

Las rocas ígneas se forman a partir del enfriamiento de la lava y del magma. A medida que la roca fundida se enfría y se solidifica, los minerales se cristalizan y crecen. Cuanto más tiempo tarda el enfriamiento, más tiempo tienen los cristales para crecer. El granito que se muestra aquí se enfrió lentamente y está formado por grandes cristales. Las rocas que se forman cuando el magma se enfría por debajo de la superficie terrestre se denominan rocas ígneas intrusivas. Las rocas que se forman cuando la lava se enfría sobre la superficie terrestre se denominan rocas ígneas extrusivas.

granito

Rocas metamórficas

Las rocas metamórficas se forman cuando la temperatura y la presión elevadas cambian la textura y el contenido mineral de las rocas. Por ejemplo, una roca puede estar enterrada en la corteza terrestre, donde la temperatura y la presión son elevadas. Durante millones de años, la roca sólida cambia y se forman nuevos cristales. Las rocas metamórficas pueden sufrir cambios de cuatro maneras: por medio de la temperatura, por medio de la presión, por medio de la temperatura y la presión o por medio de fluidos u otras sustancias químicas. El gneis, que se muestra aquí, es una roca metamórfica. Se forma a causa de las altas temperaturas en las profundidades de la corteza terrestre.

gneis

El gneis es una roca metamórfica que contiene franjas de minerales claros y oscuros.

10 Compara Completa la tabla para comparar y contrastar las rocas sedimentarias, ígneas y metamórficas.

Tipos de rocas

Rocas sedimentarias	Rocas ígneas	Rocas metamórficas

¿Qué es el ciclo de las rocas?

![Lectura con propósito] **11 Aplica** Mientras lees, subraya los tipos de roca en los que se puede convertir la roca metamórfica.

Las rocas pueden parecer muy estables, sólidas e inalterables. Sin embargo, a través de millones de años, cualquiera de los tres tipos de roca puede convertirse en otro de los tres tipos. Por ejemplo, la roca ígnea puede convertirse en roca sedimentaria o metamórfica, o nuevamente en otra clase de roca ígnea. Esta serie de procesos en los que las rocas cambian de clasificación se denomina **ciclo de las rocas**. Las rocas pueden atravesar el ciclo de distintas maneras. Aquí se muestran algunos ejemplos. Distintos factores, incluidas la temperatura, la presión, la meteorización y la erosión, pueden cambiar la identidad de una roca. La manera en que las rocas se forman y cambian también depende de la ubicación de las rocas sobre la placa tectónica y si se encuentran o no en la superficie terrestre.

Cuando las rocas ígneas quedan expuestas en la superficie terrestre, pueden desintegrarse y formar sedimentos. Las rocas ígneas también pueden convertirse directamente en rocas metamórficas cuando aún están debajo de la superficie terrestre. También pueden derretirse y formar magma que se transforma en otro tipo de roca ígnea.

Cuando los sedimentos se unen y se cementan, se transforman en rocas sedimentarias. Con los cambios de temperatura y de presión, las rocas sedimentarias pueden transformarse en metamórficas, o bien, fundirse y transformarse en rocas ígneas. Las rocas sedimentarias también pueden desintegrarse en la superficie terrestre y transformarse en sedimentos que forman otras rocas sedimentarias.

Bajo determinadas condiciones de temperatura y presión, las rocas metamórficas se funden y forman magma. Las rocas metamórficas también pueden ser modificadas por el calor y la presión, y así formar otro tipo de roca metamórfica. También pueden desintegrarse mediante la meteorización y la erosión, y así formar sedimentos que se transformarán en rocas sedimentarias.

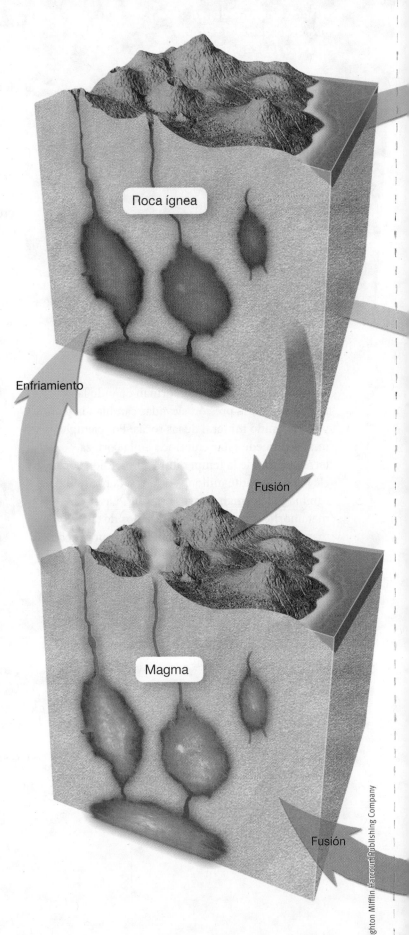

Roca ígnea

Enfriamiento

Fusión

Magma

Fusión

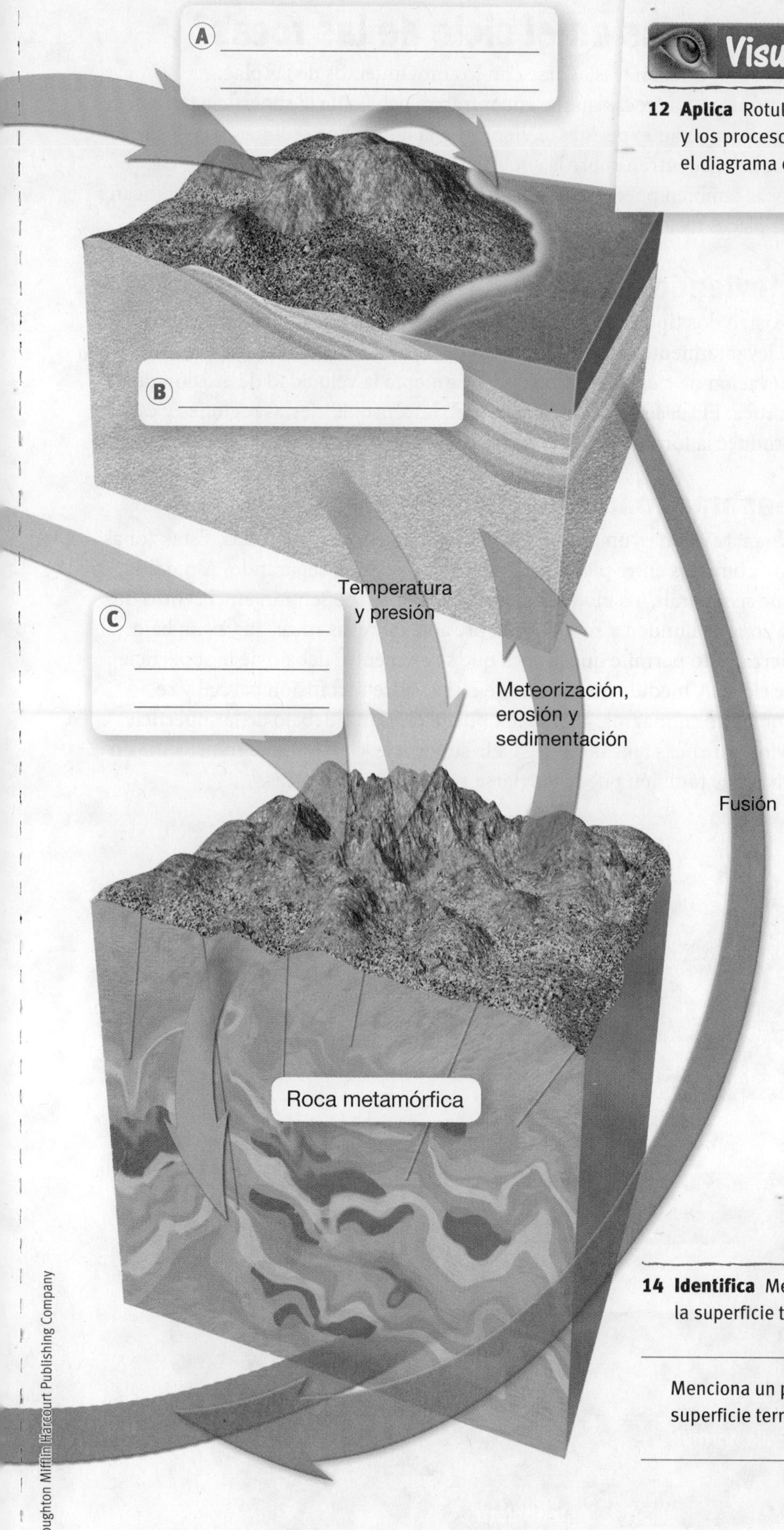

A _____
_____

12 Aplica Rotula el tipo de roca (B) y los procesos (A y C) que faltan en el diagrama del ciclo de las rocas.

B _____

Temperatura y presión

C _____
_____
_____

Meteorización, erosión y sedimentación

Fusión

Roca metamórfica

Piensa libremente

13 Aplica Escribe una serie de entradas para un blog desde el punto de vista de una roca ígnea que se está convirtiendo en roca sedimentaria.

14 Identifica Menciona un proceso que ocurre sobre la superficie terrestre.

_____

Menciona un proceso que ocurre debajo de la superficie terrestre.

¿Cómo influyen los movimientos de las placas en el ciclo de las rocas?

Las rocas pueden trasladarse con los movimientos de las placas tectónicas. Las rocas que se encontraban debajo de la superficie terrestre pueden quedar expuestas al viento y a la lluvia. Los sedimentos o las rocas que se encuentran sobre la superficie terrestre pueden enterrarse. Las rocas también pueden convertirse en rocas metamórficas cuando chocan las placas tectónicas debido al aumento de la temperatura y la presión.

Moviendo las rocas hacia arriba o hacia abajo

Existen dos tipos de movimientos verticales en la corteza terrestre: el levantamiento y el hundimiento del terreno. El **levantamiento** es la elevación de ciertas regiones y eso aumenta la velocidad de erosión de la roca. El **hundimiento del terreno** es el descenso de ciertas regiones y eso produce la formación de cuencas donde pueden depositarse sedimentos.

Separando la superficie terrestre

Una **zona de rift** es un área donde se forman grietas profundas. Estas zonas son comunes entre placas tectónicas que se están separando. A medida que se separan, los bloques de corteza que se encuentran en el centro de la zona se hunden y se reduce la presión sobre las rocas que están bajo tierra. Esto permite que la roca que se encuentra debajo de la superficie se eleve. A medida que la roca se eleva, sufre una fusión parcial y se convierte en magma. El magma puede enfriarse debajo de la superficie y formar rocas ígneas. Si llega a la superficie, el magma se transforma en lava, que también puede enfriarse y formar rocas ígneas.

15 Compara ¿Cuál es la diferencia entre el levantamiento y el hundimiento del terreno?

_____

_____

_____

_____

16 Predice Rotula el levantamiento y el hundimiento del terreno en este diagrama. ¿Qué parte del ciclo de las rocas podría atravesar la roca si es sometida a un levantamiento? Explica tu respuesta.

_____

_____

_____

_____

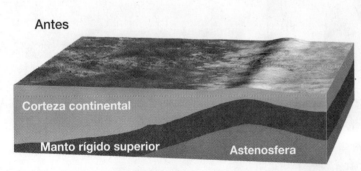

Antes

Corteza continental

Manto rígido superior

Astenosfera

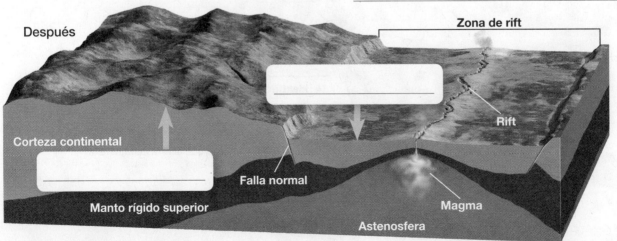

Después

Corteza continental

Manto rígido superior

Falla normal

Zona de rift

Rift

Magma

Astenosfera

Viviendas de acantilados

¿Te imaginas viviendo junto a un acantilado? ¡Algunos pueblos antiguos lo hicieron! Construyeron viviendas en las rocas de los acantilados. También decoraron las rocas con arte, como puedes ver en el pictograma que se muestra a continuación.

El Palacio acantilado
Esta vivienda en Colorado se denomina Palacio acantilado. Fue el hogar de los anasazi desde 550 d. C. hasta 1300 d. C., aproximadamente.

Arte en el acantilado
Estos pictogramas se encuentran en las viviendas de acantilados de Gila, en New Mexico.

Un palacio de rocas
Las antiguas viviendas de acantilados también se encuentran fuera de los Estados Unidos. Estas viviendas de alrededor de 70 d. C. se encuentran en Petra, Jordania.

Ampliar

Investigación

17 Identifica Describe la manera en que los pueblos antiguos usaban las rocas para refugiarse.

18 Haz una investigación Investiga la manera en que las personas vivían en las viviendas de acantilados. ¿Cómo era la vida diaria si se vivía en las rocas?

19 Produce Ilustra la manera en que vivían las personas mediante una de las siguientes actividades: escribe una obra de teatro, escribe una canción o crea una novela gráfica.

Resumen visual

Para completar este resumen, aplica lo que sabes sobre el ciclo de las rocas para completar los espacios en blanco. Luego usa la clave para comprobar tus respuestas. Puedes usar esta página para repasar los conceptos principales de la lección.

Todos los tipos de rocas pueden convertirse en cualquiera de los tres tipos.

20 Cuando los sedimentos se prensan y se cementan, se transforman en

_____.

21 Cuando la lava se enfría y se solidifica, se forma

_____.

22 Las rocas metamórficas pueden modificarse por la temperatura y la presión y formar otro tipo de

_____.

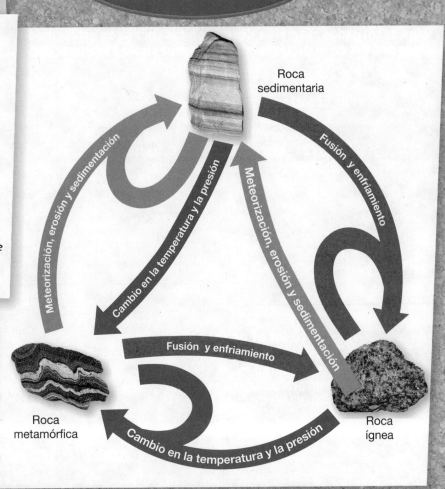

El ciclo de las rocas

Roca sedimentaria

Roca metamórfica

Roca ígnea

Meteorización, erosión y sedimentación

Cambio en la temperatura y la presión

Fusión y enfriamiento

Meteorización, erosión y sedimentación

Fusión y enfriamiento

Cambio en la temperatura y la presión

Respuestas: 20 roca sedimentaria; 21 roca ígnea; 22 roca metamórfica

23 Explica ¿Qué factores y procesos pueden influir en los cambios de las rocas ígneas en el ciclo de las rocas?

Repaso de la lección

Vocabulario

Define los siguientes términos con tus propias palabras.

1 Ciclo de las rocas

_____

_____

2 Meteorización

_____

_____

3 Zona de rift

_____

_____

Conceptos clave

Usa estas fotos para clasificar las rocas como sedimentarias, ígneas o metamórficas.

Ejemplo	Tipo de roca
4 Clasifica Esta roca está formada por el mineral calcita, y se originó a partir de restos de organismos que vivían en el agua.	
5 Clasifica A causa de la temperatura y la presión elevadas, esta roca se formó a partir de una roca sedimentaria.	
6 Clasifica Esta roca está compuesta por cristales diminutos que se formaron rápidamente cuando la roca fundida se enfrió en la superficie terrestre.	

7 Describe ¿De qué manera la roca sedimentaria puede transformarse en roca metamórfica?

_____

_____

8 Explica ¿De qué manera el hundimiento del terreno puede provocar la formación de roca sedimentaria?

_____

_____

9 Explica ¿Por qué es común que se formen rocas ígneas en las zonas de rift?

_____

_____

_____

Razonamiento crítico

10 Formula una hipótesis ¿Qué le sucedería al ciclo de las rocas si no se produjese la erosión?

_____

_____

11 Formula una crítica Un compañero dice que, según el ciclo de las rocas, la roca ígnea siempre se transforma inmediatamente en roca sedimentaria. Explica por qué este enunciado no es correcto.

_____

_____

_____

12 Predice El granito es una roca ígnea que se forma a partir del enfriamiento del magma que se encuentra debajo de la superficie terrestre. ¿Por qué el granito tiene cristales más grandes que los de las rocas ígneas formadas a partir del enfriamiento de la lava que se encuentra por encima de la superficie terrestre?

_____

_____

Mis apuntes

Unidad 6   ▸ La gran idea ◂

Los minerales y las rocas son los componentes básicos de la Tierra y, con el tiempo, pueden cambiar de un tipo de mineral o roca a otro.

Lección 1

PREGUNTA ESENCIAL

¿Qué son los minerales, cómo se forman y cómo pueden identificarse?

Describe la estructura básica de los minerales e identifica los diferentes minerales de acuerdo con sus propiedades físicas.

Lección 2

PREGUNTA ESENCIAL

¿Cómo se forman las rocas?

Describe la formación y la clasificación de las rocas sedimentarias, ígneas y metamórficas.

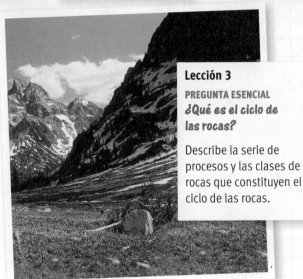

Lección 3

PREGUNTA ESENCIAL

¿Qué es el ciclo de las rocas?

Describe la serie de procesos y las clases de rocas que constituyen el ciclo de las rocas.

Conectar PREGUNTAS ESENCIALES
Lecciones 1 y 2

1 Sintetiza Describe un proceso por el cual un mineral puede convertirse en otro mineral.

_____

_____

_____

_____

_____

Piensa libremente

2 Sintetiza Elige una de las siguientes actividades como ayuda para sintetizar lo que has aprendido en esta unidad.

☐ Usa lo que aprendiste en las lecciones 1, 2 y 3 para explicar en un ensayo breve cómo se forma una roca sedimentaria química a partir de un lago lleno de minerales de yeso disueltos.

☐ Usa lo que aprendiste en las lecciones 1, 2 y 3 para crear una presentación con carteles que describa el tipo y la textura de una roca que se formó por la erupción de un volcán.

Nombre _____

Vocabulario

Escribe el término correcto en el espacio en blanco para completar la oración.

1 El/La _____ es una serie de procesos geológicos por medio de los cuales las rocas se forman, cambian de un tipo a otro, se destruyen y se forman nuevamente.

2 La elevación de regiones de la corteza terrestre a elevaciones más altas se llama

_____.

3 Un/a _____ es una combinación sólida de uno o más minerales o materia orgánica que se produce de forma natural.

4 El/La _____ es una propiedad física que se usa para describir cómo la superficie de un mineral refleja la luz.

Conceptos clave

Elige la letra de la respuesta correcta.

TEKS 6.6C, 6.2E

5 La siguiente tabla muestra la masa y el volumen de cuatro muestras de minerales.

Mineral	Masa (g)	Volumen (mL)
feldespato	16	6.2
galena	9	1.2
granate	12	3.0
cuarzo	10	3.7

¿Cuál de estos minerales tiene mayor densidad? (Pista: Paso 1: Usa la ecuación de la densidad para hallar la densidad de cada mineral en la tabla. Paso 2: Compara las densidades que has calculado para hallar el valor mayor).

A feldespato

B galena

C granate

D cuarzo

TEKS 6.10B

6 Declan observó una piedra que halló en la playa. Sacó la conclusión de que era una roca sedimentaria. ¿Cuál de las siguientes observaciones apoya mejor esta conclusión? (Pista: Paso 1: Recuerda cómo se forman las rocas sedimentarias. Paso 2: Decide cuál de las propiedades tendrá la roca sedimentaria por la manera en que se forma).

A el color amarillo

C las capas dentro de la roca

B la dureza de la roca

D la ubicación donde se halló la roca

TEKS 6.10B

7 ¿Cuál de los siguientes enunciados describe mejor cómo se forman las rocas sedimentarias?

A La roca fundida que está debajo de la superficie terrestre se enfría y se solidifica.

B Las capas de materiales se comprimen y forman la roca.

C Los procesos químicos o los cambios de presión o temperatura cambian la textura y la composición de una roca.

D La roca fundida sale a la superficie y, al enfriarse, se convierte en roca sólida.

TEKS 6.10B, 6.3B

8 El diagrama muestra partes del ciclo de las rocas.

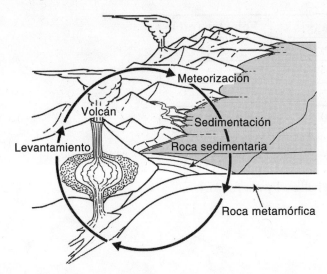

Imagina que debes agregar una flecha para mostrar el hundimiento del terreno en el diagrama. ¿Cómo dibujarías la flecha?

A extendiéndose horizontalmente a lo largo del diagrama

B apuntando hacia arriba, hacia la roca metamórfica

C apuntando hacia abajo desde la roca metamórfica

D apuntando en la misma dirección que la flecha de levantamiento

TEKS 6.6C, 6.2B

9 Un estudiante ilumina varias muestras de minerales diferentes. ¿Cuál de estos tipos de minerales debería brillar más?

A un mineral calizo, mate

B un mineral áspero, gris

C un mineral pulido, metálico

D un mineral translúcido, transparente

Respuesta en forma de cuadrícula

Escribe tu respuesta en los recuadros de la cuadrícula y luego rellena el círculo del número correspondiente.

TEKS 6.6C

10 La siguiente tabla muestra la escala de dureza de Mohs.

Dureza	Mineral
1	talco
2	yeso
3	calcita
4	fluorita
5	apatita
6	feldespato
7	cuarzo
8	topacio
9	corindón
10	diamante

Un estudiante determina que la dureza de una moneda de 1¢ se encuentra exactamente entre la dureza de la calcita y la fluorita. ¿Cuál es la dureza de la moneda de 1¢?

Razonamiento crítico

Responde las siguientes preguntas en el espacio en blanco.

11 Explica cómo la textura y la composición de una roca pueden brindar a los científicos información sobre la historia de la roca. Da un ejemplo de cada una.

_____

_____

_____

_____

TEKS 6.10B

12 Explica una manera en que podría formarse una roca sedimentaria, con el correr del tiempo romperse en pedazos más pequeños y finalmente convertirse de nuevo en roca sedimentaria en otro lugar.

_____

_____

_____

_____

Conectar **PREGUNTAS ESENCIALES**
Lecciones 2 y 3

Responde la siguiente pregunta en el espacio en blanco.

TEKS 6.10B, 6.3B

13 Una estudiante desarrolla un modelo para mostrar cómo un tipo de roca puede sufrir varios cambios y finalmente formar el mismo tipo de roca nuevamente. Describe dos caminos que la estudiante puede tomar para mostrar cómo una roca metamórfica puede convertirse en otro tipo de roca y luego volver a ser una roca metamórfica.

_____

_____

_____

_____

_____

_____

_____

Una Tierra muy dinámica

La gran idea

El movimiento de las placas tectónicas explica características relevantes de la superficie de la Tierra y sucesos geológicos importantes.

El volcán Cleveland, en Alaska, entra en erupción.

Un científico lee un sismógrafo.

¿Qué opinas?

La Tierra se encuentra en permanente cambio. Los volcanes y los terremotos son poderosas fuerzas de cambio. Los volcanes forman rocas nuevas y modifican el terreno. A causa de los terremotos, las rocas se mueven. ¿Cómo se formó el paisaje del lugar donde vives?

Unidad 7
Una Tierra muy dinámica

LA CIENCIA Y LOS CIUDADANOS

Los volcanes de Texas

¿Hay volcanes en Texas? ¡Síl De hecho, muchas de las montañas y formaciones rocosas del Parque Nacional Big Bend son el resultado de la antigua actividad volcánica. Hace aproximadamente 30 millones de años, hubo una serie de erupciones volcánicas en el área cercana a las montañas Chisos. Estas erupciones ocurrieron periódicamente durante millones de años y ayudaron a dar forma al paisaje que vemos hoy.

Piénsalo

A ¿Dónde esperarías encontrar evidencia de actividad volcánica?

_____

_____

B ¿Qué materiales que forman montañas crees que son producidos por los volcanes?

_____

_____

_____

C Usa Internet para investigar la historia de la actividad volcánica en el Parque Nacional Big Bend. Toma nota de tus descubrimientos en una hoja aparte.

Extremo sur de las montañas Chisos en el Parque Nacional Big Bend

© Houghton Mifflin Harcourt Publishing Company • Image Credits: (bg) ©Scott Smith/Corbis

② Pregunta

¿Hubo actividad volcánica cerca de tu casa?

Entre todos, investiguen qué tipo de roca es más común en el lugar donde vives. Determina si la roca proporciona evidencia de actividad volcánica en el pasado.

Ten en cuenta

☐ ¿La roca del lugar donde vives se clasifica como ígnea?

☐ ¿Hay capas de ceniza en la roca local?

Las capas entrelazadas de piedra caliza y esquisto crearon esta formación.

La lava oscura y solidificada y la ceniza pálida crearon estas formaciones.

③ Aplica lo que sabes

A Investiga las rocas y los minerales asociados con la actividad volcánica. Enuméralos a continuación.

_____

_____

_____

_____

_____

B Usa Internet para investigar sobre rocas y minerales originarios del lugar donde vives. Encierra en un círculo las rocas y los minerales originarios del lugar donde vives que estén en tu lista. Investiga sobre lugares cercanos a tu casa o tu escuela donde puedas reunir y examinar rocas y especímenes minerales locales.

C Planea una salida escolar a uno de los lugares que hallaste. Describe cómo reunirás e identificarás los especímenes.

_____

_____

_____

_____

_____

Para la casa

¿Qué fenómenos geológicos importantes han ocurrido en el lugar donde vives? ¿Qué evidencia existe para probarlos? Explora las evidencias de la actividad geológica.

387

Las capas de la Tierra

PREGUNTA ESENCIAL

¿Cuáles son las capas de la Tierra?

Cuando termines esta lección, podrás identificar las capas constitutivas y físicas de la Tierra y describir sus propiedades.

TEKS **6.10A** elabore un modelo para ilustrar las capas estructurales de la Tierra, incluyendo el núcleo interno, el núcleo externo, el manto, la corteza, la astenosfera y la litosfera

Si pudieras cavar por debajo de este cañón, descubrirías que la Tierra contiene diferentes capas debajo de su superficie.

Actividades rápidas de laboratorio
• Las capas de la Tierra
• Ordenar las capas de la Tierra

Actividad de S.T.E.M. de laboratorio
• Modelos de la Tierra

Ponte a pensar

1 Predice Marca V o F para mostrar si cada enunciado es verdadero o falso.

V **F**

☐ ☐ La capa externa y sólida de la Tierra a veces se llama corteza.

☐ ☐ La corteza es la capa más densa.

☐ ☐ El manto es la capa que se encuentra entre la corteza y el núcleo.

☐ ☐ El núcleo de la Tierra está dividido en cinco partes.

2 Describe Si te pidieran que describas esta manzana, ¿cuántas capas dirías que tiene? ¿Cómo describirías las capas?

_____

_____

_____

_____

_____

_____

Lectura con propósito

3 Sintetiza A menudo puedes definir una palabra desconocida si conoces el significado de las partes que componen la palabra. Usa las partes de la palabra y la siguiente oración para sacar una conclusión lógica sobre el significado de la palabra *mesosfera*.

Parte de la palabra	Significado
meso-	medio
-sfera	bola

Oración de ejemplo
La <u>mesosfera</u> tiene más de 2,000 km de espesor.

Términos de vocabulario

• **corteza**   • **litosfera**

• **manto**   • **astenosfera**

• **convección**   • **mesosfera**

• **núcleo**

4 Aplica A medida que aprendas la definición de cada término de vocabulario de esta lección, crea tu propia definición o esquema que te ayude a recordar el significado del término.

mesosfera:

_____

_____

_____

Pelando capas

¿Qué hay dentro de la Tierra?

Si cavaras hacia el centro de la Tierra, ¿qué crees que encontrarías? ¿La Tierra sería sólida o hueca? ¿Estaría toda compuesta por el mismo material? En realidad, la Tierra está formada por varias capas. Los materiales que constituyen cada capa tienen propiedades características que varían de capa a capa. Los científicos estudian las capas de la Tierra de dos maneras: en términos de su composición química y en términos de sus propiedades físicas.

¿Cuáles son las capas constitutivas de la Tierra?

La Tierra puede dividirse en tres capas según la composición química. Estas capas son la *corteza*, el *manto* y el *núcleo*. Cada capa constitutiva está formada por una mezcla diferente de compuestos químicos.

La Tierra se divide en tres capas según la composición química de cada una.

núcleo

manto

corteza

corteza continental

corteza oceánica

manto

La corteza continental es más gruesa que la corteza oceánica.

La corteza

La capa sólida externa de la Tierra es la **corteza.** Hay dos tipos de corteza: la continental y la oceánica. Ambas están compuestas principalmente por los elementos oxígeno, silicio y aluminio. Sin embargo, la corteza oceánica, que es más densa, tiene casi el doble de hierro, calcio y magnesio. Estos elementos forman minerales que son más densos que los de la corteza continental.

6 Identifica Enumera las capas constitutivas ordenadas de la más densa a la menos densa.

_____

_____

_____

El manto

El **manto** se encuentra entre el núcleo y la corteza. Es una región de roca sólida y caliente que se mueve lentamente. Cuando se produce la convección en el manto, la roca que está más fría se hunde y la roca más caliente se eleva. La **convección** es el movimiento de la materia debido a diferencias en la densidad que se producen por variaciones en la temperatura. Los científicos pueden obtener información sobre el manto observando la roca del manto que se ha elevado hasta alcanzar la superficie terrestre. El manto es más denso que la corteza. Contiene más magnesio y menos aluminio y silicio que la corteza.

El núcleo

El **núcleo** se extiende desde debajo del manto hasta el centro de la Tierra. Los científicos creen que el núcleo está compuesto principalmente por hierro y algo de níquel. También creen que contiene mucho menos oxígeno, silicio, aluminio y magnesio que el manto. El núcleo es la capa más densa. Constituye alrededor de un tercio de la masa terrestre.

7 Identifica ¿Qué elemento compone la mayor parte del núcleo de la Tierra? _____

¿Cuáles son las capas físicas de la Tierra?

La Tierra también puede dividirse en capas según las propiedades físicas. Algunas de las propiedades que se consideran son el estado sólido o líquido de la capa, así como la manera en que la capa se mueve o transmite ondas. Las cinco capas físicas son la *litosfera*, la *astenosfera*, la *mesosfera*, el *núcleo externo* y el *núcleo interno*.

Lectura con propósito **8 Rotula** Completa los espacios en blanco con los nombres de las capas constitutivas que se muestran a continuación.

Visualízalo

9 Analiza ¿Cuáles son las capas constitutivas de la Tierra que componen la litosfera?

_____

Litosfera

La capa rígida externa de la Tierra es la **litosfera.** La litosfera tiene dos partes: la corteza y la parte rígida superior del manto. Se divide en partes denominadas *placas tectónicas*.

A _____

Astenosfera

La **astenosfera** es una capa de manto débil o blando compuesta por roca que se mueve lentamente. Las placas tectónicas se mueven por encima de esta capa.

Mesosfera

La parte fuerte e inferior del manto se llama **mesosfera.** La roca que se encuentra en la mesosfera se mueve más lentamente que la roca de la astenosfera.

B _____

Núcleo externo

El núcleo externo es la capa líquida del núcleo de la Tierra. Se encuentra debajo del manto y rodea el núcleo interno.

Núcleo interno

El núcleo interno es el centro sólido y denso de nuestro planeta. Se extiende desde la parte inferior del núcleo externo hasta el centro de la Tierra, que se encuentra a aproximadamente 6,380 km debajo de la superficie.

C _____

Problema de ejemplo

Aquí hay un ejemplo de cómo hallar qué porcentaje del espesor del núcleo representa el núcleo externo.

Físicas	Constitutivas
Litosfera continental (150 km)	Corteza continental (30 km)
Astenosfera (250 km)	Manto (2,900 km)
Mesosfera (2,550 km)	
Núcleo externo (2,200 km)	Núcleo (3,430 km)
Núcleo interno (1,230 km)	

Identifica

A. ¿Qué sabes?

núcleo = 3,430 km   núcleo externo = 2,200 km

B. ¿Qué quieres saber?

el porcentaje del núcleo que representa el núcleo externo

Planea

C. Escribe la fórmula:

Porcentaje (%) de núcleo que representa el núcleo externo =

$$\left(\frac{\text{espesor del núcleo externo}}{\text{espesor del núcleo}} \right) \times 100\%$$

D. Sustituye los valores en la fórmula:

$$\% = \frac{(2,000)}{(3,430)} \times 100\%$$

Resuelve

E. Calcula y simplifica:

$$\% = 0.6414 \times 100\% = 64.14\%$$

Respuesta: 64.14%

10 Calcula ¿Qué porcentaje del espesor de la litosfera continental representa la corteza continental?

Identifica

A. ¿Qué sabes?

B. ¿Qué quieres saber?

Planea

C. Escribe la fórmula:

D. Sustituye los valores en la fórmula:

Resuelve

E. Calcula y simplifica:

Respuesta:

Resumen visual

Para completar este resumen, escribe la palabra o la frase correcta
en los espacios en blanco. Luego usa la clave para comprobar tus
respuestas. Puedes usar esta página para repasar los conceptos
principales de la lección.

La Tierra se divide en tres capas constitutivas.

11 La capa constitutiva externa de la Tierra es
la _____ .

12 El _____ es más denso que
la corteza y contiene más magnesio.

La Tierra se divide en cinco capas físicas.

13 La _____ se divide en
partes denominadas placas tectónicas.

14 El núcleo _____ es la capa
líquida del núcleo de la Tierra.

Las capas de la Tierra

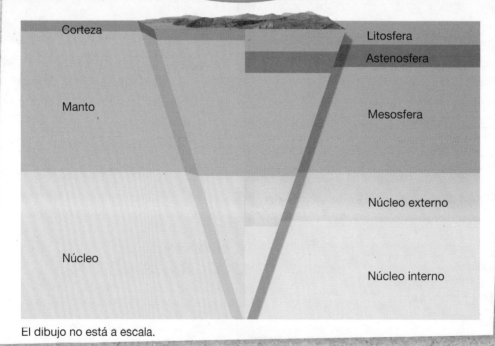

El dibujo no está a escala.

Respuestas: 11 corteza; 12 manto; 13 litosfera; 14 externo

15 **Sintetiza** ¿Qué capas físicas corresponden a qué capas constitutivas?

Repaso de la lección

Vocabulario

Escribe el término correcto en los espacios en blanco para completar las siguientes oraciones.

1 El _____ es una región de roca sólida caliente que se mueve lentamente y que se encuentra entre el núcleo y la corteza.

2 El _____ es la capa constitutiva más densa y representa un tercio de la masa terrestre.

3 La _____ es la capa física rígida más externa de la Tierra.

Conceptos clave

Usa este diagrama para responder las siguientes preguntas.

4 Identifica ¿Qué modelo del interior de la Tierra muestra esta imagen?

_____

5 Identifica ¿Cuál de estas capas está compuesta principalmente por hierro y níquel?

_____

6 Compara Explica las diferencias entre el núcleo interno y el núcleo externo.

_____
_____
_____

Razonamiento crítico

7 Compara Explica qué diferencias hay entre la litosfera y la corteza.

_____
_____
_____
_____

8 Formula una hipótesis Un grupo de científicos encuentra sobre la superficie terrestre rocas densas compuestas por magnesio y cantidades más pequeñas de aluminio y silicio. ¿Qué capa de la Tierra podrían estudiar los científicos a partir de estas rocas? Explica tu respuesta.

_____
_____
_____
_____
_____
_____

9 Aplica En un modelo de las capas de la Tierra según sus propiedades físicas, ¿cómo podría clasificarse la atmósfera? ¿Sería parte de la litosfera o sería una capa separada? Explica tu respuesta.

_____
_____
_____
_____
_____
_____
_____
_____
_____

Mis apuntes

Las placas tectónicas

PREGUNTA ESENCIAL

¿Qué son las placas tectónicas?

Cuando termines esta lección, podrás explicar la teoría de las placas tectónicas, describir cómo se mueven las placas tectónicas e identificar los eventos geológicos que se producen debido al movimiento de las placas tectónicas.

La falla de San Andrés se encuentra donde dos placas tectónicas se deslizan y rozan una con otra.

El curso de este río se ha modificado por el movimiento de las placas tectónicas.

TEKS **6.10C** identifique las principales placas tectónicas, incluyendo la eurasiática, la africana, la indo-australiana, la del Pacífico, la de Norteamérica y la de Sudamérica

Actividades de laboratorio de la lección

Actividades rápidas de laboratorio
- Cubitos de hielo tectónicos
- La convección del manto
- Reconstruir masas de tierra

Actividad de investigación de laboratorio
- Expansión del suelo marino

 Ponte a pensar

1 Predice Marca V o F para mostrar si cada enunciado es verdadero o falso.

V F

☐ ☐ La superficie terrestre es un único bloque.

☐ ☐ Los científicos creen que en algún momento los continentes formaron una única masa de tierra.

☐ ☐ El suelo marino es liso y llano.

☐ ☐ Todas las placas tectónicas son iguales.

2 Ilustra Imagina que pudieras cortar el planeta Tierra por la mitad. Haz un dibujo de lo que verías en el interior de la Tierra.

 Lectura con propósito

3 Aplica Muchas palabras científicas, como *divergente*, también tienen significados cotidianos o están relacionadas con palabras de significados cotidianos. Usa las claves del contexto para escribir tu propia definición de cada palabra subrayada.

Oración de ejemplo
Discutieron sobre el tema porque sus opiniones eran divergentes.

divergente:
_____
_____

Oración de ejemplo
Los dos ríos convergían cerca de la ciudad.

convergente:
_____
_____

Términos de vocabulario

- **Pangea**
- **placas tectónicas**
- **placa tectónica**
- **expansión del suelo marino**
- **límite convergente**
- **límite divergente**
- **límite de transformación**
- **convección**

4 Identifica Esta lista contiene los términos clave que aprenderás en esta lección. Mientras lees, subraya la definición de cada término.

Evidencias que encajan

¿Qué evidencia sugiere que los continentes se mueven?

¿Alguna vez observaste un mapa y notaste que parece que los continentes encajan entre sí como las piezas de un rompecabezas? En 1912, Alfred Wegener formuló su hipótesis de la *deriva continental*. Propuso que, en algún momento, los continentes estuvieron unidos, pero luego se separaron y se distanciaron. La idea de Wegener está respaldada por varios tipos de evidencia. Por ejemplo, hay fósiles de la misma especie en continentes que ahora están separados por un océano. Es imposible que estas especies hayan cruzado el océano. Los continentes que se separaron también tienen costas que encajan entre sí, accidentes geográficos similares, capas de roca similares y evidencia de que, en el pasado, tenían climas similares.

Este mapa muestra una parte de la evidencia geológica que respalda la hipótesis de la deriva continental.

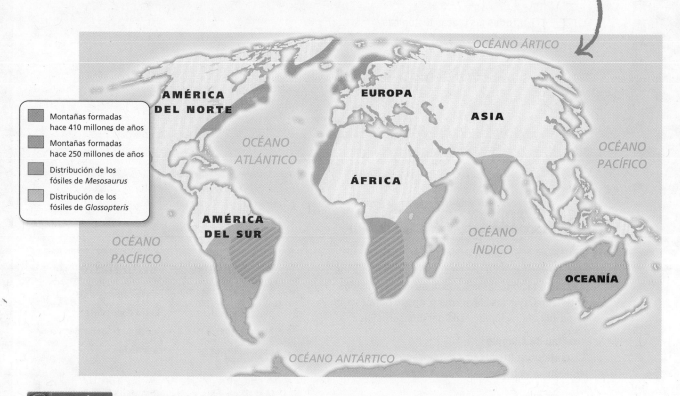

Clave:
- Montañas formadas hace 410 millones de años
- Montañas formadas hace 250 millones de años
- Distribución de los fósiles de *Mesosaurus*
- Distribución de los fósiles de *Glossopteris*

OCÉANO ÁRTICO · AMÉRICA DEL NORTE · EUROPA · ASIA · OCÉANO ATLÁNTICO · ÁFRICA · OCÉANO PACÍFICO · OCÉANO PACÍFICO · AMÉRICA DEL SUR · OCÉANO ÍNDICO · OCEANÍA · OCÉANO ANTÁRTICO

Visualízalo 5 **Resume** Usa el mapa y la clave para completar la tabla y describir la evidencia que indica que los continentes alguna vez estuvieron unidos.

	Evidencia fósil	Evidencia montañosa
América del Sur y África		
América del Norte y Europa		

¿Qué es Pangea?

Lectura con propósito 6 **Identifica** Mientras lees, subraya lo que sucedió durante la formación de Pangea.

Los científicos crearon un modelo de los cambios que sufrieron los continentes a partir de la evidencia de diversos campos científicos. Entre 200 y 300 millones de años atrás, los continentes estaban unidos y conformaban una gran masa de tierra llamada **Pangea**. Cuando los continentes chocaron y se formó Pangea, enormes fuerzas comprimieron lentamente la capa externa rocosa de la Tierra, denominada corteza, y se formaron las montañas. Pangea estaba rodeada por un único gran océano llamado Pantalasa.

Hace alrededor de 200 millones de años, se formó un gran rift y Pangea comenzó a separarse en dos continentes: *Laurasia* y *Gondwana*. Laurasia comenzó lentamente a desplazarse hacia el norte y a rotar, lo cual produjo un nuevo rift que dividió Laurasia en los continentes de América del Norte y Eurasia. Gondwana también se dividió y formó cinco continentes separados. En la actualidad, los continentes siguen moviéndose lentamente.

¿Qué establece la teoría de las placas tectónicas?

Después de que Wegener presentó su hipótesis, los científicos siguieron buscando evidencia para explicar sus observaciones. A partir de la evidencia recopilada durante muchas décadas, concluyeron que toda la superficie de la Tierra estaba en movimiento, no solo los continentes. Finalmente, en la década de 1960, se formuló una teoría que explicaba esos movimientos. La teoría de las **placas tectónicas** establece que la capa externa de la Tierra está dividida en grandes bloques que se mueven lentamente. La capa externa de la Tierra se llama litosfera, y cada bloque de esta se llama **placa tectónica.**

Estas placas pueden estar formadas por continentes enteros, partes de ellos o del suelo marino. Las placas se mueven por sobre la roca blanda pero sólida del manto. La roca del manto se mueve en ciclos llamados *corrientes de convección*: las rocas más densas se hunden y las menos densas son empujadas hacia arriba. El movimiento de las placas tectónicas depende en parte de cómo se mueve el manto debajo de ellas. El movimiento de las placas influye en la fisonomía del terreno, puesto que las placas interactúan, presionándose, separándose y deslizándose entre sí. Esta interacción causa sucesos como los terremotos.

La separación de Pangea

Hace 200 a 300 millones de años

Hace 200 millones de años

Hace 65 millones de años

Hace 3 millones de años

¿Qué evidencia llevó a la teoría de las placas tectónicas?

La evidencia que respalda la deriva continental también respalda la idea de las placas tectónicas. Después de introducir la deriva continental, los científicos comenzaron a explorar el suelo marino. Creían que sería liso y plano. Por el contrario, encontraron cordilleras submarinas llamadas *dorsales oceánicas*. Este descubrimiento, los nuevos descubrimientos sobre el suelo marino y las investigaciones sobre terremotos y volcanes contribuyeron a desarrollar la teoría de las placas tectónicas.

La edad y las propiedades magnéticas del suelo marino

Los científicos descubrieron que una dorsal oceánica es el límite entre dos placas que se están separando. Este movimiento forma grietas verticales profundas a lo largo del centro de la dorsal oceánica. Se dataron muestras de suelo marino para hallar su edad, y se descubrió que la roca más joven está más cerca de la dorsal, mientras que la roca más antigua está más alejada. Además, descubrieron que el suelo marino tiene patrones magnéticos en franjas, paralelas a las dorsales oceánicas.

La expansión del suelo marino

Los científicos propusieron un proceso de formación del suelo marino para explicar la edad y los patrones magnéticos de la roca del suelo marino. Este proceso de **expansión del suelo marino** ocurre cuando la roca fundida del interior de la Tierra sube por grietas a lo largo de una dorsal oceánica. Luego se enfría y forma corteza oceánica nueva que empuja a la antigua y la aleja de la dorsal. Esto se repite en el tiempo y el suelo marino se expande lentamente. Al moverse el suelo marino, también lo hacen los continentes de la misma placa. También se descubrió que los polos magnéticos se desplazaron a lo largo de la historia de la Tierra. Los patrones magnéticos se formaron cuando los minerales de la roca nueva se alinearon con el campo magnético terrestre.

Investigación

7 **Infiere** Antes de que los científicos pudieran ver y estudiar el suelo oceánico directamente, ¿por qué podrían haber esperado que el suelo oceánico fuera liso y plano?

_____

_____

_____

_____

_____

_____

Las líneas rojas de este mapa muestran los lugares donde se ubican las dorsales oceánicas.

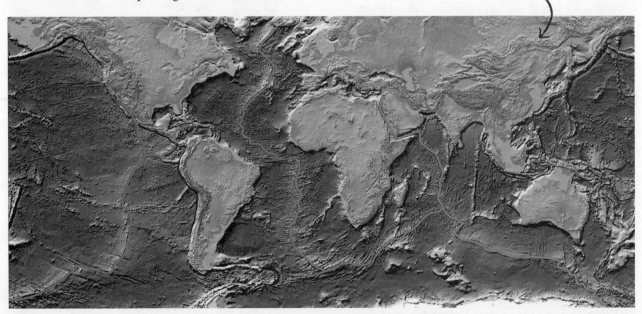

Las fosas oceánicas

Si el suelo marino se está expandiendo, ¿por qué la Tierra no se agranda? Los científicos descubrieron la respuesta cuando encontraron en el suelo marino *fosas* enormes parecidas a cañones submarinos profundos. En las fosas, las placas oceánicas más densas se hunden en la astenosfera, como se muestra en el siguiente diagrama. El suelo marino antiguo es arrastrado hacia abajo con la placa. En las fosas, las placas se destruyen aproximadamente a la misma tasa con que se forman en las dorsales oceánicas. Así, la Tierra conserva el mismo tamaño.

Con esta nueva información, como la expansión, los patrones magnéticos y la subducción del suelo marino, los científicos comenzaron a comprender por qué se movían las placas y los continentes.

La distribución de terremotos y volcanes

A medida que los científicos y los exploradores trazaban mapas del mundo, observaron que había terremotos y volcanes en algunos lugares y en otros, no. Observaron que estos sucesos ocurren con más frecuencia en determinadas zonas: a lo largo de los límites de las placas tectónicas o cerca de ellas. El movimiento de las placas entre sí hace que haya terremotos y se formen volcanes a lo largo de esos límites.

8 Identifica ¿Por qué la Tierra no se agranda si la expansión del suelo marino aporta nueva corteza a la superficie?

_____

_____

_____

_____

_____

Visualízalo

9 Interpreta Rotula la roca más joven y la roca más antigua en este diagrama de la expansión del suelo marino.

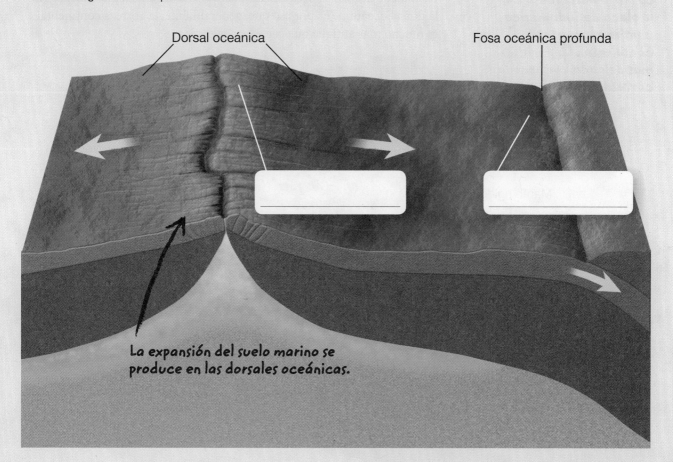

Dorsal oceánica

Fosa oceánica profunda

La expansión del suelo marino se produce en las dorsales oceánicas.

Las placas tectónicas

![Lectura con propósito]

10 Identifica Mientras lees, subraya los nombres de las placas tectónicas principales.

¿Cuáles son las propiedades de las placas tectónicas?

Todas las placas tectónicas se mueven en diferentes direcciones y a diferentes velocidades. Los continentes y el suelo marino están ubicados sobre las placas tectónicas y se mueven con ellas. Cada placa tectónica encaja con las placas que la rodean.

Entre las principales placas tectónicas se encuentran la del Pacífico, la de Norteamérica, la de Nazca, la de Sudamérica, la africana, la indo-australiana, la eurasiática y la antártica. No todas las placas tectónicas son iguales. La de Sudamérica contiene todo un continente y tiene corteza oceánica. La placa de Nazca solo cuenta con corteza oceánica. La placa indo-australiana tiene un límite en desarrollo, que se muestra con una línea punteada en el mapa de la página siguiente. Debido a ese límite en desarrollo, a veces se considera que la placa indo-australiana está formada por dos placas: la placa india y la placa australiana.

La litosfera está formada por placas tectónicas de diferentes formas y tamaños. En los lugares en que hay corteza continental, las placas son más gruesas. Donde hay corteza oceánica, las placas son más delgadas. La edad de la corteza oceánica aumenta con la distancia que la separa de la dorsal oceánica. Es por eso que, generalmente, la corteza continental es mucho más antigua que la corteza oceánica.

La parte más gruesa de la placa de Sudamérica contiene la corteza continental. La parte más delgada contiene la corteza oceánica.

Cordillera de los Andes

Placa de Sudamérica

Corteza continental

Manto rígido

Corteza oceánica

11 Identifica La mayor parte de las placas tectónicas incluyen un continente o más de uno. A menudo, las placas tienen el nombre del continente que contienen. Usa la siguiente lista y las pistas para escribir los nombres de las placas tectónicas que se muestran en el mapa.

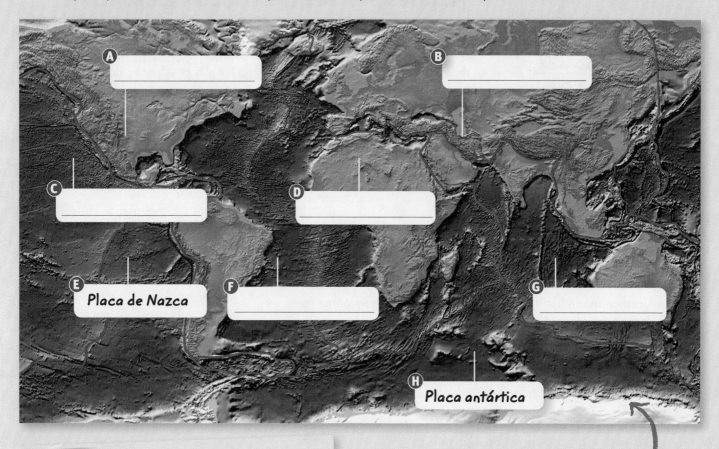

A

B

C

D

E Placa de Nazca

F

G

H Placa antártica

Las placas tectónicas encajan entre sí como las piezas de un rompecabezas.

Nombres de las placas tectónicas

Placa del Pacífico

Placa euroasiática

Placa de Nazca

Placa indo-australiana

Placa de Norteamérica

Placa de Sudamérica

Placa antártica

Placa africana

Pista: La palabra *euroasiática* es una combinación de las palabras *Europa* y *Asia*.

Pista: La palabra *indo-australiana* es una combinación de las palabras *India* y *Australia*.

Piensa libremente

12 Aplica Elige una placa tectónica para investigarla. Diseña un artículo de revista con texto, imágenes y leyendas que describan la placa, su ubicación y sus propiedades.

Límites

¿Cuáles son los tres tipos de límites de placas?

Lectura con propósito

13 Identifica Mientras lees, subraya los lugares donde pueden encontrarse los límites de placas.

A menudo, los cambios y los accidentes geográficos más espectaculares de la Tierra se producen en los límites de las placas. Algunos límites de placas se extienden a lo largo del suelo oceánico. Otros se encuentran sobre los bordes de los continentes o dentro de ellos. Existen tres tipos de límites de placas: los divergentes, los convergentes y los de transformación. Cada uno está asociado a un accidente geográfico determinado.

Límites convergentes

Los **límites convergentes** se forman donde chocan dos placas. En estos límites, pueden ocurrir tres tipos de choques. Cuando dos placas tectónicas de la litosfera continental chocan, se pliegan y se vuelven más gruesas, lo cual levanta parte de la corteza continental. Eso hace que se formen montañas y puede causar terremotos. Cuando una placa oceánica choca con una placa continental, la placa oceánica, que es más densa, se hunde en el manto. Cuando chocan dos placas oceánicas, una siempre es más densa y se hunde debajo de la otra placa. Los límites donde una placa se hunde por debajo de otra placa se denominan *zonas de subducción*. Las placas están siendo subducidas, o arrastradas debajo de otra placa. La subducción forma profundas fosas oceánicas y también provoca volcanismo y grandes terremotos.

Investigación

14 Infiere ¿Por qué crees que la placa más densa se desliza por debajo de la otra placa cuando chocan?

_____

_____

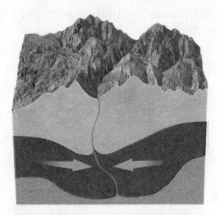

Choques entre placas continentales
Cuando dos placas de litosfera continental chocan, se pliegan y se vuelven más gruesas. Eso hace que las rocas se doblen y se rompan, y provoca la formación de montañas.

Choques entre una placa continental y una placa oceánica
Cuando una placa de litosfera oceánica choca con una placa de litosfera continental, la litosfera oceánica, más densa, es subducida. Eso hace que se formen cadenas montañosas volcánicas.

Choques entre placas oceánicas
Cuando chocan dos placas de litosfera oceánica, la placa más antigua y más densa es subducida. Eso hace que se formen islas volcánicas.

Límites divergentes

En un **límite divergente**, una placa se aleja de otra. Esta separación permite que la roca caliente que hay abajo se derrita. La roca derretida debajo del suelo se llama *magma*. El magma se eleva y sale a la superficie terrestre en forma de lava durante las erupciones volcánicas. Cuando la lava se enfría, forma roca nueva.

A medida que la corteza y la parte superior del manto se enfrían y se vuelven rígidas, forman litosfera nueva, que es delgada, tibia y liviana. Esta roca tibia y liviana se deposita a mayor nivel que el suelo marino que la rodea debido a que es menos densa. Así se forman las dorsales oceánicas. La mayoría de los límites divergentes se encuentran en el suelo oceánico. Sin embargo, también pueden formarse valles de rift en donde los continentes se separan a causa del movimiento de las placas.

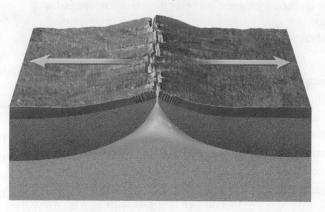

En los límites divergentes, las placas se separan.

Límites de transformación

El límite donde dos placas se rozan una con la otra horizontalmente a causa de su deslizamiento se denomina **límite de transformación.** Los bordes de las placas no se rozan suavemente, sino que se traban o bloquean entre sí hasta que se separan abruptamente. Cuando eso sucede, se liberan enormes cantidades de energía, lo cual provoca terremotos. A diferencia de otros tipos de límites, los límites de transformación generalmente no producen magma. La falla de San Andrés, en California, es un gran límite de transformación. Es un límite entre la placa de Norteamérica y la placa del Pacífico. El movimiento de transformación también se produce en límites divergentes. Los segmentos cortos de las dorsales oceánicas están conectados por medio de fallas de transformación denominadas zonas de fractura.

En los límites de transformación, las placas se deslizan horizontalmente y se rozan.

Lectura con propósito

15 Contrasta ¿En qué se diferencian los límites de transformación de los límites convergentes y de los divergentes?

_____

_____

_____

¿Por qué se mueven las placas tectónicas?

16 Identifica Mientras lees, subraya los nombres de los tres mecanismos que los científicos propusieron para explicar el movimiento de las placas.

Los científicos han propuesto tres mecanismos para explicar cómo se mueven las placas tectónicas. Cuando el manto entra en convección, arrastra las placas tectónicas mientras el material del manto se mueve por debajo de las placas. Por medio del empuje de las dorsales, las placas se alejan de ellas a medida que la roca se enfría y se vuelve más densa. La tracción de placas mueve las placas cuando el borde de una placa más densa se hunde por debajo de una placa menos densa en una zona de subducción.

La convección del manto

A medida que los átomos del núcleo y del manto de la Tierra se desintegran por procesos de radiación, se libera energía en forma de calor. Algunas partes del manto se calientan más que otras. Las partes más frías son más densas y se hunden. El material más denso que se hunde empuja hacia arriba a las partes más calientes y menos densas. A medida que las partes más calientes se elevan, comienzan a enfriarse. A medida que se enfrían, vuelven a ser más densas. Esta clase de movimiento del material debido a diferencias de densidad se denomina **convección.** La convección hace que las placas tectónicas superpuestas se muevan, pero los científicos no conocen la naturaleza exacta de esta fuerza. La convección no explica totalmente la enorme cantidad de fuerza que se necesitaría para mover las placas tectónicas.

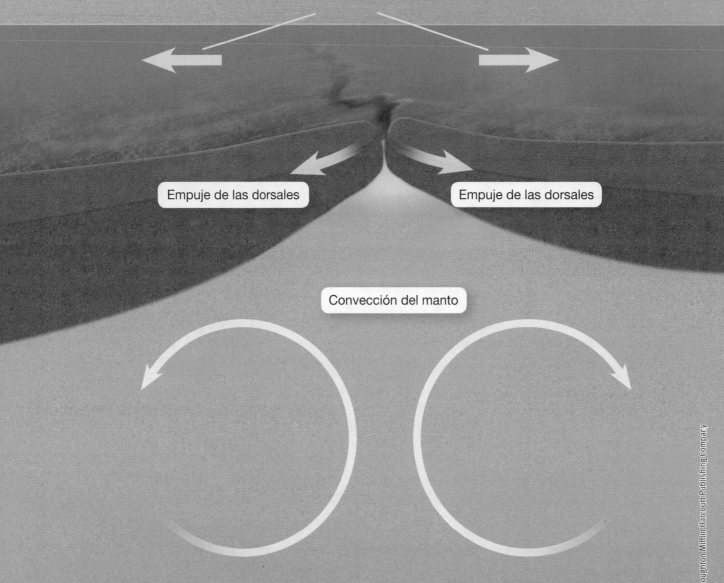

Empuje de las dorsales

Empuje de las dorsales

Convección del manto

El empuje de las dorsales

La roca recién formada en una dorsal oceánica es más tibia y menos densa que la roca adyacente más antigua. Debido a que su densidad es más baja, la roca nueva se deposita a mayor altura que la roca antigua. La roca más fría y antigua desciende por la pendiente y se aleja de la dorsal. A medida que la roca nueva se enfría, también se vuelve más densa y se desliza hacia abajo por la pendiente alejándose de la dorsal. Cuando esto ocurre, la roca antigua también es empujada lejos de la dorsal. Esta fuerza, denominada *empuje de las dorsales*, empuja a las placas tectónicas y las aleja de las dorsales oceánicas.

La tracción de las placas

En las zonas de subducción, una placa tectónica se hunde por debajo de otra placa. La placa más densa siempre se desliza debajo de la menos densa. El borde frontal de la placa que se desliza por debajo de la otra es más frío y más denso que el manto. A medida que se hunde, atrae el resto de la placa. Este proceso se denomina *tracción de las placas*. En general, las placas que se deslizan por debajo de otras se mueven más rápidamente que las otras placas. A causa de esta evidencia, muchos científicos creen que la tracción de las placas podría ser el mecanismo más importante que impulsa el movimiento de las placas tectónicas.

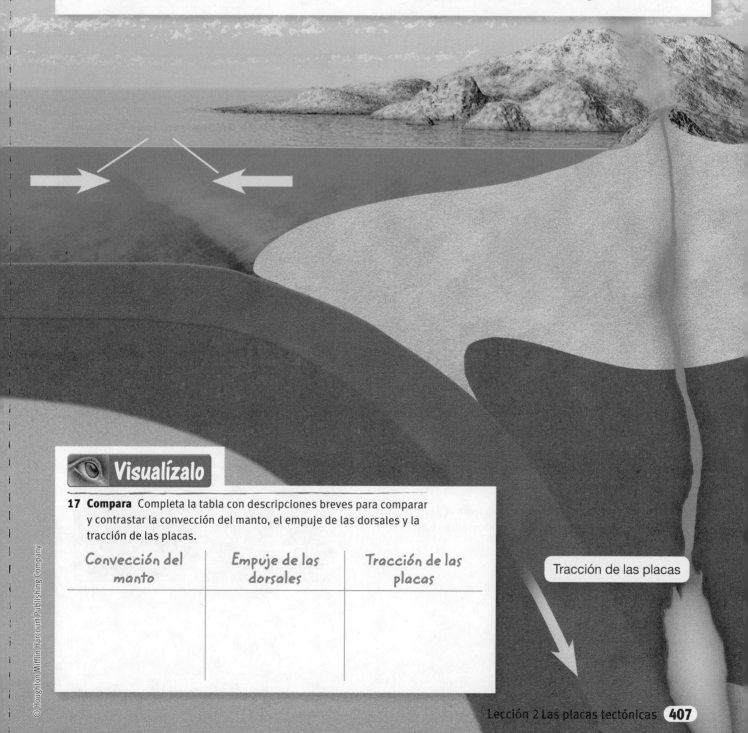

Tracción de las placas

Visualízalo

17 Compara Completa la tabla con descripciones breves para comparar y contrastar la convección del manto, el empuje de las dorsales y la tracción de las placas.

Convección del manto	Empuje de las dorsales	Tracción de las placas

Resumen visual

Para completar este resumen, escribe el rótulo o la leyenda en los espacios en blanco. Luego usa la clave para comprobar tus respuestas. Puedes usar esta página para repasar los conceptos principales de la lección.

La tectónica de placas

Los continentes conformaban una única masa de tierra.

18 Los científicos llaman _____ a esta masa de tierra.

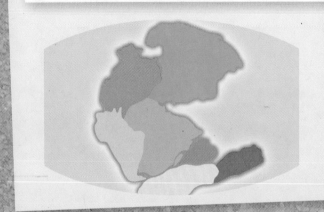

Las placas tectónicas difieren en cuanto al tamaño y la composición.

19 Los Estados Unidos son parte de la placa _____.

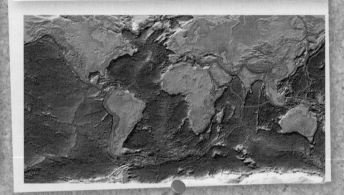

Existen tres tipos de límites de placas: convergentes, divergentes y de transformación.

20 En esta imagen se muestra un límite _____.

Hay tres mecanismos que pueden impulsar el movimiento de las placas: la convección del manto, la tracción de las placas y el empuje de las dorsales.

21 Los científicos creen que el más importante es el/la _____.

Respuestas: 18 Pangea; 19 de Norteamérica; 20 de transformación; 21 tracción de las placas

22 Sintetiza ¿Cómo se relaciona el movimiento de las placas tectónicas con los accidentes geográficos y los procesos de la Tierra? Da ejemplos.

Repaso de la lección

Vocabulario

Escribe el término correcto en los espacios en blanco para completar las siguientes oraciones.

1 La litosfera se divide en fragmentos denominados

_____.

2 La teoría que describe los movimientos de la litosfera de la Tierra a gran escala se denomina

_____.

3 El movimiento de materiales por diferencias de densidad se denomina _____.

Conceptos clave

4 Describe ¿En qué se diferencia la litosfera continental de la litosfera oceánica?

_____
_____
_____

5 Menciona En los siguientes espacios en blanco escribe los nombres de las ocho placas tectónicas principales.

_____
_____
_____
_____
_____

6 Enumera ¿Qué evidencia clave respalda la hipótesis de la deriva continental?

_____
_____
_____
_____

7 Enumera ¿Qué evidencia adicional respalda la teoría de las placas tectónicas?

_____
_____
_____
_____
_____

Razonamiento crítico

Usa este diagrama para responder las siguientes preguntas.

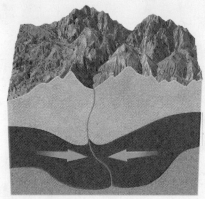

8 Identifica ¿Qué tipo de límite de placas se muestra?

_____

9 Identifica ¿Qué accidente geográfico es probable que se forme en este límite?

_____

10 Explica ¿Por qué no hay subducción en este límite de placas?

_____
_____
_____
_____

11 Sintetiza Describe el empuje de las dorsales y la tracción de placas. Luego describe el tipo de límite de placas en el que ocurre cada proceso.

_____
_____
_____
_____
_____
_____
_____
_____

Mis apuntes

Estella Atekwana

GEOFÍSICA

La Dra. Estella Atekwana estudia los cambios que se producen en la superficie terrestre. Algunos de los cambios pueden indicarnos cómo comenzó la vida en la Tierra. Otros pueden estudiarse para descubrir si existe vida en otros lugares del universo.

A causa de su trabajo, la Dra. Atekwana a veces viaja a Botsuana y a Zambia, en África. Allí, estudia la formación de un nuevo valle de rift. Los valles de rift son lugares donde los continentes se separan. (Por ejemplo, hace mucho tiempo se formó un valle de rift y África se separó de América del Sur). La Dra. Atekwana espera que este estudio sea útil para descubrir más datos sobre cómo se forman las masas continentales. Además, el suelo revela los restos de plantas y animales que alguna vez vivieron allí. Estos restos pueden indicarnos los climas que existieron en estos lugares hace millones de años.

Actualmente, la Dra. Atekwana está realizando una investigación sin precedentes en un nuevo campo de la geología conocido como la biogeofísica. Está observando los efectos que los microorganismos tienen en las rocas. Estudia con tecnologías avanzadas los cambios que se producen en las rocas después de que los microorganismos se mezclan con ellas. Algún día, esta investigación podría ser útil para que los científicos descubran evidencias de vida en otros planetas. Buscar los mismos cambios geofísicos en las rocas de Marte podría ser una manera de descubrir si alguna vez hubo vida en ese planeta. Si las rocas presentan los mismos cambios que las rocas de la Tierra, podría deberse a que alguna vez vivieron microorganismos en ellas.

Como parte de su investigación, la Dra. Atekwana visitó las cataratas Victoria en el río Zambezi, África.

Conexión con los estudios sociales

La Dra. Atekwana estudia los valles de rift, las áreas donde las placas tectónicas se separan. Investiga en qué otros lugares del mundo los científicos encontraron valles de rift.

Técnicos agrimensores y cartográficos

Esto es lo que harás: Ayudarás a los agrimensores a tomar mediciones de áreas al aire libre. Los técnicos usan cintas de medir y ajustan instrumentos, toman notas y arman bosquejos.

Lugares donde podrás trabajar: al aire libre y en lugares cerrados ingresando las mediciones en una computadora

Educación: algún tipo de educación universitaria para obtener una licencia

Otros requisitos laborales: Los técnicos deben ser capaces de visualizar objetos, distancias, tamaños y formas. Deben ser capaces de trabajar con mucho cuidado, precisión y exactitud, ya que los errores pueden ser muy costosos. También deben tener un buen estado físico.

Técnico en petróleo

Esto es lo que harás: medir y anotar las condiciones de los pozos de petróleo o de gas para descubrir si las muestras contienen petróleo y otros minerales

Lugares donde podrás trabajar: al aire libre, a veces en lugares alejados y a veces en tu propia ciudad

Educación: una tecnicatura o un certificado en ciencias aplicadas o en tecnología relacionada con las ciencias

Otros requisitos laborales: Debes ser capaz de tomar mediciones precisas y de llevar un registro de muchos detalles.

Geólogo

Esto es lo que harás: Estudiarás la historia de la corteza terrestre. Los geólogos trabajan en áreas diferentes. Puedes realizar exploraciones en busca de minerales, petróleo o gas. Puedes buscar y analizar reservas de agua subterránea. Puedes trabajar con ingenieros para asegurarte de que el suelo sea seguro para construir sobre él.

Lugares donde podrás trabajar: En el campo, donde tomas muestras, y en la oficina, donde las analizas. Los geólogos trabajan en minas, en plataformas petroleras, en las laderas de los volcanes, en canteras y en excavaciones paleontológicas.

Educación: una licenciatura de cuatro años en ciencias

Otros requisitos laborales: Los geólogos que realizan trabajo de campo deben estar en buen estado físico. La mayoría de los geólogos se capacitan en este tipo de trabajo. Los geólogos deben tener sólidas destrezas matemáticas, analíticas e informáticas. También deben ser capaces de trabajar adecuadamente con otros integrantes de un equipo.

Lección 3

La formación de las montañas

PREGUNTA ESENCIAL

¿Cómo se forman las montañas?

Cuando termines esta lección, podrás describir cómo el movimiento de las placas tectónicas de la Tierra causa la formación de las montañas.

TEKS 6.10D describa cómo las placas tectónicas son la causa de grandes eventos geológicos, tales como cuencas oceánicas, terremotos, erupciones volcánicas y la formación de montañas

El pico más alto de la cordillera de los Alpes es el Mont Blanc, con un poco más de 4,800 m de altura.

Actividades de
laboratorio de la lección

Actividades rápidas de laboratorio
• ¿Qué ocurre cuando los objetos chocan?
• Hacer modelos de montañas
• Hacer un modelo de los procesos geológicos

Ponte a pensar

1 Predice Marca V o F para mostrar si cada enunciado es verdadero o falso.

V	F	
☐	☐	Las montañas pueden originarse en una superficie plana que se pliega y se eleva.
☐	☐	Las rocas pueden separarse a causa del movimiento de las placas tectónicas.
☐	☐	Todas las montañas son creadas por volcanes.
☐	☐	Una cordillera puede formarse únicamente en el borde de una placa tectónica.

2 Formula una hipótesis Los montes Apalaches alguna vez fueron más altos que las montañas Rocosas. ¿Qué crees que sucedió con las montañas? Explica tu respuesta.

_____

_____

_____

Montañas Rocosas

Montes Apalaches

Lectura con propósito

3 Compara Los términos *compresión* y *tensión* tienen significados opuestos. Compara las dos oraciones y luego escribe tu propia definición de las palabras *compresión* y *tensión*.

Vocabulario	Oración
compresión	El libro que estaba último bajo la pila de libros del escritorio de Jon se aplastó por <u>compresión</u>.
tensión	Keisha jaló tan fuerte de la cuerda que la <u>tensión</u> hizo que la cuerda se rompiera.

Términos de vocabulario

• **deformación**   • **tensión de corte**
• **plegamiento**   • **tensión**
• **falla**   • **compresión**

4 Aplica A medida que aprendas la definición de cada término de vocabulario de esta lección, crea tu propia definición o esquema que te ayude a recordar el significado del término.

compresión:

_____

_____

tensión:

_____

_____

Haz un esfuerzo

¿De qué manera el movimiento de las placas puede causar una deformación?

El movimiento de las placas tectónicas ejerce una presión o esfuerzo sobre las rocas. Una *placa tectónica* es un bloque de litosfera compuesto por la corteza y la parte rígida externa del manto. El *esfuerzo* es la fuerza por unidad de área que se aplica sobre un objeto. Las rocas pueden doblarse o romperse por el esfuerzo. Asimismo, las bajas temperaturas hacen que los materiales sean más frágiles o se rompan más fácilmente. Las altas temperaturas pueden hacer que las rocas se doblen.

Cuando una roca se somete a un esfuerzo, se deforma, o cambia de forma. La **deformación** es el proceso por el cual las rocas cambian de forma cuando se aplica un esfuerzo sobre ellas. La roca puede doblarse si se somete a temperatura y presión elevadas durante largos períodos de tiempo. Si el esfuerzo es demasiado alto o se aplica rápidamente, la roca puede romperse. Cuando las rocas se doblan, se forman los pliegues. Cuando las rocas se rompen, se forman las fallas.

5 Identifica Mientras lees, enumera algunos objetos de tu entorno que puedan doblarse o romperse por deformación.

_____

_____

_____

_____

Al aplicar un esfuerzo, el niño hace que los espaguetis se deformen. De manera similar, cuando se aplica un esfuerzo durante mucho tiempo, es posible que la roca se doble.

Al igual que ocurre con los espaguetis, si se aplica un esfuerzo durante un período breve o se aplica mucho esfuerzo, es posible que la roca se rompa.

Visualízalo

6 Relaciona ¿Por qué el mismo material puede doblarse en algunos casos y quebrarse en otros?

_____

_____

_____

_____

¿Cuáles son los dos tipos de pliegues?

Las capas de rocas plegadas parecen estar dobladas o torcidas. Un **plegamiento** se produce cuando las capas de rocas se doblan ante el esfuerzo. Los dobleces se denominan *pliegues*. Los científicos suponen que todas las capas de rocas comienzan siendo capas horizontales que se depositan una sobre otra a lo largo del tiempo. A veces, es posible distinguir las distintas capas de roca, incluso después de que las rocas se plegaron. Cuando los científicos ven un pliegue, saben que ha ocurrido una deformación. Dos tipos comunes de pliegues son los sinclinales y los anticlinales.

Sinclinales y anticlinales

Los pliegues se clasifican según la edad de las capas de roca. En un *sinclinal*, las capas de rocas más recientes se encuentran en el centro del pliegue. Las capas más antiguas se encuentran en la parte externa del pliegue. Por lo general, los pliegues sinclinales son capas de rocas arqueadas hacia arriba, como un tazón. En un *anticlinal*, las capas de rocas más antiguas se encuentran en el centro del pliegue. Las capas más recientes se encuentran en la parte externa del pliegue. A menudo los pliegues anticlinales son capas de rocas arqueadas hacia abajo y altas en el medio. En general, ambos tipos de pliegues pueden verse en las mismas capas de rocas, como se muestra a continuación.

8 Identifica En la siguiente imagen están rotuladas las capas de roca. ¿Cuáles son las más recientes y cuáles las más antiguas?

_____

_____

¿Cómo lo sabes? _____

_____

_____

Piensa libremente

La cresta del pliegue es el punto medio del doblez en un sinclinal o un anticlinal.

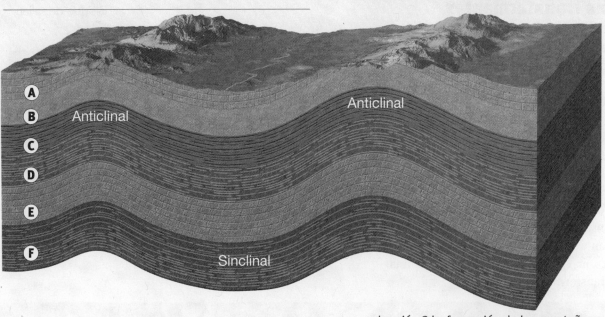

Anticlinal

Anticlinal

A

B

C

D

E

F

Sinclinal

© Houghton Mifflin Harcourt Publishing Company • Image Credits: (t) ©Robert Harding Picture Library Ltd/Alamy

Falladas

¿Cuáles son las tres clases de fallas?

El movimiento de las placas tectónicas aplica esfuerzo sobre la roca y la rompe. Imagina que una roca se rompe en dos bloques. La grieta que se forma entre dos bloques de roca se denomina **falla.** Los bloques de roca que están ubicados a cada lado de la falla y se denominan *bloques de falla* pueden moverse. El movimiento brusco de los bloques de falla puede provocar que la tierra tiemble. Estse suceso se llama *terremoto.*

En cada falla, las rocas tienden a moverse de maneras predecibles. Hay tres tipos principales de fallas: las fallas transformantes, las fallas normales y las fallas inversas. Los científicos las clasifican según la manera en que los bloques de falla se mueven respecto de otros bloques. El lugar donde se tocan dos bloques de falla se denomina *plano de falla.* Un plano de falla puede estar en posición horizontal, vertical o formar un ángulo intermedio. En todas las fallas, con excepción de las fallas en perfecta posición vertical, el bloque que está por encima del plano de falla se denomina *bloque elevado.* El bloque que está por debajo del plano de falla es el *bloque hundido.*

El movimiento de las fallas puede causar la formación de montañas y otros tipos de accidentes geográficos. En todos los límites de las placas tectónicas, el esfuerzo aplicado sobre la roca es complejo. Por lo tanto, cualquiera de los tres tipos de fallas puede producirse en casi todos los límites de placas.

Lectura con propósito

9 Identifica Mientras lees, subraya la dirección del movimiento de los bloques de falla en cada tipo de falla.

Fallas transformantes

En una falla transformante, el movimiento entre los bloques es horizontal. Las fallas transformantes aparecen cuando la roca está sometida a una tensión de corte. La **tensión de corte** es el esfuerzo que empuja las rocas en direcciones opuestas pero paralelas, tal como se ve en la imagen. A medida que las rocas se deforman en las profundidades de la corteza terrestre, se acumula energía. La libcración de esta energía puede provocar terremotos cuando las rocas se deslizan y rozan una con otra. Las fallas transformantes son comunes a lo largo de los límites de transformación, donde las placas tectónicas se deslizan y se rozan. El sistema de fallas de San Andrés, en California, es un ejemplo de una falla transformante.

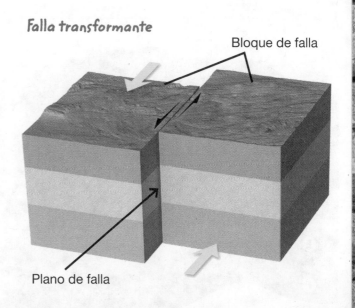

Falla transformante

Bloque de falla

Plano de falla

Fallas normales

En la falla normal que se muestra a la derecha, el bloque elevado se mueve hacia abajo respecto del bloque hundido. Estas fallas se llaman normales porque los bloques se mueven como *normalmente* se espera que se muevan por efecto de la gravedad. Las fallas normales aparecen cuando la roca se encuentra sometida a tensión. La **tensión** es el esfuerzo que hace que las rocas se estiren o se separen. Por lo tanto, las fallas normales son comunes a lo largo de los límites divergentes. La corteza terrestre también puede estirarse en el medio de una placa tectónica. El área de las cuencas y las cordilleras del sudoeste de los Estados Unidos es un ejemplo de un lugar con muchas estructuras de fallas normales.

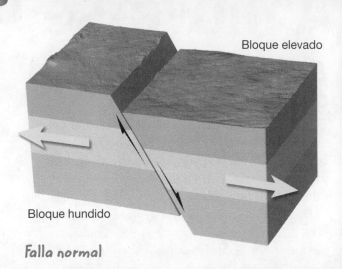

Bloque elevado

Bloque hundido

Falla normal

Fallas inversas

En la falla inversa que se muestra a la derecha, el bloque elevado se mueve hacia arriba respecto del bloque hundido. Estas fallas se llaman inversas porque los bloques superiores se mueven hacia arriba, que es el movimiento inverso que se esperaría a causa de la gravedad. Las fallas inversas aparecen cuando las rocas se someten a compresión. La **compresión** es el esfuerzo que estrecha o junta las rocas. Las fallas inversas son comunes a lo largo de los límites convergentes, donde chocan dos placas. Las montañas San Gabriel de los Estados Unidos son el resultado de fallas inversas.

Falla inversa

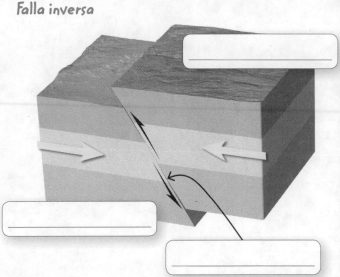

 Visualízalo

10 **Identifica** Rotula el plano de falla, el bloque elevado y el bloque hundido que aparecen en la falla inversa de la derecha.

Piensa libremente **Investigación**

11 **Recopila** Crea un juego de memoria con los tipos de fallas. Crea tantas tarjetas como puedas con diferentes fotos, dibujos o detalles sobre los tipos de fallas. Usa las tarjetas para ponerte a prueba a ti y a tus compañeros.

A moverse hacia arriba

¿Cuáles son los tres tipos de montañas?

El movimiento de la energía en forma de calor y el material que se encuentra en el interior de la Tierra contribuyen a que las placas tectónicas se muevan y así formen las montañas. Las montañas pueden formarse por plegamiento, por volcanismo y por fallas. El *levantamiento*, un proceso que puede provocar la elevación de la tierra, también puede contribuir a la formación de las montañas. Como las placas tectónicas están siempre en movimiento, algunas montañas sufren levantamientos permanentemente.

Lectura con propósito **12 Identifica** Mientras lees, subraya ejemplos de montañas de plegamiento, volcánicas y de bloques de fallas.

Montañas de plegamiento

Las montañas de plegamiento se forman cuando las capas de roca se comprimen y son empujadas hacia arriba. Por lo general, se forman en límites convergentes, donde las placas chocan. Por ejemplo, los montes Apalaches se formaron por plegamiento y por fallas cuando la placa Norteamericana chocó con la placa Euroasiática y la Africana hace millones de años.

En Europa, los Pirineos son otra cordillera de montañas de plegamiento, como se muestra a continuación. Los Pirineos están plegados sobre una cordillera preexistente más antigua. Actualmente, los picos más altos superan los 3,000 m de altura.

Los montes Pirineos son montañas de plegamiento que separan Francia de España.

Visualízalo

13 Identifica ¿Qué evidencia puedes ver que indique que los montes Pirineos son montañas de plegamiento?

_____

_____

_____

Montañas volcánicas

Las montañas volcánicas se forman cuando ocurre una erupción de roca fundida sobre la superficie terrestre. Muchas montañas volcánicas importantes se encuentran en límites convergentes. Las montañas volcánicas pueden formarse sobre la tierra o sobre el suelo oceánico. Los volcanes del suelo oceánico pueden ser tan altos que llegan a elevarse por encima de la superficie del océano y formar islas. La mayoría de los volcanes activos de la Tierra están concentrados alrededor del borde del océano Pacífico. Esta área se conoce como el Cinturón de Fuego. Muchos volcanes se encuentran en el borde norte de la placa del Pacífico, en Alaska, como el monte Griggs, que se ve en la imagen de la derecha.

El volcán del monte Griggs, de la península de Alaska, mide 2,317 m de altura.

Las montañas Teton, en Wyoming, son montañas de bloques de falla.

Montañas de bloques de falla

Las montañas de bloques de falla se forman cuando la tensión hace que la litosfera se rompa y forme muchas fallas normales. A lo largo de las fallas, algunas partes de la litosfera descienden y otras, no. Las partes que quedan en pie forman las montañas de bloques de falla. Las montañas Teton y la cordillera de Sierra Nevada son montañas de bloques de falla.

---

14 Identifica Dibuja una versión simple de cada tipo de montaña.

De plegamiento	Volcánica	De falla

Resumen visual

Para completar este resumen, escribe la palabra o la frase correcta en los espacios en blanco. Luego usa la clave para comprobar tus respuestas. Puedes usar esta página para repasar los conceptos principales de la lección.

La formación de las montañas

Las rocas pueden doblarse o romperse si se aplica un esfuerzo sobre ellas.

15 El proceso por el cual las rocas cambian de forma cuando se someten a un esfuerzo se denomina _____.

Los pliegues se producen cuando las capas de rocas se doblan.

16 Una estructura rocosa donde las rocas más antiguas se encuentran en el centro del pliegue se denomina _____.

Las fallas se producen cuando las capas de rocas se rompen.

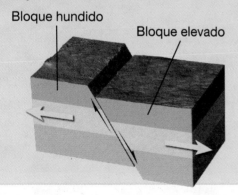

Bloque hundido

Bloque elevado

17 La falla de la ilustración es una falla de tipo _____.

Las montañas se forman a partir de los plegamientos, el volcanismo y las fallas.

18 Las montañas de la imagen son montañas _____.

Respuestas: 15 deformación; 16 anticlinal; 17 normal; 18 de bloques de falla

---

19 Sintetiza En el centro de las placas tectónicas tiende a haber menos montañas que cerca de los límites de estas placas. ¿Cómo podría explicarse esto?

Repaso de la lección

Vocabulario

Escribe el término correcto en los espacios en blanco para completar las siguientes oraciones.

1 Una falla normal es el resultado de un tipo de esfuerzo conocido como _____.

2 Una falla transformante es causada por un tipo de esfuerzo conocido como _____.

3 Una falla inversa es el resultado de un tipo de esfuerzo conocido como _____.

Conceptos clave

Completa la siguiente tabla con el tipo de montaña que se describe en el ejemplo.

Ejemplo	Tipo de montaña
4 Identifica La región de las Cuencas y las Cordilleras se caracteriza por tener muchas fallas normales.	
5 Identifica La cordillera de las Cascadas, en los Estados Unidos, se formó por erupciones.	
6 Identifica Los montes Pirineos presentan muchas estructuras sinclinales y anticlinales.	

7 Describe ¿De qué manera el movimiento de las placas tectónicas provoca sucesos como los terremotos?

_____

_____

_____

8 Compara ¿En qué se diferencian las montañas de plegamiento, las volcánicas y las de bloque de falla?

_____

_____

_____

_____

_____

Razonamiento crítico

Usa este diagrama para responder las siguientes preguntas.

9 Aplica ¿Qué tipo de falla se muestra? ¿Qué tipo de esfuerzo provocó esta falla?

_____

_____

10 Identifica ¿Cuál de los bloques de falla es bloque elevado y cuál es el bloque hundido?

_____

_____

_____

11 Analiza ¿Pueden las rocas ser sometidas a compresión, tensión y tensión de corte al mismo tiempo? Explica tu respuesta.

_____

_____

_____

_____

12 Concluye Imagina que vas caminando por una carretera y ves un sinclinal. ¿Qué conclusión puedes sacar sobre la formación de este pliegue?

_____

_____

Mis apuntes

Los volcanes

PREGUNTA ESENCIAL

¿Qué cambios producen los volcanes en la superficie terrestre?

Cuando termines esta lección, podrás describir cuáles son las diversas clases de volcanes y erupciones, dónde se producen, cómo se forman y qué cambios producen en la superficie terrestre.

TEKS **6.10D** describa cómo las placas tectónicas son la causa de grandes eventos geológicos, tales como cuencas oceánicas, terremotos, erupciones volcánicas y la formación de montañas

El volcán Arenal, en Costa Rica, ha estado activo desde 1968. El volcán entra en erupción intermitentemente desde hace más de 7,000 años.

Actividades de laboratorio de la lección

Actividades rápidas de laboratorio
- Hacer un modelo de una erupción explosiva
- Trazar mapas de volcanes

Actividad de investigación de laboratorio
- Hacer un modelo de la viscosidad de la lava

Ponte a pensar

1 Predice Marca V o F para mostrar si cada enunciado es verdadero o falso.

V F

☐ ☐ Los volcanes dan origen a nuevos accidentes geográficos, como las montañas.

☐ ☐ Los límites de placas tectónicas son los únicos lugares donde se forman los volcanes.

☐ ☐ Las erupciones volcánicas a menudo se acompañan de terremotos.

☐ ☐ Los volcanes forman rocas y minerales nuevos.

2 Formula una hipótesis Eres un reportero encargado de cubrir una noticia sobre la carretera que se muestra en la imagen. Describe lo que crees que sucedió en esta foto.

_____

_____

_____

_____

Lectura con propósito

3 Sintetiza A menudo puedes definir una palabra desconocida si conoces el significado de las partes que componen la palabra. Usa las partes de la palabra y la siguiente oración para sacar una conclusión lógica sobre el significado de la palabra *piroclástico*.

Parte de la palabra	Significado
piro-	calor o fuego
-clástico	partes

Oración de ejemplo
El material <u>piroclástico</u> fue expulsado hacia la atmósfera con una fuerza explosiva durante la erupción del volcán.

piroclástico:

_____

_____

Términos de vocabulario

- volcán
- magma
- lava

- chimenea
- placa tectónica
- mancha caliente

4 Aplica A medida que aprendas la definición de cada término de vocabulario de esta lección, crea tu propia definición o esquema que te ayude a recordar el significado del término.

El magma MÁGICO

¿Qué es un volcán?

¿Qué aspecto tienen los volcanes? La mayoría de las personas se imaginan una montaña empinada con humo que sale de la cima. En realidad, un **volcán** es cualquier lugar donde haya gas, ceniza o roca fundida que sale del suelo. Puede ser una montaña alta, como se muestra abajo, o una pequeña grieta en el suelo. Los volcanes se forman sobre la tierra o bajo el agua. Incluso hay volcanes en otros planetas. No todos están activos y entran en erupción. Muchos están *inactivos*, es decir, que no han entrado en erupción durante mucho tiempo.

Los volcanes se forman cuando la roca debajo de la superficie terrestre se funde. La roca fundida, o **magma**, es menos densa que la roca sólida, por lo que se eleva hacia la superficie. La **lava** es el magma que llega a la superficie. La lava y las nubes de ceniza pueden ser expulsadas en una erupción desde la **chimenea**, o abertura de un volcán.

 Visualízalo

5 Identifica Rotula las partes del volcán. Incluye los siguientes términos: *magma, lava, chimenea, nube de ceniza*.

La lava puede alcanzar temperaturas superiores a 1,200 °C.

¿Qué tipos de accidentes geográficos volcánicos hay?

La ubicación de un volcán y la composición del magma determinan el tipo de accidente geográfico volcánico que se crea. Los volcanes en escudo, los conos de escoria, los volcanes compuestos, las mesetas de lava, los cráteres y las calderas son tipos de accidentes geográficos volcánicos.

Las montañas volcánicas

Los materiales expulsados de un volcán pueden acumularse alrededor de una chimenea y formar montañas volcánicas. La *viscosidad* es la resistencia a fluir de un material líquido, como la lava. La viscosidad de la lava determina la explosividad de una erupción y la forma de la montaña volcánica que se crea como resultado. La lava de viscosidad baja fluye fácilmente, forma laderas bajas y es expulsada en erupciones sin grandes explosiones. La lava de alta viscosidad no fluye fácilmente, forma laderas empinadas y puede ser expulsada en erupciones explosivas. Los *materiales piroclásticos*, o fragmentos de roca y ceniza calientes, también pueden ser expulsados a la atmósfera.

Piensa libremente Investigación

6 Aplica Los pequeños fragmentos de material rocoso que son expulsados de un volcán se conocen como *ceniza volcánica*. La ceniza volcánica es una forma de material piroclástico. El material no se disuelve en agua y es muy abrasivo, lo que significa que puede rayar las superficies. La ceniza puede acumularse a grandes profundidades alrededor de un volcán. Escribe un plan de limpieza para una ciudad en el que expliques cómo se podría retirar y eliminar la ceniza volcánica de manera segura.

Lectura con propósito

7 Identifica Mientras lees, subraya las características principales de cada tipo de montaña volcánica.

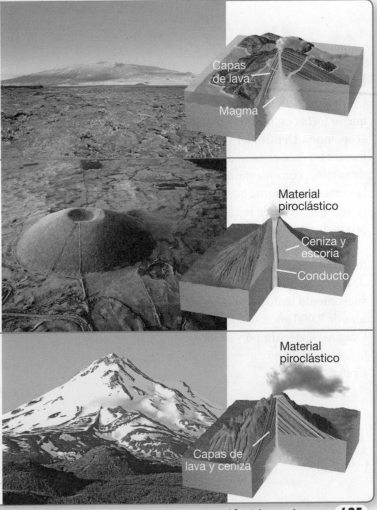

- **Volcanes en escudo** Los volcanes que tienen una base ancha y laderas de poca pendiente son *volcanes en escudo*. Ocupan un área extensa y generalmente se forman a partir de erupciones leves. Las capas de lava fluyen hacia el exterior desde la chimenea, se endurecen, se acumulan lentamente y forman el cono. Las islas de Hawaii son volcanes en escudo.

Capas de lava

Magma

- **Conos de escoria** A veces, la ceniza y los fragmentos de lava se endurecen en el aire y caen al suelo alrededor de una pequeña chimenea. Los fragmentos de lava endurecidos se denominan escoria. La escoria y la ceniza se acumulan alrededor de la chimenea y forman un volcán empinado llamado *cono de escoria*, que también puede formarse en una chimenea lateral de volcanes en escudo o volcanes compuestos.

Material piroclástico

Ceniza y escoria

Conducto

- **Volcanes compuestos** Las capas de lava endurecida alternadas con capas de material piroclástico dan origen a los *volcanes compuestos*. Durante una erupción leve, el flujo de lava cubre los lados del cono. Durante una erupción explosiva, el material piroclástico se deposita alrededor de la chimenea. Generalmente, los volcanes compuestos se convierten en montañas volcánicas grandes y empinadas.

Material piroclástico

Capas de lava y ceniza

Las fisuras y mesetas de lava

Las erupciones fisurales se producen cuando la lava fluye por grietas gigantes, o *fisuras*, de la superficie terrestre. Las fisuras se encuentran sobre la tierra y sobre el suelo oceánico. Una erupción fisural no tiene una abertura central. La lava fluye hacia afuera a lo largo de toda la fisura, que puede medir muchos kilómetros de longitud. Como resultado, puede formarse una capa de lava fría, gruesa y en su mayor parte plana que se denomina *meseta de lava*. Un ejemplo de una meseta de lava es la meseta de Columbia en Washington, Idaho y Oregon, que se muestra a la derecha.

La cascada Palouse, en Washington, cae hacia las profundidades de las capas expuestas de la meseta de lava de Columbia.

Los cráteres y las calderas

Un *cráter volcánico* es una abertura o una depresión que se forma en la cima de un volcán debido a las erupciones. Dentro del volcán, la roca fundida puede formar un área expandida de magma llamada *cámara de magma*, como se muestra a la derecha. Cuando la cámara de magma que está debajo de un volcán se vacía, el techo de la cámara puede derrumbarse y producir una depresión aun más grande, en forma de cuenca, llamada *caldera*. Las calderas se pueden formar a partir del drenaje abrupto de la cámara de magma durante una erupción explosiva o del vaciamiento lento de una cámara de magma. Hace más de 7,000 años, el cono del monte Mazama, en Oregon, se derrumbó y se formó una caldera. Luego la caldera se llenó de agua y ahora se llama Lago Crater.

Una caldera puede medir más de 100 km de diámetro.

 Visualízalo

8 Describe ¿Qué cambios se producen en la apariencia de la superficie del terreno antes y después de la formación de una caldera?

_____

_____

_____

Antes

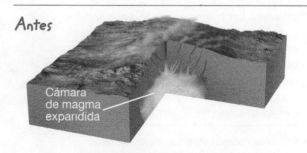

Cámara de magma expandida

Después

Cámara de magma derrumbada

¡ERUPCIÓN!

¿Dónde se forman los volcanes?

Los volcanes se pueden formar en los límites de placas o en el centro de una placa. Las **placas tectónicas** son secciones gigantes de litosfera sobre la superficie terrestre. Los volcanes se pueden formar en los *límites de placas divergentes*, donde una placa se aleja de la otra. La mayoría de las erupciones fisurales se producen en los límites divergentes. Los volcanes en escudo, las erupciones fisurales y los conos de escoria también pueden producirse lejos de los límites de placas, en las *manchas calientes* del medio de una placa. El tipo de lava normalmente asociada con estos volcanes tiene una viscosidad relativamente baja y pocos gases atrapados. Por lo general, no es explosiva.

Los volcanes compuestos son más comunes a lo largo de los *límites de placas convergentes*, donde las placas oceánicas se hunden por subducción. Para que la roca se funda, debe estar caliente y la presión ejercida sobre ella debe disminuir, o bien debe entrar en contacto con agua y otros fluidos. Los fluidos adicionales que provienen del agua del océano forman un magma de viscosidad más alta con más gases atrapados. Así, los volcanes compuestos producen las erupciones más violentas. El *Cinturón de Fuego* es un nombre que describe la gran cantidad de volcanes explosivos que se forman en los límites de las placas convergentes que rodean el océano Pacífico.

Lectura con propósito

9 Identifica Mientras lees, subraya tres lugares donde pueden formarse volcanes.

Límites de placas tectónicas y ubicación de volcanes en el mundo

Visualízalo

10 Describe ¿Cómo se relacionan los lugares donde hay volcanes con los límites de placas tectónicas?

_____

_____

_____

En los límites divergentes

En los límites divergentes, las placas se separan unas de otras. La litosfera se estira y se vuelve más delgada, por lo que la presión ejercida sobre las rocas del manto que hay debajo disminuye. Como resultado, la astenosfera se abulta hacia arriba y se forma magma. Este magma sube por las fisuras de la litosfera, sale al exterior y queda sobre la tierra o sobre el suelo oceánico.

La mayor parte de los límites divergentes se encuentran sobre el suelo oceánico. Cuando se producen erupciones en estas áreas, se forman los volcanes submarinos. Estos volcanes y otros procesos dan lugar a la formación de una larga cordillera submarina que se conoce como *dorsal oceánica*. Dos ejemplos de dorsales oceánicas son la dorsal del Pacífico Oriental, en el océano Pacífico, y la dorsal medio-atlántica, en el océano Atlántico. Las rocas más jóvenes del océano están ubicadas en las dorsales oceánicas.

Los volcanes en escudo y los conos de escoria son comunes en Islandia, donde la dorsal medio-atlántica atraviesa el país. A medida que las placas se separan una de otra, se forma corteza nueva. Cuando un límite divergente se encuentra en el medio de un continente, la corteza se estira hasta formar un valle de rift, como se muestra abajo.

Lectura con propósito **11 Identifica** ¿Qué tipos de accidentes geográficos volcánicos se producen en los límites de placas divergentes?

_____

_____

_____

En los límites de placas divergentes se producen erupciones fisurales y volcanes en escudo.

Fisura

El Gran Valle del Rift, en África, es un lugar donde la corteza se estira y se separa.

Las placas tectónicas se separan unas de otras en los límites divergentes.

En los límites convergentes

En los límites convergentes, dos placas se acercan. En la mayoría de los casos, una de las placas se hunde por debajo de la otra. A medida que la placa que se hunde se desliza hacia dentro del manto, aumenta notablemente la temperatura de los fluidos que contiene, y estos se liberan. Los fluidos liberados hacen que la roca que se encuentra encima de la placa que se hunde se funda y forme magma. Este magma se eleva hacia la superficie y es expulsado en forma de erupción, lo que produce la formación de volcanes.

El magma que se forma en los límites convergentes tiene una alta concentración de fluidos. A medida que el magma sube, la presión disminuye y el fluido atrapado en el magma forma burbujas de gas. Sin embargo, debido a que el magma tiene una viscosidad alta, estas burbujas no pueden liberarse fácilmente. A medida que las burbujas se expanden, el magma se eleva con mayor rapidez. Finalmente, el magma puede ser expulsado en forma de una erupción explosiva, lo que forma calderas o volcanes compuestos. También pueden salir expulsados del volcán gas, ceniza y grandes pedazos de rocas. La cordillera Cascade es una cadena de volcanes compuestos activos que se encuentra en el noroeste de los Estados Unidos, como se muestra a la derecha. En 1980, el monte Santa Helena entró en erupción de manera tan violenta que hizo desaparecer toda la cima de la montaña.

Corteza oceánica

Corteza continental

Las placas tectónicas se acercan en los límites convergentes.

12 Identifica Traza dos flechas en los recuadros en blanco para indicar la dirección del movimiento de las placas que formaron los volcanes de la cordillera Cascade.

Monte Rainier

Monte Santa Helena

Lago Crater

Monte Shasta

La cordillera Cascade de montañas volcánicas

13 En pocas palabras Enumera las características de los volcanes que se encuentran en los límites divergentes y de los volcanes que se encuentran en los límites convergentes.

Volcanes en límites divergentes	Volcanes en límites convergentes

En las manchas calientes

Los volcanes pueden formarse dentro de una placa, lejos de los límites de placas. Una **mancha caliente** es un lugar donde una columna de roca del manto extremadamente caliente, llamada *pluma mantélica*, sube por la astenosfera. Cuando la roca caliente llega a la base de la litosfera, se funde parcialmente y forma magma, que puede salir a la superficie y formar un volcán. Las erupciones en una mancha caliente en general forman volcanes en escudo. A medida que las placas tectónicas se mueven sobre una pluma mantélica, pueden formarse cadenas de montañas volcánicas, como se muestra abajo.

En la más joven de las islas hawaianas, la Isla Grande, se encuentra Kilauea. Este volcán es un volcán en escudo activo ubicado sobre una pluma mantélica. Al norte y al oeste del Kilauea hay una cadena de volcanes en escudo que se formaron uno después del otro. Estos volcanes alguna vez estuvieron ubicados sobre la misma pluma mantélica. Las manchas calientes también pueden producirse sobre la tierra. Por ejemplo, el Parque Nacional Yellowstone alberga una enorme caldera volcánica que fue formada por la misma pluma mantélica que creó la meseta de Columbia.

Las manchas calientes se forman sobre las plumas mantélicas dentro de las placas tectónicas.

Visualízalo

14 Analiza ¿En qué lugar, *A*, *B* o *C*, crees que se encuentra el volcán más antiguo? ¿Cómo lo sabes?

_____

_____

_____

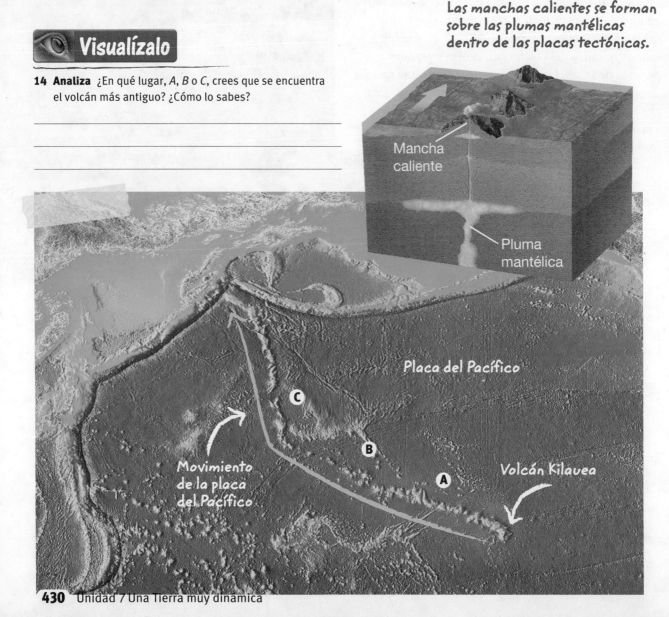

Mancha caliente

Pluma mantélica

Placa del Pacífico

C

B

A

Movimiento de la placa del Pacífico

Volcán Kilauea

La vida cerca de un volcán

Hay volcanes en todo el mundo. Muchas personas viven cerca de volcanes debido a que los suelos que están alrededor de un volcán pueden ser muy ricos en minerales esenciales. Estos minerales hacen que los suelos sean fértiles para sembrar diversos cultivos. La vida cerca de un volcán también tiene sus peligros. Las erupciones abruptas e inesperadas pueden hacer que las personas pierdan sus hogares y la vida.

No todo es malo
Las rocas volcánicas se usan en joyas, en la fabricación de concreto y en los sistemas de filtración de agua. Incluso la arena sanitaria para gatos y las cremas exfoliantes faciales pueden contener roca volcánica.

Destrucción
Los terremotos, los incendios, la ceniza y el flujo de lava que aparecen durante una erupción pueden destruir ciudades enteras.

Ceniza en el aire
La ceniza volcánica puede causar problemas respiratorios, enterrar cultivos y dañar motores. El peso de la ceniza que cae puede hacer que se derrumben edificios.

Ampliar

Investigación

15 Identifica ¿Todas las características de los volcanes son peligrosas?

16 Aplica Investiga la erupción de un volcán específico que elijas. Describe cómo influyó el volcán en el medio ambiente y en las personas que vivían cerca de él.

17 Diseña Crea un cartel que muestre un plan de seguridad escolar para los sucesos que pueden ocurrir antes, durante y después de una erupción volcánica.

Resumen visual

Para completar este resumen, marca el recuadro que indica verdadero o falso. Luego usa la clave para comprobar tus respuestas. Puedes usar esta página para repasar los conceptos principales de la lección.

La lava y el magma son diferentes.

18 V ☐ F ☐ La lava se encuentra dentro de la corteza terrestre y puede contener gases atrapados.

Los tres tipos de montañas volcánicas son los volcanes en escudo, los conos de escoria y los volcanes compuestos.

19 V ☐ F ☐ El tipo de volcán que se muestra es un volcán en escudo.

Los volcanes

Los volcanes se pueden formar en los límites de placas tectónicas.

20 V ☐ F ☐ En los límites divergentes, las placas se acercan.

Los volcanes se pueden formar en las manchas calientes.

Mancha caliente

Pluma mantélica

21 V ☐ F ☐ Las manchas calientes solo se producen en los límites de placas tectónicas.

Respuestas: 18 Falso; 19 Verdadero; 20 Falso; 21 Falso

22 **Explica** ¿Cómo contribuyen los volcanes a la formación de nuevos accidentes geográficos?

Repaso de la lección

Vocabulario

Escribe 1 ó 2 oraciones que describan las diferencias entre los dos términos.

1 magma   lava

_____

_____

2 volcán   chimenea

_____

_____

3 placa tectónica   mancha caliente

_____

_____

Conceptos clave

Usa la imagen para responder la siguiente pregunta.

4 Identifica ¿Cómo se formaron capas en el interior del volcán de la imagen?

_____

_____

_____

5 Analiza ¿Es probable que el material piroclástico se forme a partir de lava de viscosidad baja o de lava de viscosidad alta? Explica tu respuesta.

_____

_____

_____

Describe la ubicación y las características de los tipos de accidentes geográficos volcánicos que aparecen en la siguiente tabla.

Accidente geográfico volcánico	Descripción
6 Volcanes en manchas calientes	
7 Conos de escoria	
8 Calderas	

Razonamiento crítico

9 Formula una hipótesis En Islandia, la dorsal medio-atlántica atraviesa el centro del país. ¿Qué conclusión puedes sacar sobre la apariencia que tendrá Islandia dentro de muchos miles de años?

_____

_____

_____

_____

10 Analiza ¿Por qué crees que el área que rodea el océano Pacífico se conoce como Cinturón de Fuego?

_____

_____

_____

Mis apuntes

TEKS MATH **6.1D** communicate mathematical ideas, reasoning, and their implications using multiple representations, including symbols, diagrams, graphs, and language as appropriate

TEKS MATH **6.1E** create and use representations to organize, record, and communicate mathematical ideas

TEKS MATH **6.7A** generate equivalent numerical expressions using order of operations, Including whole number [positive] exponents and prime factorization

Comparar la magnitud de los terremotos

Las escalas se usan para describir y comparar cosas. Por ejemplo, podrías evaluar algo en una escala del 1 al 10. En las ciencias, se usan diferentes tipos de escalas para describir la naturaleza.

Es probable que conozcas una escala lineal. Cada paso a lo largo de una escala lineal tiene el mismo tamaño. Por ejemplo, en una regla, 2 cm es dos veces más largo que 1 cm, y 3 cm es tres veces más largo que 1 cm. Hay otro tipo de escala que se llama escala logarítmica. Observa los siguientes pasos para aprender más sobre las escalas logarítmicas.

Problema de ejemplo

1 Leer una escala Las escalas logarítmicas se usan para describir cosas con un amplio rango de valores de manera significativa. La siguiente escala es una *escala logarítmica de base diez*.

2 Identificar relaciones En la siguiente escala logarítmica, cada paso muestra un incremento en un factor de diez.

3 Calcular logaritmos Las siguientes casillas de colores muestran cómo se puede calcular cada valor a lo largo de la escala. El número más pequeño que está después del 10 es el exponente. 10^2 significa diez a la potencia de dos y el exponente es 2. Esto

significa que el diez se usa dos veces como factor: $10 \times 10 = 100$. Cualquier número elevado a la potencia cero es igual a 1.

4 Aplicar conceptos Observa los cubos por encima de la recta numérica. Para cada paso, el número de cubos aumenta en un factor de diez.

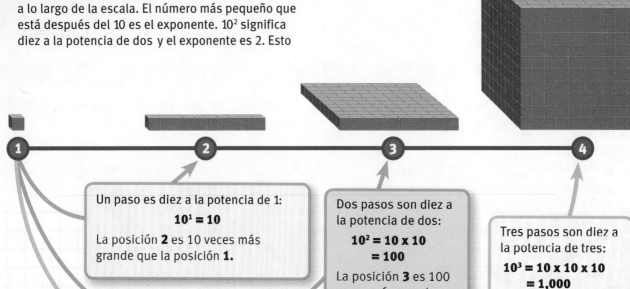

Un paso es diez a la potencia de 1:
$$10^1 = 10$$
La posición **2** es 10 veces más grande que la posición **1**.

Dos pasos son diez a la potencia de dos:
$$10^2 = 10 \times 10 = 100$$
La posición **3** es 100 veces más grande que la posición **1**.

Tres pasos son diez a la potencia de tres:
$$10^3 = 10 \times 10 \times 10 = 1,000$$
La posición **4** es 1,000 veces más grande que la posición **1**.

¡Inténtalo!

Los terremotos ocurren cuando una porción de roca se mueve a lo largo de una falla, o fractura de la superficie terrestre. Este movimiento libera energía y hace que tiemble la tierra. La magnitud, o tamaño, de un terremoto puede expresarse usando la escala de magnitud de momento. Al igual que la escala de la página anterior, esta es una escala logarítmica de base 10. Cada paso representa un incremento de diez en la magnitud del terremoto. Esta escala se usa porque hay un rango muy amplio en la magnitud de los terremotos.

Esta es una escala logarítmica de base diez que se usa para representar la magnitud de los terremotos.

2.0	3.0		7.0	8.0 Bahía de Yakutat	9.0 Gran terremoto de Tohoku
Norte de Texas	New Jersey		Haití	Alaska	Japón
01/06/2012	02/03/2009		01/12/2010	09/10/1899	03/11/2011

0 1 2 3 4 5 6 7 8 9 10

1 Leer una escala ¿Qué tipo de escala se muestra arriba? ¿Qué representa esta escala?

_____

_____

2 Identificar relaciones ¿Cuánto aumenta la fuerza de un terremoto con 1 paso en esta escala? ¿Y con 2 pasos?

_____

_____

3 Calcular logaritmos

A Dibuja una flecha que vaya del terremoto del norte de Texas al de New Jersey debajo de la recta numérica.

B Debajo de la flecha, escribe el número de pasos que hay entre los dos terremotos.

C El número de pasos es igual al exponente. Recuerda que esta es una escala logarítmica de base diez. ¿Cuánto más grande es el terremoto de New Jersey, de magnitud 3.0, que el terremoto del norte de Texas, de magnitud 2.0? Muestra tus cálculos y responde debajo de la flecha.

4 Repite los pasos 3A a 3C para comparar el terremoto del norte de Texas con el terremoto de Haití. Luego vuelve a repetir los pasos para comparar otros dos terremotos que elijas.

5 Aplicar conceptos Explica por qué una escala logarítmica es apropiada para mostrar las magnitudes de los terremotos.

_____

_____

_____

_____

_____

_____

_____

Para la casa

Investiga para hallar otra cosa que pueda describirse usando una escala logarítmica de base diez. Haz un cartel en el que se muestre la escala y describe el significado de los valores de la escala. Incluye imágenes y otra información que ayude a explicar cómo leer la escala.

Los terremotos

PREGUNTA ESENCIAL

¿Por qué ocurren los terremotos?

Cuando termines esta lección, podrás describir las causas de los terremotos e identificar los lugares donde ocurren.

TEKS **6.10D** describa cómo las placas tectónicas son la causa de grandes eventos geológicos, tales como cuencas oceánicas, terremotos, erupciones volcánicas y la formación de montañas

En 1995, en Japón, el terremoto de Kobe destruyó más de 200,000 edificios y estructuras, como esta vía de ferrocarril.

Actividades de laboratorio de la lección

Actividades rápidas de laboratorio
- Hacer un modelo de las fallas transformantes
- Las vibraciones sísmicas
- El rebote elástico

Ponte a pensar

1 Predice Escribe las palabras o los números correctos en los espacios en blanco para completar las siguientes oraciones.

Cada año, se detectan alrededor de _____ terremotos en todo el mundo.

En los Estados Unidos, el estado que sufre la mayor cantidad promedio de terremotos es _____.

Cada año, en los Estados Unidos, los terremotos causan daños por un valor de _____ de dólares.

La mayoría de los terremotos solo duran varios _____.

2 Analiza A partir de la imagen, enumera en la columna 1 algunos de los peligros que pueden producirse después de un terremoto. En la columna 2, explica por qué crees que estos elementos o situaciones serían peligrosos.

Peligro	¿Por qué?

Lectura con propósito

3 Sintetiza A menudo puedes definir una palabra desconocida si conoces el significado de las partes que componen la palabra. Usa las partes de la palabra y la siguiente oración para sacar una conclusión lógica sobre el significado de la palabra *epicentro*.

Parte de la palabra	Significado
epi-	sobre, arriba, encima
-centro	el medio

Oración de ejemplo
El epicentro del terremoto estuvo a solo 3 km de nuestra escuela.

epicentro:

_____

_____

Términos de vocabulario
- terremoto
- foco
- epicentro
- límite de placa tectónica
- falla
- deformación
- rebote elástico

4 Aplica A medida que aprendas la definición de cada término de vocabulario de esta lección, crea tu propia definición o esquema que te ayude a recordar el significado del término.

Hagamos foco

¿Qué es un terremoto?

5 Identifica Mientras lees, subraya las definiciones de *foco* y *epicentro*.

Los terremotos pueden provocar grandes daños y la pérdida de vidas. Los **terremotos** son movimientos del suelo que se producen cuando los bloques de roca de la Tierra se mueven bruscamente y liberan energía. La energía se libera en forma de ondas sísmicas que hacen que el suelo se sacuda y tiemble.

Las ondas de un terremoto pueden rastrearse hasta un punto ubicado debajo de la superficie terrestre conocido como foco. El **foco** es un lugar del interior de la Tierra ubicado a lo largo de una falla donde ocurre el primer movimiento de un terremoto. El movimiento que se produce en una falla provoca tensión. Cuando la tensión que se ejerce sobre la roca es demasiado fuerte, la roca se rompe y se produce un terremoto. El terremoto libera la tensión. Justo encima del foco, sobre la superficie terrestre, se encuentra el **epicentro**. Las ondas sísmicas se desplazan hacia afuera y en todas las direcciones desde el foco.

Visualízalo

6 Identifica Rotula el epicentro, el foco y la falla en el diagrama.

Ondas sísmicas

¿Por qué se producen los terremotos?

La mayoría de los terremotos se producen cerca de los límites de placas tectónicas. Un **límite de placa tectónica** es donde se juntan dos o más placas tectónicas. A medida que las placas tectónicas se mueven, la presión se acumula cerca de los bordes de las placas. Estos movimientos rompen la corteza terrestre, lo que forma una serie de fallas. Una **falla** es una grieta en la corteza terrestre a lo largo de la cual se mueven bloques de roca. La liberación de energía que acompaña el movimiento de la roca a lo largo de la falla provoca un terremoto.

El rebote elástico

Cuando se somete a la roca a una presión enorme, la tensión puede deformar o cambiar la forma de la roca. La **deformación** es el proceso por el cual la roca cambia de forma debido a la tensión. A medida que el esfuerzo aumenta, la cantidad de energía almacenada en la roca también aumenta, como se ve en la imagen B de la derecha.

La tensión puede cambiar la forma de la roca a lo largo de una falla. Una vez que la tensión se libera, la roca puede volver a su forma original. El proceso que ocurre cuando la roca vuelve a tener casi la misma forma después de que la tensión desaparece se conoce como *deformación elástica*. Imagina una liga que se estira mucho al aplicarle tensión. Una vez que se elimina la tensión sobre la liga, se produce un *chasquido*. La liga vuelve a su forma original. Un proceso similar se produce durante los terremotos.

De manera similar a lo que ocurre con una liga, la roca que se encuentra a lo largo de los límites de placas tectónicas puede, de manera repentina, volver a tener casi la misma forma original cuando desaparece la tensión. El *chasquido* repentino es un terremoto. Cuando la roca vuelve a su forma original después de una deformación elástica, se produce un **rebote elástico**. Los terremotos acompañan la liberación de energía durante un rebote elástico. Cuando la roca se rompe y rebota, libera energía en forma de ondas sísmicas. La energía de las ondas sísmicas se irradia desde el foco del terremoto en todas las direcciones. Esta energía hace que el suelo se sacuda durante un período breve. La mayoría de los terremotos solo duran algunos segundos.

Visualízalo

7 Compara ¿Se produjo un terremoto entre las imágenes A y B o entre las imágenes B y C? ¿Cómo lo sabes?

_____

_____

_____

A

A lo largo de una falla, las rocas son empujadas o jaladas en diferentes direcciones y a diferentes velocidades.

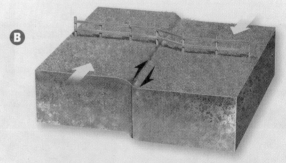

B

A medida que la tensión aumenta y la energía se acumula dentro de la roca, la roca se deforma pero permanece fija en su lugar.

C

Cuando la tensión es muy grande, la roca se rompe, rebota y vuelve a su forma original, lo cual libera energía.

Un suelo inestable

![icon] **Lectura con propósito**

8 Identifica Mientras lees, subraya los lugares donde se producen terremotos.

¿Dónde se producen los terremotos?

Cada año, se detectan alrededor de 500,000 terremotos en todo el mundo. El mapa que se muestra a continuación muestra algunos de estos terremotos. El movimiento del material y la energía en forma de calor que hay en el interior de la Tierra contribuyen a los movimientos de las placas que provocan los terremotos.

La mayoría de los terremotos se producen en los límites de placas tectónicas o cerca de ellos. Los límites de placas tectónicas son áreas donde la corteza terrestre se encuentra sometida a mucha tensión. Esta tensión se produce debido a que las placas tectónicas chocan, se separan o se friccionan unas con otras horizontalmente. Hay tres tipos principales de límites de placas tectónicas: divergentes, convergentes y de transformación. El movimiento y las interacciones de las placas hacen que la corteza se rompa y forme diferentes tipos de fallas. Los terremotos se producen a lo largo de estas fallas.

Límites de placas tectónicas y lugares de terremotos en todo el mundo

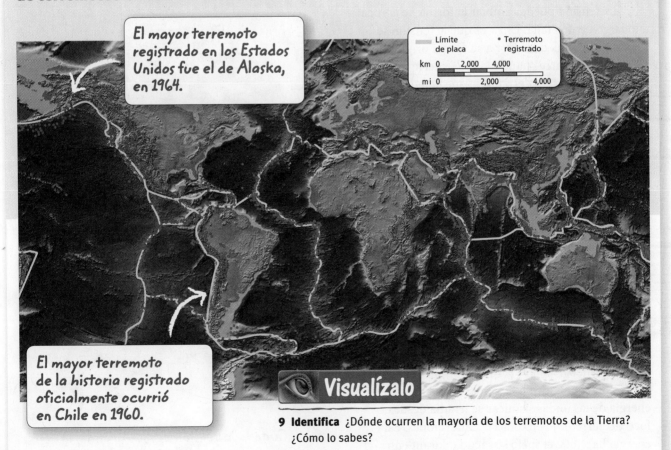

El mayor terremoto registrado en los Estados Unidos fue el de Alaska, en 1964.

El mayor terremoto de la historia registrado oficialmente ocurrió en Chile en 1960.

Límite de placa · Terremoto registrado

km 0   2,000   4,000
mi 0   2,000   4,000

Visualízalo

9 Identifica ¿Dónde ocurren la mayoría de los terremotos de la Tierra? ¿Cómo lo sabes?

_____

_____

_____

En los límites divergentes

En un límite divergente, las placas se separan, lo que hace que la corteza se estire. El proceso por el cual la roca se estira y se vuelve más delgada se denomina *tensión*. Cuando la tensión separa las rocas, es común que se produzcan fallas normales.

En los límites divergentes, la mayor parte de la corteza es delgada, por lo que los terremotos tienden a ser poco profundos. La mayoría de los terremotos que se producen en los límites divergentes no tienen más de 20 km de profundidad. Una dorsal oceánica es un ejemplo de un límite divergente donde se producen terremotos.

En los límites divergentes, es común que se produzcan terremotos a lo largo de las fallas _____ .

En los límites convergentes

Los límites de placas convergentes se producen cuando las placas chocan, lo que hace que la roca se aplaste. La tensión que acorta o aplasta un objeto se conoce como *compresión*. La compresión hace que se formen fallas inversas. En las fallas inversas, las rocas se empujan unas contra otras.

Cuando dos placas se juntan, ambas pueden arrugarse y elevarse, y así formar montañas. O bien, una de las placas puede deslizarse o hundirse por debajo de la otra placa hacia el interior del manto. Los terremotos que ocurren en los límites convergentes pueden ser muy fuertes. Los terremotos de las zonas de subducción se producen a profundidades de hasta 700 km.

En los límites convergentes, es común que se produzcan terremotos a lo largo de las fallas _____ .

En los límites de transformación

Un límite de transformación es un lugar donde dos placas tectónicas se rozan entre sí horizontalmente a causa de su deslizamiento. La tensión que deforma un cuerpo al empujar sus diferentes partes en direcciones opuestas se denomina *tensión de corte*. Cuando las placas se mueven, las rocas de ambos lados de la falla se cortan, o se rompen, a medida que se friccionan unas con otras al deslizarse en direcciones opuestas.

Las fallas transformantes son comunes en los límites de transformación. La mayoría de los terremotos que se producen en las fallas que hay en estos límites son relativamente superficiales y se producen dentro de los 50 km superiores de la corteza.

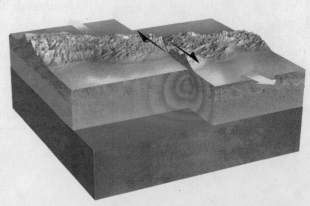

En los límites de transformación, es común que se produzcan terremotos a lo largo de las fallas _____ .

¿Cuáles son algunos efectos de los terremotos?

Muchos terremotos no causan grandes daños. Sin embargo, algunos terremotos fuertes pueden causar daños en las propiedades por un valor de miles de millones de dólares. Incluso pueden provocar lesiones a los seres humanos y la pérdida de vidas. En general, las áreas más cercanas al epicentro de un terremoto son las que sufren las peores consecuencias.

Peligro para las personas y las estructuras

Las sacudidas de un terremoto pueden hacer que las estructuras se muevan en dirección vertical y horizontal. Cuando las estructuras no soportan esos movimientos, pueden sufrir daños significativos. Tras la liberación de las ondas sísmicas, los edificios pueden sacudirse tan bruscamente que es posible que se derrumben total o parcialmente, como se muestra abajo.

Gran parte de las lesiones y de las pérdidas de vidas que se producen durante y después de un terremoto son provocadas por estructuras que se derrumban. Además, los incendios, las fugas de gas, las inundaciones y la contaminación de las reservas de agua pueden provocar daños secundarios. La limpieza de los escombros que quedan puede llevar semanas o meses. Los puentes, las carreteras, las viviendas y hasta ciudades enteras pueden transformarse en zonas de desastre.

Los tsunamis

Un terremoto bajo el océano puede causar un movimiento vertical del suelo marino que desplace una enorme cantidad de agua. Este desplazamiento puede provocar un tsunami. Un *tsunami* es una serie de olas muy altas que pueden viajar por el océano a velocidades de hasta 800 km/h. Las olas de un tsunami se desplazan hacia fuera en todas las direcciones desde el punto donde se produjo el terremoto. A medida que las olas se acercan a la costa, su tamaño aumenta. Pueden llegar a medir más de 30 m. Las olas de un tsunami pueden causar mucha destrucción y cobrarse muchas vidas, dado que golpean y arrasan con todo lo que encuentran. Muchas personas pueden ahogarse durante un tsunami. Es común que después de estos desastres haya inundaciones, se contaminen las reservas de agua y quede una gran cantidad de escombros.

© Houghton Mifflin Harcourt Publishing Company • Image Credits: ©PBNJ Productions/Corbis

---

A pesar de que la mayor parte de este edificio aún sigue en pie, toda el área constituye un peligro para los habitantes de la ciudad.

12 Identifica Enumera algunos de los peligros asociados con los terremotos que se producen en la tierra y bajo el agua.

En la tierra	Bajo el agua

Terremoto mortal

EL MUNDO CAMBIA

Imagina perder a la mitad de las personas de tu ciudad. El 26 de diciembre de 2004, un enorme tsunami destruyó alrededor de un tercio de los edificios de Banda Aceh, en Indonesia, y cobró la vida de la mitad de la población.

Antes

Cómo se forman los tsunamis

En el océano, las olas de un tsunami son veloces, pero no muy altas. A medida que las olas se acercan a la costa, su velocidad disminuye y se vuelven mucho más altas.

Antes del terremoto

El tsunami de Banda Aceh se produjo como resultado de un terremoto muy fuerte en el océano. Banda Aceh estaba muy cerca del epicentro.

Grandes daños

La destrucción en algunos lugares de Asia fue tan enorme que los geógrafos tuvieron que volver a trazar los mapas de algunos de los países.

Después

Ampliar

Investigación

13 Identifica ¿En qué océano se produjo el terremoto?

14 Haz una investigación Investiga algún otro tsunami destructivo y averigua dónde se originó el terremoto que lo provocó.

15 Debate Muchas de las personas afectadas por el tsunami eran pobres. ¿Por qué podrían los terremotos causar más daños en las áreas pobres del mundo?

Resumen visual

Para completar este resumen, escribe la palabra correcta. Luego usa la clave para comprobar tus respuestas. Puedes usar esta página para repasar los conceptos principales de la lección.

Los terremotos

Los terremotos se producen en las fallas.

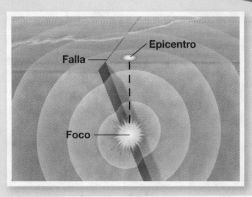

16 El epicentro de un terremoto se encuentra justo sobre el _____.

Las rocas se rompen y vuelven a su forma original en un terremoto.

17 Los terremotos se producen cuando las rocas se doblan y vuelven a su lugar en un proceso que se denomina
_____.

Por lo general, los terremotos se producen a lo largo de los límites de placas.

18 Los tres tipos de límites de placas son

_____

_____

_____

Los terremotos pueden causar muchos daños.

19 Un ejemplo de los peligros de los terremotos es el _____.

20 **Formula una hipótesis** ¿Pueden prevenirse los terremotos?

Repaso de la lección

Vocabulario

Define los siguientes términos con tus propias palabras.

1 rebote elástico

_____

_____

_____

2 foco

_____

_____

_____

3 falla

_____

_____

_____

Conceptos clave

Ejemplo	Tipo de límite
4 Identifica La mayoría de los terremotos que ocurren en Japón son el resultado del hundimiento de una placa debajo de otra.	
5 Identifica El Valle de Rift africano es un lugar donde las placas se están separando.	
6 Identifica La falla de San Andrés es un lugar donde las placas tectónicas se rozan horizontalmente a causa del deslizamiento.	

7 Explica ¿Qué provoca un terremoto?

_____

_____

_____

_____

Razonamiento crítico

Usa la ilustración para responder las siguientes preguntas.

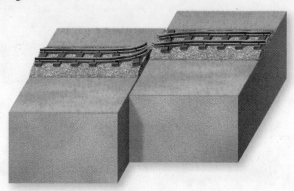

8 Analiza ¿Cómo demuestra la ilustración que ha ocurrido una deformación?

_____

_____

_____

_____

_____

9 Aplica ¿Qué cambios se producen en la superficie terrestre y en las estructuras que están sobre la superficie como resultado de un terremoto?

_____

_____

_____

_____

_____

10 Formula una hipótesis ¿Por qué crees que suele haber poco tiempo para evacuar un área antes de que se produzca un terremoto?

_____

_____

_____

_____

Mis apuntes

Unidad 7

La gran idea El movimiento de las placas tectónicas explica características relevantes de la superficie de la Tierra y sucesos geológicos importantes.

Lección 1

PREGUNTA ESENCIAL
¿Cuáles son las capas de la Tierra?

Identifica las capas constitutivas y físicas de la Tierra y describe sus propiedades.

Lección 2

PREGUNTA ESENCIAL
¿Qué son las placas tectónicas?

Explica la teoría de las placas tectónicas, describe cómo se mueven las placas tectónicas e identifica los sucesos geológicos que se producen debido al movimiento de las placas tectónicas.

Lección 3

PREGUNTA ESENCIAL
¿Cómo se forman las montañas?

Describe cómo el movimiento de las placas tectónicas de la Tierra causa la formación de montañas.

Lección 4

PREGUNTA ESENCIAL
¿Qué cambios producen los volcanes en la superficie terrestre?

Describe cuáles son los diferentes tipos de volcanes y erupciones, dónde se producen, cómo se forman y qué cambios provocan en la superficie terrestre.

Lección 5

PREGUNTA ESENCIAL
¿Por qué ocurren los terremotos?

Describe las causas de los terremotos e identifica los lugares donde ocurren.

Conectar **PREGUNTAS ESENCIALES**
Lecciones 2 y 5

1 Sintetiza Explica por qué los límites de las placas tectónicas por lo general son zonas de actividad geológica intensa.

_____

_____

_____

_____

Piensa libremente

2 Sintetiza Elige una de las siguientes actividades como ayuda para sintetizar lo que has aprendido en esta unidad.

☐ Usa lo que aprendiste en las lecciones 2, 3, 4 y 5 para preparar una presentación con carteles que resuma la actividad de las placas tectónicas en los límites convergentes.

☐ Usa lo que aprendiste en las lecciones 2, 3 y 5 para preparar una presentación con carteles que resuma la actividad de las placas tectónicas en los límites divergentes.

Nombre _____

Vocabulario

Escribe el término correcto en el espacio en blanco para completar la oración.

TEKS 6.10A

1 El/La _____ es la capa de roca que se encuentra entre la corteza terrestre y el núcleo.

2 El/La _____ es la teoría que explica cómo grandes bloques de la capa más externa de la Tierra se mueven y cambian de forma.

TEKS 6.10D

3 El/La _____ es el fenómeno que ocurre cuando las capas de roca se doblan debido a la compresión.

4 Un/a _____ es una chimenea o fisura en la superficie terrestre a través de la cual se expulsan magma y gases.

5 Un/a _____ es un movimiento o temblor del suelo causado por una liberación súbita de energía que se produce cuando las rocas ubicadas a lo largo de una falla se mueven.

Conceptos clave

Elige la letra de la respuesta correcta.

TEKS 6.10A

6 Evelyn hace un modelo de la Tierra para mostrar cómo las capas físicas se corresponden con las capas constitutivas. ¿Cuál de las siguientes opciones debería mostrar Evelyn en su modelo? (Pista: Paso 1: Haz una lista de las capas físicas de la Tierra. Paso 2: Haz una lista de las capas constitutivas de la Tierra. Paso 3: Identifica el enunciado que relaciona correctamente las capas físicas y las constitutivas).

A Las capas físicas coinciden exactamente con las capas constitutivas.

B La corteza es la única capa constitutiva que no está incluida en las capas físicas.

C La capa física de la astenosfera incluye la capa constitutiva de la corteza.

D Las capas físicas del núcleo interno y del núcleo externo forman una única capa constitutiva.

TEKS **6.10A**

7 ¿Cuál de los siguientes enunciados es una diferencia importante entre el núcleo interno y el núcleo externo de la Tierra?

A El núcleo interno es líquido y el núcleo externo es sólido.

B El núcleo interno es sólido y el núcleo externo es líquido.

C El núcleo interno es gaseoso y el núcleo externo es sólido.

D El núcleo interno es sólido y el núcleo externo es gaseoso.

TEKS **6.10A**

8 La Tierra se divide en cinco capas: la litosfera, la astenosfera, la mesosfera, el núcleo externo y el núcleo interno. ¿Cuál de las siguientes propiedades se usa para hacer estas divisiones?

A las propiedades constitutivas   **C** las propiedades químicas

B las propiedades físicas   **D** las propiedades elementales

TEKS **6.10C, 6.10D**

9 La siguiente ilustración muestra algunas placas tectónicas de la Tierra. Las flechas indican la dirección en que se mueven algunas de estas placas.

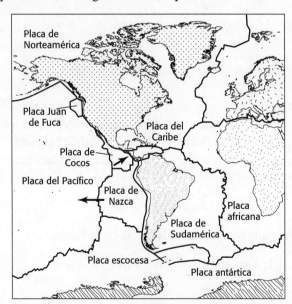

Teniendo en cuenta la dirección de la placa de Cocos, ¿qué tipo de límite de placas es probable que exista entre la placa de Cocos y la placa del Caribe? (Pista: Paso 1: Analiza los movimientos relativos de la placa del Caribe y la placa de Cocos. Paso 2: Relaciona los movimientos relativos de las placas con el tipo de límite de placas).

A un límite de transformación   **C** un límite de convección

B un límite divergente   **D** un límite convergente

Respuesta en forma de cuadrícula

Escribe tu respuesta en los recuadros de la cuadrícula y luego rellena el círculo del número correspondiente.

TEKS 6.2E

10 La siguiente tabla identifica la relación entre la fuerza de los terremotos y la frecuencia con la que ocurren.

Frecuencia mundial de terremotos de distintas magnitudes		
Descripción	**Magnitud**	**Cantidad anual promedio**
severo	8.0 y más	1
grave	7.0–7.9	17
fuerte	6.0–6.9	134
moderado	5.0–5.9	1,319
leve	4.0–4.9	aproximadamente 13,000
menor	3.0–3.9	aproximadamente 130,000
muy menor	2.0–2.9	aproximadamente 1,300,000

¿Aproximadamente cuántos terremotos clasificados como moderados a severos ocurren cada año?

Razonamiento crítico

Responde las siguientes preguntas en el espacio en blanco.

TEKS 6.10D

11 Explica en qué se diferencia un límite convergente de un límite de transformación. Luego menciona algo que ocurra frecuentemente tanto en los límites convergentes como en los límites de transformación.

_____

_____

_____

_____

_____

_____

_____

TEKS 6.10D

12 Explica cómo las fuerzas del movimiento de placas tectónicas pueden formar estos tres tipos de montañas: montañas de plegamiento, montañas de bloques de falla y montañas volcánicas.

_____

_____

_____

_____

_____

_____

Conectar PREGUNTAS ESENCIALES
Lecciones 1, 2, 3, 4 y 5

Responde la siguiente pregunta en el espacio en blanco.

TEKS 6.10A, 6.3B

13 El diagrama muestra las cinco capas físicas de la Tierra.

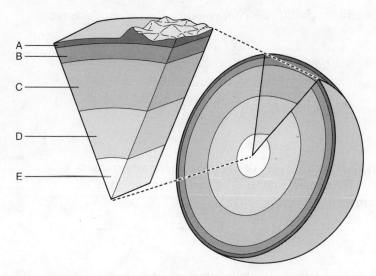

Identifica las capas físicas A, B y C. Describe la relación entre estas capas y por qué es importante conocer esta relación para comprender la función de las diferentes capas del interior de la Tierra.

_____

_____

_____

_____

_____

_____

El sistema solar

Un planetario metálico muestra la rotación de los planetas alrededor del Sol.

La gran idea

Los planetas y muchos otros cuerpos forman un sistema de objetos que orbitan alrededor del Sol.

¿Qué opinas?

Durante miles de años, los científicos han creado modelos para ayudarnos a comprender el sistema solar. ¿Qué otros tipos de modelos del sistema solar han creado los científicos?

El planetario humano representa el sistema solar.

Descubrimientos del sistema solar

Los conocimientos del sistema solar con los que contamos en la actualidad son el resultado de descubrimientos que se realizaron a lo largo de los siglos. Los descubrimientos continuarán cambiando nuestra visión del sistema solar.

Las lunas de Júpiter, 1610

El 7 de enero de 1610, Galileo descubrió las cuatro lunas más grandes de Júpiter con un telescopio que él había perfeccionado. ¡Las lunas son algunos de los objetos más grandes del sistema solar!

Ganímedes es la luna más grande de Júpiter.

William Herschel

Cometa Hyakutake

Cometa Hyakutake, 1996

El astrónomo aficionado Yuji Hyakutake descubrió el cometa Hyakutake el 31 de enero de 1996 con un par de binoculares muy potentes. Este cometa se aproximará a la Tierra solamente una vez cada 100,000 años.

Urano, 1781

El astrónomo británico sir William Herschel descubrió Urano el 13 de marzo de 1781. Fue el primer planeta que se descubrió con un telescopio. Nuestros conocimientos del sistema solar se expandieron de maneras impensadas.

Neptuno, 1846

Las matemáticas ayudaron a los científicos a descubrir Neptuno. Los astrónomos predijeron su existencia por irregularidades observadas en la órbita de Urano. El 23 de septiembre de 1846, con un telescopio se descubrió el planeta Neptuno, ubicado casi en el lugar predicho por los cálculos matemáticos.

Neptuno

 **Exploraciones futuras**

① Piénsalo

¿Qué descubrimientos sobre el sistema solar se han hecho recientemente?

_____

_____

_____

_____

B ¿Se podrán enviar, alguna vez, misiones tripuladas a lugares distantes del sistema solar? Justifica tu respuesta.

_____

_____

_____

_____

_____

② Haz algunas preguntas

Investiga algunas expediciones, como las de la nave espacial _Stardust_ de la NASA, para aprender más sobre la exploración del espacio en la actualidad.

A ¿Cómo se transmite la información a la Tierra?

_____

_____

 Planea

Diseña un cartel en el que se explique por qué los seres humanos exploran el sistema solar. No olvides incluir la siguiente información:

- cómo usamos la tecnología para la exploración
- por qué nos beneficia a todos aprender sobre el sistema solar

Modelos históricos del sistema solar

PREGUNTA ESENCIAL

¿Cómo se ha representado el sistema solar?

Cuando termines esta lección, podrás comparar distintos modelos históricos del sistema solar.

TEKS 6.3D relacione el impacto de la investigación en el pensamiento científico y en la sociedad, incluyendo la historia de la ciencia y las contribuciones de los científicos en cada tema.

TEKS 6.11A describa las propiedades físicas, ubicaciones y movimientos del Sol, los planetas, las lunas galileanas, los meteoritos, los asteroides y los cometas

El modelo del sistema solar centrado en la Tierra fue aceptado durante casi 1,400 años. Lo reemplazó el modelo del sistema solar centrado en el Sol, que se muestra en esta ilustración del siglo XVII.

Actividades de laboratorio de la lección

Actividades rápidas de laboratorio
- El modelo geocéntrico del sistema solar
- El modelo heliocéntrico del sistema solar
- Elipses orbitales

Actividad de laboratorio de campo
- Investigar la paralaje

Ponte a pensar

1 Predice Marca V o F para mostrar si cada enunciado es verdadero o falso.

V F

☐ ☐ El Sol y los planetas giran alrededor de la Tierra.

☐ ☐ La mayoría de los primeros astrónomos situaban el Sol en el centro del sistema solar.

☐ ☐ Los planetas orbitan alrededor del Sol describiendo elipses.

☐ ☐ El telescopio ayudó a mejorar nuestra comprensión del sistema solar.

2 Evalúa ¿Qué es incorrecto en el siguiente modelo del sistema solar, si es que hay algo incorrecto?

_____

_____

_____

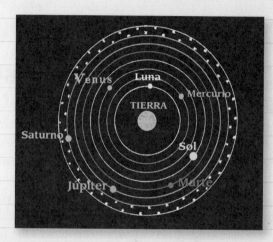

Lectura con propósito

3 Sintetiza A menudo puedes definir una palabra desconocida si conoces el significado de las partes que componen la palabra. Usa las partes de la palabra y la siguiente oración para sacar una conclusión lógica sobre el significado de la palabra *heliocéntrico*.

Parte de la palabra	Significado
helio-	Sol
-céntrico	centrado

Oración de ejemplo
Aristarco fue el primero que propuso el modelo <u>heliocéntrico</u> del sistema solar.

heliocéntrico:

_____

_____

_____

Términos de vocabulario

- sistema solar
- heliocéntrico
- geocéntrico
- paralaje

4 Aplica A medida que aprendas la definición de cada término de vocabulario de esta lección, crea tu propia definición o esquema que te ayude a recordar el significado del término.

¿Cuál es el centro

¿Qué es el sistema solar?

El **sistema solar** está formado por el Sol y todos los cuerpos que orbitan alrededor de él. El modelo actual del sistema solar se denomina *centrado en el Sol* o *heliocéntrico*. En el modelo **heliocéntrico,** la Tierra y los demás planetas orbitan alrededor del Sol. Los primeros modelos del sistema solar suponían que la Tierra estaba en el centro y que el Sol, la Luna y los planetas giraban a su alrededor. Este tipo de modelo, que ubica a la Tierra en el centro, se denomina *centrado en la Tierra* o **geocéntrico.** El modelo heliocéntrico no fue aceptado unánimemente hasta las investigaciones de Copérnico y Kepler a fines del siglo xvi y comienzos del siglo xvii.

5 Identifica Mientras lees el texto, subraya las definiciones de geocéntrico y heliocéntrico.

¿Quiénes propusieron algunos de los primeros modelos del sistema solar?

Hasta que Galileo perfeccionó el telescopio en 1609, las personas observaban el cielo a simple vista. Para los observadores, parecía que el Sol, la Luna, los planetas y las estrellas se movían alrededor de la Tierra día a día, lo que los llevó a la conclusión de que la Tierra no se movía. Si la Tierra estaba inmóvil, entonces debía ser el centro del sistema solar, y todos los demás cuerpos giraban alrededor de ella.

Este modelo geocéntrico del sistema solar formó parte del pensamiento de la antigua Grecia desde el siglo vi a.e.c. Aristóteles estuvo entre los primeros pensadores que propusieron este modelo.

Piensa libremente

6 Haz una investigación Usa diferentes fuentes para hacer una investigación sobre un modelo geocéntrico del sistema solar que provenga de la antigua Grecia, de la antigua China o de Babilonia. Escribe una descripción breve del modelo que elijas.

Aristóteles

Aristóteles fue un filósofo griego. Creía que la Tierra era el centro de todo. Su modelo ubicaba a la Luna, el Sol, los planetas y las estrellas en una serie de círculos que rodeaban la Tierra. Pensaba que, si la Tierra se movía alrededor del Sol, la posición relativa de las estrellas cambiaría con el movimiento de la Tierra. Este cambio aparente en la posición de un objeto cuando se lo ve desde lugares distintos se conoce como **paralaje.** De hecho, las estrellas están tan lejos que la paralaje no puede verse a simple vista.

Aristóteles (384–322 a.e.c)

del sistema solar?

Aristarco

Aristarco fue un astrónomo y matemático griego. Aristarco es conocido por haber propuesto un modelo heliocéntrico del sistema solar. Sin embargo, su modelo no tuvo gran aceptación en esa época. Aristarco intentó medir las distancias relativas a la Luna y al Sol, lo que representó una gran contribución a las ciencias. La razón de las distancias que planteó era demasiado pequeña, pero fue trascendente porque aplicó la observación y la geometría para resolver un problema científico.

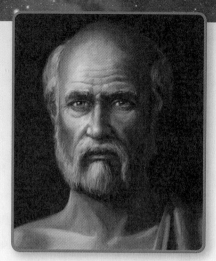

Aristarco (alrededor de 310–230 a.e.c)

Aristóteles pensaba que, si la Tierra se movía, la posición de las estrellas debía cambiar con ese movimiento. De hecho, las estrellas están tan lejos que los cambios en su posición solo pueden observarse con un telescopio.

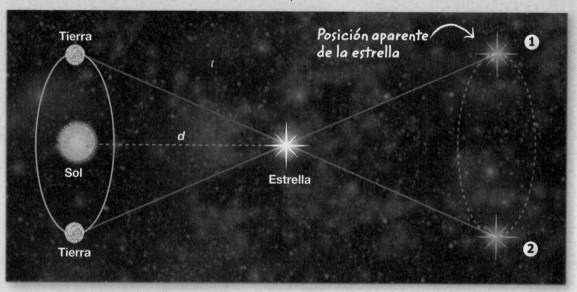

Tierra

Posición aparente de la estrella ➊

Sol

d

Estrella

Tierra

➋

Este diagrama muestra el cambio en la posición aparente de una estrella en dos momentos del año, vista desde la Tierra con un telescopio. Una estrella que primero se ve en el punto 1, se verá en el punto 2 seis meses después.

Visualízalo

7 Predice Si una estrella se presenta en la posición 1 en verano, ¿en qué estación se presentará en la posición 2?

_____

_____

_____

Ptolomeo

Ptolomeo fue un astrónomo, geógrafo y matemático que vivió en Alejandría, Egipto, ciudad que pertenecía a la antigua Roma. Su libro, *Almagesto*, es uno de los pocos que sobreviven de esa época tan antigua. Está basado en observaciones de los planetas que se remontaban hasta 800 años en el pasado. Ptolomeo desarrolló un modelo geocéntrico detallado que fue usado por los astrónomos durante los 14 siglos siguientes. Creía que un cuerpo celeste viajaba a una velocidad constante en un círculo perfecto. En el modelo de Ptolomeo, los planetas se movían en pequeños círculos que, a su vez, se movían en círculos más grandes. Este sistema de "rueda sobre rueda" se adaptaba mejor a las observaciones que todos los modelos anteriores. Permitió que se hicieran predicciones sobre el movimiento de los planetas con muchos años de anticipación.

Ptolomeo (alrededor de 100–170 d.e.c)

Visualízalo

8 Describe Usa el diagrama de la derecha para describir el modelo geocéntrico del sistema solar de Ptolomeo.

_____

_____

_____

_____

_____

Piensa libremente (Investigación)

9 Sostén con argumentos Entre todos, defiendan el modelo geocéntrico del sistema solar de Ptolomeo. Recuerden que durante la época de Ptolomeo las personas estaban limitadas a lo que podían ver a simple vista.

Modelo ptolemaico

Copérnico

El astrónomo polaco Nicolás Copérnico creía que el modelo del sistema solar de Ptolomeo era demasiado complicado. Copérnico conocía la idea heliocéntrica de Aristarco cuando desarrolló el primer modelo heliocéntrico detallado del sistema solar. En su época, los datos todavía se basaban en observaciones realizadas a simple vista. Como los datos no habían variado mucho desde la época de Ptolomeo, Copérnico adoptó la idea de Ptolomeo según la cual las trayectorias de los planetas debían ser círculos perfectos. Al igual que Ptolomeo, Copérnico usó el sistema de "rueda sobre rueda". El modelo de Copérnico se adecuaba a las observaciones un poco mejor que el modelo geocéntrico de Ptolomeo. Por lo general, el modelo heliocéntrico de Copérnico se toma como el primer paso en el desarrollo de modelos modernos del sistema solar.

Nicolás Copérnico (1473—1543)

Modelo copernicano

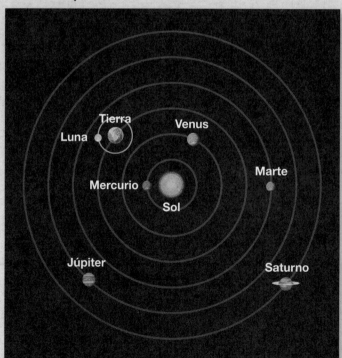

10 Compara ¿En qué se diferencian el modelo del sistema solar de Copérnico y el de Ptolomeo?

Modelo ptolemaico	Modelo copernicano

11 Identifica Subraya el texto que resume las tres leyes de Kepler.

Kepler

Johannes Kepler fue un matemático y astrónomo alemán. Después de analizar minuciosamente las diferentes observaciones de los planetas, se dio cuenta de que plantear que el movimiento planetario era exactamente circular no se adaptaba bien a las observaciones. Así, Kepler probó con otros tipos de trayectorias, y descubrió que las elipses eran más apropiadas.

Kepler formuló tres principios, que hoy se conocen como las leyes de Kepler. La primera ley establece que los planetas describen órbitas elípticas con el Sol en uno de sus focos. La segunda ley establece que el movimiento de los planetas es más rápido en sus órbitas cuanto más cerca están del Sol. La tercera ley relaciona la distancia que hay entre un planeta y el Sol con el tiempo que tarda en dar una vuelta alrededor de su órbita.

12 Analiza ¿De qué manera la primera ley de Kepler apoyaba la idea de un sistema solar heliocéntrico?

_____

_____

_____

_____

Johannes Kepler (1571–1630)

Primera ley de Kepler

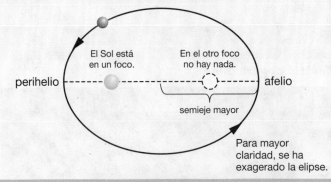

El Sol está en un foco.

En el otro foco no hay nada.

perihelio

afelio

semieje mayor

Para mayor claridad, se ha exagerado la elipse.

Galileo

Galileo Galilei fue un científico que abordó las dudas con lo que hoy denominamos *métodos científicos*. Galileo perfeccionó notablemente el telescopio, que se había inventado recientemente, y luego usó ese telescopio más potente para observar objetos celestes. Así, pudo ver las lunas Ío, Europa, Calisto y Ganímedes, que orbitaban alrededor de Júpiter. En la actualidad, estas lunas se conocen como los satélites galileanos. Sus observaciones mostraron que la Tierra no era el único objeto que podía tener otros objetos que orbitaran a su alrededor, lo que respaldó el modelo heliocéntrico. Además, observó que Venus pasaba por fases similares a las de la Luna de la Tierra. Estas fases son el resultado de los cambios en la dirección de la luz solar que llega a Venus cuando este planeta orbita alrededor del Sol.

Galileo Galilei (1564–1642)

Galileo

Galileo Galilei fue un matemático, físico y astrónomo italiano que vivió durante los siglos XVI y XVII. Galileo demostró que todos los cuerpos, independientemente de su masa, caen a la misma velocidad. Además, sostuvo que los objetos en movimiento mantienen su velocidad a menos que una fuerza no equilibrada actúe sobre ellos. Galileo perfeccionó la tecnología de los telescopios y los usó para observar las manchas solares, las fases de Venus, la luna de la Tierra, las cuatro lunas galileanas de Júpiter y una supernova.

Los telescopios de Galileo

Esta reconstrucción de uno de los telescopios de Galileo está en exposición en Florencia, Italia. Los primeros telescopios de Galileo aumentaban el tamaño de los objetos unas 3 veces y, posteriormente, unas 20 veces.

La sonda *Galileo*

La sonda *Galileo* fue lanzada desde el transbordador espacial *Atlantis* en 1989. *Galileo* fue la primera sonda que orbitó alrededor de Júpiter. Estudió este planeta y sus lunas.

Investigación

Ampliar

13 Identifica ¿Cuáles fueron las contribuciones más importantes de Galileo a la astronomía?

14 Haz una investigación Galileo inventó o perfeccionó muchos instrumentos y tecnologías, como el microscopio compuesto, el termómetro y el compás geométrico. Haz una investigación sobre una de las contribuciones tecnológicas de Galileo.

15 Crea Describe uno de los experimentos de Galileo relacionados con el movimiento de los cuerpos mediante una de las siguientes actividades:

- hacer un cartel;

- recrear el experimento;

- dibujar una historieta de Galileo realizando un experimento.

Resumen visual

Modelos del sistema solar

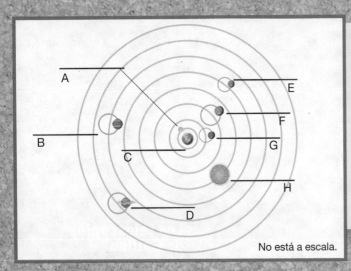

No está a escala.

Los primeros astrónomos propusieron un sistema solar geocéntrico.

16 Rotula los cuerpos del sistema solar según aparecen en el modelo geocéntrico.

17 ¿Qué astrónomos pueden relacionarse con este modelo del sistema solar?

_____

_____

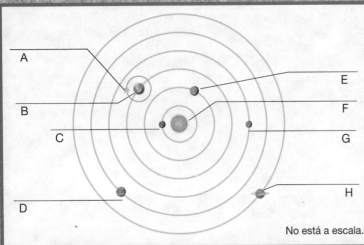

No está a escala.

El sistema solar heliocéntrico es el modelo actual.

18 Rotula los cuerpos del sistema solar según aparecen en el modelo heliocéntrico.

19 ¿Qué astrónomos pueden relacionarse con este modelo del sistema solar?

_____

_____

_____

Respuestas: 16 A. Luna, B. Júpiter, C. Tierra, D. Saturno, E. Marte, F. Venus, G. Mercurio, H. Sol; 17 Aristóteles, Ptolomeo; 18 A. Luna, B. Tierra, C. Mercurio, D. Júpiter, E. Venus, F. Sol, G. Marte, H. Saturno; 19 Aristarco, Copérnico, Kepler, Galileo

20 Compara ¿En qué se diferencia el modelo geocéntrico del modelo heliocéntrico del sistema solar?

Repaso de la lección

Vocabulario

Escribe el término correcto en los espacios en blanco para completar las siguientes oraciones.

1 El _____ incluye el Sol y todos los planetas y otros cuerpos que se desplazan alrededor de él.

2 Hasta la época de Copérnico, la mayoría de los científicos pensaban que el modelo _____ del sistema solar era el correcto.

3 El cambio aparente en la posición de un objeto cuando se ve desde lugares distintos se denomina _____.

Conceptos clave

En la siguiente tabla, escribe el nombre correcto del astrónomo al lado de su contribución.

Contribución	Astrónomo
4 Identifica ¿Quién fue el primero en observar las fases de Venus?	
5 Identifica ¿Quién intentó medir las distancias relativas a la Luna y al Sol?	
6 Identifica ¿Quién reemplazó los círculos por elipses en un modelo heliocéntrico del universo?	
7 Identifica ¿De quién era el modelo geocéntrico del sistema solar que fue aceptado durante 1,400 años?	
8 Identifica ¿De quién era el modelo heliocéntrico que se considera como el primer paso en el desarrollo de los modelos modernos del sistema solar?	

Razonamiento crítico

Usa la ilustración para responder la siguiente pregunta.

9 Valora ¿De qué manera los datos reunidos con el primer telescopio de Galileo respaldaron el modelo heliocéntrico?

_____
_____
_____
_____

10 Explica ¿Cómo la imposibilidad de Aristóteles para detectar la paralaje lo llevó a proponer un modelo geocéntrico del sistema solar?

_____
_____
_____
_____
_____
_____

Mis apuntes

TEKS **MATH 6.3D** add, subtract, multiply, and divide integers fluently

TEKS **MATH 6.3E** multiply and divide positive rational numbers fluently

Media, mediana, moda y rango

Puedes analizar tanto las medidas de tendencia central como la variabilidad de los datos usando la media, la mediana, la moda y el rango.

Instrucción

La excentricidad de la órbita mide qué tan ovalada es una órbita elíptica. Cuanto más cercano a 0 es el valor, más cerca está la órbita de tener la forma de un círculo. Examina los siguientes valores de excentricidad.

Excentricidades de las órbitas de los planetas del sistema solar			
Mercurio	0.205	Júpiter	0.049
Venus	0.007	Saturno	0.057
Tierra	0.017	Urano	0.046
Marte	0.094	Neptuno	0.011

Media La media es la suma de todos los valores de un conjunto de datos dividida entre el número total de valores de ese conjunto de datos. La media también se denomina *promedio*.	$$\frac{0.007 + 0.011 + 0.017 + 0.046 + 0.049 + 0.057 + 0.094 + 0.205}{8}$$ **1** Suma todos los valores. **2** Divide la suma entre el número de valores. **media** = 0.061
Mediana La mediana es el valor de la cifra del medio cuando los datos están ordenados numéricamente. Si hay un número impar de valores, la mediana es el valor del medio. Si hay un número par de valores, la mediana es la media de los dos valores del medio.	0.007 0.011 0.017 0.046 0.049 0.057 0.094 0.205 **1** Ordena los valores. **2** La mediana es el valor del medio si hay un número impar de valores. Si hay un número par de valores, calcula la media de los dos valores del medio. **mediana** = 0.0475
Moda La moda es el valor o los valores que aparecen con mayor frecuencia en un conjunto de datos. Para hallar la moda debes ordenar los valores. Si todos los valores aparecen con la misma frecuencia, se dice que el conjunto de datos no tiene moda.	0.007 0.011 0.017 0.046 0.049 0.057 0.094 0.205 **1** Ordena los valores. **2** Halla el valor o los valores que aparecen con mayor frecuencia. **moda** = no hay
Rango El rango es la diferencia entre el valor mayor y el valor menor de un conjunto de datos.	$$0.205 - 0.007$$ **1** Resta el valor menor del valor mayor. **rango** = 0.198

¡Inténtalo!

La siguiente tabla de datos muestra la masa y la densidad de los planetas.

Masa y densidad de los planetas		
	Masa ($\times 10^{24}$ kg)	**Densidad (g/cm³)**
Mercurio	0.33	5.43
Venus	4.87	5.24
Tierra	5.97	5.52
Marte	0.64	3.34
Júpiter	1,899	1.33
Saturno	568	0.69
Urano	87	1.27
Neptuno	102	1.64

①

Usar fórmulas Halla la media, la mediana, la moda y el rango de la masa de los planetas.

②

Usar fórmulas Halla la media, la mediana, la moda y el rango de la densidad de los planetas.

③

Analizar datos Halla la densidad media de los planetas interiores (de Mercurio a Marte). Halla la densidad media de los planetas exteriores (de Júpiter a Neptuno). Compara estos valores.

Densidad media de los planetas interiores:

_____

Densidad media de los planetas exteriores:

_____

Comparación:

_____

④

Evaluar datos La masa media de los planetas exteriores (Júpiter, Saturno, Urano y Neptuno) es 225 veces más grande que la masa media de los planetas interiores. ¿De qué manera esta comparación y la comparación de las densidades medias apoyan el uso del término *gigantes gaseosos* para describir los planetas exteriores? Explica tu razonamiento.

_____

_____

La gravedad y el sistema solar

PREGUNTA ESENCIAL

¿Por qué es importante la gravedad en el sistema solar?

Cuando termines esta lección, podrás explicar el papel de la gravedad en la formación del sistema solar y en la determinación del movimiento de los planetas.

La gravedad mantiene los objetos, como estos satélites, en órbita alrededor de la Tierra. Además, la gravedad afecta la manera en que se mueven y se forman los planetas.

TEKS **6.11B** entienda que la fuerza de gravedad gobierna el movimiento en nuestro sistema solar

Actividades de laboratorio de la lección

Actividades rápidas de laboratorio
- El efecto de la gravedad
- La gravedad y la órbita de un planeta

Actividad de investigación de laboratorio
- El peso en diferentes cuerpos celestes

Ponte a pensar

1 Predice Marca V o F para mostrar si cada enunciado es verdadero o falso.

V	F	
☐	☐	La gravedad mantiene los planetas en órbita alrededor del Sol.
☐	☐	Los planetas siguen trayectorias circulares alrededor del Sol.
☐	☐	Sir Isaac Newton fue el primer científico que describió el comportamiento de la fuerza de gravedad.
☐	☐	El Sol se formó en el centro del sistema solar.
☐	☐	Los planetas terrestres y los planetas gigantes gaseosos se formaron a partir del mismo material.

2 Dibuja En el siguiente espacio, dibuja cómo crees que era el aspecto del sistema solar antes de que se formaran los planetas.

Lectura con propósito

3 Sintetiza A menudo puedes definir una palabra desconocida si conoces el significado de las partes que componen la palabra. Usa las partes de la palabra y la siguiente oración para sacar una conclusión lógica sobre el significado de la palabra *protoestelar*.

Parte de la palabra	Significado
proto–	primero
–estelar	perteneciente o relativo a las estrellas

Oración de ejemplo
El disco <u>protoestelar</u> se formó después del colapso de la nebulosa solar.

protoestelar:

_____

_____

Términos de vocabulario

- gravedad
- órbita
- afelio
- perihelio
- fuerza centrípeta
- nebulosa solar
- planetesimal

4 Aplica Esta lista contiene los términos clave que aprenderás en esta sección. Mientras lees, encierra en un círculo la definición de cada término.

La gravedad

¿Qué es la gravedad?

Lectura con propósito **5 Identifica** Subraya la definición de gravedad y sus efectos.

La **gravedad** es una fuerza de atracción entre dos objetos debido a sus masas y a la distancia entre ellos. Todo objeto del universo ejerce atracción sobre los demás objetos. Los objetos con masas más grandes tienen una fuerza de atracción mayor que los que tienen masas más pequeñas. Los objetos que están más cerca uno de otro tienen una mayor fuerza de atracción entre sí que los que están más separados.

La gravedad es la fuerza más débil de la naturaleza. Un imán de juguete puede vencer la fuerza gravitacional ejercida por toda la masa de la Tierra sobre un clip. Sin embargo, la gravedad es una de las fuerzas más importantes del universo. Participa en la formación de los planetas, las estrellas y las galaxias. Además, mantiene a los cuerpos pequeños en órbita alrededor de los cuerpos más grandes. Una **órbita** es la trayectoria que sigue un cuerpo al desplazarse alrededor de otro cuerpo en el espacio. Por ejemplo, la Luna orbita alrededor de la Tierra, y la Tierra orbita alrededor del Sol.

Cuando los astronautas están en órbita, la gravedad de la Tierra los sigue atrayendo hacia abajo en dirección al planeta. Sin embargo, parece que fueran ingrávidos y que estuvieran flotando. La razón por la que "flotan" es que todo a su alrededor está cayendo a la misma velocidad.

¿Qué son las leyes de Kepler?

En el siglo XVI, el astrónomo polaco Nicolás Copérnico (1473–1543) cambió nuestra visión del sistema solar. Copérnico descubrió que el movimiento de los planetas podía comprenderse mejor si los planetas orbitaban alrededor del Sol. Pero, al igual que los astrónomos que lo antecedieron, Copérnico pensaba que los planetas seguían trayectorias circulares alrededor del Sol.

El astrónomo danés Tycho Brahe (1546–1601) construyó lo que, en su momento, fue el observatorio más grande del mundo. Tycho usó instrumentos especiales para medir el movimiento de los planetas. Las mediciones que tomó durante un período de 20 años fueron muy exactas. Con los datos de Tycho a su disposición, Johannes Kepler (1571–1630) hizo descubrimientos sobre el movimiento de los planetas, que se conocen como las *leyes de Kepler del movimiento de los planetas.*

Kepler descubrió que los objetos que orbitan alrededor del Sol siguen órbitas elípticas. Cuando un objeto sigue una órbita elíptica alrededor del Sol, existe un punto, denominado **afelio,** en el que el objeto está más lejos del Sol. Existe también otro punto, denominado **perihelio,** en el que el objeto está más cerca del Sol. En la actualidad, sabemos que las órbitas de los planetas son solo ligeramente elípticas, aunque las órbitas de objetos como Plutón o los cometas son muy elípticas.

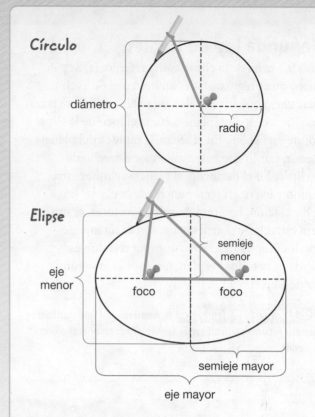

Círculo

diámetro — radio

Elipse

eje menor — semieje menor — foco — foco — semieje mayor — eje mayor

Visualízalo

6 Compara ¿En qué se diferencia un círculo de una elipse?

_____

_____

_____

Primera ley de Kepler

El cuidadoso trazado de la órbita de Marte hecho por Kepler presentaba la órbita de Marte como un círculo deforme. Kepler tardó ocho años en darse cuenta de que esta forma era una elipse. Esta pista llevó a Kepler a proponer órbitas elípticas para los planetas. Kepler ubicó el Sol en uno de los focos de la elipse. Esta es la primera ley de Kepler.

Lectura con propósito **7 Contrasta** ¿En qué se diferencian las descripciones de las órbitas planetarias de Copérnico y de Kepler?

_____

_____

Primera ley de Kepler

El Sol está en un foco.

En el otro foco no hay nada.

perihelio — semieje mayor — afelio

Cada planeta orbita alrededor del Sol realizando una elipse en la que el Sol se encuentra en uno de sus focos. (Para mayor claridad, esta elipse se ha exagerado).

Segunda ley de Kepler

Con la forma de la elipse como referencia, Kepler buscó otras regularidades en los datos de Tycho. Descubrió que sucede algo increíble cuando se traza una línea desde un planeta hacia el foco de la elipse donde está el Sol. En el afelio, la rapidez del planeta es menor, por lo que barre un sector estrecho de la elipse. En el perihelio, el planeta se mueve más rápido y barre un sector ancho de la elipse. En la ilustración, las áreas de ambos sectores, el sector azul estrecho y el azul ancho, son exactamente iguales. Kepler descubrió que esta relación es válida para todos los planetas. Esta es la segunda ley de Kepler.

Lectura con propósito **8 Analiza** ¿En qué punto un planeta recorre su órbita más lentamente: en el afelio o en el perihelio?

A medida que un planeta se desplaza en su órbita, barre áreas iguales en tiempos iguales.

Segunda ley de Kepler

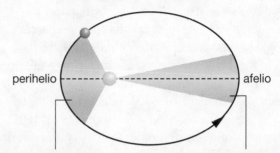

perihelio · · · afelio

Cerca del perihelio, un planeta barre un área corta pero ancha.

En el mismo tiempo, cerca del afelio, un planeta barre un área larga pero estrecha.

Tercera ley de Kepler

Cuando Kepler observó el tiempo que tardaban los planetas en orbitar alrededor del Sol y el tamaño de sus órbitas, encontró otra relación. Kepler calculó el período orbital y la distancia del Sol a los planetas usando los datos de Tycho. Descubrió que el cuadrado del período orbital era proporcional al cubo de la distancia promedio del planeta al Sol. Esta ley es válida para todos los planetas. Este principio es la tercera ley de Kepler. Siendo las unidades que se usan para el período, años, y para la distancia, UA, la ley puede escribirse del siguiente modo:

El cuadrado del período orbital es proporcional al cubo de la distancia promedio del planeta al Sol.

Tercera ley de Kepler

p^2 años = a^3 UA

perihelio — — a — — afelio

(período orbital en años)^2 = (distancia media desde el Sol en unidades astronómicas [UA])^3

9 En pocas palabras En la siguiente tabla, resume las tres leyes de Kepler con tus propias palabras.

Primera ley	Segunda ley	Tercera ley

¿Qué es la ley de gravitación universal?

Sir Isaac Newton fue el primer científico que describió matemáticamente cómo se comportaba la fuerza de gravedad, basándose en las leyes de Kepler. ¿Cómo pudo hacerlo en el siglo XVII, antes de que la fuerza pudiera medirse en un laboratorio? Newton razonó que la gravedad era la misma fuerza responsable tanto de la caída de una manzana de un árbol como del movimiento de la Luna alrededor de la Tierra.

En 1687, Newton formuló la *ley de gravitación universal*. Esta ley establece que todos los objetos del universo se atraen unos a otros por medio de la fuerza gravitacional. La intensidad de esta fuerza depende del producto de las masas de los objetos. Por lo tanto, la gravedad entre los objetos aumenta a medida que las masas de los objetos aumentan. Además, la fuerza gravitacional es inversamente proporcional al cuadrado de la distancia entre los objetos. En otras palabras, esto significa que, a medida que la distancia entre dos objetos aumenta, la fuerza de gravedad disminuye.

Sir Isaac Newton
(1642–1727)

Práctica matemática

La ley de gravitación universal de Newton sostiene que la fuerza de gravedad:
- aumenta a medida que las masas de los objetos aumentan y
- disminuye a medida que la distancia entre los objetos aumenta.

En los siguientes ejemplos, ten en cuenta que M = masa, d = distancia y F = la fuerza de gravedad ejercida por dos cuerpos.

Problemas de ejemplo

A. En este ejemplo, si las masas de las dos pelotas son iguales a M y la distancia entre ellas es d, entonces la fuerza de gravedad es F. Si la masa de cada pelota se aumenta a $2M$ (a la derecha) y la distancia sigue siendo la misma, entonces la fuerza de gravedad aumenta a $4F$.

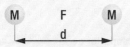
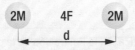

B. En este ejemplo, comenzamos nuevamente con una distancia d y masas iguales a M, y la fuerza de gravedad es F. Si la distancia disminuye a $\frac{1}{2}d$, entonces la fuerza de gravedad aumenta a $4F$.

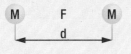

Inténtalo

Recuerda que M = masa, d = distancia y F = la fuerza de gravedad ejercida por dos cuerpos.

10 Calcula Compara el siguiente ejemplo con los problemas de ejemplo. ¿Cuál sería la fuerza de gravedad en el siguiente ejemplo? Explica tu respuesta.

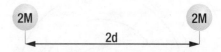

_____

_____

_____

_____

¿Cómo afecta la gravedad al movimiento de los planetas?

Las ilustraciones de esta página te ayudarán a entender el movimiento de los planetas. En la ilustración de la derecha, una niña está haciendo girar una pelota alrededor de su cabeza. La pelota está unida a una cuerda. La niña está ejerciendo una fuerza sobre la cuerda que hace que la pelota recorra una trayectoria circular. La fuerza dirigida hacia adentro que hace que un objeto se mueva a lo largo de una trayectoria circular se denomina **fuerza centrípeta.**

En la ilustración del medio vemos que, si la cuerda se rompe, la pelota se alejará en línea recta. Este hecho indica que, cuando la cuerda está intacta, existe una fuerza que atrae la pelota hacia adentro. Esta fuerza impide que la pelota salga disparada en línea recta. Esta fuerza es la fuerza centrípeta.

En la ilustración de abajo, puedes ver que los planetas orbitan alrededor del Sol. Tiene que haber una fuerza que impida que los planetas se alejen de sus órbitas en línea recta. La gravedad del Sol es la fuerza que mantiene los planetas en órbita alrededor del Sol.

Al hacer girar la pelota, la niña está ejerciendo una fuerza sobre la cuerda que mueve la pelota en una trayectoria circular.

La fuerza centrípeta atrae a la pelota hacia adentro, por lo que la pelota describe una trayectoria curva.

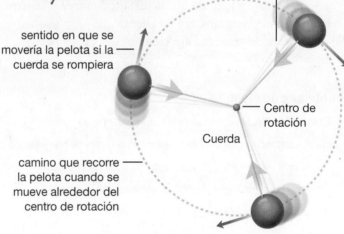

sentido en que la fuerza centrípeta atrae la pelota

sentido en que se movería la pelota si la cuerda se rompiera

Centro de rotación

Cuerda

camino que recorre la pelota cuando se mueve alrededor del centro de rotación

Del mismo modo en que la cuerda atrae a la pelota hacia adentro, la gravedad mantiene los planetas en órbita alrededor del Sol.

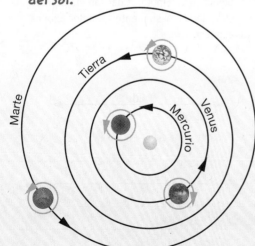

Tierra

Marte

Venus

Mercurio

11 Explica En la ilustración de la parte superior de la página, ¿qué representan la mano, la pelota y la cuerda? (Pista: Piensa en el Sol, en un planeta y en la fuerza de gravedad).

_____

_____

_____

_____

Colapso

¿Cómo se formó el sistema solar?

Se cree que la formación del sistema solar comenzó hace 4,600 millones de años, cuando una nube de gas y polvo colapsó. Esta nube, a partir de la cual se formó el sistema solar, se denomina **nebulosa solar**. En una nebulosa, la atracción de la gravedad hacia adentro se equilibra con la fuerza opuesta que ejerce la presión del gas de la nube. Los científicos creen que una fuerza externa, tal vez la explosión de una estrella cercana, hizo que la nebulosa solar se comprimiera y luego se contrajera por su propia gravedad. El sistema solar se formó en una región particular de la nebulosa, que quizá tenía unos cuantos años luz de ancho. El Sol probablemente se formó a partir de una región que tenía una masa un poco mayor que la masa actual del Sol y de los planetas.

 Lectura con propósito **12 Define** ¿Qué es la nebulosa solar?

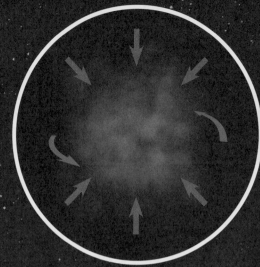

Hace 4,600 millones de años, una nube de polvo y gas colapsó y luego empezó a girar. Es posible que haya dado un giro alrededor de su eje de rotación cada un millón de años.

Se formó un disco protoestelar a partir de la nebulosa solar colapsada

Cuando una región de la nebulosa solar colapsó, la gravedad atrajo casi toda la masa hacia el centro de la nebulosa. Cuando la nebulosa se contrajo, comenzó a rotar. Al aumentar la velocidad de la rotación, la nebulosa se aplanó y se convirtió en un disco. Este disco, denominado *disco protoestelar,* es donde se formó nuestra estrella central: el Sol.

Cuando una región de la nebulosa solar colapsó, formó un disco protoestelar que rotaba lentamente.

Se formó el Sol en el centro del disco protoestelar

A medida que el disco protoestelar siguió contrayéndose, la mayor parte de la materia acabó en el centro del disco. La fricción de la materia que cayó dentro del disco calentó su centro millones de grados, hasta que finalmente llegó a su temperatura actual de 15,000,000 °C. Este calor intenso en un espacio densamente comprimido produjo la fusión de átomos de hidrógeno que formó átomos de helio. El proceso de fusión liberó una gran cantidad de energía. Esta liberación de energía produjo una presión hacia afuera que nuevamente equilibró la atracción que la gravedad ejercía hacia adentro. Cuando el gas y el polvo dejaron de colapsar, se formó una estrella, que en el sistema solar, fue el Sol.

 Lectura con propósito **13 Identifica** ¿Cómo se formó el Sol?

_____
_____
_____
_____
_____

Esta es la concepción de un artista sobre la apariencia que pudo haber tenido el disco protoplanetario en el que se formaron los planetas.

Visualízalo

14 Describe Usa los términos *planetesimal* y *disco protoplanetario* para describir la ilustración anterior.

_____
_____
_____
_____
_____
_____

Se formaron planetesimales en el disco protoplanetario

A medida que el Sol se formaba, los granos de polvo chocaban y se quedaban pegados. Así, el tamaño y la cantidad de los *gránulos de polvo* resultantes era cada vez mayor. Con el tiempo, los gránulos de polvo aumentaron de tamaño hasta convertirse en cuerpos de varios metros. Hubo billones de estos cuerpos en el disco protoestelar. Las colisiones entre estos cuerpos formaron cuerpos más grandes de tamaños kilométricos. Estos cuerpos más grandes, a partir de los cuales se originaron los planetas, se denominan **planetesimales**. El disco protoestelar se había convertido en el *disco protoplanetario*, que fue el disco en el que se formaron los planetas.

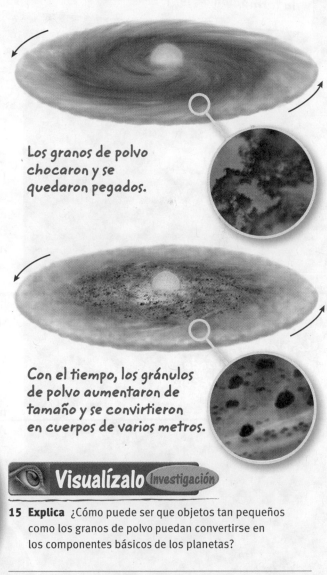

Los granos de polvo chocaron y se quedaron pegados.

Con el tiempo, los gránulos de polvo aumentaron de tamaño y se convirtieron en cuerpos de varios metros.

Visualízalo Investigación

15 Explica ¿Cómo puede ser que objetos tan pequeños como los granos de polvo puedan convertirse en los componentes básicos de los planetas?

_____

_____

Los planetesimales se formaron a partir de las colisiones de cuerpos cuyos tamaños se medían en metros.

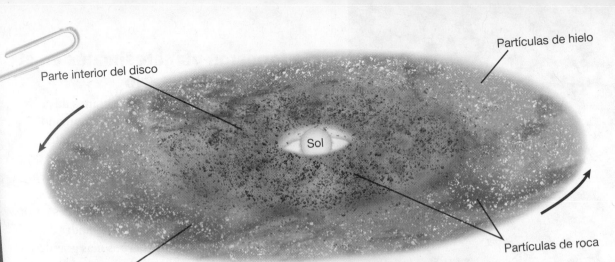

Partículas de hielo

Parte interior del disco

Sol

Parte exterior del disco

Partículas de roca

Las temperaturas del disco protoplanetario controlaron la formación de los planetas.

Visualízalo

16 Analiza Dentro del disco protoplanetario, ¿dónde se formaron los planetas compuestos principalmente por gas y hielo?

_____

_____

Los planetas terrestres se formaron cuando planetesimales rocosos chocaron.

Se formaron las planetas a partir de los planetesimales

La parte interior del disco protoplanetario estaba tan caliente que solo las rocas y los metales se encontraban en estado sólido. Por lo tanto, en la parte interior del disco se formaron planetas rocosos y metálicos, producto de las colisiones y fusiones de los planetesimales rocosos. A estos planetas los denominamos *planetas terrestres*.

En la parte exterior del disco, que era fría, había hielo, gases, rocas y metales. Al principio, es posible que se hayan formado planetas enormes compuestos por planetesimales helados y rocosos, pero la gravedad de estos planetas era tan fuerte que capturaron gas y otras clases de materia a medida que crecían. Así, los planetas que se formaron en la parte exterior del disco poseen núcleos rocosos o metálicos y atmósferas de gas y hielo. A estos planetas los llamamos *planetas gigantes gaseosos*.

Los planetas gigantes gaseosos capturaron gases y otras clases de materia en sus órbitas.

17 Describe En los espacios de la izquierda, describe los Pasos 2 y 4 de la formación del sistema solar. En los espacios de la derecha, dibuja los últimos dos pasos de la formación del sistema solar.

Pasos de la formación del sistema solar

Paso 1 La nebulosa solar colapsa.

Una nube de polvo y gas colapsa. Se altera el equilibrio entre la fuerza de atracción de la gravedad hacia adentro y la fuerza de empuje hacia afuera por la presión de los gases de la nube. La nube que colapsa forma un disco protoestelar que rota.

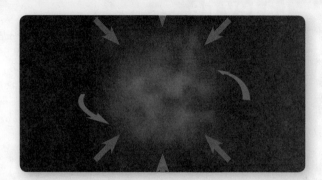

Paso 2 Se forma el Sol.

_____

_____

_____

_____

Paso 3 Se forman los planetesimales.

Los granos de polvo se quedan pegados y forman gránulos de polvo. Lentamente, estos gránulos de polvo aumentan de tamaño hasta convertirse en objetos de varios metros. Estos objetos de varios metros chocan y forman objetos de tamaños kilométricos denominados *planetesimales*.

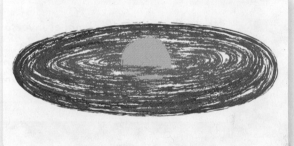

Paso 4 Se forman los planetas.

_____

_____

_____

_____

Resumen visual

Para completar este resumen, escribe la palabra o la frase correcta en los espacios en blanco. Luego usa la clave para comprobar tus respuestas. Puedes usar esta página para repasar los conceptos principales de la lección.

La ley de gravitación universal

La masa afecta la fuerza de gravedad.

18 La intensidad de la fuerza que ejerce la gravedad depende del producto de las _____ de dos objetos. Por lo tanto, a medida que la masa de dos objetos aumenta, la fuerza que cada objeto ejerce sobre el otro _____.

La distancia afecta la fuerza de gravedad.

19 La fuerza gravitacional es inversamente proporcional al cuadrado de la _____ entre dos objetos. Por lo tanto, a medida que la distancia entre dos objetos aumenta, la fuerza de gravedad _____.

La gravedad afecta el movimiento de los planetas.

20 El Sol ejerce una _____, indicada por la línea B, sobre un planeta de manera que en el punto C el planeta se mueve alrededor del Sol en órbita en lugar de alejarse en _____, como se muestra en la línea A.

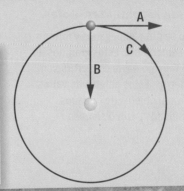

21 **Explica** Explica con tus propias palabras la ley de gravitación universal de Newton.

Repaso de la lección

Vocabulario

Escribe el término correcto en los espacios en blanco para completar las siguientes oraciones.

1 Los pequeños cuerpos a partir de los cuales se formaron los planetas se llaman _____.

2 La trayectoria que sigue un cuerpo al desplazarse alrededor de otro cuerpo en el espacio es su _____.

3 La _____ es la nube de gas y polvo a partir de la cual se formó nuestro sistema solar.

Conceptos clave

4 Define Define con tus propias palabras la palabra *gravedad*.

_____

_____

5 Describe ¿Cómo se formó el Sol?

_____

_____

_____

_____

_____

_____

_____

_____

6 Describe ¿Cómo se formaron los planetesimales?

_____

_____

_____

_____

_____

_____

_____

Razonamiento crítico

Usa esta ilustración para responder la siguiente pregunta.

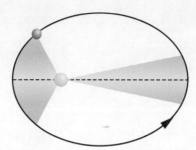

7 Identifica ¿Qué ley se ilustra en este diagrama?

_____

8 Analiza ¿De qué manera la gravedad mantiene a los planetas en órbita alrededor del Sol?

_____

_____

_____

_____

_____

_____

9 Explica ¿De qué manera las diferencias de temperatura en el disco protoplanetario explican la disposición de los planetas en el sistema solar?

_____

_____

_____

_____

_____

_____

_____

_____

Mis apuntes

El Sol

PREGUNTA ESENCIAL

¿Cuáles son las propiedades del Sol?

Cuando termines esta lección, podrás describir la ubicación del Sol, la estructura y la rotación del Sol, la producción de energía y su transporte, y la actividad solar.

protuberancia

En la superficie del Sol, se desarrollan diferentes tipos de actividades. Esta espiral de gas que se extiende desde el Sol hacia el exterior es una protuberancia.

TEKS **6.11A** describa las propiedades físicas, ubicaciones y movimientos del Sol, los planetas, las lunas galileanas, los meteoritos, los asteroides y los cometas

Actividades de laboratorio de la lección

Actividades rápidas de laboratorio
- Representar la composición del Sol
- Representar la rotación del Sol

Actividad de S.T.E.M. de laboratorio
- Hacer un modelo del Sol

Ponte a pensar

1 Predice Marca V o F para mostrar si cada enunciado es verdadero o falso.

V   F

☐   ☐ El Sol está compuesto principalmente por hidrógeno y helio.

☐   ☐ La energía se produce en el núcleo del Sol.

☐   ☐ El proceso por el cual se produce energía en el Sol es conocido como fisión nuclear.

☐   ☐ La energía se transfiere a la superficie del Sol mediante los procesos de radiación y conducción.

☐   ☐ Un área oscura en la superficie del Sol que es más fría que las áreas que la rodean se denomina *mancha solar*.

2 Explica Explica con tus propias palabras el significado del término *luz solar*.

_____

_____

_____

_____

_____

_____

_____

_____

Lectura con propósito

3 Sintetiza A menudo puedes definir una palabra desconocida si conoces el significado de las partes que componen la palabra. Usa las partes de la palabra y la siguiente oración para sacar una conclusión lógica sobre el significado de la palabra *fotosfera*.

Parte de la palabra	Significado
foto-	luz
-sfera	pelota

Oración de ejemplo
La energía se transfiere a la <u>fotosfera</u> del Sol a través de células de convección.

Términos de vocabulario

- **fusión nuclear**
- **mancha solar**
- **erupción solar**
- **protuberancia**

4 Aplica Esta lista contiene los términos clave que aprenderás en esta sección. Mientras lees, encierra en un círculo la definición de cada término.

fotosfera:

_____

_____

_____

El Sol: el centro de atención

¿Dónde está ubicado el Sol?

El Sol sale todos los días por el este. Parece que recorre el cielo de manera predecible y se pone en el oeste. El movimiento aparente del Sol hizo que muchos de los primeros astrónomos creyeran que el Sol se movía alrededor de la Tierra. A principios del siglo XVI, el astrónomo Nicolás Copérnico desarrolló un modelo diferente. Propuso que la Tierra giraba alrededor del Sol.

El Sol es el centro del sistema solar

Ahora sabemos que Copérnico tenía razón. El Sol está ubicado en el centro del sistema solar. El sistema solar incluye el Sol y todos los objetos que se mueven alrededor de él. Los planetas, planetas enanos, asteroides y cometas giran alrededor del Sol en trayectorias llamadas *órbitas*. La Tierra es uno de los ocho planetas que orbitan alrededor del Sol y es el tercer planeta desde el Sol. El Sol es, por mucho, el objeto con el mayor tamaño y la mayor masa del sistema solar. Su atracción gravitatoria mantiene a los otros objetos del sistema solar en órbita alrededor suyo.

Lectura con propósito

5 **Explica** ¿Por qué todos los objetos del sistema solar giran alrededor del Sol?

_____

_____

_____

Visualízalo

6 **Analiza** ¿Qué representan las líneas delgadas y curvas que pasan a través de cada planeta?

_____

_____

_____

_____

Los tamaños y las distancias no están en escala.

El Sol está ubicado en la galaxia Vía Láctea

El Sol parece pequeño desde la Tierra porque está muy lejos. En el siglo XVIII, Edmund Halley halló una manera para calcular la distancia que hay entre la Tierra y el Sol. La distancia es casi 150 millones de km. Ese descubrimiento dio a los científicos un modelo para determinar las distancias que hay entre los objetos del sistema solar.

Todas las estrellas que puedes ver están mucho más lejos que el Sol. Al igual que el Sol, forman parte de la galaxia Vía Láctea. La Vía Láctea está compuesta por cientos de miles de millones de estrellas. Nuestro sistema solar está ubicado en un brazo espiral parcial de la Vía Láctea que está aproximadamente a 25,000 años luz del centro de la galaxia.

El Sol está ubicado en el Grupo Local

La galaxia Vía Láctea es una de las 100 mil millones, o más, de galaxias que se cree que existen en el universo. A partir de los datos que reúnen de lugares muy lejanos del universo, los científicos saben que la distancia que hay entre las galaxias no es uniforme. Las galaxias se encuentran en grupos, o cúmulos. La Vía láctea pertenece al Grupo Local. El Grupo Local es un cúmulo de alrededor de 30 galaxias que tiene una extensión de aproximadamente diez millones de años luz. La galaxia Andrómeda forma parte del Grupo Local. Es la galaxia grande más cercana a la Vía Láctea. El Grupo Local está en la parte del universo que los astrónomos mejor conocen.

Visualízalo

7 Describe Usa el siguiente organizador gráfico para indicar la ubicación del Sol en el universo.

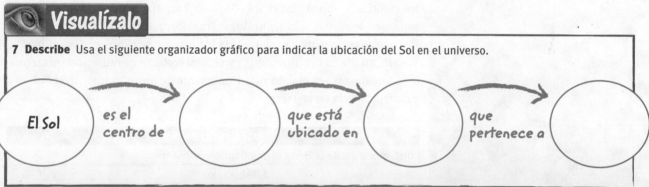

El Sol → es el centro de → ( ) → que está ubicado en → ( ) → que pertenece a → ( )

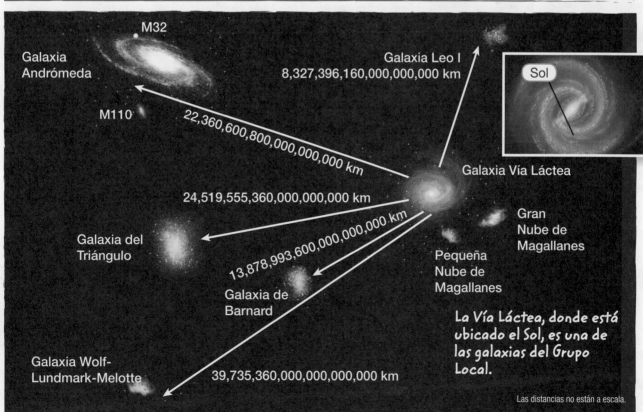

M32

Galaxia Andrómeda

M110

Galaxia Leo I
8,327,396,160,000,000,000 km

Sol

22,360,600,800,000,000,000 km

Galaxia Vía Láctea

24,519,555,360,000,000,000 km

Galaxia del Triángulo

13,878,993,600,000,000,000 km

Galaxia de Barnard

Pequeña Nube de Magallanes

Gran Nube de Magallanes

La Vía Láctea, donde está ubicado el Sol, es una de las galaxias del Grupo Local.

Galaxia Wolf-Lundmark-Melotte

39,735,360,000,000,000,000 km

Las distancias no están a escala.

Aquí está el Sol

8 Identifica Mientras lees el texto, subraya diferentes descubrimientos que los científicos hicieron sobre el Sol.

¿Cuáles son las propiedades físicas del Sol?

Desde los comienzos de la historia de la humanidad, las personas se han maravillado ante el Sol. Las civilizaciones se han referido al Sol con nombres distintos, y algunas culturas adoraban a diferentes dioses y diosas que lo representaban. Además, los primeros observatorios astronómicos se crearon para investigar el movimiento aparente del Sol en el cielo.

A mediados del siglo XIX, los astrónomos ya habían descubierto que el Sol era en realidad una bola caliente de gas que estaba compuesta principalmente por los elementos hidrógeno y helio. En la actualidad, los científicos saben que el Sol se formó hace aproximadamente 4,600 millones de años. Cada segundo, se transforman en energía 4 millones de toneladas de materia solar. De la luz que emite el Sol, el 41% es luz visible, un 9% es luz ultravioleta y el 50% restante es radiación infrarroja. Y lo que quizás sea el dato más importante de todos es que sin el Sol no existiría la vida en la Tierra.

Estadísticas del Sol	
Dist. prom. desde la Tierra	149.6 millones de km
Diámetro	1,391,000 km
Densidad promedio	1.41 g/cm^3
Período de rotación	25 días (ecuador); 35 días (polos)
Temp. superficial prom.	5,500 °C
Temperatura del núcleo	15,000,000 °C
Composición	74% hidrógeno, 25% helio, 1% otros elementos

Práctica matemática Inténtalo

9 Calcula El diámetro de la Tierra es 12,742 km. ¿Cuántas veces más grande que el diámetro de la Tierra es el diámetro del Sol?

_____

_____

La erupción solar, que se muestra en esta imagen, es una liberación repentina y explosiva de energía en la atmósfera del Sol.

¿Cómo es la estructura del Sol?

La composición del Sol es distinta a la de la Tierra. Sin embargo, la estructura de ambos cuerpos es similar. Ambos son esféricos y, además, ambos tienen una atmósfera dividida en capas y un interior compuesto por capas.

En el centro del Sol se encuentra el núcleo. Aquí es donde se produce la energía, que se transporta desde el núcleo hasta la superficie del Sol a través de la zona radiante y de la zona convectiva.

La atmósfera del Sol consta de tres capas: la fotosfera, la cromosfera y la corona. La superficie del Sol es la fotosfera. La energía del Sol se libera desde esta capa. La cromosfera es la capa intermedia de la atmósfera del Sol. La temperatura de la cromosfera aumenta con la distancia desde la fotosfera. La atmósfera exterior del Sol es la corona, que se extiende millones de kilómetros en el espacio.

10 Analiza ¿Cómo se relaciona la estructura del Sol con la producción y transferencia de energía en el Sol?

_____

_____

_____

_____

_____

_____

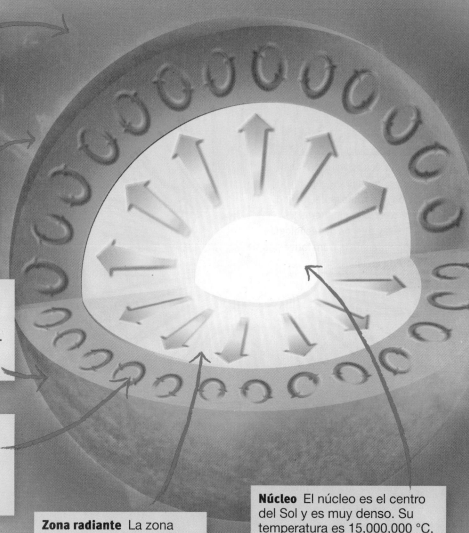

Corona La corona es la atmósfera exterior del Sol. Su temperatura puede llegar a los 2,000,000 °C.

Cromosfera La cromosfera es la capa intermedia de la atmósfera del Sol. La temperatura en la cromosfera aumenta hacia afuera y llega a un máximo de alrededor de 20,000 °C.

Fotosfera La fotosfera es la superficie visible del Sol. Es la capa desde la que se libera energía hacia el espacio. La temperatura promedio de la fotosfera es 5,500 °C.

Zona convectiva La zona convectiva es la capa del Sol a través de la cual la energía se traslada por convección desde la zona radiante hacia la fotosfera.

Zona radiante La zona radiante es la capa del Sol por la cual la energía se transfiere desde el núcleo hacia afuera por radiación.

Núcleo El núcleo es el centro del Sol y es muy denso. Su temperatura es 15,000,000 °C, lo suficientemente caliente para causar las reacciones nucleares que producen la energía del Sol.

A juntarse

¿Cómo produce la energía el Sol?

A comienzos del siglo xx, el físico Albert Einstein propuso que la materia y la energía son intercambiables. La materia puede convertirse en energía de acuerdo con su famosa ecuación $E = mc^2$. E es la energía, m es la masa y c es la velocidad de la luz. Dado que c es un número muy grande, cantidades diminutas de materia pueden producir cantidades enormes de energía. Con la fórmula de Einstein, los científicos pudieron explicar las enormes cantidades de energía producidas por el Sol.

Los científicos saben que el Sol produce energía a través del proceso de *fusión nuclear*. La **fusión nuclear** es el proceso mediante el cual dos o más núcleos atómicos de baja masa se fusionan y forman un núcleo más pesado. La fusión nuclear se produce en el núcleo de las estrellas. En las estrellas que tienen una temperatura del núcleo similar a la del Sol, el proceso de fusión que alimenta la estrella comienza con la fusión de dos núcleos de hidrógeno. En las estrellas más antiguas que tienen temperaturas más altas que el Sol, el proceso de fusión incluye la fusión del helio para formar carbono.

Piensa libremente Investigación

11 Debate La ecuación de Einstein $E = mc^2$ es probablemente la ecuación más famosa del mundo. Debate con tus compañeros los beneficios y riesgos de tecnologías que dependen de la transformación de materia en energía.

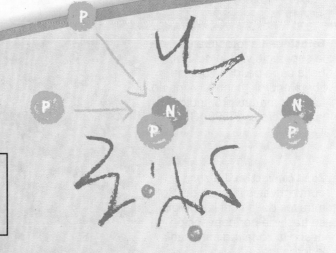

Visualízalo

12 Identifica Rellena los círculos con los rótulos correctos para las partículas de los diagramas.

P	Protón
N	Neutrón

Los tres pasos de la fusión nuclear en el Sol

Paso 1: Deuterio Dos núcleos de hidrógeno (protones) chocan. Un protón emite partículas y energía, y se convierte en neutrón. El protón y el neutrón se combinan y producen una forma pesada de hidrógeno denominada *deuterio*.

© Houghton Mifflin Harcourt Publishing Company • Image Credits: ©Bettmann/Corbis

Mediante la fusión del hidrógeno que forma helio

Los elementos más comunes presentes en el Sol son el hidrógeno y el helio. Por la aplastante fuerza de gravedad, estos gases se comprimen y se calientan en el núcleo del Sol, donde las temperaturas alcanzan los 15,000,000 °C. En el núcleo del Sol, los núcleos de hidrógeno a veces se fusionan y forman un núcleo de helio. Este proceso tiene tres pasos y se ilustra a continuación.

La mayor parte del tiempo, cuando los protones están por chocar con otros protones, sus cargas positivas los repelen instantáneamente, lo cual hace que los protones no choquen. Pero a veces, un protón se encuentra con otro protón y, en ese preciso momento, se convierte en un neutrón y expulsa un electrón. Esta colisión forma un núcleo que contiene un neutrón y un protón. Este núcleo es un isótopo del hidrógeno que se denomina *deuterio*. El núcleo del deuterio choca con otro protón y forma una variedad de helio denominada *helio-3*. Luego dos núcleos de helio-3 chocan y forman un núcleo de helio-4 que tiene dos protones y dos neutrones. Los dos protones restantes se liberan nuevamente al núcleo del Sol.

Toda la cadena de reacciones de fusión requiere seis núcleos de hidrógeno y da como resultado un núcleo de helio y dos núcleos de hidrógeno. Cada segundo, suceden aproximadamente 10^{38} colisiones entre núcleos de hidrógeno en el núcleo del Sol. Por esta razón, el Sol sigue brillando.

 **Lectura con propósito**

13 Identifica Mientras lees el texto, subraya los pasos del proceso de fusión nuclear en el Sol.

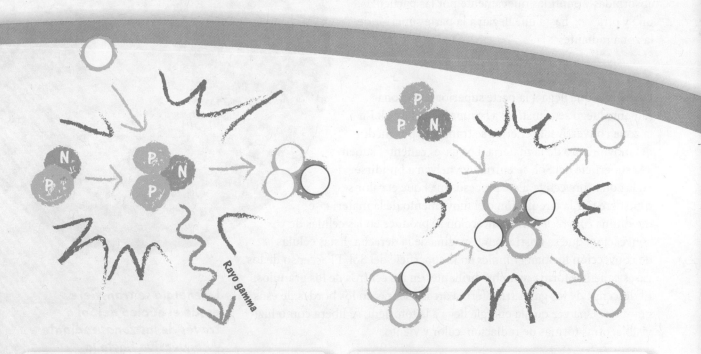

Paso 2: Helio-3 El deuterio se combina con otro núcleo de hidrógeno para formar una variedad de helio denominada **helio-3**. Se libera más energía, incluidos rayos gamma.

Paso 3: Helio-4 Dos núcleos de helio-3 se combinan y forman helio-4, que libera más energía y un par de núcleos de hidrógeno (protones).

¡Qué mezcla!

¿Cómo se transfiere la energía a la superficie del Sol?

La energía se transfiere a la superficie del Sol por medio de dos procesos diferentes. La energía que se desplaza desde el núcleo del Sol a través de la zona radiante se transfiere por el proceso de radiación. A su vez, la energía que se desplaza desde la parte superior de la zona radiante, a través de la zona convectiva, hacia la fotosfera se transfiere por el proceso de convección. La energía fluye continuamente hacia el exterior desde el núcleo del Sol hacia la superficie por radiación y por convección.

Por radiación

Cuando la energía abandona el núcleo del Sol, pasa a la zona radiante. La energía viaja a través de la zona radiante en forma de ondas electromagnéticas. El proceso por el cual la energía se transfiere como ondas electromagnéticas se denomina *radiación*. La zona radiante está densamente poblada de partículas como hidrógeno, helio y electrones libres, por lo cual las ondas electromagnéticas no pueden desplazarse directamente a través de esta zona. En cambio, son absorbidas y emitidas nuevamente por las partículas, una y otra vez, hasta que llegan a la parte superior de la zona radiante.

Por convección

La energía que llega a la parte superior de la zona radiante luego se transfiere a la superficie del Sol. En la zona convectiva, la energía se transfiere por medio del movimiento de la materia. Los gases calientes suben a la superficie del Sol, se enfrían y vuelven a hundirse en la zona convectiva. Este proceso, en el que el calor se transfiere por la circulación o el movimiento de la materia, se denomina *convección*. La convección se produce en las células de convección, que se ilustran en la página de la derecha. Estas células de convección forman *gránulos* en la superficie del Sol. El ascenso de los gases calientes forma manchas brillantes en los centros de los gránulos. El descenso de los gases fríos forma áreas oscuras en los bordes de esos gránulos. Una vez que la energía llega a la fotosfera, se libera como luz visible, otras formas de radiación, calor y viento.

La energía se transfiere desde el núcleo del Sol a través de las zonas radiante y convectiva hasta la superficie del Sol.

© Houghton Mifflin Harcourt Publishing Company

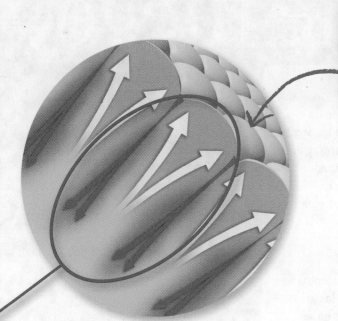

La parte superior de las células de convección forma gránulos en la superficie del Sol.

Los gases calientes ascendentes y los gases fríos descendentes forman células de convección en la zona convectiva.

14 Compara ¿Cómo se transfiere la energía desde el núcleo hasta la superficie del Sol en la zona radiante y en la zona convectiva?

Zona radiante	Zona convectiva

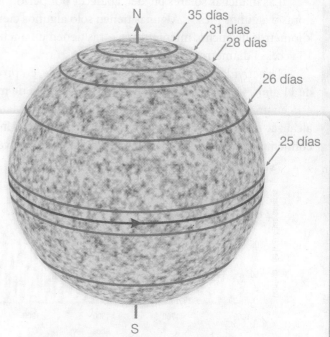

N

35 días
31 días
28 días
26 días
25 días

S

El período de rotación del Sol varía de acuerdo con la latitud.

¿Cómo rota el Sol?

Al igual que otros cuerpos grandes del sistema solar, el Sol rota sobre su propio eje. Sin embargo, dado que el Sol es una bola gigante de gas, no rota de la misma manera en que lo hace un cuerpo sólido como la Tierra. El Sol rota más rápido en su ecuador que a mayores latitudes. A este tipo de rotación se la conoce como rotación diferencial. La *rotación diferencial* es la rotación de un cuerpo en la que diferentes partes de ese cuerpo tienen diferentes períodos de rotación. Cerca del ecuador, el Sol rota una vez cada 25 días aproximadamente, mientras que en los polos rota una vez cada 35 días aproximadamente.

Hay un hecho aún más extraño: el interior del Sol no rota de la misma manera que la superficie. Los científicos creen que el núcleo del Sol y la zona radiante rotan juntos, a la misma velocidad. Por lo tanto, la zona radiante y el núcleo del Sol rotan igual que la Tierra.

15 Define Define con tus propias palabras el término *rotación diferencial*.

_____

_____

_____

_____

El anillo de fuego

¿Qué es la actividad solar?

La actividad solar hace referencia a las variaciones en la apariencia o en la producción de energía del Sol. La actividad solar incluye las áreas oscuras de la superficie del Sol, conocidas como *manchas solares*, y los sucesos explosivos repentinos en la superficie del Sol, denominados *erupciones solares*. Existe también otra forma de actividad solar, las *protuberancias*, que son vastas espirales de gases que se prolongan hasta la atmósfera exterior del Sol.

Las manchas solares

Las áreas oscuras que se forman en la superficie del Sol se denominan **manchas solares.** Son aproximadamente 1,500 °C más frías que las áreas que las rodean. Las manchas solares son lugares en los que los gases de convección calientes no pueden llegar a la superficie del Sol.

Las manchas solares pueden aparecer por períodos de algunas horas o algunos meses. Algunas tienen solo algunos cientos de kilómetros de ancho, mientras que otras tienen un ancho de 10 a 15 veces el diámetro de la Tierra.

La actividad de las manchas solares sucede, en promedio, en ciclos de 11 años. Cuando comienza un ciclo, la cantidad de manchas solares está en un mínimo. Luego la cantidad de manchas solares aumenta hasta alcanzar un máximo. Después, empieza a disminuir. Un nuevo ciclo comienza cuando la cantidad de manchas solares vuelve al mínimo.

Las manchas solares, las erupciones solares y las protuberancias son tres tipos de actividad solar que se producen sobre la superficie del Sol.

mancha solar

Actividad de las manchas solares desde 1600 hasta 2000

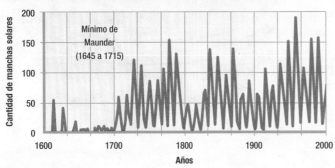

Práctica matemática **Inténtalo**

16 Analizar El rango de las manchas solares es la diferencia entre las cantidades máxima y mínima de manchas solares en un período determinado. Para hallar este rango, resta la cantidad mínima de manchas solares de la cantidad máxima. ¿Cuál es el rango de la actividad de las manchas solares entre 1700 y 1800?

_____

_____

_____

erupción solar

protuberancia

Las erupciones solares

Las erupciones solares se presentan como puntos muy brillantes en la fotosfera del Sol. Una **erupción solar** es una liberación explosiva de energía que puede llegar a extenderse hasta la atmósfera exterior del Sol. Durante una erupción solar, una enorme cantidad de partículas de alta energía se expulsan a una velocidad cercana a la de la luz. Se libera radiación a través de todo el espectro electromagnético: desde ondas de radio hasta rayos X y rayos gamma. Las temperaturas dentro de las erupciones solares alcanzan millones de grados Celsius.

Las protuberancias

Las enormes espirales de gas relativamente frío que se extienden desde la fotosfera por miles de kilómetros hacia la atmósfera exterior se denominan **protuberancias**. Dentro de la espiral de una protuberancia, entrarían varios objetos del tamaño de la Tierra. Los gases de las protuberancias son más fríos que la atmósfera que los rodea.

Por lo general, las protuberancias duran desde varias horas hasta un día. Sin embargo, algunas protuberancias pueden llegar a durar varios meses.

17 Compara Usa el siguiente diagrama de Venn para comparar las erupciones solares y las protuberancias.

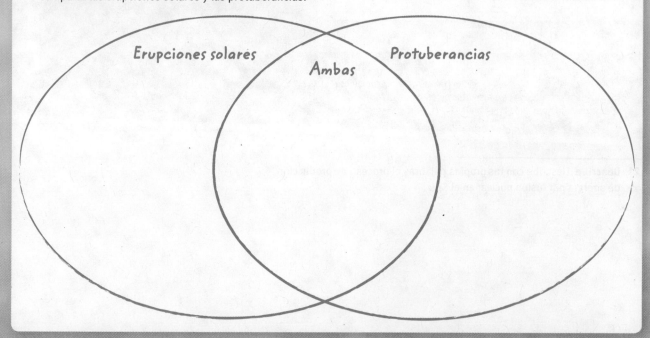

Erupciones solares

Ambas

Protuberancias

Resumen visual

Para completar este resumen, escribe la palabra o la frase correcta en los espacios en blanco. Luego usa la clave para comprobar tus respuestas. Puedes usar esta página para repasar los conceptos principales de la lección.

El Sol

El Sol está ubicado en el centro del sistema solar.

18 ¿Cómo se llaman las trayectorias de los cuerpos que giran alrededor del Sol?

_____

El Sol está compuesto por capas.

19 Identifica las seis capas del Sol, empezando desde la capa más interna.

_____

_____

_____

_____

La energía se transfiere desde el núcleo del Sol hacia la fotosfera.

20 ¿Mediante qué proceso se transporta la energía del Sol en la capa A?

_____

¿Mediante qué proceso se transporta la energía del Sol en la capa B?

_____

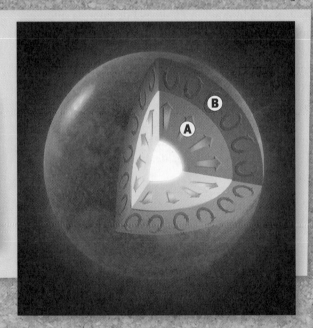

Respuestas: 18 órbitas; 19 el núcleo, la zona radiante, la zona convectiva, la fotosfera, la cromosfera y la corona; 20 Capa A: radiación, Capa B: convección

21 Describe Describe con tus propias palabras el proceso de producción de energía por fusión nuclear en el Sol.

_____

Repaso de la lección

Vocabulario

Escribe el término correcto en los espacios en blanco para completar las siguientes oraciones.

1 El proceso mediante el cual dos o más núcleos atómicos de baja masa se fusionan y forman un núcleo más pesado se denomina _____.

2 Una _____ es un área oscura en la superficie del Sol que es más fría que las áreas que la rodean.

3 Una _____ es una espiral de gas relativamente frío que se extiende por encima de la fotosfera.

Conceptos clave

En la siguiente tabla, escribe al lado de las definiciones el nombre de la capa correcta.

Definición	Capa
4 Identifica ¿Cuál es la capa del Sol desde la cual la energía se libera al espacio?	
5 Identifica ¿Cuál es la capa del Sol en la que se produce la energía?	
6 Identifica ¿Cuál es la capa del Sol a través de la cual la energía se transfiere por radiación desde el núcleo?	

7 Describe ¿Cómo es la composición del Sol?

_____

_____

8 Describe ¿Cuál es la ubicación del Sol en el universo?

_____

_____

_____

_____

Razonamiento crítico

Usa la ilustración para responder la siguiente pregunta.

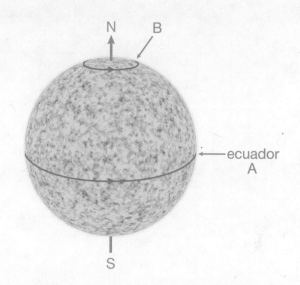

9 Determina ¿Cuántos días tarda el Sol en hacer un giro sobre su eje en el punto A? ¿Cuántos días tarda el Sol en hacer un giro sobre su eje en el punto B?

_____

_____

10 Compara ¿En qué se diferencia la rotación del Sol de la rotación de la Tierra?

_____

_____

_____

_____

11 Explica Explica con tus propias palabras cómo se transporta la energía desde el núcleo hasta la superficie del Sol por radiación y por convección.

_____

_____

_____

_____

_____

_____

Mis apuntes

Los planetas terrestres

Marte

PREGUNTA ESENCIAL

¿Qué se sabe sobre los planetas terrestres?

Cuando termines esta lección, podrás describir algunas propiedades de los planetas terrestres y las diferencias entre las propiedades de Mercurio, Venus y Marte y las propiedades de la Tierra.

Tierra

Venus

Mercurio

Los planetas terrestres son los cuatro planetas más cercanos al Sol. Las distancias entre los planetas que se muestran en la ilustración no están a escala.

Sol

TEKS 6.11A describa las propiedades físicas, ubicaciones y movimientos del Sol, los planetas, las lunas galileanas, los meteoritos, los asteroides y los cometas

Actividades de laboratorio de la lección

Actividades rápidas de laboratorio
- ¿Cómo se forman las capas dentro de los planetas?
- Clasificar los planetas

Ponte a pensar

1 Define Encierra en un círculo el término que complete mejor las siguientes oraciones.

Venus/La Tierra/Marte es el planeta terrestre más grande.

Mercurio/Venus/Marte tiene nubes que producen lluvias de ácido sulfúrico sobre el planeta.

En *Mercurio/Venus/Marte* se producen grandes tormentas de polvo que atraviesan la superficie.

Venus/La Tierra/Marte es el planeta terrestre más activo geológicamente.

Mercurio/Venus /La Tierra es el planeta terrestre que tiene la atmósfera más delgada de todas.

2 Identifica ¿Cuáles son las propiedades de la Tierra que la convierten en un lugar especial en el sistema solar? Comparte y comenta tu respuesta con un compañero.

_____

_____

_____

_____

Lectura con propósito

3 Sintetiza Muchas de las palabras del español provienen de otros idiomas. Usa las siguientes palabras del latín para sacar una conclusión lógica sobre el significado de la palabra *astronomía*.

Palabra del latín	Significado
astrón	estrella
nomos	ley

Oración de ejemplo
Algunos estudiantes que se interesan por el cielo nocturno van a estudiar <u>astronomía</u> a la universidad.

astronomía:

_____

_____

Términos de vocabulario
- **planeta terrestre**
- **unidad astronómica**

4 Aplica A medida que aprendas la definición de cada término de vocabulario de esta lección, crea tu propia definición o esquema que te ayude a recordar el significado del término.

Del extremo
hasta el núcleo

5 Identifica Mientras lees el texto, subraya las características importantes del planeta Mercurio.

¿Qué son los planetas terrestres?

Los **planetas terrestres** son los cuatro planetas pequeños, rocosos y densos que orbitan más cerca del Sol. Ordenados por la distancia desde el Sol, estos planetas son Mercurio, Venus, la Tierra y Marte. Los planetas terrestres tienen composiciones similares y poseen una corteza exterior, un núcleo central y un manto que se ubica entre la corteza y el núcleo.

¿Qué se sabe sobre Mercurio?

Mercurio es el planeta sobre el que menos información tenemos. Hasta que la nave espacial *Mariner 10* de la NASA sobrevoló Mercurio en 1974, la imagen que se tenía de este planeta era la de una bola de roca oscura llena de manchas. En la actualidad, los científicos saben que la superficie de Mercurio, similar a la de la Luna, posee una gran cantidad de cráteres, está compuesta en gran parte por roca volcánica y esconde un núcleo enorme de hierro.

Mercurio orbita a solamente 0.39 UA del Sol. Las letras *UA* son la abreviatura de *unidad astronómica*, término que emplean los astrónomos para medir las distancias en el sistema solar. Una **unidad astronómica** equivale a la distancia promedio entre la Tierra y el Sol, o aproximadamente 150 millones de km. Por lo tanto, Mercurio está casi a mitad de camino entre la Tierra y el Sol.

Tabla de estadísticas de Mercurio	
Distancia al Sol	0.39 UA
Período de rotación (duración del día en Mercurio)	58 días 15.5 h
Período de revolución (duración del año)	88 días
Inclinación del eje	0°
Diámetro	4,879 km
Densidad	5.44 g/cm³
Temperatura de la superficie	−184 °C a 427 °C
Gravedad en la superficie	38% de la gravedad de la Tierra
Cantidad de satélites	0

Aunque esta imagen pueda parecer la Luna, en realidad es la superficie del planeta Mercurio, que posee una gran cantidad de cráteres.

Mercurio posee el rango de temperaturas más extremo del sistema solar

En la Tierra, un día dura 24 horas. En Mercurio, un día dura casi 59 días terrestres. ¿Qué relación guarda este hecho con las temperaturas de Mercurio? Esto significa que la temperatura de la superficie de Mercurio en la parte que recibe luz solar puede ir en aumento durante más de 29 días. Cuando es de día en Mercurio, la temperatura puede alcanzar los 427 °C, temperatura suficiente como para fundir ciertos metales. Esto también significa que la temperatura de la superficie de Mercurio en la parte que está a oscuras puede descender durante más de 29 días. Cuando es de noche en Mercurio, la temperatura puede descender a −184 °C. Esto significa que la temperatura de la superficie de Mercurio puede llegar a variar 600 °C entre el día y la noche. Esta es la mayor diferencia entre las temperaturas máxima y mínima en el sistema solar.

Mercurio posee un gran núcleo de hierro

Mercurio es el planeta más pequeño del sistema solar. El diámetro de su ecuador es de solo 4,879 km. Sorprendentemente, se cree que el núcleo central de Mercurio mide alrededor de 3,600 km de diámetro, lo que representa la mayor parte del interior del planeta. En un principio, los científicos creían que el núcleo de Mercurio era de hierro sólido. Sin embargo, después de observar cambios en la forma de girar de Mercurio cuando orbita alrededor del Sol, los astrónomos ahora creen que el núcleo está, al menos, parcialmente fundido. ¿Por qué es tan grande el núcleo? Algunos científicos creen que quizá Mercurio fue golpeado por otro objeto en un pasado lejano y perdió la mayor parte de la roca que rodeaba el núcleo. Otros científicos piensan que, hace mucho tiempo, el Sol vaporizó la superficie del planeta y la lanzó hacia el espacio.

Piensa libremente

6 Planea Eres un astronauta que explorará Mercurio. ¿Qué equipos llevarías para poder sobrevivir?

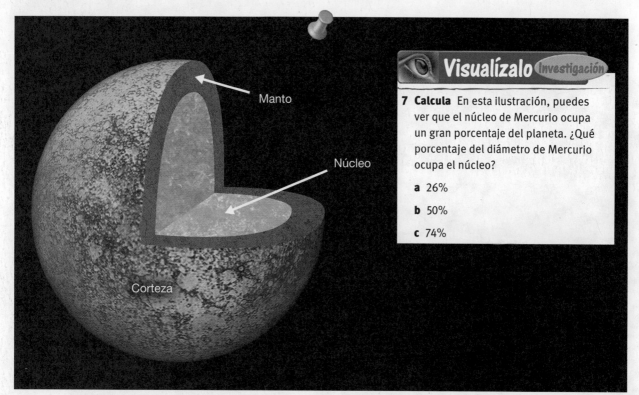

Manto

Núcleo

Corteza

Visualízalo Investigación

7 Calcula En esta ilustración, puedes ver que el núcleo de Mercurio ocupa un gran porcentaje del planeta. ¿Qué porcentaje del diámetro de Mercurio ocupa el núcleo?

a 26%

b 50%

c 74%

Un planeta hostil

¿Qué se sabe sobre Venus?

Los escritores de ciencia ficción imaginaron alguna vez que Venus era un planeta húmedo con exuberantes bosques tropicales. No podían estar más equivocados. En Venus, cae lluvia de ácido sulfúrico sobre la superficie, que no es muy diferente del interior de un volcán activo.

El tamaño y la masa de Venus son similares a los de la Tierra

Se suele decir que Venus es "el mellizo de la Tierra". El diámetro de Venus, de 12,104 km, es el 95% del diámetro de la Tierra, mientras que la masa de Venus es un 80% de la de la Tierra. Además, la gravedad que se experimentaría en Venus es el 89% de la gravedad de la Tierra.

La rotación de Venus es diferente de la rotación de la Tierra. La Tierra tiene una rotación progresiva. La *rotación progresiva* es el giro en contra de las manecillas del reloj de un planeta sobre su eje visto desde el Polo Norte. Venus, sin embargo, tiene una rotación retrógrada. La *rotación retrógrada* es el giro en el sentido de las manecillas del reloj de un planeta sobre su eje visto desde el Polo Norte.

Venus no solo se diferencia de la Tierra por el sentido en el que gira sobre su eje: tarda más tiempo en dar un giro sobre su eje que en girar alrededor del Sol y tiene el período de rotación más lento del sistema solar.

Venus posee accidentes geográficos como montañas y llanuras, volcanes y cráteres de impacto.

Tabla de estadísticas de Venus	
Distancia al Sol	0.72 UA
Período de rotación	243 días (rotación retrógrada)
Período de revolución	225 días
Inclinación del eje	177.4°
Diámetro	12,104 km
Densidad	5.20 g/cm³
Temperatura promedio de la superficie	465 °C
Gravedad en la superficie	89% de la gravedad de la Tierra
Cantidad de satélites	0

El volcán Gula Mons mide aproximadamente 300 km de ancho y 3 km de altura.

El cráter de impacto Cunitz, que mide 48.5 km de ancho, debe su nombre a María Cunitz, una astrónoma y matemática europea del siglo XVII.

En Venus hay cráteres y volcanes

En 1990, los potentes haces del radar de la sonda espacial *Magellan* de la NASA penetraron la densa atmósfera de Venus. Esto nos dio la vista más detallada que existe de la superficie del planeta. En Venus hay 168 volcanes que tienen un diámetro mayor a 100 km, además de miles de volcanes con diámetros más pequeños. En la superficie de Venus también hay cráteres; algunos alcanzan los 280 km de diámetro. El tamaño y la ubicación de los cráteres de Venus sugieren que hace unos 500 millones de años sucedió algo que borró todos los antiguos cráteres del planeta. Los científicos todavía no saben cómo sucedió, pero la actividad volcánica puede haber cubierto la superficie del planeta con una inmensa erupción de magma.

La atmósfera de Venus es tóxica

En un comienzo, tal vez Venus haya sido semejante a la Tierra, con océanos y agua que recorrían su superficie. Sin embargo, después de miles de millones de años de calentamiento solar, Venus se ha convertido en un planeta de condiciones hostiles. La temperatura de la superficie de Venus es más alta que la de Mercurio. La temperatura promedio ronda los 465 °C. Con el paso del tiempo, se ha acumulado gas dióxido de carbono en la atmósfera. La luz solar que llega a la superficie de Venus calienta el suelo. Sin embargo, el dióxido de carbono presente en la atmósfera retiene esta energía y mantiene alta la temperatura cercana a la superficie.

Sobre la superficie de Venus caen lluvias de ácido sulfúrico, y la presión de la atmósfera es al menos 90 veces la de la atmósfera terrestre. No hay ser humano ni máquina que pueda sobrevivir en estas condiciones. Venus es un planeta que está fuera del alcance de los exploradores humanos y, quizá, hasta de las sondas robóticas más resistentes.

9 Contrasta ¿En qué se diferencia el paisaje de Venus del paisaje de la Tierra?

_____

_____

_____

_____

_____

_____

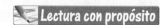

Lectura con propósito

10 Identifica Mientras lees el texto, subraya aquellos factores que hacen improbable la existencia de vida en Venus.

No hay como el hogar

¿Por qué la Tierra es especial?

Hasta donde saben los científicos, la Tierra es el único planeta del sistema solar que posee la combinación de factores necesarios para el desarrollo de la vida. La vida, según la conocemos, requiere de agua líquida y de una fuente de energía. La Tierra tiene las dos cosas. La atmósfera de la Tierra contiene el oxígeno que los animales necesitan para respirar. La materia circula continuamente en un ciclo entre el medio ambiente y los organismos vivos. Además, en la Tierra existe una gran cantidad de ecosistemas que pueden ser habitados por diferentes organismos.

En la Tierra abundan el agua y diferentes formas de vida

Los vastos océanos de agua en estado líquido y las temperaturas moderadas de la Tierra proporcionaron las condiciones ideales para que se produjera la vida y prosperara. Hace unos 3,500 millones de años, en los océanos de la Tierra aparecieron organismos que producían alimento mediante fotosíntesis. Durante el proceso de producción de alimento, estos organismos producían oxígeno. Unos 560 millones de años atrás, surgieron formas de vida más complejas que podían usar el oxígeno para liberar energía a partir del alimento. Hoy en día, se cree que el número total de especies de organismos que habitan en la Tierra puede estar entre 5 y 30 millones.

© Houghton Mifflin Harcourt Publishing Company • Image Credits: ©Astromujoff/The Image Bank/Getty Images

---

Lectura con propósito

11 Identifica Mientras lees el texto, subraya las características que hacen que la Tierra sea especial.

Tabla de estadísticas de la Tierra	
Distancia al Sol	1.0 UA
Período de rotación	23 h 56 min
Período de revolución	365.3 días
Inclinación del eje	23.45°
Diámetro	12,756 km
Densidad	5.52 g/cm³
Temperatura	-89 °C a 58 °C
Gravedad en la superficie	100 % de la gravedad de la Tierra
Cantidad de satélites	1

Desde el espacio, la Tierra presenta un escenario completamente diferente al de los otros planetas terrestres. Las nubes de la atmósfera, las masas azules de agua y las masas verdes de tierra son indicios de que la Tierra es un lugar especial.

La Tierra es geológicamente activa

La Tierra es el único planeta terrestre cuya superficie está dividida en placas tectónicas. Estas placas se mueven por la superficie de la Tierra, por lo que los continentes cambian su posición a lo largo de extensos períodos. El movimiento de las placas tectónicas, la meteorización y la erosión han borrado la mayoría de las características del terreno de más de 500 millones de años de antigüedad.

Los seres humanos han llegado a la Luna

Entre 1969 y 1972, alunizaron 12 astronautas. Fueron los únicos seres humanos que pisaron otro cuerpo del sistema solar. Encontraron que la gravedad superficial es solo un sexto de la de la Tierra. Debido a la menor gravedad de la Luna, los astronautas no podían caminar con normalidad. Si trataban de hacerlo, se elevaban en el aire y se caían.

Al igual que en Mercurio, en la superficie de la Luna existe una gran cantidad de cráteres. Se calcula que la Luna está cubierta de unos 500,000 cráteres de más de 1 km. En su superficie hay grandes áreas oscuras, que son planicies de lava solidificada. También se encuentran áreas de color claro, que son las tierras altas lunares.

La Luna rota sobre su eje en el mismo tiempo que tarda en orbitar la Tierra, por lo que siempre el mismo lado de la Luna mira hacia la Tierra. Durante un día lunar, que dura un poco más de 27 días terrestres, la temperatura diurna de la superficie puede alcanzar los 127 °C. La temperatura nocturna de la superficie puede descender hasta los −173 °C.

La Luna es, además de la Tierra, el único cuerpo del sistema solar en el que han estado los seres humanos.

Tabla de estadísticas de la Luna

Distancia a la Tierra	384,400 km (0.0026 UA)
Período de rotación	27.3 días
Período de revolución	27.3 días
Inclinación del eje	1.5°
Diámetro	3,476 km
Densidad	3.34 g/cm³
Temperatura	−173 °C a 127 °C
Gravedad en la superficie	16.5 % de la gravedad de la Tierra

 **Visualízalo**

12 Identifica En la foto, encierra en un círculo todas las señales de vida que veas.

¿Tiene vida?

¿Qué se sabe sobre Marte?

Actualmente, hay una flota de naves espaciales en órbita alrededor de Marte para estudiar el planeta. Diferentes *rovers* de exploración espacial también han investigado la superficie de Marte y han descubierto un planeta con una atmósfera 100 veces más delgada que la de la Tierra y temperaturas no muy diferentes a las del interior de un congelador. Los accidentes geográficos que se han visto en Marte son más grandes que cualquiera que exista en la Tierra. Además, estas naves no tripuladas han fotografiado características de la superficie de Marte que son propias de la erosión y la sedimentación producidas por el agua.

Marte es un planeta rojo y rocoso

La superficie de Marte se conoce mejor que la de cualquier otro planeta del sistema solar, a excepción de la Tierra. Está compuesta, en gran parte, por roca volcánica oscura y está cubierta de piedras y rocas. Algunas rocas pueden llegar a tener el tamaño de una casa. Las piedras y rocas marcianas están cubiertas de polvo, producto de la descomposición química de rocas ricas en minerales de hierro. Por eso, el suelo de Marte tiene un color anaranjado rojizo.

© Houghton Mifflin Harcourt Publishing Company • Image Credits: ©U.S. Geological Survey/Science Source/Photo Researchers, Inc

Piensa libremente

13 Debate Investiga las características de la superficie de los hemisferios norte y sur de Marte. Decide qué hemisferio preferirías explorar. Debate con toda la clase las ventajas de explorar un hemisferio o el otro.

Tabla de estadísticas de Marte

Distancia al Sol	1.52 UA
Período de rotación	24 h 37 min
Período de revolución	1.88 años
Inclinación del eje	25.3°
Diámetro	6,792 km
Densidad	3.93 g/cm³
Temperatura	-140 °C a 20 °C
Gravedad en la superficie	37% de la gravedad de la Tierra
Cantidad de satélites	2

La capa de hielo del polo norte de Marte se compone de hielo de dióxido de carbono y hielo de agua. Su tamaño varía según las estaciones.

La superficie de Marte tiene características interesantes

La superficie de Marte varía de un hemisferio a otro. El hemisferio norte parece haber estado cubierto por flujos de lava, mientras que en el hemisferio sur hay una gran cantidad de cráteres.

En Marte pueden encontrarse grandes volcanes. Con 27 km de altura y 600 km de diámetro, el Monte Olimpo es el volcán y la montaña más grande del sistema solar. En Marte también hay valles y cañones muy profundos. El sistema de cañones Valles Marineris se extiende de oeste a este sobre el ecuador de Marte. Tiene unos 4,000 km de longitud, 500 km de ancho y hasta 10 km de profundidad. Es el cañón más grande del sistema solar.

El Monte Olimpo es el volcán más grande del sistema solar.

Marte posee una atmósfera delgada

Marte tiene una atmósfera muy delgada, pero se cree que en el pasado fue más gruesa. Es posible que Marte haya perdido su atmósfera de manera gradual debido al viento solar. O tal vez uno o más cuerpos chocaron contra Marte y provocaron la pérdida de una parte importante de la atmósfera.

A diferencia de la Tierra, la atmósfera de Marte está compuesta principalmente por dióxido de carbono. Durante el invierno marciano, la temperatura en los polos del planeta desciende lo suficiente para que el dióxido de carbono se congele y forme una capa delgada. Durante el verano, cuando la temperatura aumenta, esta capa desaparece.

En Marte, los vientos pueden soplar con fuerza suficiente para levantar las partículas de polvo de la superficie del planeta. Cuando esto sucede, pueden formarse enormes tormentas de polvo. En algunas ocasiones, estas tormentas cubren todo el planeta.

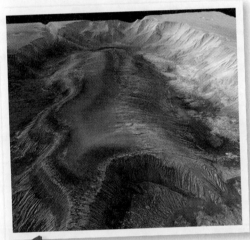

Hebes Chasma es una depresión de 6,000 m de profundidad que está ubicada en la región de los Valles Marineris.

Lectura con propósito **14 Explica** ¿Cuáles son dos razones posibles por las que la atmósfera de Marte es tan delgada?

_____

_____

_____

15 Compara Compara y contrasta las propiedades físicas de Marte con las de la Tierra.

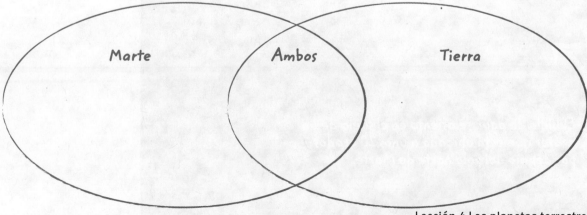

Marte   Ambos   Tierra

Alguna vez fluyó agua en estado líquido en Marte

Muchas características del suelo de Marte son pruebas de que alguna vez fluyó agua por la superficie del planeta y de que ha recibido impactos de asteroides. Estos impactos han dejado cráteres que los científicos pueden usar para descubrir la antigüedad aproximada de estas características del suelo. Los científicos calculan que muchas de estas características, como las cuencas de ríos vacías, existían en Marte hace más de 3,000 millones de años. Desde ese entonces, prácticamente no se ha producido erosión que pudiera haber hecho desaparecer estas características.

En el año 2000, la sonda espacial *Mars Global Surveyor* tomó imágenes del antes y del después de la pared de un valle de Marte. Los científicos observaron los inconfundibles rastros de una sustancia líquida que había emanado de la pared del valle y había fluido hacia su interior. Desde el año 2000, se han observado muchas características similares. La mejor explicación para estas observaciones es que hay agua debajo de la superficie de Marte. En algunas ocasiones, el agua se filtra en la superficie de Marte como el agua de un manantial de la Tierra.

Visualízalo

16 Describe ¿De qué manera las características del suelo de la imagen de la derecha indican que alguna vez fluyó agua en Marte?

_____

_____

_____

Esta imagen muestra surcos en la pared de un cráter marciano. El agua que puede estar almacenada cerca de la superficie marciana ha fluido cuesta abajo hacia el interior del cráter.

El hielo de agua se asienta en el suelo de un cráter que está ubicado a unos 20 grados por debajo del polo norte de Marte.

© Houghton Mifflin Harcourt Publishing Company • Image Credits: (l) ©European Space Agency/DLR/FU Berlin/G. Neukum/Photo Researchers, Inc.; (r) ©NASA/JPL/University of Arizona

Explorar Marte

NUEVAS
FRONTERAS

Los *rovers Spirit* y *Opportunity* llegaron sin problemas a la superficie de Marte en enero de 2004. Estos vehículos de 185 kg fueron diseñados para explorar Marte durante 90 días. Sin embargo, en 2009 ambos vehículos seguían explorando Marte. Buscan rocas y suelos que indiquen si alguna vez fluyó agua por la superficie de ese planeta. Además, están buscando medio ambientes en los que pueda haber existido vida.

La superficie marciana

La superficie de Marte está compuesta principalmente por la roca volcánica *basalto*, que también se encuentra en la Tierra. Grandes rocas de basalto cubren el paisaje marciano.

Pruebas de los *rovers* en la Tierra

Antes de dejar la Tierra, los *rovers* fueron probados en condiciones similares a las que encontrarían en la superficie de Marte.

Recopilación de datos en Marte

El *rover Spirit* tomó esta foto de sí mismo recopilando datos en la superficie de Marte.

Ampliar

Investigación

17 Infiere ¿Qué ventajas tendría un explorador robótico, como el *Spirit* o el *Opportunity*, con respecto a una misión tripulada por seres humanos a Marte?

18 Formula una hipótesis ¿Qué tipo de evidencias que indicarían si alguna vez fluyó agua en Marte crees que están buscando los *rovers*?

Resumen visual

Para completar este resumen, responde las preguntas en los espacios en blanco. Luego usa la clave para comprobar tus respuestas. Puedes usar esta página para repasar los conceptos principales de la lección.

Las propiedades de los planetas terrestres

Mercurio Venus Tierra Marte · Júpiter · Saturno · Urano · Neptuno

Planetas terrestres — Planetas gigantes gaseosos — No está a escala.

Mercurio orbita cerca del Sol.

19 ¿Por qué varía tanto la temperatura en Mercurio?

_____

_____

_____

Venus está cubierto de nubes.

20 ¿Por qué es tan alta la temperatura en la superficie de Venus?

_____

_____

_____

En la Tierra abunda la vida.

21 ¿Qué factores hacen posible la vida en la Tierra?

_____

_____

Marte es un planeta rocoso.

22 ¿De qué está compuesta la superficie de Marte?

_____

_____

_____

Respuestas: 19 Los largos periodos de luz solar y de oscuridad hacen que la temperatura ascienda y descienda espectacularmente; 20 El dióxido de carbono de la atmósfera de Venus retiene la energía, por lo que la temperatura cerca de la superficie permanece alta; 21 agua en estado líquido, aire que puede respirarse y una fuente de energía; 22 de roca volcánica oscura (basalto) y polvo anaranjado rojizo

---

23 Compara ¿En qué se diferencian las propiedades importantes de Mercurio, Venus y Marte de las propiedades importantes de la Tierra?

Repaso de la lección

Vocabulario

Escribe el término correcto en los espacios en blanco para completar las siguientes oraciones.

1 Los _____ son los planetas densos que están más cerca del Sol.

2 Una _____ equivale a la distancia entre el Sol y la Tierra.

Conceptos clave

En la siguiente tabla, escribe el nombre correcto del planeta al lado de la propiedad correspondiente a ese planeta.

Propiedades	Planeta
3 Identifica ¿Cuál de los planetas tiene la temperatura de superficie más alta del sistema solar?	
4 Identifica ¿Cuál de los planetas tiene tormentas de polvo muy grandes?	
5 Identifica ¿Cuál de los planetas terrestres tiene la mayor cantidad de cráteres?	
6 Identifica ¿Cuál de los planetas terrestres tiene la mayor gravedad en su superficie?	

7 Explica ¿Qué diferencia hay entre la rotación progresiva y la rotación retrógrada?

_____

_____

_____

8 Describe ¿Qué características de la atmósfera de Venus hacen que las condiciones del planeta sean tan adversas?

_____

_____

_____

Razonamiento crítico

Usa esta tabla para responder las siguientes preguntas.

Planeta	Período de rotación	Período de revolución
Mercurio	58 días 15.5 h	88 días
Venus	243 días (rotación retrógrada)	225 días
Tierra	23 h 56 min	365.3 días
Marte	24 h 37 min	1.88 años

9 Analiza ¿Cuál de los planetas rota más lentamente sobre su eje?

_____

10 Analiza ¿Cuál de los planetas tarda menos en girar alrededor del Sol que en rotar sobre su eje?

_____

11 Analiza ¿Cuál de los planetas tarda la menor cantidad de tiempo en girar alrededor del Sol?

_____

12 Explica ¿Por qué las temperaturas de los otros planetas terrestres son más extremas que las de la Tierra?

_____

_____

_____

_____

_____

_____

_____

_____

_____

_____

_____

Mis apuntes

TEKS 6.3D

A. Wesley Ward

GEÓLOGO

El Dr. Wesley Ward es geólogo y vive en una zona desértica del oeste de los Estados Unidos. A veces, las condiciones de vida son difíciles, pero la región brinda algunos lugares fascinantes para estudiar. Para un geólogo como el Dr. Ward, que intenta comprender los procesos geológicos de otro planeta, el desierto puede ser el lugar indicado para vivir.

El Dr. Ward fue uno de los científicos principales de la misión a Marte *Mars Pathfinder*. La superficie de Marte se parece mucho a la del desierto del oeste de los Estados Unidos. El Dr. Ward ayudó a los científicos a trazar el mapa de la superficie de Marte y a planear el descenso de la nave *Pathfinder* sobre la superficie de Marte. Con los datos que obtuvo esta nave, el Dr. Ward estudió cómo los vientos de Marte han formado el paisaje del planeta. Esta información servirá para que los científicos comprendan mejor cómo son las condiciones en la superficie de Marte. De mayor importancia es que esta información guiará a los científicos cuando deban elegir lugares para descender, en el futuro, en Marte. El trabajo del Dr. Ward podría determinar si los seres humanos pueden llegar a descender en Marte sin correr peligro.

Podría decirse que la profesión del Dr. Ward ha llegado a su máximo esplendor. Contribuyó con la realización del documental *Planet Storm* (Tormenta planetaria) del canal Discovery, que presenta a diferentes científicos que describen las condiciones climáticas de otros planetas. El Dr. Ward y los demás científicos trabajaron con expertos en efectos especiales para simular cómo podrían afectar estas condiciones a los astronautas.

El vehículo de exploración que se muestra aquí, el *Sojourner* de la misión *Pathfinder*, fue diseñado para soportar las feroces tormentas de polvo de Marte.

Conexión con los estudios sociales

La misión *Pathfinder* no es el primer intento que los científicos hicieron para explorar la superficie de Marte. De hecho, científicos de distintos países han explorado Marte durante los últimos 50 años. Investiga otras misiones e intentos realizados para enviar vehículos de exploración a Marte y presenta tu investigación en una línea cronológica. Recuerda identificar dónde comenzó la misión, cuáles eran sus objetivos y si los pudo cumplir.

TABLERO DE TRABAJOS

Escritor científico

Esto es lo que harás: Investigarás y escribirás artículos, comunicados de prensa, informes y, en algunas ocasiones, libros sobre descubrimientos y temas científicos para una amplia gama de lectores. Los escritores científicos que trabajan para una amplia audiencia deben esforzase por encontrar los relatos que están detrás de lo científico para mantener el interés de los lectores.

Lugares donde podrás trabajar: en una revista, un periódico, un museo o por cuenta propia, como escritor independiente especializado en ciencias. Algunos escritores científicos trabajan en universidades, fundaciones de investigación, organismos gubernamentales u organizaciones científicas y de salud sin fines de lucro.

Educación: licenciatura en algún campo científico y cursos de lengua o de redacción

Otros requisitos laborales: Tener excelentes destrezas para la comunicación. Los escritores científicos no solo deben entender las ciencias, también deben poder entrevistar a científicos y escribir artículos claros e interesantes.

Mecánico de telescopios

Esto es lo que harás: Mantendrás en funcionamiento los telescopios de grandes observatorios, subirás a lugares de hasta 30 metros de altura para asegurarte de que los soportes del telescopio estén en buen estado. Esto incluye soldar nuevos componentes, limpiar y eliminar residuos.

Lugares donde podrás trabajar: en un gran observatorio o institución de investigación que tenga telescopios de gran tamaño, posiblemente en el desierto

Educación: título secundario y experiencia en el mantenimiento de equipos delicados

Otros requisitos laborales: Tener excelentes destrezas para la comunicación, con el fin de hacer consultas a otros mecánicos y a los científicos que usan telescopios. Los mecánicos deben saber soldar y usar herramientas. Además, deben tener buena vista (o usar gafas para corregirla), poder subir a lugares altos y cargar equipos pesados.

NOVEDADES DE LOS PERSONAJES EN LAS CIENCIAS

Anthony Wesley

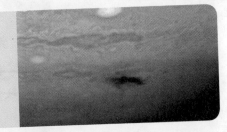

Testigo del impacto

El 19 de julio de 2009, Anthony Wesley estaba en el patio de su casa, en Australia, observando a Júpiter con su telescopio hecho a pedido y vio una mancha oscura o "cicatriz" en el planeta (se muestra en la foto). Wesley mandó su dato a la Administración Nacional de Aeronáutica, NASA.

La NASA tiene telescopios mucho más potentes que los que puede tener un ciudadano común. Así, los científicos de la NASA confirmaron que un cometa había chocado contra el planeta y había dejado una cicatriz. Casualmente, este choque se produjo casi exactamente 15 años después de que otro cometa se estrellara contra Júpiter.

Los gigantes gaseosos

Neptuno

Urano

Saturno

Júpiter

Los gigantes gaseosos son los cuatro planetas más alejados del Sol. Las distancias entre los planetas que se muestran en la ilustración no están dibujados a escala.

PREGUNTA ESENCIAL

¿Qué se sabe sobre los planetas gigantes gaseosos?

Cuando termines esta lección, podrás describir algunas de las propiedades de los planetas gigantes gaseosos y en qué se diferencian estas propiedades de las propiedades físicas de la Tierra.

TEKS **6.11A** describa las propiedades físicas, ubicaciones y movimientos del Sol, los planetas, las lunas galileanas, los meteoritos, los asteroides y los cometas

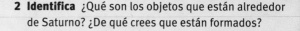
Actividades de laboratorio de la lección

Actividades rápidas de laboratorio
- Los vientos de Neptuno
- Representar los anillos de Saturno

Ponte a pensar

1 Predice Encierra en un círculo el término que complete mejor las siguientes oraciones.

Júpiter/Saturno/Urano es el planeta más grande del sistema solar.

Júpiter/Urano/Neptuno tiene los vientos más fuertes del sistema solar.

Saturno/Urano/Neptuno es el planeta gigante gaseoso que tiene el sistema de anillos más grande.

Júpiter/Saturno/Neptuno tiene más lunas que cualquier otro planeta del sistema solar.

Júpiter/Urano/Neptuno se inclina sobre un lado al orbitar alrededor del Sol.

2 Identifica ¿Qué son los objetos que están alrededor de Saturno? ¿De qué crees que están formados?

_____

_____

_____

_____

Lectura con propósito

3 Aplica Muchas palabras científicas, como *gas*, también tienen significados cotidianos. Usa las claves del contexto para escribir tu propia definición de cada significado de la palabra *gas*.

Oración de ejemplo
Algunos vehículos, como los carros, las camionetas y los autobuses, usan gas como combustible.

gas:

_____

_____

Oración de ejemplo
El gas es el estado de la materia más común en la atmósfera de la Tierra.

gas:

_____

_____

_____

_____

Términos de vocabulario

- **gigante gaseoso**
- **lunas galileanas**
- **anillo planetario**

4 Aplica Identifica con un compañero los párrafos de la lección que tienen los términos de vocabulario resaltados. Túrnense para leerse los párrafos. Cuando sea tu turno de escuchar, toma nota. Después de que cada uno haya tomado notas comparen los puntos principales de cada párrafo.

¡Un gigante entre

Los fuertes vientos de Júpiter dan vueltas alrededor del planeta y forman bandas de nubes. Las tormentas, como la Gran mancha roja que se muestra aquí, se forman entre las bandas de nubes.

Tabla de estadísticas de Júpiter	
Distancia al Sol	5.20 UA
Período de rotación	9 h 55 min
Período de revolución	11.86 años
Inclinación del eje	3.13°
Diámetro	142,984 km
Densidad	1.33 g/cm³
Temperatura media de la superficie	−150 °C
Gravedad de la superficie	253% de la gravedad de la Tierra
Cantidad de satélites	66

Lectura con propósito

5 Identifica Mientras lees el texto, subraya las propiedades físicas importantes del planeta Júpiter.

¿Qué es un planeta gigante gaseoso?

Júpiter, Saturno, Urano y Neptuno son los planetas gigantes gaseosos. Orbitan lejos del Sol. Los **gigantes gaseosos** tienen atmósferas de gas masivas y profundas, compuestas principalmente por hidrógeno y helio. Cuanto más profundos están los gases, más densos se vuelven. Todos los gigantes gaseosos son grandes. Neptuno, el planeta más pequeño de los gigantes gaseosos, es tan grande que la Tierra entraría 58 veces en su volumen. Estos planetas son fríos: la temperatura media de la superficie varía desde aproximadamente −150 °C en Júpiter hasta −210 °C en Neptuno.

¿Qué se sabe sobre Júpiter?

Júpiter es el planeta más grande del sistema solar. La Tierra entraría más de 1300 veces en su volumen. Júpiter es también el planeta con más masa. Su masa es el doble de la de los otros siete planetas juntos. Júpiter tiene la gravedad de la superficie más alta de todo el sistema solar: un 253% de la gravedad de la Tierra. Y aunque todos los planetas gigantes gaseosos rotan rápidamente, Júpiter es el más rápido de todos. Su período de rotación es un poco menor a 10 horas. Un día en Júpiter dura menos que medio día en la Tierra. La velocidad de los vientos en Júpiter es alta; pueden alcanzar los 540 km/h. En cambio, la mayor velocidad de viento registrada en la Tierra es de 372 km/h.

gigantes!

Júpiter es el planeta que tiene la atmósfera más profunda

Júpiter tiene un núcleo pequeño y rocoso en su centro, pero la mayor parte de su enorme volumen y masa está en la atmósfera. La atmósfera de la Tierra es mucho más delgada y está compuesta principalmente por nitrógeno y oxígeno. Además de hidrógeno y de helio, en la atmósfera de Júpiter hay rastros de amoníaco, metano, agua y otras sustancias. A medida que aumenta la profundidad de la atmósfera, la presión se vuelve mucho mayor que la presión atmosférica de la Tierra, lo que hace que el gas de hidrógeno se convierta en hidrógeno líquido.

En la atmósfera de Júpiter, los vientos son tan fuertes que las nubes forman bandas alrededor del planeta. Las nubes más altas, de colores claros, están formadas principalmente por amoníaco congelado. Las nubes de las bandas de colores más oscuros están ubicadas en la parte más baja de la atmósfera. Los científicos todavía no saben por qué son de color rojizo.

Las bandas que se ven en la atmósfera de Júpiter se deben a los fuertes vientos que empujan las nubes en direcciones opuestas.

6 Contrasta Compara la atmósfera de Júpiter con la atmósfera de la Tierra.

_____

_____

_____

Por la superficie de Júpiter pasan enormes tormentas

Júpiter tiene algunas de las condiciones del tiempo más extrañas del sistema solar. Los vientos de Júpiter soplan alrededor del planeta. Las nubes forman bandas que se extienden de este a oeste. Las tormentas aparecen como manchas blancas o rojas entre las bandas de nubes. La más conocida de estas tormentas es la Gran mancha roja. El ancho de este a oeste de esta tormenta equivale a tres veces el diámetro de la Tierra. Increíblemente, hace casi 350 años que los astrónomos observan esta tormenta desde la Tierra. Hace poco, los científicos observaron que se unieron tres tormentas y se formó la Pequeña mancha roja.

La velocidad de los vientos de las tormentas de Júpiter es mayor que la de los vientos que giran alrededor del planeta. En la Pequeña mancha roja, los vientos han alcanzado unos 620 km/h.

Piensa libremente

7 Haz un modelo Selecciona e investiga uno de los siguientes temas sobre el estado del tiempo en Júpiter: cinturones y zonas; corrientes en chorro; tormentas. Presenta tus conclusiones a la clase usando un modelo. Tu modelo puede ser una artesanía, una obra de arte o una presentación con la computadora.

Los tamaños y las distancias no están hechos a escala.

¿Qué son las lunas galileanas?

Júpiter es el planeta del sistema solar que tiene más lunas. Los científicos han descubierto más de 60 satélites que giran alrededor de Júpiter. Las **lunas galileanas** son las cuatro lunas más grandes de Júpiter. Ordenadas de la más cercana a la más lejana de Júpiter, estas lunas son Io, Europa, Ganímedes y Calisto. El astrónomo italiano Galileo Galilei fue el primero en observarlas, en 1610, con un modesto telescopio.

Júpiter

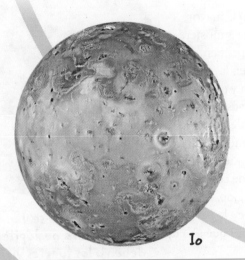

Io

Io

Io es la tercera luna más grande de Júpiter. No se conoce completamente su estructura interna. Sin embargo, tiene un núcleo de hierro.

La atracción gravitacional de Júpiter y de las otras tres lunas galileanas atrae y empuja a Io. Estas fuerzas generan una gran cantidad de calor y de presión dentro de Io. De hecho, Io es más activa volcánicamente que cualquier otro objeto del sistema solar. Su superficie está cubierta de volcanes, algunos de los cuales están en erupción.

Lectura con propósito **8 Identifica** ¿Qué característica física de Io también se encuentra en la superficie de la Tierra?

Europa

Europa es la segunda luna galileana más cercana a Júpiter. Es la cuarta luna más grande de Júpiter. Tiene una estructura de capas, es rocosa, y es posible que tenga un núcleo pequeño y metálico. La superficie de Europa es principalmente plana y tiene pocos cráteres, lo que indica que esta luna está geológicamente activa. Hay líneas oscuras que cubren la superficie. Es probable que estas líneas sean producidas por erupciones volcánicas o por géiseres.

Las imágenes que envían las naves espaciales indican que la superficie de Europa está cubierta de hielo. A partir de los datos recibidos, los científicos han sacado la conclusión de que es posible que haya un océano de agua líquida debajo de la superficie de la luna. Si esto fuera cierto, es posible que Europa sea el único cuerpo del sistema solar, aparte de la Tierra, que tiene las condiciones necesarias para que haya vida tal como la conocemos.

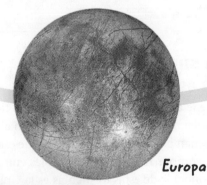

Europa

Visualízalo

9 Explica ¿Cuál puede ser el origen de las líneas oscuras de Europa?

_____

_____

_____

Ganímedes

Ganímedes es la luna más grande de Júpiter. De hecho, es el satélite más grande del sistema solar. Incluso es más grande que el planeta Mercurio. Io y Europa están más cerca de Júpiter que Ganímedes. Ganímedes tiene una estructura interna de capas con una corteza helada, un manto rocoso y un núcleo de hierro fundido. Debido a su núcleo, Ganímedes es la única luna del sistema solar que genera su propio campo magnético. La superficie de Ganímedes está llena de cráteres y probablemente ha sido alterada por la actividad tectónica. Los científicos piensan que la corteza congelada del planeta se mueve lentamente.

Ganímedes

Calisto

Calisto es la luna galileana más lejana de Júpiter. Es la segunda luna más grande de Júpiter y su tamaño es aproximadamente como el de Mercurio. A diferencia de Ganímedes, Calisto no parece tener una estructura interna de capas. Su composición es aproximadamente 60 por ciento roca y 40 por ciento hielo. Calisto es el objeto del sistema solar que tiene más cráteres. Valhalla, el cráter más grande de Calisto, tiene aproximadamente 3,000 km de diámetro. Actualmente, Calisto no presenta mucha actividad geológica. Sus cráteres tienen aproximadamente 4 mil millones de años. Por lo tanto, las características de la superficie de Calisto son de las más antiguas del sistema solar.

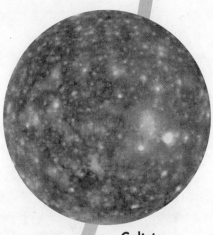

Calisto

¿Cuál es el movimiento de las lunas galileanas?

Las órbitas de tres lunas galileanas (Io, Europa y Ganímedes) se influyen entre sí. Como consecuencia de las fuerzas que se ejercen entre las lunas y Júpiter, la relación entre el número de órbitas que completa cada luna en la misma cantidad de tiempo es exactamente 1:2:4. En otras palabras: en el tiempo que tarda Ganímedes en girar alrededor de Júpiter una vez, Europa gira alrededor de Júpiter dos veces e Io lo hace cuatro veces.

 **Práctica matemática**

10 Calcula ¿Cuántas vueltas habrá completado Ganímedes alrededor de Júpiter después de que Europa complete una vuelta e Io complete dos?

_____

_____

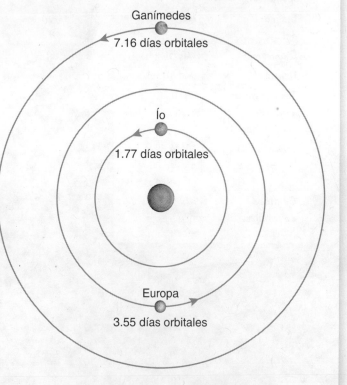

Ganímedes

7.16 días orbitales

Ío

1.77 días orbitales

Europa

3.55 días orbitales

© Houghton Mifflin Harcourt Publishing Company • Image Credits: (t) ©Science Source/Photo Researchers, Inc. (c) ©Science Source/Photo Researchers, Inc.

¡El rey de los anillos!

¿Qué se sabe sobre Saturno?

Saturno es casi un mellizo de Júpiter. Es el segundo planeta en tamaño dentro de los gigantes gaseosos y está compuesto principalmente por hidrógeno y helio. La Tierra entraría unas 760 veces en el volumen de Saturno. Increíblemente, su densidad es menor que la del agua.

Saturno posee un gran sistema de anillos

El sistema de anillos planetarios que rodea el ecuador de Saturno es la característica más espectacular del planeta. Un **anillo planetario** es un disco de materia que rodea un planeta y está compuesto por partículas que se encuentran en órbita. El sistema de anillos de Saturno consta de muchos anillos individuales que forman bandas complejas, entre las que quedan espacios que pueden ser ocupados por lunas.

El borde de su anillo más externo está a casi 500,000 km del centro de Saturno. El espesor de los anillos varía entre decenas de metros y miles de kilómetros. Están compuestos por billones de pequeños cuerpos helados cuyo tamaño oscila entre unos pocos milímetros y varios cientos de metros. Quizá, algunos anillos estén formados por restos de un objeto que se acercó demasiado a Saturno y se hizo pedazos por la gravedad.

Lectura con propósito

11 Identifica Mientras lees el texto, subraya las propiedades físicas importantes del planeta Saturno.

Tabla de estadísticas de Saturno

Distancia al Sol	9.58 UA
Período de rotación	10 h 39 min
Período de revolución	29.5 años
Inclinación del eje	26.73°
Diámetro	120,536 km
Densidad	0.69 g/cm³
Temperatura media de la superficie	−180 °C
Gravedad de la superficie	106% de la gravedad de la Tierra
Cantidad de satélites	62

Anillos de Saturno

Aurora austral de Saturno

En la luna Encélado de Saturno hay géiseres de agua

En el sistema solar interior, cuando los volcanes entran en erupción, expulsan roca líquida. En algunas partes del sistema solar exterior, lo que expulsan es agua en estado líquido. Cuando la nave espacial *Cassini* de la NASA exploró la luna Encélado de Saturno, encontró una superficie cubierta de hielo. Los científicos creen que, debajo de su superficie helada, la luna Encélado tiene un interior líquido. A través de grietas de la superficie de esa luna, fluye agua en estado líquido que se congela en la superficie o forma géiseres de agua espectaculares. Esos géiseres son los más grandes del sistema solar.

La luna Titán de Saturno posee una atmósfera densa

Titán, la luna más grande de Saturno, tiene una atmósfera más densa que la de la Tierra. La atmósfera de esta luna está compuesta principalmente por nitrógeno y tiene vestigios de compuestos como metano y etano. En la atmósfera de Titán se forman nubes de metano, de las cuales puede caer lluvia de metano. A diferencia de la Tierra, Titán tiene una corteza de hielo, congelada a una temperatura de −180 ° C.

En el año 2005, la sonda espacial *Huygens* descendió a través de la atmósfera de Titán y tomó fotografías de una superficie con lagos y lagunas. El líquido que llena estos lagos y lagunas es principalmente metano.

12 Explica Escribe con tus propias palabras una leyenda para esta ilustración de la luna Encélado de Saturno.

_____

_____

_____

La división de Cassini en el sistema de anillos de Saturno

Partículas que componen el sistema de anillos de Saturno

13 Describe Para completar esta tabla, escribe una descripción de cada estructura del sistema de anillos de Saturno.

Estructura	Descripción
anillo	
espacio	
partículas del anillo	

Como si *rodara*

¿Qué tiene de especial Urano?

14 Identifica Mientras lees el texto, subraya las propiedades físicas importantes del planeta Urano.

La atmósfera de Urano está compuesta principalmente por hidrógeno y helio. Sin embargo, también contiene metano. El metano de la atmósfera de Urano absorbe la luz roja, lo que le da al planeta un color azul verdoso.

Urano es un mundo inclinado

El eje de rotación de Urano está inclinado casi 98°. Esto significa que, a diferencia de cualquier otro planeta del sistema solar, Urano se encuentra inclinado hacia un lado mientras orbita alrededor del Sol. Al igual que sucede con las lunas de otros planetas, las 27 lunas de Urano orbitan su ecuador. El sistema de anillos de Urano también orbita su ecuador.

Los científicos no saben con seguridad qué suceso produjo la extraña inclinación del eje de Urano, pero los modelos por computadora de los cuatro planetas gigantes gaseosos al momento de su formación pueden dar una explicación. La enorme gravedad de Júpiter y de Saturno pudo haber producido cambios en las órbitas de Urano y de Neptuno. Además, probablemente hubo muchos acercamientos entre Urano y Neptuno que pudieron haber inclinado el eje de Urano.

Tabla de estadísticas de Urano

Distancia al Sol	19.2 UA
Período de rotación	17 h 24 min (retrógrada)
Período de revolución	84 años
Inclinación del eje	97.8°
Diámetro	51,118 km
Densidad	1.27 g/cm³
Temperatura media de la superficie	−220 °C
Gravedad de la superficie	91% de la gravedad de la Tierra
Cantidad de satélites	27

Visualízalo

15 Predice La inclinación del eje de la Tierra es de 23.5°, mientras que la inclinación del eje de Urano es de casi 98°. Si la Tierra tuviera la misma inclinación del eje que Urano, ¿en qué cambiarían las condiciones del Polo Norte y del Polo Sur de la Tierra?

_____

_____

_____

_____

_____

_____

_____

_____

Eje de rotación

Urano

Sol

Eje de rotación

Tierra

Sol

Piensa libremente

16 Haz una investigación Los astrónomos están descubriendo planetas que orbitan alrededor de estrellas en otros sistemas solares. Investiga qué tipos de planetas están descubriendo los astrónomos en estos sistemas solares.

Las estaciones en Urano duran 21 años

Urano tarda 84 años en completar una sola revolución alrededor del Sol. Durante unos 21 años de ese período de 84, el polo norte de Urano está orientado hacia el Sol y el polo sur está en la oscuridad. Aproximadamente en la mitad de ese período de 84 años, los polos se invierten. Durante 21 años, el polo sur se orienta hacia el Sol y el polo norte está en la oscuridad. Entonces, ¿cómo son las estaciones en Urano? A excepción de una pequeña banda cercana al ecuador, todos los lugares de Urano tienen períodos de invierno con oscuridad constante y períodos de verano con luz diurna constante. Sin embargo, durante la primavera y el otoño, Urano tiene períodos de día y de noche, igual que la Tierra.

La luna Miranda de Urano está activa

Miranda es la quinta luna más grande de Urano. Tiene un diámetro aproximado de 470 km. La nave espacial *Voyager 2* de la NASA visitó Miranda en 1989 y obtuvo datos que mostraron que esta luna está cubierta por diferentes tipos de corteza helada. ¿Cuál es la explicación de esa superficie formada por "parches"? La fuerza gravitacional de Urano ejerce atracción sobre el interior de Miranda, por lo que su materia del interior sube a la superficie. Lo que vemos es la evidencia del interior de esa luna abriéndose paso hacia la superficie.

Superficie de la luna Miranda de Urano

Un gigante azul y ventoso

¿Qué se sabe sobre Neptuno?

Neptuno es el planeta que se encuentra más alejado del Sol. Está ubicado 30 veces más lejos del Sol que la Tierra. Entonces, la luz solar que recibe Neptuno es 900 veces más débil que la que recibe la Tierra. El pleno mediodía de Neptuno podría parecerse mucho al crepúsculo de la Tierra.

Neptuno es un gigante azul de hielo

Neptuno es casi mellizo de Urano. Su tamaño es casi igual. Su atmósfera está compuesta por hidrógeno y helio, con algo de metano. Su color azulado se debe a que el metano absorbe la luz roja. Como Neptuno no tiene neblina atmosférica como Urano, se ve a mayor profundidad dentro de su atmósfera. Por eso Neptuno se ve azul y Urano, azul verdoso.

Cuando la *Voyager 2* sobrevoló Neptuno en 1989, había una enorme área oscura del tamaño de la Tierra en su atmósfera. Esta tormenta, en su hemisferio sur, recibió el nombre de la *Gran mancha oscura*. Sin embargo, en el año 1994, el telescopio espacial Hubble no encontró ningún rastro de esa tormenta. Mientras tanto, en la atmósfera se detectaron otras manchas que podrían agrandarse con el tiempo.

Tabla de estadísticas de Neptuno	
Distancia al Sol	30.1 UA
Período de rotación	16 h 7 min
Período de revolución	164.8 años
Inclinación del eje	28.3°
Diámetro	49,528 km
Densidad	1.64 g/cm³
Temperatura media de la superficie	−210 °C
Gravedad de la superficie	114% de la gravedad de la Tierra
Cantidad de satélites	14

Gran mancha oscura

Visualízalo

17 Predice Los vientos registrados en la Gran mancha oscura de Neptuno alcanzaron los 2,000 km/h. Predice qué destrucción se podría producir en la Tierra si la velocidad de los vientos de los huracanes se aproximara a los 2,000 km/h.

_____

_____

_____

Neptuno tiene los vientos más fuertes

En Neptuno, los vientos alcanzan los 2,000 km/h, estos vientos son los más fuertes que se han medido en el sistema solar. Neptuno tiene un interior cálido que produce más energía que la que el planeta recibe de la luz solar. Algunos científicos creen que el estado del tiempo de Neptuno se controla desde el interior del planeta y no desde el exterior, como sucede en la Tierra.

Tritón

La luna Tritón de Neptuno tiene una órbita diferente de la de sus otras lunas

Tritón es la luna más grande de Neptuno. A diferencia de las otras lunas de este planeta, Tritón orbita alrededor de Neptuno en sentido contrario al sentido en que Neptuno orbita alrededor del Sol. Una explicación de esta rareza es que, hace mucho tiempo, había varias lunas grandes que orbitaban alrededor de Neptuno. Estas lunas se fueron acercando tanto que una luna fue expulsada. La otra luna, Tritón, permaneció en su lugar, pero comenzó a moverse en sentido opuesto.

Tritón tiene los días contados, ya que se está moviendo lentamente en espiral hacia adentro, en dirección a Neptuno. Cuando Tritón esté a determinada distancia de Neptuno, la atracción de la fuerza gravitacional del planeta comenzará a desintegrar a Tritón, hasta que finalmente se despedazará.

Investigación

18 Concluye Completa la siguiente tabla de causa y efecto.

> Tritón se mueve en espiral hacia adentro en dirección a Neptuno.

> La fuerza gravitacional de Neptuno hace que Tritón se desintegre.

> Tritón se despedaza.

> **¿Qué crees que sucederá a continuación?**

Un huracán de categoría 5 en la Tierra trae consigo vientos de 250 km/h. En esta foto, pueden verse algunos de los efectos de los vientos de un huracán de categoría 5.

Resumen visual

Para completar este resumen, responde las siguientes preguntas en los espacios en blanco. Luego usa la clave para comprobar tus respuestas. Puedes usar esta página para repasar los conceptos principales de la lección.

Las propiedades de los gigantes gaseosos

Mercurio · Venus · Tierra · Marte · Júpiter · Saturno · Urano · Neptuno

Planetas terrestres

Planetas gigantes gaseosos

No está a escala.

Júpiter tiene bandas de nubes.

19 ¿Por qué se forman bandas de nubes en Júpiter?

_____

_____

Saturno tiene un sistema complejo de anillos.

20 ¿De qué están compuestos los anillos de Saturno?

_____

_____

Urano está inclinado hacia un lado.

21 ¿Cuál es la inclinación del eje de rotación de Urano?

_____

Neptuno es un planeta azul.

22 ¿Qué le da el color azulado a Neptuno?

_____

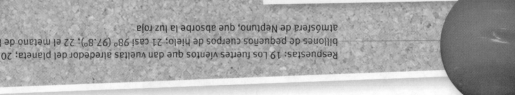

Respuestas: 19 Los fuertes vientos que dan vueltas alrededor del planeta; 20 billones de pequeños cuerpos de hielo; 21 casi 98° (97.8°); 22 el metano de la atmósfera de Neptuno, que absorbe la luz roja

23 En pocas palabras Describe la ubicación y las propiedades físicas principales de los planetas gigantes gaseosos.

Repaso de la lección

Vocabulario

Escribe el término correcto en los espacios en blanco para completar las siguientes oraciones.

1 Un planeta grande que tiene una atmósfera masiva y profunda se llama _____.

2 Un _____ es un disco de materia que rodea un planeta y está compuesto por numerosas partículas en órbita cuyo tamaño varía desde algunos milímetros hasta varios cientos de metros.

Conceptos clave

En la siguiente tabla, escribe el nombre correcto del planeta al lado de la propiedad correspondiente a ese planeta.

Propiedades	Planeta
3 Identifica ¿Cuál es el planeta que tiene una densidad menor que la del agua?	
4 Identifica ¿Cuál es el planeta que tiene los vientos más fuertes del sistema solar?	
5 Identifica ¿Cuál es el planeta que está inclinado hacia un lado en su órbita alrededor del Sol?	
6 Identifica ¿Cuál es el planeta más grande del sistema solar?	

7 Compara ¿En qué se diferencian las propiedades y la ubicación de Calisto de las de las otras lunas galileanas?

_____

_____

_____

8 Compara ¿En qué se diferencian los períodos de rotación y de revolución de los planetas gigantes gaseosos y los de la Tierra?

_____

_____

_____

Razonamiento crítico

Usa este diagrama para responder las siguientes preguntas.

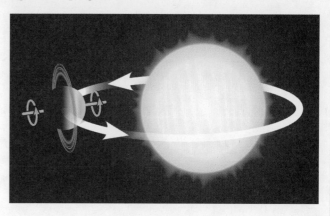

9 Identifica ¿Cuál es el planeta que se muestra en el diagrama? ¿Cómo lo sabes?

_____

_____

10 Analiza ¿Cómo influye la inclinación del eje de este planeta en sus estaciones?

_____

_____

_____

11 Explica El período de rotación de cada luna galileana es igual al período de su revolución alrededor de Júpiter. ¿En qué se parecen los períodos de rotación de Io, Europa y Ganímedes?

_____

_____

_____

12 Analiza Enumera la Tierra y los planetas gigantes gaseosos en orden del más caliente al más frío. ¿Cómo se relaciona la temperatura de cada planeta con su distancia desde el Sol?

_____

_____

_____

Mis apuntes

Cuerpos pequeños del sistema solar

PREGUNTA ESENCIAL

¿Qué otros cuerpos pueden encontrarse en el sistema solar además del Sol, los planetas y las lunas?

Cuando termines esta lección, podrás comparar y contrastar las propiedades de los cuerpos pequeños del sistema solar.

El cometa Hale-Bopp fue descubierto en 1995 y se pudo ver desde la Tierra durante 18 meses. Es un cometa de período largo y se piensa que tarda aproximadamente 2,400 años en orbitar alrededor del Sol.

TEKS **6.11A** describa las propiedades físicas, ubicaciones y movimientos del Sol, los planetas, las lunas galileanas, los meteoritos, los asteroides y los cometas

Actividades de laboratorio de la lección

Actividades rápidas de laboratorio
- Las órbitas de los cometas
- Impactos de meteoritos

Ponte a pensar

1 Predice Marca V o F para mostrar si cada enunciado es verdadero o falso.

V   F

☐   ☐   Plutón es un planeta.

☐   ☐   El cinturón de Kuiper está ubicado después de la órbita de Neptuno.

☐   ☐   Los cometas están formados por hielo, roca y polvo.

☐   ☐   Todos los asteroides tienen la misma composición.

☐   ☐   La mayoría de los meteoroides que ingresan en la atmósfera de la Tierra se desintegran por completo.

2 Identifica ¿Puedes identificar el objeto que está surcando el cielo en la fotografía? ¿Por qué crees que brilla este objeto?

_____

_____

_____

_____

_____

_____

Lectura con propósito

3 Aplica Muchas palabras científicas, como *cinturón*, también tienen significados cotidianos. Usa las claves del contexto para escribir tu propia definición de cada significado de la palabra *cinturón*.

Oración de ejemplo
Encontré un <u>cinturón</u> que combina con mis pantalones nuevos.

cinturón:

_____

_____

_____

Oración de ejemplo
Los cometas de período corto se originan en el <u>cinturón</u> de Kuiper.

cinturón:

_____

_____

_____

Términos de vocabulario

- **planeta enano**
- **cinturón de Kuiper**
- **objeto del cinturón de Kuiper**
- **cometa**
- **nube de Oort**
- **asteroide**
- **meteoroide**
- **meteoro**
- **meteorito**

4 Aplica A medida que aprendas la definición de cada término de vocabulario de esta lección, crea tu propia definición o esquema que te ayude a recordar el significado del término.

Más grande no significa mejor

¿En qué parte del sistema solar están los cuerpos pequeños?

Lectura con propósito

5 Identifica Mientras lees el texto, subraya el nombre de los diferentes tipos de cuerpos pequeños que se encuentran en el sistema solar.

El Sol, los planetas y las lunas no son los únicos objetos del sistema solar. Los científicos estiman que hay hasta un billón de cuerpos pequeños en el sistema solar. Estos cuerpos carecen de atmósfera y la gravedad de su superficie es débil. Los cuerpos pequeños más grandes, los planetas enanos, se encuentran en las regiones conocidas como el *cinturón de asteroides* y el *cinturón de Kuiper*. El cinturón de Kuiper está ubicado después de la órbita de Neptuno. Los objetos del cinturón de Kuiper, como puedes imaginarte, están ubicados en el cinturón de Kuiper. Los cometas también se encuentran en el cinturón de Kuiper, aunque también se ubican en la nube de Oort. La nube de Oort es una región que rodea al sistema solar y que se extiende desde el cinturón de Kuiper hasta casi la mitad del camino hacia la estrella más cercana. Los otros dos tipos de cuerpos pequeños, los asteroides y los meteoroides, se encuentran, en su mayoría, entre la órbita de Venus y la de Neptuno.

Los tamaños y las distancias no están a escala.

Júpiter

Mercurio

Venus

Tierra

Marte

Ceres

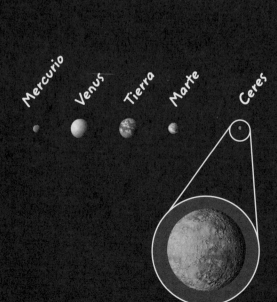

¿Qué son los planetas enanos?

En el año 2006, los astrónomos decidieron que Plutón ya no sería considerado un planeta. Se convirtió en el primer miembro de un nuevo grupo de cuerpos del sistema solar denominados *planetas enanos*. Al igual que los planetas, un **planeta enano** es un cuerpo celeste que orbita alrededor del Sol y que es redondo debido a su propia gravedad. Sin embargo, un planeta enano no tiene la masa suficiente como para haber despejado otros cuerpos de la órbita que recorre alrededor del Sol.

Se han identificado cinco planetas enanos, todos compuestos por roca y hielo. Ceres, que está ubicado entre las órbitas de Marte y de Júpiter, tiene un diámetro aproximado de 950 km y se desplaza a casi 18 km/s. Plutón, Eris, Haumea y Makemake se encuentran ubicados después de la órbita de Neptuno. Sus tamaños varían desde 1,500 km (Haumea) hasta unos 2,400 km (Eris). Sus períodos orbitales alrededor del Sol oscilan entre 250 y 560 años. Se desplazan a velocidades que varían entre 3 km/s y 5 km/s.

Lectura con propósito

6 Describe Describe dos propiedades de los planetas enanos.

_____

_____

_____

_____

_____

_____

_____

Saturno

Urano

Neptuno

Plutón Haumea Makemake Eris

Visualízalo

7 Analiza ¿En qué parte del sistema solar se encuentran la mayoría de los planetas enanos?

_____

_____

_____

_____

Objetos del CK

¿Qué son los objetos del cinturón de Kuiper?

El **cinturón de Kuiper** (CK) es una región del sistema solar que comienza justo después de la órbita de Neptuno y que contiene cuerpos pequeños formados principalmente por hielo. Se extiende hacia el exterior a casi el doble de la órbita de Neptuno: una distancia de unas 55 unidades astronómicas (UA). Una UA es una unidad de longitud que equivale a la distancia promedio entre la Tierra y el Sol: aproximadamente 150,000,000 km. Se cree que el cinturón de Kuiper contiene los restos de materia que quedaron de la formación del sistema solar. Esta materia formó cuerpos pequeños en lugar de planetas.

Un **objeto del cinturón de Kuiper** es cualquiera de los cuerpos menores del cinturón de Kuiper, más allá de la órbita de Neptuno. Estos objetos están formados por hielo de metano, hielo de amoníaco y hielo de agua. Tienen velocidades orbitales promedio de entre 1 km/s y 5 km/s. El primer objeto del cinturón de Kuiper se descubrió recién en 1992. Actualmente, se conocen alrededor de 1,300 objetos del cinturón de Kuiper. Los científicos estiman que existen al menos 70,000 objetos en el cinturón de Kuiper con diámetros de más de 100 km.

Quaoar es un objeto del CK que orbita a 43 UA del Sol. Su diámetro aproximado es de 1,260 km y tiene un satélite.

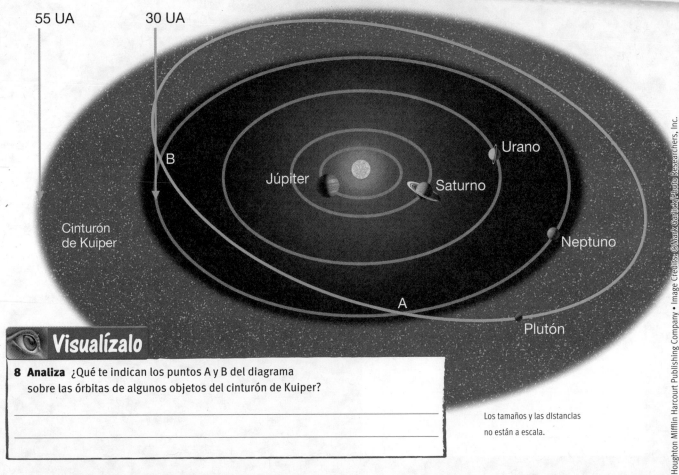

55 UA

30 UA

B

Urano

Júpiter

Saturno

Cinturón de Kuiper

Neptuno

A

Plutón

Los tamaños y las distancias no están a escala.

Visualízalo

8 Analiza ¿Qué te indican los puntos A y B del diagrama sobre las órbitas de algunos objetos del cinturón de Kuiper?

_____

_____

Plutón: de planeta a objeto del CK

Desde su descubrimiento en 1930 hasta 2006, Plutón fue considerado el noveno planeta del sistema solar. Sin embargo, a partir de 1992, se empezó a descubrir un nuevo grupo de cuerpos pequeños, justo después de la órbita de Neptuno, denominados *objetos del cinturón de Kuiper*, u objetos del CK. Algunos de estos objetos se asemejan a Plutón no solo en el tamaño, sino también en su composición de roca y hielo. Los astrónomos reconocieron que Plutón era, en realidad, un objeto grande del cinturón de Kuiper y no el noveno planeta. En el año 2006, Plutón fue redefinido como "planeta enano" por la Unión Astronómica Internacional (IAU, por sus siglas en inglés).

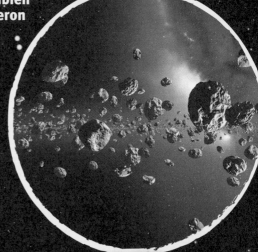

Caronte

Plutón

Plutón y Caronte
Con un diámetro de 2,306 km, Plutón es el segundo objeto del cinturón de Kuiper en tamaño. En esta interpretación de un artista, se lo muestra junto a Caronte, su satélite de mayor tamaño. Muchos objetos grandes del CK tienen satélites. Algunos objetos del CK y sus satélites, como Plutón y Caronte, orbitan uno alrededor del otro.

El cinturón de Kuiper
El cinturón de Kuiper está ubicado a una distancia de entre 30 UA (la órbita de Neptuno) y aproximadamente 55 UA. Sin embargo, la mayoría de los objetos del CK que se descubrieron se ubican entre 42 UA y 48 UA, donde sus órbitas no se ven alteradas por la atracción gravitacional de Neptuno.

Ampliar

Investigación

9 Explica ¿Por qué Plutón ya no se considera un planeta?

10 Haz una investigación El astrónomo Clyde Tombaugh descubrió a Plutón en 1930. Investiga por qué Tombaugh estaba buscando el "Planeta X" después de Neptuno y cómo descubrió a Plutón.

11 Debate Investiga la decisión que la IAU tomó en 2006 de redefinir a Plutón como un "planeta enano". Combina esta investigación con tu investigación sobre Plutón. Debate con tus compañeros si Plutón debe ser considerado un "planeta enano" o volver a denominarse el noveno planeta del sistema solar.

¿Qué sabemos sobre los cometas?

Lectura con propósito 12 **Identifica** Mientras lees el texto, subraya las diferentes partes de un cometa y sus propiedades.

Un **cometa** es un cuerpo pequeño de hielo, roca y polvo que sigue una órbita extremadamente elíptica alrededor del Sol. Al pasar cerca del Sol, los cometas liberan gas y polvo en forma de coma y una cola.

La rapidez de un cometa varía según la distancia que haya entre este y el Sol. Lejos del Sol, un cometa puede desplazarse a 0.32 km/s y, cerca del Sol, puede desplazarse a una velocidad de 445 km/s.

Los cometas están formados por un núcleo y una cola

Todos los cometas poseen un *núcleo* de hielo y roca que en la mayoría de los casos mide entre 1 km y 10 km de diámetro. Si un cometa se acerca al Sol, la radiación solar y el calor hacen que el hielo del cometa se convierta en gas. Una *coma* es una nube esférica de gas y polvo que se desprende del núcleo. La *cola de iones* de un cometa es gas que ha sido ionizado, o despojado de electrones, por la acción del Sol. El viento solar, compuesto por partículas con carga eléctrica que se expanden desde el Sol, hace que el gas se desprenda de la cabeza del cometa. Entonces, sin importar la dirección en la que viaja el cometa, su cola de iones apunta en sentido opuesto al Sol. Una segunda cola formada por gas y polvo describe una curva hacia atrás a lo largo de la órbita del cometa. Esta *cola de polvo* puede extenderse millones de kilómetros.

Visualízalo

13 **Identifica** Usa las líneas en blanco del diagrama para identificar las estructuras de un cometa.

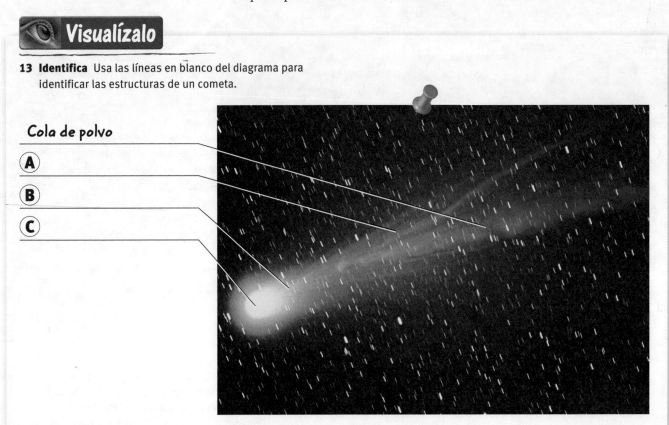

Cola de polvo

(A)

(B)

(C)

Los cometas provienen del cinturón de Kuiper y de la nube de Oort

Los cometas provienen de dos regiones del sistema solar. La primera es el cinturón de Kuiper, que es donde se originan los cometas de período corto. La segunda región es la nube de Oort, que es donde se originan los cometas de período largo.

Las colisiones entre los objetos del cinturón de Kuiper producen fragmentos que se convierten en cometas, a los que se conoce como *cometas de período corto*. Estos cometas tardan menos de 200 años en orbitar alrededor del Sol. Por lo tanto, regresan al sistema solar interior con bastante frecuencia, quizá, cada pocas décadas o siglos. Los cometas de período corto también tienen una vida corta. Cada vez que un cometa pasa por delante del Sol, puede perder una capa de hasta 1 m de grosor.

Algunos cometas se originan en la nube de Oort. La **nube de Oort** es una región esférica que rodea al sistema solar y se extiende casi hasta la mitad del camino hacia la estrella más cercana. Al chocar dos objetos, a veces se forman cometas en la nube de Oort. También pueden formarse cuando un objeto de la nube de Oort se ve afectado por la gravedad de una estrella cercana que lo envía al sistema solar interior. Los cometas que se originan en la nube de Oort se denominan *cometas de período largo*. Los cometas de período largo pueden tardar hasta cientos de miles de años en orbitar alrededor del Sol.

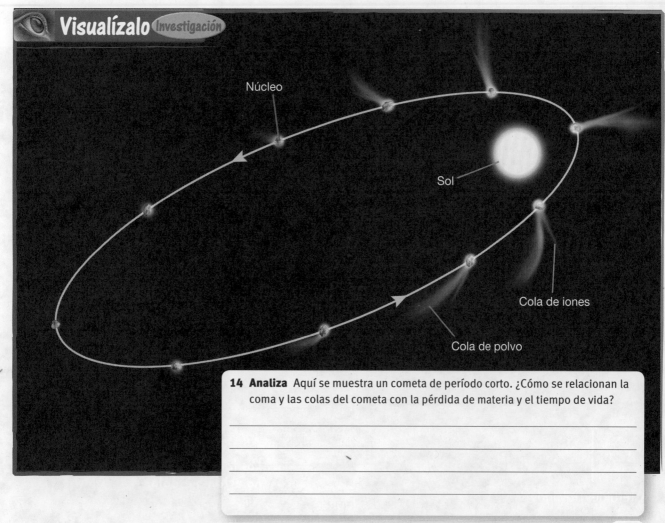

Visualízalo Investigación

Núcleo

Sol

Cola de iones

Cola de polvo

14 Analiza Aquí se muestra un cometa de período corto. ¿Cómo se relacionan la coma y las colas del cometa con la pérdida de materia y el tiempo de vida?

_____
_____
_____
_____

En las rocas

¿Qué sabemos sobre los asteroides?

Lectura con propósito **15 Identifica** Mientras lees el texto, subraya los lugares del sistema solar en los que se ubican los asteroides.

Un **asteroide** es un objeto pequeño y rocoso de forma irregular que se encuentra en órbita alrededor del Sol. La mayoría de los asteroides se ubican entre las órbitas de Marte y de Júpiter. A esta región de 300 millones de km de ancho se la conoce como el *cinturón de asteroides*. El cinturón de asteroides contiene cientos de miles de asteroides que se denominan *asteroides del cinturón principal*. El asteroide del cinturón principal de mayor diámetro es Palas, que tiene un diámetro de 570 km. El asteroide más pequeño tiene un diámetro de 4 m. Existen también grupos de asteroides en las órbitas de Júpiter y de Neptuno (denominados *asteroides troyanos*) y en el cinturón de Kuiper. Además, existen asteroides llamados *asteroides cercanos a la Tierra,* algunos de los cuales cruzan las órbitas de la Tierra y de Venus.

Los asteroides del cinturón de asteroides orbitan alrededor del Sol a una velocidad aproximada de 18 km/s y tienen períodos orbitales de una duración de 3 a 8 años. Aunque la mayoría de los asteroides rotan alrededor de su eje, algunos recorren el espacio dando vueltas.

Visualízalo

16 Analiza ¿Dónde se encuentra el cinturón de asteroides?

_____
_____
_____
_____
_____
_____

Cinturón de asteroides

Marte

Asteroides troyanos

Asteroides troyanos

Júpiter

Los tamaños y las distancias no están a escala.

Los asteroides tienen diferentes composiciones

La composición de los asteroides varía. Muchos asteroides tienen superficies oscuras. Los científicos creen que estos asteroides son ricos en carbono. Se cree que otros asteroides son rocosos y tienen un núcleo compuesto por hierro y níquel. Y otros asteroides podrían tener un núcleo rocoso rodeado principalmente de hielo. Los asteroides pequeños y rocosos tienen la composición más extraña de todas, ya que parecen pilas de rocas unidas de manera poco compacta por la gravedad. El asteroide Itokawa, que se muestra abajo, es rocoso y se define como un asteroide de tipo "pila de escombros".

Algunos asteroides contienen minerales de importancia económica como los que se extraen de la Tierra, entre ellos se encuentran el oro, el hierro, el níquel, el manganeso, el cobalto y el platino. En la actualidad, los científicos están investigando el potencial minero de los asteroides cercanos a la Tierra.

El asteroide Itokawa es una "pila de escombros". Los astrónomos creen que este asteroide, de 500 m de longitud, puede estar formado por dos asteroides unidas.

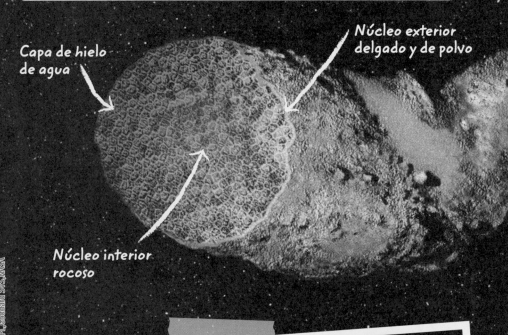

Capa de hielo de agua

Núcleo exterior delgado y de polvo

Núcleo interior rocoso

¡Saludos desde Eros!

Piensa libremente

17 Describe Eros es un asteroide cercano a la Tierra que da vueltas por el espacio. Imagina que eres el primer ser humano que va a explorar Eros. Escribe una postal que describa lo que encontraste en Eros. Luego investiga sobre el asteroide y descubre qué tan cerca de la realidad estuvo tu descripción.

Desintegrados

¿Qué sabemos sobre los meteoroides, los meteoros y los meteoritos?

Un cuerpo rocoso cuyo tamaño puede variar desde un grano de arena hasta un pedrusco y que viaja en el espacio es un **meteoroide**. Según mediciones hechas por radar, los meteoroides ingresan en la atmósfera de la Tierra a una velocidad de 52 km/s. La fricción eleva la temperatura de estos meteoroides a miles de grados Celsius, razón por la que brillan. La atmósfera que rodea la trayectoria de un meteoroide también se calienta y brilla por la fricción entre el meteoroide y las moléculas del aire. El rayo de luz brillante que se produce cuando un meteoroide se quema en la atmósfera de la Tierra se denomina **meteoro**. Un **meteorito** es un meteoroide que llega a la superficie de la Tierra sin quemarse por completo.

Visualízalo

18 Identifica Usa las líneas en blanco de abajo para identificar los tres objetos que se muestran.

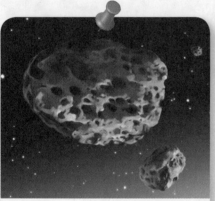

A Un cuerpo pequeño y rocoso que viaja en el espacio es un _____ .

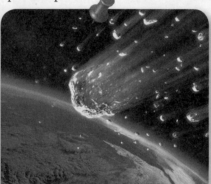

B La estela brillante de un cuerpo que se quema en la atmósfera de la Tierra es un _____ .

C Un cuerpo que llega a la superficie de la Tierra sin quemarse por completo es un _____ .

Hace aproximadamente 50,000 años, un meteorito de 45 m de diámetro produjo el cráter Barringer, de un kilómetro de ancho, en Arizona.

Los meteoritos llegan a la Tierra

Los meteoroides provienen del cinturón de asteroides, de Marte, de la Luna y de los cometas. La mayoría de los meteoroides que ingresan en la atmósfera no llegan a la superficie terrestre. Muchos explotan en la parte superior de la atmósfera. Estas explosiones suelen ser registradas por satélites militares que orbitan la Tierra. Otros meteoroides vuelven al espacio tras cruzar brevemente la parte superior de la atmósfera. Sin embargo, algunos meteoroides grandes que ingresan en la parte inferior de la atmósfera o chocan contra la Tierra pueden resultar destructivos. Los científicos estiman que se produce un impacto destructivo de un meteorito cada 300 ó 400 años.

Los meteoritos tienen composiciones diferentes

Los meteoritos pueden dividirse en tres grupos generales. El primer grupo lo integran los meteoritos de roca, que son los más comunes. Los meteoritos de roca están formados por minerales de silicato, al igual que las rocas de la Tierra. Algunos meteoritos de roca también contienen pequeñas cantidades de materia orgánica. Un grupo de meteoritos mucho más pequeño es el de los meteoritos de hierro, que están compuestos por hierro y níquel. El grupo de meteoritos menos común es el de los meteoritos de hierro y roca. Estos meteoritos están compuestos por minerales de silicato, además de hierro y níquel. Los tres grupos de meteoritos pueden originarse a partir de asteroides. Sin embargo, algunos meteoritos de roca provienen de la Luna y de Marte.

Visualízalo

19 Describe En los recuadros de abajo, describe la composición y el origen de cada grupo de meteoritos. Indica también qué tan común es cada grupo.

Meteorito de roca

_____
_____
_____
_____
_____

Meteorito de hierro

_____
_____
_____
_____

Meteorito de hierro y roca

_____
_____
_____
_____

Resumen visual

Para completar este resumen, responde las siguientes preguntas. Luego usa la clave para comprobar tus respuestas. Puedes usar esta página para repasar los conceptos principales de la lección.

Cuerpos pequeños
del sistema solar

Hay cuerpos pequeños en todo el sistema solar.

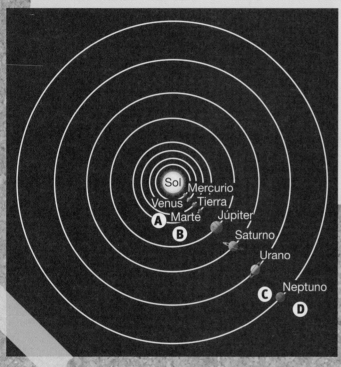

Respuestas: 20 asteroides A, B, C, D; planetas enanos B, D; objetos del cinturón de Kuiper C, D; 21 F, F, V.

20 Escribe la letra o las letras que indiquen la ubicación de cada cuerpo pequeño del sistema solar.

Asteroides	
Planetas enanos	
Objetos del cinturón de Kuiper	

21 Marca V o F para mostrar si cada enunciado es verdadero o falso.

V	F	
☐	☐	Los cometas se originan en el cinturón de asteroides y en el cinturón de Kuiper.
☐	☐	Los tres grupos de asteroides son los de roca, los de hierro y los de hierro y roca.
☐	☐	La mayoría de los meteoroides que ingresan en la atmósfera de la Tierra se queman.

22 Compara Haz una tabla para comparar y contrastar los cometas y los asteroides de acuerdo con su composición, su ubicación en el sistema solar y su tamaño.

Repaso de la lección

Vocabulario

Escribe el término correcto en los espacios en blanco para completar las siguientes oraciones.

1 La _____ es una región esférica que rodea al sistema solar y se extiende casi hasta la mitad del camino hacia la estrella más cercana.

2 La región del sistema solar que se extiende desde la órbita de Neptuno hasta casi el doble de la órbita de Neptuno es el _____.

3 La mayoría de los _____ se ubican entre las órbitas de Marte y Júpiter.

4 Un meteoroide que llega a la superficie de la Tierra sin quemarse por completo es un _____.

Conceptos clave

En la siguiente tabla, escribe el nombre correcto del cuerpo al lado de la propiedad de ese cuerpo.

Propiedad	Cuerpo
5 Identifica ¿Qué cuerpo menor orbita más allá de la órbita de Neptuno?	
6 Identifica ¿Qué cuerpo pequeño sigue una órbita extremadamente elíptica alrededor del Sol?	
7 Identifica ¿Cuál es el más grande de los cuerpos pequeños del sistema solar?	
8 Identifica ¿Qué es la estela brillante que se produce cuando un meteoroide se quema en la atmósfera de la Tierra?	

Razonamiento crítico

Usa la tabla para responder las siguientes preguntas.

Cometa	Período orbital (años)
Borrelly	6.9
Halley	76
Hale-Bopp	2,400
Hyakutake	100,000

9 Aplica ¿Cuáles de los cometas de la tabla son de período corto?

_____

_____

10 Aplica ¿Cuál de los cometas de la tabla es más probable que se haya originado en la nube de Oort?

_____

_____

11 Infiere ¿Por qué crees que la rapidez de los cometas aumenta a medida que se acercan al Sol?

_____

_____

_____

12 Predice ¿Por qué crees que algunos asteroides dan vueltas por el espacio mientras que otros asteroides rotan alrededor de su eje?

_____

_____

_____

_____

Mis apuntes

Unidad 8

Lección 1

PREGUNTA ESENCIAL
¿Cómo se ha representado el sistema solar?

Compara distintos modelos históricos del sistema solar.

Lección 4

PREGUNTA ESENCIAL
¿Qué se sabe sobre los planetas terrestres?

Describe algunas propiedades de los planetas terrestres y las diferencias entre las propiedades de Mercurio, Venus y Marte y las propiedades de la Tierra.

Lección 2

PREGUNTA ESENCIAL
¿Por qué es importante la gravedad en el sistema solar?

Explica el papel que juega la gravedad en la formación del sistema solar y en la determinación del movimiento de los planetas.

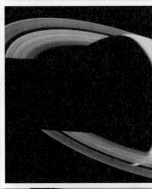

Lección 5

PREGUNTA ESENCIAL
¿Qué se sabe sobre los planetas gigantes gaseosos?

Describe algunas de las propiedades de los planetas gigantes gaseosos y en qué se diferencian estas propiedades de las propiedades físicas de la Tierra.

Lección 3

PREGUNTA ESENCIAL
¿Cuáles son las propiedades del Sol?

Describe la estructura y la rotación del Sol, la producción de energía y su transporte, y la actividad solar.

Lección 6

PREGUNTA ESENCIAL
¿Qué otros cuerpos pueden encontrarse en el sistema solar además del Sol, los planetas y las lunas?

Compara y contrasta las propiedades de los cuerpos pequeños del sistema solar.

Piensa libremente

2 Sintetiza Elige una de las siguientes actividades como ayuda para sintetizar lo que has aprendido en esta unidad.

☐ Usa lo que aprendiste en las lecciones 4 y 5 para escribir un ensayo breve que explique en qué lugar del sistema solar podría haber vida, además de la Tierra.

☐ Usa lo que aprendiste en las lecciones 2, 3 y 4 para hacer una presentación con carteles que muestre por qué los cometas son los cuerpos que se desplazan a mayor velocidad en el sistema solar.

Conectar **PREGUNTAS ESENCIALES**
Lecciones 4 y 5

1 Sintetiza Explica por qué el planeta Júpiter tiene más lunas que el planeta Marte.

_____

_____

_____

_____

Repaso de la Unidad 8

Nombre _____

Vocabulario

Escribe el término correcto en el espacio en blanco para completar la oración.

TEKS 6.11A, 6.11B

1 El/La _____ es el proceso por medio del cual se libera energía a medida que los núcleos de los átomos pequeños se combinan y forman un núcleo más grande.

TEKS 6.11A, 6.11B

2 El sistema solar se formó a partir de un/a _____, que es una nube de gas y polvo en rotación.

TEKS 6.11A

3 La Tierra, Venus, Marte y Mercurio se consideran _____, que son planetas muy densos que se encuentran más cerca del Sol.

TEKS 6.11A

4 Un/a _____ es un objeto pequeño y rocoso que se encuentra en órbita alrededor del Sol; muchos de estos objetos se encuentran ubicados en una banda entre las órbitas de Marte y Júpiter.

TEKS 6.11A

5 El Sol, todos los planetas que giran alrededor del Sol y otros cuerpos que giran alrededor del Sol forman el/la _____.

Conceptos clave

Elige la letra de la respuesta correcta.

TEKS 6.11A

6 Un satélite toma fotografías de rayos X de una erupción solar. ¿Cómo crees que se ve la erupción solar en las fotografías de rayos X? (Pista: Paso 1: Recuerda qué es una erupción solar. Paso 2: Teniendo en cuenta las características de una erupción solar, determina cómo podría verse en una fotografía de rayos X).

A como un punto oscuro

B como una espiral de llamas rojas

C como un resplandor anaranjado

D como una zona de luz blanca y brillante

TEKS 6.11A, 6.3B

7 El siguiente diagrama muestra las diferentes capas del Sol. El Sol puede dividirse en seis capas con ciertas características, como la temperatura y la composición, que diferencian a unas de otras.

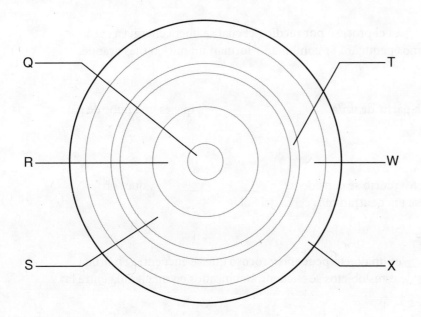

¿Cuál de las capas del Sol representa la letra T?

A la cromosfera

B la corona

C la fotosfera

D la zona radiante

TEKS 6.11A, 6.11B

8 ¿Qué expresa la primera ley de Kepler acerca del movimiento de los planetas?

A La órbita de un planeta alrededor del Sol es una elipse, y el Sol está en el centro.

B La órbita de un planeta depende del calor.

C La fuerza centrípeta y la fuerza elíptica son diferentes.

D El período orbital de un planeta es infinito.

TEKS 6.11A, 6.11B, 6.3B

9 La gravedad en la superficie de Venus y de la Tierra es similar. La gravedad en la superficie de Mercurio y de Marte también es similar, aunque Mercurio es mucho más pequeño. La densidad se relaciona con la fuerza de gravedad. La ilustración muestra la densidad de los cuatro planetas.

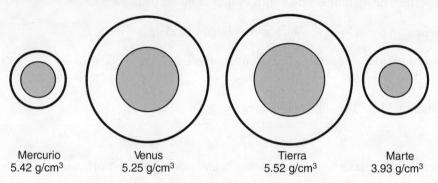

| Mercurio | Venus | Tierra | Marte |
| 5.42 g/cm³ | 5.25 g/cm³ | 5.52 g/cm³ | 3.93 g/cm³ |

¿Cuál de los siguientes enunciados explica la similitud de la gravedad en la superficie de Marte y de Mercurio? (Pista: Paso 1: Compara la densidad de Mercurio y la de Marte. Paso 2: Relaciona las densidades con la gravedad en la superficie de los planetas).

A Marte es más denso que Mercurio.

B Marte es más pequeño que Mercurio.

C Marte es menos denso que Mercurio.

D Marte es menos rocoso que Mercurio.

TEKS 6.11A, 6.2E, 6.3A

10 La tabla contiene información sobre los planetas terrestres.

Planeta	Temperatura en la superficie (rango en °C)	Presión atmosférica (kg/cm³)
Tierra	−89 a 58	1
Marte	−133 a 27	0.007
Mercurio	−183 a 427	2×10^{-12}
Venus	467 (temperatura promedio)	90

¿Cómo parece relacionarse la presión atmosférica con las temperaturas en la superficie de estos planetas? (Pista: Paso 1: Decide cuáles son los planetas que tienen presión más alta y cuáles tienen presión más baja. Paso 2: Determina cómo varía la temperatura en los planetas con presión más baja y en los planetas con presión más alta).

A La temperatura en los planetas con presión más baja no varía.

B La temperatura en los planetas con presión más baja varía menos.

C La temperatura en los planetas con presión más alta varía menos.

D La temperatura en los planetas con presión más alta varía más.

TEKS 6.11A

11 La Tierra, Mercurio y Venus se clasifican como planetas terrestres. Cuando se los compara con la Tierra, ¿cuál de los siguientes enunciados sobre Mercurio y Venus es verdadero?

A La gravedad en la superficie de Mercurio y de Venus es mayor que la de la Tierra.

B Mercurio y Venus tienen un período de revolución más largo que el de la Tierra.

C Mercurio y Venus tienen períodos de rotación más lentos (días más largos) que la Tierra.

D Mercurio y Venus están más lejos del Sol que la Tierra.

TEKS 6.11A

12 ¿Cuál de las siguientes enunciados describe correctamente la ubicación y el movimiento de las lunas galileanas?

A Las lunas galileanas orbitan alrededor de Júpiter.

B Las lunas galileanas orbitan alrededor de Saturno.

C Las lunas galileanas orbitan alrededor de Urano.

D Las lunas galileanas orbitan alrededor de Neptuno.

TEKS 6.11A

13 ¿Cuál de las opciones es una lista de los planetas gigantes gaseosos?

A Júpiter, Saturno, Urano y Neptuno

B la Tierra, Marte y Venus

C Plutón, Saturno y Júpiter

D la Tierra, Júpiter, Neptuno y Saturno

TEKS 6.3D, 6.11A

14 Este diagrama ilustra un modelo histórico del sistema solar.

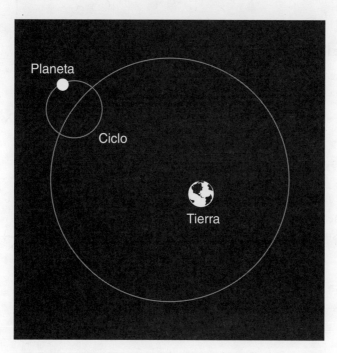

¿Cuál de estos tipos de modelo se muestra?

A el modelo geocéntrico   **C** el modelo copernicano

B el modelo heliocéntrico   **D** el modelo de Aristarco

Respuesta en forma de cuadrícula

Escribe tu respuesta en los recuadros de la cuadrícula y luego rellena el círculo del número correspondiente.

TEKS 6.11A, 6.2E, 6.3A

15 La tabla muestra la temperatura en la superficie y la presión atmosférica en los planetas terrestres.

Planeta	Temperatura en la superficie (rango en °C)	Presión atmosférica (kg/cm³)
Tierra	−89 a 58	1
Marte	−133 a 27	0.007
Mercurio	−183 a 427	2×10^{-12}
Venus	467 (temperatura promedio)	90

¿Cuál es la diferencia en grados Celsius entre las temperaturas más altas en la Tierra y en Mercurio?

Razonamiento crítico

Responde las siguientes preguntas en los espacios en blanco.

TEKS 6.11A

16 Menciona tres características de los gigantes gaseosos que los diferencien de
los planetas terrestres.

_____

_____

_____

_____

TEKS 6.11A

17 Explica la diferencia entre un meteoroide, un meteoro y un meteorito. ¿Cuál de ellos
es más probable que veas en la superficie de la Tierra?

_____

_____

_____

_____

_____

Conectar PREGUNTAS ESENCIALES
Lecciones 2, 3, 4, 5 y 6

Responde la siguiente pregunta en el espacio en blanco.

TEKS 6.11A, 6.11B

18 ¿Qué fuerza controla el movimiento en nuestro sistema solar? ¿Cómo afecta esta fuerza
la manera en que el Sol produce energía y la manera en que se mueven los planetas, las
lunas, los asteroides, los cometas y los meteoroides?

_____

_____

_____

_____

_____

_____

_____

La exploración del espacio

La gran idea

Las personas desarrollan y usan la tecnología para explorar el espacio.

¿Qué opinas?

Las sondas envían información sobre el sistema solar exterior a los científicos que están en la Tierra. ¿De qué manera crees que los seres humanos se benefician con la exploración del espacio?

Unidad 9
La exploración del espacio

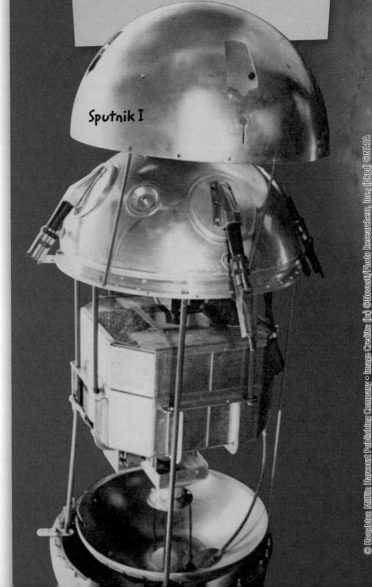

¡Explorar el espacio!

La exploración del espacio comenzó en 1957 con el lanzamiento del *Sputnik I*. Desde 1957, seres humanos han caminado sobre la Luna, *rovers* han investigado la superficie de Marte y naves espaciales han sobrevolado los planetas más distantes del sistema solar.

Sputnik I, 1957
El 4 de octubre de 1957, el exitoso lanzamiento del satélite ruso *Sputnik I*, inauguró la carrera espacial.

Sputnik I

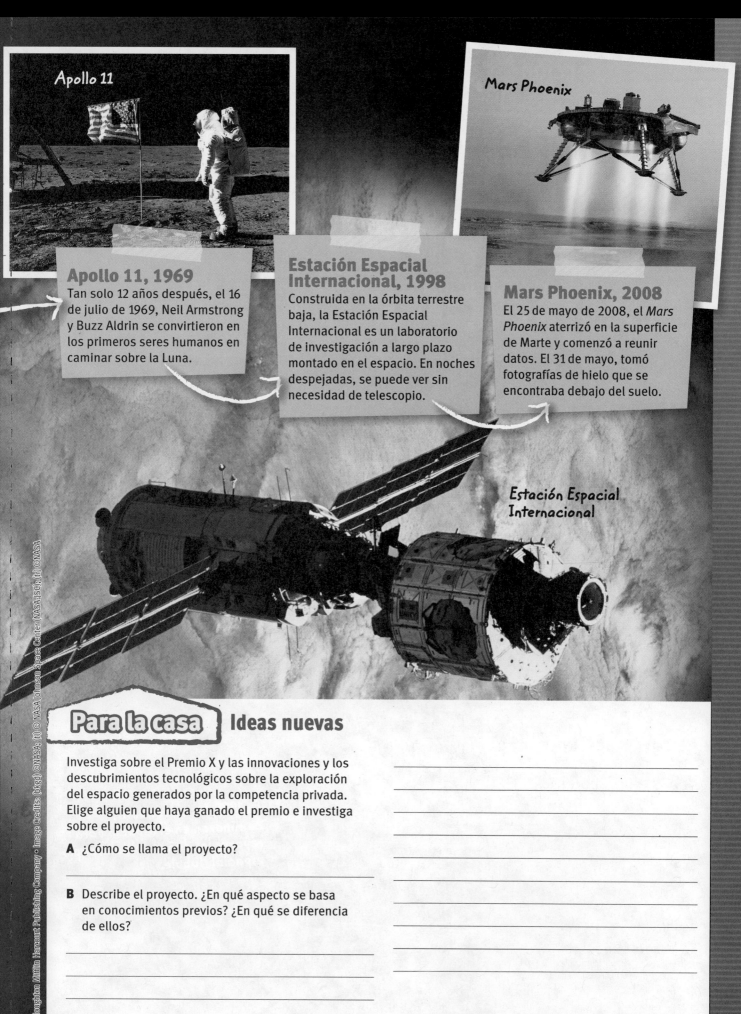

Apollo 11

Mars Phoenix

Apollo 11, 1969

Tan solo 12 años después, el 16 de julio de 1969, Neil Armstrong y Buzz Aldrin se convirtieron en los primeros seres humanos en caminar sobre la Luna.

Estación Espacial Internacional, 1998

Construida en la órbita terrestre baja, la Estación Espacial Internacional es un laboratorio de investigación a largo plazo montado en el espacio. En noches despejadas, se puede ver sin necesidad de telescopio.

Mars Phoenix, 2008

El 25 de mayo de 2008, el Mars Phoenix aterrizó en la superficie de Marte y comenzó a reunir datos. El 31 de mayo, tomó fotografías de hielo que se encontraba debajo del suelo.

Estación Espacial Internacional

Para la casa · Ideas nuevas

Investiga sobre el Premio X y las innovaciones y los descubrimientos tecnológicos sobre la exploración del espacio generados por la competencia privada. Elige alguien que haya ganado el premio e investiga sobre el proyecto.

A ¿Cómo se llama el proyecto?

_____

B Describe el proyecto. ¿En qué aspecto se basa en conocimientos previos? ¿En qué se diferencia de ellos?

_____

_____

_____

_____

_____

_____

_____

_____

_____

_____

_____

_____

Historia de la exploración del espacio

PREGUNTA ESENCIAL

¿Cuáles son algunos hitos de la exploración del espacio?

Cuando termines esta lección, podrás comprender algunos de los logros de la exploración del espacio.

En 1993, los astronautas caminaron en el espacio para reparar los daños del telescopio espacial Hubble.

TEKS 6.11C describa la historia y el futuro de la exploración espacial, incluyendo los tipos de equipo y transporte necesarios para los viajes espaciales

Ponte a pensar

1 Describe Escribe cuatro palabras que describan la exploración espacial. Cada palabra debe comenzar con una de las letras de la sigla "NASA".

N _____

A _____

S _____

A _____

2 Describe Escribe una leyenda para esta foto.

Cabo Cañaveral, 1961

_____

_____

_____

Lectura con propósito

3 Aplica Usa las claves del contexto para escribir tu propia definición de la palabra *desafío*.

Oración de ejemplo:
Para los seres humanos, visitar otros planetas es un <u>desafío</u> porque los planetas están a una gran distancia de la Tierra.

desafío:

_____

_____

Términos de vocabulario

- NASA

4 Identifica Mientras lees, escribe un signo de interrogación al lado de las palabras que no entiendas. Cuando termines de leer la lección, vuelve atrás y repasa el texto que marcaste. Si la información sigue siendo confusa, consulta a un compañero o a tu maestro.

El espacio: La última frontera

¿Cómo comenzó la exploración del espacio?

Lectura con propósito

5 Identifica Mientras lees, subraya el nombre en español de la agencia que se conoce como NASA, por sus siglas en inglés.

6 Infiere ¿Por qué es posible que las personas sigan explorando el espacio en el futuro?

_____

_____

_____

_____

¿Alguna vez observaste el cielo de noche y te preguntaste qué hay más allá de la Tierra? Si es así, no eres el primero. Desde la antigüedad, el espacio ha despertado curiosidad. Esta curiosidad, sumada al deseo de comprender lo desconocido, abrió el camino a la exploración del espacio.

En octubre de 1957, la Unión Soviética lanzó el primer satélite, *Sputnik I*, a la órbita terrestre baja. A pesar de ser una esfera de solo 585 mm de diámetro que contenía un transmisor de radio de 3.5 kg, el *Sputnik I* representó el primer paso en la exploración espacial más allá de la Tierra. Marcó el comienzo de la "era espacial".

Los Estados Unidos comprendieron claramente las ventajas de colocar tecnología en el espacio. En respuesta al lanzamiento soviético del satélite *Sputnik I*, los Estados Unidos lanzaron su primer satélite, *Explorer I*, el 31 de enero de 1958. Así comenzó lo que se conoció como la "carrera espacial" entre las dos naciones, que continuaría durante varias décadas. En el mismo año, se creó la Administración Nacional de Aeronáutica y del Espacio de los Estados Unidos, o **NASA**, por sus siglas en inglés. Su fin fue encabezar un programa de investigación y desarrollo para la "conquista del espacio".

1950

1960

1970

1957: La era espacial comenzó cuando la Unión Soviética lanzó el primer satélite artificial, *Sputnik I*, en la órbita terrestre baja.

1961: El primer ser humano que orbitó la Tierra fue el cosmonauta Yuri A. Gagarin de la Unión Soviética (abajo en la foto). En el mismo año, Alan Shephard se convirtió en el primer estadounidense en viajar al espacio.

1961–1966: El control de la misión observa un vuelo espacial de Géminis. Durante ese período, los proyectos Mercurio y Géminis se dedicaron principalmente a lanzar naves espaciales que servirían como preparación para los viajes a la Luna.

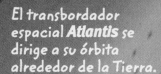

El transbordador espacial **Atlantis** se dirige a su órbita alrededor de la Tierra.

1998–presente: En la construcción de la *Estación Espacial Internacional,* un laboratorio de investigación a largo plazo que orbita la Tierra, participaron muchos países, que también usan sus instalaciones.

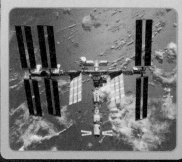

2000

1990

1980

1981: Los vuelos de transbordadores comenzaron en 1981. El transbordador espacial lanzaba satélites a la órbita terrestre y los recuperaba. El transbordador espacial luego viajó a la *Estación Espacial Internacional.*

1971: La Unión Soviética lanzó y puso en órbita la primera estación espacial del mundo: *Salyut 1.* Su primera tripulación llegó en la nave espacial *Soyuz 11* y permaneció 24 días a bordo.

1968–1972: Se realizaron seis misiones a la Luna. Cada una llevó a tres astronautas. El primer alunizaje fue el del *Apollo 11,* en 1969. El último fue el del *Apollo 17,* en 1972. En total, 12 astronautas caminaron en la Luna.

 Visualízalo

7 Interpreta ¿Cómo cambió la exploración del espacio a través del tiempo?

_____

_____

_____

_____

De la Tierra a la Luna

¿Cómo se ha explorado el espacio?

Los primeros cohetes capaces de lanzar cápsulas al espacio se comenzaron a construir y probar en la década de 1960. Lo único que faltaba para explorar el espacio era colocar a los astronautas dentro de estas cápsulas.

Por medio de la exploración suborbital tripulada

Las naves tripuladas *suborbitales* no orbitan la Tierra porque no alcanzan la rapidez y altitud necesarias. Por lo tanto, estos vuelos pasan muy poco tiempo en el espacio. Las primeras misiones de naves espaciales suborbitales tripuladas fueron las del proyecto Mercurio de la NASA, en 1961. El 5 de mayo de 1961, un cohete Redstone transportó al astronauta Alan B. Shepard, hijo, a bordo de la cápsula *Freedom 7*. Shepard pasó 15 minutos en el espacio y regresó a salvo a la Tierra. El segundo vuelo suborbital, que se realizó el 21 de julio de 1961, fue tripulado por el astronauta Virgil I. Grissom. Aunque la cápsula se hundió apenas se zambulló en el océano Atlántico, Grissom fue rescatado a salvo.

Por medio de la exploración orbital tripulada

Las naves espaciales *orbitales* orbitan alrededor de la Tierra en su totalidad. El primer vuelo espacial orbital tripulado lo realizó el 12 de abril de 1961 el piloto soviético de la fuerza aérea Yuri A. Gagarin en la nave *Vostok 1*. Gagarin orbitó la Tierra durante 108 minutos y regresó a la Tierra a salvo en paracaídas. El 21 de julio de 1961, John H. Glenn, hijo, observó la Tierra desde el espacio y fue el primer estadounidense en recorrer su órbita. Glenn completó tres órbitas de la Tierra en poco menos de cinco horas. El 16 de junio de 1963, la cosmonauta Valentina V. Tereshkova se convirtió en la primera mujer en ir al espacio. Orbitó la Tierra 48 veces en tres días.

Mientras tanto, los Estados Unidos desarrollaban el programa Géminis, que transportaría una tripulación de dos personas. Hubo diez misiones Géminis tripuladas. Uno de los objetivos del programa era determinar si los astronautas podían pasar más tiempo en el espacio. La Unión Soviética respondió con sus propios vuelos espaciales con varios tripulantes, como parte del programa Vostok. Otro hito ocurrió el 18 de marzo de 1965, cuando el cosmonauta soviético Alexei A. Leonov realizó la primera caminata en el espacio. El primer estadounidense que caminó en el espacio fue Edward H. White II, el 3 de junio de 1965.

8 Compara ¿En qué se parecen y en qué se diferencian las exploraciones del espacio orbitales y suborbitales?

_____

_____

Alan Shepard se prepara para el lanzamiento, en 1961.

Los astronautas salen de la cápsula *Géminis 8* después de caer en el agua, en 1966.

Valentina Tereshkova, de la Unión Soviética, fue la primera mujer que viajó al espacio, en 1963.

Por medio de alunizajes

La carrera hacia la Luna comenzó en la década de 1960. El 12 de septiembre de 1962, el presidente John F. Kennedy comprometió a los Estados Unidos a "llevar un hombre a la Luna y traerlo de regreso sano y salvo" antes del final de la década. El requisito principal para un alunizaje exitoso es poder viajar lo suficientemente rápido para vencer la gravedad de la Tierra y de manera suficientemente lenta para poder detenerse sobre la superficie de la Luna sin problemas.

Los Estados Unidos serían el único país en enviar astronautas a la Luna. Se realizaron seis alunizajes durante el programa Apolo, a fines de la década de 1960 y comienzos de la década de 1970. En 1969, la nave espacial *Apollo 11* llevó a los astronautas Neil Armstrong, Edwin "Buzz" Aldrin y Michael Collins a la Luna. Mientras Collins orbitaba la Luna desde la nave espacial lunar, Armstrong y Aldrin descendieron hasta la superficie de la Luna en el módulo lunar, llamado *Eagle*. El *Eagle* alunizó en el mar de la Tranquilidad el 20 de julio de 1969. Millones de personas escucharon la impresionante transmisión que hizo Armstrong desde la superficie de la Luna: "Aquí Base Tranquilidad. El *Eagle* ha alunizado". Poco tiempo después, Neil Armstrong se convirtió en la primera persona en pisar la superficie de la Luna. Seis de las 11 misiones Apolo alunizaron. En total, 12 astronautas caminaron sobre la Luna.

9 Infiere ¿Por qué el alunizaje fue un momento tan importante en la historia de los Estados Unidos?

_____

_____

_____

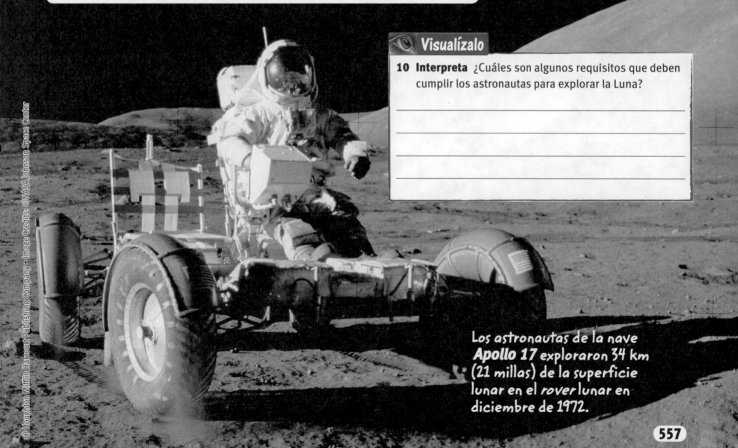

Visualízalo

10 Interpreta ¿Cuáles son algunos requisitos que deben cumplir los astronautas para explorar la Luna?

_____

_____

_____

_____

Los astronautas de la nave ***Apollo 17*** exploraron 34 km (21 millas) de la superficie lunar en el *rover* lunar en diciembre de 1972.

¿Dónde han vivido y trabajado las personas en el espacio?

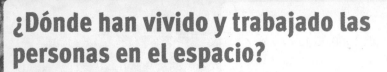

Lectura con propósito 11 **Evalúa** Mientras lees, subraya los diferentes usos de la tecnología de los transbordadores espaciales.

Como puedes imaginarte, la tecnología de los cohetes es potencialmente peligrosa. Los cohetes también son costosos, si tenemos en cuenta que no pueden volver a usarse. A partir de la década de 1970, la NASA hizo planes para construir naves espaciales que no solo fueran habitables sino también reutilizables.

En transbordadores espaciales

Los *transbordadores espaciales* son vehículos espaciales tripulados que despegan con la ayuda de cohetes aceleradores y combustible líquido. Estas naves espaciales aterrizan en la Tierra planeando como los aviones, y usan paracaídas para reducir la velocidad. Tanto el transbordador como sus cohetes aceleradores son reutilizables. Cuando están en el espacio, los transbordadores espaciales orbitan la Tierra.

Las misiones de los transbordadores comenzaron con el lanzamiento del transbordador *Columbia*, en 1981. En total, entre 1981 y 2011, se han realizado más de 100 misiones con seis transbordadores: *Enterprise, Columbia, Challenger, Discovery, Atlantis* y *Endeavour*. Las misiones a bordo de los transbordadores fueron una manera importante de reunir datos, lanzar satélites y transportar materiales. Los transbordadores espaciales también se acoplaban con la *Estación Espacial Internacional*.

Transbordadores que llevaban provisiones viajaron hasta la **Estación Espacial Internacional** y se acoplaron con ella.

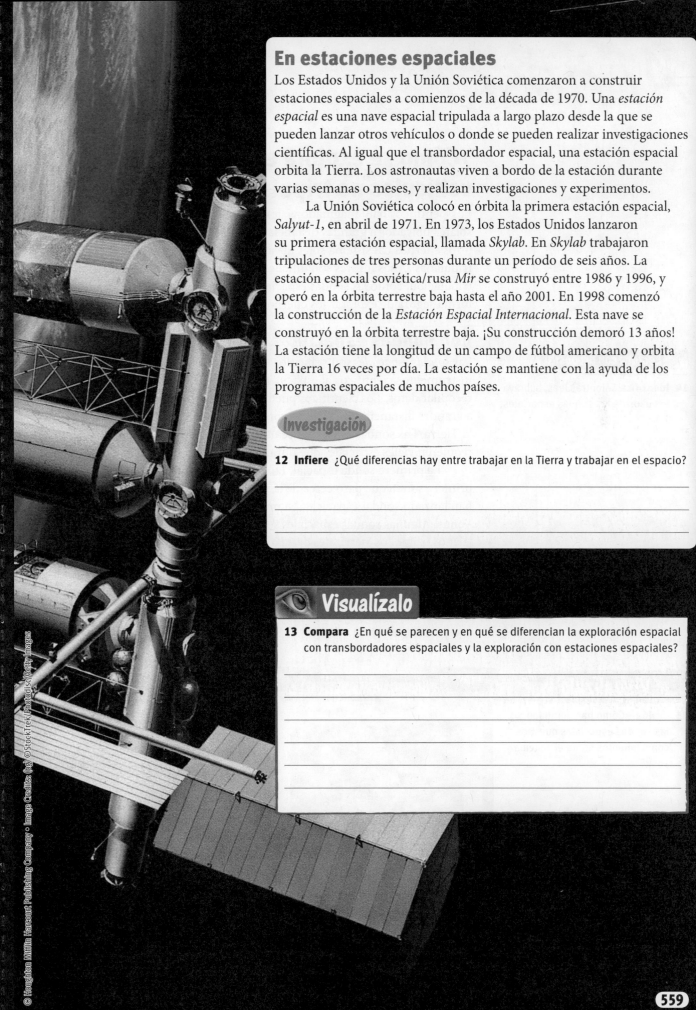

En estaciones espaciales

Los Estados Unidos y la Unión Soviética comenzaron a construir estaciones espaciales a comienzos de la década de 1970. Una *estación espacial* es una nave espacial tripulada a largo plazo desde la que se pueden lanzar otros vehículos o donde se pueden realizar investigaciones científicas. Al igual que el transbordador espacial, una estación espacial orbita la Tierra. Los astronautas viven a bordo de la estación durante varias semanas o meses, y realizan investigaciones y experimentos.

La Unión Soviética colocó en órbita la primera estación espacial, *Salyut-1*, en abril de 1971. En 1973, los Estados Unidos lanzaron su primera estación espacial, llamada *Skylab*. En *Skylab* trabajaron tripulaciones de tres personas durante un período de seis años. La estación espacial soviética/rusa *Mir* se construyó entre 1986 y 1996, y operó en la órbita terrestre baja hasta el año 2001. En 1998 comenzó la construcción de la *Estación Espacial Internacional*. Esta nave se construyó en la órbita terrestre baja. ¡Su construcción demoró 13 años! La estación tiene la longitud de un campo de fútbol americano y orbita la Tierra 16 veces por día. La estación se mantiene con la ayuda de los programas espaciales de muchos países.

Investigación

12 Infiere ¿Qué diferencias hay entre trabajar en la Tierra y trabajar en el espacio?

_____

_____

_____

Visualízalo

13 Compara ¿En qué se parecen y en qué se diferencian la exploración espacial con transbordadores espaciales y la exploración con estaciones espaciales?

_____

_____

_____

_____

_____

Al pasar

¿Cómo se explora el espacio con vehículos no tripulados?

Los científicos han imaginado viajes a planetas, lunas e incluso sistemas solares ubicados a grandes distancias de la Tierra. Sin embargo, alcanzar otros cuerpos del sistema solar lleva años o incluso décadas. Las misiones tripuladas a esos lugares son difíciles y peligrosas. Los vehículos sin tripulación, como las sondas espaciales y los orbitadores, ofrecen una forma segura de explorar los cuerpos del espacio sin involucrar personas.

Con sondas espaciales

Las *sondas espaciales* son vehículos sin tripulación que transportan instrumentos científicos al espacio, más allá de la órbita terrestre, para recopilar datos. Los científicos pueden estudiar planetas y lunas ubicados a grandes distancias de la Tierra con los datos que envían las sondas a la Tierra. Las sondas espaciales se utilizan para realizar misiones que requieren viajes espaciales que duran varios años.

La primera sonda espacial, *Luna 1*, fue lanzada en 1959. Fue la primera sonda que pasó cerca de la Luna. Desde entonces, los científicos han lanzado sondas espaciales en misiones de acercamiento a Mercurio y Venus. Algunas sondas espaciales se diseñaron para aterrizar en planetas lejanos, como los aterrizajes de *Viking 1* y *Viking 2* en Marte, en 1976. Otras sondas espaciales se han utilizado para explorar los lugares más alejados del sistema solar. En 1977, se lanzó la sonda *Voyager 2* para explorar los planetas gigantes gaseosos. Después de terminar su misión de 33 años, hoy la sonda está a punto de salir del sistema solar y dirigirse al espacio interestelar.

© Houghton Mifflin Harcourt Publishing Company • Image Credits: (l) ©SPL/Getty Images; (r) ©Ludek Pesek/National Geographic/Getty Images

---

Lectura con propósito

14 Identifica Mientras lees, subraya los usos de las sondas espaciales.

Visualízalo

15 Evalúa ¿Cómo han ampliado las sondas espaciales nuestros conocimientos sobre el sistema solar?

_____

_____

_____

_____

_____

_____

_____

1950	1960	1970

En 1962, la sonda *Mariner 2* pasó con éxito a menos de 35,000 km de Venus y envió a la Tierra datos sobre el planeta. En esta foto, se ve a un grupo de técnicos colocando los paneles solares que daban energía a la sonda.

En 1972, la sonda *Pioneer 10* fue la primera en viajar a través del cinturón de asteroides y hacer observaciones de Júpiter.

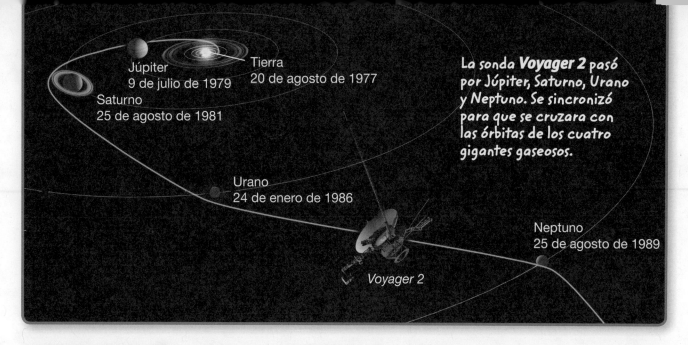

Júpiter
9 de julio de 1979

Tierra
20 de agosto de 1977

Saturno
25 de agosto de 1981

La sonda **Voyager 2** pasó por Júpiter, Saturno, Urano y Neptuno. Se sincronizó para que se cruzara con las órbitas de los cuatro gigantes gaseosos.

Urano
24 de enero de 1986

Neptuno
25 de agosto de 1989

Voyager 2

Con orbitadores

Un *orbitador* es una nave espacial que viaja a un planeta y entra en órbita a su alrededor. Varios orbitadores exploraron las características planetarias de Marte. El primero, *Mars Odyssey,* se lanzó en 2001. Ingresó en la órbita de Marte después de viajar siete meses por el espacio. Dos de las misiones de este orbitador consisten en trazar mapas de la superficie de Marte y recopilar datos sobre la composición química del planeta. En 2011, el orbitador *Mars Odissey* seguía activo.

El orbitador *Mars Express,* de la Agencia Espacial Europea, fue lanzado en 2003 y se usa para buscar señales de agua en Marte. También contribuyó al trazado de los mapas de la superficie de Marte y al estudio de la composición atmosférica del planeta. En 2006, llegó a Marte el orbitador *Mars Reconnaissance* de la NASA. Este orbitador cuenta con la cámara más potente que jamás se haya enviado para observar otro planeta. La cámara puede usarse para guiar a futuras naves espaciales para que aterricen con precisión en la superficie de Marte.

Piensa libremente

16 Haz una investigación Investiga una sonda o un orbitador específico y su misión. ¿Qué descubrió?

1980 1990 2000 2010

La sonda espacial *Galileo* se separó del transbordador espacial *Atlantis* en 1989 para estudiar a Júpiter y sus lunas. Pasó por Júpiter en 1995.

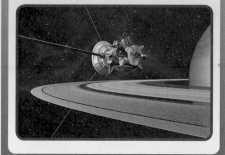

En 1997, se lanzó la sonda espacial *Cassini-Huygens* para estudiar el planeta Saturno y sus lunas, incluidas Encélado y Titán.

El cometa Temple 1 fue el objetivo de la sonda espacial *Deep Impact,* que en 2005 lanzó una de sus secciones, llamada Impactador, al interior del cometa para estudiar su composición.

Esta fotografía de 1958 muestra a un grupo de científicos examinando el prototipo del **Explorer I,** el primer satélite que los Estados Unidos colocaron en el espacio.

Con módulos de aterrizaje y *rovers*

Imagina que puedes ver la superficie de un planeta desde la Tierra. La exploración robótica de la superficie de los planetas y otros cuerpos del espacio se realiza con módulos de aterrizaje. Un *módulo de aterrizaje* está diseñado para aterrizar en la superficie de un planeta y enviar datos a la Tierra. Un *rover* es un vehículo que se usa para explorar físicamente la superficie de un planeta desplazándose sobre ella. La ventaja principal de los módulos de aterrizaje y de los *rovers* es que pueden realizar experimentos con el suelo y las rocas. También pueden hacer mediciones directas de las condiciones de la superficie, como la temperatura y los vientos.

En 1997, el *Mars Pathfinder*, un módulo de aterrizaje lanzado en 1996, colocó al *rover Sojourner* en la superficie de Marte. En 2003, la NASA envió dos *rovers* más, llamados *Spirit* y *Opportunity*, para explorar Marte. Los *rovers* recorrieron la superficie marciana en busca de agua y evidencia de medio ambientes que pudieran ser aptos para el desarrollo de la vida.

Lectura con propósito

17 Enumera Mientras lees, subraya las ventajas de utilizar módulos de aterrizaje y *rovers* en la exploración de la superficie de los planetas.

Visualízalo

18 Evalúa ¿Qué hemos aprendido sobre Marte gracias a los módulos de aterrizaje y los *rovers*?

_____
_____
_____
_____
_____
_____
_____
_____

1950   1960   1970

En 1962, los técnicos unieron el satélite *Telstar* a un cohete Delta para su lanzamiento. *Telstar* fue el primer satélite que transmitió señales de TV.

El *Viking 2* aterrizó en Marte en 1976 y tomó más de 16,000 imágenes de la superficie marciana. Este módulo de aterrizaje dejó de funcionar en 1978.

Telstar

Receptor

Transmisor

Los satélites permiten que nos comuniquemos por todo el mundo y contribuyen a que el mundo sea una aldea global.

Visualízalo

Con satélites artificiales

Cuando enciendes un televisor o un teléfono celular, generalmente hay un satélite ubicado en lo alto de la atmósfera que posibilita esta comunicación. Un *satélite artificial* es cualquier objeto hecho por los seres humanos y colocado en órbita alrededor de un cuerpo del espacio. Los satélites orbitan la Tierra a altas velocidades. Cada satélite tiene una función específica, como reunir datos meteorológicos, transmitir señales de radio y televisión, ayudar en la navegación y estudiar la superficie terrestre.

El satélite *Echo I* fue uno de los primeros satélites de comunicación. Fue lanzado por los Estados Unidos en 1960. Ese mismo año, también se lanzó el primer satélite meteorológico. Contaba con una cámara de vídeo para registrar las observaciones de la atmósfera de la Tierra. Desde 1978, los Estados Unidos operan un sistema global de navegación por satélite. Estos sistemas de satélites se utilizan para localizar lugares específicos de la Tierra. Hay cientos de satélites activos en órbita alrededor de la Tierra.

19 Infiere ¿Cómo transmiten datos a la Tierra los satélites?

_____

_____

_____

_____

_____

1980   1990   2000   2010

En 1996, el módulo de aterrizaje *Mars Sojourner* analizó la superficie de Marte con un espectrómetro de rayos X.

Los *rovers* de exploración de Marte *Spirit* y *Opportunity* exploraron lados opuestos de la superficie de Marte en 2004.

En 2009, la Administración Nacional Oceánica y Atmosférica (NOAA, por sus siglas en inglés) se preparó para el lanzamiento de un satélite meteorológico de órbita polar.

Resumen visual

Para completar este resumen, marca el recuadro que indica verdadero o falso. Luego usa la clave para comprobar tus respuestas. Puedes usar esta página para repasar los conceptos principales de la lección.

Historia de la exploración del espacio

La exploración orbital tripulada del espacio se realiza en una nave espacial piloteada que orbita la Tierra o viaja a la Luna.

V F

20 ☐ ☐ La primera misión de un vuelo espacial orbital tripulado se llevó a cabo con el proyecto Géminis de la NASA en 1961.

Las sondas espaciales son vehículos no tripulados que llevan instrumentos científicos al espacio que está más allá de la órbita terrestre para reunir datos.

V F

21 ☐ ☐ Las sondas espaciales pueden desplazarse por la superficie de un planeta.

Una estación espacial es una nave espacial tripulada que orbita a largo plazo y desde la cual se pueden lanzar otros vehículos o realizar investigaciones científicas.

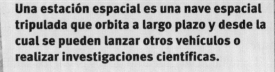

V F

22 ☐ ☐ Las estaciones espaciales son lugares donde los seres humanos pueden realizar actividades cotidianas como comer, dormir y trabajar.

Respuestas: 20 F; 21 F; 22 V

23 Compara ¿Qué ventajas y desventajas tienen las misiones tripuladas y las no tripuladas?

Repaso de la lección

Vocabulario

Escribe el término correcto en los espacios en blanco para completar las siguientes oraciones.

1 Un _____ es un objeto construido por los seres humanos que se pone en órbita alrededor de un cuerpo del espacio.

2 La _____ es una agencia del gobierno que dirige el programa espacial de los Estados Unidos.

3 Un vehículo que está diseñado para desplazarse y recopilar datos de la superficie de un planeta se denomina _____.

Conceptos clave

4 Enumera Identifica cuatro maneras en que las personas pueden explorar el espacio directamente.

_____

_____

_____

5 Identifica ¿Cuáles son cinco maneras en las que se puede explorar y estudiar el espacio sin estar físicamente allí?

_____

_____

_____

_____

6 En pocas palabras Describe tres logros relacionados con la exploración del espacio en los que hayan participado los Estados Unidos.

_____

_____

_____

_____

_____

Razonamiento crítico

Usa la imagen para responder la siguiente pregunta.

7 Infiere ¿Esta es una imagen de un orbitador o de un *rover*? ¿Cómo lo sabes?

_____

_____

_____

8 Relaciona ¿En qué se parecen preparar una misión espacial y planificar un campamento? ¿En qué se diferencian?

_____

_____

_____

_____

_____

_____

9 Evalúa ¿Qué tipo de tecnología usarías para estudiar los planetas gigantes gaseosos?

_____

_____

_____

_____

Mis apuntes

Hacer una presentación

TEKS **6.3D** relacione el impacto de la investigación en el pensamiento científico y en la sociedad, incluyendo la historia de la ciencia y las contribuciones de los científicos en cada tema.

6.11C describa la historia y el futuro de la exploración espacial, incluyendo los tipos de equipo y transporte necesarios para los viajes espaciales.

Una buena comunicación es importante para compartir ideas. Los científicos pueden presentar sus investigaciones frente a cientos de personas en una conferencia, o tú puedes tener que presentar un proyecto de ciencias a tu clase. Al igual que los científicos, tú también tienes que ser capaz de comunicar tus ideas de manera interesante y efectiva.

Instrucción

Los siguientes pasos son pautas para preparar y hacer una presentación.

1 Elige el medio ¿Tu presentación será en papel o será electrónica? El propósito de tu presentación y los medios disponibles a menudo guiarán tu decisión.

2 Prepárate para tu público Tu presentación debe narrar una historia, y la historia debe mantener interesado a tu público. Cuanto menos sepa el público sobre el tema, más simple deberá ser el esquema.

3 Menos es más Presentar y explicar pocas ideas con claridad hará que tu presentación sea más fácil de comprender que si la llenas de ideas e imágenes.

4 Practica tu presentación La mejor manera de recordar tu presentación y los puntos sobre los que quieres hacer hincapié es tomándote tu tiempo para crearla y luego practicarla.

5 Cita tus fuentes Recuerda agregar tus fuentes. También agradece a las personas que te ayudaron a crear tu presentación. El plagio es el acto de presentar el trabajo de otro como propio. El plagio nunca es aceptable.

¡Inténtalo!

Observa esta presentación con formato de cartel. Presenta dos sondas espaciales de la NASA que fueron lanzadas para reunir información sobre el sistema solar y el espacio interplanetario. Identifica qué elementos de la presentación son buenos e identifica cómo o por qué la presentación podría cambiarse en función del público.

Tu público debe ser capaz de comprender tu presentación.

Misiones de la NASA para reunir información sobre el sistema solar y más allá

Voyager 2

Lanzamiento: agosto de 1977

Objetivo: estudiar Júpiter, Saturno y Neptuno

Explorador de la Frontera Interestelar (IBEX, por sus siglas en inglés)

Lanzamiento: octubre de 2008

Objetivo: trazar un mapa de los límites entre el sistema solar y el espacio interestelar

1 Este cartel es una presentación sencilla que da información limitada sobre cada misión. Si tuvieras que profundizar sobre una de estas misiones, ¿cuál elegirías? ¿Qué información añadirías a tu presentación?

_____

_____

_____

_____

2 ¿Qué fuentes crees que son las más confiables para la información que necesitas para tu presentación?

_____

_____

_____

3 Si tuvieras que presentar este cartel a una clase de kindergarten, ¿cambiarías algo? Explica tu respuesta.

_____

_____

_____

4 ¿Podrías usar esta presentación en una feria de ciencias? Explica tu respuesta.

_____

_____

_____

5 ¿Qué otros medios podrían hacer que esta información sea más interesante para el público?

_____

_____

_____

Para la casa

Las dos sondas espaciales Voyager (Voyager 1 y Voyager 2) llevan discos bañados en oro que contienen información sobre la Tierra. Investiga cuál es el contenido de esos discos y resume cómo se presenta y explica la información en ellos.

Tecnología para la exploración del espacio

PREGUNTA ESENCIAL

¿Cómo exploramos el espacio?

Cuando termines esta lección, podrás analizar el papel de la tecnología en la exploración del espacio.

Las sondas espaciales, como la que se representa artísticamente en esta ilustración, viajan a planetas lejanos de nuestro sistema solar y transmiten datos a la Tierra.

TEKS **6.11C** describa la historia y el futuro de la exploración espacial, incluyendo los tipos de equipo y transporte necesario para los viajes espaciales.

Actividades de laboratorio de la lección

Actividades rápidas de laboratorio
- Analizar imágenes satelitales
- Diseñar una nave espacial

Actividad de S.T.E.M. de laboratorio
- Construir un cohete

Ponte a pensar

1 Predice Marca V o F para mostrar si cada enunciado es verdadero o falso.

V   F

☐ ☐ Los astronautas pueden viajar a planetas lejanos del sistema solar.

☐ ☐ El transbordador espacial orbita alrededor de la Luna.

☐ ☐ Los satélites artificiales que están en el espacio pueden ayudarte a encontrar lugares en la Tierra.

☐ ☐ Los *rovers* exploran la superficie de los planetas y las lunas.

2 Describe Escribe una leyenda para esta foto.

Lectura con propósito

3 Aplica Usa las claves del contexto para escribir tu propia definición de las palabras *analizar* y *transmitir*.

Oración de ejemplo
Algunas naves espaciales cuentan con tecnología con la que se puede <u>analizar</u> el suelo y muestras de rocas de objetos en el espacio.

analizar:

Oración de ejemplo
Los satélites <u>transmiten</u> datos a la Tierra.

transmitir:

Términos de vocabulario
- **transbordador espacial**
- **estación espacial**
- **sonda espacial**
- **orbitador**
- **módulo de aterrizaje**
- ***rover***
- **satélite artificial**

4 Identifica Mientras lees, escribe un signo de interrogación al lado de las palabras que no entiendas. Cuando termines de leer la lección, vuelve atrás y repasa el texto que marcaste. Si la información sigue siendo confusa, consulta a un compañero o a tu maestro.

Más allá de las nubes

¿Qué dos tipos de tecnología se usan para explorar el espacio?

Para explorar el espacio se usan tecnologías tripuladas y no tripuladas. La tecnología tripulada, como las naves espaciales, lleva astronautas a bordo. Los astronautas son personas que conducen las naves espaciales o completan misiones a bordo de la nave. La tecnología no tripulada transporta instrumentos científicos que reúnen datos. Estos datos se envían a la Tierra para que los científicos los analicen.

¿Cómo llegan al espacio los vehículos tripulados?

El 12 de abril de 1961, Yuri Gagarin se convirtió en el primer ser humano en orbitar la Tierra. Desde entonces, las personas siguen viajando al espacio. Los primeros vehículos que transportaron a seres humanos al espacio tenían muy poco lugar para la tripulación. Luego se desarrolló el transbordador espacial, que hizo posible que las personas pasaran más tiempo viviendo y trabajando en el espacio. Todos los vehículos llegaban al espacio con la ayuda de cohetes grandes.

Con cohetes

Para viajar lejos de la Tierra, los cohetes grandes deben vencer la fuerza de gravedad terrestre. Un *cohete* es una máquina que usa gas, que suele provenir de la quema de combustible, para vencer la atracción gravitacional terrestre. Los cohetes lanzan al espacio vehículos tripulados y no tripulados. En las primeras misiones espaciales, las cápsulas que llevaban a los astronautas se separaban de los cohetes. Los cohetes se autodestruían y las cápsulas "se zambullían" en el océano y se recuperaban, pero no se reutilizaban

Con transbordadores espaciales

Un **transbordador espacial** es una nave reutilizable que despega con la ayuda de cohetes aceleradores y combustible líquido y planea hasta un sitio de aterrizaje en la Tierra, como un avión. El programa estadounidense de transbordadores espaciales llevaba astronautas y provisiones hasta órbitas alrededor de la Tierra y los traía de vuelta. En 1981, la NASA lanzó el primer transbordador de una flota de seis: el *Columbia*. Entre 1981 y 2011, hubo más de 100 misiones. El transbordador usaba dos cohetes aceleradores sólidos que se separaban de él y se reutilizaban.

📖 **Lectura con propósito** 5 **Explica** ¿Para qué se usan los cohetes aceleradores sólidos?

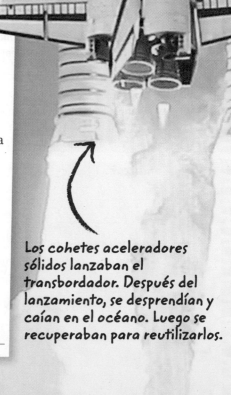

Los cohetes aceleradores sólidos lanzaban el transbordador. Después del lanzamiento, se desprendían y caían en el océano. Luego se recuperaban para reutilizarlos.

¿Cuáles son algunas de las tecnologías que permiten a las personas vivir en el espacio?

Los astronautas viajaron a la Luna. Hasta ahora, ningún ser humano llegó a otros objetos más lejanos del sistema solar porque hay que vencer muchos desafíos tecnológicos, como tener suficiente combustible para un largo viaje de regreso. Otros desafíos son tener suficiente aire, agua y alimentos para un viaje largo. Además, la nave espacial debe estar aislada del intenso frío del espacio y protegida de la peligrosa radiación del Sol.

Los trajes espaciales protegen a los astronautas cuando trabajan fuera de la nave. Pero los astronautas enfrentan desafíos aun dentro de la nave. En el espacio, todo parece ingrávido. Las tareas simples, como comer y beber, resultan difíciles. El cuerpo humano sufre problemas en los ambientes ingrávidos. Los huesos y los músculos se debilitan. Por eso, los astronautas deben ejercitar todos los días para fortalecer el cuerpo.

Las personas pueden vivir y trabajar en el espacio en estaciones espaciales. Una **estación espacial** es una nave espacial tripulada de largo plazo en la que pueden realizarse investigaciones científicas. Hoy en día, la *Estación Espacial Internacional* es la única estación que orbita alrededor de la Tierra.

Visualízalo

Los trajes espaciales protegen a los astronautas de las temperaturas extremas y de los golpes de micrometeoroides en el espacio. Proporcionan oxígeno y eliminan el exceso de dióxido de carbono.

7 **Identifica** ¿Cuáles son algunas de las tecnologías que usan los seres humanos para sobrevivir fuera de la nave en el espacio?

Los trajes presurizados protegen al astronauta del vacío del espacio.

Un equipo de apoyo vital proporciona oxígeno y elimina el dióxido de carbono.

El astronauta está atado al transbordador a la altura de la cintura.

El casco contiene un equipo de comunicación y un visor protector.

El telescopio espacial Hubble capturó esta asombrosa imagen de la Supernova SN1987A en la Gran Nube de Magallanes y transmitió la imagen a la Tierra.

Miremos hacia arriba

¿Qué tecnologías no tripuladas se usan para explorar el espacio?

La mayoría de los objetos del espacio se encuentran demasiado lejos para que los astronautas los visiten. Para recopilar información sobre esos objetos, los científicos e ingenieros desarrollaron tecnologías no tripuladas, como los telescopios y las sondas espaciales, los orbitadores, los módulos de aterrizaje y los *rovers*.

Telescopios en el espacio

La atmósfera de la Tierra bloquea algunos tipos de luz y además, distorsiona la luz que la atraviesa. Por esta razón, es difícil obtener imágenes claras de los objetos del espacio profundo. Para obtener imágenes más claras, se colocan algunos telescopios en la órbita terrestre. Las computadoras de los telescopios recopilan datos y los transmiten a la Tierra. Por ejemplo, el *telescopio espacial Hubble* es un telescopio reflector que se colocó en órbita en 1990. Este telescopio detecta la luz visible y también la radiación ultravioleta e infrarroja. Gracias a él, hemos aprendido mucho más sobre el universo.

Otros telescopios espaciales reúnen datos mediante distintos tipos de radiación electromagnética. El *Observatorio de Rayos X Chandra* y el *Observatorio de Rayos Gamma Compton* se colocaron en el espacio porque la atmósfera de la Tierra bloquea casi todos los rayos X y rayos gamma.

Lectura con propósito **8 Relaciona** ¿Cuál es una de las ventajas de colocar un telescopio en el espacio?

_____

_____

Sondas espaciales

Una **sonda espacial** es un vehículo sin tripulación que transporta instrumentos científicos hacia los objetos lejanos del espacio. Las sondas contienen una variedad de instrumentos para reunir datos y computadoras a bordo para procesar los datos que luego se envían a la Tierra.

Algunas sondas pueden recolectar materiales y enviarlos a la Tierra. En 2004, la sonda espacial *Stardust* de la NASA recolectó muestras de polvo cuando pasó cerca de un cometa. Dos años más tarde, las partículas llegaron a la Tierra para ser analizadas. ¡Fue la primera vez que se trajeron a la Tierra muestras de lugares más lejanos que la Luna!

Las sondas espaciales han sido especialmente útiles para estudiar las atmósferas de los planetas gigantes gaseosos. Las sondas de exploración atmosférica se lanzan a la atmósfera del planeta desde una nave espacial. Estas sondas envían datos atmosféricos a la nave durante un período de tiempo corto, antes de ser destruidas en la atmósfera del planeta. Recuerda que los planetas gigantes gaseosos no tienen superficies sólidas donde aterrizar. La presión dentro de sus atmósferas es mucho mayor que la presión atmosférica de la Tierra.

El módulo de aterrizaje *Mars Pathfinder* aterrizó en Marte en 1997. Encontró evidencia de que una vez hubo agua en la superficie del planeta.

Esta representación artística muestra el encuentro de la sonda espacial *Stardust* con el cometa Wild 2, en 2004.

Visualízalo

10 Compara ¿En qué se parecen las sondas espaciales y los módulos de aterrizaje? ¿En qué se diferencian?

_____

_____

_____

Orbitadores

Un **orbitador** es una nave espacial no tripulada diseñada para orbitar alrededor de otro objeto del espacio. Cuando el orbitador se acerca a su objetivo, se encienden los motores del cohete para reducir la velocidad de la nave espacial para que pueda entrar en órbita. Desde la Tierra, los controladores pueden poner una nave espacial en órbita alrededor de un planeta lejano o de sus lunas.

Los orbitadores se pueden usar para estudiar un planeta durante largos períodos de tiempo. Para observar cambios en la atmósfera o en la superficie se usan cámaras de a bordo y otros equipos. También se usan instrumentos para medir la temperatura y determinar las altitudes de las características de la superficie. Los orbitadores pueden tomar una foto de toda la superficie de un planeta. A partir de esos datos, los científicos pueden crear mapas detallados de los cuerpos del sistema solar.

Lectura con propósito **9 Describe** ¿Qué información pueden obtener los científicos de los orbitadores?

_____

_____

_____

Módulos de aterrizaje y *rovers*

Los orbitadores permiten que los astrónomos creen mapas detallados de los planetas. Sin embargo, los orbitadores no aterrizan en el planeta o la luna. Esta tarea es realizada por módulos de aterrizaje controlados por científicos desde la Tierra. Un **módulo de aterrizaje** es una nave diseñada para aterrizar en la superficie de un cuerpo del espacio. Se han colocado módulos con éxito en la Luna, Venus, Marte y Titán, una de las lunas de Saturno. Algunos módulos, como el *Mars Pathfinder*, han enviado datos durante años. Las imágenes captadas por un módulo de aterrizaje son más detalladas que las de un orbitador.

Además, un módulo de aterrizaje puede transportar un *rover*. Un **rover** es un vehículo pequeño que sale del módulo de aterrizaje. Su tarea es explorar la superficie de un planeta o luna más allá del sitio de aterrizaje. Tanto los módulos de aterrizaje como los *rovers* pueden tener brazos mecánicos para recolectar rocas, polvo y muestras del suelo.

Una de las misiones espaciales más exitosas fue la misión *Rover Explorador de Marte* de 2004. Durante la misión, aterrizaron dos módulos de aterrizaje en Marte. Los *rovers*, el *Spirit* y el *Opportunity*, tomaron fotos increíbles de la superficie de Marte. También hallaron evidencia de la existencia de agua debajo de la superficie de ese planeta.

Miremos hacia abajo

¿Cómo se usan los satélites para observar la Tierra?

Lectura con propósito

11 Identifica Mientras lees, subraya cuatro ejemplos de diferentes tipos de satélites.

Un satélite es cualquier objeto en el espacio que orbita alrededor de otro objeto. Un **satélite artificial** es un objeto hecho por los seres humanos y colocado en órbita alrededor de un cuerpo en el espacio. Los satélites artificiales orbitan la Tierra y envían datos sobre nuestro planeta a las estaciones de la superficie. Algunos ejemplos son los satélites de teledetección, de navegación, meteorológicos y de comunicación.

    ¿Alguna vez has visto imágenes de una gran tormenta tropical en un informe meteorológico? Estas imágenes se envían a la Tierra desde satélites meteorológicos. Estos satélites permiten que los científicos sigan las tormentas y emitan alarmas meteorológicas con anticipación. Con los satélites meteorológicos también se observan las condiciones ambientales, como los cambios de temperatura del océano. Los satélites de teledetección se usan para estudiar la Tierra desde el espacio, trazar mapas del suelo oceánico, identificar fuentes de contaminación, determinar el tamaño campos de hielo y elaborar mapas de los distintos bosques del mundo. Los astronautas de la *Estación Espacial Internacional* han tomado fotogs de volcanes en distintas etapas de erupción.

    El Sistema de Posicionamiento Global (GPS, por sus siglas en inglés), puede ayudar a determinar la ubicación exacta de un usuario en la Tierra. Los científicos usan el GPS para rastrear la vida silvestre. Las personas lo usan para encontrar ubicaciones en mapas electrónicos. Los satélites de comunicación transmiten señales de televisión y teléfono a largas distancias.

Investigación

12 Aplica Menciona dos características de la superficie terrestre que se pueden estudiar desde el espacio y que no se hayan ejemplificado aquí.

Por medio de los satélites, los científicos pueden estudiar imágenes de las características de la Tierra, tomadas desde el espacio, como la erupción del volcán Gaua, ubicado en el océano Pacífico Sur.

La exploración del océano

Aunque no lo parezca, la exploración submarina y la exploración espacial tienen algo en común. Ambas se valen de la tecnología avanzada para observar los lugares que a los seres humanos les resultan difíciles o peligrosos de explorar.

Sumergibles oceánicos

Tanto los científicos marinos como los espaciales investigan áreas que la mayoría de los seres humanos nunca podrán visitar. Los sumergibles oceánicos pueden estar tripulados o no.

Chimeneas negras

Las chimeneas hidrotermales se encuentran en el suelo oceánico, donde la presión es demasiado alta para los seres humanos.

Gusanos tubulares

En la década de 1970, un grupo de científicos a bordo de un sumergible descubrió gusanos tubulares gigantes que vivían cerca de una chimenea oceánica. Asimismo, los científicos de la NASA examinan las condiciones extremas de Marte y de otros planetas en busca de algún signo de vida.

Ampliar

Investigación

13 Identifica Menciona dos semejanzas entre la exploración submarina y la exploración espacial.

14 Haz una investigación y anota Enumera algunas características de un sumergible oceánico, por ejemplo, el sumergible *Alvin*. ¿En qué se parece la estructura de un sumergible a la estructura de una nave espacial?

15 Recomienda Respalda la financiación de la exploración submarina mediante una de las siguientes opciones:
- escribe una carta.
- diseña un aviso para una revista científica.
- escribe un guión para un comercial de radio.

Los viajes espaciales

¿Cuáles son algunos objetivos de la exploración espacial tripulada?

Las naves espaciales han explorado lugares lejanos de nuestro sistema solar. Debido a algunas limitaciones tecnológicas, estas misiones se han llevado a cabo sin tripulación. Ningún ser humano ha podido viajar más allá de la Luna, pero, en poco tiempo, las personas podrían regresar a la Luna e incluso ir más lejos. La NASA planea realizar exploraciones espaciales tripuladas. Por ejemplo, hay planes para enviar misiones a la Luna, a asteroides cercanos a la Tierra y a Marte.

Explorar el espacio cislunar

El *espacio cislunar* es la región del espacio que se encuentra entre la atmósfera de la Tierra y la órbita de la Luna. Las misiones tripuladas al espacio cislunar se usan para conocer los efectos sobre el cuerpo humano de la exploración espacial a largo plazo. La NASA está desarrollando planes para establecer un complejo en este espacio. Se ubicaría donde la fuerza gravitacional de la Tierra y la de la Luna se neutralizaran. En ese lugar del espacio, se puede "estacionar" un complejo espacial por mucho tiempo. Hay lugares de la región cislunar que pueden usarse como escalas para las misiones tripuladas y no tripuladas a Marte y a otros lugares incluso más lejanos. En estos lugares también podrían ensamblarse grandes naves espaciales y equipos de exploración.

Explorar la Luna

Varios países están desarrollando planes para instalar una base de investigación tripulada en la Luna. Una base lunar permitiría que los astronautas vivan y trabajen sobre la superficie lunar durante largos períodos de tiempo.

Los científicos están ansiosos por regresar a la Luna por diversas razones. Los datos sobre el suelo lunar que recopilaron los *rovers* y las misiones espaciales tripuladas indican que el suelo puede brindar información sobre cómo era la Tierra en sus comienzos. El suelo lunar también contiene recursos valiosos, como oxígeno, agua, silicio, aluminio y titanio. Estos recursos pueden usarse para producir combustible para cohetes, agua potable y los materiales para la construcción que se necesitan para establecer una base lunar.

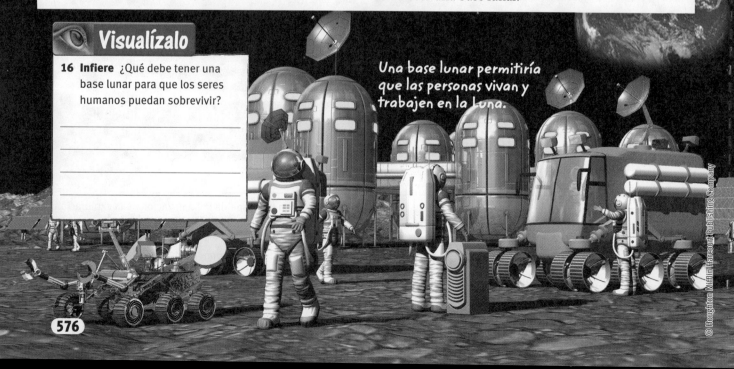

Visualízalo

16 Infiere ¿Qué debe tener una base lunar para que los seres humanos puedan sobrevivir?

_____

_____

_____

_____

Una base lunar permitiría que las personas vivan y trabajen en la Luna.

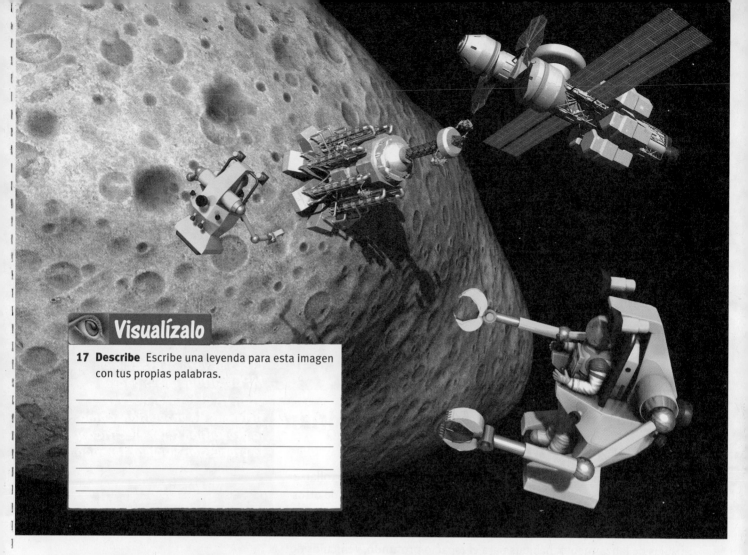

© Houghton Mifflin Harcourt Publishing Company

Visualízalo

17 Describe Escribe una leyenda para esta imagen con tus propias palabras.

_____

_____

_____

_____

Explorar asteroides cercanos a la Tierra

Los asteroides son pequeños cuerpos rocosos que están en el espacio. Son restos que han quedado del período en que se formó el sistema solar. Por lo tanto, los asteroides que orbitan cerca de la Tierra, o *asteroides cercanos a la Tierra*, contienen pistas sobre el principio de la historia del sistema solar. También pueden brindar información sobre nuestro propio planeta. Muchos asteroides chocaron contra la Tierra en épocas remotas. Es posible que hayan sido los responsables de traer los componentes necesarios para la vida a nuestro planeta.

Los científicos también quieren explorar los asteroides cercanos a la Tierra por razones de seguridad. Pueden probar maneras de desviar estos asteroides. Eso serviría para evitar posibles choques de asteroides con nuestro planeta. Además, es probable que los asteroides cercanos a la Tierra contengan minerales que pueden extraerse.

Las misiones tripuladas a asteroides serán difíciles. Los asteroides tienen poca gravedad o no tienen gravedad, sus velocidades de rotación son diferentes y pueden ser estructuralmente inestables. Son lugares difíciles de explorar.

Explorar Marte y sus lunas

Los planes más ambiciosos de la NASA para la realización de misiones tripuladas incluyen misiones a Marte y sus lunas. El planeta rojo es uno de los principales objetivos de todas las misiones tripuladas. Las misiones al espacio cislunar y a la superficie de la Luna aportarán datos que los científicos y los ingenieros pueden aprovechar para planear un viaje a Marte. Una vez que los astronautas llegaran a Marte, buscarían agua. También buscarían indicios de vida actual o de vida que alguna vez haya existido allí. Investigarían la superficie marciana y su atmósfera.

Los astronautas tendrían que enfrentar muchos desafíos. Por ejemplo, tendrían que lidiar con el rojo y fino polvo de Marte y los cambios de temperatura. Sin embargo, tal vez encuentren agua y otros recursos que necesiten en Marte.

Lectura con propósito 18 Identifica ¿Qué buscarían los astronautas en Marte?

_____

_____

Herramientas del espacio

El SLS llevará al espacio al **MPCV orión**. El SLS podría usar, en el futuro, nuevos sistemas de propulsión, como la propulsión solar eléctrica y la propulsión nuclear térmica.

¿Qué tecnologías del futuro se podrían usar para explorar el espacio?

Para apoyar las misiones tripuladas y no tripuladas, deben desarrollarse nuevos transportes y equipos. La NASA, las agencias espaciales de otros países y algunas empresas privadas están mejorando las tecnologías existentes y desarrollando nuevas. Estas tecnologías incluyen vehículos y cápsulas de lanzamiento, hábitats para el espacio profundo, vehículos de exploración espacial, sistemas de destino y sistemas robóticos.

Vehículos y cápsulas de lanzamiento

El Sistema de Lanzamiento Espacial (SLS, por sus siglas en inglés), es un nuevo tipo de vehículo de lanzamiento que planea construir la NASA. Reemplazará al transbordador espacial y llevará el Vehículo de Traslado Multipropósito Orión (MPCV, por sus siglas en inglés). El MPCV Orión es una cápsula. Puede llevar de dos a cuatro astronautas a lugares del espacio cislunar. Al principio, el SLS usará sistemas de propulsión con hidrógeno y oxígeno líquidos y cohetes aceleradores sólidos. Más adelante, los sistemas de propulsión podrían usar paneles solares. La energía solar acumulada se convertiría en electricidad para impulsar los propulsores. También se podría usar energía nuclear para los propulsores.

Lectura con propósito 19 **Identifica** ¿Qué nuevo vehículo de lanzamiento se piensa usar para llevar personas al espacio?

Lugares para vivir

Para permanecer mucho tiempo en la Luna o en Marte, los seres humanos necesitan un lugar seguro donde vivir. Los sistemas desarrollados por los seres humanos para vivir en la Luna o en Marte se llaman *hábitats para el espacio profundo*. Estos hábitats deben contar con sistemas de apoyo vital seguros que proporcionen a los astronautas aire limpio y agua potable. Además, deberán proteger a los seres humanos de la radiación y las temperaturas extremas. Es probable que los recursos sean limitados; por lo tanto, los hábitats deben tener formas de reducir el uso y el desperdicio de los recursos. Se usarán materiales reutilizables, reciclables o que puedan adaptarse para otros usos. Estos hábitats deberán ser capaces de satisfacer las necesidades de la tripulación durante largos períodos en el espacio. Por lo tanto, deben contar con tecnología médica y, también, con maneras de cultivar y almacenar alimentos.

Vehículos de exploración espacial

Los astronautas necesitarán vehículos para trasladarse de un lugar a otro sobre la superficie de un planeta o una luna. Los nuevos vehículos de exploración espacial tendrán cabinas presurizadas que se puedan adaptar a la gravedad. En las misiones tripuladas, los astronautas podrán salir de las cabinas presurizadas a través de un puerto donde se colocarán los trajes espaciales. Tal vez, algunos vehículos serán capaces de flotar sobre la superficie del planeta o la luna. También podrían sujetarse a un asteroide cercano a la Tierra o a una luna marciana. Otros vehículos de exploración espacial podrían tener brazos robóticos para recolectar muestras de suelo o rocas.

Sistemas de destino

Los sistemas de destino incluyen tecnologías que permiten a los astronautas permanecer en lugares alejados de los recursos de la Tierra. Los módulos de aterrizaje, por ejemplo, llevarían tripulación y carga hacia un lugar de destino como la Luna o Marte y los traerían de vuelta. En el lugar de destino, se necesitarían equipos para extraer recursos de la superficie, generar energía y explorar la superficie. Los sistemas de destino también incluirían equipos para construir y mantener los vehículos de exploración.

Robots y sistemas robóticos

Los sistemas robóticos y los robots ya se han usado para explorar el espacio. También forman parte de los planes para la exploración espacial del futuro. Los robots pueden resistir las condiciones adversas del espacio mejor que los seres humanos. Pueden trabajar con los astronautas y se pueden programar para llevar a cabo tareas peligrosas. También pueden hacer tareas repetitivas, lo que permite que los astronautas se dediquen al trabajo de investigación más complejo.

Los sistemas robóticos se pueden usar para procesar imágenes y trazar mapas del destino. Pueden evaluar las condiciones de un destino antes de que lleguen los astronautas para determinar si el lugar es habitable. También pueden probar técnicas de aterrizaje y recolectar muestras, como suelo y rocas.

Piensa libremente

20 Haz una investigación La exploración espacial del futuro incluye el uso de nuevos tipos de transporte, como los sistemas de propulsión. Investiga estos sistemas y descubre las ventajas y desventajas de cada uno. Crea un cartel que muestre cada tipo de sistema y sus ventajas y desventajas.

 **Visualízalo**

21 Identifica ¿Cuáles son algunos de los tipos de equipos que se muestran abajo?

_____

_____

_____

Los vehículos de exploración espacial y los hábitats para el espacio profundo pueden usarse en el futuro para la exploración de Marte.

Resumen visual

Para completar este resumen, escribe la palabra o la frase correcta en los espacios en blanco. Luego usa la clave para comprobar tus respuestas. Puedes usar esta página para repasar los conceptos principales de la lección.

Tecnología para la exploración del espacio

Los seres humanos usan la tecnología tripulada para viajar al espacio y regresar.

22 Para vencer la gravedad de la Tierra, el transbordador espacial usaba combustible líquido y _____.

Las naves espaciales no tripuladas pueden explorar planetas lejanos.

23 Para obtener imágenes más claras, los telescopios espaciales orbitan sobre _____.

Los nuevos equipos y transportes apoyarán la exploración del espacio futura.

24 En Marte, los astronautas usarían equipos para buscar indicios de vida y _____.

Respuestas: 22 cohetes aceleradores sólidos; 23 la atmósfera terrestre; 24 agua

25 **Ejemplifica** Da ejemplos del tipo de información que pueden obtener los científicos con cada tipo de nave espacial no tripulada.

Repaso de la lección

Vocabulario

Encierra en un círculo el término que complete mejor las siguientes oraciones.

1 Un *cohete / transbordador espacial* es una nave espacial tripulada reutilizable.

2 Un *módulo de aterrizaje / orbitador* es un tipo de satélite artificial.

3 Un *orbitador / rover* suele contar con brazos mecánicos para recolectar muestras de rocas.

4 *Un orbitador / Una sonda espacial* está más preparado/a para el estudio a largo plazo de un planeta o de una luna.

5 Un *cohete / transbordador espacial* transportaba a la tripulación en cápsulas que se separaban.

Conceptos clave

6 Enumera Da un ejemplo de cómo se usan los satélites meteorológicos para observar la Tierra.

_____

_____

7 Explica ¿Por qué la mayor parte de la exploración del espacio se realiza con naves espaciales que no tienen tripulación a bordo?

_____

_____

_____

8 En pocas palabras ¿Cuáles son los cuatro objetivos futuros de los viajes espaciales tripulados?

_____

_____

_____

9 Explica Menciona una ventaja de usar un orbitador para estudiar los objetos del espacio.

_____

_____

_____

Razonamiento crítico

Usa el diagrama para responder las siguientes preguntas.

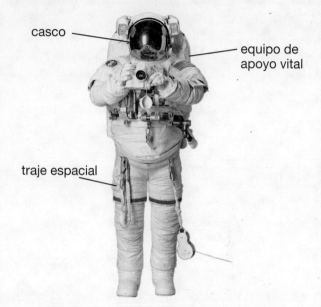

casco

equipo de apoyo vital

traje espacial

10 Identifica ¿Qué parte del traje espacial proporciona oxígeno a un astronauta?

_____

11 Infiere ¿De qué manera el diseño del traje espacial protege al astronauta cuando está fuera de la nave?

_____

_____

_____

12 Infiere ¿Por qué crees que es importante trazar mapas de la superficie de un planeta antes de que una nave espacial, como un módulo de aterrizaje, lleve astronautas allí?

_____

_____

_____

13 Analiza ¿Por qué los astronautas necesitarán equipos para extraer recursos en las bases espaciales futuras si permanecen mucho tiempo?

_____

_____

_____

Mis apuntes

Lección 1

PREGUNTA ESENCIAL

¿Cuáles son algunos hitos de la exploración del espacio?

Comprende algunos de los logros de la exploración del espacio.

Lección 2

PREGUNTA ESENCIAL

¿Cómo exploramos el espacio?

Analiza las formas en que las personas exploran el espacio exterior y evalúa el papel de la tecnología en la exploración del espacio.

Conectar **PREGUNTAS ESENCIALES**
Lecciones 1 y 2

1 Sintetiza Elige un vehículo espacial específico del pasado. Explica cómo puede combinarse este vehículo con tecnología avanzada para realizar nuevos programas de exploración del espacio en el futuro.

_____

_____

_____

_____

_____

_____

_____

Piensa libremente

2 Sintetiza Elige una de las siguientes actividades como ayuda para sintetizar lo que has aprendido en esta unidad.

☐ Usa lo que aprendiste en las lecciones 1 y 2 para escribir un cuento breve sobre un astronauta, sus experiencias en el entrenamiento y la misión espacial, y las formas en que la tecnología posibilitó su viaje al espacio.

☐ Usa lo que aprendiste en las lecciones 1 y 2 para crear una novela gráfica que muestre algunas de las limitaciones que enfrentan los seres humanos en la exploración del espacio.

Repaso de la Unidad 9

Nombre _____

Vocabulario

Escribe el término correcto en el espacio en blanco para completar la oración.

TEKS 6.11C

1 El/La_____ es el organismo estadounidense que se encarga de la exploración espacial mediante misiones tripuladas y no tripuladas.

TEKS 6.11C

2 Una máquina que usa gas que sale a gran velocidad para transportar objetos al espacio se llama _____.

TEKS 6.11C

3 Un/a _____ artificial es cualquier objeto hecho por los seres humanos, tripulado o no, puesto en órbita alrededor de un cuerpo en el espacio.

TEKS 6.11C

4 Un vehículo móvil no tripulado que se usa para explorar la superficie de otro planeta se llama _____.

5 El/La _____ era un vehículo tripulado que se usaba para viajar desde y hacia el espacio.

Conceptos clave

Elige la letra de la respuesta correcta.

TEKS 6.11C

6 El siguiente diagrama muestra el recorrido de una nave espacial lanzada al espacio en 1977.

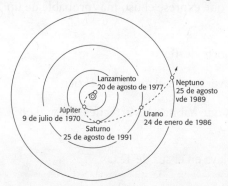

¿Qué tipo de nave espacial es más probable que haya hecho este recorrido? (Pista: Paso 1: Observa el recorrido de la nave espacial y decide si el viaje habría necesitado tripulación. Paso 2: Decide si la nave espacial puede permanecer en órbita o necesita desplazarse por el espacio).

A un *rover* no tripulado

B un transbordador espacial tripulado

C una sonda espacial no tripulada

D una estación espacial tripulada

TEKS 6.11C, 6.3D

7 En 1997, un módulo de aterrizaje llamado *Mars Pathfinder* lanzó un *rover* llamado *Sojourner*. ¿Cuáles de los siguientes datos solo podían provenir de estos vehículos no tripulados? (Pista: Paso 1: Recuerda cómo se usan los módulos de aterrizaje y los *rover* para explorar el espacio. Paso 2: Piensa en qué se diferencian de otros tipos de vehículos espaciales. Paso 3: Elige la opción que solo podría provenir de un *rover*).

A imágenes de la formación de estrellas

B mapas de órbitas planetarias

C composición del suelo y muestras de roca

D mediciones de distancia a planetas lejanos

TEKS 6.11C

8 El primer vuelo espacial fue realizado por Yuri Gagarin a bordo del *Vostok 1*. ¿Qué tipo de hito fue este?

A un vuelo espacial orbital tripulado

B un vuelo espacial suborbital tripulado

C un vuelo espacial orbital no tripulado

D un vuelo espacial suborbital no tripulado

TEKS 6.11C

9 ¿Cuál de los siguientes tipos de nave espacial serviría mejor para estudiar los efectos a largo plazo de vivir en el espacio en los seres humanos?

A un satélite

B una sonda espacial

C un trasbordador espacial

D una estación espacial

TEKS 6.11C, 6.3D

10 Nikki está diseñando un proyecto con satélites. ¿Cuál de estas observaciones se podría realizar mejor con satélites que orbiten alrededor de la Tierra? (Pista: Paso 1: Toma en consideración tanto los usos comunes como las limitaciones de las observaciones remotas de los satélites. Paso 2: Identifica el enunciado que exprese el uso más probable de un satélite para investigación).

A la composición de una capa rocosa en el norte de Texas

B la temperatura de la superficie del mar en verano en el golfo de México

C la cantidad de especies de peces diferentes que habitan los arrecifes de coral en el mar Caribe

D la altura de la marea alta de un día en la playa en el sur de Texas

TEKS 6.11C

11 Los siguientes diagramas muestran distintos tipos de naves espaciales. ¿Cuál de estas naves espaciales tiene partes con las que se puede reunir y analizar materiales de la superficie de un planeta?

A
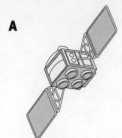

C
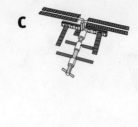

B

D

Respuesta en forma de cuadrícula

Escribe tu respuesta en los recuadros de la cuadrícula y luego rellena el círculo del número correspondiente.

TEKS 6.11C

12 La Estación Espacial Internacional orbita alrededor de la Tierra una vez cada 90 minutos. ¿Cuántas veces orbitará alrededor de la Tierra en un período de 12 horas?

⓪	⓪	⓪	⓪	.	⓪	⓪
①	①	①	①		①	①
②	②	②	②		②	②
③	③	③	③		③	③
④	④	④	④		④	④
⑤	⑤	⑤	⑤		⑤	⑤
⑥	⑥	⑥	⑥		⑥	⑥
⑦	⑦	⑦	⑦		⑦	⑦
⑧	⑧	⑧	⑧		⑧	⑧
⑨	⑨	⑨	⑨		⑨	⑨

Razonamiento crítico

Responde las siguientes preguntas en el espacio en blanco.

TEKS 6.11C, 6.3D

13 Explica la diferencia entre la astronomía y la exploración espacial.

_____

_____

_____

_____

TEKS 6.11C, 6.3D

14 Los satélites nos ofrecen diversas formas de comunicación.

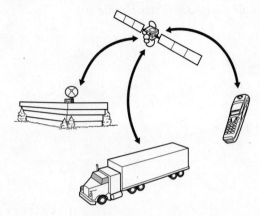

Describe cómo los satélites nos ayudan a comunicarnos.

_____

_____

_____

_____

_____

_____

Conectar **PREGUNTAS ESENCIALES**
Lecciones 1 y 2

Responde la siguiente pregunta en el espacio en blanco.

TEKS 6.11C, 6.3D

15 Resume la historia de la exploración del espacio y comenta algunos de los problemas que enfrentan los seres humanos cuando exploran el espacio.

_____

_____

_____

_____

_____

_____

_____

_____

Los organismos y su medio ambiente

La gran idea

Los científicos clasifican los organismos a partir de sus características en común, como las características celulares y estructurales, y las maneras en que los organismos interactúan con su medio ambiente.

Mangles

Espátula rosada

¿Qué opinas?

Tanto los mangles como las espátulas rosadas habitan en la Florida. ¿Cómo obtienen y usan la materia y la energía este tipo de organismos?

LA CIENCIA Y LOS CIUDADANOS

¡Tiene vida!

En este huerto, hay muchas verduras y otras plantas.

① Piénsalo

¿Qué función cumplen las plantas en tu vida?

_____

_____

_____

_____

_____

_____

_____

© Houghton Mifflin Harcourt Publishing Company • Image Credits: (bkgd) ©Jeff Greenberg/Alamy; (br) ©Alan Buckingham/Dorling Kindersley/Getty Images

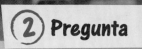

② Pregunta

¿Cómo usan las plantas la materia y la energía?

Entre todos, diseñen un plan para plantar un huerto en una parcela o en una jardinera donde puedan cultivar una gran variedad de plantas. Recuerda que las plantas tienen períodos de crecimiento y necesidades diferentes.

¡Haz un esquema!

Dibuja tu plan e indica dónde se colocará cada planta.

③ Aplica lo que sabes

A ¿Qué necesitan tus plantas para crecer?

_____

_____

_____

B ¿Qué elementos de tu lista son ejemplos de materia? ¿Cuáles son ejemplos de energía?

_____

_____

_____

_____

C Crea y cuida el huerto del salón de clases y observa cómo crecen las plantas.

Para la casa

Describe un área de tu comunidad que se use para cultivar alimentos. Si no existe un área así, desarrolla un plan para usar un área que creas que pueda servir.

© Houghton Mifflin Harcourt Publishing Company • Image Credits: (bkgd) ©Jeff Greenberg/Alamy, (b) ©Jeff Greenberg/Alamy

Las características de las células

PREGUNTA ESENCIAL

¿De qué están hechos los seres vivos?

Cuando termines esta lección, podrás explicar los componentes de la teoría científica de las células.

Las personas se comunican unas con otras mediante el habla, las señas, el lenguaje corporal y otros métodos. Dentro de tu cuerpo, las células también se comunican. Las células cerebrales, como las que se muestran aquí, controlan el equilibrio, la postura y la coordinación muscular.

TEKS **6.3D** relacione el impacto de la investigación en el pensamiento científico y en la sociedad, incluyendo la historia de la ciencia y las contribuciones de los científicos en cada tema

TEKS **6.12A** entienda que todos los organismos están formados por una o más células

TEKS **6.12B** reconozca que la presencia del núcleo determina si la célula es procariótica o eucariótica

TEKS **6.12D** identifique las características básicas de los organismos, incluyendo procariótico o eucariótico, unicelular o multicelular, autotrófico o heterotrófico y la forma de reproducirse, que luego serán clasificados en los reinos reconocidos actualmente

Actividades de laboratorio de la lección

Actividades rápidas de laboratorio

- ¿Cómo nos ayudan los instrumentos de aumento a estudiar las células?
- Investigar el tamaño de las células

Actividad de investigación de laboratorio

- Usar un microscopio para estudiar las células

Ponte a pensar

1 Predice Marca V o F para mostrar si cada enunciado es verdadero o falso.

V	F	
☐	☐	Todos los seres vivos están formados por una o más células.
☐	☐	Las rocas están formadas por células.
☐	☐	Todas las células tienen el mismo tamaño.
☐	☐	Las células realizan funciones vitales por los seres vivos.

2 Describe Haz un bosquejo de tu idea de cómo es una célula. Rotula todas las partes que incluyas en tu bosquejo.

Lectura con propósito

3 Sintetiza Muchas de las palabras del español provienen de otros idiomas. Usa las siguientes palabras del griego para sacar una conclusión lógica sobre el significado de las palabras *procariote* y *eucariote*. Aquí, *núcleo* se refiere al centro de algunas células donde está contenido su material genético.

Parte de la palabra	Significado
pro-	antes
eu-	verdadero
karyon	núcleo

procariote:

_____

_____

eucariote:

_____

_____

Términos de vocabulario

- célula
- organismo
- membrana celular
- citoplasma
- organelo
- núcleo
- procariote
- eucariote

4 Aplica A medida que aprendas la definición de cada término de vocabulario de esta lección, crea tus propios esquemas de una célula procariótica y de una célula eucariótica y rotula las partes de cada célula.

Células

¿Qué es una célula?

Al igual que todos los seres vivos, tu cuerpo está formado por células. La **célula** es la unidad funcional y estructural más pequeña de todos los organismos vivos. Un **organismo** es cualquier ser vivo. Todos los organismos están formados por células. Algunos organismos están compuestos por una sola célula. Otros, como los seres humanos, tienen billones de células. Un organismo lleva a cabo todos sus procesos vitales de manera independiente.

Robert Hooke fue la primera persona que describió las células tal como se las ve bajo un microscopio. En 1665, publicó un libro en el que describía sus observaciones. Observó una rodaja delgada de corcho proveniente de la corteza de un árbol. El corcho parecía formado por pequeñas casillas. Hooke llamó a estas casillas *células*, que significa "pequeñas habitaciones" o "pequeñas celdas" en latín.

Lectura con propósito

5 Identifica Mientras lees, subraya las razones por las cuales las células son importantes.

Visualízalo

6 Compara Observa las fotos de estas tres células diferentes e indica qué tienen las células en común.

_____

_____

_____

_____

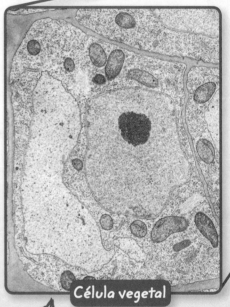
Célula vegetal

Célula bacteriana

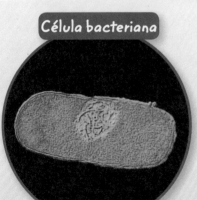

Las células vegetales varían en tamaño de 10 μm a 100 μm. Pueden ser mucho más grandes que las células de los animales.

Las células bacterianas son hasta 1000 veces más pequeñas que las células de los seres humanos.

Célula de la piel humana

El tamaño medio de una célula humana es 10 μm. Se necesitarían unas 50 células humanas de tamaño medio para cubrir el punto de esta letra i.

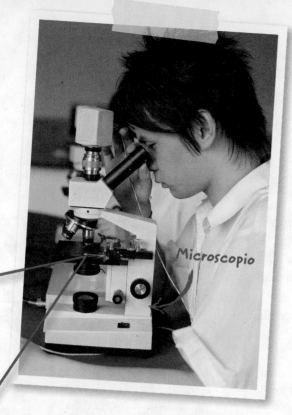

¿Por qué la mayoría de las células son pequeñas?

La mayoría de las células son demasiado pequeñas para que puedan verse sin un microscopio. Las células son pequeñas porque su tamaño está limitado por el área de su superficie externa. Las células absorben alimentos y eliminan desechos a través de su superficie externa. A medida que una célula crece, necesita más alimento y produce más desechos. Por lo tanto, más materiales atraviesan su superficie externa. Sin embargo, cuando una célula crece, su volumen aumenta más rápido que el área de su superficie. Si una célula crece demasiado, el área de la superficie de la célula no será lo suficientemente grande para absorber suficientes nutrientes ni para expulsar suficientes desechos. La razón del área de la superficie externa de la célula al volumen de la célula se denomina *razón del área de la superficie al volumen*. La razón del área de la superficie al volumen es mayor para las células más pequeñas que para las células más grandes.

Práctica matemática

A continuación, se presenta un ejemplo de cómo calcular la razón del área de la superficie al volumen del cubo que se muestra a la derecha.

Problema de ejemplo

A Calcula el área de la superficie.

área de la superficie del cubo =

número de caras × área de una cara

área de la superficie del cubo = $6(2\ cm \times 2\ cm)$

área de la superficie del cubo = $24\ cm^2$

B Calcula el volumen.

volumen del cubo = lado × lado × lado

volumen del cubo = $2\ cm \times 2\ cm \times 2\ cm$

volumen del cubo = $8\ cm^3$

C Calcula la razón del área de la superficie al volumen. Una razón es una comparación entre números. Puede escribirse colocando dos puntos entre los números que se comparan.

área de la superficie : volumen = $24\ cm^2 : 8\ cm^3$

área de la superficie : volumen = $3\ cm^2 : 1\ cm^3$

Inténtalo

7 Calcula ¿Cuál es la razón del área de la superficie al volumen de un cubo cuyos lados miden 3 cm de longitud?

A Calcula el área de la superficie.

B Calcula el volumen.

C Calcula la razón del área de la superficie al volumen.

Famosos *en la* historia celular

¿Qué es la teoría celular?

Con frecuencia, el conocimiento científico es el resultado de combinar el trabajo de varios científicos. Por ejemplo, los descubrimientos de Matthias Schleiden, Theodor Schwann, Robert Remak y Rudolf Virchow llevaron a una teoría muy importante llamada *teoría celular*. La teoría celular enumera tres características básicas de todas las células y organismos:

- Todos los organismos están formados por una o más células.
- La célula es la unidad básica de todos los organismos.
- Todas las células provienen de células ya existentes.

La teoría celular es fundamental para el estudio de los organismos, la medicina, la herencia, la evolución y todos los demás aspectos de las ciencias de la vida.

👁 Visualízalo

8 Ejemplifica Mientras lees, completa la línea cronológica con los sucesos que faltan.

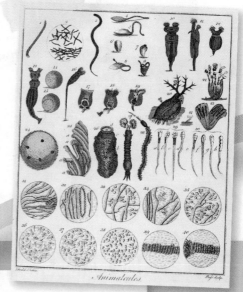

1673
Anton van Leeuwenhoek hizo dibujos muy detallados de los organismos que observó.

Modelo del microscopio de Hooke

1665
Robert Hooke notó espacios diminutos, similares a casillas, al usar un microscopio como este para observar láminas delgadas de corcho. Llamó "células" a estos espacios.

1855
Robert Remak

_____
_____
_____

Células de un pétalo de lirio

1838
Matthias Schleiden

_____
_____

1839
Theodor Schwann

_____
_____
_____
_____

Este lirio y esta mariposa son organismos multicelulares compuestos por muchas células.

© Houghton Mifflin Harcourt Publishing Company • Image Credits: (t) (t)©Perennou Nuridsany/Photo Researchers, Inc.; (b) ©Danita Delimont/Alamy; (inset) ©Edward Kinsman/Photo Researchers, Inc.

Piensa libremente Investigación

9 Relaciona Cuando Anton van Leeuwenhoek afirmó que veía "animales diminutos" en el agua, a los demás científicos les costó creerle. Investiga cómo y por qué sus descubrimientos fueron finalmente aceptados por sus colegas.

Todos los organismos están formados por una o más células

Anton van Leeuwenhoek fue el primero en describir células vivas reales cuando observó una gota de agua de estanque con un microscopio. Estos estudios hicieron que otros científicos se preguntaran si todos los seres vivos estaban formados por células. En 1838, Matthias Schleiden llegó a la conclusión de que las plantas estaban formadas por células. Luego, en 1839, Theodor Schwann determinó que también todos los tejidos animales están formados por células. Así, llegó a la conclusión de que todos los organismos están formados por una o más células.

Los organismos que están formados por una sola célula se denominan _organismos unicelulares_. La única célula de un organismo unicelular debe llevar a cabo todas las funciones vitales. Los organismos que están formados por más de una célula se denominan _organismos multicelulares_. Las células de un organismo multicelular suelen tener funciones especializadas.

La célula es la unidad básica de todos los organismos

Basándose en sus observaciones acerca de la composición celular de los organismos, Schwann sacó otra conclusión. Determinó que la célula es la unidad básica de todos los seres vivos. Así, Schwann escribió las primeras dos partes de la teoría celular.

Todas las células provienen de células existentes

En 1855, el médico Robert Remak señaló que las células provienen de la división celular. Remak afirmó que las células de los embriones de pollo provenían de la división de un óvulo fecundado. En 1858, Rudolf Virchow apoyó los descubrimientos de Remak y llegó a la conclusión de que todas las células provienen de células ya existentes.

Lectura con propósito

10 En pocas palabras ¿Qué es la teoría celular?

_____
_____
_____
_____

En la célula

¿Qué partes tienen en común todas las células?

Las diferentes células varían en tamaño y forma. Sin embargo, todas las células tienen algunas partes en común, como las membranas celulares, el citoplasma, los organelos y el ADN. Estas diversas partes permiten a la célula a llevar a cabo todas las tareas necesarias para la vida.

Lectura con propósito

11 Identifica Mientras lees, subraya la función de las membranas celulares, de los organelos y del ADN.

Membrana celular

La **membrana celular** es una capa protectora que cubre la superficie de la célula y funciona como una barrera entre el interior de la célula y su medio ambiente. También controla los materiales, que entran y salen de una célula, como el agua y el oxígeno.

Citoplasma

La región de la célula contenida por la membrana que incluye el líquido y todos los *organelos* de la célula se denomina **citoplasma**.

Organelos

Un **organelo** es un cuerpo pequeño del citoplasma de una célula que está especializado para llevar a cabo una función específica. Las células pueden tener uno o más tipos de organelos. La mayoría de los organelos tienen una membrana, aunque no siempre es así.

ADN

El ácido desoxirribonucleico, o ADN, es el material genético que proporciona instrucciones para realizar todos los procesos celulares. Los organismos heredan el ADN de su progenitor o progenitores. En algunas células, el ADN está contenido en un organelo cubierto por una membrana llamado **núcleo**. En otros tipos de células, el ADN no está contenido en un núcleo.

¿Cuáles son los dos tipos de células?

Si bien las células tienen algunas partes básicas en común, hay algunas diferencias importantes. La manera en que las células almacenan su ADN es la diferencia principal entre los dos tipos de células y una de las características principales en las que se basan los científicos para clasificar las células.

Lectura con propósito

12 Define Mientras lees, subraya las diferencias entre las células procarióticas y las eucarióticas.

Procarióticas

Un **procariote** es un organismo unicelular que no tiene núcleo ni organelos cubiertos por una membrana. Su ADN se encuentra en el citoplasma. Las células procarióticas contienen organelos llamados *ribosomas,* que no tienen membrana. Algunas células procarióticas tienen estructuras similares a pelos llamadas *flagelos* que las ayudan a moverse. Los procariotes, que incluyen a todas las bacterias y arqueas, son más pequeños que los eucariotes.

Eucarióticas

Un **eucariote** es un organismo cuyas células tienen su ADN en un núcleo. Las células eucarióticas contienen organelos cubiertos por una membrana y también tienen ribosomas. No todas las células eucarióticas son iguales. Los animales, las plantas, los protistas y los hongos son eucariotes. Todos los organismos multicelulares son eucariotes. La mayoría de los eucariotes son multicelulares. Algunos eucariotes, como las amebas y las levaduras, son unicelulares.

Visualízalo

13 Identifica Usa la siguiente lista de términos para completar los espacios en blanco con las partes correspondientes de cada célula. Algunos términos se usan dos veces.

ADN en el citoplasma
ADN en un núcleo
Citoplasma
Membrana celular
Organelos

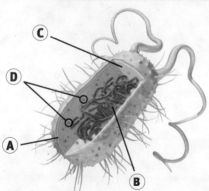

Procariótica

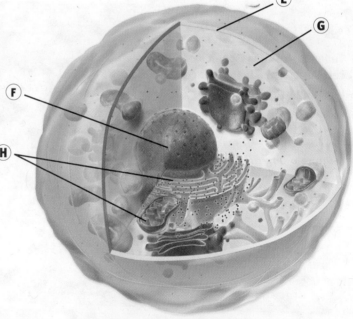

Eucariótica

A _____

B _____

C _____

D _____

E _____

F ADN en un núcleo

G _____

H _____

Resumen visual

Para completar este resumen, escribe la palabra o la frase correcta en los espacios en blanco. Luego usa la clave para comprobar tus respuestas. Puedes usar esta página para repasar los conceptos principales de la lección.

Las características de las células

La célula es la unidad más pequeña que puede realizar todos los procesos necesarios para la vida.

14 La célula de un organismo _____ debe realizar todas sus funciones vitales; un organismo formado por más de una célula se denomina organismo _____.

La teoría celular enumera tres principios básicos de todas las células y organismos.

15 Todas las células provienen de _____ existentes.

Todas las células tienen membrana celular, citoplasma, organelos y ADN.

16 En las células eucarióticas, el organelo que contiene el ADN se llama _____.

Eucariótica

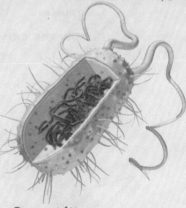

Procariótica

Respuestas: 14 unicelular, multicelular; 15 células; 16 núcleo

17 Relaciona Elige un organismo que conozcas y explica de qué manera las tres partes de la teoría celular se relacionan con ese organismo.

Repaso de la lección

Vocabulario

Escribe el término correcto en los espacios en blanco para completar las siguientes oraciones.

1 La _____ es la unidad funcional y estructural más pequeña de todos los seres vivos.

2 Todas las células están rodeadas por una

_____ .

3 Un ser vivo se denomina

_____ .

Conceptos clave

4 Describe Comenta dos aspectos que sean iguales en todas las células.

_____
_____
_____

5 Enumera ¿Cuáles son las ideas principales de la teoría celular?

_____
_____
_____
_____
_____

6 Compara ¿En qué se diferencian las células procarióticas de las eucarióticas? ¿En qué se parecen?

_____
_____
_____
_____

7 Relaciona Antes se creía que los organismos podían crecer a partir de los alimentos o de la tierra. ¿De qué manera el estudio científico de las células puede haber influido en esta creencia?

_____
_____
_____
_____

Razonamiento crítico

Usa esta ilustración para responder las siguientes preguntas.

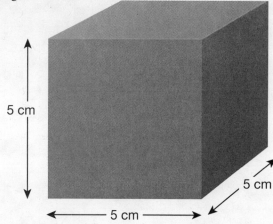

5 cm

5 cm

5 cm

8 Aplica ¿Cuál es la razón del área de la superficie al volumen de este cubo?

_____
_____

9 Aplica Las células no pueden crecer tanto como este cubo. Explica por qué esto es así en función de la razón del área de la superficie al volumen de una célula.

_____
_____
_____
_____
_____

10 Compara ¿En qué se diferencia la estructura de un organismo unicelular de la estructura de un organismo multicelular? ¿Cómo influye esto en su función?

_____
_____
_____
_____
_____
_____

Mis apuntes

Clasificación de los organismos vivos

PREGUNTA ESENCIAL

¿Cómo se clasifican los organismos?

Cuando termines esta lección, podrás describir cómo las personas clasifican a los organismos vivos en grupos según las características que estos tienen en común.

Los científicos usan las características físicas y químicas para clasificar a los organismos. ¿Es esa una araña? Mira de nuevo. ¡Es una hormiga que imita a una araña saltadora!

TEKS **6.12C** reconozca que la clasificación taxonómica más amplia de organismos vivos se divide en dominios que son reconocidos actualmente

TEKS **6.12D** identifique las características básicas de los organismos, incluyendo procariótico o eucariótico, unicelular o multicelular, autotrófico o heterotrófico y la forma de reproducirse, que luego serán clasificados en los reinos reconocidos actualmente

Actividades de laboratorio de la lección

Actividades rápidas de laboratorio
- Usar una clave dicotómica
- Identificar hojas de árbol

Actividad de investigación de laboratorio
- Crear nombres científicos

 **Ponte a pensar**

1 Predice Marca V o F para mostrar si cada enunciado es verdadero o falso.

V   F

☐   ☐   El sistema de clasificación que se usa en la actualidad ha cambiado muy poco desde que se creó.

☐   ☐   Para que un organismo sea clasificado como un animal, debe tener una columna vertebral.

☐   ☐   Los organismos se pueden clasificar según si sus células tienen núcleo o no.

☐   ☐   Los científicos pueden estudiar el material genético para clasificar a los organismos.

☐   ☐   Los organismos que tienen muchas semejanzas físicas siempre están relacionados.

2 Analiza La planta fanerógama que se muestra arriba se llama pipa india. Se la puede confundir con un hongo. Escribe en qué se parece y en qué se diferencia de otras plantas que conoces.

_____

_____

_____

_____

 Lectura con propósito

3 Partes de la palabra Muchas de las palabras del español provienen de otros idiomas. Usa el siguiente sufijo del latín para sacar una conclusión lógica sobre el significado de la palabra *Plantae*.

Sufijo del latín	Significado
-ae	un grupo de

Oración de ejemplo
Los arces forman parte del reino Plantae.

Plantae:

_____

_____

_____

Términos de vocabulario

- especie
- género
- dominio
- Bacteria
- Archaea
- Eukarya
- Protista
- Fungi
- Plantae
- Animalia

4 Aplica A medida que aprendas la definición de cada término de vocabulario de esta lección, crea tu propia definición o esquema que te ayude a recordar el significado del término.

¡Cada cosa en su lugar!

¿Por qué clasificamos a los organismos vivos?

En la Tierra hay millones de organismos vivos. Los científicos mantienen a todos estos seres vivos organizados. ¿Cómo lo logran? Los científicos *clasifican* a los organismos vivos según las características que estos tienen en común. La clasificación ayuda a los científicos a responder preguntas como:

- ¿Cuántos tipos de organismos vivos existen?
- ¿Qué características definen a cada tipo de organismo vivo?
- ¿Cuáles son las relaciones entre los organismos vivos?

Los tiburones tienen aletas y branquias.

Los delfines también tienen aletas, pero no tienen branquias.

5 Analiza Las fotografías muestran dos organismos. Marca las casillas de la tabla que corresponden a las características que poseen los organismos.

Mariposa amarilla del pensamiento

Jilguero americano

	Alas	Antenas	Pico	Plumas
Mariposa amarilla del pensamiento				
Jilguero americano				

6 En pocas palabras ¿Qué características tienen en común las mariposas amarillas del pensamiento y los jilgueros americanos? ¿Cuáles son las diferencias entre ellos?

_____

_____

_____

¿Cómo saben los científicos que los organismos vivos están relacionados?

Si dos organismos se ven similares, ¿están relacionados? Para clasificar a los organismos, los científicos comparan las características físicas. Por ejemplo, pueden observar el tamaño o la estructura ósea. Los científicos también comparan las características químicas de los organismos vivos.

Las características físicas

¿En qué se parecen las gallinas y los dinosaurios? Si comparas los fósiles de los dinosaurios y los esqueletos de las gallinas, verás que ambos comparten muchas características físicas. Los científicos observan las características físicas, como la estructura ósea. También estudian cómo se desarrollan los organismos desde un huevo hasta un adulto. Por ejemplo, es posible que los animales que tienen esqueletos y desarrollo similares estén relacionados.

Las características químicas

Los científicos pueden identificar las relaciones entre los organismos mediante el estudio del material genético, como el ADN y el ARN. Estudian las mutaciones y las semejanzas genéticas para hallar relaciones entre los organismos. Es probable que los organismos que tienen secuencias de genes similares o que tienen las mismas mutaciones estén relacionados. Otras sustancias químicas, como las proteínas y las hormonas, también se pueden estudiar para aprender cómo se relacionan los organismos.

Estos dos pandas comparten los hábitats y las dietas. Se ven parecidos, pero su ADN es diferente.

Panda rojo

El panda rojo es un pariente más cercano de los mapaches que de los pandas gigantes.

Panda gigante

El panda gigante es un pariente más cercano de los osos de anteojos que de los pandas rojos.

Mapache

Oso de anteojos

7 Enumera ¿De qué manera el ADN permite a los científicos clasificar mejor a los organismos?

_____

_____

_____

_____

_____

¿Qué implica un nombre?

¿Cómo se elige el nombre de los organismos vivos?

Los primeros científicos usaban nombres de hasta 12 palabras para identificar a los organismos vivos, y también usaban nombres comunes. Por lo tanto, la clasificación era confusa. En el siglo XVIII, un científico llamado Carolus Linnaeus simplificó el nombre de los organismos al darle a cada tipo de organismo vivo un *nombre científico* con dos partes.

Los nombres científicos

Cada especie tiene su propio nombre científico. Una **especie** es un grupo de organismos que tienen un parentesco cercano y que pueden aparearse y producir descendencia fértil. Piensa en el nombre científico del puma, o león americano: *Puma concolor*. La primera parte, *Puma*, corresponde al género. Un **género** incluye especies similares. La segunda parte, *concolor*, es el nombre específico, o de la especie. Ninguna otra especie se llama *Puma concolor*.

Un nombre científico siempre incluye el nombre del género seguido del nombre de la especie. La primera letra del nombre genérico se escribe con mayúscula y la primera letra del nombre específico se escribe con minúscula. El nombre científico completo se escribe en cursiva o subrayado.

HOLA
mi nombre es
Carolus Linnaeus

Los archivos "también conocido como"

Algunos organismos vivos tienen muchos nombres comunes. Los nombres científicos evitan la confusión cuando las personas debaten sobre los organismos.

Nombre científico:
Puma concolor

Nombres comunes:
León de montaña
Puma
León americano
Pantera

Nombre científico:
Acer rubrum

Nombres comunes:
Arce rojo
Arce de pantano
Arce de Canadá

8 Aplica En los nombres científicos de arriba, encierra en un círculo el nombre del género y subraya el nombre de la especie.

9 Identifica Mientras lees, subraya los niveles de clasificación.

¿Cuáles son los niveles de clasificación?

Las ideas de Linnaeus se convirtieron en la base de la taxonomía moderna. La *taxonomía* es la ciencia de describir, clasificar y nombrar a los organismos vivos. Al principio, muchos científicos clasificaban los organismos en dos grupos: plantas y animales. Pero una gran cantidad de organismos no correspondía a ninguno de los grupos.

En la actualidad, los científicos usan un sistema de ocho niveles para clasificar a los organismos vivos. Cada nivel es más específico que el anterior. Por lo tanto, contiene menos tipos de organismos vivos que el nivel anterior. Los organismos vivos de los niveles inferiores están más estrechamente relacionados entre sí que con los organismos de los niveles superiores. Del más general al más específico, los niveles de clasificación son: dominio, reino, filo, clase, orden, familia, género y especie.

Clasificación de los organismos

Dominio El **dominio Eukarya** incluye a todos los protistas, los hongos, las plantas y los animales.

Reino El **reino Animalia** incluye a todos los animales.

Filo Los animales en el **filo Chordata** tienen un cordón nervioso hueco en la espalda. Algunos tienen una columna vertebral.

Clase Los animales en la **clase Mammalia**, o mamíferos, tienen columna vertebral y amamantan a sus crías.

Orden Los animales en el **orden Carnivora** son mamíferos que tienen dientes especiales para desgarrar carne.

Familia Los animales en la **familia Felidae** son felinos. Son carnívoros con garras retráctiles.

Género Los animales en el **género *Felis*** son felinos que no pueden rugir. Solo ronronean.

Especie La **especie *Felis domesticus***, o gato doméstico, tiene caracteres únicos que los otros miembros del género *Felis* no tienen.

Del dominio a la especie, cada nivel de clasificación contiene un grupo más pequeño de organismos.

10 Aplica ¿Qué ocurre con el número de organismos a medida que su clasificación se acerca al nivel de la especie?

_____

_____

_____

_____

_____

Juego triple

¿Cuáles son los tres dominios?

Alguna vez los reinos fueron el nivel más alto de clasificación. Los científicos usaban un sistema de seis reinos. Pero se dieron cuenta de que los organismos de dos de los reinos se diferenciaban enormemente de los organismos de los otros cuatro reinos. Entonces, agregaron un nuevo nivel de clasificación: los dominios. Un **dominio** representa el nivel donde las diferencias entre los organismos son más grandes. Los tres dominios son: Bacteria, Archaea y Eukarya.

Lectura con propósito

11 Identifica Mientras lees, subraya las características que Bacteria y Archaea tienen en común.

Bacteria

El dominio **Bacteria** está compuesto por todos los organismos del reino Bacteria. Este dominio está compuesto por procariotes que por lo general tienen pared celular y se reproducen por división celular. Los organismos *procarióticos* son unicelulares y su célula no tiene núcleo. Las bacterias viven en casi cualquier medio ambiente: en el suelo, en el agua, ¡o incluso dentro del cuerpo humano!

Archaea

El dominio **Archaea** está compuesto por todos los organismos del reino Archaea. Este grupo también está compuesto por procariotes que se reproducen por división celular, pero se diferencian de las bacterias por su genética y por la composición de su pared celular. Algunas arqueas viven en ambientes adversos, donde otros organismos no podrían sobrevivir, otras viven en el océano y en el suelo.

Las bacterias del género *Streptomyces* son habituales en el suelo.

Las arqueas del género *Sulfolobus* viven en las fuentes termales.

Eukarya

¿Qué tienen en común las algas, las setas, los árboles y los seres humanos? Todos estos organismos son *eucariotes*. Los eucariotes están compuestos por células que tienen núcleo y organelos cubiertos por una membrana. Las células de los eucariotes son más complejas que las células de los procariotes. Por esta razón, las células de los eucariotes generalmente son más grandes que las de los procariotes. Algunos eucariotes, como muchos de los protistas y algunos hongos, son unicelulares. Muchos eucariotes son organismos multicelulares, como algunos protistas y muchos hongos, plantas y animales. El dominio **Eukarya** está compuesto por todos los eucariotes.

Puede que parezca una piña, pero el pangolín en realidad es un animal africano. Pertenece al dominio Eukarya.

Visualízalo

12 Identifica Completa los espacios en blanco con los rótulos que faltan.

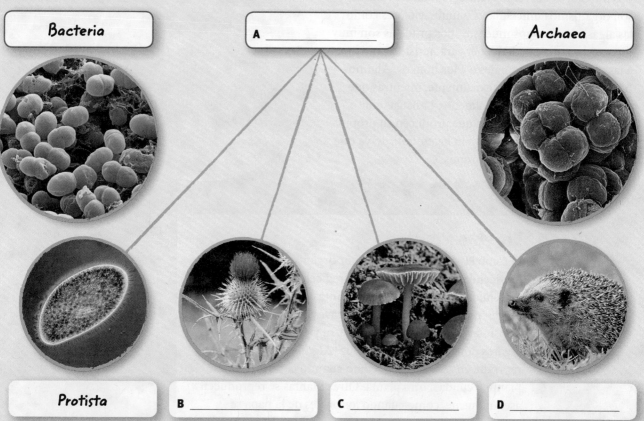

Bacteria

A _____

Archaea

Protista

B _____

C _____

D _____

13 Compara ¿Cuáles son las diferencias entre los dominios Bacteria y Eukarya?

_____

_____

_____

¡Mi reino por un

¿Cuáles son los cuatro reinos de Eukarya?

Los científicos han clasificado cuatro tipos de Eukarya. Para decidir en qué reino clasificar a un organismo, hacen estas preguntas:

- ¿El organismo es unicelular o multicelular?
- ¿Produce su propio alimento o lo obtiene del medio ambiente?
- ¿Cómo se reproduce?

El reino Protista

Los miembros del reino **Protista**, llamados *protistas*, son organismos unicelulares o multicelulares como las algas y los hongos mucosos. Los protistas son muy diversos, ya que pueden tener características cercanas a las plantas, a los animales o a los hongos. Algunos protistas se reproducen sexualmente, mientras que otros se reproducen asexualmente. Las algas son *autotróficas*, lo que significa que producen su propio alimento. Algunos protistas son *heterotróficos*, ya que se alimentan de otros organismos.

El reino Plantae

El reino **Plantae** está formado por organismos muticelulares que tienen una pared celular, generalmente de celulosa. La mayoría de las plantas son autotróficas: producen su propio alimento a través del proceso de la fotosíntesis. Hay plantas en la tierra y en el agua, en los lugares donde puede llegar la luz. Algunas plantas se reproducen sexualmente, como cuando el polen de una planta fecunda a otra planta. Otras plantas se reproducen asexualmente, como cuando los brotes de la papa se convierten en nuevas plantas de papa. Las plantas pueden crecer, pero no se pueden mover por sí mismas.

14 Categoriza Menciona un ejemplo de un organismo de cada reino.

_____

_____

eucariote!

El reino Fungi

Los miembros del reino **Fungi** son heterotróficos y sus paredes celulares contienen quitina. Las células fúngicas no tienen cloroplastos. Estos organismos son unicelulares o multicelulares y abarcan las levaduras, los mohos y los hongos. Usan jugos digestivos para descomponer los materiales que hay a su alrededor y así obtener alimento. Se reproducen sexualmente, asexualmente o de ambas maneras, según su tipo.

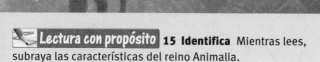
Lectura con propósito 15 **Identifica** Mientras lees, subraya las características del reino Animalia.

El reino Animalia

El reino **Animalia** comprende a los organismos multicelulares que carecen de pared celular. No tienen cloroplastos a diferencia de las plantas y las algas, por lo que deben consumir a otros organismos para obtener nutrientes. Son heterotróficos. Los animales tienen órganos sensoriales especializados y la mayoría se pueden mover por sí mismos. Las aves, los peces, los reptiles, los anfibios, los insectos y los mamíferos son solo algunos ejemplos de animales. La mayoría de los animales se reproducen sexualmente, pero determinados tipos de animales se reproducen asexualmente, por ejemplo, mediante la gemación.

16 Clasifica Marca las casillas de las características que presenta cada reino.

Reino	Células		Nutrientes		Reproducción	
	Unicelular	Multicelular	Autotrófico	Heterotrófico	Sexual	Asexual
Protista						
Plantae						
Fungi						
Animalia						

¿Cómo cambiaron los sistemas de clasificación con el tiempo?

Se han identificado y clasificado millones de organismos, pero existen millones por descubrir y nombrar aún. Los científicos están trabajando para identificar especies nuevas, pero a veces estas no corresponden a ningún género ni filo existente. Por ejemplo, muchos científicos afirman que los protistas son tan diferentes entre sí que deberían clasificarse en varios reinos en vez de en uno. La cantidad de reinos podría modificarse a medida que se reúnan datos nuevos. Nuestro sistema de clasificación cambia a medida que aprendemos más sobre los organismos vivos.

¿De qué manera los diagramas ramificados muestran las relaciones de clasificación?

¿Cómo ordenas tu armario y tus libros? Las personas organizan las cosas de muchas maneras diferentes. El sistema de dos nombres de Linnaeus funcionaba para los científicos de hace tiempo, pero ya no representa lo que sabemos hoy sobre los organismos vivos. Se usan diferentes instrumentos para organizar la información sobre la clasificación.

Los científicos suelen usar un tipo de diagrama ramificado llamado *cladograma*. Un cladograma muestra las relaciones entre las especies. Los organismos se agrupan según características comunes. Generalmente, estas características se enumeran a lo largo de una línea, desde donde se extienden ramificaciones para los organismos. Los organismos de las ramas que están encima de cada característica poseen esa característica. Los organismos de las ramas que están debajo, no la poseen.

Musgos   Helechos   Coníferas   Plantas fanerógamas

Flores

Semillas

Tejido especializado para llevar nutrientes

Ciclo de vida con esporas y gametos

Este diagrama ramificado muestra las relaciones entre los cuatro grupos principales de plantas.

Las coníferas y las plantas fanerógamas aparecen arriba de este rótulo, es decir que ambas producen semillas. Los musgos y los helechos aparecen debajo del rótulo, es decir que no producen semillas.

Una clase personal

A medida que aumenta el número de organismos vivos que descubren los científicos, también aumenta la posibilidad de que las clasificaciones no sean suficientes o que no describan a los organismos con la exactitud necesaria. Algunos organismos vivos tienen características que corresponden a más de una clasificación. Estos organismos son muy difíciles de clasificar.

Araña de mar

Euglena

Euglena

Otra criatura extraña es la euglena. La euglena produce su propio alimento, al igual que las plantas. Pero, como los animales, no tiene pared celular. También tiene un flagelo, que es una estructura similar a una cola que le permite moverse. Debido a esta combinación de características tan inusual, la euglena se clasifica como protista.

Araña de mar

La araña de mar es un animal difícil de clasificar. Es un artrópodo porque tiene el cuerpo segmentado y un exoesqueleto. El problema está en que su estructura corporal es diferente de la de cualquier otro artrópodo conocido. La araña de mar tiene una boca en forma de pajilla, un abdomen diminuto y parte de sus intestinos ¡está en sus patas! Los científicos deben decidir si crear una nueva clasificación o cambiar una clasificación existente para reflejar esta inusual estructura corporal.

Ampliar

Investigación

19 Explica ¿En qué dominio crees que se clasifica la araña de mar? Explica tu respuesta.

20 Haz una investigación Investiga de qué manera los científicos usan el ADN como ayuda para clasificar organismos como la araña de mar.

21 Debate Busca más información sobre la euglena y la araña de mar. Debate en clase sobre cómo los científicos deberían clasificar estos organismos.

La clave del éxito

¿Cómo se puede identificar a los organismos?

Imagina que caminas por un bosque. Ves un animal sentado en una roca. Tiene pelaje, bigotes y una cola grande y plana. ¿Cómo podrías descubrir qué tipo de animal es? Puedes usar una clave dicotómica.

Las claves dicotómicas

Una *clave dicotómica* tiene una serie de pares de enunciados que sirven para identificar organismos. Cada par de enunciados está numerado. Para identificar a un organismo, hay que leer cada par de enunciados y elegir el enunciado que lo describa mejor. El enunciado elegido puede identificar al organismo o dirigirte a otro par de enunciados. Si se sigue la secuencia de la clave, finalmente se logra identificar al organismo.

---

22 Aplica Usa la siguiente clave dicotómica para identificar a los animales que se muestran en las fotografías.

Clave dicotómica para seis mamíferos del este de los Estados Unidos

1	**A**	El mamífero no tiene pelo en la cola.	**Sigue al paso 2.**
	B	El mamífero tiene pelo en la cola.	**Sigue al paso 3.**
2	**A**	El mamífero tiene una cola muy corta sin pelo.	**Topo oriental**
	B	El mamífero tiene una cola larga sin pelo.	**Sigue al paso 4.**
3	**A**	El mamífero tiene una máscara negra.	**Mapache**
	B	El mamífero no tiene una máscara negra.	**Sigue al paso 5.**
4	**A**	El mamífero tiene una cola plana en forma de paleta.	**Castor**
	B	El mamífero tiene una cola redondeada y delgada.	**Zarigüeya**
5	**A**	El mamífero tiene una cola larga y peluda con la punta negra.	**Comadreja de cola larga**
	B	El mamífero tiene una cola larga con poco pelo.	**Ratón de patas blancas**

A _____

B _____

23 Aplica Algunas claves dicotómicas se presentan como diagramas en lugar de tablas. Trabaja con la siguiente clave para identificar la planta desconocida.

Piensa libremente Investigación

24 En pocas palabras Con un compañero, elige seis plantas o animales de un ecosistema local. Luego diseña una clave dicotómica con la que se pueda identificar a los organismos. Cuando termines, intercambia la clave con otra pareja y trabaja con ella junto con tu compañero.

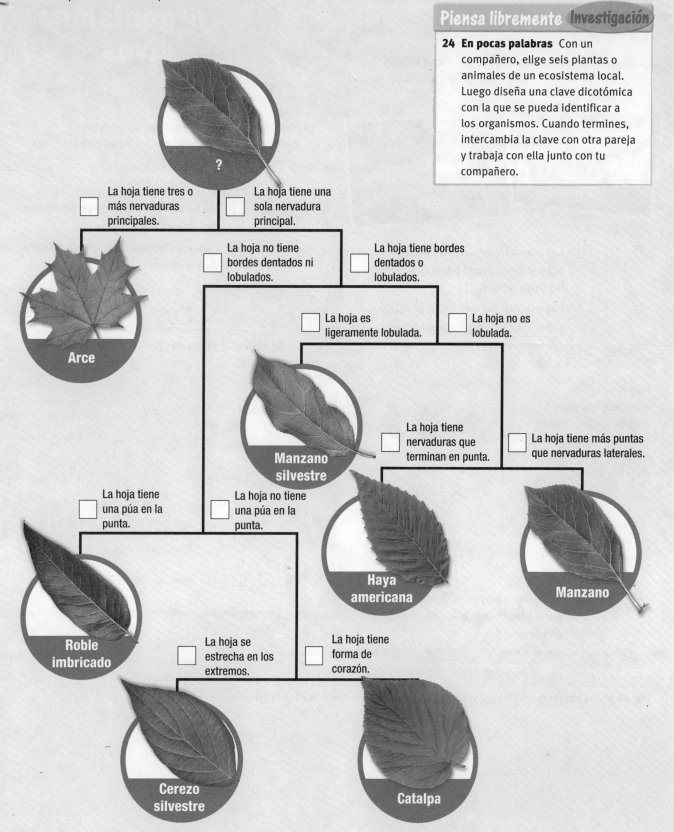

La hoja tiene tres o más nervaduras principales.

La hoja tiene una sola nervadura principal.

La hoja no tiene bordes dentados ni lobulados.

La hoja tiene bordes dentados o lobulados.

Arce

La hoja es ligeramente lobulada.

La hoja no es lobulada.

La hoja tiene nervaduras que terminan en punta.

La hoja tiene más puntas que nervaduras laterales.

Manzano silvestre

La hoja tiene una púa en la punta.

La hoja no tiene una púa en la punta.

Haya americana

Manzano

Roble imbricado

La hoja se estrecha en los extremos.

La hoja tiene forma de corazón.

Cerezo silvestre

Catalpa

Resumen visual

Para completar este resumen, marca el recuadro que indica verdadero o falso. Luego usa la clave para comprobar tus respuestas. Puedes usar esta página para repasar los conceptos principales de la lección.

Clasificación de los **organismos vivos**

Los científicos usan las características físicas y químicas de los organismos para clasificarlos.

V F

25 ☐ ☐ Los científicos comparan las estructuras óseas para clasificar a los organismos.

26 ☐ ☐ Los científicos estudian el ADN para clasificar a los organismos.

Los diagramas ramificados y las claves dicotómicas se usan para clasificar e identificar a los organismos.

V F

29 ☐ ☐ Los diagramas ramificados se usan para identificar a los organismos desconocidos.

Todas las especies reciben un nombre científico de dos partes y se clasifican en ocho niveles.

V F

27 ☐ ☐ Un nombre científico se compone del dominio y el reino.

28 ☐ ☐ Hay más organismos en un género que en un filo.

El nivel más alto de clasificación es el dominio.

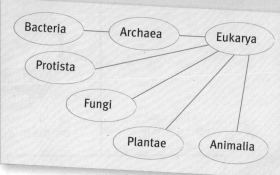

V F

30 ☐ ☐ Los dominios se dividen en reinos.

31 **En pocas palabras** ¿Cómo cambió con el tiempo la clasificación de los organismos vivos?

Repaso de la lección

Vocabulario

Escribe el término correcto en los espacios en blanco para completar las siguientes oraciones.

1 Una _____
contiene pares de enunciados que sirven para
identificar organismos.

2 Los reinos de eucariotes son

_____, Fungi, Plantae y
Animalia.

3 Los dominios _____ y

_____ están formados
por procariotes.

Conceptos clave

4 Enumera Menciona los ocho niveles de
clasificación, del más general al más específico.

_____

_____

5 Explica Describe la manera en que los científicos
eligen el reino al que pertenece un eucariote.

_____

_____

_____

6 Identifica ¿Qué dos tipos de evidencia se usan
para clasificar a los organismos?

_____

_____

7 Compara Las claves dicotómicas y los diagramas
ramificados organizan diferentes tipos de
información sobre la clasificación. ¿En qué se
diferencia el uso de estos instrumentos?

_____

_____

_____

_____

Razonamiento crítico

Usa la ilustración para responder las siguientes
preguntas.

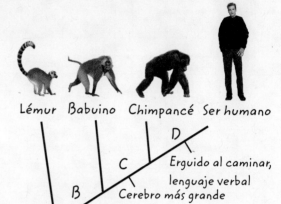

8 Identifica ¿Cuáles de las características tienen los
babuinos?

_____

_____

9 Analiza ¿Cuál de los animales tiene la mayor
cantidad de características en común con los seres
humanos?

_____

10 Sintetiza ¿Los lémures y los seres humanos
tienen la característica enumerada en el punto D?
Explica tu respuesta.

_____

_____

_____

11 Clasifica Una científica descubre un organismo
que no se puede mover. Tiene muchas células,
produce esporas y obtiene el alimento de su medio
ambiente. ¿A qué reino pertenece? Explica tu
respuesta.

_____

_____

_____

_____

_____

Mis apuntes

Kenneth Krysko

ECÓLOGO

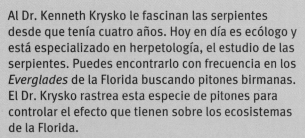

Al Dr. Kenneth Krysko le fascinan las serpientes desde que tenía cuatro años. Hoy en día es ecólogo y está especializado en herpetología, el estudio de las serpientes. Puedes encontrarlo con frecuencia en los *Everglades* de la Florida buscando pitones birmanas. El Dr. Krysko rastrea esta especie de pitones para controlar el efecto que tienen sobre los ecosistemas de la Florida.

Las pitones birmanas pueden medir hasta 6 metros de longitud. Son originarias del sudeste de Asia y se introdujeron en la Florida de manera ilegal para su uso como mascotas. Muchos dueños las liberaron en la naturaleza cuando aumentaron demasiado de tamaño. Las serpientes se reproducen muy bien en el clima subtropical de la Florida. Se alimentan de cualquier animal que puedan tragar, incluso de muchas especies nativas de la región. El Dr. Krysko rastrea estas pitones invasoras. Mediante la administración de la flora y la fauna, la genética molecular y otros campos de estudio, trabaja con otros científicos para buscar maneras de reducir la población de pitones.

El Dr. Krysko estudia muchas otras especies invasoras, es decir, especies no nativas que pueden dañar los ecosistemas de la Florida. Comparte sus experiencias con otros ecólogos, incluso las maneras de identificar a las especies invasoras y de ocuparse de ellas. Además de interesarse en la ecología sobre especies invasoras, ha realizado investigaciones sobre biología de la reproducción y de la conservación. El Dr. Krysko trabaja también como director de colecciones en la división de herpetología del Museo de Historia Natural de la Florida.

El Dr. Krysko busca una solución al problema de las pitones invasoras.

TABLERO DE TRABAJOS

Naturalista de parques

Esto es lo que harás: Enseñarás a las personas que visitan los parques estatales y nacionales sobre la ecología, la geología y el paisaje del parque. Guiarás excursiones, prepararás y presentarás conferencias con material audiovisual y crearás programas educativos para los visitantes de los parques. Podrás participar en proyectos de investigación y rastrear organismos en el parque.

Lugares donde podrás trabajar: en parques estatales y nacionales

Educación: estudios avanzados en ciencias y título docente

Otros requisitos laborales: Debes ser bueno transmitiendo conceptos y enseñando. Para preparar materiales educativos interesantes, es útil tener conocimientos de fotografía y buenas destrezas de redacción.

Encargado de la conservación

Esto es lo que harás: Patrullarás un área para hacer respetar las reglas y trabajarás con las comunidades y los grupos para colaborar con la educación del público acerca de la conservación y la ecología.

Lugares donde podrás trabajar: en lugares cerrados o al aire libre en parques estatales y nacionales y en áreas ecológicas vulnerables

Educación: licenciatura de dos años o al menos 60 créditos de educación universitaria completamente reconocidos

Otros requisitos laborales: Para trabajar en contacto con la naturaleza es necesario tener conocimientos de las áreas silvestres, saber leer mapas, hacer senderismo y tener una excelente capacidad auditiva.

NOVEDADES DE LOS PERSONAJES EN LAS CIENCIAS

Phil McCRORY

¡Salvado por un pelo!

Phil McCrory, un peluquero de Huntsville, Alabama, se hizo una pregunta brillante al ver el pelaje de una nutria empapado de petróleo como resultado del derrame del buque petrolero Exxon Valdez. Si el pelaje de la nutria había absorbido todo el petróleo, ¿podría el cabello humano hacer lo mismo? McCrory recogió cabellos del suelo de su peluquería y llevó a cabo sus propios experimentos. Introdujo cabello dentro de unas pantimedias y amarró los tobillos. McCrory dejó este bulto flotando en la piscina de plástico de su hijo y echó aceite de motor usado en medio del círculo. Cuando quitó las pantimedias, ¡no quedaba una sola gota de aceite en el agua! El descubrimiento de McCrory se puso a prueba como un método alternativo para limpiar los derrames de petróleo. Muchas personas donaron su propio cabello para contribuir con este proceso laborioso de limpieza. Aunque el método funcionó, los ingenieros a cargo de la investigación sacaron la conclusión de que el cabello no es tan eficaz como otros materiales con capacidad de absorber petróleo en gran escala.

Introducción a la ecología

PREGUNTA ESENCIAL

¿Cómo se relacionan las distintas partes del medio ambiente?

Cuando termines esta lección, podrás describir las distintas partes de un medio ambiente y cómo se relacionan.

TEKS **6.12E** describa las partes bióticas y abióticas de un ecosistema en el que los organismos interactúan

TEKS **6.12F** haga diagramas de los niveles de organización dentro de un ecosistema, incluyendo organismo, población, comunidad y ecosistema.

La selva lluviosa es un ecosistema. Los buceros son organismos de este ecosistema que usan los árboles como refugio.

Actividades de laboratorio de la lección

Actividades rápidas de laboratorio

- ¿Qué factores bióticos y abióticos hay en un ecosistema?
- ¿En qué bioma?

Actividad de laboratorio de campo

- ¿Qué hay en un ecosistema?

Ponte a pensar

1 Describe Haz una lista de los organismos vivos y la materia inerte que existen en tu vecindario.

_____

_____

_____

_____

_____

_____

_____

_____

2 Relaciona Escribe la leyenda de una foto en la que compares el ecosistema que se muestra en la fotografía de abajo con el ecosistema que se muestra en la página anterior.

_____

_____

_____

_____

Lectura con propósito

3 Sintetiza A menudo puedes definir una palabra o un término desconocido si conoces el significado de las partes que componen la palabra o el término. Usa las partes de la palabra y la siguiente oración para sacar una conclusión lógica sobre el significado del término *factor abiótico*.

Parte de la palabra	Significado
a-	sin
bio-	vida

Oración de ejemplo

En un ecosistema, las rocas son un ejemplo de <u>factor abiótico</u> porque no son organismos vivos del medio ambiente.

Términos de vocabulario

- ecología
- factor biótico
- factor abiótico
- población
- especie
- comunidad
- ecosistema
- bioma
- nicho
- hábitat

4 Aplica A medida que aprendas la definición de cada término de vocabulario de esta lección, crea tu propia definición o esquema que te ayude a recordar el significado del término.

factor abiótico:

_____

_____

La red de la vida

¿Cómo se relacionan los seres vivos?

Los organismos necesitan energía y materia para vivir. Las interacciones entre los organismos permiten el intercambio de energía y de materia. Este intercambio crea una red de vida en la que todos los organismos se relacionan entre sí y con su medio ambiente. La **ecología** es el estudio de las interacciones de los seres vivos entre sí mismos y entre sí mismos y su ambiente.

A través del medio ambiente de los seres vivos

Cada organismo es parte del flujo de la energía y de la materia. De esta manera, todos los organismos se relacionan entre sí. Las interacciones con otros organismos afectan su crecimiento y supervivencia. Un **factor biótico** es una interacción entre los organismos de un área. La competencia es una forma de interacción entre los organismos. Por ejemplo, distintos tipos de plantas compiten por obtener agua en el desierto.

Los seres vivos y la materia inerte son parte de este desierto. Los seres vivos interactúan entre sí y con la materia inerte.

Este caballo es parte del medio ambiente de los seres vivos.

A través del medio ambiente no vivo

Todos los organismos dependen del ambiente no vivo para sobrevivir. Un **factor abiótico** es la materia inerte de un medio ambiente, como el agua, los nutrientes, el suelo, la luz solar y la temperatura. Algunos de estos son *recursos*, o materiales, que los organismos necesitan para crecer y sobrevivir. Por ejemplo, las plantas usan la luz solar, el agua y los nutrientes del suelo para producir su alimento.

Los factores abióticos determinan dónde pueden sobrevivir los organismos. En un medio ambiente terrestre, la temperatura del aire y las precipitaciones son factores abióticos importantes. En un medio ambiente acuático, la temperatura del agua, la salinidad y el contenido de oxígeno son factores abióticos importantes. Los cambios producidos en esos factores abióticos básicos determinan el lugar donde pueden vivir los organismos. También determinan la cantidad de individuos que pueden sobrevivir en un medio ambiente.

Lectura con propósito   **5 Infiere** ¿Cómo influye en el medio ambiente el lugar donde un organismo puede sobrevivir? Explica tu respuesta.

_____

_____

_____

_____

Las rocas y el aire son parte del medio ambiente no vivo.

Visualízalo

6 Categoriza Enumera cuatro factores abióticos presentes en el medio ambiente de la fotografía.

_____   _____

_____   _____

7 Describe Elige uno de los factores abióticos que enumeraste y explica cómo el caballo interactúa con él.

_____

_____

_____

¡Mantente organizado!

¿Cuáles son los niveles de organización en el medio ambiente?

El medio ambiente se puede organizar en diferentes niveles. Un nivel puede incluir desde un solo organismo hasta la totalidad de organismos y todo lo que los rodea en un área determinada. Los niveles de organización se tornan más complejos en la medida en que se incluyen más organismos en el medio ambiente.

Lectura con propósito **8 Identifica**
Mientras lees, subraya las características de los siguientes niveles de organización.

Poblaciones

Una **población** es un grupo de individuos de la misma especie que viven en el mismo lugar al mismo tiempo. Una **especie** incluye organismos que tienen un parentesco cercano y que pueden aparearse para producir descendencia fértil. Los caimanes de los Everglades son un ejemplo de población. Por lo general, los individuos de una población compiten entre sí por los recursos.

Población

Individuo

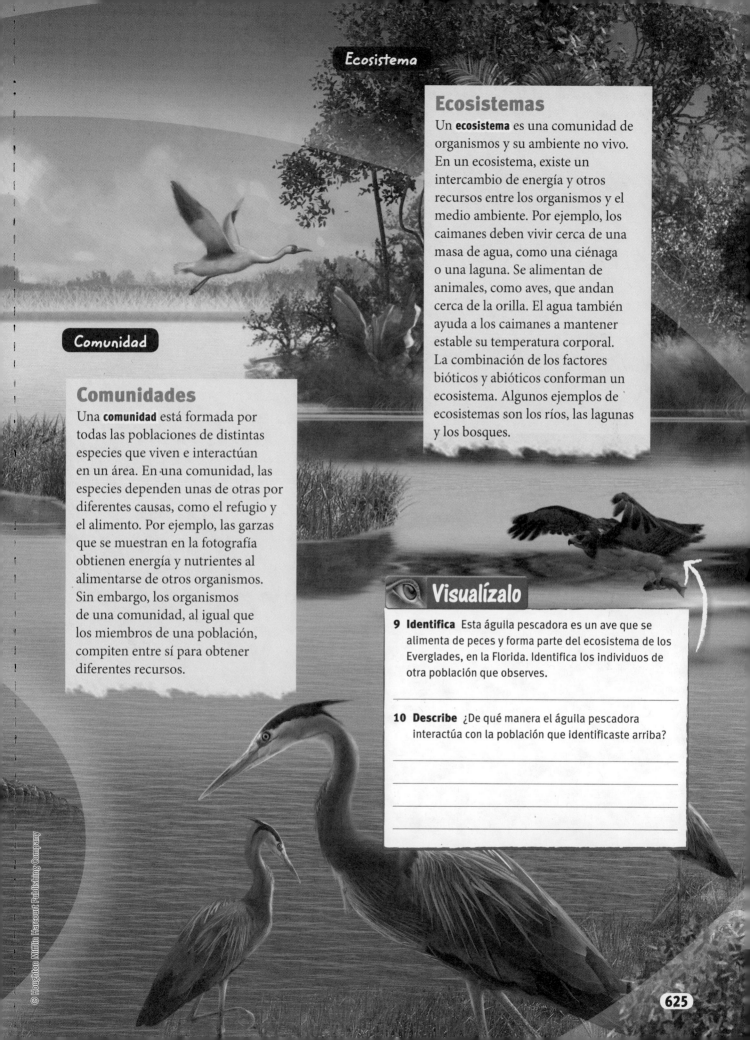

Ecosistema

Ecosistemas

Un **ecosistema** es una comunidad de organismos y su ambiente no vivo. En un ecosistema, existe un intercambio de energía y otros recursos entre los organismos y el medio ambiente. Por ejemplo, los caimanes deben vivir cerca de una masa de agua, como una ciénaga o una laguna. Se alimentan de animales, como aves, que andan cerca de la orilla. El agua también ayuda a los caimanes a mantener estable su temperatura corporal. La combinación de los factores bióticos y abióticos conforman un ecosistema. Algunos ejemplos de ecosistemas son los ríos, las lagunas y los bosques.

Comunidad

Comunidades

Una **comunidad** está formada por todas las poblaciones de distintas especies que viven e interactúan en un área. En una comunidad, las especies dependen unas de otras por diferentes causas, como el refugio y el alimento. Por ejemplo, las garzas que se muestran en la fotografía obtienen energía y nutrientes al alimentarse de otros organismos. Sin embargo, los organismos de una comunidad, al igual que los miembros de una población, compiten entre sí para obtener diferentes recursos.

Visualízalo

9 Identifica Esta águila pescadora es un ave que se alimenta de peces y forma parte del ecosistema de los Everglades, en la Florida. Identifica los individuos de otra población que observes.

_____

10 Describe ¿De qué manera el águila pescadora interactúa con la población que identificaste arriba?

_____

_____

_____

La fotografía muestra un abrevadero en una sabana de África. La sabana tiene estaciones húmedas y secas. Los animales se reúnen en los abrevaderos durante las estaciones secas. Estos animales interactúan entre sí y con su ambiente no vivo.

Árbol

Arbusto

Elefante

Hierbas

Jirafa

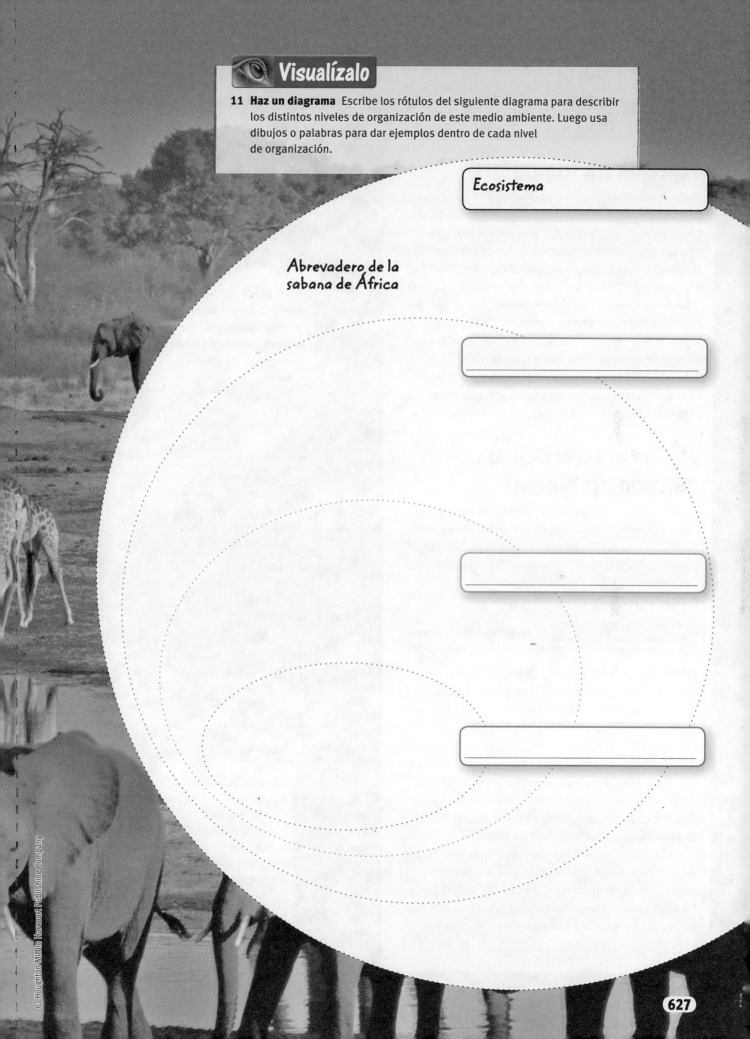

11 Haz un diagrama Escribe los rótulos del siguiente diagrama para describir los distintos niveles de organización de este medio ambiente. Luego usa dibujos o palabras para dar ejemplos dentro de cada nivel de organización.

Ecosistema

Abrevadero de la sabana de África

¡Piensa globalmente!

Esta selva lluviosa templada recibe muchas precipitaciones. Aquí, los organismos pueden sobrevivir al clima húmedo.

¿Qué es un bioma?

Cada ecosistema tiene factores bióticos y abióticos propios y únicos. Algunos ecosistemas tienen pocas plantas y son fríos y secos. Otros tienen muchos árboles y son cálidos y húmedos. Esta gran diversidad de ecosistemas se puede organizar en categorías. Las regiones extensas caracterizadas por el tipo de clima y las comunidades de especies semejantes se agrupan bajo el nombre de **biomas**. Un bioma puede contener muchos ecosistemas. Entre los biomas terrestres más importantes, se encuentran la selva lluviosa tropical, la pradera tropical, la pradera templada, el desierto, el bosque caducifolio templado, la selva lluviosa templada, la taiga y la tundra.

¿Qué características definen un bioma?

Todos los ecosistemas de un bioma comparten ciertas características. Tienen condiciones climáticas parecidas, como la temperatura y la lluvia. También poseen comunidades de plantas y animales similares.

Condiciones climáticas

Lectura con propósito **12 Identifica** Mientras lees, subraya los factores climáticos que caracterizan los biomas.

La temperatura es un factor climático importante que caracteriza a los biomas. Por ejemplo, la taiga y la tundra tienen temperaturas frías durante todo el año. Los biomas tropicales son cálidos durante todo el año. En otros biomas, la temperatura cambia a lo largo del año. Los biomas templados tienen veranos cálidos e inviernos fríos. En algunos biomas, los cambios de temperatura más importantes ocurren en un mismo día. Por ejemplo, algunos desiertos son calurosos durante el día, pero fríos durante la noche.

Los biomas también reciben diferente cantidad de precipitaciones. Los bosques tropicales reciben mucha lluvia, mientras que los desiertos, muy poca. La taiga tiene veranos húmedos e inviernos nevosos. La pradera tropical tiene estaciones húmedas y secas.

Piensa libremente **Investigación**

13 Aplica Comenta con un compañero tu clima y los seres vivos que se encuentran en las zonas naturales cercanas. Anota tus observaciones. Investiga cuál es el tipo de bioma que tiene estas características. Luego usa un mapa de biomas y comprueba si tus observaciones se corresponden con el bioma indicado para tu ubicación.

Comunidades de seres vivos

La comunidad de seres vivos que puede sobrevivir en un bioma depende del clima de la región donde se encuentra el bioma. Por eso existen especies semejantes en los biomas de todo el mundo. Los monos, las enredaderas y las aves coloridas viven en selvas lluviosas tropicales, que son cálidas y húmedas. Las hierbas, los animales grandes que se alimentan de hierbas y los animales que escarban la tierra viven en praderas templadas.

Solo ciertos tipos de plantas y animales pueden vivir en condiciones climáticas extremas. Por ejemplo, los caribúes, los osos polares y las pequeñas plantas viven en la tundra, pero allí no crecen los árboles. Los cactus y ciertas especies animales se han adaptado para poder tolerar el clima seco del desierto. Las plantas de hojas grandes o los animales que necesitan mucha agua no pueden vivir en un desierto.

Biomas del mundo

- Desierto
- Pradera tropical
- Pradera templada
- Selva lluviosa tropical
- Bosque caducifolio templado
- Selva lluviosa templada
- Taiga
- Tundra

14 Compara Las siguientes fotografías muestran dos biomas diferentes. Aplica lo que has aprendido acerca de las características de los biomas para comparar estos medio ambientes. Luego explica por qué son biomas distintos. Escribe tus respuestas en el espacio en blanco.

Compara: _____

_____

_____

_____

_____

_____

_____

_____

Explica: _____

_____

_____

_____

_____

_____

_____

Hogar, dulce hogar

¿Qué es lo que determina el lugar donde puede vivir una población?

Los ecologistas estudian las necesidades de distintos tipos de organismos. También estudian el papel que juega cada especie en un medio ambiente. Los organismos que viven en la misma área tienen distintas maneras de obtener los recursos que necesitan.

Nicho

El **nicho** de una población es el papel que esta juega en un ecosistema. Parte del nicho puede ser la manera en que obtiene el alimento y cómo interactúa con otras poblaciones. Por ejemplo, una parte del nicho de una población de tiburones consiste en alimentarse de peces.

El **hábitat** es el lugar donde vive un organismo. El hábitat forma parte de su nicho y debe proporcionar todos los recursos que un organismo necesita para crecer y sobrevivir. Si una especie puede vivir en un lugar determinado depende de factores abióticos como la temperatura. Los factores bióticos también son importantes. Por ejemplo, el hábitat de un tiburón debe incluir poblaciones de peces de los que el tiburón pueda alimentarse.

Dos poblaciones no pueden ocupar exactamente el mismo nicho. Incluso las pequeñas diferencias de hábitat, sus papeles y adaptaciones pueden permitir que especies semejantes convivan en un mismo ecosistema. Por ejemplo, las diferentes especies de tiburones pueden vivir en la misma área de un océano si se alimentan de especies de peces diferentes. En el hábitat terrestre, los anolis verdes y los café viven a veces en los mismos árboles, pero evitan la competencia viviendo en distintas partes de los árboles.

15 Relaciona ¿En qué se parece el hábitat de un organismo al domicilio de una persona? ¿En qué se parece el nicho de un organismo al trabajo de una persona?

_____
_____
_____
_____
_____
_____

Visualízalo

16 Infiere Describe el nicho del perro de la pradera. ¿Cómo halla refugio y modifica su medio ambiente?

_____
_____
_____
_____
_____

El perro de la pradera cava madrigueras en praderas templadas. Se alimenta de plantas y es presa de animales como los búhos y los zorros.

Invasión de lagartijas

El anolis verde (*Anolis carolinensis*) ha formado parte de ecosistemas de los Estados Unidos durante mucho tiempo. Recientemente, un pariente cercano de esta lagartija, el anolis café (*Anolis sagrei*), se mudó al hábitat natural del anolis verde. ¿Cómo evitan competir entre sí por los mismos recursos?

Como una central de operaciones

El anolis verde vive en las ramas de diferentes partes del árbol. El anolis café vive en las ramas más bajas. Si ambas especies viven en el mismo árbol, los anolis verdes suben para evitar las ramas más bajas. De esta manera, los dos tipos de anolis pueden vivir en el mismo árbol sin tener que competir entre sí.

Vecinos invasores

Aunque los anolis verdes y los café pueden convivir y compartir sus hábitats, no lo hacen pacíficamente. Por ejemplo, los anolis café perjudican a los anolis verdes al comerse a sus crías.

Ampliar

Investigación

17 Describe ¿Cómo hacen los anolis verdes y los café para evitar la competencia? Dibuja un árbol en el que vivan anolis verdes y café.

18 Haz una investigación ¿Qué otros ejemplos puedes mencionar de dos especies que dividen su hábitat?

19 Relaciona Predice lo que podría suceder si los nichos de dos especies se superpusieran. Túrnate con un compañero para describir tus ideas. Usa los términos *hábitat* y *nicho*. Presenta tus conclusiones en un cuento, un vídeo musical, una escena de comedia o una obra de teatro.

Resumen visual

Para completar este resumen, encierra en un círculo la palabra correcta. Luego usa la clave para comprobar tus respuestas. Puedes usar esta página para repasar los conceptos principales de la lección.

Introducción a la ecología

La ecología es el estudio de los factores bióticos y abióticos de un ecosistema y de las relaciones entre ambos.

20 En un ecosistema de desierto, la arena es un factor biótico / abiótico y una lagartija que come un insecto es un factor biótico / abiótico.

Todos los organismos tienen un hábitat y un nicho.

21 Los caballos que viven en el desierto se alimentan de otros organismos que viven allí, como arbustos bajos y secos. En este ejemplo, el desierto es su hábitat / nicho. El comportamiento alimentario del caballo forma parte de su hábitat / nicho.

El medio ambiente puede organizarse en diferentes niveles que incluyen las poblaciones, las comunidades y los ecosistemas.

22 Las poblaciones de cactus, junto con la arena y las rocas, son parte de la comunidad / el ecosistema del desierto.

Los biomas se caracterizan por las condiciones climáticas y las comunidades de seres vivos que se encuentran en ellos.

23 Los biomas son extensas / pequeñas regiones que forman / contienen ecosistemas.

Respuestas: 20 abiótico, biótico; 21 hábitat, nicho; 22 el ecosistema; 23 extensas, contienen

24 **Predice** Menciona un factor biótico del cual depende el caballo en el ecosistema de desierto que se muestra arriba. Describe qué efecto tendría sobre los caballos la eliminación de este factor del ecosistema.

Repaso de la lección

Vocabulario

1 Explica en qué se diferencian los significados de los términos *factor biótico* y *factor abiótico*.

_____

_____

_____

2 Escribe una definición de *ecología* con tus propias palabras.

_____

_____

_____

3 Explica en qué se diferencian los significados de los términos *hábitat* y *nicho*.

_____

_____

_____

Conceptos clave

4 **Compara** ¿Cuál es la relación entre los ecosistemas y los biomas?

_____

_____

_____

_____

5 **Enumera** ¿Cuáles son los niveles de organización de un bioma, del de mayor complejidad al de menor complejidad?

_____

_____

_____

_____

6 **Describe** ¿Qué interacciones pueden ocurrir entre dos poblaciones de una comunidad?

_____

_____

_____

_____

7 **Identifica** ¿Qué factores influyen en el lugar en que puede vivir una población?

_____

_____

_____

_____

Razonamiento crítico

8 **Predice** ¿Qué podría suceder en un bioma de selva lluviosa tropical si hubiera muy poca precipitación durante un período prolongado?

_____

_____

_____

_____

9 **Infiere** Tanto los búhos como los halcones se alimentan de roedores. Además, ambos se encuentran en el mismo hábitat. Si dos poblaciones no pueden ocupar exactamente el mismo nicho, ¿cómo crees que pueden convivir búhos y halcones en la misma área?

_____

_____

_____

_____

_____

10 **Demuestra** Haz un diagrama que muestre los niveles de organización de una cría de ciervo que vive en un ecosistema de pradera. Los otros organismos que aparecen son: conejos, aves, ratones, insectos y hierbas.

Mis apuntes

La gran idea

Los científicos clasifican los organismos a partir de sus características en común, como las características celulares y estructurales, y las maneras en que los organismos interactúan con su medio ambiente.

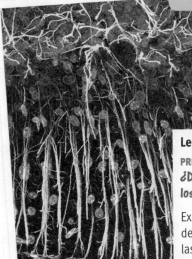

Lección 1

PREGUNTA ESENCIAL
¿De qué están hechos los seres vivos?

Explica los componentes de la teoría científica de las células.

Lección 2

PREGUNTA ESENCIAL
¿Cómo se clasifican los organismos?

Describe cómo las personas clasifican a los organismos vivos en grupos según las características que comparten.

Lección 3

PREGUNTA ESENCIAL
¿Cómo se relacionan las distintas partes del medio ambiente?

Analiza las partes de un medio ambiente.

Conectar PREGUNTAS ESENCIALES
Lecciones 1 y 3

1 Sintetiza ¿Cómo puede afectar cada célula el equilibrio ecológico de un ecosistema?

_____

_____

_____

_____

_____

_____

Piensa libremente

2 Sintetiza Elige una de las siguientes actividades como ayuda para sintetizar lo que has aprendido en esta unidad.

☐ Usa lo que aprendiste en las lecciones 2 y 3 para elegir seis organismos que viven en un ecosistema acuático. Haz una tabla que muestre características similares y diferentes de todos esos organismos.

☐ Usa lo que aprendiste en las lecciones 1, 2 y 3 para hacer un cartel que muestre la progresión de las formas de vida, de células a organismos y de organismos a ecosistemas.

Nombre _____

Vocabulario

Marca el recuadro para mostrar si cada enunciado es verdadero o falso.

V	F	
☐	☐	**TEKS 6.12B, 6.12D** **1** Cada célula de un procariote tiene un núcleo, mientras que cada célula de un eucariote, no.
☐	☐	**TEKS 6.12A** **2** Las células de todos los organismos vivos tienen una membrana celular, o capa protectora, que cubre la superficie de la célula.
☐	☐	**TEKS 6.12C** **3** En el sistema de clasificación más actual, Bacteria, Archaea y Eukarya son los tres dominios principales de vida.
☐	☐	**4** Los biomas se caracterizan por la temperatura, las precipitaciones y las comunidades vegetales y animales que viven allí.
☐	☐	**5** Un hábitat es el papel de una población en su comunidad, incluidos el medio ambiente y su relación con otras especies.

Conceptos clave

Elige la letra de la respuesta correcta.

TEKS 6.12A, 6.3A

6 Prem descubre un objeto raro en el suelo del bosque. Después de examinarlo con un microscopio y de realizar varias pruebas de laboratorio, saca la conclusión de que el objeto es un organismo vivo. ¿Cuál de las siguientes observaciones es más probable que haya hecho que Prem llegara a esa conclusión? (Pista: Paso 1: Recuerda las características de todos los organismos vivos. Paso 2: Ten en cuenta las pruebas de laboratorio que ayudan a determinar si un objeto es un organismo vivo).

A El objeto contenía carbono.

B Prem observó células en el objeto.

C El objeto era de color verde.

D Prem observó minerales dentro del objeto.

TEKS 6.12D

7 Los organismos unicelulares tienen una célula. Los organismos multicelulares tienen muchas células. ¿Cuál de estos enunciados explica correctamente por qué se dividen estas células de los organismos unicelulares y multicelulares?

A Las células de los organismos unicelulares se dividen para reproducirse; las células de los organismos multicelulares se dividen para reemplazar células y crecer.

B Las células de los organismos unicelulares se dividen para reemplazar células y crecer; las células de los organismos multicelulares se dividen para reproducirse.

C Las células de los dos tipos de organismos se dividen para reproducirse.

D Las células de los dos tipos de organismos se dividen para reemplazar células y crecer.

TEKS 6.12D

8 Un diagrama ramificado aprovecha las características compartidas por distintos organismos para clasificarlos. En un diagrama ramificado que compara los reinos principales del dominio Eukarya, ¿qué rótulo podría diferenciar a los animales de los organismos que pertenecen a otros reinos de Eukarya? (Pista: Paso 1: Recuerda las características de los animales. Paso 2: Piensa en cómo los científicos usan esas características para clasificar organismos).

A unicelulares, producen su propio alimento

B multicelulares, producen su propio alimento

C multicelulares, se mueven de manera independiente

D liberan jugos digestivos a sus alrededores

TEKS 6.3D

9 Desde pequeño, Carolus Linnaeus se interesó en la botánica y en los nombres de las plantas. Sus ideas han tenido influencia sobre generaciones de biólogos. ¿Cuál fue la contribución de Carolus Linnaeus a los sistemas de clasificación modernos?

A Identificó los tres dominios de la vida.

B Desarrolló nombres científicos de dos partes.

C Estandarizó los nombres comunes de los organismos.

D Usó características químicas para clasificar organismos.

10 El siguiente diagrama muestra los componentes de un ecosistema. ¿Qué término debe usarse para describir los organismos vivos de este ecosistema?

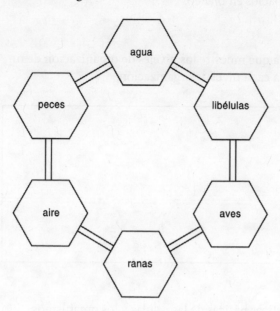

A bioma

B hábitat

C nicho

D comunidad

Respuesta en forma de cuadrícula

Escribe tu respuesta en los recuadros de la cuadrícula y luego rellena el círculo del número correspondiente.

TEKS 6.12E

11 La temperatura del agua es un factor abiótico que afecta el crecimiento de las crías del salmón. La tabla muestra los efectos que tienen distintos rangos de temperatura sobre las crías del salmón.

Temperatura del agua	Efecto sobre las crías del salmón
18 °C a 20 °C	interrupción del crecimiento
10 °C a 15 °C	crecimiento óptimo
5 °C a 10 °C	cierto crecimiento

La temperatura de un río es 18 °C. ¿Cuántos grados más debe enfriarse el río para que la cría del salmón pueda crecer?

Razonamiento crítico

Responde las siguientes preguntas en los espacios en blanco.

TEKS 6.12E

12 En el siguiente espacio, haz un diagrama que muestre los niveles de organización de un ecosistema que elijas. Rotula e identifica cada nivel de organización.

TEKS 6.12A, 6.3D

13 La teoría celular describe tres características básicas de las células y los organismos vivos. Resume estas características e identifica un científico que se relacione con cada una.

_____

_____

_____

_____

_____

_____

Conectar **PREGUNTAS ESENCIALES**
Lecciones 1, 2 y 3

Responde la siguiente pregunta en el espacio en blanco.

TEKS 6.12C, 6.12D

14 Un organismo es un procariote. ¿En cuáles dominios lo clasificarías? Justifica tu respuesta. Explica qué información adicional necesitarías para clasificar el organismo en niveles menores.

_____

_____

_____

_____

_____

Búscalo

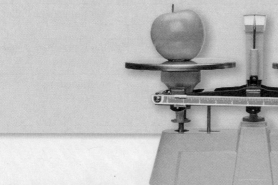

Material de referencia

Propiedades de los minerales

A continuación, te mostramos cinco pasos para identificar minerales:

1 Determina el color del mineral. ¿Es claro, es oscuro o tiene un color específico?

2 Determina el brillo del mineral. ¿Es metálico o no metálico?

3 Determina el color de cualquier polvo que deje su veta.

4 Determina la dureza del mineral. ¿Es blando, duro o muy duro? Toma una placa de vidrio y observa si el mineral la puede rayar.

5 Determina si tu muestra presenta exfoliación o alguna propiedad especial.

TÉRMINOS QUE DEBES SABER	DEFINICIÓN
adamantino	un brillo no metálico, como el de un diamante
exfoliación	cómo se quiebra un mineral cuando se somete a presión en un plano determinado
brillo	el estado o cualidad que resulta de reflejar la luz
veta	el color de un mineral en forma de polvo
submetálico	brillo entre metálico y no metálico
vítreo	tipo de brillo parecido al del vidrio

Minerales silicatos					
Mineral	**Color**	**Brillo**	**Veta**	**Dureza**	**Exfoliación y propiedades especiales**
Berilo	verde intenso, rosado, blanco, verde azulado o amarillo	vítreo	blanca	7.5–8	1 dirección de exfoliación; algunas variedades presentan fluorescencia en la luz ultravioleta
Clorita	verde	de vítreo a perlado	verde pálida	2–2.5	1 dirección de exfoliación
Granate	verde, rojo, café, negro	vítreo	blanca	6.5–7.5	sin exfoliación
Hornablenda	verde oscuro, café o negro	vítreo	ninguna	5–6	2 direcciones de exfoliación
Moscovita	incoloro, blanco plateado o café	vítreo o perlado	blanca	2–2.5	1 dirección de exfoliación
Olivino	verde oliva, amarillo	vítreo	blanca o ninguna	6.5–7	sin exfoliación
Ortoclasa	incoloro, blanco, rosado u otros colores	vítreo	blanca o ninguna	6	2 direcciones de exfoliación
Plagioclasa	incoloro, blanco, amarillo, rosado, verde	vítreo	blanca	6	2 direcciones de exfoliación
Cuarzo	incoloro o blanco; cualquier color cuando no es puro	vítreo o ceroso	blanca o ninguna	7	sin exfoliación

Minerales no silicatos					
Mineral	**Color**	**Brillo**	**Veta**	**Dureza**	**Exfoliación y propiedades especiales**
Elementos nativos					
Cobre	rojo cobre	metálico	rojo cobre	2.5–3	sin exfoliación
Diamante	amarillo pálido o incoloro	adamantino	ninguna	10	4 direcciones de exfoliación
Grafito	de negro a gris	submetálico	negra	1–2	1 dirección de exfoliación
Carbonatos					
Aragonito	incoloro, blanco o amarillo pálido	vítreo	blanca	3.5–4	2 direcciones de exfoliación; reacciona con ácido clorhídrico
Calcita	incoloro o de blanco a habano	vítreo	blanca	3	3 direcciones de exfoliación; reacciona con ácido débil; doble refracción
Haluros					
Fluorita	verde claro, amarillo, púrpura, verde azulado u otros colores	vítreo	ninguna	4	4 direcciones de exfoliación, algunas variedades presentan fluorescencia
Halita	blanco	vítreo	blanca	2.0–2.5	3 direcciones de exfoliación
Óxidos					
Hematita	de café rojizo a negro	de metálico a terroso	de rojo oscuro a rojo café	5.6–6.5	sin exfoliación; magnético cuando se calienta
Magnetita	negro hierro	metálico	negra	5.5–6.5	sin exfoliación; magnético
Sulfatos					
Anhidrita	incoloro, azulado o violeta	de vítreo a perlado	blanca	3–3.5	3 direcciones de exfoliación
Yeso	blanco, rosado, gris o incoloro	vítreo, perlado o sedoso	blanca	2.0	3 direcciones de exfoliación
Sulfuros					
Galena	gris plomo	metálico	de gris plomo a negra	2.5–2.8	3 direcciones de exfoliación
Pirita	amarillo latón	metálico	verdosa, parduzca o negra	6–6.5	sin exfoliación

Material de referencia

Escala de tiempo geológico

Los geólogos desarrollaron la escala de tiempo geológico para representar los 4,600 millones de años de historia que transcurrieron desde que se formó la Tierra. En esta escala, la historia de la Tierra se divide en períodos de tiempo. Los límites entre estos intervalos de tiempo (que se expresan en millones de años, o Ma, en la tabla de abajo) representan cambios importantes en la historia de la Tierra. Algunos límites están definidos por extinciones masivas, cambios importantes en la superficie de la Tierra y/o grandes cambios en el clima de la Tierra.

Las cuatro divisiones principales que abarcan la historia de la vida en la Tierra son el período Precámbrico, la era Paleozoica, la era Mesozoica y la era Cenozoica. Las divisiones de tiempo más grandes se denominan eones. El **período Precámbrico** comprende los tres primeros eones, más de 4 mil millones de años de la historia de la Tierra.

La **era Paleozoica** comenzó hace 542 Ma y terminó hace 251 Ma. Durante esta era aparecieron todos los grupos de plantas más importantes, excepto aquellas que dan flores. Hacia el final de este período también aparecieron los reptiles, los insectos con alas y los peces, y se produjo la mayor extinción masiva que se haya registrado.

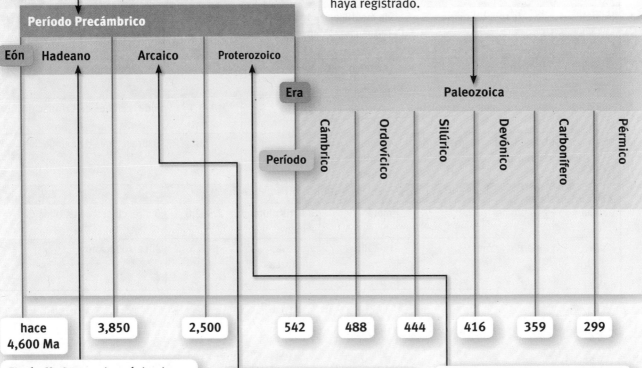

El **eón Hadeano** abarcó desde hace 4,600 Ma hasta hace 3,850 Ma. Se lo puede describir a partir de la evidencia recopilada en meteoritos y rocas de la Luna.

El **eón Arcaico** se extendió desde hace 3,850 Ma hasta hace 2,500 Ma. Las rocas más antiguas de la Tierra que se han encontrado y datado se formaron al principio de este eón.

El **eón Proterozoico** se extendió desde hace 2,500 Ma hasta hace 542 Ma. En este eón aparecieron los primeros organismos, que eran unicelulares. Estos organismos produjeron tanto oxígeno que provocaron cambios en los océanos y la atmósfera de la Tierra.

Las divisiones del tiempo

Las divisiones del tiempo que se muestran aquí representan cambios importantes en la superficie de la Tierra y hacen referencia a momentos en que la vida se desarrolló y cambió de manera significativa en la Tierra. Cuando se encuentran nuevas evidencias, los límites de estas divisiones pueden cambiar. El eón Fanerozoico se divide en tres eras. El comienzo de cada una de estas eras representa un cambio en los tipos de organismos que dominaban la Tierra. A su vez, cada era se suele definir a partir de los tipos de organismos que la dominaron. Las eras se dividen en períodos, y los períodos se dividen en épocas.

La **era Mesozoica** se extendió desde hace 251 Ma hasta hace 65.5 Ma. En esta era, muchos tipos de dinosaurios dominaban la tierra, y lagartos gigantes nadaban en el océano. Durante este período también aparecieron las primeras aves, mamíferos y plantas con flores. Al final de esta era se extinguieron aproximadamente dos tercios de todas las especies terrestres.

El **eón Fanerozoico** comenzó hace 542 Ma. Vivimos en este eón.

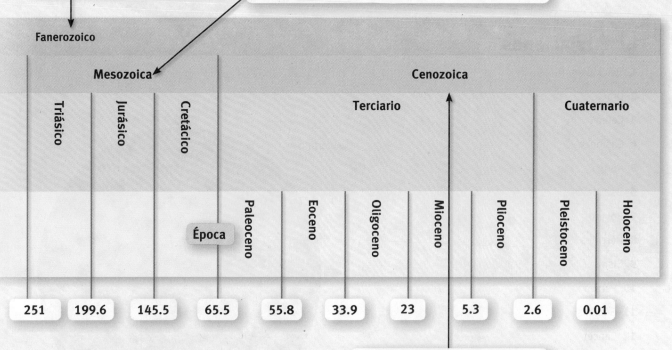

Fanerozoico

Mesozoica — Cenozoica

| Triásico | Jurásico | Cretácico | Terciario | | | | Cuaternario | |

Época

| | | | Paleoceno | Eoceno | Oligoceno | Mioceno | Plioceno | Pleistoceno | Holoceno |

| 251 | 199.6 | 145.5 | 65.5 | 55.8 | 33.9 | 23 | 5.3 | 2.6 | 0.01 |

La **era Cenozoica** comenzó hace 65.5 Ma y continúa hasta el día de hoy. Los mamíferos dominan esta era. Durante la era Mesozoica, los mamíferos eran pequeños, pero crecieron en gran medida durante la era Cenozoica. En esta era aparecieron los primates, que incluyen a los seres humanos.

Material de referencia

Mapa estelar del hemisferio norte

Un mapa estelar muestra las estrellas del cielo nocturno. Incluye los nombres y la ubicación de las constelaciones y las estrellas más importantes. Los mapas estelares se pueden utilizar para identificar constelaciones e incluso para orientarse con Polaris, la Estrella del Norte.

Como la Tierra se mueve por el espacio, cada constelación se ve durante un momento distinto del año. Los mapas estelares de estas páginas muestran las constelaciones que se pueden ver durante las estaciones del hemisferio norte.

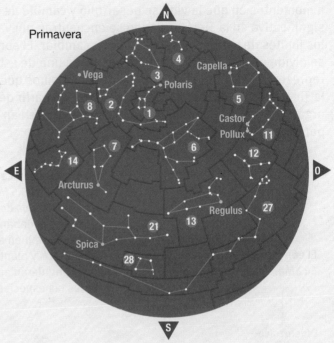

Primavera

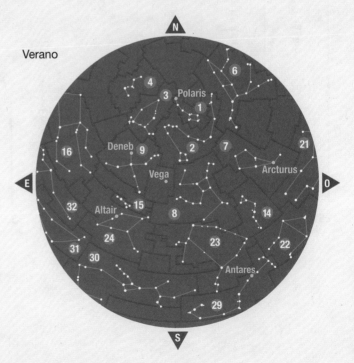

Verano

Constelaciones

1 Osa Menor

2 Draco

3 Cefeo

4 Casiopea

5 Auriga

6 Osa Mayor

7 Boyero

8 Hércules

9 Cisne

10 Perseo

11 Géminis

12 Cáncer

13 Leo

14 Serpens

15 Sagitta

16 Pegasus

17 Piscis

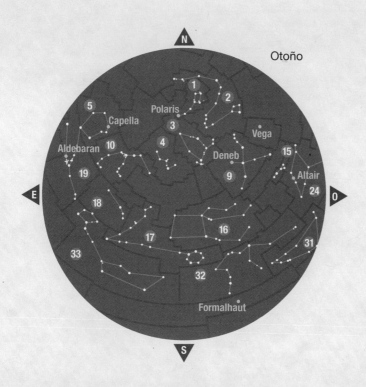

Otoño

Invierno

Constelaciones

18 Aries

19 Tauro

20 Orión

21 Virgo

22 Libra

23 Ofiuco

24 Aquila

25 Lepus

26 Can Mayor

27 Hidra

28 Corvus

29 Escorpio

30 Sagitario

31 Capricornio

32 Acuario

33 Cetus

34 Columba

Mapa del mundo

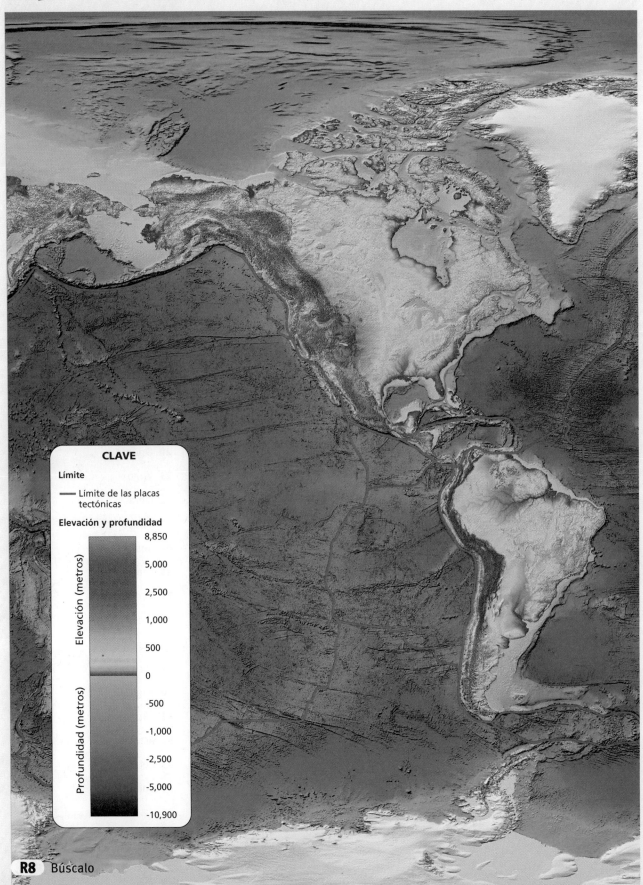

CLAVE

Límite

— Límite de las placas tectónicas

Elevación y profundidad

8,850

5,000

2,500

1,000

500

Elevación (metros)

0

-500

-1,000

Profundidad (metros)

-2,500

-5,000

-10,900

Clasificación de los organismos vivos

Dominios y reinos

Todos los organismos pertenecen a uno de los tres dominios: Dominio Archaea, Dominio Bacteria o Dominio Eukarya. A continuación se muestran algunos de los grupos que se encuentran dentro de esos dominios. (Recuerda que los nombres de los géneros se escriben en cursiva).

Dominio Archaea

Los organismos de este dominio son procariotes unicelulares. Muchos de ellos viven en ambientes extremos.

Archaea		
Grupo	**Ejemplo**	**Características**
Metanógenos	*Methanococcus*	producen gas metano; no pueden vivir en presencia de oxígeno
Termófilos	*Sulpholobus*	necesitan azufre; no pueden vivir en presencia de oxígeno
Halófilos	*Halococcus*	viven en ambientes muy salinos; la mayoría puede vivir en presencia de oxígeno

Dominio Bacteria

Los organismos de este dominio son procariotes unicelulares y se encuentran en casi todos los ambientes de la Tierra.

Bacteria		
Grupo	**Ejemplo**	**Características**
Bacilos	*Escherichia*	forma de bastón; algunos fijan el nitrógeno; algunos causan enfermedades
Cocos	*Streptococcus*	forma esférica; algunos causan enfermedades; pueden formar esporas
Espirilos	*Treponema*	forma de espiral; causan enfermedades, como la sífilis y la enfermedad de Lyme

Dominio Eukarya

Los organismos de este dominio son eucariotes unicelulares o multicelulares.

Reino Protista Muchos protistas se asemejan a los hongos, las plantas o los animales, pero son más pequeños y simples en cuanto a su estructura. La mayoría de ellos son unicelulares.

Protistas		
Grupo	**Ejemplo**	**Características**
Sarcodinos	*Amoeba*	radiolarias; consumidores unicelulares
Ciliados	*Paramecium*	consumidores unicelulares
Flagelados	*Trypanosoma*	parásitos unicelulares
Esporozoos	*Plasmodium*	parásitos unicelulares
Euglenoides	*Euglena*	unicelulares; realizan la fotosíntesis
Diatomeas	*Pinnularia*	la mayoría son unicelulares; realizan la fotosíntesis
Dinoflagelados	*Gymnodinium*	unicelulares; algunos realizan la fotosíntesis
Algas	*Volvox*	unicelulares o multicelulares; realizan la fotosíntesis
Mohos mucilaginosos	*Physarum*	unicelulares o multicelulares; consumidores o descomponedores
Mohos acuáticos	mildiú polvoriento	unicelulares o multicelulares; parásitos o descomponedores

Reino Fungi Sus miembros son los hongos. La mayoría son multicelulares. Sus células tienen paredes celulares gruesas. Los hongos absorben alimentos de su ambiente.

Hongos		
Grupo	**Ejemplos**	**Características**
Mohos del pan	moho negro del pan	los esféricos producen esporas; descomponedores
Ascomicetes	levadura; morillas	forma de saco con esporas; parásitos y descomponedores
Basidiomicetes	setas; royas; tizones	forma de bastón con esporas; parásitos y descomponedores
Quitridiomicetes	hongo quitridio en ranas	asociación entre un hongo y un alga

Reino Plantae Las plantas son multicelulares y tienen paredes celulares de celulosa. Las plantas producen su propio alimento a través de la fotosíntesis. Se clasifican en divisiones en lugar de phyla.

Plantas		
Grupo	**Ejemplos**	**Características**
Briófitos	musgos, musgos de turbera	sin tejido vascular; se reproducen por medio de esporas
Licófitos	*Lycopodium;* pinillo	crecen en áreas boscosas; se reproducen por medio de esporas
Equisetos	colas de caballo	crecen en áreas pantanosas; se reproducen por medio de esporas
Helechos	*spleenworts;* helecho sensible	grandes hojas llamadas frondas; se reproducen por medio de esporas
Coníferas	pinos; píceas; abetos	hojas en forma de aguja; se reproducen por medio de semillas que crecen en piñas
Cícadas	*Zamia*	crecimiento lento; se reproducen por medio de semillas que crecen en piñas grandes
Gnetofitas	*Welwitschia*	solo tres familias vivas; se reproducen por medio de semillas
Ginkgos	*Ginkgo*	solo una especie viva; se reproduce por medio de semillas
Angiospermas	todas las plantas con flores	se reproducen por medio de semillas que crecen en flores; fruto

Reino Animalia Los animales son multicelulares. Sus células no poseen paredes celulares. La mayoría de los animales tiene tejidos especializados y complejos sistemas de órganos. Para obtener alimento, los animales comen otros organismos.

Animales		
Grupo	**Ejemplos**	**Características**
Esponjas	esponjas vítreas	sin simetría ni tejidos especializados; acuáticos
Cnidarios	medusas; corales	simetría radial; acuáticos
Gusanos planos	planarias; tenias; tremátodos	simetría bilateral; sistemas de órganos
Gusanos redondos	*Trichina;* anquilostomas	simetría bilateral; sistemas de órganos
Anélidos	lombrices de tierra; sanguijuelas	simetría bilateral; sistemas de órganos
Moluscos	caracoles; pulpos	simetría bilateral; sistemas de órganos
Equinodermos	estrellas de mar; dólares de arena	simetría radial; sistemas de órganos
Artrópodos	insectos; arañas; langostas de mar	simetría bilateral; sistemas de órganos
Cordados	peces; anfibios; reptiles; aves; mamíferos	simetría bilateral; sistemas complejos de órganos

Material de referencia

Tabla periódica de los elementos

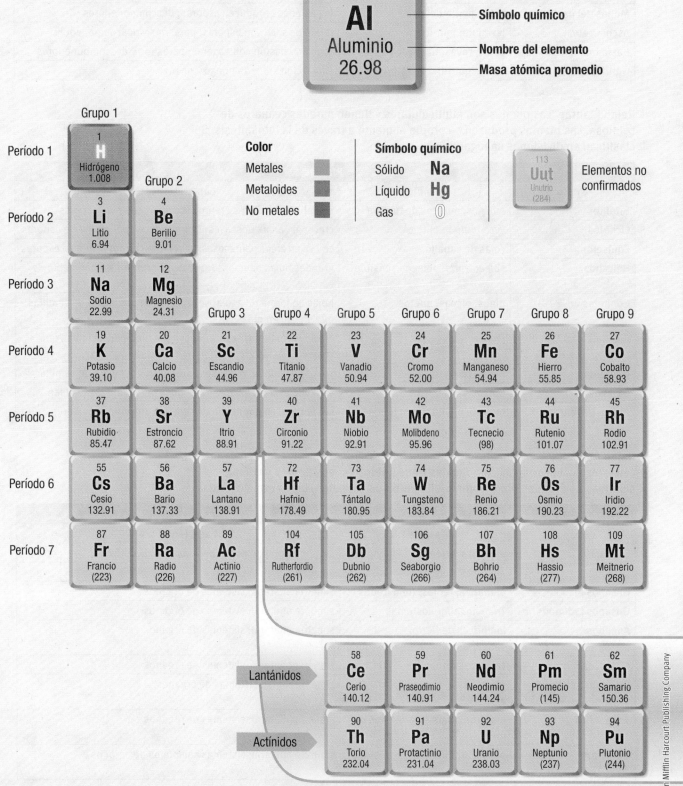

13
Al
Aluminio
26.98

- Número atómico
- Símbolo químico
- Nombre del elemento
- Masa atómica promedio

Color
- Metales
- Metaloides
- No metales

Símbolo químico
- Sólido **Na**
- Líquido **Hg**
- Gas ⓞ

113
Uut
Unutrio
(284)

Elementos no confirmados

Grupo 1

| Período 1 | 1
H
Hidrógeno
1.008 |

Grupo 2

| Período 2 | 3
Li
Litio
6.94 | 4
Be
Berilio
9.01 |

| Período 3 | 11
Na
Sodio
22.99 | 12
Mg
Magnesio
24.31 |

	Grupo 3	Grupo 4	Grupo 5	Grupo 6	Grupo 7	Grupo 8	Grupo 9
Período 4	21 **Sc** Escandio 44.96	22 **Ti** Titanio 47.87	23 **V** Vanadio 50.94	24 **Cr** Cromo 52.00	25 **Mn** Manganeso 54.94	26 **Fe** Hierro 55.85	27 **Co** Cobalto 58.93

(Período 4 también: 19 **K** Potasio 39.10 — 20 **Ca** Calcio 40.08)

| Período 5 | 37
Rb
Rubidio
85.47 | 38
Sr
Estroncio
87.62 | 39
Y
Itrio
88.91 | 40
Zr
Circonio
91.22 | 41
Nb
Niobio
92.91 | 42
Mo
Molibdeno
95.96 | 43
Tc
Tecnecio
(98) | 44
Ru
Rutenio
101.07 | 45
Rh
Rodio
102.91 |

| Período 6 | 55
Cs
Cesio
132.91 | 56
Ba
Bario
137.33 | 57
La
Lantano
138.91 | 72
Hf
Hafnio
178.49 | 73
Ta
Tántalo
180.95 | 74
W
Tungsteno
183.84 | 75
Re
Renio
186.21 | 76
Os
Osmio
190.23 | 77
Ir
Iridio
192.22 |

| Período 7 | 87
Fr
Francio
(223) | 88
Ra
Radio
(226) | 89
Ac
Actinio
(227) | 104
Rf
Rutherfordio
(261) | 105
Db
Dubnio
(262) | 106
Sg
Seaborgio
(266) | 107
Bh
Bohrio
(264) | 108
Hs
Hassio
(277) | 109
Mt
Meitnerio
(268) |

Lantánidos

| 58
Ce
Cerio
140.12 | 59
Pr
Praseodimio
140.91 | 60
Nd
Neodimio
144.24 | 61
Pm
Promecio
(145) | 62
Sm
Samario
150.36 |

Actínidos

| 90
Th
Torio
232.04 | 91
Pa
Protactinio
231.04 | 92
U
Uranio
238.03 | 93
Np
Neptunio
(237) | 94
Pu
Plutonio
(244) |

La Unión Internacional de Química Pura y Aplicada (IUPAC, por sus siglas en inglés) determinó que, debido a la variación isotópica, la masa atómica promedio se representa mejor por medio de un rango de valores para cada uno de los siguientes elementos: hidrógeno, litio, boro, carbono, nitrógeno, oxígeno, silicio, azufre, cloro y talio. Sin embargo, los valores de esta tabla son adecuados para realizar cálculos comunes.

							Grupo 18
							2 **He** Helio 4.003

		Grupo 13	Grupo 14	Grupo 15	Grupo 16	Grupo 17	
		5 **B** Boro 10.81	6 **C** Carbono 12.01	7 **N** Nitrógeno 14.01	8 **O** Oxígeno 16.00	9 **F** Flúor 19.00	10 **Ne** Neón 20.18
		13 **Al** Aluminio 26.98	14 **Si** Silicio 28.09	15 **P** Fósforo 30.97	16 **S** Azufre 32.06	17 **Cl** Cloro 35.45	18 **Ar** Argón 39.95

Grupo 10	Grupo 11	Grupo 12						
28 **Ni** Níquel 58.69	29 **Cu** Cobre 63.55	30 **Zn** Cinc 65.38	31 **Ga** Galio 69.72	32 **Ge** Germanio 72.63	33 **As** Arsénico 74.92	34 **Se** Selenio 78.96	35 **Br** Bromo 79.90	36 **Kr** Kriptón 83.80
46 **Pd** Paladio 106.42	47 **Ag** Plata 107.87	48 **Cd** Cadmio 112.41	49 **In** Indio 114.82	50 **Sn** Estaño 118.71	51 **Sb** Antimonio 121.76	52 **Te** Teluro 127.60	53 **I** Yodo 126.90	54 **Xe** Xenón 131.29
78 **Pt** Platino 195.08	79 **Au** Oro 196.97	80 **Hg** Mercurio 200.59	81 **Tl** Talio 204.38	82 **Pb** Plomo 207.2	83 **Bi** Bismuto 208.98	84 **Po** Polonio (209)	85 **At** Astato (210)	86 **Rn** Radón (222)
110 **Ds** Darmstadio (271)	111 **Rg** Roentgenio (272)	112 **Cn** Copernicio (285)	113 **Uut** Ununtrio (284)	114 **Fl** Flerovio (289)	115 **Uup** Ununpentio (288)	116 **Lv** Livermorio (293)	117 **Uus** Ununseptio (294)	118 **Uuo** Ununoctio (294)

63 **Eu** Europio 151.96	64 **Gd** Gadolinio 157.25	65 **Tb** Terbio 158.93	66 **Dy** Disprosio 162.50	67 **Ho** Holmio 164.93	68 **Er** Erbio 167.26	69 **Tm** Tulio 168.93	70 **Yb** Iterbio 173.05	71 **Lu** Lutecio 174.97
95 **Am** Americio (243)	96 **Cm** Curio (247)	97 **Bk** Berkelio (247)	98 **Cf** Califomio (251)	99 **Es** Einstenio (252)	100 **Fm** Fermio (257)	101 **Md** Mendelevio (258)	102 **No** Nobelio (259)	103 **Lr** Laurencio (262)

Material de referencia

Repaso de ciencias físicas

Átomos y elementos

Todos los objetos del universo están hechos de materia. La **materia** es todo lo que ocupa un lugar en el espacio y tiene masa. Toda la materia está compuesta de átomos. Un **átomo** es la partícula más pequeña en la que se puede dividir un elemento y aun así seguir siendo el mismo elemento. A su vez, un **elemento** es una sustancia que no puede descomponerse en sustancias más simples por medios químicos. Cada elemento contiene un solo tipo de átomo. Un elemento puede estar formado por muchos átomos, pero todos son del mismo tipo.

Estructura atómica

Los átomos están formados por partículas más pequeñas llamadas **electrones, protones** y **neutrones.** Los electrones tienen una carga eléctrica negativa, los protones tienen una carga positiva y los neutrones no tienen carga eléctrica. En conjunto, los protones y los neutrones forman el **núcleo,** o centro denso y pequeño, de un átomo. Como los protones tienen carga positiva y los neutrones son neutros, el núcleo tiene carga positiva. Los electrones se mueven dentro de un área alrededor del núcleo llamada **nube de electrones.** Los electrones se mueven tan rápidamente que los científicos no pueden determinar su velocidad y posición exactas al mismo tiempo.

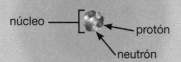

nube de electrones

núcleo — protón

neutrón

Número atómico

Para distinguir un elemento de otro, los científicos utilizan los números atómicos de los átomos. El **número atómico** es el número de protones que hay en el núcleo de un átomo. Los átomos de un determinado elemento siempre tienen el mismo número de protones.

Cuando los átomos tienen el mismo número de protones y electrones, no tienen carga o son eléctricamente neutros. El número atómico es igual al número de electrones de un átomo sin carga. Sin embargo, el número de neutrones puede variar en un elemento dado. Los átomos del mismo elemento que tienen diferentes números de neutrones se denominan **isótopos.**

La tabla periódica de los elementos

En la tabla periódica, cada elemento se ubica en un recuadro separado. Además, los elementos se ubican de izquierda a derecha en orden creciente según el número atómico. Es decir, un átomo sin carga de cada elemento contiene un electrón y un protón más que un átomo sin carga del elemento ubicado a su izquierda. Cada fila horizontal de la tabla se denomina **período.** Los cambios en las propiedades químicas de los elementos del mismo período corresponden a cambios en la configuración de los electrones de sus átomos.

Cada columna vertical de la tabla se conoce como **grupo.** Un grupo contiene elementos que tienen propiedades físicas y químicas similares. Por esta razón, los grupos también suelen denominarse "familias". Los elementos de un grupo tienen propiedades similares porque sus átomos tienen el mismo número de electrones en su nivel de energía exterior. Por ejemplo, los elementos helio, neón, argón, kriptón, xenón y radón poseen propiedades similares y se los conoce como gases nobles.

Moléculas y compuestos

Cuando dos o más elementos se unen químicamente, forman un **compuesto.** Un compuesto es una sustancia nueva con propiedades diferentes de las de los elementos que la componen. Por ejemplo, el agua, H_2O, es un compuesto que se forma cuando se combinan el hidrógeno (H) y el oxígeno (O). La unidad más pequeña y completa de un compuesto que tiene las propiedades de dicho compuesto se denomina **molécula.** La fórmula química indica los elementos de un compuesto. También indica el número relativo de átomos de cada elemento del compuesto. La fórmula química del agua es H_2O. Por lo tanto, cada molécula de agua contiene dos átomos de hidrógeno y un átomo de oxígeno. El subíndice que aparece después del símbolo de un elemento representa el número de átomos de ese elemento que hay en una sola molécula del compuesto.

Ecuaciones químicas

Cuando hay un cambio químico, ocurre una reacción química. Una ecuación química describe una reacción química mediante fórmulas químicas. La ecuación indica las sustancias que reaccionan y las sustancias que se producen. Por ejemplo, cuando se combinan el carbono y el oxígeno, se puede formar dióxido de carbono, tal como se muestra en la siguiente ecuación:

$$C + O_2 \longrightarrow CO_2$$

Ácidos, bases y pH

Un **ión** es un átomo, o un grupo de átomos enlazados químicamente, que tiene carga eléctrica porque perdió o ganó uno o más electrones. Cuando un ácido, como el ácido clorhídrico, HCl, se mezcla con agua, se divide en iones. Un **ácido** es un compuesto que produce iones de hidrógeno, H^+, en el agua. Luego los iones de hidrógeno se combinan con una molécula de agua y se forma un ión hidronio, H_3O^+. Por otra parte, una **base** es una sustancia que produce iones hidroxilo, OH^-, en el agua.

Para determinar si una solución es ácida o básica, los científicos utilizan el pH. El **pH** es una medida de la concentración de iones hidronio en una solución. La escala de pH abarca de 0 a 14. Los ácidos tienen un pH menor que 7. Cuanto menor es el número, más ácida es la solución. El punto medio, $pH = 7$, es neutro, o sea, no es ácido ni básico. Las bases tienen un pH mayor que 7. Cuanto más alto es el número, más básica será la solución.

El pH de algunos materiales comunes

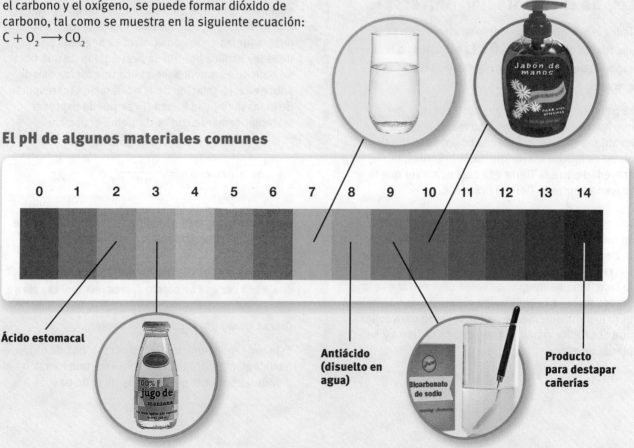

| 0 | 1 | 2 | 3 | 4 | 5 | 6 | 7 | 8 | 9 | 10 | 11 | 12 | 13 | 14 |

Ácido estomacal

Antiácido (disuelto en agua)

Producto para destapar cañerías

Material de referencia

Leyes de la física y ecuaciones útiles

Ley de la conservación de la masa

La masa no se crea ni se destruye por cambios químicos o físicos comunes.

La masa total en un sistema cerrado siempre es la misma, independientemente del número de cambios físicos o reacciones químicas que ocurran.

Ley de la conservación de la energía

La energía no se crea ni se destruye.

La cantidad total de energía de un sistema cerrado es siempre la misma. La energía puede cambiar de forma, pero todas las formas diferentes de energía de un sistema siempre suman la misma cantidad total de energía, sin importar el número de transformaciones de energía que se produzcan.

Ley de la gravitación universal

Todos los objetos del universo se atraen entre sí por una fuerza llamada gravedad. La magnitud de la fuerza depende de la masa de los objetos y de la distancia entre ellos.

La primera parte de la ley explica por qué levantar una bola de boliche es mucho más difícil que levantar una canica. Como la bola de boliche tiene un masa mucho mayor que la de la canica, la gravedad entre la Tierra y la bola es mayor que la gravedad entre la Tierra y la canica.

La segunda parte de la ley explica por qué un satélite puede permanecer en órbita alrededor de la Tierra. El satélite se coloca a una distancia de la Tierra cuidadosamente calculada. Esta distancia es lo suficientemente grande como para evitar que la gravedad de la Tierra atraiga el satélite hacia abajo, pero lo suficientemente pequeña como para evitar que el satélite venza la gravedad de la Tierra y se pierda en el espacio.

Las leyes del movimiento de Newton

La primera ley del movimiento de Newton establece que un objeto en reposo permanece en reposo y un objeto en movimiento se mantiene en movimiento a una rapidez constante y en línea recta a menos que se le aplique una fuerza que no está en equilibrio.

La primera parte de la ley explica por qué una pelota de fútbol americano permanece en su soporte hasta que la patean o hasta que una ráfaga de viento la voltea. La segunda parte de la ley explica por qué un ciclista continúa moviéndose hacia delante después de que la bicicleta se detiene abruptamente. La gravedad y la fricción de la acera terminan por detener al ciclista.

La segunda ley del movimiento de Newton establece que la aceleración de un objeto depende de la masa del objeto y de la cantidad de fuerza aplicada.

La primera parte de la ley explica por qué la aceleración de una bola de boliche de 4 kg es mayor que la aceleración de una de 6 kg si se aplica la misma fuerza en las dos bolas. La segunda parte de la ley explica por qué la aceleración de una bola de boliche es mayor si se aplica una fuerza mayor sobre ella. La relación de la aceleración (a) respecto de la masa (m) y la fuerza (F) se puede expresar matemáticamente con la siguiente ecuación:

$$\text{aceleración} = \frac{\text{fuerza}}{\text{masa}}, \text{ o } a = \frac{F}{m}$$

Con frecuencia, esta ecuación se reformula y se lee *fuerza = masa ×* aceleración, o $F = m \times a$

La tercera ley del movimiento de Newton establece que, cada vez que un objeto ejerce una fuerza sobre un segundo objeto, el segundo objeto ejerce una fuerza igual y opuesta sobre el primero.

Esta ley explica que un corredor es capaz de moverse hacia delante porque el suelo ejerce una fuerza igual y opuesta sobre el pie después de cada paso.

Rapidez promedio

$$rapidez\ promedio = \frac{distancia\ total}{tiempo\ total}$$

Ejemplo:

Un mensajero en bicicleta recorrió una distancia de 136 kilómetros en 8 h. ¿Cuál fue su rapidez promedio?

$$\frac{136\ km}{8\ h} = 17\ km/h$$

La rapidez promedio del mensajero fue **17 km/h**.

Aceleración promedio

$$aceleración\ promedio = \frac{velocidad\ final - velocidad\ inicial}{tiempo\ que\ tarda\ en\ cambiar\ la\ velocidad}$$

Ejemplo:

Calcula la aceleración promedio de un corredor olímpico de 100 m que alcanza una velocidad de 20 m/s hacia el sur al llegar a la meta. La carrera fue en línea recta y duró 10 s.

$$\frac{20\ m/s - 0\ m/s}{10\ s} = 2\ m/s/s$$

La aceleración promedio del corredor fue **2 m/s/s hacia el sur.**

Presión

La **presión** es la fuerza que se ejerce sobre un área determinada. La unidad del SI para la presión es el pascal. Su símbolo es Pa.

$$presión = \frac{fuerza}{área}$$

Fuerza neta
Fuerzas en la misma dirección

Cuando las fuerzas se ejercen en la misma dirección, súmalas para determinar la fuerza neta.

Ejemplo:

Calcula la fuerza neta sobre un carro detenido que empujan dos personas. Una persona lo empuja con una fuerza de 13 N hacia el noroeste y la otra persona lo empuja con una fuerza de 8 N en la misma dirección.

$$13\ N + 8\ N = 21\ N$$

La fuerza neta es **21 N hacia el noroeste.**

Fuerzas en direcciones opuestas

Cuando las fuerzas se ejercen en direcciones opuestas, resta la fuerza más pequeña de la fuerza más grande para determinar la fuerza neta. La fuerza neta tendrá la dirección de la fuerza mayor.

Ejemplo:

Calcula la fuerza neta ejercida sobre una cuerda que están tirando de los extremos. Una persona tira de un extremo de la cuerda con una fuerza de 12 N hacia el sur. Otra persona tira del extremo opuesto de la cuerda con una fuerza de 7 N hacia el norte.

$$12\ N - 7\ N = 5\ N$$

La fuerza neta es **5 N hacia el sur.**

Ejemplo:

Calcula la presión del aire en una pelota de fútbol si el aire ejerce una fuerza de 10 N sobre un área de 0.5 m².

$$presión = \frac{10\ N}{0.5\ m^2} = \frac{20\ N}{m^2} = 20\ Pa$$

La presión del aire dentro de la pelota de fútbol es **20 Pa.**

Un manual de instrucciones para la Lectura con propósito

Este libro te pertenece y estás invitado a escribir en él. De hecho, el libro no estará completo hasta que tú lo hagas. Algunas veces, responderás una pregunta o seguirás instrucciones para hacer anotaciones en el texto. Otras veces, escribirás tus propios pensamientos. Y cuando hayas terminado de leer y escribir en el libro, este estará listo para ayudarte a repasar lo que aprendiste y a prepararte para las pruebas.

Anotaciones de la Lectura con propósito

Antes de leer, encontrarás a menudo un aviso de Lectura con propósito pidiéndote que subrayes ciertas palabras o que enumeres los pasos de un proceso. A continuación, te mostramos un ejemplo.

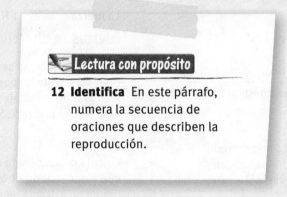

Lectura con propósito

12 Identifica En este párrafo, numera la secuencia de oraciones que describen la reproducción.

Al marcar el texto de esta manera, las marcas que haces se llaman **anotaciones**. Hacer anotaciones en el texto puede ayudarte a identificar conceptos importantes mientras lees.

Existen otras maneras de hacer anotaciones en el texto. Puedes dibujar un asterisco (*) al lado de los términos de vocabulario, marcar información o términos desconocidos o confusos con un signo de interrogación (?) y marcar las ideas principales con un subrayado doble. ¡Hasta puedes inventar tus propias marcas para hacer anotaciones en el texto!

Otras oportunidades para hacer anotaciones

Mientras lees, mantén cerca tu lápiz, bolígrafo o resaltador de modo que puedas tomar nota o resaltar un punto importante en todo momento. A continuación, verás algunas ideas para comenzar.

- Observa los títulos en rojo y en azul. Los títulos azules son preguntas que señalan la idea principal de lo que estás leyendo. Los títulos rojos son las respuestas a las preguntas de los títulos azules. En conjunto, los títulos resumen el contenido de la lección. Después de leer una lección, puedes escribir tus propias respuestas a las preguntas.

- Observa las palabras en negrita que están resaltadas en amarillo. Están resaltadas para que puedas encontrarlas fácilmente de nuevo en la página donde se definen. Mientras lees o repasas, anímate a escribir tu propia oración con el término en negrita.

- Haz anotaciones en el margen en cualquier momento. Puedes
  - preguntarte "¿Qué ocurriría si...?";
  - comentar lo que lees;
  - hacer conexiones con algo que hayas leído en otro texto;
  - sacar una conclusión lógica del texto.

Usa tu propio lenguaje y abreviaturas. Inventa un código; por ejemplo, puedes encerrar palabras en un círculo o recuadro para recordar su importancia o la conexión de unas con otras. Tus anotaciones te servirán para recordar tus preguntas para los comentarios en clase y, cuando vuelvas a ver la lección, podrás completar lo que no comprendías la primera vez que la leíste. Al igual que un científico en el campo o en un laboratorio, anotarás tus preguntas y observaciones para un análisis posterior.

Preguntas de la Lectura con propósito

Después de leer, encontrarás a menudo preguntas de la Lectura con propósito que te pedirán que pienses en lo que has leído. Escribirás tu respuesta debajo de la pregunta. A continuación, te mostramos un ejemplo.

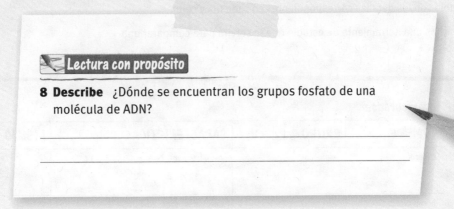

Lectura con propósito

8 Describe ¿Dónde se encuentran los grupos fosfato de una molécula de ADN?

_____

_____

Este tipo de preguntas te ayuda a resumir lo que acabas de leer y a extraer del pasaje las ideas más importantes. En este caso, la pregunta te pide que **describas** la estructura de una molécula de ADN sobre la que acabas de leer. En otras ocasiones, tal vez debas realizar tareas como **aplicar** un concepto, **comparar** dos conceptos, **resumir** un proceso o **identificar** una relación de **causa y efecto**. Reforzarás aquellas destrezas de razonamiento crítico que usarás a menudo al aprender sobre las ciencias.

Destrezas de estudio y lectura

Cómo usar organizadores gráficos para tomar nota

Los organizadores gráficos te ayudan a recordar información cuando la lees por primera vez y cuando la estudias más tarde. Existen muchos organizadores gráficos para elegir; por lo tanto, el primer truco está en elegir el más adecuado para tu propósito. A continuación encontrarás algunos organizadores gráficos para usar con distintos propósitos.

Para recordar gran cantidad de información	Para relacionar una idea central y detalles secundarios	Para describir un proceso	Para comparar
• Organizar datos en una Tabla de contenidos • Usar Notas combinadas para describir un concepto con palabras y dibujos	• Mostrar las relaciones con un Mapa mental o una Red de ideas principales • Resumir las relaciones entre muchas cosas con un Mapa conceptual	• Usar un Diagrama de proceso para explicar un procedimiento • Mostrar una cadena de sucesos y resultados en una Tabla de causa y efecto	• Comparar dos o más cosas estrechamente relacionadas en un Diagrama de Venn

Tabla de contenidos

1 Haz una tabla de cuatro columnas.

2 Completa la primera columna con categorías (por ej.: caracol, hormiga, lombriz de tierra) y la primera fila con información descriptiva (por ej.: grupo, características, aspecto).

3 Completa la tabla con los detalles correspondientes en cada fila y columna.

4 Al finalizar, tendrás una herramienta de estudio que te servirá para comparar una categoría con otra.

Invertebrados

NOMBRE	GRUPO	CARACTERÍSTICAS	DIBUJO
caracol	moluscos	pie muscular	
hormiga	artrópodos	seis patas, exoesqueleto	
lombriz de tierra	gusanos segmentados	cuerpo segmentado, aparatos circulatorio y digestivo	
gusano del corazón	gusanos redondos	aparato digestivo	
estrella de mar	equinodermos	piel espinosa, pies ambulacrales	
medusa	cnidarios	células urticantes	

Notas combinadas

1 Haz una tabla de dos columnas.

2 En la primera columna, escribe palabras descriptivas y definiciones.

3 En la segunda columna, dibuja un esquema simple que te sirva para recordar el significado del término.

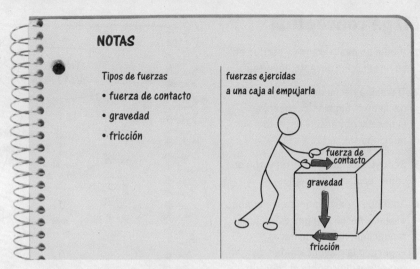

Mapa mental

1 Dibuja un óvalo y escribe en su interior un tema para analizar.

2 Traza dos o más brazos que se extiendan desde el óvalo. Cada brazo representa una idea principal sobre el tema.

3 Traza líneas a partir de los brazos sobre las que se puedan escribir detalles de cada idea principal.

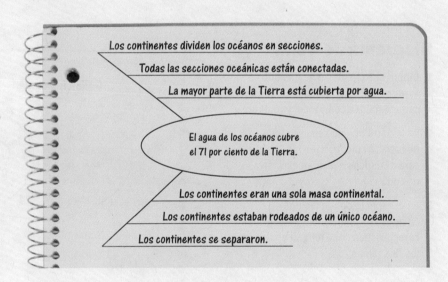

Red de ideas principales

1 Haz un recuadro y escribe en su interior un concepto que quieras recordar.

2 Dibuja recuadros alrededor del recuadro central y rotula cada uno con una categoría de información sobre el concepto (por ej.: definición, fórmula, detalles descriptivos).

3 Mientras lees, completa los recuadros con detalles relevantes.

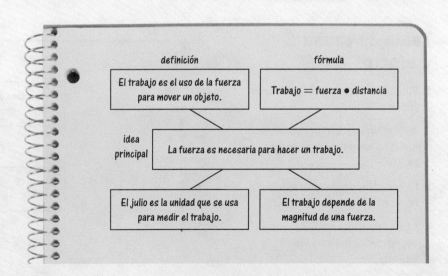

Destrezas de estudio y lectura

Mapa conceptual

1 Dibuja un óvalo grande y escribe en su interior un concepto importante.

2 Traza una flecha desde el concepto hacia un óvalo más pequeño, en el que escribirás un concepto relacionado.

3 Sobre la flecha, escribe un verbo que conecte los dos conceptos.

4 Continúa de esta manera, agregando óvalos y flechas en una estructura ramificada, hasta que hayas explicado la mayor cantidad de temas posibles sobre el concepto principal.

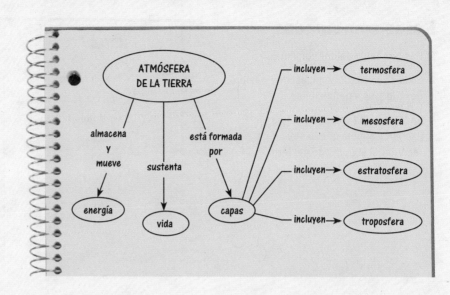

Diagrama de Venn

1 Dibuja dos círculos u óvalos que se superpongan parcialmente (uno por cada tema que compares) y rotúlalos.

2 En la parte que no se superpone de cada círculo, escribe las características que sean exclusivas de cada tema.

3 En el espacio donde los dos círculos se superponen, escribe las características que tengan en común los dos temas.

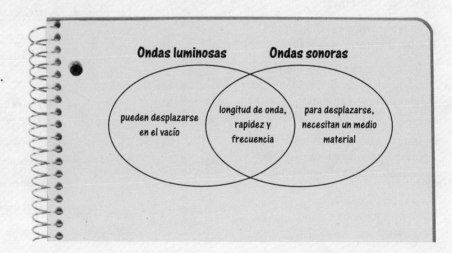

Tabla de causa y efecto

1 Dibuja dos recuadros y conéctalos con una flecha.

2 En el primer recuadro, escribe el primer suceso de una serie (una causa).

3 En el segundo recuadro, escribe un resultado de la causa (el efecto).

4 Agrega más recuadros cuando un suceso tenga muchos efectos, o viceversa.

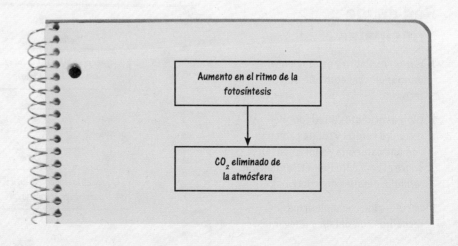

Diagrama de proceso

Un proceso puede ser un ciclo interminable. Como puedes ver en este proceso de diseño tecnológico, los ingenieros pueden retroceder y repetir pasos, pueden saltearse pasos completamente o pueden repetir todo el proceso antes de lograr un diseño utilizable.

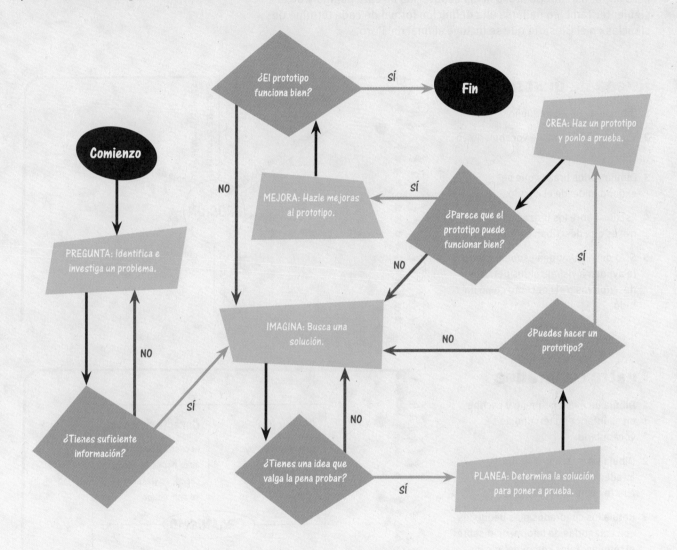

Destrezas de estudio y lectura

Cómo usar estrategias de vocabulario

Cuando en este libro se definen por primera vez términos de ciencias importantes, estos aparecen resaltados. Una manera de recordar estos términos es tomar nota y hacer esquemas cuando aparecen en la lectura. Para lograr este propósito, usa las estrategias de esta página y de la siguiente. También hallarás una definición formal de cada término de ciencias en el Glosario que se incluye al final del libro.

Rueda de descripción

1 Dibuja un círculo pequeño.

2 Escribe un término de vocabulario en el interior del círculo.

3 Dibuja varios brazos que se extiendan desde el círculo.

4 Escribe sobre los brazos palabras o frases que describan el término.

5 Si lo deseas, agrega esquemas que te ayuden a visualizar los detalles descriptivos o el concepto como un todo.

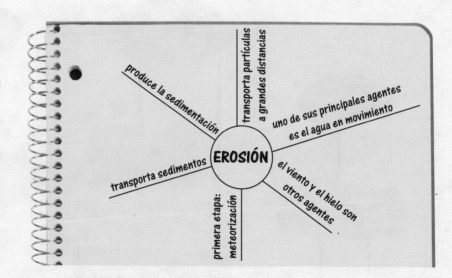

Cuatro cuadrados

1 Dibuja un óvalo pequeño y escribe en su interior un término de vocabulario.

2 Dibuja un rectángulo grande alrededor del óvalo y divídelo en cuatro cuadrados más pequeños.

3 Rotula los cuadrados más pequeños con categorías de información sobre el término, tales como: definición, características, ejemplos, no ejemplos, aspecto y palabras raíz.

4 Completa los cuadrados con palabras descriptivas y con dibujos que te ayudarán a recordar el significado global del término y sus detalles esenciales.

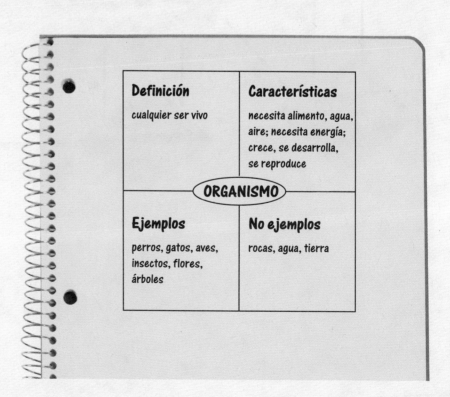

Marco dinámico

1 Dibuja un rectángulo pequeño y escribe en su interior un término de vocabulario.

2 Dibuja un rectángulo más grande alrededor del pequeño. Conecta las esquinas del rectángulo grande con las esquinas del rectángulo pequeño para crear cuatro espacios que enmarquen la palabra.

3 En cada una de las cuatro partes del marco, dibuja o escribe detalles que sirvan para describir el término. Considera la posibilidad de incluir una definición, características esenciales, una ecuación, ejemplos y una oración en la que uses el término.

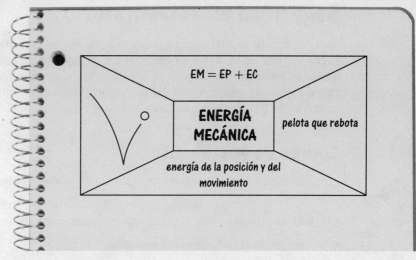

Imán de palabras

1 Dibuja un imán de herradura y escribe en su interior un término de vocabulario.

2 Agrega líneas que se extiendan desde los lados del imán.

3 Haz una lluvia de ideas con palabras y frases que se te ocurran al pensar en el término.

4 Escribe sobre las líneas palabras y frases que describan algo esencial sobre el término.

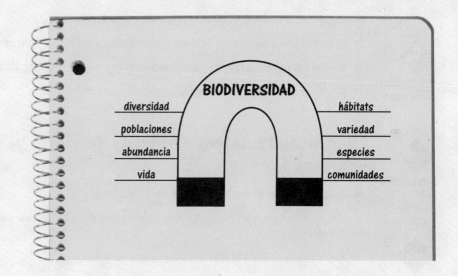

Triángulo de palabras

1 Dibuja un triángulo y agrega líneas para dividirlo en tres partes.

2 En la sección inferior del triángulo, escribe un término y su definición.

3 En la sección del medio, escribe una oración en la que se use el término correctamente.

4 En la sección superior, haz un pequeño dibujo para ilustrar el término.

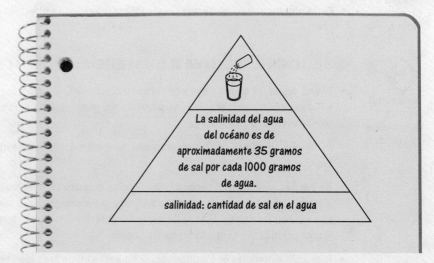

Seguridad en el laboratorio

Antes de comenzar a trabajar en el laboratorio, lee estas medidas de seguridad dos veces. Antes de empezar una actividad de laboratorio, lee todas las instrucciones y asegúrate de haberlas comprendido. No comiences hasta que tu maestro te lo indique. Si tú u otro estudiante sufren algún tipo de lesión, avisa de inmediato a tu maestro.

Código de vestimenta

Protección de los ojos

Protección de las manos

Protección de la ropa

- Usa gafas protectoras en todo momento dentro del laboratorio, según se te indique.

- Si tus ojos entran en contacto con sustancias químicas, enjuágalos de inmediato.

- No uses lentes de contacto en el laboratorio.

- No mires directamente al sol ni hacia cualquier fuente intensa de luz o láser.

- No cortes un objeto mientras lo sostienes en la mano.

- Usa guantes protectores adecuados, según se te indique.

- Usa un delantal o una bata de laboratorio en todo momento, según se te indique.

- Sujétate el cabello largo, ajústate la ropa suelta y quítate los adornos sueltos.

- No uses zapatos de punta abierta, sandalias ni zapatillas de lona en el laboratorio.

Seguridad relativa a objetos de vidrio y objetos filosos

Seguridad relativa a objetos de vidrio

Seguridad relativa a objetos filosos

- No uses objetos de vidrio que estén astillados o rajados.

- Usa objetos de vidrio resistentes al calor para calentar o almacenar materiales calientes.

- Avisa de inmediato a tu maestro si se rompe un vidrio.

- Ten sumo cuidado al manipular instrumentos filosos o puntiagudos.

- Corta objetos sobre una superficie apropiada, siempre en dirección opuesta a tu cuerpo.

Seguridad relativa a sustancias químicas

Seguridad relativa a sustancias químicas

- Si una sustancia química entra en contacto con tu piel, tu ropa o tus ojos, enjuaga la parte afectada de inmediato (ducha, grifo o fuente para el lavado de ojos) y avisa a tu maestro.

- No limpies derrames de sustancias químicas a menos que tu maestro te lo indique.

- No inhales ningún gas o vapor a menos que tu maestro te lo indique. Si se te pide que percibas el olor de una sustancia, acerca la emanación de la sustancia hacia tu nariz con las manos. Esto se denomina "captación del olor en forma segura". Nunca acerques la nariz a la fuente del aroma.

- Manipula materiales que emitan vapores o gases en un área bien ventilada.

Seguridad relativa a equipos eléctricos

Seguridad relativa a equipos eléctricos

- No uses equipos que tengan cables eléctricos desgastados o enchufes flojos.

- No uses equipos eléctricos cerca del agua o cuando tu ropa o tus manos estén húmedas.

- Sostén la caja de enchufes al conectar o desconectar un equipo.

Seguridad relativa al calor

Seguridad relativa al calor y al fuego

- Presta atención a cualquier fuente que pueda generar llamas, chispas o calor (tales como llamas, calentadores eléctricos u hornillas) antes de trabajar con cualquier sustancia inflamable.

- Conoce la ubicación de los extintores de incendios del laboratorio y de las mantas de seguridad contra incendios.

- Conoce las rutas de evacuación en caso de incendio de tu escuela.

- Si tu ropa se prende fuego, acércate a la ducha del laboratorio para apagarlo.

- Nunca descuides una hornilla mientras esté encendida o mientras se esté enfriando.

- Usa pinzas o guantes aislantes adecuados al manipular objetos calientes.

- Deja que todo el equipo se enfríe antes de guardarlo.

Captación del olor en forma segura

Seguridad relativa a plantas

Seguridad relativa a plantas y animales

- No comas ninguna parte de una planta.

- No recojas ninguna planta silvestre a menos que tu maestro te lo indique.

- Manipula los animales únicamente bajo las indicaciones de tu maestro.

- Trata a los animales con cuidado y respeto.

Seguridad relativa a animales

- Lávate bien las manos después de tocar una planta o un animal.

Limpieza

Eliminación adecuada de desechos

- Limpia todas las superficies de trabajo y los equipos de protección según las indicaciones de tu maestro.

- Desecha los materiales peligrosos o los objetos filosos únicamente según las indicaciones de tu maestro.

- Mantén las manos alejadas del rostro mientras estés trabajando en cualquier actividad.

Cuidado de la higiene

- Lávate bien las manos antes de salir del laboratorio o después de cualquier actividad.

Destrezas de ciencias

Cómo diseñar, realizar y comunicar un experimento

Un experimento es un procedimiento organizado para estudiar algo bajo condiciones específicas. Usa los siguientes pasos del método científico cuando diseñes o realices un experimento controlado.

1 Identifica un problema de investigación

Todos los días realizas observaciones por medio de los sentidos para recopilar información. Las observaciones cuidadosas conducen a buenas preguntas, y las buenas preguntas pueden conducirte a un experimento. Por ejemplo, imagínate que, todos los días, cuando vas a la escuela, pasas junto a una laguna y observas que empieza a formarse una capa verde en la superficie del agua. Te preguntas qué es y por qué parece crecer. Haces una lista de preguntas y luego llevas a cabo una pequeña investigación para descubrir qué se sabe sobre el tema. Un lugar adecuado para comenzar un proyecto de investigación es la biblioteca. El catálogo de la biblioteca contiene todos los recursos que están a tu disposición allí mismo y, a menudo, también contiene los recursos que puedes encontrar en otros lugares. Para comenzar tu búsqueda, utiliza:

- palabras clave o temas principales.

- palabras similares, o sinónimos, de tu palabra clave.

Los tipos de recursos que te resultarán útiles dependerán del tipo de información que te interese. Además, algunos de los recursos son más confiables que otros para determinado tema. Algunos recursos útiles son:

- revistas y publicaciones científicas (o publicaciones periódicas): Incluyen artículos sobre un tema.

- enciclopedias: Ofrecen un buen vistazo general de un tema.

- libros sobre temas específicos: Dan detalles sobre un tema.

- periódicos: Son útiles para los temas de actualidad.

Internet también puede ser un lugar importante para buscar información. Incluso algunos de los materiales de referencia de tu biblioteca pueden estar en línea. Sin embargo, cuando utilices Internet, es muy importante que te asegures de usar fuentes apropiadas y confiables. En general, los sitios web de las universidades y de las agencias de gobierno son más precisos y confiables que aquellos creados por personas o por empresas. Decide qué fuentes son relevantes y confiables para investigar tu tema. Si tienes dudas, consulta a tu maestro.

Toma nota a medida que lees la información que se encuentra en esos recursos. Probablemente se te ocurran muchas preguntas e ideas que te llevarán a seguir investigando, según sea necesario. Cuando sientas que tienes suficiente información, piensa en preguntas acerca del tema. Luego escribe el problema que deseas investigar. Tus notas pueden ser como las que se encuentran en la parte superior de la página siguiente.

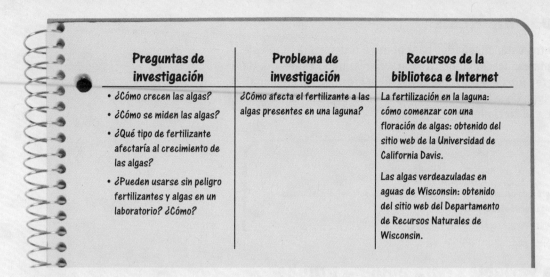

Preguntas de investigación	Problema de investigación	Recursos de la biblioteca e Internet
• ¿Cómo crecen las algas? • ¿Cómo se miden las algas? • ¿Qué tipo de fertilizante afectaría al crecimiento de las algas? • ¿Pueden usarse sin peligro fertilizantes y algas en un laboratorio? ¿Cómo?	¿Cómo afecta el fertilizante a las algas presentes en una laguna?	La fertilización en la laguna: cómo comenzar con una floración de algas: obtenido del sitio web de la Universidad de California Davis. Las algas verdeazuladas en aguas de Wisconsin: obtenido del sitio web del Departamento de Recursos Naturales de Wisconsin.

A medida que recopiles información de fuentes confiables, anota los detalles de cada fuente, incluido el nombre del autor, el título, la fecha de publicación y la dirección de Internet. Asegúrate de indicar la información específica que has tomado de cada fuente. Es importante que te organices siempre de esta manera, ya que eso será clave a la hora de redactar tu informe y de crear la blibliografía o la lista de obras citadas. Anotar toda la información y trabajar de manera organizada te ayudará a indicar con precisión quién es el autor o los autores de la información que recopilaste.

Presentar como propias las ideas o el trabajo de otras personas (sin citar al autor original) se conoce como plagio. El plagio no necesariamente es intencional. La mejor manera de asegurarte de no cometer plagio es hacer siempre tu propio trabajo y citar tus fuentes cada vez que uses palabras o ideas de otras personas.

Las investigaciones científicas actuales se basan en investigaciones y descubrimientos científicos del pasado. Los científicos continuamente aprenden unos de otros y combinan sus ideas para aprender más sobre la naturaleza mediante la investigación. Sin embargo, un buen científico siempre cita a los autores de las ideas e investigaciones en las que se ha basado para hacer su trabajo. En el paso 9 encontrarás más detalles sobre cómo citar fuentes y crear una bibliografía.

2 Haz una predicción

Una predicción es un enunciado de lo que esperas que ocurra en tu experimento. Antes de hacer una predicción, debes decidir de manera general lo que harás en tu procedimiento. Puedes formular tu predicción con un enunciado condicional.

Predicción

Si aumenta la cantidad de fertilizante que hay en el agua de la laguna, entonces la cantidad de algas también aumentará.

Destrezas de ciencias

3 Formula una hipótesis

Muchos experimentos están diseñados para poner a prueba una hipótesis. Una hipótesis es una explicación tentativa para un resultado esperado. Has predicho que el agregado de fertilizante causará un crecimiento adicional de las algas en el agua de la laguna; tu hipótesis debe expresar la conexión entre el fertilizante y el crecimiento de las algas.

Hipótesis

El agregado de fertilizante en el agua de la laguna determinará la cantidad de algas que habrá en la laguna.

4 Identifica variables para poner a prueba la hipótesis

El siguiente paso es diseñar un experimento para poner a prueba la hipótesis. Los resultados del experimento pueden confirmar la hipótesis o no. De cualquier manera, la información que se obtenga del experimento puede ser útil para investigaciones futuras.

Grupo experimental y grupo de control

Un experimento para determinar cómo se relacionan dos factores tiene un grupo de control y un grupo experimental. Los dos grupos son iguales, salvo que el experimentador cambia un único factor en el grupo experimental, pero no lo hace en el grupo de control.

Grupo experimental: dos recipientes con agua de laguna y con una gota de solución fertilizante en cada uno

Grupo de control: dos recipientes con la misma cantidad de agua de laguna tomada al mismo tiempo, pero sin el agregado de la solución fertilizante

Variables y constantes

En un experimento controlado, una variable es cualquier factor que puede cambiar. Las constantes son todas las variables que se mantienen iguales, tanto en el grupo experimental como en el grupo de control.

La variable independiente es el factor que se manipula o cambia para poner a prueba el efecto del cambio sobre otra variable. La variable dependiente es el factor que mide el experimentador para recopilar datos sobre el efecto.

Variable independiente	Variable dependiente	Constantes
Cantidad de fertilizante en el agua de la laguna	Crecimiento de las algas en el agua de la laguna	• Cuándo y dónde se obtiene el agua de la laguna • El tipo de recipiente usado • Las condiciones de luz y de temperatura donde se almacena el agua

5 Escribe un procedimiento

Escribe cada paso de tu procedimiento. Comienza cada paso con un verbo, o palabra que indica una acción, y haz que los pasos sean breves. Tu procedimiento debe ser lo suficientemente claro como para que otros puedan usarlo como instrucciones para repetir tu experimento.

Procedimiento

1. Usa la cinta de enmascarar y el marcador para rotular los recipientes con tus iniciales, la fecha y los identificadores: "Frasco 1 con fertilizante", "Frasco 2 con fertilizante", "Frasco 1 sin fertilizante" y "Frasco 2 sin fertilizante".

2. Ponte los guantes. Usa el recipiente grande para obtener una muestra de agua de una laguna.

3. Divide la muestra de agua en partes iguales y viértela en los cuatro recipientes más pequeños.

4. Con el cuentagotas, agrega una gota de solución fertilizante en los dos recipientes rotulados "Frasco 1 con fertilizante" y "Frasco 2 con fertilizante".

5. Cubre los recipientes con plástico transparente para envolver alimentos. Usa las tijeras para perforar diez orificios en cada una de las cubiertas.

6. Coloca los cuatro recipientes en la repisa de una ventana. Asegúrate de que todos ellos reciban la misma cantidad de luz.

7. Observa los recipientes a diario durante una semana.

8. Usa la regla para medir el diámetro del grupo más grande de algas de cada recipiente y anota tus mediciones a diario.

Destrezas de ciencias

6 Experimenta y recopila datos

Una vez que tengas todos tus materiales y que tu procedimiento haya sido aprobado, puedes comenzar a experimentar y a recopilar datos. Anota los datos cuantitativos (mediciones) y los datos cualitativos (observaciones), como se muestra a continuación.

Fertilizante y crecimiento de algas

Fecha y hora	Grupo experimental		Grupo de control		Observaciones
	Frasco 1 con fertilizante (diámetro de las algas en mm)	Frasco 2 con fertilizante (diámetro de las algas en mm)	Frasco 1 sin fertilizante (diámetro de las algas en mm)	Frasco 2 sin fertilizante (diámetro de las algas en mm)	
5/3 4:00 p. m.	0	0	0	0	condensación en todos los recipientes
5/4 4:00 p. m.	0	3	0	0	pequeñas manchas verdes en el frasco 2 con fertilizante
5/5 4:15 p. m.	4	5	0	3	manchas verdes en los frascos 1 y 2 con fertilizante y en el frasco 2 sin fertilizante
5/6 4:00 p. m.	5	6	0	4	agua verde clara en el frasco 2 con fertilizante
5/7 4:00 p. m.	8	10	0	6	agua verde clara en los frascos 1 y 2 con fertilizante y en el frasco 2 sin fertilizante
5/8 3:30 p. m.	10	18	0	6	cubierta retirada del frasco 2 con fertilizante
5/9 3:30 p. m.	14	23	0	8	dibujo de bosquejos de cada recipiente

Dibujos de muestras vistas con un microscopio el 9 de mayo a 100x

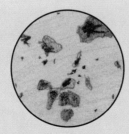
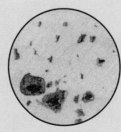

Frasco 1 con fertilizante   Frasco 2 con fertilizante   Frasco 1 sin fertilizante   Frasco 2 sin fertilizante

7 Analiza los datos

Después de haber finalizado tus experimentos, debes analizar toda la información que has recopilado. En este paso, suelen usarse tablas, estadísticas y gráficas para organizar y analizar los datos cualitativos y cuantitativos. A veces, los datos cualitativos son mejores para explicar las relaciones que se ven en los datos cuantitativos.

Los programas de gráficas por computadora resultan útiles para crear una gráfica a partir de los datos que hayas recopilado. La mayoría de los programas pueden hacer gráficas lineales, gráficas circulares o gráficas de barras a partir de datos que se han volcado en una hoja de cálculo. Las gráficas sirven para comprender las relaciones entre los datos y para comunicar los resultados de tu experimento.

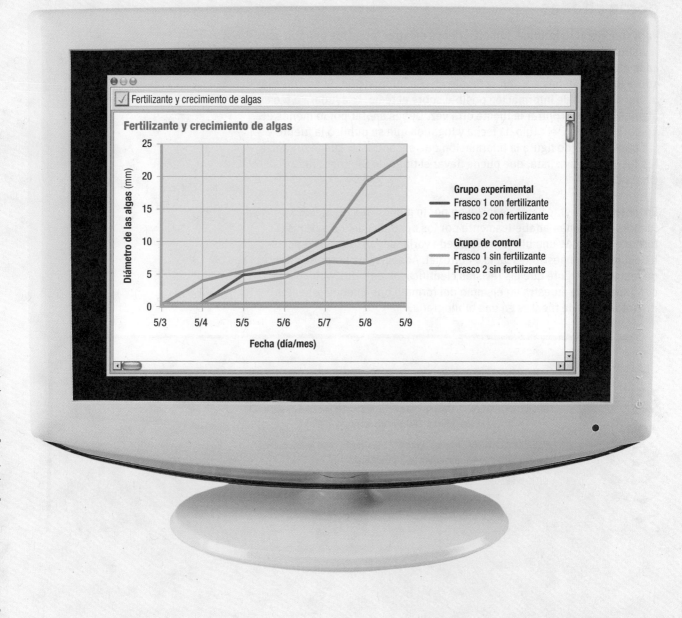

Destrezas de ciencias

8 Saca conclusiones

Para sacar conclusiones de tu experimento, primero escribe tus resultados. Luego compara tus resultados con tu hipótesis. ¿Tus resultados respaldan tu hipótesis? ¿Qué has aprendido?

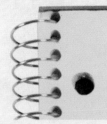

Conclusión

Crecieron más algas en el agua de laguna a la que se le había agregado fertilizante que en el agua de laguna sin agregado de fertilizante. Mi hipótesis fue respaldada. La conclusión que saco es que es posible que el agregado de fertilizante pueda influir en el crecimiento de algas en las lagunas.

9 Cómo crear una bibliografía o lista de obras citadas

Para completar tu informe, también debes mostrar todos los periódicos, revistas científicas o comunes, libros y recursos en línea que utilizaste en cada etapa de tu investigación. Cada vez que encuentres información útil sobre tu tema, debes escribir la fuente de esa información. Si escribes la mayor cantidad de información posible sobre el tema, te ayudará a ti o a alguien más a encontrar la fuente otra vez. Debes anotar por lo menos el nombre del autor, el título, la fecha y lugar en que se publicó la fuente y las páginas donde figura la información que encontraste. Luego organiza tus fuentes en una lista, que puede llevar el título de Bibliografía u Obras citadas.

En general, en estas listas se incluyen por lo menos tres fuentes. Las fuentes se ordenan alfabéticamente por los apellidos de los autores. El formato exacto de una bibliografía puede variar según las preferencias de estilo de tu maestro, escuela o editorial. Además, los libros se citan de manera diferente que las revistas científicas o los sitios web. A continuación se muestra un ejemplo del formato que pueden tener los distintos tipos de fuentes en una bibliografía.

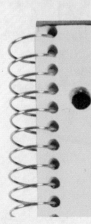

LIBRO: Hauschultz, Sara. Algas de agua dulce. Brainard, Minnesota: Northwoods Publishing, 2011.

ENCICLOPEDIA: Lasure, Sedona. "Las algas no son solo una capa de suciedad en una laguna". Enciclopedia sobre algas. 2009.

REVISTA CIENTÍFICA: Johnson, Keagan. "Las algas tal como las conocemos". Sci Journal, vol. 64. (septiembre de 2010): 201-211.

SITIO WEB: Dout, Bill. "Cómo quitar la capa de suciedad de algas de las pilas para pájaros". Ayudemos a mantener limpia la Tierra. Noticias. 26 de enero de 2011. <www.SaveEarth.org>.

Cómo usar el microscopio

Los científicos usan microscopios para observar objetos muy pequeños que no pueden verse fácilmente a simple vista. Un microscopio aumenta la imagen de un objeto de modo que puedan verse los detalles pequeños. Un microscopio puede aumentar la imagen de un objeto 400 veces; es decir, el objeto parecerá 400 veces más grande que su tamaño real.

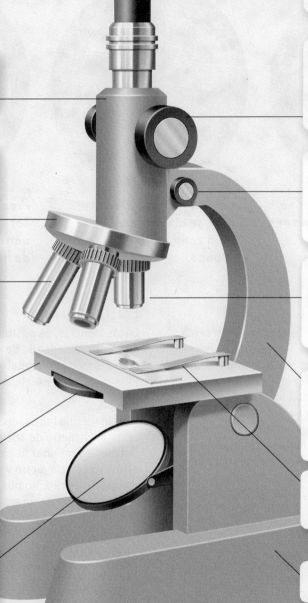

Ocular Los objetos se observan por el ocular. Este contiene una lente que, por lo general, aumenta la imagen 10 veces.

Tornillo macrométrico Este tornillo se usa para enfocar la imagen de un objeto cuando se observa por la lente objetivo de poco aumento.

Tornillo micrométrico Este tornillo se usa para enfocar la imagen de un objeto cuando se observa por la lente objetivo de gran aumento.

Lente objetivo de poco aumento Esta es la lente más pequeña del revólver. Aumenta la imagen alrededor de 10 veces.

Brazo El brazo sostiene el tubo sobre la platina. Siempre debes transportar el microscopio sosteniéndolo por el brazo y la base.

Pinza de sujeción La pinza de sujeción sostiene el portaobjetos sobre la platina.

Base La base sostiene el microscopio.

Tubo El tubo separa la lente ocular de las lentes objetivo, que están más abajo.

Revólver El revólver sostiene las lentes del objetivo sobre la platina y gira para que todas las lentes puedan usarse.

Lente objetivo de gran aumento Esta es la lente más grande del revólver. Aumenta la imagen alrededor de 40 veces.

Platina La platina sostiene el objeto que se está observando.

Diafragma El diafragma se usa para regular la cantidad de luz que pasa a través del portaobjetos y llega a una de las lentes objetivo.

Espejo o fuente luminosa Algunos microscopios usan la luz que se refleja a través de la platina por medio de un espejo. Otros microscopios tienen sus propias fuentes luminosas.

Destrezas de ciencias

Cómo medir con exactitud

Precisión y exactitud

Cuando llevas a cabo una investigación científica, es importante que tus métodos, observaciones y datos sean precisos y exactos.

Poca precisión: Los dardos no se clavaron en una misma zona de la diana.

Precisión sin exactitud: Los dardos se clavaron en una misma zona, pero no dieron en el blanco.

Precisión y exactitud: Los dardos se clavaron uniformemente en el blanco de la diana.

Precisión

En las ciencias, la *precisión* describe qué tan cerca están las mediciones entre sí. Por ejemplo, las mediciones tomadas con una regla que tiene marcas de centímetros y milímetros serán más precisas que las mediciones hechas con una regla que solo mide centímetros. Otro indicador de precisión es el cuidado que se toma para garantizar que los métodos y las observaciones sean lo más exactos y uniformes posible. Cada vez que se realiza un experimento específico, se debe usar el mismo procedimiento. La precisión es necesaria porque los experimentos se repiten varias veces y, si el procedimiento cambia, es posible que los resultados también cambien.

Ejemplo

Imagínate que estás midiendo temperaturas durante un período de dos semanas. Tu precisión será mayor si mides cada temperatura en el mismo lugar, a la misma hora del día y con el mismo termómetro que si cambias cualquiera de estos factores de un día a otro.

Exactitud

En las ciencias, es posible ser preciso, pero inexacto. La *exactitud* depende de la diferencia entre una medición y un valor real. Cuanto más pequeña sea la diferencia, más exacta será la medición.

Ejemplo

Imagínate que miras un arroyo y calculas que mide cerca de 1 metro de ancho en un lugar específico. Decides comprobar tu cálculo aproximado midiendo el arroyo con un metro y determinas que mide 1.32 metros de ancho. No obstante, debido a lo difícil que es medir el ancho de un arroyo con un metro, tu medición resultó ser poco exacta. El arroyo mide en realidad 1.14 metros de ancho. Por lo tanto, a pesar de que tu cálculo de alrededor de 1 metro fue menos preciso que tu medición, tu cálculo fue en realidad más exacto.

Cilindros graduados

Cómo medir el volumen de un líquido con un cilindro graduado

- Asegúrate de que el cilindro graduado esté apoyado sobre una superficie plana para que tus mediciones sean exactas.

- Al leer la escala de un cilindro graduado, asegúrate de que tus ojos estén a la altura de la superficie del líquido.

- La superficie del líquido tendrá una forma curva en el cilindro graduado. Lee el volumen del líquido en la parte inferior de la curva, o menisco.

- Puedes usar un cilindro graduado para hallar el volumen de un objeto sólido midiendo el aumento del nivel del líquido después de introducir el objeto en el cilindro.

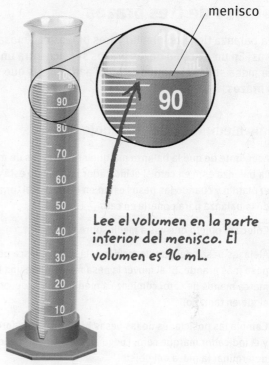

menisco

Lee el volumen en la parte inferior del menisco. El volumen es 96 mL.

Reglas métricas

Cómo medir la longitud de una hoja con una regla métrica

1. Coloca una regla sobre la hoja para que la marca de 1 centímetro quede alineada con un extremo. Asegúrate de que la regla y la hoja no se muevan entre el momento de alinearlas y de hacer la medición.

2. Observa directamente hacia la regla de modo que puedas ver exactamente cómo se alinean las marcas con el otro extremo de la hoja.

3. Calcula cuánto se extiende la hoja más allá de una marca. Por ejemplo, la hoja de abajo se extiende aproximadamente hasta la mitad de las marcas de 4.2 centímetros y 4.3 centímetros. Por lo tanto, la medición aparente es de unos 4.25 centímetros.

4. Recuerda restar 1 centímetro de tu medición aparente, ya que comenzaste en la marca de 1 centímetro de la regla y no en el extremo. La hoja mide alrededor de 3.25 centímetros de longitud (4.25 cm − 1 cm = 3.25 cm).

No está a escala.

Destrezas de ciencias

Balanza de tres brazos

Esta balanza tiene un platillo y tres brazos con masas corredizas, llamadas pesas. En un extremo de los brazos se encuentra un indicador que señala si la masa sobre el platillo es igual a las masas que marcan las pesas sobre los brazos.

Cómo medir la masa de un objeto

1 Asegúrate de que la balanza marque el cero antes de medir la masa de un objeto. La balanza está en cero si el indicador también lo está cuando no hay nada sobre el platillo y cuando las pesas están en cero. Usa el tornillo de ajuste de la base de la balanza para ponerla en cero.

2 Coloca el objeto que vas a medir sobre el platillo.

3 Aleja las pesas del platillo moviéndolas una muesca por vez. Comienza con la pesa más grande. Si al mover la pesa más grande una muesca, el indicador marca menos de cero, comienza a medir la masa del objeto con la pesa que le sigue en tamaño.

4 Cambia las posiciones de las pesas hasta que equilibren la masa sobre el platillo y el indicador marque cero. Luego suma las lecturas de los tres brazos para determinar la masa del objeto.

300 g	posición de la pesa más grande
90 g	posición de la pesa mediana
+ 3 g	posición de la pesa más pequeña
393 g	masa del vaso de precipitados y del agua

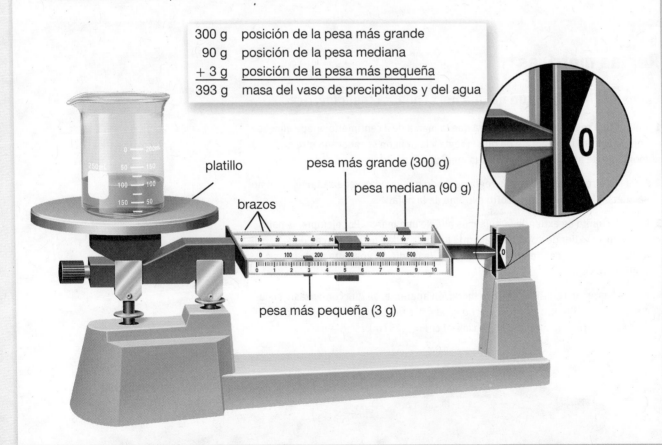

platillo

brazos

pesa más grande (300 g)

pesa mediana (90 g)

pesa más pequeña (3 g)

Balanza electrónica

Cómo medir la masa de un objeto

1 Asegúrate de que la balanza esté apoyada sobre una superficie plana y firme.

2 Pon la balanza en cero, o *tara*, oprimiendo la tecla correspondiente. Si vas a medir una cantidad específica de una sustancia con un contenedor u otro recipiente, ponlo sobre el platillo de la balanza antes de ponerla en cero.

3 Cuando los números del visor queden fijos y estén dentro de unas milésimas de gramo del cero, pon el objeto sobre la balanza. Si vas a medir compuestos químicos u otras sustancias, usa guantes y una espátula limpia o un instrumento adecuado para transferir la sustancia. No pongas las manos en los contenedores ni toques los compuestos químicos.

4 Anota la masa del objeto al miligramo más cercano (1/1000 de un gramo).

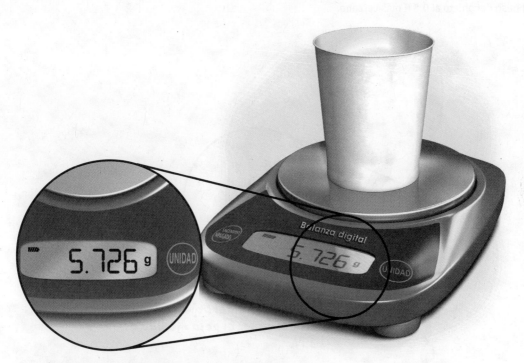

Anota la masa del objeto al miligramo más cercano (mg). La masa medida es 5.726 mg.

Destrezas de ciencias

Báscula

La báscula es un instrumento que mide las fuerzas, como el peso, o la fuerza gravitacional ejercida sobre un objeto. La báscula indica el peso de un objeto cuando mide hasta qué punto se estira su resorte cuando el objeto queda suspendido de él. Este tipo de instrumento se suele usar en las tiendas de comestibles o para pesar grandes cantidades de cosechas o productos industriales. También resulta útil para medir el peso de objetos de gran tamaño.

Cómo medir el peso de un objeto

- Asegúrate de que la báscula esté suspendida de manera segura y que no toque el suelo, ni una pared, ni el escritorio. El indicador debe estar en cero.

- Cuelga el objeto que vas a pesar del gancho suelto que está en el extremo libre de la báscula.

- Cuando el objeto quede quieto (sin rebotar, mecerse o moverse de cualquier manera), lee el peso del objeto al 0.5 N más cercano.

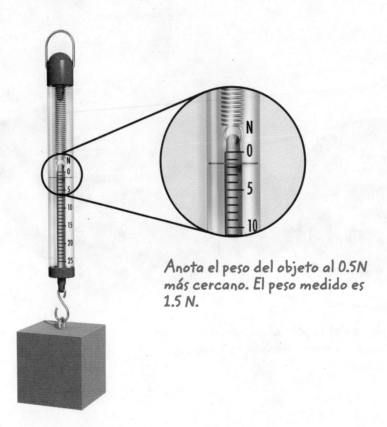

Anota el peso del objeto al 0.5N más cercano. El peso medido es 1.5 N.

Termómetro

Muchos termómetros de laboratorio son termómetros de cubeta, como el que se muestra a continuación. La cubeta sensible del termómetro está llena de un líquido de color (alcohol) que se expande al calentarse. Cuando el líquido se expande, sube por el vástago del termómetro a través de un tubo capilar. En general, los termómetros miden la temperatura en grados Celsius (°C).

Cómo medir la temperatura de una sustancia

Advertencia: Cuando mides la temperatura de una sustancia caliente, no debes sostener el termómetro con la mano. Nunca lo debes usar para revolver una solución. Siempre consulta a tu maestro acerca de las técnicas de laboratorio apropiadas y las medidas de seguridad al usar un termómetro.

- Coloca la cubeta del termómetro dentro de la sustancia. El vástago del termómetro puede quedar apoyado sobre un lado del recipiente, pero la cubeta nunca debe apoyarse en el fondo. Si el termómetro tiene un clip ajustable, ajústalo a un lado del recipiente para que quede suspendido en el líquido.

- Observa cómo el líquido de color sube por el tubo capilar. Cuando el líquido deje de ascender, observa el incremento en grados enteros más cercano a la parte superior de la columna del líquido.

- Si las marcas de tu termómetro son en grados enteros, anota la temperatura al medio grado más cercano.

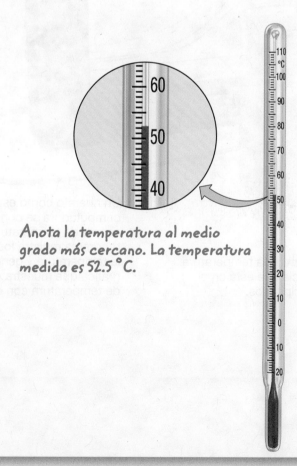

Anota la temperatura al medio grado más cercano. La temperatura medida es 52.5 °C.

Introducción a los instrumentos científicos computarizados

Los *instrumentos científicos computarizados* son un sistema de instrumentos que ofrece una manera de medir y analizar diferentes propiedades físicas, como la presión, el pH, la temperatura o la aceleración. La mayoría de estos instrumentos consiste en un sensor, o sonda, que se conecta a un aparato como una computadora. A medida que el sensor realiza las mediciones, un programa de computadora registra los datos. Los usuarios pueden, entonces, analizar los datos mediante tablas, cuadros o gráficas. Algunos sistemas permiten analizar más de una variable a la vez.

Sensor de temperatura

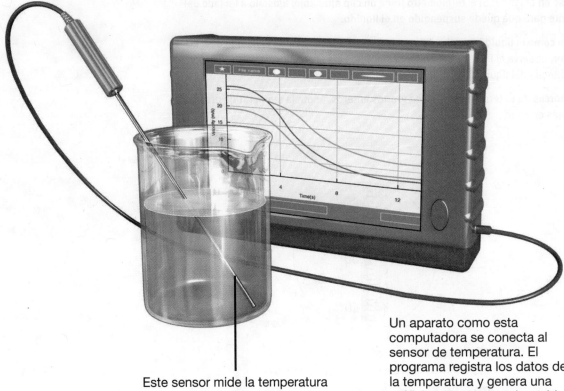

Este sensor mide la temperatura de la sustancia que está en el vaso de precipitados.

Un aparato como esta computadora se conecta al sensor de temperatura. El programa registra los datos de la temperatura y genera una gráfica que muestra el cambio de temperatura con el tiempo.

Detector de movimiento

Usa un detector de movimiento para recopilar información acerca de la velocidad, posición o aceleración de un objeto.

Este detector de movimiento usa ondas ultrasónicas para medir la aceleración del carro de juguete mientras sube y baja por la pista.

Sonda de pH

Usa una sonda de pH para determinar si una sustancia es ácida, neutra o básica.

Las sondas de pH miden la concentración de iones de hidrógeno en un líquido, como la sustancia que está dentro de este vaso de precipitados.

La punta de la sonda de pH tiene una delgada membrana de vidrio que nunca debe secarse. Guarda las sondas de pH en los recipientes y soluciones apropiados cuando hayas terminado de hacer tu investigación.

Advertencia: Los instrumentos científicos computarizados siempre deben manipularse con cuidado. Asegúrate de seguir todas las instrucciones que indique tu maestro acerca del uso y guardado de los instrumentos científicos computarizados.

Destrezas de ciencias

Cómo usar el sistema métrico y las unidades del SI

Los científicos utilizan las unidades del Sistema Internacional (SI) para medir la distancia, el volumen, la masa y la temperatura. El Sistema Internacional está basado en potencias de diez y en el sistema métrico de mediciones.

Unidades básicas del SI		
Cantidad	**Nombre**	**Símbolo**
longitud	metro	m
volumen	litro	L
masa	gramo	g
temperatura	kelvin	K

Prefijos del SI		
Prefijo	**Símbolo**	**Potencia de 10**
kilo-	k	1000
hecto-	h	100
deca-	da	10
deci-	d	0.1 ó $\frac{1}{10}$
centi-	c	0.01 ó $\frac{1}{100}$
mili-	m	0.001 ó $\frac{1}{1000}$

Cambio de unidades métricas

En el sistema métrico puedes cambiar de una unidad a otra al multiplicar o dividir por una potencia de 10.

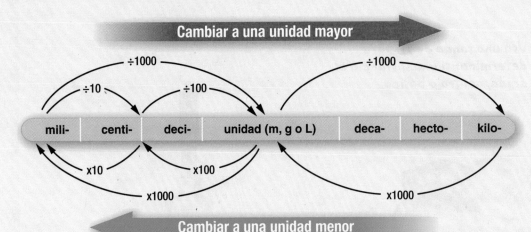

Ejemplo

Cambia 0.64 litros a mililitros.

1 Decide si multiplicas o divides.

2 Selecciona la potencia de 10.

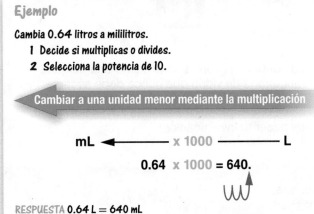

Cambiar a una unidad menor mediante la multiplicación

mL ← x 1000 — L

0.64 × 1000 = 640.

RESPUESTA 0.64 L = 640 mL

Ejemplo

Cambia 23.6 gramos a kilogramos.

1 Decide si multiplicas o divides.

2 Selecciona la potencia de 10.

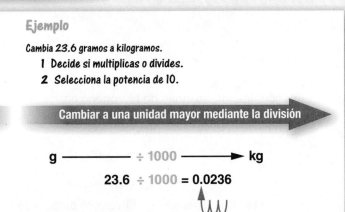

Cambiar a una unidad mayor mediante la división

g — ÷ 1000 → kg

23.6 ÷ 1000 = 0.0236

RESPUESTA 23.6 g = 0.0236 kg

Conversión entre unidades del SI y del sistema tradicional de los EE. UU.

Usa la siguiente tabla cuando necesites hacer una conversión entre unidades del SI y unidades del sistema tradicional de los EE. UU.

Unidad del SI	Del SI al sistema tradicional de los EE. UU.			Del sistema tradicional de los EE. UU. al SI		
Longitud	**Cuando tienes**	**multiplica por**	**para hallar**	**Cuando tienes**	**multiplica por**	**para hallar**
kilómetro (km) = 1000 m	kilómetros	0.62	millas	millas	1.61	kilómetros
metro (m) = 100 cm	metros	3.28	pies	pies	0.3048	metros
centímetro (cm) = 10 mm	centímetros	0.39	pulgadas	pulgadas	2.54	centímetros
milímetro (mm) = 0.1 cm	milímetros	0.04	pulgadas	pulgadas	25.4	milímetros
Área	**Cuando tienes**	**multiplica por**	**para hallar**	**Cuando tienes**	**multiplica por**	**para hallar**
kilómetro cuadrado (km^2)	kilómetros cuadrados	0.39	millas cuadradas	millas cuadradas	2.59	kilómetros cuadrados
metro cuadrado (m^2)	metros cuadrados	1.2	yardas cuadradas	yardas cuadradas	0.84	metros cuadrados
centímetro cuadrado (cm^2)	centímetros cuadrados	0.155	pulgadas cuadradas	pulgadas cuadradas	6.45	centímetros cuadrados
Volumen	**Cuando tienes**	**multiplica por**	**para hallar**	**Cuando tienes**	**multiplica por**	**para hallar**
litro (L) = 1000 mL	litros	1.06	cuartos de galón	cuartos de galón	0.95	litros
	litros	0.26	galones	galones	3.79	litros
	litros	4.23	tazas	tazas	0.24	litros
	litros	2.12	pintas	pintas	0.47	litros
mililitro (mL) = 0.001 L	mililitros	0.20	cucharaditas	cucharaditas	4.93	mililitros
	mililitros	0.07	cucharadas	cucharadas	14.79	mililitros
	mililitros	0.03	onzas líquidas	onzas líquidas	29.57	mililitros
Masa y peso	**Cuando tienes**	**multiplica por**	**para hallar**	**Cuando tienes**	**multiplica por**	**para hallar**
kilogramo (kg) = 1000 g	kilogramos	2.2	libras	libras	0.45	kilogramos
gramo (g) = 1000 mg	gramos	0.035	onzas	onzas	28.35	gramos

Conversiones de temperatura

A pesar de que el kelvin es la unidad básica de temperatura del SI, el grado Celsius será la unidad que uses con mayor frecuencia en tus estudios de ciencias. Las siguientes fórmulas muestran las relaciones entre las temperaturas en grados Fahrenheit (°F), grados Celsius (°C) y kelvins (K).

$$°C = \frac{5}{9}(°F - 32) \qquad °F = \frac{9}{5}°C + 32 \qquad K = °C + 273$$

Ejemplos de conversiones de temperatura		
Condición	**Grados Celsius**	**Grados Fahrenheit**
Punto de congelamiento del agua	0	32
Día fresco	10	50
Día templado	20	68
Día caluroso	30	86
Temperatura corporal normal	37	98.6
Día muy caluroso	40	104
Punto de ebullición del agua	100	212

Repaso de matemáticas

Cómo hacer cálculos

Las ciencias requieren que se comprendan muchos conceptos matemáticos. Las siguientes páginas te ayudarán a repasar algunas destrezas de matemáticas importantes.

Media

La media es la suma de todos los valores de un conjunto de datos dividida por el número total de valores del conjunto. La media también se conoce como *promedio*.

Ejemplo

Halla la media del siguiente conjunto de números: 5, 4, 7 y 8.

Paso 1 Halla la suma.

$$5 + 4 + 7 + 8 = 24$$

Paso 2 Divide la suma por la cantidad de números de tu conjunto. Como en este ejemplo hay cuatro números, divide la suma por 4.

$$24 \div 4 = 6$$

Respuesta El promedio, o media, es 6.

Mediana

La mediana de un conjunto de datos es el valor del medio cuando los valores están escritos en orden numérico. Si un conjunto de datos tiene un número par de valores, la mediana es la media de los dos valores del medio.

Ejemplo

Para hallar la mediana de un conjunto de mediciones, ordena los valores de menor a mayor. La mediana es el valor del medio.

13 mm   14 mm   16 mm   21 mm   23 mm

Respuesta La mediana es 16 mm.

Moda

La moda de un conjunto de datos es el valor que se presenta con mayor frecuencia.

Ejemplo

Para hallar la moda de un conjunto de mediciones ordena los valores de menor a mayor y determina el valor que se presenta con mayor frecuencia.

13 mm, 14 mm, 14 mm, 16 mm,
21 mm, 23 mm, 25 mm

Respuesta La moda es 14 mm.

Un conjunto de datos puede tener más de una moda o ninguna. Por ejemplo, el siguiente conjunto de datos tiene modas de 2 mm y de 4 mm:

2 mm   2 mm   3 mm   4 mm   4 mm

El siguiente conjunto de datos no tiene moda porque ningún valor se presenta con mayor frecuencia que otros.

2 mm   3 mm   4 mm   5 mm

Razones

Una **razón** es una comparación entre números que generalmente se escribe como una fracción.

Ejemplo

Halla la razón de termómetros a estudiantes si en tu clase hay 36 termómetros y 48 estudiantes.

Paso 1 Escribe la razón.

$$\frac{36 \text{ termómetros}}{48 \text{ estudiantes}}$$

Paso 2 Simplifica la fracción a su mínima expresión.

$$\frac{36}{48} = \frac{36 \div 12}{48 \div 12} = \frac{3}{4}$$

La razón de termómetros a estudiantes es de 3 a 4 ó 3:4. Por tanto, hay 3 termómetros cada 4 estudiantes.

Proporciones

Una **proporción** es una ecuación que establece que dos razones son iguales.

$$\frac{3}{1} = \frac{12}{4}$$

Para resolver una proporción, puedes usar la multiplicación cruzada. Si conoces tres cantidades de una proporción, puedes usar la multiplicación cruzada para hallar la cuarta.

Ejemplo

Imagina que estás haciendo un modelo a escala del sistema solar para tu proyecto de ciencias. El diámetro de Júpiter es 11.2 veces el diámetro de la Tierra. Si para representar la Tierra usas una pelota de poliestireno con un diámetro de 2 cm, ¿cuál debe ser el diámetro de la pelota que representa Júpiter?

$$\frac{11.2}{1} = \frac{x}{2 \text{ cm}}$$

Paso 1 Aplica la multiplicación cruzada.

$$\frac{11.2}{1} = \frac{x}{2}$$

$$11.2 \times 2 = x \times 1$$

Paso 2 Multiplica.

$$22.4 = x \times 1$$

$$x = 22.4 \text{ cm}$$

Para representar Júpiter, deberás usar una pelota que tenga un diámetro de 22.4 cm.

Tasas

Una **tasa** es una razón de dos valores expresados en unidades distintas. Una tasa unitaria es una tasa con un denominador de 1 unidad.

Ejemplo

Una planta creció 6 centímetros en 2 días. La tasa de crecimiento de la planta fue $\frac{6 \text{ cm}}{2 \text{ días}}$. Escribe una tasa unitaria para describir el crecimiento de la planta en centímetros por día.

Divide el numerador y el denominador por 2:

$$\frac{6 \text{ cm}}{2 \text{ días}} = \frac{6 \text{ cm} \div 2}{2 \text{ días} \div 2}$$

Simplifica:

$$= \frac{3 \text{ cm}}{1 \text{ día}}$$

Respuesta La tasa de crecimiento de la planta es 3 centímetros por día.

© Houghton Mifflin Harcourt Publishing Company

Repaso de matemáticas

Porcentaje

Un **porcentaje** es la razón entre un número dado y 100. Por ejemplo, $85\% = 85/100$. Puedes usar un porcentaje para hallar la parte de un todo.

Ejemplo
¿Cuánto es el 85% de 40?

Paso 1 Escribe de nuevo el porcentaje como un número decimal moviendo el punto decimal dos lugares hacia la izquierda.

$$0.85$$

Paso 2 Multiplica el decimal por el número para el que estás calculando el porcentaje.

$$0.85 \times 40 = 34$$

El 85% de 40 es 34.

Decimales

Para **sumar** o **restar decimales**, alinea los dígitos verticalmente de modo que los puntos decimales queden alineados. Luego suma o resta las columnas de derecha a izquierda. Llévate o pide números según sea necesario.

Ejemplo
Suma los siguientes números: 3.1415 y 2.96.

Paso 1 Alinea los dígitos verticalmente de modo que los puntos decimales queden alineados.

$$\begin{array}{r} 3.1415 \\ + 2.96 \\ \hline \end{array}$$

Paso 2 Suma las columnas de derecha a izquierda y llévate un número cuando sea necesario.

$$\begin{array}{r} 3.1415 \\ + 2.96 \\ \hline 6.1015 \end{array}$$

La suma es 6.1015.

Fracciones

Una **fracción** es una razón entre dos números enteros. El número de arriba es el numerador, y el de abajo es el denominador. El denominador debe ser distinto de cero.

Ejemplo
En tu clase hay 24 plantas. Tu maestro te pide que coloques 5 plantas en un lugar con sombra. ¿Qué fracción de las plantas de tu clase pondrás en un lugar con sombra?

Paso 1 En el denominador, escribe el número total de partes del todo.

$$\frac{?}{24}$$

Paso 2 En el numerador, escribe el número de partes del todo que se tienen en cuenta.

$$\frac{5}{24}$$

Por lo tanto, $\frac{5}{24}$ de las plantas estará en la sombra.

Cómo simplificar fracciones

En general, lo más conveniente es expresar una fracción en su mínima expresión. Expresar una fracción en su mínima expresión se denomina **simplificar una fracción.**

Ejemplo

Expresa la fracción $\frac{30}{45}$ en su mínima expresión.

Paso 1 Halla el número entero más grande que dividirá por partes iguales el numerador y el denominador. Este número se denomina el máximo común divisor (MCD).

Factores del numerador 30:
1, 2, 3, 5, 6, 10, 15, 30

Factores del denominador 45:
1, 3, 5, 9, 15, 45

Paso 2 Divide el numerador y el denominador por el MCD, que en este caso es 15.

$$\frac{30}{45} = \frac{30 \div 15}{45 \div 15} = \frac{2}{3}$$

Por lo tanto, $\frac{30}{45}$ escrita en su mínima expresión es $\frac{2}{3}$.

Cómo sumar y restar fracciones

Para **sumar** o **restar fracciones** que tengan el mismo denominador, simplemente suma o resta los numeradores.

Ejemplos

$\frac{3}{5} + \frac{1}{5} = ?$ y $\frac{3}{4} - \frac{1}{4} = ?$

Paso 1 Suma o resta los numeradores.

$$\frac{3}{5} + \frac{1}{5} = \frac{4}{} \qquad y \qquad \frac{3}{4} - \frac{1}{4} = \frac{2}{}$$

Paso 2 Escribe el denominador común, que se mantiene igual.

$$\frac{3}{5} + \frac{1}{5} = \frac{4}{5} \qquad y \qquad \frac{3}{4} - \frac{1}{4} = \frac{2}{4}$$

Paso 3 Si es necesario, escribe la fracción en su mínima expresión.

$\frac{4}{5}$ no puede simplificarse, y $\frac{2}{4} = \frac{1}{2}$.

Para **sumar** o **restar** fracciones que tengan **distintos denominadores,** primero halla el mínimo común denominador (m.c.d.).

Ejemplos

$\frac{1}{2} + \frac{1}{6} = ?$ y $\frac{3}{4} - \frac{2}{3} = ?$

Paso 1 Escribe las fracciones equivalentes que tengan un denominador común.

$$\frac{3}{6} + \frac{1}{6} = ? \qquad y \qquad \frac{9}{12} - \frac{8}{12} = ?$$

Paso 2 Suma o resta las fracciones.

$$\frac{3}{6} + \frac{1}{6} = \frac{4}{6} \qquad y \qquad \frac{9}{12} - \frac{8}{12} = \frac{1}{12}$$

Paso 3 Si es necesario, escribe la fracción en su mínima expresión.

$\frac{4}{6} = \frac{2}{3}$, y $\frac{1}{2}$ no puede simplificarse.

Cómo multiplicar fracciones

Para **multiplicar fracciones,** multiplica los numeradores y denominadores entre sí y luego simplifica la fracción si es necesario.

Ejemplo

$\frac{5}{9} \times \frac{7}{10} = ?$

Paso 1 Multiplica los numeradores y los denominadores.

$$\frac{5}{9} \times \frac{7}{10} = \frac{5 \times 7}{9 \times 10} = \frac{35}{90}$$

Paso 2 Simplifica la fracción.

$$\frac{35}{90} = \frac{35 \div 5}{90 \div 5} = \frac{7}{18}$$

Repaso de matemáticas

Cómo dividir fracciones

Para dividir **fracciones**, primero intercambia el numerador y el denominador del divisor (el número por el que divides). Este número se denomina el recíproco del divisor. Luego multiplica y simplifica si es necesario.

Ejemplo

$$\frac{5}{8} \div \frac{3}{2} = ?$$

Paso 1   Escribe el divisor como su recíproco.

$$\frac{3}{2} \rightarrow \frac{2}{3}$$

Paso 2   Multiplica las fracciones.

$$\frac{5}{8} \times \frac{2}{3} = \frac{5 \times 2}{8 \times 3} = \frac{10}{24}$$

Paso 3   Simplifica la fracción.

$$\frac{10}{24} = \frac{10 \div 2}{24 \div 2} = \frac{5}{12}$$

Cómo usar cifras significativas

Las **cifras significativas** de un número decimal son los dígitos que están garantizados por la exactitud de un instrumento de medición.

Cuando realizas un cálculo con mediciones, el número de cifras significativas que incluirás en el resultado depende en parte de la cantidad de cifras significativas de las mediciones. Cuando multiplicas o divides mediciones, tu respuesta debe tener la misma cantidad de cifras significativas que la medición con la menor cantidad de cifras significativas.

Ejemplos

Con una balanza y un cilindro graduado lleno de agua, determinaste que una canica tiene una masa de 8.0 gramos y un volumen de 3.5 centímetros cúbicos. Para calcular la densidad de la canica, divide la masa por el volumen.

Escribe la fórmula de la densidad: $\text{Densidad} = \dfrac{\text{masa}}{\text{volumen}}$

Reemplaza por los valores de las mediciones $= \dfrac{8.0 \ g}{3.5 \ cm^3}$

Usa una calculadora para dividir: $\approx 2.285714286 \ g/cm^3$

Respuesta Como la masa y el volumen tienen dos cifras significativas cada uno, debes expresar la densidad con dos cifras significativas. La canica tiene una densidad de 2.3 gramos por centímetro cúbico.

Cómo usar la notación científica

La **notación científica** es una manera abreviada de escribir números muy grandes o muy pequeños. Por ejemplo, 73,500,000,000,000,000,000,000 kg es la masa de la Luna. En notación científica, es 7.35×10^{22} kg. Un valor escrito como un número entre 1 y 10, multiplicado por una potencia de 10, está en notación científica.

Ejemplos

Puedes hacer la conversión de forma estándar a notación científica.

Forma estándar	Notación científica
720,000 5 lugares decimales hacia la izquierda	7.2×10^5 El exponente es 5.
0.000291 4 lugares decimales hacia la derecha	2.91×10^{-4} El exponente es −4.

Puedes hacer la conversión de notación científica a forma estándar.

Notación científica	Forma estándar
4.63×10^7 El exponente es 7.	46,300,000 7 lugares decimales hacia la derecha
1.08×10^{-6} El exponente es −6.	0.00000108 6 lugares decimales hacia la izquierda

Cómo hacer e interpretar gráficas

Gráfica circular

Una gráfica circular muestra cómo se relaciona cada grupo de datos con todo el conjunto de datos. Cada parte del círculo representa una categoría de los datos. El círculo entero representa todos los datos. Por ejemplo, un biólogo que estudiaba un bosque de árboles de madera dura en Wisconsin descubrió que existían cinco tipos distintos de árboles. La tabla de datos de la derecha resume los hallazgos del biólogo.

Árboles de madera dura en Wisconsin	
Tipo de árbol	**Cantidad hallada**
Roble	600
Arce	750
Haya	300
Abedul	1,200
Nogal americano	150
Total	3,000

Cómo hacer una gráfica circular

1 Para hacer una gráfica circular con estos datos, primero halla el porcentaje de cada tipo de árbol. Divide el número de árboles de cada tipo por el número total de árboles y multiplica por 100%.

$$\frac{600 \text{ robles}}{3{,}000 \text{ árboles}} \times 100\% = 20\%$$

$$\frac{750 \text{ arces}}{3{,}000 \text{ árboles}} \times 100\% = 25\%$$

$$\frac{300 \text{ hayas}}{3{,}000 \text{ árboles}} \times 100\% = 10\%$$

$$\frac{1{,}200 \text{ abedules}}{3{,}000 \text{ árboles}} \times 100\% = 40\%$$

$$\frac{150 \text{ nogales americanos}}{3{,}000 \text{ árboles}} \times 100\% = 5\%$$

2 Ahora, determina el tamaño de los sectores que forman la gráfica. Multiplica cada porcentaje por 360°. Recuerda que un círculo está formado por 360°.

$20\% \times 360° = 72°$ $25\% \times 360° = 90°$

$10\% \times 360° = 36°$ $40\% \times 360° = 144°$

$5\% \times 360° = 18°$

3 Verifica que la suma de los porcentajes sea 100 y que la suma de los grados sea 360.

$20\% + 25\% + 10\% + 40\% + 5\% = 100\%$

$72° + 90° + 36° + 144° + 18° = 360°$

4 Usa un compás para dibujar un círculo y marca el centro del círculo.

5 Luego usa un transportador para trazar ángulos de 72°, 90°, 36°, 144° y 18° en el círculo.

6 Finalmente, rotula cada parte de la gráfica y elige un título adecuado.

Una comunidad de árboles de madera dura de Wisconsin

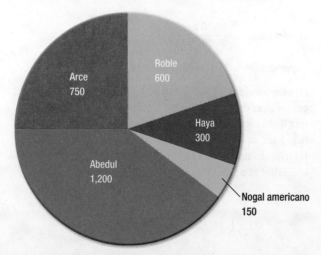

Repaso de matemáticas

Gráficas lineales

Las gráficas lineales se usan con mayor frecuencia para demostrar un cambio continuo. Por ejemplo, los estudiantes del maestro Smith analizaron los registros de población de su ciudad, Appleton, entre 1910 y 2010. Examina los datos de la derecha.

Debido a que el año y la población cambian, estas son las variables. La población está determinada por el año, es decir, depende de él. Por lo tanto, la población será la **variable dependiente**, y el año, la **variable independiente**. Cada año y su población constituyen un **par de datos**. Para crear una gráfica lineal, primero debes organizar los pares de datos en una tabla como la de la derecha.

Población de Appleton, 1910–2010	
Año	**Población**
1910	1,800
1930	2,500
1950	3,200
1970	3,900
1990	4,600
2010	5,300

Cómo hacer una gráfica lineal

1 Coloca la variable independiente sobre el eje horizontal (x). Coloca la variable dependiente sobre el eje vertical (y).

2 Rotula el eje de las x "Año" y el eje de las y "Población". Observa tus valores poblacionales mayores y menores. Para el eje de las y, determina una escala que proporcione suficiente espacio para mostrar estos valores. Debes usar la misma escala a lo largo de todo el eje. Luego halla una escala adecuada para el eje de las x.

3 Elige puntos de partida razonables para cada eje.

4 Traza los pares de datos de la forma más exacta posible.

5 Elige un título que represente de manera exacta los datos.

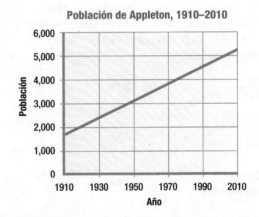

Cómo determinar la pendiente

La pendiente es la razón del cambio en el valor de las y al cambio en el valor de las x, es decir, la "distancia vertical sobre la distancia horizontal".

1 Elige dos puntos sobre la gráfica lineal. Por ejemplo, la población de Appleton en 2010 era 5,300 personas. Por lo tanto, puedes definir el punto A como (2010, 5,300). En 1910, la población era 1,800 personas. Puedes definir el punto B como (1910, 1,800).

2 Halla el cambio en el valor de y.
(y en el punto A) − (y en el punto B) =
5,300 personas − 1,800 personas =
3,500 personas

3 Halla el cambio en el valor de x.
(x en el punto A) − (x en el punto B) =
2010 − 1910 = 100 años

4 Calcula la pendiente de la gráfica dividiendo el cambio en y por el cambio en x.

$$pendiente = \frac{cambio\ en\ y}{cambio\ en\ x}$$

$$pendiente = \frac{3,500\ personas}{100\ años}$$

$$pendiente = 35\ personas\ por\ año$$

En este ejemplo, la población de Appleton aumentó una cantidad constante por año. La gráfica de estos datos es una línea recta. Por lo tanto, la relación es **lineal**. Cuando la gráfica de un conjunto de datos no es una línea recta, la relación es **no lineal**. Como consecuencia, la pendiente varía en distintos puntos de la gráfica.

Gráficas de barras

Las gráficas de barras pueden usarse para demostrar un cambio que no es continuo. Estas gráficas pueden usarse para indicar tendencias cuando los datos cubren un largo período de tiempo. Un meteorólogo recopiló los datos de precipitaciones de Summerville (que se muestran a la derecha) desde el 1 al 15 de abril y usó una gráfica de barras para representar los datos.

Precipitaciones en Summerville del 1 al 15 de abril			
Fecha	Precipitaciones (cm)	Fecha	Precipitaciones (cm)
1 de abril	0.5	9 de abril	0.25
2 de abril	1.25	10 de abril	0.0
3 de abril	0.0	11 de abril	1.0
4 de abril	0.0	12 de abril	0.0
5 de abril	0.0	13 de abril	0.25
6 de abril	0.0	14 de abril	0.0
7 de abril	0.0	15 de abril	6.50
8 de abril	1.75		

Cómo hacer una gráfica de barras

1 Usa una escala adecuada y un punto de partida razonable para cada eje.

2 Rotula los ejes y traza los datos.

3 Elige un título que represente los datos con exactitud.

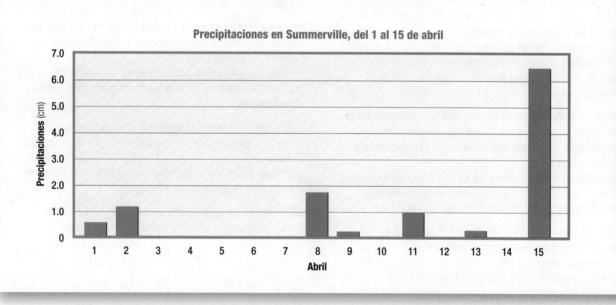

Precipitaciones en Summerville, del 1 al 15 de abril

Glosario

A

aceleración la tasa a la que la velocidad cambia con el tiempo; un objeto acelera si su rapidez cambia, si su dirección cambia, o si tanto su rapidez como su dirección cambian (238)
acceleration the rate at which velocity changes over time; an object accelerates if its speed, direction, or both change

aceleración centrípeta la aceleración que se dirige hacia el centro de un camino circular (241)
centripetal acceleration the acceleration directed toward the center of a circular path

afelio en la órbita de un planeta u otros cuerpos en el sistema solar, el punto que está más lejos del Sol (471)
aphelion in the orbit of a planet or other body in the solar system, the point that is farthest from the sun

aislante un material que reduce o evita la transferencia de energía (215)
insulator a material that reduces or prevents the transfer of energy

anillo planetario un disco de materia que rodea un planeta y está compuesto por numerosas partículas en órbita que pueden ser desde motas de polvo hasta objetos de decenas de metros (518)
planetary ring a disk of matter that encircles a planet that consists of numerous particles in orbit which range in size from dust grains up to objects tens of meters across

Animalia un reino formado por organismos pluricelulares complejos que no tienen pared celular, normalmente son capaces de moverse y reaccionan rápidamente a su ambiente (611)
Animalia a kingdom made up of complex, multicellular organisms that lack cell walls, can usually move around, and quickly respond to their environment

Archaea un dominio compuesto por procariotes la mayoría de los cuales viven en ambientes extremos que se distinguen de otros procariotes por su genética y por la composición de su pared celular (608)
Archaea a domain made up of prokaryotes most of which are known to live in extreme environments that are distinguished from other prokaryotes by differences in their genetics and in the makeup of their cell wall

astenosfera la capa blanda del manto sobre la que se mueven las placas tectónicas (392)
asthenosphere the soft layer of the mantle on which the tectonic plates move

asteroide un objeto pequeño y rocoso que se encuentra en órbita alrededor del Sol; la mayoría de los asteroides se ubican en una banda entre las órbitas de Marte y Júpiter (534)
asteroid a small, rocky object that orbits the sun; most asteroids are located in a band between the orbits of Mars and Jupiter

átomo la unidad más pequeña de un elemento que conserva las propiedades de ese elemento (154, 168, 338)
atom the smallest unit of an element that maintains the properties of that element

B

Bacteria un dominio compuesto por procariotes que por lo general tienen pared celular y se reproducen por división celular (608)
Bacteria a domain made up of prokaryotes that usually have a cell wall and that usually reproduce by cell division

bioma una región extensa caracterizada por un tipo de clima específico y ciertos tipos de comunidades de plantas y animales (628)
biome a large region characterized by a specific type of climate and certain types of plant and animal communities

biomasa materia vegetal, estiércol o cualquier otra materia orgánica que se usa como fuente de energía (322)
biomass plant material, manure, or any other organic matter that is used as an energy source

brillo la forma en que un mineral refleja la luz (345)
luster the way in which a mineral reflects light

C

calor la transferencia de energía entre objetos que están a temperaturas diferentes (212)
heat the energy transferred between objects that are at different temperatures

caloría la cantidad de energía que se requiere para aumentar la temperatura de 1 g de agua en 1 °C; la Caloría que se usa para indicar el contenido energético de los alimentos es la kilocaloría (213)
calorie the amount of energy needed to raise the temperature of 1 g of water 1 °C; the Calorie used to indicate the energy content of food is a kilocalorie

cambio físico un cambio de materia de una forma a otra sin que ocurra un cambio en sus propiedades químicas (140)
physical change a change of matter from one form to another without a change in chemical properties

cambio químico un cambio que ocurre cuando una o más sustancias se transforman en sustancias totalmente nuevas con propiedades diferentes (142)
chemical change a change that occurs when one or more substances change into entirely new substances with different properties

célula en biología, la unidad más pequeña que puede realizar todos los procesos vitales; las células están cubiertas por una membrana y tienen ADN y citoplasma (594)
cell in biology, the smallest unit that can perform all life processes; cells are covered by a membrane and contain DNA and cytoplasm

chimenea una abertura en la superficie de la Tierra a través de la cual pasa material volcánico (424)
vent an opening at the surface of the Earth through which volcanic material passes

ciclo de las rocas la serie de procesos por medio de los cuales una roca se forma, cambia de un tipo a otro, se destruye o funde y se forma nuevamente por procesos geológicos (372)
rock cycle the series of processes in which rock forms, changes from one type to another, is broken down or melted, and forms again by geologic processes

cinturón de Kuiper una región del sistema solar que comienza justo después de la órbita de Neptuno y que contiene planetas enanos y otros cuerpos pequeños formados principalmente de hielo (530)
Kuiper Belt a region of the solar system that starts just beyond the orbit of Neptune and that contains dwarf planets and other small bodies made mostly of ice

citoplasma la región de la célula dentro de la membrana, que incluye el líquido, el citoesqueleto y los organelos, pero no el núcleo (598)
cytoplasm the region of the cell within the membrane that includes the fluid, the cytoskeleton, and all of the organelles except the nucleus

combustible fósil una fuente de energía no renovable formada a partir de los restos de organismos que vivieron hace mucho tiempo; algunos ejemplos incluyen el petróleo, el carbón y el gas natural (291, 302)
fossil fuel a nonrenewable energy resource formed from the remains of organisms that lived long ago; examples include oil, coal, and natural gas

cometa un cuerpo pequeño que libera gas y polvo al pasar cerca del Sol; un cometa típico está formado por polvo y gases congelados y sigue una órbita elíptica alrededor del Sol (532)
comet a small body that gives off gas and dust as it passes close to the sun; a typical comet moves in an elliptical orbit around the sun and is made of dust and frozen gases

composición la constitución química de una roca; describe los minerales u otros materiales presentes en ella (352)
composition the chemical makeup of a rock; describes either the minerals or other materials in the rock

compresión estrés que se produce cuando distintas fuerzas actúan para estrechar un objeto (417)
compression stress that occurs when forces act to squeeze an object

compuesto una sustancia formada por átomos de dos o más elementos diferentes unidos por enlaces químicos (155, 338)
compound a substance made up of atoms of two or more different elements joined by chemical bonds

comunidad todas las poblaciones de especies que viven en el mismo hábitat e interactúan entre sí (625)
community all of the populations of species that live in the same habitat and interact with each other

conducción la transferencia de energía en forma de calor a través de un material (215)
conduction the transfer of energy as heat through a material

conductor un material a través del cual se transfiere energía (215)
conductor a material that transfers energy easily

convección el movimiento de la materia debido a diferencias en la densidad; la transferencia de energía debido al movimiento de la materia (216, 391, 406)
convection the movement of matter due to differences in density; the transfer of energy due to the movement of matter

corteza la capa externa, delgada y sólida de la Tierra, que se encuentra sobre el manto (391)
crust the thin and solid outermost layer of Earth above the mantle

cristal un sólido cuyos átomos, iones o moléculas están ordenados en un patrón regular y repetitivo (349)
crystal a solid whose atoms, ions, or molecules are arranged in a regular, repeating pattern

datos la información recopilada por medio de la observación o experimentación que puede usarse para hacer cálculos o razonar (21)
data information gathered by observation or experimentation that can be used in calculating or reasoning

deformación el proceso de doblar, inclinar y romper la corteza de la Tierra; el cambio en la forma de una roca en respuesta a la tensión (414, 439)
deformation the bending, tilting, and breaking of Earth's crust; the change in the shape of rock in response to stress

densidad la relación entre la masa de una sustancia y su volumen (117)
density the ratio of the mass of a substance to the volume of the substance

dominio en un sistema taxonómico, uno de los tres amplios grupos al que pertenecen todos los seres vivos (608)
domain in a taxonomic system one of the three broad groups that all living things fall into

ecología el estudio de las interacciones de los seres vivos entre sí mismos y entre sí mismos y su ambiente (622)
ecology the study of the interactions of living organisms with one another and with their environment

ecosistema una comunidad de organismos y su ambiente abiótico o no vivo (625)
ecosystem a community of organisms and their abiotic, or nonliving, environment

eficiencia mecánica una cantidad, generalmente expresada como un porcentaje, que mide la relación entre el trabajo de entrada y el trabajo de salida en una máquina (267)
mechanical efficiency a quantity, usually expressed as a percentage, that measures the ratio of work output to work input in a machine

electrón una partícula subatómica que tiene carga negativa (168)
electron a subatomic particle that has a negative charge

elemento una sustancia que no se puede separar o descomponer en sustancias más simples por medio de métodos químicos (155, 170, 338)
element a substance that cannot be separated or broken down into simpler substances by chemical means

energía la capacidad de producir un cambio (190)
energy the ability to cause change

energía cinética la energía de un objeto debido al movimiento del objeto (190)
kinetic energy the energy of an object that is due to the object's motion

energía eólica el uso de la fuerza del aire en movimiento para hacer funcionar un generador eléctrico (318)
wind energy the use of the force of moving air to drive an electric generator

energía geotérmica la energía producida por el calor del interior de la Tierra (323)
geothermal energy the energy produced by heat within Earth

energía hidroeléctrica energía eléctrica producida por el flujo del agua (319)
hydroelectric energy electrical energy produced by the flow of water

energía mecánica la suma de las energías cinética y potencial de un objeto debido a la gravedad o a la deformación elástica; no incluye la energía química ni nuclear (192)
mechanical energy the sum of an object's kinetic energy and potential energy due to gravity or elastic deformation; does not include chemical energy or nuclear energy

energía nuclear la energía liberada por una reacción de fisión o fusión; la energía de enlace del núcleo atómico (302)
nuclear energy the energy released by a fission or fusion reaction; the binding energy of the atomic nucleus

energía potencial la energía que tiene un objeto debido a su posición, condición o composición química (191)
potential energy the energy that an object has because of the position, condition, or chemical composition of the object

energía solar la energía que la Tierra recibe del Sol en forma de radiación (320)
solar energy the energy received by Earth from the sun in the form of radiation

energía térmica la energía cinética de los átomos de una sustancia (210)
thermal energy the kinetic energy of a substance's atoms

epicentro el punto de la superficie de la Tierra que queda justo arriba del punto de inicio, o foco, de un terremoto (438)
 epicenter the point on Earth's surface directly above an earthquake's starting point, or focus

erosión el proceso por medio del cual el viento, el agua, el hielo o la gravedad transporta tierra y sedimentos de un lugar a otro (369)
 erosion the process by which wind, water, ice, or gravity transports soil and sediment from one location to another

erupción solar una liberación explosiva de energía que proviene del Sol y que se asocia con disturbios magnéticos en la superficie solar (493)
 solar flare an explosive release of energy that comes from the sun and that is associated with magnetic disturbances on the sun's surface

especie un grupo de organismos que tienen un parentesco cercano y que pueden aparearse para producir descendencia fértil (606, 624)
 species a group of organisms that are closely related and can mate to produce fertile offspring

estación espacial una plataforma orbital de largo plazo desde la cual pueden lanzarse otros vehículos o en la que pueden realizarse investigaciones científicas (571)
 space station a long-term orbiting platform from which other vehicles can be launched or scientific research can be carried out

eucariote un organismo cuyas células tienen un núcleo contenido en una membrana; entre los eucariotes se encuentran protistas, animales, plantas y hongos, pero no arqueas ni bacterias (599)
 eukaryote an organism made up of cells that have a nucleus enclosed by a membrane; eukaryotes include protists, animals, plants, and fungi but not archaea or bacteria

Eukarya en un sistema taxonómico moderno, un dominio compuesto por todos los eucariotes; este dominio coincide con los reinos tradicionales Protista, Fungi, Plantae y Animalia (609)
 Eukarya in a modern taxonomic system, a domain made up of all eukaryotes; this domain aligns with the traditional kingdoms Protista, Fungi, Plantae, and Animalia

evidencia empírica las observaciones, mediciones y demás tipos de datos que se recopilan y examinan para apoyar y evaluar explicaciones científicas (10)
 empirical evidence the observations, measurements, and other types of data that people gather and test to support and evaluate scientific explanations

exactitud término que describe qué tanto se aproxima una medición al valor verdadero de la cantidad medida (76)
 accuracy a description of how close a measurement is to the true value of the quantity measured

exfoliación en geología, la tendencia de un mineral a agrietarse a lo largo de planos débiles específicos y formar superficies lisas y planas (345)
 cleavage in geology, the tendency of a mineral to split along specific planes of weakness to form smooth, flat surfaces

expansión del suelo marino el proceso por medio del cual se forma nueva litosfera oceánica (suelo marino) cuando el magma sube a la superficie de la Tierra en las dorsales oceánicas y se solidifica, a medida que el antiguo suelo marino existente se aleja de la dorsal oceánica (400)
 sea-floor spreading the process by which new oceanic lithosphere (sea floor) forms when magma rises to Earth's surface at mid-ocean ridges and solidifies, as older, existing sea floor moves away from the ridge

experimento un procedimiento organizado que se lleva a cabo bajo condiciones controladas para estudiar algo (18)
 experiment an organized procedure to study something under controlled conditions

factor abiótico un factor ambiental que no está asociado con las actividades de los seres vivos (623)
 abiotic factor an environmental factor that is not associated with the activities of living organisms

factor biótico un factor ambiental que está asociado con las actividades de los seres vivos o que resulta de ellas (622)
 biotic factor an environmental factor that is associated with or results from the activities of living organisms

falla una grieta en un cuerpo rocoso a lo largo de la cual un bloque se mueve respecto de otro (416, 439)
 fault a break in a body of rock along which one block moves relative to another

fisión el proceso por medio del cual un núcleo se divide en dos o más fragmentos y libera neutrones y energía (307)
 fission the process by which a nucleus splits into two or more fragments and releases neutrons and energy

foco el lugar dentro de la Tierra a lo largo de una falla donde ocurre el primer movimiento de un terremoto (438)
 focus the location within Earth along a fault at which the first motion of an earthquake occurs

fuente de energía un recurso natural que utilizan los humanos para generar energía (294, 302, 316)
energy resource a natural resource that humans use to generate energy

fuerza una acción de empuje o atracción que se ejerce sobre un objeto con el fin de cambiar su movimiento; la fuerza tiene magnitud y dirección (246)
force a push or a pull exerted on an object in order to change the motion of the object; force has size and direction

fuerza centrípeta la fuerza hacia adentro que se requiere para mantener en movimiento una partícula o un objeto en un camino circular (474)
centripetal force the inward force required to keep a particle or an object moving in a circular path

fuerza neta la combinación de todas las fuerzas que actúan sobre un objeto (248)
net force the combination of all of the forces acting on an object

fulcro el punto sobre el que pivota una palanca (268)
fulcrum the point on which a lever pivots

Fungi un reino formado por organismos eucarióticos no verdes que no tienen capacidad de movimiento, se reproducen por esporas y obtienen alimento al descomponer sustancias de su entorno y absorber los nutrientes (611)
Fungi a kingdom made up of nongreen, eukaryotic organisms that have no means of movement, reproduce by using spores, and get food by breaking down substances in their surroundings and absorbing the nutrients

fusión nuclear el proceso por medio del cual los núcleos de átomos pequeños se combinan y forman un núcleo nuevo con mayor masa; el proceso libera energía (488)
nuclear fusion the process by which nuclei of small atoms combine to form a new, more massive nucleus; the process releases energy

G

género el nivel de clasificación que viene después de la familia y que contiene especies similares (606)
genus the level of classification that comes after family and that contains similar species

geocéntrico término que describe algo que usa a la Tierra como punto de referencia (458)
geocentric describes something that uses Earth as the reference point

gigante gaseoso un planeta con una atmósfera masiva y profunda, como por ejemplo, Júpiter, Saturno, Urano o Neptuno (514)
gas giant a planet that has a deep, massive atmosphere, such as Jupiter, Saturn, Uranus, or Neptune

grado la unidad de una escala de temperatura (204)
degree the units of a temperature scale

gravedad una fuerza de atracción entre dos objetos debido a sus masas (470)
gravity a force of attraction between objects that is due to their masses

H

hábitat el lugar donde generalmente vive un organismo (630)
habitat the place where an organism usually lives

heliocéntrico centrado en el Sol (458)
heliocentric sun-centered

heterogéneo término que describe algo que no tiene una estructura o composición totalmente uniforme (162)
heterogeneous describes something that does not have a uniform structure or composition throughout

hipótesis una idea o explicación que conlleva a la investigación científica y que se puede probar (20)
hypothesis a testable idea or explanation that leads to scientific investigation

homogéneo término que describe a algo que tiene una estructura o composición global uniforme (162)
homogeneous describes something that has a uniform structure or composition throughout

hundimiento del terreno el hundimiento de regiones de la corteza terrestre a elevaciones más bajas (374)
subsidence the sinking of regions of the Earth's crust to lower elevations

inercia la tendencia de un objeto a resistirse a que lo muevan o, si el objeto está en movimiento, a resistirse a cambiar su velocidad o su dirección (250)
inertia the tendency of an object to resist being moved or, if the object is moving, to resist a change in speed or direction

lava magma que fluye a la superficie terrestre; la roca que se forma cuando la lava se enfría y se solidifica (424)
lava magma that flows onto Earth's surface; the rock that forms when lava cools and solidifies

levantamiento la elevación de regiones de la corteza terrestre a elevaciones más altas (374)
uplift the rising of regions of the Earth's crust to higher elevations

ley una ecuación o afirmación descriptiva que predice sucesos de manera confiable en determinadas condiciones (8)
law a descriptive statement or equation that reliably predicts events under certain conditions

ley de la conservación de la energía la ley que establece que la energía ni se crea ni se destruye, sólo se transforma de una forma a otra (147, 197)
law of conservation of energy the law that states that energy cannot be created or destroyed but can be changed from one form to another

ley de la conservación de la masa la ley que establece que la masa no se crea ni se destruye por cambios químicos o físicos comunes (146)
law of conservation of mass the law that states that mass cannot be created or destroyed in ordinary chemical and physical changes

límite convergente el límite entre placas tectónicas que chocan (404)
convergent boundary the boundary between tectonic plates that are colliding

límite de placa tectónica el borde entre dos o más placas clasificado como divergente, convergente o transformante por el movimiento que se produce entre las placas (439)
tectonic plate boundary the edge between two or more plates classified as divergent, convergent, or transform by the movement taking place between the plates

límite de transformación el límite entre placas tectónicas que se están deslizando horizontalmente una sobre otra (405)
transform boundary the boundary between tectonic plates that are sliding past each other horizontally

límite divergente el límite entre dos placas tectónicas que se están separando una de la otra (405)
divergent boundary the boundary between two tectonic plates that are moving away from each other

litosfera la capa externa y sólida de la Tierra que está formada por la corteza y la parte superior y rígida del manto (392)
lithosphere the solid, outer layer of Earth that consists of the crust and the rigid upper part of the mantle

lunas galileanas las cuatro lunas más grandes de Júpiter: Io, Europa, Ganímedes y Calisto (516)
Galilean moons the four largest moons of Jupiter: Io, Europa, Ganymede, and Callisto

magma el material rocoso total o parcialmente fundido que contiene gases atrapados que se producen debajo de la superficie terrestre (424)
magma the molten or partially molten rock material containing trapped gases produced under the Earth's surface

mancha caliente un área volcánicamente activa de la superficie de la Tierra que comúnmente se encuentra lejos de un límite entre placas tectónicas (430)
hot spot a volcanically active area of Earth's surface, commonly far from a tectonic plate boundary

mancha solar un área oscura en la fotosfera del Sol que es más fría que las áreas que la rodean y que tiene un campo magnético fuerte (492)
sunspot a dark area of the photosphere of the sun that is cooler than the surrounding areas and that has a strong magnetic field

manto la capa de roca que se encuentra entre la corteza terrestre y el núcleo (391)
mantle the layer of rock between the Earth's crust and core

máquina un dispositivo que ayuda a realizar trabajos cambiando la magnitud y/o la dirección de una fuerza aplicada (264)
machine a device that helps do work by changing the magnitude and/or direction of an applied force

masa una medida de la cantidad de materia que tiene un objeto (111)
mass a measure of the amount of matter in an object

materia cualquier cosa que tiene masa y ocupa un lugar en el espacio (110, 338)
matter anything that has mass and takes up space

medición una descripción cuantitativa de algo que incluye un número y una unidad, como 42 metros; también, el proceso por el cual se obtiene una descripción cuantitativa de algo (70)
measurement a quantitative description of something that includes a number and a unit, such as 42 meters; also, the process of obtaining a quantitative description of something

membrana celular una capa de fosfolípidos que cubre la superficie de la célula y funciona como una barrera entre el interior de la célula y el ambiente de la célula (598)
cell membrane a phospholipid layer that covers a cell's surface and acts as a barrier between the inside of a cell and the cell's environment

mesosfera la parte fuerte e inferior del manto que se encuentra entre la astenosfera y el núcleo externo (392)
mesosphere the strong, lower part of the mantle between the asthenosphere and the outer core

meteorito un meteoroide que llega a la superficie de la Tierra sin quemarse por completo (536)
meteorite a meteoroid that reaches Earth's surface without burning up completely

meteorización el proceso natural por medio del cual los agentes atmosféricos o ambientales, como el viento, la lluvia y los cambios de temperatura, desintegran y descomponen las rocas (369)
weathering the natural process by which atmospheric and environmental agents, such as wind, rain, and temperature changes, disintegrate and decompose rocks

meteoro un rayo de luz brillante que se produce cuando un meteoroide se quema en la atmósfera de la Tierra (536)
meteor a bright streak of light that results when a meteoroid burns up in Earth's atmosphere

meteoroide un cuerpo rocoso relativamente pequeño que viaja en el espacio (536)
meteoroid a relatively small, rocky body that travels through space

mezcla una combinación de dos o más sustancias que no están combinadas químicamente (155)
mixture a combination of two or more substances that are not chemically combined

mineral un sólido natural, normalmente inorgánico, que tiene una composición química característica y una estructura interna ordenada (338)
mineral a natural, usually inorganic solid that has a characteristic chemical composition and an orderly internal structure

modelo un diseño, plan, representación o descripción cuyo objetivo es mostrar la estructura o funcionamiento de un objeto, sistema o concepto (60, 88)
model a pattern, plan, representation, or description designed to show the structure or workings of an object, system, or concept

modelo conceptual una explicación verbal o gráfica acerca de cómo funciona o está organizado un sistema (94)
conceptual model a verbal or graphical explanation for how a system works or is organized

modelo físico una representación tridimensional de un objeto que puede ser más pequeña o más grande que el objeto que representa (90)
physical model a three-dimensional representation of an object that may be smaller or larger than the object it represents

modelo matemático una o más ecuaciones que representan la forma en que funciona un sistema o proceso (92)
mathematical model one or more equations that represent the way a system or process works

módulo de aterrizaje un vehículo automatizado, no tripulado, diseñado para aterrizar sin peligro en un cuerpo extraterrestre; con frecuencia lleva equipos para explorar ese cuerpo (573)
lander an automated, uncrewed vehicle that is designed to touch down safely on an extraterrestrial body; often carries equipment for exploration of that body

movimiento el cambio en la posición de un objeto respecto a un punto de referencia (224)
motion an object's change in position relative to a reference point

N

NASA la Administración Nacional de Aeronáutica y del Espacio (554)
NASA the National Aeronautics and Space Administration

nebulosa solar una nube de gas y polvo en rotación a partir de la cual se formaron el Sol y los planetas (475)
solar nebula a rotating cloud of gas and dust from which the sun and planets formed

neutrón una partícula subatómica que no tiene carga y que está ubicada en el núcleo de un átomo (168)
neutron a subatomic particle that has no charge and that is located in the nucleus of an atom

nicho el papel que juega una especie en su comunidad, incluidos el uso de su hábitat y su relación con otras especies (630)
niche the role of a species in its community, including use of its habitat and its relationships with other species

notación científica un método para expresar una cantidad en forma de un número multiplicado por 10 a la potencia adecuada (75)
scientific notation a method of expressing a quantity as a number multiplied by 10 to the appropriate power

nube de Oort una región esférica que rodea al sistema solar, que se extiende desde el cinturón de Kuiper hasta la mitad del camino hacia la estrella más cercana y contiene miles de millones de cometas (533)
Oort cloud a spherical region that surrounds the solar system, that extends from the Kuiper Belt to almost halfway to the nearest star, and that contains billions of comets

núcleo la parte central de la Tierra, debajo del manto (391)
core the central part of Earth below the mantle

núcleo en una célula eucariótica, un organelo cubierto por una membrana, el cual contiene el ADN de la célula y participa en procesos tales como el crecimiento, metabolismo y reproducción (598)
nucleus in a eukaryotic cell, a membrane-bound organelle that contains the cell's DNA and that has a role in processes such as growth, metabolism, and reproduction

número atómico el número de protones en el núcleo de un átomo; el número atómico es el mismo para todos los átomos de un elemento (170)
atomic number the number of protons in the nucleus of an atom; the atomic number is the same for all atoms of an element

O

objeto del cinturón de Kuiper uno de los cientos o miles de cuerpos pequeños que orbitan alrededor del Sol en un cinturón plano, más allá de la órbita de Neptuno; también incluye los planetas enanos ubicados en el cinturón de Kuiper (530)
Kuiper Belt object one of the hundreds or thousands of small bodies that orbit the sun in a flat belt beyond Neptune's orbit; also includes dwarf planets located in the Kuiper Belt

observación el proceso de obtener información por medio de los sentidos (19)
observation the process of obtaining information by using the senses

órbita la trayectoria que sigue un cuerpo al desplazarse alrededor de otro cuerpo en el espacio (470)
orbit the path that a body follows as it travels around another body in space

orbitador una nave espacial diseñada para orbitar alrededor de un planeta, luna u otro cuerpo sin aterrizar sobre la superficie de dicho cuerpo (573)
orbiter a spacecraft that is designed to orbit a planet, moon, or other body without landing on the body's surface

organelo uno de los cuerpos pequeños del citoplasma de una célula que están especializados para llevar a cabo una función específica (598)
organelle one of the small bodies in a cell's cytoplasm that are specialized to perform a specific function

organismo un ser vivo; cualquier cosa que pueda llevar a cabo procesos vitales independientemente (594)
organism a living thing; anything that can carry out life processes independently

P

palanca una máquina simple formada por una barra que gira en un punto fijo llamado fulcro (268)
lever a simple machine that consists of a bar that pivots at a fixed point called a *fulcrum*

Pangea el supercontinente que se formó hace 300 millones de años y que comenzó a separarse hace 200 millones de años (399)
Pangaea the supercontinent that formed 300 million years ago and that began to break up 200 million years ago

paralaje un cambio aparente en la posición de un objeto cuando se ve desde lugares distintos (458)
parallax an apparent shift in the position of an object when viewed from different locations

perihelio en la órbita de un planeta u otros cuerpos en el sistema solar, el punto que está más cerca del Sol (471)
perihelion in the orbit of a planet or other body in the solar system, the point that is closest to the sun

peso una medida de la fuerza gravitacional ejercida sobre un objeto; su valor puede cambiar en función de la ubicación del objeto en el universo (111)
weight a measure of the gravitational force exerted on an object; its value can change with the location of the object in the universe

placa tectónica un bloque de litosfera formado por la corteza y la parte rígida y más externa del manto (399, 427)
tectonic plate a block of lithosphere that consists of the crust and the rigid, outermost part of the mantle

planeta enano un cuerpo celeste que orbita alrededor del Sol, es redondo debido a su propia fuerza de gravedad, pero no ha despejado los alrededores de su trayectoria orbital (529)
dwarf planet a celestial body that orbits the sun, is round because of its own gravity, but has not cleared its orbital path

planeta terrestre uno de los planetas muy densos que se encuentran más cerca del Sol; Mercurio, Venus, Marte y la Tierra (498)
terrestrial planet one of the highly dense planets nearest to the sun; Mercury, Venus, Mars, and Earth

planetesimal un cuerpo pequeño a partir del cual se originó un planeta en las primeras etapas de desarrollo del sistema solar (477)
planetesimal a small body from which a planet originated in the early stages of development of the solar system

plano inclinado una máquina simple que es una superficie recta e inclinada, que facilita el levantamiento de cargas; una rampa (272)
inclined plane a simple machine that is a straight, slanted surface, which facilitates the raising of loads; a ramp

Plantae un reino formado por organismos pluricelulares complejos que normalmente son verdes, tienen una pared celular de celulosa, no tienen capacidad de movimiento y utilizan la energía del Sol para producir azúcar mediante la fotosíntesis (610)
Plantae a kingdom made up of complex, multicellular organisms that are usually green, have cell walls made of cellulose, cannot move around, and use the sun's energy to make sugar by photosynthesis

plegamiento fenómeno que ocurre cuando las capas de roca se doblan debido a la compresión (415)
folding the bending of rock layers due to stress

población un grupo de organismos de la misma especie que viven en un área geográfica específica (624)
population a group of organisms of the same species that live in a specific geographical area

polea una máquina simple formada por una rueda sobre la cual pasa una cuerda, cadena o cable (271)
pulley a simple machine that consists of a wheel over which a rope, chain, or wire passes

posición la ubicación de un objeto (222)
position the location of an object

precisión la exactitud de una medición (76)
precision the exactness of a measurement

procariote un organismo unicelular que no tiene núcleo ni organelos cubiertos por una membrana, por ejemplo, las arqueas y las bacterias (599)
prokaryote a single-celled organism that does not have a nucleus or membrane-bound organelles; examples are archaea and bacteria

propiedad física una característica de una sustancia que no implica un cambio químico, tal como la densidad, el color o la dureza (126, 172)
physical property a characteristic of a substance that does not involve a chemical change, such as density, color, or hardness

propiedad química una propiedad de la materia que describe la capacidad de una sustancia de participar en reacciones químicas (130)
chemical property a property of matter that describes a substance's ability to participate in chemical reactions

Protista un reino compuesto principalmente por organismos eucarióticos unicelulares que son diferentes de las plantas, animales, arqueas, bacterias y hongos (610)
Protista a kingdom of mostly one-celled eukaryotic organisms that are different from plants, animals, archaea, bacteria, and fungi

protón una partícula subatómica que tiene una carga positiva y que está ubicada en el núcleo de un átomo; el número de protones que hay en el núcleo es el número atómico, y éste determina la identidad del elemento (168)
proton a subatomic particle that has a positive charge and that is located in the nucleus of an atom; the number of protons in the nucleus is the atomic number, which determines the identity of an element

protuberancia una espiral de gas incandescente y relativamente frío que, vista desde la Tierra, se extiende por encima de la fotosfera y la superficie del Sol (493)
prominence a loop of relatively cool, incandescent gas that extends above the photosphere and above the sun's edge as seen from Earth

punto de referencia una ubicación con la que se compara otra ubicación (222)
reference point a location to which another location is compared

R

radiación la transferencia de energía en forma de ondas electromagnéticas (216)
radiation the transfer of energy as electromagnetic waves

rapidez una medida de la celeridad con que se mueve algo; tasa de cambio de la posición por unidad de tiempo (225)
speed a measure of how fast something moves; rate of motion

rebote elástico ocurre cuando una roca deformada elásticamente vuelve súbitamente a su forma no deformada (439)
elastic rebound the sudden return of elastically deformed rock to its undeformed shape

recurso material un recurso natural que utilizan los seres humanos para fabricar objetos o para consumir como alimento o bebida (292)
material resource a natural resource that humans use to make objects or to consume as food and drink

recurso natural cualquier material natural que es utilizado por los seres humanos, como agua, petróleo, minerales, bosques y animales (290)
natural resource any natural material that is used by humans, such as water, petroleum, minerals, forests, and animals

recurso no renovable un recurso que se forma a una tasa que es mucho más lenta que la tasa a la que se consume (291)
nonrenewable resource a resource that forms at a rate that is much slower than the rate at which the resource is consumed

recurso renovable un recurso natural que puede reemplazarse a la misma tasa a la que se consume (291)
renewable resource a natural resource that can be replaced at the same rate at which the resource is consumed

roca una mezcla sólida de uno o más minerales o de materia orgánica que se produce de forma natural (352)
rock a naturally occurring solid mixture of one or more minerals or organic matter

roca ígnea una roca que se forma cuando el magma se enfría y se solidifica (370)
igneous rock rock that forms when magma cools and solidifies

roca metamórfica una roca que se forma a partir de otras rocas como resultado de calor intenso, presión o procesos químicos (370)
metamorphic rock a rock that forms from other rocks as a result of intense heat, pressure, or chemical processes

roca sedimentaria una roca que se forma a partir de capas comprimidas o cementadas de sedimento (370)
sedimentary rock a rock that forms from compressed or cemented layers of sediment

rover un vehículo que se usa para explorar la superficie de un cuerpo extraterrestre (573)
rover a vehicle that is used to explore the surface of an extraterrestrial body

rueda y eje una máquina simple formada por dos objetos circulares de diferentes tamaños; la rueda es el más grande de los dos objetos circulares, y el eje está sujeto al centro de la rueda (270)
wheel and axle a simple machine consisting of two circular objects of different sizes; the wheel is the larger of the two circular objects, and the axle is attached to the center of the wheel

S

satélite artificial cualquier objeto hecho por los seres humanos y colocado en órbita alrededor de un cuerpo en el espacio (574)
artificial satellite any human-made object placed in orbit around a body in space

sedimentación el proceso por medio del cual un material se deposita (369)
deposition the process in which material is laid down

símbolo químico una abreviatura de una, dos o tres letras del nombre de un elemento (171)
chemical symbol a one-, two-, or three-letter abbreviation of the name of an element

simulación un método que se usa para estudiar y analizar las características de un sistema teórico o real (62, 88)
simulation a method that is used to study and analyze the characteristics of an actual or theoretical system

sistema solar el Sol y todos los planetas y otros cuerpos que se desplazan alrededor de él (458)
solar system the sun and all of the planets and other bodies that travel around it

sonda espacial en astronomía [o en exploración espacial], un vehículo sin tripulación que transporta instrumentos científicos al espacio para recopilar información científica (572)
probe an uncrewed vehicle that carries scientific instruments into space to collect scientific data

sustancia pura una muestra de materia, ya sea un solo elemento o un solo compuesto, que tiene propiedades químicas y físicas definidas (156)
pure substance a sample of matter, either a single element or a single compound, that has definite chemical and physical properties

T

temperatura una medida de qué tan caliente (o frío) está algo; específicamente, una medida de la energía cinética promedio de las partículas de un objeto (204)
temperature a measure of how hot (or cold) something is; specifically, a measure of the average kinetic energy of the particles in an object

tensión estrés que se produce cuando distintas fuerzas actúan para estirar un objeto (417)
tension stress that occurs when forces act to stretch an object

tensión de corte el estrés que se produce cuando dos fuerzas actúan en direcciones paralelas pero opuestas, lo que empuja las partes de un sólido en direcciones opuestas (416)
shear stress stress that occurs when forces act in parallel but opposite directions, pushing parts of a solid in opposite directions

teoría un sistema de ideas que explica muchas observaciones relacionadas y que está respaldado por una gran cantidad de pruebas obtenidas mediante la investigación científica (9)
theory a system of ideas that explains many related observations and is supported by a large body of evidence acquired through scientific investigation

teoría cinética de la materia una teoría que establece que todas las partículas que forman la materia están en movimiento constante (202)
kinetic theory of matter a theory that states that all of the particles that make up matter are constantly in motion

teoría de las placas tectónicas la teoría de que la capa exterior de la Tierra está formada por grandes bloques que se mueven llamados placas tectónicas; la teoría explica cómo las placas interactúan una con otra y cómo esas interacciones se relacionan con procesos como los terremotos y la formación de montañas (399)
plate tectonics the theory that Earth's outer layer is made up of large, moving pieces called tectonic plates; the theory explains how plates interact and how those interactions relate to processes such as earthquakes and mountain building

termómetro un instrumento que mide e indica la temperatura (204)
thermometer an instrument that measures and indicates temperature

terremoto un movimiento o temblor del suelo causado por una liberación súbita de energía que se produce cuando las rocas ubicadas a lo largo de una falla se mueven (438)
earthquake a movement or trembling of the ground that is caused by a sudden release of energy when rocks along a fault move

textura la cualidad de una roca que se basa en el tamaño, la forma y la posición de los granos que la forman (353)
texture the quality of a rock that is based on the sizes, shapes, and positions of the rock's grains

transbordador espacial un vehículo espacial reutilizable que despega como un cohete y aterriza como un avión (570)
space shuttle a reusable space vehicle that takes off like a rocket and lands like an airplane

transformación de energía el proceso de cambio de un tipo de energía a otro (196)
energy transformation the process of energy changing from one form into another

U

unidad astronómica la distancia promedio entre la Tierra y el Sol; aproximadamente 150 millones de kilómetros (símbolo: UA) (498)
astronomical unit the average distance between Earth and the sun; approximately 150 million kilometers (symbol, AU)

V

variable dependiente en una investigación científica, el factor que cambia como resultado de la manipulación de una o más variables independientes (21)
dependent variable in a scientific investigation, the factor that changes as a result of manipulation of one or more independent variables

variable independiente en una investigación científica, el factor que se manipula deliberadamente (21)
independent variable in a scientific investigation, the factor that is deliberately manipulated

vector una cantidad que tiene tanto magnitud como dirección (231)
vector a quantity that has both size and direction

velocidad la rapidez de un objeto en una dirección dada (231)
velocity the speed of an object in a particular direction

ventaja mecánica un número que indica cuántas veces una máquina multiplica su fuerza de entrada (266)
mechanical advantage a number that tells how many times a machine multiplies input force

veta el color de un mineral en forma de polvo (344)
streak the color of a mineral in powdered form

volcán una chimenea o fisura en la superficie de la Tierra a través de la cual se expulsan magma y gases (424)
volcano a vent or fissure in Earth's surface through which magma and gases are expelled

volumen la cantidad de espacio que ocupa un objeto (113)
volume the amount of space that an object takes up, or occupies

Z

zona de rift un área de grietas profundas que se forma entre dos placas tectónicas que se están alejando una de la otra (374)
rift zone an area of deep cracks that forms between two tectonic plates that are pulling away from each other

Mis apuntes

Índice

Nota: Los números de página que están en cursiva hacen referencia al material ilustrativo, como figuras, tablas, elementos al margen, fotografías e ilustraciones. Los números de página que están en negrita representan los números de las páginas donde se encuentran las definiciones.

© Houghton Mifflin Harcourt Publishing Company

© Houghton Mifflin Harcourt Publishing Company

Cómo poner a prueba una máquina simple, 258–261
Fabricar un refrigerador con material aislante, 82–85
ingravidez, *470*, 571, *571*
instrumento científico. *Ver también* tecnología.
    computadoras y tecnología como, *79*, *79*
    en laboratorios, *78*, 78–79, *79*
    para medir, 72, *72*
instrumentos científicos. *Ver también* instrumentos científicos, usos de.
    balanza de tres brazos, 72, *72*, 112, *112*
    balanza electrónica, R39, *R39*
    báscula, 112, *112*, 259, R40
    caja de Petri, 78
    calculadora, *79*, *321*
    calibrador, 68, *68*
    cámara digital, 78
    centrífuga, 161
    cilindro graduado, 72, *72*, 116, *116*
    computadora, 37, 61, 79, *79*, 572
    cronómetro, 72, *72*
    cuaderno o revista, 77, 78
    detector de movimiento, R43, *R43*
    hornilla, 78
    lupa, 78, 353
    metro, *71*
    microscopio, 78–79, *79*, 595, R35, *R35*
    microscopio electrónico, 79
    papel de tornasol, 159
    placa de rayado, 344, *344*
    pluviómetro, 59, *59*
    sensor, 79, R42–R43, *R42–R43*
    sismógrafo, 54, *385*
    telescopio, 37, *37*, 454–455, 462–463, *463*, 511, 516, *552*, *572*, *596*
    termómetro, *51*, *71*, 204, *205*, R41
    tubo de ensayo, 78, *78*
    vaso de precipitados, 78, *78*, 116, *160*
instrumentos científicos, uso de. *Ver también* instrumentos científicos.
    en el análisis de datos, 78, *79*
    en investigaciones, 78
    en la manipulación de datos, *79*
    evaluar, 91
Internet
    evaluar información en, 29, R28
    parcialidad en, 29, 312
intérprete educativo de museos, 33
Introducción a los instrumentos científicos computarizados, R42–R43
investigación. *Ver* investigación científica.
investigación científica, 18, 22–23
    analizar evidencia, 23, 66
    anotar datos en, 21, 23
    características de una buena, 22–23, 28–29
    comunicación abierta en, 29

comunicar las conclusiones de, 23, 29
conclusiones de, 23, 24–25, 66–67
datos de, 23, 28–29
descriptiva, 19
en el laboratorio, 10–11, 18, *18*, 22, 26
en sociedades antiguas, 36, *36*, 458, 460
en un ambiente controlado, 11, 18, *20*, 26, 95
errores en, 28–29, 150
estándares para, 28–29
experimento, 10–11, 18, R28–R34
hacer predicciones en, 20, 22, 24–25
hipótesis en, 20, 22, 26, 150
impulsada por la sociedad, 40, *40–41*
inferencia en, 24–25
materiales, determinar, 22
métodos científicos en, 22–23, 26–27, 37, 462
métodos de, 22–23, 26–27, 462
modelos en, 19
nueva tecnología en, 37, *37*, 79, *79*
observación en, 18, 19
observaciones en, 18, 36, *36*
partes de, 20–21
planificar, realizar y registrar, 19, 20–21, 22–23, R28–R34
por investigación metódica, 37, *37*
publicar resultados de, 23, 27, 29
realizar, 23
repetición y reproducción de, 23, 28–29, 58
revisión externa de, 29
trabajo de campo, 10–11, *10–11*
variables en, 21
y tecnología, 37, 78, 78–79, *79*
investigación de un incendio intencional, 133, *133*
Io (luna de Júpiter), 516, *516*
ión, R15
Islandia, volcanes en escudo en, 428
islas hawaianas, 425, 430, *430*
isótopo, R14
Itokawa (asteroide), 535, *535*

J

jeroglíficos, 36, *36*
jilguero americano, *604*
julio (J), 192, 210, 213
Júpiter, *514*, *515*, *516*, 514–517
    atmósfera de, 515, *515*
    características de, 514, *514*
    impacto del cometa en, 511, *511*
    lunas de Galileo de, 454, *454*, 462, *516*, 516–517, *517*
    nave espacial que orbitó alrededor de, 463, *463*
    período de rotación, 514
    propiedades de, 514, *514*
    tormentas en, *514*, 515

K

kelvin (K), *71*, 72, 204, 205
Kepler, Johannes, 462, *462*, 471
Kilauea (Hawaii), *119*, 430, *430*
kilo-, 74, *74*
kilogramo (kg), *71*, 72
kilómetro (km), 224, 226, 228, 426, 518
kilómetros por hora (k/h), 226
Krysko, Kenneth, 618, *618*
Kyoto Box, 33, *33*

L

La ciencia y los ciudadanos
    Descubrimientos del sistema solar, 454–455
    Época de heladas, 106–107
    ¡Explorar el espacio!, 550–551
    Fuentes de energía de Texas, 286–287
    Los viajes espaciales, 2–3
    Los volcanes de Texas, 386–387
    Recuento de aves, 52–53
    ¡Tiene vida!, 590–591
    Un día en las carreras, 186–187
La gran idea, 1, 46, 51, 100, 105, 180, 185, 278, 285, 328, 333, 380, 385, 448, 453, 542, 549, 584, 589, 636
La Niña, 67
las cuencas y las cordilleras (del sudoeste de los Estados Unidos), 417
laboratorio. *Ver también* experimento; investigación científica.
    cuaderno de, *77*, 78
    seguridad en el, xxvii, R26–R27
lagartija, 631, *631*
lagartija anolis, 631, *631*
Lago del Cráter (Oregon), 426
lata de aluminio, 362–363, *363*
Laurasia, 399, *399*
lava, 424
    en las zonas de rift, 374, *374*
    en los volcanes, *424*, 424–425, 427
    minerales de, 340, *340*
    roca ígnea extrusiva de, 355, *355*, 371
    temperatura y presión y, 369
Lavoisier, Antoine, 146
lb (libra), 112
leche, cortada, 144
Lectura con propósito, páginas de introducción a la lección 5, 17, 35, 55, 69, 87, 109, 125, 139, 153, 167, 189, 201, 209, 221, 237, 245, 263, 289, 301, 315, 337, 351, 367, 389, 397, 413, 423, 437, 457, 469, 483, 497, 513, 527, 553, 569, 593, 603, 621
Lectura con propósito, Un manual de instrucciones para, R18–R19

fórmula, 114
gases y, *9, 9*
peso y, 113